Das Buch

Dem Physiker, Philosophen und politischen Berater Carl Friedrich von Weizsäcker geht es mit diesem Buch um die Einsicht in die Weltprobleme unseres Jahrzehnts. Angesichts der menschheitsbedrohenden Aufrüstung mit Kernwaffen hat er wiederholt auf das öffentliche Bewußtsein eingewirkt und kontinuierlich Stellung bezogen. Der vorliegende Band enthält Konzepte, Aufsätze, Reden zu Problemen der Politik, der Rüstung, der Moral, der Ideologiekritik und der Philosophie. Diese Stellungnahmen aus mehr als drei Jahrzehnten halten in überzeugender Weise die Zielsetzung durch, daß der Friede »eine Gestalt finden kann, die Dauer verspricht und verdient«. In derselben Kontinuität bestimmt von Weizsäcker auch die Gefahren, die die Welt in den achtziger Jahren bedrohen, ohne jedoch der Resignation das Wort zu reden, sondern mit großer Überzeugung [...] beit der Friedenssicherung.

Der Autor

Carl Friedrich von Weizsäcker, 1912 in Kiel geboren, studierte Physik in Berlin, Göttingen und Leipzig, promovierte 1933 bei Werner Heisenberg, habilitierte sich 1936, arbeitete am Kaiser-Wilhelm-Institut in Berlin und lehrte theoretische Physik an den Universitäten Straßburg und Göttingen. 1957–1969 war er Ordinarius für Philosophie in Hamburg, 1970–1980 Direktor des Max-Planck-Instituts zur Erforschung der Lebensbedingungen der wissenschaftlich-technischen Welt in Starnberg. Wichtigere neuere Veröffentlichungen: ›Wege in der Gefahr. Eine Studie über Wirtschaft, Gesellschaft und Kriegsverhütung‹ (1976), ›Der Garten des Menschlichen. Beiträge zur geschichtlichen Anthropologie‹ (1977), ›Deutlichkeit. Beiträge zu politischen und religiösen Gegenwartsfragen‹ (1978).

Carl Friedrich von Weizsäcker:
Der bedrohte Friede
Politische Aufsätze 1945–1981

Deutscher
Taschenbuch
Verlag

Von Carl Friedrich von Weizsäcker
sind im Deutschen Taschenbuch Verlag erschienen:
Wege in der Gefahr – Eine Studie über Wirtschaft,
Gesellschaft und Kriegsverhütung (1452)
Deutlichkeit – Beiträge zu politischen und
religiösen Gegenwartsfragen (1687)
Die Einheit der Natur – Studien (10012)

Ungekürzte Ausgabe
Mit einem Vorwort zur Taschenbuchausgabe
Oktober 1983
Deutscher Taschenbuch Verlag GmbH & Co. KG,
München
© 1981 Carl Hanser Verlag, München · Wien
ISBN 3-446-13454-9
Umschlaggestaltung: Celestino Piatti
Gesamtherstellung: C. H. Beck'sche Buchdruckerei,
Nördlingen
Printed in Germany · ISBN 3-423-10182-2

Inhalt

Vorwort zur Taschenbuchausgabe 9
Vorwort 11

I. *Vorbereitung*

Bemerkungen zur Atombombe (1945) 17
Ernst von Weizsäcker: Kriegsverhütung (1950) 23
»Göttinger« Erklärung (1957) 29
Die Atomwaffen (1957) 31
Mit der Bombe leben (1958) 43
Christen und die Verhütung des Krieges im Atomzeitalter (1958) 88
»Heidelberger« Thesen (1959) 95
»Tübinger« Memorandum (1961) 107
Hat jeder eine Chance? (1962) 115
Bedingungen des Friedens (1963) 125
Der weltpolitische Zyklus (1965) 138
Wiedervereinigung Deutschlands und Europas (1965) 145
Friedlosigkeit als seelische Krankheit (1967) 153
Acht Prognosen (1968) 178
Rückblick auf die acht Prognosen (1974) 179
Gedanken zum Arbeitsplan (1969) 181

II. *Kriegsverhütung*

Kriegsfolgen und Kriegsverhütung (1971) 217
Durch Kriegsverhütung zum Krieg? (1972) 247
   Drei negative Utopien 247
   Thesen und Konsequenzen 251
   Erläuterungen zur Konsequenz A 251
Fragen zur Weltpolitik: Aus dem Vorwort (1975) 253
Fünf Thesen zum Dritten Weltkrieg (1976) 254

Inhalt

Zum Bewußtseinswandel (1976)   256
Vorwort zu Afheldt »Verteidigung und Friede«
   (1977)   258
Vorwort zu Spannocchi und Brossollet »Verteidigung
   ohne Schlacht« (1977)   261

III. *Zur Debatte über den radikalen Sozialismus*

Schlußbemerkungen in der Vorlesung über Platons
   Staat (1967)   271
Die Ambivalenz der politischen Ideale der euro-
   päischen Neuzeit (1970)   277
Notizen über Ideologiekritik (1975)   292
Das moralische Problem der Linken und das morali-
   sche Problem der Moral (1975)   296
Die Hoffnung des revolutionären Sozialismus
   (1976)   302

IV. *Jenseits Europas*

Indische Reiseeindrücke (1970)   315
Frieden für Nahost (1972)   324
Dritte Welt (1974)   328
Besuch in Japan (1974)   335
In Mao's letztem Lebensjahr. Reflexionen über China
   (1976)   351
Islam und Toleranz (1979)   354
Brot für die Welt (1979)   358

V. *Wirtschaft, Gesellschaft und Politik*

Entwicklung und Deckung unseres Energiebedarfs.
   Empfehlungen (1975)   367
Zur längerfristigen Wirtschaftsprognose. Vermutungen
   und Konsequenzen (1976)   369
Wechselwirkung weltweiter ökonomischer und politi-
   scher Probleme (1977)   372

Inhalt

Gehen wir einer asketischen Weltkultur entgegen? (1978) 383
Die offene Zukunft der Kernenergie (1979) 417

VI. *Reflexionen*

Rede am 20. Juli 1974 439
Erforschung der Lebensbedingungen (1979) 449
Ein Brief (1979) 486

VII. *Die Gefahr der Achtzigerjahre*

Moskaus Rüstung: defensiv und bedrohlich (1978) 491
Die europäische Rüstungsgefahr der Achtzigerjahre (1979) 498
Hintergrund zur europäischen Rüstungsgefahr der Achtzigerjahre (1979) 513
Bevölkerungsschutz gegen mögliche Kriegseinwirkung (1980) 518
Leserbrief hierzu (1980) 532
Die intelligente Feindesliebe (1980) 533
Glaube und wissenschaftlich-technische Welt (1980) 539
Wissenschaft und Menschheitskrise (1980) 559

VIII. *Zum Abschluß des Buchs*
Entstehung und Zusammenhang der Aufsätze (1981) 571
Was folgt? (1981) 591

Quellennachweis 627
Verzeichnis von politischen Texten, die nicht in diesem Band abgedruckt sind (1948–1980) 630
Sachregister 641
Personenregister 646

Den Mitarbeitern
des Max-Planck-Instituts
zur Erforschung
der Lebensbedingungen der
wissenschaftlich-technischen
Welt (1970–1980)
gewidmet.

Vorwort zur Taschenbuchausgabe

»Der Bergsteiger, der eilen muß, um die Hütte vor Einbruch der Nacht zu erreichen, muß eben darum Karte und Kompaß in aller Konzentration zu Rate ziehen; sonst rennt er ins Unheil.« Dieser Satz aus dem Vorwort zur ersten Auflage des Buches (1981) gilt heute, zwei Jahre später, erst recht. Die Bedrohung des Friedens hat sich nach meinem Eindruck in diesen zwei Jahren, an objektiven Kriterien gemessen, weder erhöht noch vermindert. Die Weltpolitik ist auf dem Weg weitergegangen, auf dem sie schon damals war. Das ist schlimm genug, denn wenn die Analysen dieses Buchs richtig sind, so kann dieser Gang kein gutes Ende nehmen. Im öffentlichen Bewußtsein ist freilich eine Weiterentwicklung eingetreten. Mehr und mehr Menschen werden sich der Gefahr bewußt. Das gilt insbesondere von Amerika. Die dortige, in breiten Bevölkerungsschichten fundierte und nicht extremistische Friedensbewegung hat bereits parlamentarische Mehrheiten für eine behutsamere Politik erzeugt. In unserem Lande ist wohl vorerst eher eine weitere Polarisierung zu erwarten. Um so mehr müssen wir wünschen, daß die auf beiden Seiten der rüstungspolitischen Debatte in ernster Sorge engagierten Menschen ins Gespräch miteinander kommen. Denn nur auf der Basis eines Einverständnisses im Volk kann in gefährlichen Zeiten Friedenspolitik gemacht werden.

Der Leser, der die Taschenbuchausgabe erwirbt, wird mit gutem Grund zu diesen Fragen einen rascheren Zugang wünschen als durch eine Lektüre des Buchs von der ersten bis zur letzten Seite. Ihm sei geraten, das Buch vom Ende her zu lesen. Die Zusammenfassung der Analysen und Empfehlungen findet er im letzten Abschnitt »Was folgt?« und eine Übersicht über den vorangehenden Inhalt des Buchs im Abschnitt davor: »Entstehung und Zusammenhang der Aufsätze«, der zusammen mit einem Blick auf das ausführliche Inhaltsverzeichnis gelesen werden kann. Er wird dann die Texte finden, die seinem besonderen Interesse entgegenkommen.

Starnberg, Juli 1983   C. F. v. Weizsäcker

Vorwort

Mit diesem Buch versuche ich noch einmal, durch Besinnung auf die heutige Politik einzuwirken. Ich versuche noch einmal, einen Weg in der Gefahr zu zeigen. Dies geschieht unter drei Gesichtspunkten: Aktualität, Rückblick, Vertiefung der Frage.

Aktualität: 1976 habe ich das Buch »Wege in der Gefahr« veröffentlicht.* Die Grundgedanken dieser Studie über Wirtschaft, Gesellschaft und Kriegsverhütung halte ich auch heute für richtig. In den seitdem verstrichenen fünf Jahren sind sie vielleicht sogar besser verständlich geworden, denn die Wege haben sich inzwischen verengt, die Gefahr ist sichtbarer als damals. Zur Gefahr der Achtzigerjahre habe ich seit 1979 eine Reihe von Artikeln geschrieben, die nicht nur Analyse, sondern präzise politische Vorschläge und Forderungen enthalten. Diese Aufsätze im Buchhandel zugänglich zu machen, damit sie weiterwirken, war das erste Motiv zur Veröffentlichung des jetzigen Buchs.

Rückblick: Der Rückblick geschieht hier nicht aus Interesse an der eigenen Vergangenheit, wie man Memoiren schreibt, sondern um der Forderung des Heute einen Hintergrund und damit Nachdruck zu verleihen. Seit 1957, also nun seit einem Vierteljahrhundert, habe ich öffentlich auf die längerfristige Instabilität des heutigen Weltsystems hingewiesen, unter militärischen, außenpolitischen, wirtschaftlichen, sozialen, seelisch-kulturellen Gesichtspunkten. Als Frist der Gefahr habe ich damals wenige Jahrzehnte angegeben, Jahrzehnte, die inzwischen verstrichen sind. Eine kleine Auswahl des damals Gesagten soll hier zur Überprüfung noch einmal vorgelegt werden. Dabei scheue ich mich nicht, auch falsche Prognosen und unverwirklichbare Vorschläge noch einmal zu zitieren; man lernt aus der Korrektur der eigenen Fehler.

Vertiefung der Frage: Wenn der Rückblick etwas zeigt, dann, daß die heutige Krise keine Betriebspanne, sondern Folge ungelöster Grundprobleme unserer Welt ist. Keines dieser Pro-

* Seit 1979 als Taschenbuch erhältlich.

bleme ist vernünftigem Handeln unzugänglich. Aber die Vernunft dessen, was man den Mitmenschen für ihr politisches Handeln vorschlagen kann, bemißt sich nach der Entwicklungsstufe ihres Bewußtseins. Wollen wir etwas tun, was wir selbst nicht verstehen, so erzeugen wir noch im scheinbaren Erfolg das Gegenteil des Erstrebten: Ambivalenz des Fortschritts. Das Ziel des Rückblicks ist daher die Besinnung, das Ziel der Besinnung das vernünftige Handeln in der Aktualität. Der Bergsteiger, der eilen muß, um die Hütte vor Einbruch der Nacht zu erreichen, muß eben darum Karte und Kompaß in aller Konzentration zu Rate ziehen; sonst rennt er ins Unheil.

Ein Hinweis für den Leser, der sich in dem Buch zurechtfinden will. Drei Aufsätze enthalten jeweils einen orientierenden Rückblick auf den Zusammenhang der Gedanken: Für die Zeit vor der Gründung des Max-Planck-Instituts zur Erforschung der Lebensbedingungen der wissenschaftlich-technischen Welt sind dies die »Gedanken zum Arbeitsplan« (1969); der Arbeitsplan ist derjenige, den ich damals für das Institut erwog. Für die Arbeiten des Instituts ist es der Aufsatz »Erforschung der Lebensbedingungen« (1979), geschrieben anläßlich der Schließung des Instituts. Als Überblick über die hier gedruckte Auswahl dient der Text »Entstehung und Zusammenhang der Aufsätze« (1981).

Der Titel »Der bedrohte Friede« bezeichnet die heutige Lage. Ich habe einen Augenblick gezögert, ihn zu wählen, um eine Verwechslung mit der Aufsatzsammlung von 1969* »Der ungesicherte Friede« zu vermeiden. Man wird aber die Bücher unterscheiden können. Die Differenz der Titel bezeichnet die weltpolitische Entwicklung in zwölf Jahren: damals war der Friede ungesichert, aber nicht akut bedroht, heute ist er bedroht.

Ich widme das Buch den Mitarbeitern des Instituts, ohne deren Initiative, Anregung und Hilfe auch der Prozeß der Bildung meines eigenen Problembewußtseins nicht so hätte verlaufen können, wie er sich hier spiegelt. Ich verweise den Leser auf

---

* Bei Vandenhoeck & Ruprecht, Göttingen.

ihre, in vielfacher Hinsicht über das von mir Geleistete hinausgehenden Arbeiten**.

Danken möchte ich den Verlagen, die den Abdruck der bei ihnen erschienenen Beiträge gestattet haben (Vandenhoeck & Ruprecht, Bruckmann, Chr. Kaiser). Dem Verlag Carl Hanser danke ich für nun mehr als zehnjährige Zusammenarbeit in ungetrübter verständnisvoller Hilfsbereitschaft.

Ich danke Frau Erika Heyn, die von 1957 bis 1970 unter den vielfachen Pflichten eines Sekretariats auch die Last der Herstellung dieser und vieler anderer Texte getragen hat. Und ich danke Frau Ruth Grosse für die Art, wie sie seitdem im Institut Arbeitslast, Sorge und Freude mit uns geteilt hat.

Starnberg, Mai 1981   C. F. v. Weizsäcker

** Zitate im Aufsatz »Erforschung der Lebensbedingungen« (1979).

I. Vorbereitung

Bemerkungen zur Atombombe*

Ich möchte hier nicht über die wissenschaftlichen und technischen, sondern über die menschlichen Fragen sprechen, die die Atombombe aufwirft oder deutlich macht. Vielleicht hat niemand mehr Anlaß, auch über diese Seite der Sache nachzudenken, als wir Physiker.

Als wir begannen, Physik zu studieren, erstrebten wir nichts als einen Einblick in die Geheimnisse der Natur. Ich erinnere mich deutlich des dankbaren Staunens, mit dem ich darüber nachdachte, daß meine Mitmenschen bereit seien, mir und meinesgleichen ein Leben zu bezahlen, das einer so nutzlosen Spielerei wie der Erforschung der Atome gewidmet sein sollte.

Heute kann unser Stand vielleicht mit mehr Recht als der Stand der Soldaten beanspruchen, den bisher größten Krieg der Weltgeschichte entschieden zu haben. Er ist ein Faktor in der Weltpolitik geworden und teilt damit die Verantwortung für Krieg und Frieden, die früher in den Händen des Politikers und des Soldaten lag. Er teilt diese Verantwortung moralisch, auch wenn sein politischer Einfluß gering zu sein scheint. Es kann und wird in der Welt nicht gleichgültig sein, was die Menschen, welche die neuen Waffen gemacht haben, über die Anwendung dieser Waffen denken. Und wenn unsere Meinung ohne Einfluß bliebe, so könnte unser Gewissen dadurch nicht zum Schweigen gebracht werden.

Wenn dies einigen unter uns zweifelhaft geblieben sein möge, so kann es ihnen nach Hiroshima und Nagasaki nicht mehr zweifelhaft sein. Heute tragen wir, und zwar jeder von uns, der geholfen hat, die Kenntnis des Atomkerns zu fördern, mit an der Schuld am Tode von 90 000 Männern, Frauen und Kindern, an der Verwundung und der Heimatlosigkeit von Hunderttausenden. Und keiner von uns kann sich der Frage entziehen, ob es durch die Arbeit, der wir unser Leben gewidmet haben, noch zu unseren Lebzeiten geschehen wird, daß nicht 90 000, sondern 90 Millionen denselben Tod erleiden.

* Unabgeschlossene Aufzeichnungen vom August 1945. Zuerst veröffentlicht München, Hanser 1981.

Wenn aber die Angst vor diesen Schrecken die Menschheit vorerst zum Frieden zwingen wird, so stellt sich uns vielleicht brennender als den meisten die Frage, ob dieser Friede eine Gestalt finden kann, die Dauer verspricht und verdient.

Ist die wissenschaftliche Entwicklung, die uns an diesen Punkt geführt hat, gut oder schlecht? Oder ist diese Frage falsch gestellt und handelt es sich nur darum, ob die moralische Entwicklung der Menschheit mit ihrer intellektuellen Entwicklung Schritt halten kann? Haben wir überhaupt ein Anzeichen dafür, daß es eine moralische Entwicklung der ganzen Menschheit gibt? Diese Fragen sind theoretisch, und wir werden sie kaum lösen können. Aber die praktische Frage läßt sich nicht zurückschieben: was sollen wir tun? Wir haben wie Kinder mit dem Feuer gespielt, und es ist emporgeschlagen, ehe wir es erwarteten.

Als es 1939 nach der Entdeckung von Hahn und Strassmann wahrscheinlich wurde, daß nun eine Atombombe würde gebaut werden können, deren furchtbare Wirkungen wir wohl besser als alle anderen Menschen abschätzen konnten, war unser kleiner, aber weltumspannender Kreis in eine Lage gebracht, der er menschlich nicht gewachsen war. Was sollen Menschen tun, die das größte Machtmittel ihrer Zeit besitzen, aber nicht die Macht, über seine Anwendung zu entscheiden? Was sollen sie tun, wenn ihnen dieses Mittel zuwächst, während die verschiedenen Nationen, denen sie angehören, in einem Krieg liegen, in dem es um Sein oder Vernichtung geht wie in diesem? Was tun sie, wenn sie Anlaß haben, daran zu zweifeln, daß die Führer des Kriegs irgendwo die Grenzen der Menschlichkeit respektieren werden, wenn ihre Verletzung einen Vorteil verspricht? Wenn der Überfall auf friedliche Nationen und der Bombenkrieg gegen Frauen und Kinder zu ihren täglichen Erfahrungen gehört? Wenn sie dazu nicht einmal erfahren können, wie sich ihre Kollegen im feindlichen Land, die oft genug ihre nächsten Freunde sind, angesichts derselben Frage verhalten?

Uns deutschen Physikern blieb die letzte Schärfe dieser Fragen in der Praxis erspart. Wir fanden keinen technisch gangbaren Weg, mit den in Deutschland verfügbaren Mitteln während des Krieges eine Atombombe herzustellen. Wir wissen heute auch, daß das Verfahren, nach dem die Bombe in Amerika wirklich hergestellt worden ist, einen Aufwand erfordert hat, der in Deutschland, zumal nach dem Beginn der großen Bombenangriffe, unmöglich gewesen wäre. Dies gilt schon auf der rein industriellen Ebene. Hinzu kommt, daß die deutschen Wissenschaftler schon seit Jahren durch politische Verdächtigungen und allerhand Unordnung so in der Arbeit behindert waren, daß auch die reine Forschung nicht den möglichen Wirkungsgrad erreichte; man wird sagen dürfen, daß das Geleistete, an den Mitteln und Hindernissen gemessen, gut war. Nach orientierenden wissenschaftlichen Untersuchungen beschränkten wir uns auf die Vorarbeiten zum Bau einer kontrollierten Atomenergie-Maschine. Die zuständigen Stellen hielten auch diese Arbeiten für wichtig genug, um eine größere Anzahl von Wissenschaftlern bis zum Ende des Kriegs mit ihnen zu beschäftigen. Dieser Gang der Ereignisse war durch die Umstände vorgeschrieben. Aber es ist sicher, daß zum mindesten viele deutsche Physiker dem Schicksal dafür dankbar waren, daß ihnen die moralische Verantwortung für den Bau einer Atombombe erspart blieb.

Den angelsächsischen Physikern ist diese Verantwortung nicht erspart geblieben. Sie haben sie auf sich genommen, vielleicht nicht mit Freude, aber im ganzen wohl im Gefühl einer unausweichlichen Pflicht. Sicher ist ihnen diese Pflicht leichter geworden durch die Überzeugung, daß dieser Krieg nicht nur ein Konflikt zwischen Nationen sei, sondern daß die Nationen, denen sie selbst angehören, zugleich die Sache der Humanität, der Zivilisation und damit schließlich auch der freien Wissenschaft verteidigten. Der Frage, ob es richtig sei, die Humanität mit derart inhumanen Mitteln zu verteidigen, haben sie sich gewiß nicht verschlossen. Vielleicht haben sie sich auch gefragt, ob man Politikern und Soldaten eine so furchtbare Macht ohne Gefahr eines künftigen Mißbrauchs anvertrauen könne – eine Macht, die der Wissenschaftler ihnen einmal schenken, dann aber nie mehr zurücknehmen kann. Wie sie diese Fragen aber auch beantworten mochten, mußten sie sich jedenfalls sagen, daß die Physiker der Welt, auch wenn sie es gewollt hätten, nicht hätten verhindern können, daß schließlich Atombomben gebaut wurden. Was sie hätten erreichen können, wenn sie weniger Energie auf die Entwicklungsarbeiten verwendet hätten, wäre wohl gewesen, daß Amerika und England in diesem Kriege die Bombe nicht mehr hätten einsetzen können. Die Verantwortung für das, was im August 1945 in Japan geschehen ist, kann von der Gruppe, die die Bombe entwickelt hat, nicht genommen werden.

In Wahrheit teilen freilich alle Wissenschaftler der Welt diese Verantwortung solidarisch. Denn sie sind alle prinzipiell in der Lage, in welche diese Gruppe in ungeheuer zugespitzter Form konkret gekommen ist. Wie verhalten wir uns zu der Macht, die wir der Menschheit zur Verfügung stellen? Es ist vielleicht gut, daß wir uns zunächst klarmachen, wie unfähig wir sind, den Mißbrauch dieser Macht zu verhindern.

In den vielen Gesprächen, die wir im Kriege über diese Fragen hatten, tauchte einmal der Gedanke auf, die Physiker jedes Landes müßten so auf ihre Kollegen in den anderen Ländern rechnen können, daß sie alle ihre jeweiligen Regierungen täuschten und ihnen das Geheimnis der Bombe vorenthielten. Dieser Gedanke ist eine Utopie, und ich nenne ihn nur, um die Unausweichlichkeit der Entwicklung zu zeigen, die wirklich eingetreten ist. Die Physiker der verschiedenen Nationen konnten nicht in dieser Weise zusammenspielen. Kein Berufsstand kann der Gesinnungen aller seiner Glieder gewiß sein, zumal wenn, wie hier, der Wunsch, der Menschheit dieses Unglück zu ersparen, mit der Sorge in Konflikt kommen mußte, es könne das eigene Land, wenn es Zeit verlöre, das erste Opfer der neuen Waffe werden. Wenn man eine Gewißheit haben konnte, so war es die, daß sich in jedem großen Land einige Physiker finden würden, welche die Bombe entwickelten. Dem Einzelnen blieb es höchstens überlassen, ob er mitwirken oder sich fernhalten oder vielleicht gar einen verzweifelten Versuch wagen wollte, den Einsatz der Waffe zu verhindern. Es wäre denkbar gewesen, daß einige Physiker den Einsatz der Bombe nicht überlebt hätten – daß sie ihn verhindert hätten, wenn die Regierungen ihn für nötig hielten, war nicht zu hoffen.

Was den Physikern für ihre Mitarbeit gewährt wurde, war ein gewisses, sehr beschränktes Maß von Einfluß, der sich im wesentlichen nicht auf die Politik, sondern nur auf ihre eigenen Angelegenheiten erstreckte. Um die Grenzen dieses Einflusses deutlich zu machen, kann man ihn in Gedanken wiederum für einen Augenblick ins Utopische übertreiben. Wären die Physiker, wie etwa die Jesuiten, ein internationaler Orden mit disziplinarischer Gewalt über ihre Mitglieder, so hätten sie vielleicht in diesem Augenblick das große politische Spiel spielen können, die Mittel der Macht gegen die Macht selbst einzutauschen. Hätten sie als diejenigen, in deren Hand die mächtigste Waffe lag, den entscheidenden Einfluß auf die Politik ihrer Länder gewinnen können, so hätten sie vielleicht der Welt den Frieden geben können, zu dem sie mehr als die meisten bereit waren. Es ist ein Glück, daß sie dieses Spiel gar nicht versuchen konnten, denn sie hätten es verloren. Die politischen Systeme und Cliquen sind zu stabil, als daß eine Handvoll Idealisten sie erobern könnte. Vor allem ist zu bedenken, daß eine Waffe, die der Physiker zwar selbst berechnen, aber nicht selbst herstellen kann, ihm gar keine wirkliche Macht gibt. In dem Augenblick aber, in der der Staat sie herstellt, ist sie nicht mehr in der Hand des Physikers, sondern des Staates.

In Wahrheit sind die Physiker heute, weil sie ein besonders wertvoller Teil der Gesellschaft geworden sind, nur zum Gegenstand besonderer staatlicher Reglementierung geworden; sie sind als Stand unfreier als je zuvor. Der einzelne Physiker, der einen Einfluß auf die Politik ausüben will, muß dazu die Mittel der Politik benützen wie jeder andere Politiker auch. Sein Beruf als Physiker gewährt ihm dafür höchstens einen gewissen sozialen Vorteil, wie etwa den des leichteren Zugangs zu einflußreichen Personen, so wie ihn in einer feudalen Gesellschaftsordnung der Adlige, in einer kapitalistischen der reiche Mann hat. Vielleicht ist die Stellung, die in der kommenden Welt die Wissenschaftler einnehmen können, am ehesten der Stellung zu vergleichen, die in religiöseren Zeiten die Priester hatten. Die Wissenschaftler sind heute die Verwalter derjenigen Wahrheit, an welche ihre Mitwelt am festesten glaubt und ohne welche sie rein praktisch nicht leben könnte. Einzelne Priester sind oft treffliche Politiker gewesen, und so werden es vielleicht einmal auch einzelne Wissenschaftler sein. Wenn aber der Priesterstand im ganzen versuchte, die politische Macht und Verantwortung zu übernehmen, so hat er damit meist der Religion mehr geschadet als der Politik genützt. Dasselbe würde für die Wissenschaftler gelten. Wenn der wissenschaftliche Beruf ein Weg zur Macht würde, so würde damit das Streben nach Wahrheit korrumpiert und die Macht nicht geläutert werden.

Aber der Wissenschaftler, der auf das Streben nach eigener Macht verzichtet, kann nicht zugleich damit die Verantwortung für die Verwertung seiner Erkenntnisse durch die Machthaber ablegen. Vielleicht ist er sogar in der neuen Gesellschaft einer der wichtigsten geistigen Träger dieser Verantwortung. So haben ja auch einst vielleicht eben die Priester und Mönche, die, fern der Macht, ihrer religiösen Überzeugung lebten, die geistige Atmosphäre geschaffen, den Glauben an das Gute wachgehalten, der allein die Ausübung der Macht mäßigte und auf sinnvolle Wege lenkte. Es ist noch nie in der Geschichte der Menschheit gelungen, den Dämon der Macht zu töten. Es fragt sich nur, welches Gegengewicht wir ihm heute entgegenstellen können.

Kriegsverhütung*

Von Ernst von Weizsäcker

Annähernd zwei Jahrzehnte meines Daseins, 1927 bis 1945, hatte ich praktisch mit der Frage der Kriegsverhütung zu tun. Ich glaube, daß es mir hierbei am Willen zu einem nützlichen Beitrag nicht fehlte. Seit dem Ausbruch des II. Weltkriegs quält es mich aber, was ich dabei versäumt habe oder anders hätte machen sollen. Und es beunruhigt mich, ob jetzt das Richtige geschieht, um den III. Weltkrieg zu verhüten.

Kriegsverhütung ist ein negativer Gedanke, früher ein Gegenstand für Philosophen und von den Praktikern belächelt. Krieg ist aber nicht mehr, was er früher war. Aus einem biologischen Vorgang hat er sich zu einem Verwüster der Menschheit und ihrer Bestimmung entwickelt. Seine Folgen sind derart, materiell, geistig und moralisch, daß ihn zu verhüten auch für den skeptischen Politiker ein vitales Gebot geworden ist.

Der Weg zur Kriegsverhütung hat, solange ich ihn verfolgen konnte, mehrere Etappen durchlaufen. In Europa lebte der Frieden zu meiner Jugendzeit vom Gleichgewicht der Kräfte, hergestellt durch einigermaßen ausgewogene Gruppen verbündeter Nationalstaaten; daher Bismarcks cauchemar des coalitions. Aus einem eingebildeten oder tatsächlichen Kraftüberschuß und aus politischem Ungeschick ging dieser Schwebezustand verloren. Das war das Ende der *I. Etappe,* 1914.

Daraufhin wurde versucht, die Nationalstaaten zu einer Dachgesellschaft für Kriegsverhütung zusammenzuschließen, zur S. d. N., zur Société des Nations (Völkerbund ist eine ungenaue Übersetzung). Das war die *II. Etappe,* 1919. Sie verfehlte ihren Zweck, u. a. weil die Nationalstaaten nicht alle teilnahmen (z. B. fehlten U.S.A.), und weil die Gesellschaft auf dem nicht allgemein vorhandenen guten Willen der Mitglieder gegründet war. Die Gesellschaft löste sich dann auch Schritt um Schritt wieder in Gruppen verbündeter Nationalstaaten auf.

* Aufzeichnung meines Vaters. Pfingsten 1950. Zuerst veröffentlicht 1981.

Etliche Staaten verließen die Gesellschaft durch Kündigung, andre wurden ihr im stillen abtrünnig. Sie war nur noch ein Schatten, als sie, 20 Jahre nach ihrer Gründung, ihre Prüfung 1939 hätte bestehen sollen.

Manche sind der Meinung, daß ein Zusammenschluß auf Grundlage der Nationalstaaten überhaupt nicht fähig sein werde, Kriege zu verhindern. Trotzdem wurde die *III. Etappe,* 1945, in Form der UNO, der »Organisation der Vereinigten Nationen«, wieder auf nationaler Basis aufgebaut. Die meisten Teilnehmerstaaten hatten der UNO beträchtliche Stücke ihrer souveränen Rechte zu opfern, während die fünf Großen, die Hauptmächte, in lebenswichtigen Fragen sich ihre souveräne Verfügung vorbehielten, im sogenannten Veto-Recht. Zwischen den fünf Hauptmächten kam es nun innerhalb der UNO zum gleichen Vorgang wie in der II. Etappe, im Völkerbund. Das Veto-Recht sprengte diese Mächte auseinander. Sie wurden – viel schneller als in der Genfer Institution – der UNO überdrüssig und bildeten wieder unter sich gegnerische Bündnisgruppen. Das Ergebnis ist, daß schon jetzt, wenige Jahre nach der Geburt, mühsame Versuche gemacht werden, die UNO am Leben zu erhalten. Zwei große Gruppen, die amerikanisch-atlantische und die asiatische, stehen sich gegenüber, Kontinent gegen Kontinent. Einen Zusammenprall beider halten viele für unvermeidlich. Soviel läßt sich also schon heute sagen, daß, *wenn* der Friede bewahrt bleibt, das Verdienst daran nicht bei der UNO zu suchen ist.

Wohin treiben wir nun auf der Suche nach einer Friedensgarantie? Wie es scheint nach einer neuen Ordnung, wiederum auf nationaler Basis, wobei, falls der friedliche Interessenausgleich versagt, das Übergewicht des jeweils stärkeren Nationalstaats nebst seinem Anhang die schwächere Gruppe niederhalten würde. Die *IV. Etappe,* die sich ankündigt, ist also die Diktatur *einer* Weltmacht. Sie würde sich durchsetzen entweder als Siegerin in einem neuen Weltkrieg oder auch – ein unsicheres Beginnen – durch den Druck ständiger Überflügelung der anderen im Rüstungswettlauf. Wahrscheinlicher ist der Fall eines neuen Weltkriegs, der aber schon in sich durch die unvermeidliche Waffenwirkung seinen Sinn in Unsinn verwandeln würde.

Anstelle eines vom Stärksten geleiteten Überstaats denken

darum manche bereits an eine ganz andre Dachkonstruktion, die man als *V. Etappe* bezeichnen könnte, nämlich an eine civitas mundi unter einer Weltregierung, abhängig von einem Weltparlament, worin die Staaten als solche aufgehen würden. Statt der bisherigen Unterteilung nach Nationen – wie in der S. d. N. oder in der UNO – würden in diesem Weltparlament nationale Verwürfelungen die Regel sein, sei es durch soziale Gruppierung der Mitglieder, wie sie im B.I.T. (Bureau International du Travail) in Genf bestand – sei es in weltanschaulicher oder sonstwie gearbeiteter Gliederung. Die eindeutige Ordnung nach Nationen wäre auf alle Fälle aufgelöst.

Da ist der Phantasie viel Spielraum gegeben, wie eine solche Weltregierung arbeiten würde. Würde sie parlamentarisch verfahren, nach Mehrheitsbeschlüssen entscheiden, die Beschlüsse durchsetzen oder so zum guten Ziele kommen können? Es liegt ja nah, daß der Streit der Interessen sich nun von der nationalen auf die soziale und weltanschauliche Ebene verlagern und daß anstelle nationaler Streitigkeiten nunmehr weltweite Klassen- und Religionskämpfe auszutragen wären. Schon heute trägt der Ost-West-Gegensatz – UdSSR contra USA – halb und halb diesen Charakter, und selbst alte nationale Demokratien sind innerhalb ihres Bereichs vor Klassenkämpfen nicht gefeit, obschon sie in der Konkurrenz mit anderen Nationalstaaten einen Mahner und Regulator haben und im Mittel des Emigrierens Unzufriedener ein Sicherheitsventil. Ein Weltüberstaat wäre dagegen konkurrenzlos, also ohne äußeren Regulator, und das Auswandern nach dem Mond ist noch nicht erfunden.

Man kann sich darum fragen, ob die Verhinderung zwischenstaatlicher Kriege – sei es durch eine Diktatur des Starken, sei es durch einen demokratischen Weltüberstaat – nicht doch ziemlich teuer erkauft wäre. Verdrängt man nicht einfach auf diese Weise die störenden Erreger, so daß diese dann im Menschheitsorganismus irgendwo weiterwuchern? Ist der Kampf, so oder so, nicht eben doch ein Stück des ewigen Prozesses von Spannung und Lösung, woraus das Leben überhaupt besteht? Allgemeine Gleichmacherei und – wie im Märchen – das Dasein glücklich und in Freuden zu genießen, das kann ja nicht der Sinn einer neuen Welt-Ära sein.

Wir dürfen es indessen getrost der Zukunft überlassen, wie

sie mit der Gefahr allgemeiner Langeweile oder auch verdrängter und weiterwuchernder aggressiver Triebe fertig wird, nachdem es einmal gelungen sein sollte, zwischenstaatliche Kriege auszuschalten. Denn auch hiervon sind wir ja noch reichlich weit entfernt. Der heutige Gleichgewichtszustand ist labil; seine Entladung wäre perniziös, ein demokratischer Weltüberstaat problematisch. Rein organisatorisch ist den Egoismen eben letzten Endes doch nicht beizukommen, ganz gewiß nicht einfach durch ihre Unterdrückung. Selbst Napoleon I., der doch von Organisation und Gewalt etwas verstand, sagte auf St. Helena im Testament an seinen Sohn: »Ich habe versucht, Europa mit Waffen zu bändigen. Wer nach mir kommt, wird es zu überzeugen haben, denn immer wird der Geist den Degen besiegen«. Nun will ich dem alten Napoleon keine moralischen Skrupel andichten. Vermutlich verstand er unter »Geist« den Kampfgeist Kämpfender und nicht den Geist von Friedensfreunden, die den Kampf überhaupt vermeiden möchten. Auf diese aber gerade kommt es an, wenn man den Krieg verhüten will. Denn letzten Endes ist jede ungehemmte Selbstsucht eine Bedrohung des Friedens.

Da wären wir also in Utopia. Denn wie könnte man jedem soviel Einsicht und soviel Selbstlosigkeit zutrauen oder anerziehen, wie ich sie hier anscheinend fordre. Aber: diese Forderung geht nicht an alle, sondern an eine tonangebende Elite. Auch fordre ich keine mönchische Selbstlosigkeit, sondern nur den Willen, die öffentliche Moral der privaten Moral soweit anzunähern, daß die ungeregelte Selbsthilfe ausgeschlossen ist, mit anderen Worten: Einigkeit gegen einen gemeinsamen abstrakten Feind, nämlich den ungehemmten Egoismus.

Das ist eigentlich nichts Neues. Dieses Bestreben gehörte schon immer zu den Gewohnheiten jeder einsichtigen Diplomatie. Die Haager Friedenskonferenzen hatten einen Hauch davon. Im Völkerbundspakt war der gleiche Gedanke inkorporiert, nämlich durch gütlichen Ausgleich die Ursachen der Konflikte zu beheben, statt gleich Gewalt gegen Gewalt zu setzen. Ähnliches findet sich in der Verfassung der UNO wieder. Am Erfolg hat es freilich bisher gefehlt.

Kriegsverhütung 27

Was nun?

Keinesfalls resignieren. Weder im Organisatorischen noch im Erzieherischen. Beide, Organisation und Erziehung, bedingen einander und müssen sich gegenseitig fördern, etwa wie Gesetz und Moral, Kirche und Religion.

Im Organisatorischen drängt sich – anstelle der oben skizzierten IV. und V. Etappe – ein neues Schema auf, und zwar nach vorhandenen Vorbildern: Erprobte Verfassungen haben zwei Kammern. Häufig sind in der Ersten die Einzelländer, die Bundesmitglieder als solche vertreten, während in der Zweiten die Abgeordneten ohne Rücksicht auf ihre engere Heimat sich nach sozialer oder weltanschaulicher Eigenart gruppieren. Im Zusammenspiel beider Kammern vollzieht sich der Ausgleich der Interessen.

Weshalb sollte ein Weltüberstaat nicht ähnlich zu ordnen sein, nämlich mit einer Gesetzgebung durch ein Landsthing und ein Volksthing, zwei Häuser, zwischen denen die Bedürfnisse der Länder, als die nationalen Wünsche einerseits und diejenigen der Klassen, Konfessionen usw. andererseits, ausgetragen werden. Warum sollen so nicht alle Interessentengruppen zu Wort kommen und nach Kräften befriedigt werden, wenn zu dieser Organisation von der anderen Seite als Korrelat noch das Erzieherische hinzukommt?

Was heißt »das Erzieherische?«

Vielleicht hilft der Schreck vor der modernen Waffenwirkung die Menschen gerade bei ihrem Egoismus packen und sie durch die Vernunft belehren, daß nur noch Selbstbescheidung nützt, daß Krieg nicht mehr lohnt, daß er sogar wahrscheinlich Selbstmord ist. So betrachtet finde ich die Entwicklung der modernen Bombenungeheuer gar kein Unglück. Ich behaupte aber nicht, daß *diese* Sebstbelehrung völlig ausreicht. Es muß noch etwas anderes hinzukommen, und da weiß ich als ultima ratio nichts als das Gesetz der Nächstenliebe.

Eine billige Redensart behauptet, dieses Gesetz habe sich in 2000 Jahren nicht durchgesetzt, es sei gescheitert. Für uns hier genügt es, wenn eine führende Minderheit sich daran hält. Freilich, wer jeden Fortschrittsglauben ablehnt, wird auch da nur lächeln. Er mag dann ohne Hoffnung bleiben.

Meine Lebenserfahrung ist eine andere. Auf einem so wesentlichen und zugleich so schwer zugänglichen Gebiet wie dem der Kriegsverhütung darf man sein Wollen nicht einengen nach Erkenntnis und Vernunft. Man darf da vor dem Irrationalen nicht Halt machen, sondern muß es einbeziehen. Diese Lehre habe ich mir erst nachträglich gebildet und hätte es früher tun sollen. Das kann ich wohl mein Lebensunglück nennen.

In der Auflehnung gegen den Krieg habe ich versucht, den Weg der nüchternen Sachlichkeit zu gehen. Das war ein Fehlschlag. Der Erfolg aber entscheidet.

Was ich hätte tun sollen, war, das Unmögliche zu versuchen. Bleibt ein solcher Einsatz vergeblich, so ist er doch das packendere Vorbild für die Zukunft. Am nachhaltigsten förderte noch immer der seine Überzeugung, der sich ihr ganz opferte.

Damit bin ich wieder am Anfang der Betrachtung. Wer so denkt, muß sich dazu bekennen.

Erklärung der 18 Atomwissenschaftler vom 12. April 1957*

Die Pläne einer atomaren Bewaffnung der Bundeswehr erfüllen die unterzeichneten Atomforscher mit tiefer Sorge. Einige von ihnen haben den zuständigen Bundesministern ihre Bedenken schon vor mehreren Monaten mitgeteilt. Heute ist die Debatte über diese Frage allgemein geworden. Die Unterzeichneten fühlen sich daher verpflichtet, öffentlich auf einige Tatsachen hinzuweisen, die alle Fachleute wissen, die aber der Öffentlichkeit noch nicht hinreichend bekannt zu sein scheinen.

1. Taktische Atomwaffen haben die zerstörende Wirkung normaler Atombomben. Als »taktisch« bezeichnet man sie, um auszudrücken, daß sie nicht nur gegen menschliche Siedlungen, sondern auch gegen Truppen im Erdkampf eingesetzt werden sollen. Jede einzelne taktische Atombombe oder -granate hat eine ähnliche Wirkung wie die erste Atombombe, die Hiroshima zerstört hat. Da die taktischen Atomwaffen heute in großer Zahl vorhanden sind, würde ihre zerstörende Wirkung im ganzen sehr viel größer sein. Als »klein« bezeichnet man diese Bomben nur im Vergleich zur Wirkung der inzwischen entwickelten »strategischen« Bomben, vor allem der Wasserstoffbomben.

2. Für die Entwicklungsmöglichkeit der lebenausrottenden Wirkung der strategischen Atomwaffen ist keine natürliche Grenze bekannt. Heute kann eine taktische Atombombe eine kleinere Stadt zerstören, eine Wasserstoffbombe aber einen Landstrich von der Größe des Ruhrgebiets zeitweilig unbewohnbar machen. Durch Verbreitung von Radioaktivität könnte man mit Wasserstoffbomben die Bevölkerung der Bundesrepublik wahrscheinlich heute schon ausrotten. Wir kennen keine technische Möglichkeit, große Bevölkerungsmengen vor dieser Gefahr sicher zu schützen.

* Sog. „Göttinger Erklärung". Veröffentlicht am 12. April 1957.

Wir wissen, wie schwer es ist, aus diesen Tatsachen die politischen Konsequenzen zu ziehen. Uns als Nichtpolitikern wird man die Berechtigung dazu abstreiten wollen; unsere Tätigkeit, die der reinen Wissenschaft und ihrer Anwendung gilt und bei der wir viele junge Menschen unserem Gebiet zuführen, belädt uns aber mit einer Verantwortung für die möglichen Folgen dieser Tätigkeit. Deshalb können wir nicht zu allen politischen Fragen schweigen. Wir bekennen uns zur Freiheit, wie sie heute die westliche Welt gegen den Kommunismus vertritt. Wir leugnen nicht, daß die gegenseitige Angst vor den Wasserstoffbomben heute einen wesentlichen Beitrag zur Erhaltung des Friedens in der ganzen Welt und der Freiheit in einem Teil der Welt leistet. Wir halten aber diese Art, den Frieden und die Freiheit zu sichern, auf die Dauer für unzuverlässig, und wir halten die Gefahr im Falle des Versagens für tödlich.

Wir fühlen keine Kompetenz, konkrete Vorschläge für die Politik der Großmächte zu machen. Für ein kleines Land wie die Bundesrepublik glauben wir, daß es sich heute noch am besten schützt und den Weltfrieden noch am ehesten fördert, wenn es ausdrücklich und freiwillig auf den Besitz von Atomwaffen jeder Art verzichtet. Jedenfalls wäre keiner der Unterzeichneten bereit, sich an der Herstellung, der Erprobung oder dem Einsatz von Atomwaffen in irgendeiner Weise zu beteiligen.

Gleichzeitig betonen wir, daß es äußerst wichtig ist, die friedliche Verwendung der Atomenergie mit allen Mitteln zu fördern, und wir wollen an dieser Aufgabe wie bisher mitwirken.

Fritz Bopp
Max Born
Rudolf Fleischmann
Walther Gerlach
Otto Hahn
Otto Haxel
Werner Heisenberg
Hans Kopfermann
Max v. Laue

Heinz Maier-Leibnitz
Josef Mattauch
Friedrich-Adolf Paneth
Wolfgang Paul
Wolfgang Riezler
Fritz Strassmann
Wilhelm Walcher
Carl Friedrich Frhr. v. Weizsäcker
Karl Wirtz

Die Atomwaffen*

Ein Hauptproblem für den Naturwissenschaftler und Techniker, der verantwortlich handeln will, ist seine Verflochtenheit in gesellschaftliche, in wirtschaftliche und politische Zusammenhänge. Er will wohl Leben fördern und nicht gefährden; aber erlaubt es ihm die Struktur der Welt, in der er lebt?

Die Atomwaffen sind das größte Beispiel dieser Verstrickung.

Für einen Marsmenschen, der ohne Kenntnis dessen, was wir Politik nennen, die letzten 12 Jahre der Erdenmenschheit von außen betrachtet hätte, wären die Atombomben wahrscheinlich der schlagende Beweis für den infantilen Charakter der technischen Zivilisation auf der Erde: Nicht einmal, wenn es an ihr eigenes Leben geht, können sie das Spielen lassen.

Wir Erdenmenschen freilich wissen es besser. Wir sind Realisten. Wir wissen: Außenpolitik und Krieg haben ihre ewigen Gesetze, daran ändern auch die Atomwaffen nichts. Im sicheren Bewußtsein von der Unabänderlichkeit der menschlichen Natur stürmen wir dem dann ebenso unabänderlich über uns verhängten Untergang entgegen.

Oder wollen wir uns wehren?

Auch die Verzweiflung ist eine unverantwortliche Handlungsweise; darum ist es auch die Panikmache. Die Verantwortung des Wissenschaftlers und des Bürgers beginnt dort, wo er einem solchen Schicksal gegenüber zum ruhigen und entschiedenen Handeln bereit ist. Zum Handeln ist Kenntnis nötig. Ich will versuchen, Ihnen den Stand des Atombombenproblems zu schildern, so gut ich ihn kenne. Ich beginne mit der Vorgeschichte.

Vielfach stellt man sich die Atomphysik als eine Wissenschaft vor, die jahrzehntelang fieberhaft nach dem Schlüssel zur technischen Verwertung der Energie in den Atomen gesucht hätte, bis sie ihn endlich in der Uranspaltung fand. Nichts

---

* Aus dem Vortrag »Die Verantwortung der Wissenschaft im Atomzeitalter«, gehalten auf der Mitgliederversammlung des Verbandes Deutscher Studentenschaften, 29. April 1957 in Bonn.

kann falscher sein. Die Uranspaltung war eine ungesuchte, unerwartete, rein wissenschaftliche Entdeckung. Ich glaube auch, daß nur Menschen, denen es nicht um die Anwendung ging, den Weg zur Atomenergie finden konnten. Ganz neue Zusammenhänge entdeckt nicht das Auge, das auf ein Werkstück gebeugt ist, sondern das Auge, das in Muße den Horizont absucht.

Hahn und Straßmann veröffentlichten ihre Entdeckung im Januar 1939. Veröffentlichung gilt in der Wissenschaft als Pflicht; sie bedeutet, daß man seine Ansichten der Kontrolle der Kollegen unterwirft. *Nach* der Veröffentlichung wurde mehreren Forschern auf der Welt gleichzeitig die technische Anwendbarkeit klar. Mit einem Schlag wußten im März 1939 vielleicht 200 Wissenschaftler in allen großen Ländern, daß nun wahrscheinlich Atombomben möglich sein würden, aber auch von Atomkraft getriebene Maschinen. Was sollten sie tun?

Im engen Kreis wurde bei uns in Deutschland dasselbe diskutiert wie in Amerika: ob Geheimhaltung die Menschheit noch vor diesen Bomben schützen könne. Tatsächlich war es schon zu spät. Vielleicht wäre es nicht zu spät gewesen, wenn eine weltweite und ausnahmslose Verständigung der Physiker zustande gekommen wäre. Zu einem Schritt von solcher politischer Tragweite waren wir nicht vorbereitet.

Im Krieg blieb den deutschen Physikern die letzte Härte der Entscheidung erspart. Wir erkannten, daß wir keine Bomben machen konnten. Wir waren glücklich darüber. Andererseits überschätzten wir die Schwierigkeit und unterschätzten die Hilfsmittel Amerikas. So glaubten wir, auch auf der Gegenseite werde man keine Atombomben machen. Das war ein folgenschwerer Irrtum; denn sonst hätten wir wohl die äußerste Anstrengung gemacht, dem Westen klarzumachen, daß wir keine Bomben bauten.

Tatsächlich haben in Amerika die Physiker durchgesetzt, daß die Bombe gebaut wurde, weil sie fürchteten, Deutschland baue Atombomben. Der Krieg gegen Deutschland war zu Ende, ehe die erste Atombombe fertig war. Unter den Physikern erhoben sich Stimmen – ich erinnere an den Franck-Report –, die vor dem Abwurf der Bombe auf Japan warnten. Die

Entscheidung der politischen und militärischen Führung fiel für den Abwurf auf Hiroshima, um den Krieg rasch zu beenden und beiden Seiten ungeheure weitere Opfer zu ersparen.

Ich wünsche, daß Ihnen klar ist, daß ich über diese Vorgänge keine moralischen Urteile fälle. Das steht mir nicht zu. Alle Mitspieler dieses schrecklichen Stücks haben nicht nur im Bewußtsein, sondern unter dem schweren Druck der auf ihnen lastenden Verantwortung gehandelt. Amerika führte einen Krieg für die Freiheit, die eigene Freiheit und die Freiheit der Welt. Durfte, mußte man zu den schrecklichen Waffen, die es gab, diese noch schrecklichere hinzufügen? Man wählte den einfacheren Weg, als man sich entschloß, die Bombe zu bauen, und als man sich entschloß, sie abzuwerfen. Immer wieder hat man auch später den einfacheren Weg gewählt. Ich glaube aber, die Weiterentwicklung hat gezeigt, daß man einmal diesen einfacheren Weg verlassen muß. Das heißt aber, daß man das ganze politisch-militärische Konzept verlassen muß, innerhalb dessen dieser Weg der einfachere ist. Denn wie will man sonst einen anderen Weg durchhalten?

Nach dem Krieg kam es zu Verhandlungen zwischen den zwei übriggebliebenen Weltmächten. Amerika schlug eine internationale Atombehörde vor mit alleinigem Verfügungsrecht über Atomwaffen und mit Kontrollgewalt. Für die Sowjetunion schien das unannehmbar; denn sie sah im Eisernen Vorhang die Garantie ihrer Sicherheit. Die Sowjetunion schlug eine Vernichtung aller Atomwaffen vor. Den Vereinigten Staaten schien das unannehmbar; denn sie sahen in ihrer atomaren Überlegenheit die Garantie ihrer Sicherheit. Inzwischen welkte diese Überlegenheit dahin. Die Russen brachten im August 1949 ihre erste Atombombe zur Explosion.

Wieder setzte sich der einfachere Weg durch: Amerika und Rußland entwickelten die Wasserstoffbombe. Seitdem hat man zum erstenmal in der Weltgeschichte eine Waffe, die ganze Völker ausrotten kann.

Es mag paradox erscheinen, daß gerade diese Waffe zunächst eine weltpolitische Entspannung herbeiführte oder erleichterte. Aber hier zeigte sich gerade den Staatsmännern der Großmächte die Wahrheit dessen, was ich vorhin so ausgedrückt habe: Die Bomben erzwingen eine Veränderung des ganzen politisch-militärischen Konzepts. Das ungeheuer Gefährliche des heutigen Zustands ist nur, daß das neue Konzept noch nicht wirklich gefunden ist, oder daß man sich zu ihm nicht wirklich entschließt. In der Suezkrise wollten beide Weltmächte den Frieden, und sie erzwangen ihn durch die Drohung mit dem großen Krieg. Was wäre geschehen, wenn eine leichtfertige Handlung irgendeiner Seite die Weltmächte genötigt hätte, diese Drohung wahrzumachen? Zudem hat diese Drohung zwar vorerst den Frieden gewahrt, aber sie hat keines der brennenden Probleme des Nahen Ostens gelöst.

Soviel für heute von der Weltsituation. Nun wende ich mich unseren eigenen Angelegenheiten zu. Seit 1945 hatten wir Deutschen keinen Einfluß auf die Entwicklung der Atomrüstung. Als die Wasserstoffbombe neu war, haben sich deutsche Forscher maßgebend an dem sogenannten Mainauer Manifest der Nobelpreisträger, einer internationalen Erklärung fast aller Nobelpreisträger der Physik, beteiligt, die vor diesen lebenausrottenden Waffen warnten. Die Wirkung in der Welt war gering. Es gab viele Sympathiekundgebungen, und die Atomrüstung ging weiter.

Im Herbst 1956 wurde uns deutschen Atomforschern klar, daß erste Vorbereitungen getroffen wurden, die Bundeswehr atomar auszurüsten. Diese Vorbereitungen hielten sich ohne Zweifel im Rahmen der bestehenden Verträge. Sie blieben in der Ebene der bloßen Planung. Keiner von uns wurde aufgefordert, Atomwaffen zu bauen. Aber um so unheimlicher war uns der Vorgang. Hätte man von uns verlangt, Atomwaffen zu bauen, so hätten wir durch eine Weigerung etwas erreichen können. Wie aber, wenn die Bundeswehr erst nur die Abschußgeräte für Atomwaffen erhält und später eines Tages die Bomben und Granaten selbst, von ausländischer Produktion? Wenn wir überhaupt der Meinung waren, die Bundeswehr solle nicht atomar ausgerüstet werden, so mußten wir jetzt einen Schritt tun.

Aber waren wir dieser Meinung? Hier sind zwei Dinge getrennt zu betrachten: unsere spontane Reaktion und unser politisches Urteil.

Unsere spontane Reaktion war völlig klar. Ich habe zusätzlich zu den Kollegen, die schließlich die Erklärung der Acht-

Die Atomwaffen

zehn unterzeichnet haben, viele junge Physiker gefragt und habe stets dieselbe Antwort bekommen. Einen fragte ich rein hypothetisch: »Was tun Sie, wenn man Sie in ein paar Jahren bittet, auf dem Reißbrett eine Atombombe zu entwerfen?« Er: »Ich weigere mich.« Ich: »Und wenn Sie Ihre Stelle verlieren?« Er: »Dann verliere ich sie.« Ich: »Und wie begründen Sie Ihre Weigerung?« Er: »Einmal ist Schluß.« Einmal ist Schluß, das ist unser aller spontanes Empfinden.

Aber wir wissen zwischen spontanem Empfinden und politischen Notwendigkeiten zu unterscheiden. Wir haben lange, lange über die möglichen politischen Folgen eines Schrittes von uns diskutiert. Da sich heute auch die Öffentlichkeit mit Recht für diese Frage interessiert, möchte ich sagen, wie wir selbst unsere Möglichkeit zu politischen Urteilen einschätzen. Politik ist eine Kunst, und jede Kunst bewährt sich im Detail. Wie man von Woche zu Woche, von Jahr zu Jahr weiterkommt, wem man trauen kann, wem nicht, wo man nachgeben muß, wo drücken – all das versteht am besten, wer auf Grund natürlicher Begabung und Neigung den politischen Beruf gewählt hat und in ihm langjährige Erfahrung gesammelt hat. Es gibt aber außerdem einige allgemeine Wahrheiten, gleichsam Randbedingungen aller Politik. Zu ihnen gehören in unserer technischen Welt insbesondere technische Tatsachen. Und da sich die technischen Tatsachen heutzutage rasch ändern, trauen wir uns über sie und ihre Wirkungen auf die Politik ein Urteil zu, das dem der berufsmäßigen Politiker vielleicht nicht nachsteht. Worauf es ankäme, wäre die gegenseitige Ergänzung beider Erfahrungsbereiche. Daher haben wir das Gespräch mit den Politikern und das mit der Öffentlichkeit gesucht.

Ich möchte Ihnen nun unsere politischen Überlegungen schrittweise auseinandersetzen.

Zunächst schien und scheint uns noch immer rein politisch klar, daß eine atomare Bewaffnung einzelner Nationalstaaten, wie Frankreich, Deutschland, Schweden, ein Unglück für die Welt und für die betreffenden Nationen selbst wäre. Auf wen fallen solche Bomben im Ernst, wenn nicht aufs eigene Land? Wie kann man sicherer im Fall eines Konflikts die Bomben der Großmächte auf sich herabziehen, als durch den Besitz eigener Atomwaffen? Ferner: Wie lange würde es dauern, bis dann auch Syrien, Israel und Ägypten Atomwaffen hätten? Es ist absurd, zu denken: »Wir sind friedliebend und müssen die Atomwaffen haben, um die Unruhestifter im Zaum zu halten.« Die sogenannten Unruhestifter werden sich bemühen, dieselben Waffen zu bekommen, und wer wird sie hindern? Und wer von uns weiß, an welchem Tag er selbst als Unruhestifter dastehen wird? Es scheint uns, daß die Großmächte ein dringendes Interesse daran haben, jetzt, solange noch Zeit ist, die atomare Ausrüstung kleiner souveräner Staaten um des Weltfriedens willen zu verhindern. Wir glauben daher, daß ein kleiner Staat sich und dem Weltfrieden dient, wenn er auf Atomwaffen, die seiner souveränen Verfügung unterstehen, ausdrücklich und freiwillig verzichtet.

Dieser erste Teilaspekt stand uns vor Augen, als wir im November 1956 an Herrn Minister Strauß einen Brief schrieben, dem am 29. Januar 1957 ein ausführliches und sehr lebhaftes Gespräch mit ihm folgte. Sachlich erfuhren wir von ihm zu unserer Beruhigung, daß auch die Bundesregierung eine deutsche Atomrüstung unter nationaler Souveränität ablehnt. Damit war klar, daß wir unseren damaligen Brief an ihn, der sich eben gegen die nationalsouveräne Atomrüstung Deutschlands wandte, nicht veröffentlichen konnten. Zu unserer Beunruhigung erfuhren wir, daß Minister Strauß eine große atomare Aufrüstung der europäischen NATO für notwendig und für eine sichere Garantie des Friedens und der Freiheit hielt.

Wenn ich unsere Stimmung nach diesem Gespräch kennzeichnen soll, muß ich sagen: Wir verließen den Minister, zum Schweigen gebracht, aber nicht überzeugt.

Ich muß mich nun dem zweiten Aspekt unserer politischen Frage zuwenden. Ist die große atomare Rüstung des Westens eine Garantie des Friedens und der Freiheit? Es wäre sehr schön, wenn sie es wäre. Dann wüßten wir, was wir zu tun haben. Aber ich behaupte, und das ist das wichtigste, was ich heute sage: Sie ist es nicht. Sie schützt uns auf die Dauer gar nicht.

Dies möchte ich durch drei Sätze erläutern: Die großen Bomben erfüllen ihren Zweck, den Frieden und die Freiheit zu schützen, nur, wenn sie nie fallen. Sie erfüllen diesen Zweck auch nicht, wenn jedermann weiß, daß sie nie fallen werden.

Die Atomwaffen

Eben deshalb besteht die Gefahr, daß sie eines Tages wirklich fallen werden.

Sie erfüllen ihren Zweck nur, wenn sie nie fallen. Bei den alten Waffen gab es eine Aussicht, einen Krieg siegreich zu überleben. Mit ihnen zu drohen hieß, mit einer ausführbaren Handlung zu drohen. Mit den H-Bomben kann man, bei der Möglichkeit des sofortigen Gegenschlags, nur drohen, wenn man bereit ist, selbst sogleich mit dem Gegner zugrunde zu gehen. Eine Drohung aber, die nur um den Preis des eigenen Untergangs eingelöst werden kann, ist gar keine Drohung. Wenn jeder weiß, daß diese Bomben nicht fallen werden, so sind sie so gut wie nicht vorhanden. Die Gefahr für uns alle liegt also darin, daß die Besitzer der Bomben, um mit ihnen überhaupt drohen zu können, bereit sein müssen, sie wirklich zu werfen. Die ehrliche Beteuerung des eigenen Friedenswillens rettet sie aus diesem Dilemma nicht. Die Hoffnung, man werde jede künftige Krise so abfangen können, wie die Suezkrise gerade noch abgefangen wurde, scheint mir nicht besser begründet als die Meinung, man könne auf die Dauer im Roulette gewinnen.

Erlauben Sie mir noch einen anderen Vergleich. Die beiden großen Mächteblöcke, die sich mit diesen Waffen gegenseitig bedrohen, erinnern mich an ein Spiel, das angeblich amerikanische Studenten gelegentlich spielen: Zwei Autos – am besten möglichst alte – fahren mit höchster Geschwindigkeit genau aufeinander los. Wer zuerst bremst, hat verloren. Hoffentlich bremst einer zuerst oder, wenn die Ehre es so gebietet, beide zugleich.

Ganz besonders gefährdet sich meiner Überzeugung nach der Westen, wenn er seinen Schutz ausschließlich auf die Drohung mit der größten Waffe stützt; denn dadurch wird er politisch völlig unelastisch. Hat der Westen nur noch Wasserstoffbomben und keine hinreichenden konventionellen Waffen, so wird sein östlicher Gegenspieler sich auf eine Kette so kleiner Übergriffe beschränken, daß keiner von ihnen die Entfesselung des thermonuklearen Inferno motivieren kann. Würde ein Regierungssturz im Nahen Osten, würde eine Revolte in Afrika, würde die wirtschaftliche Erwürgung von Westberlin den Westen zum Einsatz der H-Bombe veranlassen können? Die Alles-oder-Nichts-Theorie ist für Waffen so falsch, wie sie stets im Leben falsch ist. Wenn aber Atomrüstung und konventionelle Waffen zusammen zu teuer sind – und sie sind es für Rußland wie für uns – so drängt schon wirtschaftliche Notwendigkeit zur Abrüstung großen Stils.

Wir blieben also beunruhigt. Die Gefahr, mit einer öffentlichen Erklärung den Osten zu ermutigen, kannten wir genau. Die östlichen Beifallshymnen zu unserer Erklärung haben uns nicht überrascht. Durfte diese Rücksicht uns davon abhalten, die Wahrheit, so wie wir sie zu sehen glauben, wenigstens einmal öffentlich zu sagen? Es ist das Große der westlichen Freiheit, daß sie das Aussprechen der Wahrheit erlaubt. Und ich glaube, selbst wenn das gelegentlich taktische Nachteile mit sich bringt, ist gerade dies auch auf die lange Sicht die politische Stärke des Westens; denn er vermag sich infolge dieser Freiheit selbst zu korrigieren. Eines, was uns so viele freundliche Zuschriften in den letzten zwei Wochen nachgerühmt haben, haben wir gar nicht so sehr gebraucht: bürgerlichen Mut. Das ist das Verdienst der freiheitlichen Ordnung, in der wir leben und zu der wir stehen. Wenn wir Mut gebraucht haben, dann höchstens zu der Konsequenz, auf eine Waffe, die wir mehr als eine Gefahr denn als einen Schutz ansehen müssen, zu verzichten.

Auf die konkreten Anlässe, die uns schließlich dazu brachten, die Erklärung zu veröffentlichen, brauche ich nicht näher einzugehen. Hingegen möchte ich Ihnen vor dem Hintergrund alles bisher Gesagten den gedanklichen Aufbau unserer Erklärung so erläutern, wie wir es vor 12 Tagen im Gespräch mit dem Bundeskanzler auch getan haben. Abgesehen von der notwendigen Information über die Wirkung der Atomwaffen enthält die Erklärung politische Überlegungen, in denen drei Gedanken stecken, die nicht ausdrücklich ausgesprochen sind.

Erstens: Der Westen schützt seine eigene Freiheit und den Weltfrieden durch die atomare Rüstung auf die Dauer nicht; diese Rüstung zu vermeiden ist in seinem eigenen Interesse ebenso wie in dem des Ostens.

Zweitens: Die Mittel der Diplomatie und des politischen Kalküls reichen offenbar nicht aus, dieser Wahrheit Geltung zu verschaffen; deshalb müssen auch wir Wissenschaftler reden und sollen die Völker selbst ihren Willen bekunden.

Drittens: Wer glaubwürdig zur atomaren Abrüstung raten

Die Atomwaffen 39

soll, muß überzeugend dartun, daß er selbst die Atombombe nicht will.

Nur dieser dritte Satz bedarf noch eines weiteren Kommentars. In der Schrecksekunde nach der Veröffentlichung unserer Erklärung wurde uns von prominenter Seite vorgeworfen, wir hätten uns an die falsche Adresse gewandt; wir hätten einen Appell an unsere Kollegen in der ganzen Welt richten sollen. Diesen Vorwurf halte ich für ein Mißverständnis. Daß die große Welt nicht auf Appelle hin abrüstet, haben wir erlebt. Wir hatten uns dorthin zu wenden, wo wir eine direkte bürgerliche Verantwortung haben, nämlich an unser eigenes Land; mögen die Bürger anderer Länder dann in ihren Ländern dasselbe tun, wenn sie es für richtig und möglich halten. Folgt hieraus eine internationale Initiative zur Abrüstung, so werden wir sie freudig unterstützen. Deshalb mußten wir auch insbesondere öffentlich sagen, daß keiner von uns persönlich bereit wäre, Bomben zu machen, zu erproben oder anzuwenden. Damit war nicht impliziert, man habe uns um so etwas gebeten. Damit war vielmehr gesagt: Niemand wird uns darum je mit Erfolg bitten können. Wir sind als Privatpersonen bereit, die Folgen einer solchen Weigerung zu tragen. Was nun die Staaten betrifft, so glauben auch wir nicht, daß eine der Großmächte heute einseitig auf die Atomwaffen verzichten wird. Ein kleines Land aber kann das tun, und unsere Meinung ist, unsere eigene Heimat, Deutschland, solle das tun.

Die Besorgnis der Bundesregierung bezog sich auf die Gefährdung des westlichen Verteidigungsgürtels, also der NATO, durch einen einseitigen und vorzeitigen deutschen Verzicht auf Atomwaffen. Wir kommen damit zum Thema des Gesprächs, zu dem der Herr Bundeskanzler einige von uns dann alsbald eingeladen hat.

Das wichtigste an diesem Gespräch war für uns Wissenschaftler ohne Zweifel der tiefe Eindruck, den wir bekommen haben, von der Stärke der Sorge des Bundeskanzlers vor der Atomrüstung in der Welt, von der Aufrichtigkeit seines Strebens nach Abrüstung. Der Unterschied seiner Auffassung von der unsrigen war, daß er in dem harten politischen Handel um eine Abrüstung, die unsere Freiheit nicht zum Opfer bringt, in einem einseitigen deutschen Verzicht eine Vorausleistung sieht, die der Gegner nicht honorieren, sondern zum Anlaß erhöhten Drucks nehmen werde. Diese Überlegung ist konsequent im politischen Kalkül. Aber es ist nicht zu leugnen, daß unsere Erklärung hervorgegangen ist aus dem Glauben, daß mit dem politischen Kalkül allein die Welt vor der atomaren Selbstvernichtung nicht zu retten ist, und daß es Dinge gibt, die nicht zum Gegenstand politischen Kalküls gemacht werden dürfen. Wenn dieser Unterschied bestehen bleibt, so wäre doch meiner Überzeugung nach nichts falscher, als ihn heute zu einer Kluft zu erweitern. Im Gegenteil, der Bundeskanzler hat eine außenpolitische Initiative zur atomaren Abrüstung angekündigt, und wir können nichts dringender wünschen als einen Erfolg dieser Initiative. Was wir zu ihrem Erfolg beitragen können, tun wir mit Freuden.

Ich möchte hier, ein wenig ex tempore, eine Bemerkung zu der letzten russischen Atomnote an die Bundesregierung einschalten, von der heute die Morgenpresse voll war. Ich finde es bedauerlich, daß die Sowjetregierung uns diese Note geschickt hat. Wenn der Sowjetregierung wirklich an einer atomaren Abrüstung liegt – und ich glaube, daß ihr daran liegt –, so schadet sie diesem Vorhaben mit Noten wie dieser. Denn auch wenn in der Note steht, sie sei nicht als Drohung gemeint, so muß der Sowjetregierung klar sein, daß sie als Drohung verstanden wird. Es ist aber zweierlei, ob wir in der Bundesrepublik und überhaupt im Westen uns zur atomaren Abrüstung bereitfinden, weil wir sie wünschen, oder weil wir einer Drohung nachgeben. Wir dürfen den Russen glauben, daß sie die Atomwaffen entwickelt haben, weil sie sich bedroht fühlten; wir dürfen ihnen das schon deshalb glauben, weil gerade sie andere Mittel haben, ihre politischen Ziele zu erreichen als einen Weltkrieg. Sie müssen aber auch einsehen, daß es gerade die Furcht vor ihnen ist, die im Westen die Atomrüstung immer weiter vorantreibt. Deshalb sind russische Drohnoten Wasser auf die Mühlen jener Toren im Westen, die aus Angst vor den Russen den atomaren Selbstmord vorbereiten. Ich glaube nicht, daß die Sowjetunion daran interessiert sein kann.

Inhaltlich ist zur Abrüstung einiges zu sagen. Sie muß kontrolliert sein. Atomare Abrüstung an sich wird den Russen willkommener sein als dem Westen; denn sie haben noch viele andere Waffen und Machtmittel. Die Kontrolle wird dem Westen willkommener sein als den Russen; denn der Westen meint den Blick der Kontrolle weniger scheuen zu müssen. Ob es dazu kommen wird, beides gegeneinander auszuhandeln, muß die Zukunft zeigen. Einige technische Hilfen dafür verdienen genannt zu werden.

Das erste ist: Man kann und sollte die *Versuche* mit Atomwaffen sofort aufgeben. Der Appell Albert Schweitzers klingt jedem von uns im Ohr. Gibt man aber die Versuche auf, so ist ein erster Schritt getan. Der Weiterentwicklung der Waffen wird ein Hemmschuh angelegt. Dann wird es leichter, auf sie zu verzichten.

Das zweite: *Wie* wird kontrolliert? Es ist Sache der Physiker und Techniker, eine möglichst schonende und doch effektive Art der Kontrolle auszuarbeiten.

Das dritte: *Wer* kontrolliert? Wäre hier nicht die Lebensaufgabe der Vereinigten Nationen?

Schließlich ist zu sagen, daß die atomare Abrüstung nicht allein im leeren Raum stehen kann. Eine Reduktion der konventionellen Waffen, die Stabilisierung einer Friedensordnung muß sie begleiten. Wir dürfen ja nicht gebannt wie das Kaninchen auf die Kobra nur auf diese eine Gefahr starren. Einleitend sagte ich, das Atom sei für unser Zeitalter symbolisch. Wir haben nicht die Aufgabe, es aus unserer Welt wieder zu verbannen; das wäre unmöglich. Wir haben an ihm zu lernen, was wir überhaupt ändern müssen, sonst überfällt uns dieselbe Gefahr binnen kurzem in verwandelter Gestalt. Nur die Atomwaffen abschaffen zu wollen, um im übrigen wieder Krieg führen zu können wie bisher, das wäre so, als wollte man morgens den Wecker zum Fenster hinauswerfen, damit man nicht aufwachen muß.

Soviel zur heutigen Lage. In abstrakten Begriffen ausgedrückt habe ich Ihnen nichts gegeben als ein etwas ausgeführtes Beispiel zum Problem »Mensch und Plan«. Der politisch-militärische Plan, um unsere Freiheit zu schützen, entfaltet in den großen Atomwaffen eine Eigenmächtigkeit, die den Menschen zu vernichten droht. Der Mensch muß die Distanz zu diesem Apparat gewinnen; d. h. hier, er muß auf seine Anwendung verzichten. Das scheint ganz leicht, ist aber sehr schwer. Es verlangt, den ganzen Plan – das ganze Konzept, wie ich sagte – zu ändern. Die äußerste Anstrengung des Menschlichen im Menschen ist nötig, um uns zu diesem Entschluß zu bringen. Noch ist ungewiß, ob es gelingen wird.

Mit der Bombe leben*

Die gegenwärtigen Aussichten einer Begrenzung der Gefahr eines Atomkriegs

Vorbemerkung. Den konkreten Anlaß für den nachfolgenden Bericht bildet eine Reise nach USA, Kanada und England, die ich im März und April 1958 gemacht habe. Ich habe mit einer Reihe von westlichen Experten des technischen, militärischen und politischen Bereichs gründlich sprechen können. Auf der zweiwöchigen »zweiten Pugwash-Konferenz« in Lac Beauport bei Quebec hatte ich zudem Gelegenheit, die Meinungen und Reaktionen sowjetischer Wissenschaftler mit einiger Ausführlichkeit kennenzulernen.

Ich gestehe, daß mich die Form der öffentlichen Debatte über die Atomrüstung, die ich in der Bundesrepublik bei meiner Rückkehr vorfand, erschreckt hat. Es scheint mir, daß, wenigstens im Durchschnitt, beide Seiten auf der Grundlage geringer Kenntnis der Tatsachen emotional argumentieren. Kaum ein Verhalten kann so gefährlich sein wie dieses. Müßte nicht echte politische Leidenschaft zunächst den Wunsch erzeugen, so genau wie möglich informiert zu sein? Ich bin mir bewußt, daß ich das Problem nicht in seiner ganzen Kompliziertheit durchschaue. Aber es scheint mir nun doch richtig, das Bild von den Tatsachen, das ich mir habe machen können, zur Diskussion vorzulegen. Ich versuche nicht, einen eigenen Lösungsversuch vorzutragen, sondern nur dasjenige Material zu geben, ohne dessen Kenntnis, wie mir scheint, kein Lösungsversuch beurteilt werden kann. Um die Fragen scharf zu stellen, muß ich dabei freilich mehrfach meine persönlichen Ansichten aussprechen; ich versuche sie dann stets als solche ausdrücklich zu kennzeichnen.

Die heutige deutsche Atomdebatte erscheint für den aus dem Ausland Zurückgekehrten in verwirrender Weise vereinfacht. Die eine Seite sagt: »Damit auf uns keine Atombomben fallen, dürfen wir sie selbst nicht haben.« Die andere Seite sagt: »Da-

---

* Erschienen in der ZEIT, Mai 1958.

mit auf uns keine Atombomben fallen, müssen wir sie selbst haben.« Höchstens eine der beiden Seiten kann recht haben, aber es ist denkbar, daß beide Seiten unrecht haben; denn es ist nicht sicher, daß diese Alternative das Problem überhaupt richtig stellt.

Wir müssen das Problem vor allem im Rahmen der Weltlage sehen. Ich werde daher drei Teile dieses Berichts der Weltlage widmen und erst im vierten auf die deutschen Fragen kommen.

I. Das Problem der Abrüstung

1. Große Abrüstung. Eine der Hoffnungen, die Gefahr des Atomkriegs abzuwenden, ist die Hoffnung auf eine große Abrüstung, welche die Atomwaffen selbst abschaffen würde. Diese Hoffnung halte ich in der heutigen Weltlage für illusorisch.

Die Sowjetunion hält an der These fest: Die Atomwaffen sollen geächtet, die vorhandenen Bestände zerstört und die Materialien friedlichem Gebrauch zugeführt werden.

Die westlichen Mächte halten an der These fest: Abrüstung muß alle Waffengattungen betreffen und durch effektive Kontrollen garantiert sein.

Die beiden Thesen widersprechen einander logisch nicht. Trotz mancher Versuche, einander entgegenzukommen, ist es aber nie gelungen, sie einander in der vorgeschlagenen konkreten Reihenfolge der Schritte hinreichend anzunähern. Es scheint mir, daß die Annäherung gewisse, vielleicht wichtige Einschränkungen der Rüstung und des eventuellen Gebrauches der Waffen herbeiführen kann, aber – solange sich die Weltlage nicht grundlegend ändert – nicht eine große Abrüstung. Das Argument hierfür ergibt sich aus folgendem Für und Wider:

Für den sowjetischen Vorschlag führen seine Anhänger an, daß er die unmittelbare Gefahr unmittelbar angreift. Wenn es keine Atomwaffen gibt – so sagen sie –, kann es keinen Atomkrieg geben. In dieser Einfachheit des Arguments liegt seine große politische Stärke. Der Westen muß darauf gefaßt sein, durch seine Ablehnung in der öffentlichen Meinung der ganzen Welt eine dauernde schwere Einbuße zu erleiden, sowohl bei seinen Freunden wie insbesondere bei den nicht festgelegten Nationen. Es war mir eindrucksvoll, zu sehen, wie naiv auch prominente Angehörige östlicher Nationen den sowjetischen Vorschlag moralisch und politisch als den einzig vertretbaren ansahen.

Gegen den sowjetischen Vorschlag spricht in den Augen des Westens zweierlei. Erstens ließe er die Sowjetunion und China mit weit überlegenen konventionell bewaffneten Armeen zurück. Zweitens hält man Kontrollen für unerläßlich und vermißt sie in dem Vorschlag. Die Sowjetunion versichert, daß sie keinen Krieg beginnen wird. Kritische Betrachter im Westen sind gerne bereit, die Ehrlichkeit dieser Versicherung, jedenfalls bezüglich des großen Krieges gegen die Westmächte, anzuerkennen. Sie fürchten aber, die Überlegenheit der kommunistischen Mächte in konventionell ausgerüsteten Armeen und vielleicht in unkontrollierten Atomwaffen würde ihnen erlauben, eine Politik der Expansion mit Drohungen zu betreiben, ohne zum tatsächlichen Krieg schreiten zu müssen.

Der Vorschlag des Westens: die Abrüstung solle alle Waffengattungen umfassen, sucht beiden Bedürfnissen Rechnung zu tragen. Die konventionelle Überlegenheit des Ostens könnte, theoretisch gesehen, auch durch eine konventionelle Aufrüstung des Westens ausgeglichen werden. Wirtschaftliche Gründe schließen diesen Weg aber praktisch aus. Sind die technischen Voraussetzungen einmal geschaffen, so ist Atomrüstung sehr viel billiger als eine konventionelle Rüstung von vergleichbarer Schlagkraft. Man erwartet im Westen nicht, Parlamente zu finden, die die Kosten einer großen konventionellen Rüstung bewilligen. Grundsätzlich spricht für den westlichen Vorschlag die Tatsache, daß die Atomwaffen nur die deutlichste Erscheinungsform des modernen Krieges sind. Es ist wohl denkbar, daß ein langer Krieg mit konventionellen Waffen nicht geringere Verwüstungen anrichten würde als ein kurzer Atomkrieg. Darum sucht der westliche Vorschlag den Krieg überhaupt auszuschalten, und nicht nur den Atomkrieg.

Gegen den westlichen Vorschlag spricht für die Russen wohl in erster Linie die Forderung der Kontrolle. Im Westen ist die Ansicht verbreitet, die Ablehnung von Kontrollen verrate die Absicht, einen Abrüstungsvertrag heimlich brechen zu wollen.

Sicher scheint mir, daß, auch wenn diese Absicht überhaupt nicht bestünde, ein umfassender internationaler Kontrollapparat aus rein innerpolitischen Gründen vom Sowjetsystem als nahezu unerträglich empfunden würde.

Hält man alle anderen Schwierigkeiten für überwindbar, so zieht sich das Problem der großen Abrüstung auf die Frage zusammen, ob eine Form der Kontrolle möglich ist, die zuverlässig genug ist, um den Westen zu befriedigen, und hinreichend begrenzt, um der Sowjetunion annehmbar zu sein. Eine solche Kontrolle ist beim heutigen Stand der Technik unmöglich. Es ist zwar in weitem Umfang möglich, Atombombenversuche festzustellen und, mit größeren Schwierigkeiten, wohl auch die Produktion von Atomwaffen zu kontrollieren. Versteckte Lager schon vorhandener Atomwaffen aufzufinden, ist technisch so gut wie unmöglich.

Die Abschaffung der Atomwaffen ist also nach heutiger technischer Kenntnis erst in einem Zeitpunkt zu erwarten, in dem die Mächte bereit sind, einander ohne Kontrolle zu trauen, oder in dem es nur noch eine Macht geben wird. Zugespitzt sagen manche Betrachter: die Abschaffung der Atomwaffen wird wohl erst stattfinden, wenn sie nicht mehr nötig sein wird. Der amerikanische Physiker Szilard, der sich besonders intensiv um die Sicherung gegen den Atomkrieg bemüht, drückt dies so aus: Unser Problem ist nicht, wie wir die Bombe loswerden, sondern wie wir mit ihr zu leben lernen.

Es sei mir erlaubt, hier eine mehr grundsätzliche persönliche Bemerkung anzufügen. Man könnte vielleicht hoffen, durch eine unerwartete technische Erfindung das Problem der Kontrolle zu lösen oder zu umgehen. Heute sieht das nicht wahrscheinlich aus, doch überraschende Entdeckungen sind stets möglich. Mir scheint aber, daß man damit nur durch einen Zufall dem eigentlichen Problem unserer Zeit an dieser einen Stelle entginge, um ihm an anderen Stellen wieder zu begegnen. Die Atomwaffen sind nur eine besonders deutliche Manifestation jeder auf Wissen gegründeten Macht, die der Mensch heute gewonnen hat. Selbst wenn er auf den Gebrauch einzelner Formen dieser Macht – wie im Zweiten Weltkrieg auf das Giftgas – ganz oder zeitweise verzichtet, so verzichtet er damit nicht auf das Wissen, dem diese Macht entstammt. Wir müssen also lernen, mit diesem Wissen und der aus ihm fließenden Macht zu leben.

Die technische Vernunft fordert, daß man nicht alles tut, wozu man technisch fähig ist. Wer sein Auto im städtischen Straßenverkehr mit Höchstgeschwindigkeit fährt, benimmt sich untechnisch und wird mit Recht bestraft. Der soeben ausgesprochene Satz deutet zwei Probleme an: ein organisatorisches und ein moralisches. Das organisatorische: Eine Regelung des Straßenverkehrs mußte ersonnen und eingeführt werden, die angibt, was jeder tun darf und was nicht; etwa wie schnell jeder fahren darf, damit alle so schnell wie möglich ungefährdet ans Ziel kommen. Das moralische: Obwohl es an sich nicht unmoralisch ist, mit 100 Kilometer je Stunde zu fahren, ist es doch unmoralisch, weil unverantwortlich, dies auf einer unübersichtlichen verkehrsreichen Straße zu tun; wer es tut, wird mit Recht verurteilt.

Die Bewegung gegen die Gefahren des Atomkriegs, die heute in unserem Volk wie in vielen anderen entstanden ist, hat sich naturgemäß zunächst der moralischen Seite des Problems zugewandt. Wer Völker oder die Menschheit durch einen Atomkrieg dezimieren oder vielleicht vernichten würde, hätte verbrecherisch gehandelt, einerlei, wie verständlich die Motivkette gewesen sein mag, die ihn bis zu dieser Konsequenz gebracht hätte. Das zu wissen, ist unerläßlich. Aber damit ist das organisatorische Problem, das sich der großen Politik stellt, noch nicht gelöst. Es handelt sich darum, politische Formen zu finden, in denen eine Menschheit leben kann, die weiß, wie man Atomwaffen macht.

2. Rüstungsbeschränkung. Wenn die Hoffnung auf eine große Abrüstung illusorisch ist, so bleibt die Frage, ob eine Rüstungsbeschränkung möglich ist. Rüstungsbeschränkung kann einen direkten und einen indirekten Nutzen haben. Direkt kann sie gewisse akute Teilgefahren vermindern oder ausschalten. Indirekt kann sie für umfassendere Lösungen das Klima vorbereiten und in ihnen spezielle Sicherungen ermöglichen. Soviel ich sehen kann, ist dieser indirekte Nutzen der wichtigere. Ich werde im vorliegenden Abschnitt die technischen Möglichkeiten einer Rüstungsbeschränkung besprechen und die umfassenderen Lösungen in den späteren Abschnitten behandeln.

Die wichtigsten Formen der Beschränkung atomarer Rüstung, über die ich habe sprechen hören, sind
a) Einstellung der Atombombenversuche
b) Verhinderung der Ausbreitung der Atomrüstung auf weitere Länder
c) Einstellung der Produktion von Atomwaffen.

a) Einstellung der Tests. Das Thema einer Einstellung der Atombombenversuche steht in Amerika seit längerem im Vordergrund des Interesses. Die Meinung sowohl der Öffentlichkeit wie der Experten ist tief gespalten. Als die Russen die einseitige Einstellung ihrer Tests bekanntgaben, erfuhr ich die unmittelbaren Reaktionen eines führenden amerikanischen Diplomaten und eines führenden amerikanischen Waffenfachmannes. Beide waren zutiefst deprimiert und besorgt. Der Diplomat hatte seit langem für die Einstellung der amerikanischen Tests gekämpft, der Waffenfachmann gegen sie. Der Diplomat war in diesem Augenblick überzeugt, Amerika werde auch jetzt mit den Tests fortfahren, der Waffenfachmann war überzeugt, sie würden eingestellt. Der Diplomat sah in dem, was er fürchtete, den Verlust einer sehr wichtigen Schlacht im Kalten Krieg wegen der Wirkung auf die öffentliche Meinung der ganzen Welt. Der Waffenfachmann sah in dem, was er befürchtete, die Gefahr, wegen unzureichender Abwehrfähigkeit den Kalten Krieg überhaupt zu verlieren. Einerlei, wer von ihnen recht hat – ihre Reaktion zeigt eine entscheidende momentane Schwäche der Vereinigten Staaten: das Fehlen einer entschlossenen Führung oder einer wohldefinierten Politik.

Das Ziel der amerikanischen Tests ist jetzt vor allem die Entwicklung sauberer Bomben und »kleiner« Atomwaffen. Über den Zweck dieser Waffen und damit der Tests folgen Ausführungen in Teil II meiner Abhandlung. Abgesehen von diesem leitenden militärischen Gesichtspunkt werden in der Diskussion über die mögliche Testeinstellung folgende Fragen erörtert: die Kontrollmöglichkeit, der mögliche politische Vorteil der Einstellung und die Gefahren des radioaktiven Niederschlags.

Eine effektive Kontrolle der Testeinstellung setzt nach jetziger Auffassung ein Netz von Beobachtungsstationen in den zu kontrollierenden Ländern voraus. Eine Schätzung lautet, man werde weniger als 10 Stationen in den Vereinigten Staaten und etwa 25 Stationen in der Sowjetunion brauchen. Tests über der Erdoberfläche gelten als feststellbar. Unterirdische Tests von sehr kleinen Bomben (je nach der Dichte des Netzes unter einer bis 10 Kilo-Tonnen TNT-Äquivalent – zum Vergleich: die Hiroshima-Bombe entspricht etwa 15 Kilo-Tonnen) würden nicht mehr sicher von Erdbeben zu unterscheiden sein. Die Mehrheit, aber keineswegs die Gesamtheit der amerikanischen Experten schien bereit, dieses Risiko in Kauf zu nehmen.

Der politische Vorteil einer vereinbarten Testeinstellung wird einerseits darin gesehen, daß hier überhaupt ein Punkt gefunden sei, über den man sich einigen könne, andererseits darin, daß sie die Kontrolle der Produktion von Atomwaffen durch dritte Mächte sehr erleichtern würde. Über den realen Wert einer »Einigung um der Einigung willen« bestehen natürlich Meinungsdifferenzen; er wird entscheidend davon abhängen, welche weiteren Schritte der Einigung folgen können. Einige Anhänger der Meinung, die Weiterentwicklung sauberer und kleiner Waffen sei (im Interesse der ganzen Welt) unerläßlich, schlagen vor, alle weiteren Tests in voller Öffentlichkeit unter Kontrolle der Vereinten Nationen auszuführen.

Hinsichtlich der Gefahren der Radioaktivität ist die vorübergehende Verseuchung der Nachbarschaft des Versuchsorts vom langfristigen weltweiten Niederschlag zu unterscheiden: Ein Teil der Radioaktivität geht in wenigen Tagen nach dem Versuch in einer Umgebung des Versuchsortes nieder, die einige 100 km weit reicht. Ein anderer Teil gelangt in die Stratosphäre und regnet zum Teil in Wochen, zum Teil erst in vielen Jahren auf der ganzen Erde langsam herab.

Die japanischen Fischer wurden seinerzeit vom Niederschlag in der bei den größten H-Bomben sehr weit ausgedehnten Nachbarschaft des Versuchsortes getroffen. Fachleute haben, wie ich erfuhr, seinerzeit in Voraussicht dieser Gefahr auf Abhaltung dieser größten Versuche in der Antarktis gedrungen, haben sich aber nicht durchgesetzt. Für die weniger radioaktiven und kleineren Bomben, denen jetzt das Testprogramm vor allem gilt, dürfte dieses Problem leichter lösbar sein; neue klare Fälle von solcher Schädigung sind mir nicht bekannt geworden.

Der weltweite Niederschlag stellt ein eigentümliches wissenschaftlich-moralisches Problem. Daß die Tests (anders als ein großer Atomkrieg) die Menschheit, als ganze betrachtet, nicht ernstlich gefährden, wird von keinem Kenner des vorliegenden Materials bestritten. Sofern eine öffentliche Panik entstanden ist, die dies befürchtet, ist sie unbegründet. Daß einzelnen und vielleicht vielen Menschen durch sie Leiden und vorzeitiger Tod gebracht wird, ist sehr wohl möglich. Einige Fachleute schätzen, daß die Radioaktivität, über die ganze Erde verteilt, im Jahre etwa 20000 Todesfälle an Leukämie und Knochentumoren verursachen wird – zusätzlich zu den mehr als zwei Millionen Menschen, die im Jahre ohnehin an Krankheiten dieser Art sterben. Doch gehen die Schätzungen noch um Faktoren bis zu 10 auseinander, und es gibt ernsthafte Wissenschaftler, die für möglich halten, daß überhaupt keine Schäden dieser Art auftreten. Diese Zahlen bleiben also unter 1 Prozent der Todesfälle an denselben Krankheiten, die ohne Tests schon auftreten, und damit unter der Grenze individueller und wohl auch statistischer Feststellbarkeit der Krankheitsursache.

Noch schwerer ist das Maß der Schädigung des Erbguts festzustellen. Übereinstimmung besteht, daß sie erheblich unter der Schädigung durch die Röntgendiagnostik bleibt, und noch weiter unter der ungewollten Vermehrung der vorhandenen Erbänderungen durch die Medizin selbst, welche Menschen lebens- und fortpflanzungsfähig erhält, die in früheren Zeiten jung gestorben wären. Die meisten Mutationen bedeuten Schädigungen und insofern individuelles Leiden. Ihre mögliche Rückwirkung auf die Entwicklung der Menschheit bleibt heute der Spekulation überlassen.

Während über die Zahlen selbst nur geringfügiger Streit ist, gehen die Meinungen über die Bedeutung dieser Zahlen weit auseinander und spiegeln meinem Eindruck nach vorzugsweise die ohnehin bestehende politische Überzeugung ihrer Träger wider. Wer in der Atomrüstung ohnehin eine Gefahr für die Menschheit sieht, wird das zusätzliche Leiden, das die Tests, seiner Überzeugung nach sinnlos, in der Welt verbreiten, sehr stark empfinden und wird die Tests schon deshalb für moralisch unverantwortbar ansehen. Wer die Tests zum Schutz unserer ganzen Lebensordnung für nötig hält, wird dazu neigen, die Opfer, die sie – er wird sagen: vielleicht – fordern, für sehr gering und für unvermeidlich anzusehen; er kann mit subjektivem Recht darauf hinweisen, daß wir zu Verteidigungskriegen, die viel größere Opfer fordern, bereit sind und daß die Menschheit die viel größeren Opfer des Straßenverkehrs und die wohl ebenfalls sehr viel größeren Schädigungen der Gesundheit durch Industrieabgase ohne Panik in Kauf nimmt. Er wird auch darauf hinweisen, daß die künftigen Versuche mit kleinen und sauberen Bomben weniger Radioaktivität verbreiten werden als die bisherigen. Die Unmöglichkeit, sich oder die Mitmenschen durch irgendeine Vorsichtsmaßnahme zu schützen, macht freilich alle diese Vergleiche ungenau. Da ich selbst an Bombenversuchen keinesfalls Anteil nehme, maße ich mir ein moralisches Urteil über die entgegenstehenden Meinungen nicht an.

b) Verhinderung der Ausbreitung der Atomrüstung auf weitere Länder. Dieses Problem soll erst unter III besprochen werden. Es ist evident, daß ein weltweites Testverbot die Kontrolle der Produktion von Atomwaffen sehr erleichtern würde. Auch durch reisende Kommissionen wäre eine solche Kontrolle wohl möglich. Man muß es also als technisch möglich ansehen, ein Verbot der Produktion in dritten Ländern durch Kontrolle zu garantieren. Der Import von Kernsprengstoff aus besitzenden in nichtbesitzende Länder ist vielleicht schwerer zu kontrollieren. Jedenfalls scheint es aber, daß die Weltmächte die Verbreitung der Waffen auf weitere Länder unterbinden können, wenn eine Weltvereinbarung darüber getroffen wird, die die Weltmächte selbst einzuhalten gewillt sind.

c) Einstellung der Produktion von Atomwaffen. Dies wäre ein möglicher zweiter größerer Schritt nach einer Einstellung der Tests. Es ist denkbar, daß die hierfür erforderlichen Kontrollen von Fabriken, Bergwerken und so weiter unter gewissen Umständen für die Sowjetunion akzeptabel sein könnten. Sofern keine Vernichtung der existierenden Lager von Atomwaffen damit verbunden ist, kann die Zustimmung der Weltmächte zu diesem Vorschlag nur erwartet werden, wenn beide die bestehenden Lager für ihre militärischen Bedürfnisse als genügend ansehen.

Sofern die Produktionseinstellung nicht ebenfalls nur als »Einigung um der Einigung willen« angestrebt wird, kann sie daher wohl nur als Mittel zur Stabilisierung einer umfassenderen Ordnung betrachtet werden. Sie würde den Rüstungswettlauf beenden. Dies setzt voraus, daß eine beiden Weltmächten annehmbare Ordnung gefunden ist, in der beide weder durch Angst vor dem Gegner noch durch machtpolitische Ziele zum weiteren Rüstungswettlauf veranlaßt sind. Die Produktionseinstellung ist also wohl selbst in einer optimistischen Beurteilung der Zukunft kein ganz nahe vor uns liegendes Ziel. Bei der Erwägung größerer Ordnungsschemata ist es aber wertvoll zu wissen, daß der Einstellung der Produktion nicht dieselben Kontrollschwierigkeiten entgegenstehen wie der Abschaffung der Lager.

II. *Die abgestufte Abschreckung*

Der Name *graduated deterrence* (abgestufte Abschreckung) bezeichnet eine militärpolitische Auffassung, die in den letzten Jahren immer mehr Gewicht gewonnen hat. Ich möchte nach meinen jetzigen Eindrücken die Vermutung wagen, daß sie, vielleicht in einer abgewandelten Form, die Militärpolitik der Vereinigten Staaten in der nahen Zukunft entscheidend beeinflussen wird. Daher scheint es mir wichtig, daß wir uns mit ihren Grundgedanken rechtzeitig vertraut machen.

In jeweils etwas abgewandelter Form wird sie vertreten von H. A. Kissinger, R. Leghorn, E. Teller in USA und von Sir A. Buzzard in England. Mit Ausnahme von Kissinger bin ich mit jedem der Genannten mehrere Tage in intensiven Gesprächen zusammen gewesen. Ich versuche nicht, die Auffassung eines von ihnen in den Einzelheiten wiederzugeben, sondern zeichne nur das Bild der Grundgedanken, so wie es sich mir eingeprägt hat. Ich ordne sie hier als eine Folge von Thesen an, die nachher im einzelnen erläutert werden sollen:

1. Die große Abrüstung ist bis auf weiteres nicht zu erwarten.
2. Die Existenz der großen Bomben macht den großen Krieg sehr unwahrscheinlich.
3. Sie schützt jedoch nicht vor kleineren Aggressionen, also auch nicht vor dem langsamen Verlust des Kalten Krieges.
4. Der Westen muß gerüstet sein, begrenzte Kriege mit begrenzten Waffen auszufechten.
5. Eben diese Bereitschaft für begrenzte Kriege macht auch diese Kriege in wachsendem Maße unwahrscheinlich.
6. Die Abschaffung des Krieges überhaupt ist das angestrebte Ziel. Sie ist Voraussetzung, nicht Folge der Abrüstung.
7. Sie erfordert außer der abgestuften Abschreckung noch vielfachen anderen politischen und moralischen Einsatz.

1. Unwahrscheinlichkeit der großen Abrüstung. Diese These ist im vorigen Kapitel bereits erläutert worden.

2. Unwahrscheinlichkeit des großen Kriegs. Der große Krieg wird mehr und mehr selbstmörderisch für jeden, der ihn führt. Ich möchte diese These etwas mehr ins einzelne gehend erläutern: Sie beruht auf der Überzeugung, daß es auch einer Weltmacht nicht möglich ist, einen durch die Luft vorgetragenen Angriff einer anderen Weltmacht in der Luft nahezu vollständig abzufangen, sondern daß stets eine genügende Anzahl von schmutzigen Wasserstoffbomben oder -Raketenköpfen durchkommen wird, um mindestens die städtische Bevölkerung zum weit überwiegenden Teil zu vernichten. Mittel, einen solchen Angriff vorzutragen, sind heute sehr hoch und sehr tief fliegende Flugzeuge sowie Raketen mittlerer Reichweite, die von Basen auf dem Land und auch von U-Booten aus abgefeuert werden können. Die Fachleute scheinen zu erwarten, daß sowohl in Rußland als auch in Amerika in wenigen Jahren transkontinentale Raketen für einen solchen Angriff in genügender Zahl verfügbar sein werden.

Auch die Möglichkeit, durch einen Überraschungsangriff den Überfallenen am Gegenschlag zu hindern, wird als gering und wohl als ständig geringer werdend bewertet. Raketen brauchen keine großen Flugplätze; ihre Basen können schwer auffindbar und schwer zerstörbar gemacht werden. Die heutigen mit flüssigem Treibstoff betriebenen Raketen brauchen etwa zehn Stunden, bis sie startbereit sind. Raketen mit festem Treibstoff, die praktisch momentan einsatzbereit sind, werden für die Zukunft erwartet.

Teller vermutet, durch Bunkerbau werde auch ein solcher Angriff überstehbar werden können. Diese Meinung wird von vielen anderen Experten nicht geteilt. Jedenfalls scheint der Gedanke schon durch die außerordentlichen Kosten und die große öffentliche Abneigung gegen solche Maßnahmen von der Verwirklichung bis auf weiteres ausgeschlossen zu sein. Auch Teller legt heute, wie es scheint, auf diese Möglichkeit kein entscheidendes Gewicht. Ebenso ist die Erfindung einer Waffe, die die Raketen in der Luft sicher abschießt, vielleicht nicht ausgeschlossen, gilt aber nicht als wahrscheinlich.

Demnach wird in wenigen Jahren die ganze Welt für die Raketen der Großmächte ohne die Möglichkeit direkter Verteidigung offen daliegen. Die Großmächte suchen sich vor dieser Drohung durch einen möglichen Gegenschlag zu sichern.

Man bezeichnet diesen Zustand als das Patt (Stalemate) der großen Waffen. Als ein vielleicht tröstliches Element enthält er voraussichtlich ein natürliches Ende des Rüstungswettlaufs. Kann ich meinen Gegner einmal totschießen, so nützt es ihm nichts, wenn er mich indessen fünfmal totschießen kann. Diese Grenze der sinnvollen Rüstungen ist jedoch verbunden mit einer völligen Abkehr von der im Europa des 18. und 19. Jahrhunderts traditionell gewordenen, aber viel älteren Ethik der Kriegführung, welche den Einsatz der Waffe nur gegen den Waffenträger billigt. In diesem Endzustand ist die Mannschaft, die die Waffe abschießt, kaum verletzlich; mögliches Ziel der Raketen ist, etwas überspitzt gesagt, alles andere im Feindesland außer den Raketenbasen. Eben darum aber ist die Zerstörung dieser erreichbaren Ziele militärisch sinnlos; sie schützt nicht vor dem Gegenschlag. Der einzige unmittelbare militärische Sinn der Waffe ist die Abschreckung des Gegners vom Gebrauch derselben Waffe.

Konsequentes Durchdenken dieser in der Weltgeschichte neuen Lage scheint zu dem Schluß zu führen, daß eine einzige Macht im Besitz dieser Waffen die Welt beherrschen könnte, während zwei Mächte in ihrem Besitz kaum einen denkbaren vernünftigen Anlaß haben könnten, diese Waffen gegeneinander zu verwenden. Die Hoffnung meldet sich, im Patt der großen Waffen den Garanten eines dauerhaften Weltfriedens gefunden zu haben.

Ich habe im vergangenen Jahr sehr viele Kenner der Weltlage gefragt, wie groß sie die Wahrscheinlichkeit einschätzen, daß es in den nächsten zehn oder zwanzig Jahren zum großen Krieg kommen werde. Die Antworten variierten zwischen 3 v. H. und 60 v. H., mit einem Schwerpunkt bei 20 v. H. Diese letzte Zahl von 20 v. H. würde auch etwa mein eigenes Gefühl ausdrücken. Die Schätzung steht im Widerspruch zu der Erwartung, das Patt garantiere den Frieden. Dieser Widerspruch bezeichnet den Abstand zwischen der Rationalität, mit der Waffen konstruiert und ihre Gebrauchsweisen angegeben werden, und der irrationalen Weise, mit der wirkliche Menschen sich in der Welt, in der es diese Waffen gibt, wahrscheinlich verhalten werden.

Im einzelnen kann man die Schätzung wohl so erläutern: Die Wahrscheinlichkeit, daß eine der Weltmächte den großen Krieg ohne Anlaß vom Zaun bricht, ist, sofern wir die technischen Verhältnisse richtig beschrieben haben, so gut wie Null. Eine echte, wenngleich geringe Kriegsgefahr liegt wohl in der Möglichkeit eines technischen Versagens, etwa einer voreiligen Reaktion auf falsche Meldungen des Warnsystems. Weitaus die größte Gefahr dürfte aber darin liegen, daß die vielen Probleme der Welt, die nicht den möglichen großen Krieg der beiden Weltmächte betreffen, durch den Frieden des Patt nicht gelöst sind. Manche von ihnen enthalten Stoff für eine bis zur Explosion ansteigende Spannung. Daher müssen wir uns jetzt ihnen zuwenden.

3. *Kleine Aggression und Kalter Krieg.* Habe ich zur Verteidigung nur eine Waffe, die, wenn sie losgeht, zugleich mit dem Angreifer auch mich tötet, so kann eine solche Waffe paradoxerweise mein Leben besser schützen als mein Eigentum: Wer mich ermorden will, wird fürchten, daß ich, wenn mein Leben ohnehin verloren ist, die Waffe benutzen werde, um ihn mit in den Tod zu nehmen; daher kann ihn die Waffe abschrecken. Wer meine Brieftasche stehlen will, wird sich sagen, daß mir

mein Leben lieber ist als meine Brieftasche; die Waffe wird ihn weniger abschrecken als den Mörder. Hat er recht mit seiner Vermutung, so verliere ich die Brieftasche. Hat er unrecht, so verliere ich mit ihm das Leben.

Die heute noch in der westlichen Verteidigungspolitik dominierende Theorie der massiven Vergeltung (»massive retaliation«) entspricht dem Versuch, mit der selbstmörderischen Waffe Diebe abzuwehren. Das englische Weißbuch kündigt auch gegen einen mit konventionellen Waffen vorgetragenen Angriff den Gegenschlag mit Wasserstoffbomben an. Ich habe mir die Experten, die ich gesehen habe, nicht nach ihren Meinungen ausgesucht, die ich meist gar nicht im voraus kannte; so ist es vielleicht nicht ohne Bedeutung, daß unter ihnen keiner war, der diese Politik verteidigt.

Diese Politik hat in großen Teilen der westlichen Völker selbst, die sie doch schützen will, so neuerdings vor allem in England, eine Welle des Widerstandes wachgerufen. In diesem Widerstand mischen sich starke moralische Kräfte mit dumpfer Angst. In der gesamten außereuropäischen Welt ist die Reaktion, soviel ich sehen kann, vielleicht weniger artikuliert, aber ganz überwiegend negativ. Während die Verteidiger dieser Politik dazu neigen, den Widerstand als »emotional« abzutun, argumentieren ihre Kritiker so:

Gehen wir, wie es gerade die Anhänger der Politik der massiven Vergeltung tun, davon aus, daß der Weltkommunismus eine ständig aggressive Politik betreibt, und nehmen wir dann Theorie und Praxis des Kommunismus genau in Augenschein, so finden wir, daß der Kommunismus sich kaum eine Situation so sehr wünschen kann wie das Patt der großen Waffen. Seiner Doktrin nach wird die Weltrevolution nicht durch einen Weltkrieg zum Sieg geführt, sondern durch Wirtschaftskrisen und innerpolitischen Umsturz; und die Herrschaft der vollzogenen Revolution wird garantiert durch innenpolitische Diktatur. Der Krieg kommt in diesem Kampf vor als die gewaltsame Gegenwehr des untergehenden Kapitalismus, und darum muß die kommunistische Welt auf ihn gerüstet sein. Wenn das Patt der großen Waffen den großen Krieg praktisch ausschließt, so hat der Kommunismus freie Bahn zur Welteroberung in kleinen Stücken. Er kann eine der Positionen seiner Gegner nach der anderen »abknabbern«, in so kleinen Bissen, daß keiner für die Westmächte ein Anlaß ist, um dessentwillen sie bereit sein werden, den selbstmörderischen Krieg wirklich zu beginnen. Der Kommunismus wird den Kalten Krieg gewinnen, indem er die Drohung mit den großen Waffen als Bluff enthüllt.

Ich hatte mir diese Argumentation, wie es gewiß viele Leute getan haben, schon ohne näheren Kontakt mit den Vertretern der Lehre von der abgestuften Abschreckung klargemacht und habe sie nun aus deren Munde Schritt für Schritt deduzieren gehört. Man sagte mir: »Wenn Ihnen in Deutschland die atomare Rüstung gekoppelt mit der Lehre der massiven Vergeltung angeboten worden ist, so konnten Sie gar nicht anders handeln als sie ablehnen.« Der weitere Schluß war jedoch dann nicht die Verwerfung der Atomrüstung, sondern die Forderung, für begrenzte Kriege gerüstet zu sein.

4. Bereitschaft zum begrenzten Krieg. Alle kriegerischen Aktionen seit 1945 waren begrenzt: Korea, Indochina, Ungarn, Suez, Algier. Die Begrenzung ist dreifach: im Territorium, in den Zielen und in den Mitteln der Kriegführung. Die Lehre der abgestuften Abschreckung fordert, zur begrenzten Abwehr jedes begrenzten Angriffs die jeweils erforderlichen Waffen bereitzustellen und die Entschlossenheit zu ihrem Einsatz dem Gegner von vornherein bekanntzugeben. Sie hält unter gewissen Umständen den begrenzten Einsatz von Atomwaffen für nötig und möglich.

Ich bespreche in diesem Kapitel den militärischen, in Kapitel III den politischen Aspekt. Für das zum Teil kontroverse militärische Detail bin ich fachlich nicht vorgebildet; ich glaube aber die allen Auffassungen gemeinsamen Grundzüge darstellen zu können.

Nach der gemeinsamen Auffassung aller Vertreter dieser Lehre (bis auf einen bemerkenswerten Vorschlag von Szilard, den ich aber hier nicht erörtern will) sollen die großen Waffen zwar vorhanden sein, aber nicht verwendet werden. Sie sollen lediglich die Pattstellung festlegen, die Drohung mit ihrem Einsatz als Vergeltungsschlag soll also den Gegner daran hindern, von seinen großen Waffen Gebrauch zu machen. Sie werden mit dem »Gold in Fort Knox« verglichen, das die amerikanische Währung deckt, ohne je ausgezahlt zu werden. Dies würde nach Ansicht mancher Autoren es dem Westen, sobald die kleineren Waffen in hinreichender Zahl vorhanden sind, möglich machen, sich feierlich zu verpflichten, die großen Waffen nie zu gebrauchen, es sei denn, sie würden vom Gegner zuerst gebraucht.

Bestünde nun die Bereitstellung für begrenzte Konflikte nur in konventionell bewaffneten Verbänden, so träte gegenüber dem bisherigen Zustand keine Änderung ein. Nach Ansicht aller Experten ist aber eine hinreichend schlagkräftige und vielseitige konventionelle Ausrüstung zu teuer, um ernstlich aufgebaut werden zu können. Das Argument für die Verwendung von Atomwaffen auch im begrenzten Krieg ist, wie so oft das Argument für eine stärkere Waffe, wirtschaftlicher Natur; angesichts der Budgetprobleme aller Demokratien scheint dieses Argument zwingend. (Ich bemerke ausdrücklich, daß hier noch nicht von Deutschland, sondern von Amerika und allenfalls von einer später näher zu erläuternden NATO-Rüstung die Rede ist.) Tatsächlich stellt sich die amerikanische – und sicher auch die russische – Armee seit einigen Jahren schon auf taktische Atomwaffen um.

Dieser Gedanke stößt auf zwei eng verwandte Einwände. Der erste direkte Einwand ist: Alle Atomwaffen sind Massenvernichtungsmittel und ungeeignet, einen Krieg mit begrenzten Zielen und Mitteln zu führen. Der zweite, indirekte Einwand besagt: Selbst wenn man mit einem begrenzten Einsatz »kleiner« Atomwaffen beginnt, wird man unweigerlich beim totalen Krieg mit den größten Waffen enden.

Den ersten Einwand bezeichnen die Vertreter der hier geschilderten Lehre als einfach falsch. Sie verweisen etwa auf folgende Tatsachen: Das Gebiet, das eine Bombe von ca. 15 Kilo-Tonnen TNT-Äquivalent (also die Hiroshima-Bombe) zerstört, ist zehn bis zwanzig Quadratkilometer groß. Für eine mittelgroße Stadt ist das vernichtend. Einige Bomben dieser Art, an sorgfältig ausgewählten Stellen im Land eingesetzt, können jedoch feindliche Panzer- und Truppenansammlungen zersprengen und würden dabei im Land selbst nicht mehr Schaden anrichten als ein länger hingezogener Stellungskrieg. Ebenso kann ein solcher Sprengkopf, von einer Rakete in die Höhe von zehn Kilometern getragen, eine feindliche Luftflotte vernichten, ohne auf dem Erdboden Gebäude zu zerstören. Das bloße Vorhandensein dieser Waffen in der Hand einer Armee wird also den Gegner an allen größeren Zusammenballungen hindern; einen in losem Verband vorgehenden Feind aber kann man dann selbst mit ziemlich primitiven Waffen, die zum Teil auch einer Volksmiliz in die Hand gegeben werden können, bekämpfen. Gerade für diese Kriegführung sollen die »sauberen« und die »kleinen« Atomwaffen entwickelt werden. Sie sollen genaues Zielen, scharf begrenzte Wirkung und rasche Besetzbarkeit des beschossenen Geländes erlauben.

Abstrahieren wir aus diesen technischen Einzelheiten einen Grundsatz, so lautet er: Es ist möglich, eine Disziplin in der Verwendung der Atomwaffen zu entwickeln. Nur der sparsame, genaue Gebrauch der taktischen Atomwaffen entspricht ihrem technischen Sinn. Nach dieser Auffassung ist der Übergang der Kriegführung in den beiden Weltkriegen zu immer größerer und blinderer Zerstörung die Folge davon, daß viel Verstand auf die Entwicklung technischer Mittel verwendet worden ist, aber wenig Verstand auf die Art ihrer Anwendung.

Ein sehr genauer Kenner der neuesten Waffenentwicklung sagte mir pessimistisch: »Wenn die freie Welt den Kalten Krieg verlieren, das heißt ihre Freiheit einbüßen wird, was sehr leicht geschehen kann, so wird das vor allem die Folge von zwei großen Fehlern sein, die wir gemacht haben: des Abwurfs der Bombe auf Hiroshima und der militärischen Geheimniskrämerei. Hiroshima hat der Menschheit das Trauma gebracht, Atombomben seien dazu da, Städte mit Frauen und Kindern zu zerstören. Die Geheimhaltung macht es uns bis heute unmöglich, der Welt klarzumachen, daß die Atomwaffen zu einem anderen Einsatz fähig und bestimmt sind.«

In diesen Gedanken begegnet uns dieselbe präzise und abstrakte Rationalität, die wir schon beim Problem der großen Waffen angetroffen haben. Ihre innere Konsequenz kann man, soviel ich sehe, nicht bestreiten. Es ist technisch möglich, Atomwaffen begrenzt einzusetzen. Ob diese Begrenzung in einem wirklichen Krieg eingehalten werden würde, ist eine andere Frage; diese Frage stellt der zweite Einwand. Wir werden ihn im nächsten Abschnitt besprechen. Zunächst noch zwei militärische Überlegungen.

Die Frage, wo die »kleinen« Waffen stationiert werden sollen, ist mit den bisherigen Überlegungen nicht entschieden. Technisch wird es mit fortschreitender Zeit vermutlich immer leichter werden, alle Atomwaffen, große und kleine, auf dem Territorium der Weltmächte selbst, im Fall des Westens also in den USA, zu stationieren.

Dieses Stadium ist heute noch nicht erreicht und wird auch in den nächsten paar Jahren noch nicht erreicht sein. Wenn aber die interkontinentalen Raketen vorhanden sind, werden vorgeschobene Raketenbasen weniger wichtig sein; und die taktischen Waffen könnten einer sehr beweglichen Kampftruppe gegeben werden, die in vierundzwanzig Stunden an jeden Punkt der Erde geflogen werden könnte. Hier verschlingen sich offenbar die Fragen militärischer Möglichkeit mit denen politischer Wünschbarkeit. Ich werde hierauf noch ausführlich zurückkommen.

5. Unwahrscheinlichkeit begrenzter Kriege. Das Ziel der abgestuften Abschreckung ist nicht, wenigstens begrenzte Kriege wieder möglich zu machen, sondern umgekehrt, auch begrenzte Gewaltakte aussichtslos, also auch begrenzte Kriege äußerst unwahrscheinlich zu machen. Die abgestufte Abschreckung will das Patt von den großen Waffen auch auf die kleineren Waffen ausdehnen. Dadurch will sie die immer höher steigende Schraube von Rüstung und Gegenrüstung zum Stehen bringen, um dann beginnen zu können, sie wieder rückwärts zu drehen.

Nur vor dem Hintergrund dieses politischen Zieles kann der zweite Einwand besprochen werden, der besagt, es werde nicht beim beschränkten Waffeneinsatz bleiben. Für diesen Einwand sprechen sehr starke Gründe, von vielfältiger historischer Erfahrung bis zu der durch diese Erfahrungen gestützten Einsicht in die irrationale Natur des Menschen. Ein spezieller technischer Grund kommt hinzu: Es ist nicht möglich, zwischen »großen« und »kleinen« Waffen eine natürliche Grenze zu ziehen. Jede Grenzziehung bedeutet eine willkürliche Definition. Als Gegengrund wird angeführt, daß ja beide Seiten überleben wollen, also ein vitales Interesse daran haben, den Krieg nicht bis zur totalen Zerstörung anwachsen zu lassen. Gleichwohl ist es schwer zu sehen, wie sich zwei Mächte, welche die großen Waffen besitzen, längere Zeit mit Waffen, die nur unscharf gegen die großen Waffen abgegrenzt sind, bekämpfen sollen, ohne in die große Zerstörung auszugleiten. Obwohl man den Verfechtern jener Theorie zubilligen muß, daß zwischen taktischen Atomwaffen und modernen »konventionellen« Waffen kein Unterschied der Art, sondern nur des Grades besteht, hat in den begrenzten Kriegen der letzten zehn Jahre gerade der für jedermann verständliche Verzicht auf den Einsatz jeglicher Atomwaffen sicher entscheidend zur Begrenzung beigetragen. Wer begrenzte Kriege mit Atomwaffen fechten will, verzichtet damit zum mindesten auf ein sehr wichtiges psychologisches Mittel der Begrenzung.

Die stärkste Antwort auf den Einwand scheint mir eben darin zu liegen, daß das Ziel ja nicht das Ausfechten, sondern das Verhindern auch des begrenzten Waffenganges ist. Daß der Gegner einen Krieg nicht beginnen wird, wenn er weiß, daß wir genau für diesen Krieg gut vorbereitet sind, und daß ihm ein Sieg höchstens in Aussicht steht, wenn er den Konflikt ganz nahe an die gefährliche Grenze des atomaren Selbstmordes anwachsen läßt – das ist ein starkes Argument.

Weiterhin wird für die abgestufte Abschreckung angeführt, daß sie, möge sie das Problem des Krieges lösen oder nicht, dem Westen jedenfalls eine rationalere und überzeugendere Politik erlaube als die jetzige. Ich habe schon erwähnt, daß sie dem Westen (natürlich ebenfalls der Sowjetunion) erlauben würde, ausdrücklich darauf zu verzichten, die großen Waffen zu gebrauchen. Schon das feierliche Aussprechen dieses Verzichts wäre ein sehr großer Fortschritt gegenüber der heutigen, die Weltmoral gegen den Westen aufbringenden Drohung der massiven Vergeltung. Es wäre eine jener wichtigen Handlungen, die einseitig vollzogen werden können, ohne den, der sie vollzieht, zu gefährden, und die, wenn sie von beiden Seiten vollzogen werden, einen wesentlichen Beitrag zum Weltfrieden leisten können. Selbst wenn wir, wie es heute meist geschieht, auch einer feierlichen Versicherung unseres Gegners nicht trauen: ein Gewaltakt ist schwerer zu beginnen, wenn man sich verpflichtet hat, ihn zu unterlassen, als wenn man sich nicht verpflichtet hat.

6. *Abschaffung des Krieges.* Die Lehre, die ich hier geschildert habe, steckt sich ein außerordentlich hohes Ziel. Gerade ihre Schwächen verbieten ihr, mit einem geringeren Enderfolg als der völligen Abschaffung des Krieges zufrieden zu sein. Wäre es leicht, Kriege begrenzt zu halten, so könnte man sich vielleicht damit begnügen. Nun scheint es aber beinahe leichter, begrenzte Kriege zu vermeiden, als ausgebrochene begrenzt zu halten. Eine stabile Friedensordnung ist das Ziel.

Hier meldet sich bei vielen von uns ein geschichtsphilosophischer Einwand. Seit es menschliche Kultur gibt, gibt es Krieg. Ist es nicht ein Wahn, den Krieg ganz abschaffen zu wollen?

Ich will diesen Einwand nur kurz berühren, um rasch zu den unmittelbar praktischen Problemen zurückzukehren. Ich glaube, dieser Einwand verwechselt eine tiefe Wahrheit mit einer ihrer zeitgebundenen Erscheinungsformen. Es wird immer Zwietracht und immer ein Maß an Blutvergießen geben. Aber so wie der Krieg von Burg zu Burg aufgehört hat, als die Artillerie erfunden wurde, kann sehr wohl die Atombombe das Ende des Krieges von Staat zu Staat herbeiführen. Ein Weltstaat ist keine Unmöglichkeit, möge er die Gestalt einer Föderation oder einer Diktatur haben. Es ist denkbar, daß er schlimmer wird als alle früheren Diktaturen und daß man die Zeit der nationalen Kriege zurücksehnen wird, in der man aus einem Land in ein anderes fliehen konnte. Aber diese Sehnsucht wird dann vielleicht so romantisch sein wie heute die Sehnsucht nach dem Mittelalter. Wie dem auch sei, die Lehre der abgestuften Abschreckung ist zum mindesten eine der Lehren, die die Erkenntnis ernst nehmen, daß bestimmte technische Mittel bestimmte Organisationsformen unmöglich machen.

Die Reaktion des Weltkommunismus auf diese Lehre ist bisher eindeutig negativ. Wenn die Analyse, aus der die Lehre hergeleitet ist, zutrifft, so ist dies kein Wunder. Der Kommunismus hat dann ein brennendes machtpolitisches Interesse daran, daß es nicht zur abgestuften Abschreckung kommt. Auch propagandistisch bietet ihm die massive Vergeltung ein viel dankbareres Angriffsobjekt als die gemäßigte Abstufungslehre; also liegt es nahe, daß er letztere als eine Tarnung der ersteren angibt. Aber diese Überlegungen werden den Motiven der kommunistischen Ablehnung nicht voll gerecht.

Ich erinnere an das, was ich über den sowjetischen Abrüstungsvorschlag gesagt habe. Wer von der Überzeugung erfüllt ist, die Atomwaffen, im Westen entwickelt, nur vom Westen bisher gegen Menschen eingesetzt, müßten überhaupt abgeschafft werden, kann ein System, das den Weltfrieden auf einen weiteren Ausbau der Atomwaffen gründen will, kaum anders denn als Hypokrisie empfinden. Auch die Hoffnung, auf diese Weise den Krieg abzuschaffen, kann bei ihm nicht verfangen. Der Kommunismus hat ja seine eigene Vorstellung davon, wie der Krieg schließlich abgeschafft werden soll; und diese Vorstellung basiert auf ökonomischen und sozialen Gedanken, gründet sich also auf einen tieferen Bereich der menschlichen Existenz, den die rein militärische Abschreckungstheorie unbeachtet läßt. Der Westen hat sicher keine Aussicht, sein Friedensprogramm zu verwirklichen, wenn er diesen Wirklichkeiten nicht ihr volles Gewicht gibt.

Trotzdem erschien es meinen Gesprächspartnern denkbar, daß schließlich auch die kommunistische Welt die abgestufte Abschreckung zunächst faktisch und dann auch ausdrücklich anerkennen wird. Im Augenblick zielt ihre ganze offizielle Politik auf die Abschaffung der Atomwaffen. Ein Scheitern der großen Abrüstung verspricht ihr dann wenigstens einen Propagandaerfolg. Wenn dieses Scheitern offensichtlich geworden sein wird, wird es aber nötig sein, weiterzuleben, voraussichtlich doch in einer Form ausdrücklich anerkannter Koexistenz mit der westlichen Welt. Vielleicht besteht erst dann eine Aussicht, Gedanken wie die eben erörterten im Weltbewußtsein zu verankern.

Es sei mir nun noch eine persönliche Bemerkung erlaubt. Bisher habe ich versucht, die Lehre von der abgestuften Abschreckung möglichst objektiv darzustellen. Ich habe vor allem die Gründe betont, die für sie sprechen. Wenn diese Gründe nicht voll gewürdigt werden, ist es unmöglich, diesem neuen und nicht einfachen Gedanken gerecht zu werden. Meine eigene Reaktion auf die Lehre bleibt zweideutig: Sie scheint mir besser als jede andere Auffassung, die die Atomwaffen beibehalten will; ja sie scheint mir bisher die einzige Auffassung zu sein, die das Problem des »Lebens mit der Bombe« ernstlich durchdacht hat. Solange die große Abrüstung nicht zu erwarten ist, scheint sie mir die einzige vertretbare militärische Auffassung mit realen politischen Chancen zu sein, sofern es nämlich überhaupt eine vertretbare Auffassung auf der heutigen Basis gibt. Eben dies aber bleibt mir zweifelhaft. Vielleicht führt auch diese Lehre zur Katastrophe; vielleicht gibt es keine Möglichkeit für uns Menschen, so wie wir wirklich sind, »mit der Bombe zu leben«.

Es liegt, so scheint mir, im Wesen des Menschen und darum im Wesen der politischen Geschichte, daß eine Zweifelsfrage wie diese unentscheidbar bleibt, bis die Zukunft die Antwort enthüllt. Wer sicher zu wissen behauptet, wie die Katastrophe vermieden werden kann, beweist schon dadurch seine Unglaubwürdigkeit, genau wie der, der sicher zu wissen behauptet, daß die Katastrophe unvermeidbar sei. Wir müssen handeln, ohne die Folgen vorher zu wissen.

Mit einer Anzahl von deutschen Kollegen habe ich mich gebunden, an Atomwaffen auf keine Weise mitzuarbeiten. Dadurch bin ich davon ausgeschlossen, als Physiker an der technischen Vorbereitung der abgestuften Abschreckung mitzuarbeiten. Ich bedaure diese Entscheidung nicht. Sie wurde in einem Augenblick getroffen, in dem uns allen die Lehre von der abgestuften Abschreckung nicht oder nur ganz ungenau bekannt war. Wir sahen die – wie ich auch heute meine – Absurdität der massiven Vergeltung, ihre politische Fragwürdigkeit und ihre Unmoral. Wenigstens für mich bedeutete der Entschluß, nicht an Atomwaffen zu arbeiten, die absolute Absage an diese Art, Frieden und Freiheit schützen zu wollen. Der Entschluß bedeutete nicht: »Wir können uns die schmutzigen Hände ersparen, denn andere machen sie ja für uns schmutzig.« Er bedeutete die Bereitschaft, die Folgen zu tragen, auch wenn die ganze westliche Welt sich einseitig diesem Entschluß anschlösse. Ich glaube auch heute, daß ein solcher Entschluß der westlichen Welt – freilich nicht in hysterischer Angst vor dem Atomtod, sondern wissend, was wir tun – einen großen Teil dessen, wovor wir uns heute durch Bomben schützen wollen, für uns ungefährlich und den Rest erträglich machen würde. Wirklich vollzogene

Entschlüsse ändern die Welt. Ich wäre bereit, diesen Gedanken sehr viel ausführlicher zu begründen; dafür ist hier aber nicht der Ort.

Wer diese Überzeugung hat, muß, so scheint mir, ihr nachleben. Aber ich weiß, daß die westliche Welt in der übersehbaren Zukunft den Entschluß zum einseitigen Verzicht oder auch nur zum unkontrollierten zweiseitigen Verzicht nicht fassen wird. Ich habe versucht, zu verstehen, welche Lösungen kluge und verantwortungsbewußte Menschen in dem Rahmen vorzuschlagen wissen, der durch diese Tatsache gesteckt ist. Ich habe hier vorgetragen, was mir als die in diesem relativen Sinne beste Möglichkeit erscheint, denn wir müssen sie kennen. Sie wird uns vielleicht am meisten nützen, wenn wir ihr nicht zu fest vertrauen.

III. Eine internationale Ordnung

Wenn die große Abrüstung nicht kommt – oder vielleicht damit sie am Ende kommen kann –, ist eine drastische Einschränkung nationaler Souveränitäten notwendig. Damit wird durch die Atomrüstung nur eine Tatsache unterstrichen, die aus der technisch-organisatorischen Entwicklung der Welt auf allen Gebieten ohnehin folgt. In Expertenkreisen (auch und sogar gerade, wenn sie Waffenexperten sind) ist dieses Bewußtsein viel weiter fortgeschritten als in den Völkern und wohl auch in den Parlamenten.

Wesentlich verschiedene Probleme stellt die Einschränkung der Souveränität der Weltmächte selbst und die aller anderen Nationen. Der Lilienthal-Baruch-Plan der internationalen Atomkontrolle hat 1946 der erhofften Entwicklung weit vorgegriffen. Heutige Realisierungsmöglichkeiten, die ich habe erörtern hören, sind teils negativ: Vermeidung des »atomaren Chaos«, Einfrieren des Status quo, teils positiv: internationale Zusammenarbeit, Stärkung der Vereinten Nationen.

1. Das atomare Chaos. Solange nur USA und UdSSR die Atombomben hatten, sprachen amerikanische Fachleute vom Problem des dritten Landes. Seit Großbritannien ebenfalls die

Bomben besitzt, ist das unhöflich geworden, und um neue, heranrückende Mißgeschicke für die Nomenklatur zu vermeiden, spricht man vom »Problem des n-ten Landes«, wobei für n irgendeine ganze positive Zahl eingesetzt werden kann.

Die unmittelbaren Sorgen richten sich auf Frankreich. Ein sehr intelligenter, zu unorthodoxem Denken fähiger Russe wollte mir nicht glauben, daß Amerika die französische Atombombe nicht wünsche; er meinte, wenn dies so wäre, dann würde Amerika doch Mittel haben, sie zu verhindern. Dies zeigt, wie schwer es ist für ein an der kommunistischen Struktur herangebildetes Denken, die politische Struktur der westlichen Welt zu verstehen. Tatsächlich habe ich nirgends in Amerika eine wirkliche Billigung der französischen oder auch nur der englischen Atomrüstung gefunden; nur die Einschätzung der mit diesen nationalen Rüstungen verbundenen Gefahren war verschieden. Die atomare NATO-Rüstung ist in dieses Urteil natürlich nicht einbezogen; über sie nachher.

Daß nationale Atomrüstungen »n-ter« Länder die Instabilität der Weltlage erhöhen, wurde von niemandem bestritten. Die Pessimisten fürchten, ein kleines Land werde im Besitz tödlicher Waffen seine Umwelt terrorisieren können. Optimistische Stimmen meinen, der Besitz einiger Atomwaffen sei noch weit davon entfernt, eine Nation zur Großmacht zu machen; den Weltmächten bleibe stets die militärische Möglichkeit, solchem Terror ein rasches Ende zu setzen. Dies wird wohl gelten, sofern das »n-te« Land nicht im Besitz von Fernraketen mit Wasserstoff-Sprengkopf ist. Niemand konnte und wollte aber bestreiten, daß auch kleinere Atomwaffen im eigenen Besitz und zumal aus eigener Produktion die Unvernunft nationaler Politik auf unvorhersehbare Weise anstacheln können.

Die Russen zeigten sich über das Problem nicht beunruhigt. Sie boten die stereotype Lösung an: Schafft die Atomwaffen überhaupt ab, und auch dieses Problem wird verschwinden. Ich vermute auch hier, daß sich diese Haltung ändern könnte, wenn die große Abrüstung offensichtlich scheitert. Die beiden Weltmächte könnten eines Tages ihr gemeinsames Interesse entdecken, zunächst den anderen Nationen weitere Ruhestörung zu verbieten. In einem solchen Fall wäre eine internationale vertragliche Regelung, wohl im Rahmen der Vereinten

Nationen, die natürliche Lösung. Diesen Rahmen durch ein reines Diktat der beiden Großen zu sprengen, würde wohl selbst wieder zuviel politischen Explosivstoff anhäufen.

Es scheint daher sinnvoll, daß wir uns auf diese Möglichkeit heute schon vorbereiten. Im Teil I wurde erwähnt, daß das Testverbot ein günstiges Mittel der Kontrolle sein könnte. Die Anhänger weiterer Tests würden ihre Wünsche gleichwohl befriedigen können, wenn alle zukünftigen Tests unter der Ägide der Vereinten Nationen ausgeführt würden. Solche Projekte habe ich erörtern hören, aber mit dem Bewußtsein der Vorschlagenden, daß es sich angesichts der jetzigen russischen (und bisher auch der amerikanischen) Haltung um Zukunftsmusik handelt.

Für die »n-ten« Nationen selbst stellt sich die Frage, ob sie der atomaren Bewaffnung nachstreben oder bereits heute eine Front bilden sollen, die die soeben erörterte Lösung als einen Schritt zur Friedensordnung der Welt und damit zur größeren Abrüstung ausdrücklich fordert. Ich glaube persönlich, daß die gemeinsame Front nicht nur im internationalen, sondern im nationalen Interesse jedes einzelnen Volkes bei weitem die bessere Politik ist. Ich würde wünschen, daß die Energien der heutigen Volksbewegungen gegen die Atomwaffen vor allem diesem Ziel zugewandt würden. In England habe ich aus fachmännischem Mund gehört, es wäre gerade im Interesse der Gesamtverteidigung des Westens sehr viel besser, wenn England auf seine H-Bomben verzichtete und dafür einen sehr notwendigen Rüstungsbeitrag in gewissen konventionellen Waffen lieferte.

Dieser globale Lösungsvorschlag, der heute noch nicht durchgesetzt werden kann, überkreuzt sich jedoch in schwieriger Weise mit einem regionalen: der Aufteilung der Welt in fest zusammengeschweißte Blöcke. Sowenig das offizielle Amerika Atomwaffen im Privatbesitz seiner Verbündeten wünscht, so entschieden wünscht es, wenigstens heute, die atomare Bewaffnung der NATO als Block, unter amerikanischer Kontrolle und amerikanischem Eigentumsvorbehalt für die Sprengkörper.

Wir berühren hiermit das für Deutschland brennendste Problem. In diesem Kapitel möchte ich es, mit einer gewissen Absicht, nur unter dem Weltaspekt besprechen: als Teil der Verteidigungsplanung der ganzen westlichen Welt und in seiner Beziehung zum Problem des atomaren Chaos. Wir müssen uns diese Aspekte ganz deutlich machen, ehe wir auf unsere nationalen Gesichtspunkte zurückkommen.

Der Wunsch nach einer atomaren Bewaffnung der NATO hat einen militärischen und einen politischen Grund. Ich habe den bestimmten Eindruck gewonnen, daß der politische Grund der entscheidende ist.

Die militärische Notwendigkeit dieses Wunsches ist mir, obwohl ich viele Gespräche darüber geführt und angehört habe, nicht ganz durchsichtig geworden, weder unter der bisherigen, noch heute herrschenden »Schwert und Schild«-Konzeption der NATO, noch im Rahmen der bisher von der NATO nicht übernommenen Auffassung der abgestuften Abschreckung.

Die »Schwert und Schild«-Theorie ist eine Form der Lehre von der massiven Vergeltung. Die strategische Luftwaffe ist das »Schwert«. Sie soll die Sowjetunion im Falle eines sowjetischen Angriffs tödlich treffen. Ihre Basen in Europa brauchen aber einen Schutz gegen die überlegenen russischen Panzer-Armeen, der so lange halten soll, bis die russische Schlagkraft durch die Luftangriffe gebrochen ist. Diesen Schutz gewähren die beweglichen NATO-Streitkräfte, der »Schild«. Historisch ist diese Auffassung dadurch entstanden, daß man eine Schwäche und eine Stärke kombiniert hat: die Schwäche der europäischen NATO-Divisionen mit der Stärke der nuklear ausgerüsteten strategischen Luftwaffe. Erst die Erkenntnis, daß der NATO-Schild nicht stark genug ist und wird, um einem massierten russischen Angriff standzuhalten, hat die Planung auf die massive Vergeltung mit dem nuklearen Schwert konzentriert und den Schild nicht als Schild der europäischen Länder, sondern nur noch als Schild dieses Schwertes aufzufassen gelehrt.

Obwohl diese Auffassung alle zur Genüge besprochenen Schwächen der »massiven Vergeltung« hat, ist sie ihrer Entstehung nach nicht unlogisch. Die Unterlegenheit Westeuropas in konventionellen Waffen wird zwar so weit auszugleichen sein, daß eine lokale Grenzverletzung – sagen wir eine Besetzung von Wolfsburg durch die sowjetzonale Volksarmee – mit konventionellen Waffen abgewehrt werden kann, sofern hinter dem Angriff nicht die Bereitschaft des Sowjetblocks zum großen Krieg steht. Einem großen sowjetischen Angriff, selbst wenn er nur mit konventionellen Waffen geführt würde, wird ein konventionell verteidigtes Westeuropa aber schwerlich standhalten können. Die Bereitschaft, sich mit bloß taktischen Atomwaffen zu verteidigen, wird gerade in Europa dieses Kräfteverhältnis nicht wesentlich verändern, denn sie würde dem Gegner jedes Motiv nehmen, auf den Einsatz seiner eigenen Atomwaffen zu verzichten.

Ein begrenzter Krieg mit taktischen Atomwaffen wiederum wird überall leichter auszufechten sein als in Europa, das so verletzlich und sowohl für die Sowjetunion wie für die westliche Welt (einschließlich Amerika) von so vitaler Wichtigkeit ist. Gerade in Europa legt sich daher eine Auffassung nahe, die das Patt der großen Waffen zur völligen Verhinderung jeder gewaltsamen Verschiebung der Machtgrenzen zu verwenden sucht. Ich diskutiere daher das europäische Problem, ohne hier eine Entscheidung zwischen den rivalisierenden Auffassungen der massiven oder der abgestuften Abschreckung zu fällen. Beide Auffassungen aber scheinen mir wenigstens auf die lange Sicht die atomare Ausrüstung der europäischen NATO-Kontingente nicht mit militärischer Notwendigkeit zu fordern.

Gewiß verlangt die Konzeption eines großen Bewegungskriegs, in dem die Schild-Streitkräfte das Schwert schützen sollen, eine hohe Schlagkraft des Schildes, der ja einer großen sowjetischen Überlegenheit wenigstens eine Weile standhalten soll. Die volle dafür nötige Ausrüstung der Schild-Streitkräfte kann aber erst in einigen Jahren geliefert werden. In nicht viel mehr Jahren wird aber auch die Raketenwaffe so weit entwickelt sein, daß das Schwert von einer weit zurückliegenden Position aus geschwungen werden kann und des Schildes nicht mehr bedarf. Wenn die westliche Welt dann darauf trauen wird, daß das Patt der großen Waffen Europa effektiv schützt, so werden die betreffenden Raketenbasen, einem Bewegungskrieg zunächst unerreichbar, in Amerika oder, solange die Raketen noch nicht so weit reichen, zum Beispiel in Island, Schottland und Malta stehen können.

Würde Europa wünschen, unabhängig von Amerika selbst

dieses Patt erzwingen zu können, so müßte es nicht taktische, sondern strategische Atomwaffen und weitreichende Raketen besitzen. Dieser Wunsch wäre – so wie es faktisch die englische und französische Atomrüstung ist – ein Mißtrauensvotum gegen Amerika und ein Beitrag zur Verbreitung des atomaren Chaos. NATO als ein Bündnis mit Amerika kann hieran kein erkennbares militärisches Interesse haben.

Eine andere Weise, Europa über das Patt der großen Waffen hinaus zu schützen, wäre die Übertragung der Strategie der abgestuften Abschreckung auch auf das europäische Gebiet. Denkt man dieses Problem vom Standpunkt einer globalen westlichen Strategie aus durch, so stellt sich aber die Frage, ob diejenigen taktischen Atomwaffen, die die norwegische Grenze schützen sollen, in Norwegen stehen müssen, die für Griechenland bestimmten in Griechenland und so weiter. Schon heute wird davon geredet, die für die Bundeswehr vorgesehenen Matadore nicht in Deutschland, sondern in Libyen zu stationieren. Im vorigen Kapitel habe ich am Ende des Abschnitts 4 als eine mögliche Zukunftsentwicklung die hochbewegliche, mit taktischen Atomwaffen ausgerüstete Kampftruppe erwähnt, die in 24 Stunden an jeden Punkt der Erde geflogen werden kann. Im Sinne einer globalen Verteidigung kann es sehr wohl zugleich schlagkräftiger und billiger sein, den Schild, der gegen lokale Aggressionen schützen soll, soweit er atomar bewaffnet ist, nicht ortsfest zu machen, und soweit er ortsfest sein soll, nicht atomar auszustatten.

Sowohl für die massive wie für die abgestufte Abschreckung lassen also die rein militär-technischen Argumente den Wunsch nach atomarer Bewaffnung der NATO mehr als eine Notlösung für den jetzigen Augenblick denn als eine Notwendigkeit auf die Dauer erscheinen.

Selbstverständlich hat der militärische Fachmann die Pflicht, auch Übergangslösungen sorgfältig zu planen; er muß ja darum besorgt sein, daß der Schutz in jedem Augenblick so gut wie möglich ist. Doch haben solche Argumente dann nur ein begrenztes Gewicht, und politische Möglichkeiten und Notwendigkeiten werden ihnen gegenüber schwer in die Waagschale fallen. Ich habe in der Tat den Eindruck, daß die militärischen Experten gar nicht diejenigen sind, die am stärksten auf die atomare Bewaffnung drängen, und wenn, dann nicht aus rein militärischen Gründen.

Das wichtigste Motiv ist, soviel ich sehe, politisch. Ein Bündnis souveräner Staaten ist wie ein Sack voller Flöhe. Eine fortschreitende Einschränkung der Souveränität ist daher unerläßlich. Außer dem wirtschaftlichen Bereich ist der militärische dazu am besten geeignet; er bedarf dieser Einschränkung auch im höchsten Maß. Private Atomrüstung einzelner Länder ist nicht nur für den Frieden der Welt, sondern auch für den Bestand des nordatlantischen Bündnisses eine ernste Gefahr. Die einheitliche atomare Rüstung der NATO ist ein Versuch, dieser Gefahr zuvorzukommen.

Wir werden hierdurch in einen echten Konflikt gebracht. Es tut mir leid, daß in der öffentlichen Debatte, wohl vor allem infolge der Verflechtung von Parteiinteressen mit den sachlichen Fragen, dieser Konflikt stets als ein Konflikt der Vernunft mit der Unvernunft dargestellt wird; wobei jede Seite überzeugt ist, auf der Seite der Vernunft zu stehen. Es ist ein Konflikt innerhalb der Vernunft.

Wir müssen die Einschränkung der souveränen Bewegungsfreiheit der Nationalstaaten begrüßen und fördern; wir müssen die großen Gefahren sehen, die uns drohen, wenn dies mißlingt. Gleichwohl müssen wir in jedem Fall fragen, ob die Mittel, die dazu gewählt werden, richtig sind; sie könnten so schlimm sein wie das Übel, dem sie begegnen sollen. Diese Frage führt uns in die Einzelheiten der europäischen und deutschen Lage; davon im nächsten Artikel.

Im Weltaspekt muß ich die vielfach vertretene Ansicht erwähnen, da die politische Einheit der ganzen Welt vorerst unerreichbar sei, müsse die größtmögliche politische Einheit der »freien Welt« als zweitbeste Lösung angestrebt werden. Diese Ansicht wird die Weltgeschichte der nächsten Jahrzehnte ausschließlich als den Kampf zwischen Kommunismus und Freiheit auffassen. Ihr steht die Ansicht gegenüber, zwei große Blöcke seien nicht die zweitbeste, sondern vielleicht die schlechteste Lösung, da von ihnen ausgehend der friedliche Übergang in eine umfassende Weltordnung schwerer wäre als von einem Pluralismus der Kräfte. Gespräche dieser Art pflegen in der Konfrontierung unbeweisbarer Hypothesen über die innere Weiterentwicklung der kommunistischen Welt zu enden. Es scheint mir wichtig, diejenigen politischen Schritte zu finden, die von solchen Hypothesen, einerlei welcher Art, unabhängig sind.

Wichtige Schritte dieser Art sind alle diejenigen, die die bestehenden Blöcke miteinander möglichst innig verflechten. Solche Schritte will ich in den nachfolgenden Abschnitten 3 und 4 besprechen. Zum Teil herrscht ja auch im Westen noch eine Art Faszination des Eisernen Vorhangs. Wir glauben den Russen ihre eigene Erfindung und meinen, für uns etwas zu gewinnen, wenn wir uns von ihnen fernhalten. Wir vergessen dabei, daß stets nur ein Organismus, der sich sehr verletzlich vorkommt, das Bedürfnis nach dem Panzer hat.

Konkret: Könnte es das Ziel des Westens sein, den Kommunismus kriegerisch zu besiegen oder wirtschaftlich zu erwürgen, so hätte eine Trennung der Blöcke einen Sinn für den Westen. Da unser Ziel aber heute gar kein anderes sein kann als Stabilität und Evolution, schützen wir uns selbst, wenn wir Verflechtungen schaffen, die wieder zu zerschneiden für die kommunistischen Mächte selbst große Nachteile mit sich brächte.

2. *Einfrieren des Status quo.* Schon wenn es gelänge, die weitere Verbreitung der Atomwaffen zu verhindern, wäre das ein Einfrieren des Status quo. Alle bis hierher erörterten Projekte können, isoliert betrachtet, nichts anderes erreichen als dieses Einfrieren. Pläne, die nur darauf abzielen, jeglichen Krieg zu verhindern, und die dazu keine anderen Mittel benutzen als solche der Rüstungspolitik, können nur das Erstarren der Fronten anstreben; sie müssen ihrer Natur nach politisch »phantasielos« sein. Den Urhebern der Lehre von der abgestuften Abschreckung ist das wohl bewußt.

Ein Ausweg wäre es, begrenzte Kriege als Mittel der Politik ausdrücklich zuzulassen; in dieser Richtung gehen Erwägungen Kissingers. Leghorn aber sagte: »Ich teile die Freude meines Freundes Kissinger an begrenzten Kriegen nicht.« In der Tat sprechen meiner Meinung nach die im vorigen Kapitel vorgetragenen Gründe aufs entschiedenste für begrenzte Abschreckung, aber nicht für den begrenzten Krieg. Die Kunst, notwendige politische Änderungen ohne Krieg, ja ohne Kriegsdrohung herbeizuführen, ist aber bis heute nur sehr unvollkommen entwickelt. Die Menschheit befindet sich heute unter der stählernen Glocke der Atomwaffen, die ihr die bisherige Art militärischer Bewegungsfreiheit raubt. Vermutlich ist diese Lähmung, richtig verstanden, eine Chance, neue Formen der politischen Bewegung zu lernen. Der Kommunismus macht von dieser Chance gegenwärtig sehr viel kräftigeren Gebrauch als die westliche Welt; sein Konzept wird durch die neue Lage offensichtlich weniger geändert als das des Westens.

Der Rest dieses Berichts wird den Möglichkeiten solcher politischen Bewegung gewidmet sein. Zuerst aber müssen wir die Lage ins Auge fassen, die aus dem faktischen vorläufigen Einfrieren des Status quo folgt.

Vergleiche ich das Bild, das mir das politische Amerika bei meinem ersten Besuch 1949/50 bot, mit dem heutigen, so würde ich die damalige Stimmung als heiter-defensiv, die heutige als gespannt-defensiv bezeichnen. Gewiß führte man damals den Kalten Krieg und machte sich über den Weltkommunismus Sorgen. Aber man tat es doch im Bewußtsein der eigenen technischen Überlegenheit. Wenige, darunter vor allem E. Teller, warnten schon damals, diese Überlegenheit werde rasch dahinschwinden. Heute weiß man, daß sie dahingeschwunden ist. Zwar dürfte Amerika auch heute noch militärisch schlagkräftiger sein als Rußland; aber der Unterschied nimmt ab, und im Zeitalter des Patt der großen Waffen wird militärische Überlegenheit überhaupt ein zweifelhafter Begriff.

Die Anpassung des Bewußtseins an die Pattsituation vollzieht sich langsam. Man realisiert, daß man politische Ziele, wie etwa die deutsche Wiedervereinigung, nicht durch militärischen Druck erreichen kann. Aber das primitive Argument »Wir müssen so stark sein wie möglich« verfängt, soviel ich sehe, in der politischen Debatte noch immer. Auch in Amerika steht ihm gleich kräftig nur das ebenso primitive Argument der Atomangst entgegen, das beispielsweise zwischen den relativ geringfügigen Auswirkungen der Tests und den Gefahren des großen Krieges nicht deutlich unterscheidet. Nur wenige Fachleute scheinen zu sehen, daß eine Rüstung, die sich das für eine Rüstung heute einzig sinnvolle Ziel setzt, den politischen Status quo zu bewahren, im Zeitalter des nuklearen Patt qualitativ anderer Art sein kann als vorher; daß sie, wie im vorigen Artikel erläutert, nicht notwendigerweise einen Rüstungswettlauf erfordert, sondern in der Natur der Sache liegende Grenzen ihres militärisch sinnvollen Umfangs hat.

Die entscheidende Schwierigkeit für das Einfrieren des Status quo liegt in den Völkern selbst, über deren Schicksal Dritte damit entscheiden. Auf der Pugwash-Konferenz wurde in einem sehr klugen Referat aus der militärpolitischen Lage die Folgerung gezogen, eine faktische Anerkennung des Status quo sei heute der erste unvermeidliche Schritt zur Stabilität, auch wo er aus rechtlichen und humanen Gründen unannehmbar scheine; dieses Opfer müsse jede Nation für die Sicherheit der Welt bringen. In der Diskussion mußte ich darauf hinweisen, welche Gefahr für die europäische Stabilität die Fortdauer der deutschen Teilung bedeutet. Der gebildete und menschlich charmante Physiker aus Peking, der an der Konferenz teilnahm, erklärte darauf bitter und entschieden, Taiwan (Formosa) sei ein Teil Chinas, und seine Abtrennung sei daher eine innerchinesische Angelegenheit, die nicht unter die Regel der Erhaltung des Status quo fallen könne. Andere ähnliche Stimmen wurden laut, und es zeigte sich, daß jede Nation geneigt ist, das ihr auferlegte Opfer für das größte und unerträglichste zu halten. Eben die Heftigkeit dieser Reaktionen aber macht es so schwer, den Status quo wirklich zu ändern – so wie eine krampfhafte Abwehr den heilenden ärztlichen Eingriff verhindert. Als eine der nächsten Aufgaben stellt sich daher die Entspannung.

3. Internationale Zusammenarbeit. Edward Teller, der gegenüber der Abrüstung völlig skeptisch ist, hat in einem Aufsatz in »Foreign Affairs« im Januar 1958 gesagt, wir sollten uns mit den Russen wo irgend möglich darauf einigen, etwas zu tun, aber nie darauf, etwas nicht zu tun. Er spielte damit auf die Schwierigkeit der Kontrollen an. Der Gedanke trägt aber weiter. Aktive Zusammenarbeit schafft Bedingungen, unter denen eine gewisse Entspannung von selbst eintritt; koordinierte Arbeit kann einen Krampf lösen. Hingegen darf ich den guten Willen zur Entspannung an sich bei meinem Gegner nicht naiv voraussetzen. Die Spannung zu verlängern, ja, zu steigern, liegt in vielen Gebieten der Erde zu offensichtlich im Interesse der Russen, als daß man erwarten dürfte, sie würden leicht darauf verzichten.

Zusammenarbeit ist leicht herbeizuführen und von großem Wert in wissenschaftlichen Unternehmungen wie etwa dem Internationalen Geophysikalischen Jahr. Auch die Anwendungen der Wissenschaft haben hieran Anteil. Die erste Genfer Atomenergiekonferenz war ein Beitrag zur Entspannung. Fachleute meinen, die künstliche Beeinflussung des Wetters rücke in den Bereich des Möglichen. Dies anders als international zu beginnen, wäre eine neue Konfliktgefahr; es international zu beginnen, wäre eine konkrete Bindung der Mächte aneinander.

Hier eröffnet sich der weite Fragenkreis der Förderung der technisch unterentwickelten Gebiete der Erde. Wenn die Großmächte in ihr zusammenzuarbeiten lernten, könnte das ein entscheidender Beitrag zu einer künftigen Weltordnung sein. Doch überschreitet diese Frage gerade wegen ihrer Größe den Rahmen meines Berichtes.

Interessanterweise ist gerade unter Waffenexperten eine große Neigung vorhanden, die militärische Geheimhaltung zu bekämpfen und womöglich mit den Russen selbst im Gebiet der Waffen in Arbeitskontakt zu kommen. Die Geheimhaltung wird zunächst bekämpft, weil sie den Arbeitsfortschritt hemmt: man kann ein Vorhaben allein dadurch um Jahre verzögern, eventuell sogar zum Scheitern bringen, daß man es als top secret erklärt. Zweitens macht sie es unmöglich, der Öffentlichkeit den Sinn der eigenen Politik zu erklären. Offenbar verspricht man sich ernstlichen Nutzen von einer friedlichen Verwendung von »sauberen« Kernexplosionen, etwa im Bergbau und der Erdölgewinnung. Die Möglichkeit, hierin mit den Russen zusammenzuarbeiten, wurde in Gesprächen mehrfach berührt.

Schließlich halten es einige Vertreter der abgestuften Abschreckung für positiv wünschenswert, den Russen alle vorhandenen Kenntnisse über saubere Bomben zu vermitteln, falls sie diese noch nicht besitzen; in solchem Maß halten sie das Vorhandensein dieser Bomben auf beiden Seiten für einen Beitrag zur Stabilisierung. Halb scherzhaft wurde gesagt, die beiden Voraussetzungen des Weltfriedens seien die Abschaffung des militärischen und die Wiedereinführung des diplomatischen Geheimnisses. Militärische Geheimnisse trennen die Staaten, diplomatische, richtig angewandt, verbinden sie.

4. *Vereinte Nationen.* Als gemeinsamer Ort internationaler Vereinbarungen und Arbeitsgemeinschaften bieten sich immer wieder die Vereinten Nationen. Wir mögen über ihre Effektivität mit noch so guten Gründen gering denken, trotzdem können wir die Anstrengung nicht vermeiden, an diesem Haus weiterzubauen. Zwar weiß niemand, ob, wie lange und in welchem Maß die beiden Weltmächte fortfahren werden, ohne Einigung nebeneinander herzuleben. In allen wesentlichen Fragen aber, in denen es ihnen selbst gut scheint, sich zu einigen, ist im Interesse der übrigen Welt und damit indirekt auch im Interesse der Stabilität der Übereinkunft der beiden Großen die Beteiligung der Vereinten Nationen dringend zu wünschen. Ein Beispiel habe ich oben bei der Frage der Vermeidung des atomaren Chaos aufgezeigt. Für alle unter 3. aufgezählten Gebiete der Zusammenarbeit gilt dasselbe.

In verschiedenen Diskussionen wurde der Gedanke einer größeren Polizeitruppe der Vereinten Nationen berührt. Auch das Ziel der Abschaffung des Krieges läßt die Notwendigkeit von Polizei bestehen. Ohne zu bestreiten, daß dabei sehr viel Heuchelei und Tyrannei mit unterlaufen wird, wird man sich doch die Eliminierung der begrenzten Kriege kaum anders denken können, als daß sie schließlich von Polizeiaktionen ersetzt oder auf sie reduziert werden. Daher hat der Gedanke der internationalen Polizei Zukunftsgehalt.

Fragt man nach der Verwirklichung, so muß man zwei Stufen unterscheiden:

a) eine »kleine« Polizei, der die Großmächte keine Gewalt in ihren eigenen Ländern einräumen.
b) eine »große« Polizei, die in jedem Land ihr Recht übt.

Der »große« Plan ist heute fern von der Verwirklichung, der »kleine« Plan hätte vielleicht Aussichten. Obwohl dieser Gedanke in vielerlei Zusammenhängen auftauchte, habe ich niemanden gefunden, der ihn gründlich durchdacht hätte. Ich halte ihn für wichtig, muß es aber bei diesem Hinweis bewenden lassen.

Ebenfalls als Desideratum muß ich hier die Frage nach einer der neu entstehenden Situation angemessenen Fassung des Völkerrechts stehenlassen. Soweit ich sehe, kann man, ja muß man bei ernsthafter Interpretation der noch bestehenden Übereinkünfte den Gebrauch von Atomwaffen zur Massentötung von Zivilisten als völkerrechtlich verboten ansprechen. Diese Waffen waren bei Abschluß jener Übereinkünfte nicht ausdrücklich gemeint, weil sie noch nicht bekannt waren, sinngemäß aber muß für sie gelten, was für Gas- oder Bakterienkrieg gilt. Die Mächte des Westens haben jedoch ihre Verteidigung in solchem Maß auf diese Waffen gestützt, daß sie ein vitales Interesse daran hatten, die bestehenden völkerrechtlichen Normen nicht auf sie anzuwenden.

Die Erfahrung hat bisher gezeigt, daß völkerrechtliche Vereinbarungen dem, was Staaten für ihr vitales Interesse halten, nicht standhalten. So wäre es heute aussichtslos, mit völkerrechtlichen Argumenten die Atomrüstung überhaupt anzufechten. Hingegen entsprechen diejenigen Einschränkungen ihres Gebrauchs, die für die abgestufte Abschreckung empfohlen werden, wie mir scheint, ziemlich genau dem Sinn der älteren rechtlichen Grundsätze, etwa der Haager Landkriegsordnung. In beiden Fällen handelt es sich um eine Einschränkung eines an sich mörderischen Geschehens durch Minimalforderungen, die so vernünftig erdacht sind, daß sie Aussicht haben, eingehalten zu werden. Es ist die Frage, ob sich Völkerrechtler nicht heute, wie einst Grotius nach den Religionskriegen, der neuen Situation erfolgreich annehmen könnten. Auch für eine solche Arbeit wäre der Rahmen der Vereinten Nationen vielleicht geeignet.

IV. *Europa und Deutschland*

In den drei bisher besprochenen Fragenkreisen hatte ich zu berichten, was ich gehört habe. Meine eigenen Auffassungen konnten und sollten nur Kommentare sein. In europäischen und zumal deutschen Fragen war meine Gesprächssituation in

Amerika umgekehrt. Man erwartete von mir Meinungsäußerungen und reagierte dann auf diese. Daher kann ich den Bericht über diese Fragen nur geben, indem ich vorweg die Thesen darstelle, die ich meinen Gesprächspartnern vorgelegt habe. Ich beginne unmittelbar mit dem akuten Problem der atomaren Ausrüstung der Bundeswehr.

Die Politik der Bundesregierung ist im Einklang mit der Politik der amerikanischen Regierung und erschien der Mehrzahl meiner amerikanischen Gesprächspartner daher, ohne nähere Prüfung, als die natürliche. Die abweichende Auffassung von G. F. Kennan hat zwar wohl mehr Zweifel wachgerufen, als man offiziell zugibt, aber diese Zweifel sind meist nur ungenau durchdacht. Sorgfältige Leser der Kennanschen Vorträge habe ich selten gefunden. Ich habe daher im allgemeinen nicht auf Kennan Bezug genommen, sondern den für mich am nächsten liegenden Weg gewählt, meine persönliche Interpretation der »Göttinger Erklärung« vorzutragen.

Der einzige Satz jener hauptsächlich der faktischen Information dienenden Erklärung, der einen konkreten politischen Vorschlag enthielt, lautete: »Für ein kleines Land wie die Bundesrepublik glauben wir, daß es sich heute noch am besten schützt und den Weltfrieden noch am ehesten fördert, wenn es ausdrücklich und freiwillig auf den Besitz von Atomwaffen jeder Art verzichtet.«

Dieser Satz ist meist nicht mit Sorgfalt gelesen worden. Er wählt den Ton der Vorsicht (»wir glauben ... heute ... noch am ehesten«), soweit die Richtigkeit des Vorschlags in Frage steht, hingegen den Ton der Bestimmtheit (»freiwillig und ausdrücklich«), soweit es sich darum handelt, wie der Vorschlag, falls man sich zu ihm entschließt, auszuführen wäre. Er argumentiert ferner nicht mit der speziellen Lage Deutschlands, sondern damit, daß wir ein kleines Land sind. Seine unmittelbare Zielrichtung geht nicht auf unsere nationalen Probleme, sondern auf das internationale Problem der atomaren Bewaffnung kleinerer Länder, also auf die Frage des atomaren Chaos; nur weil wir in unserem eigenen Land direkte bürgerliche Verantwortung tragen, haben wir uns zunächst an dieses gewandt.

Die Erörterung im Teil 1 des vorigen Kapitels ist also ein unmittelbarer Kommentar zu unserem Satz. Wir wurden dort aber auf die Überkreuzung zwischen dem globalen und dem regionalen Lösungsversuch geführt, das heißt zwischen einem möglichen international vereinbarten Verzicht auf weitere Verbreitung der Atomwaffen und der Zusammenfassung großer Teile der Welt in zwei atomar bewaffnete Blöcke. Die erste Lösung ist, so scheint mir, viel wünschenswerter, aber die zweite ist leichter zu erreichen, und es läßt sich nicht wohl leugnen, daß sie immer noch besser ist als eine Vielzahl nationaler Atomrüstungen. Wollen wir die beiden Lösungen ernstlich vergleichen, so müssen wir uns fragen, welche konkreten Aussichten auf eine annehmbare Verwirklichung jede von beiden unter den tatsächlichen Verhältnissen in Europa hat.

Die Einteilung Europas in zwei Blöcke bedarf keiner näheren Beschreibung; sie stellt im wesentlichen den derzeitigen Zustand dar. Grob gesagt, garantiert sie heute der westlichen Hälfte Europas die Freiheit und den Kapitalismus, der östlichen den kommunistisch verstandenen Sozialismus und die Unfreiheit. Sie garantiert damit einen Zustand, der – wiederum grob gesagt – den Völkern Westeuropas und vermutlich auch dem russischen Volk willkommen, den nichtrussischen Völkern Osteuropas drückend, ja verhaßt ist. Sie garantiert heute die Spaltung Deutschlands; sie wird, solange sie unerschüttert fortdauern kann, die Spaltung und den Frieden Europas garantieren. Die atomare Bewaffnung der NATO ist dazu angetan, sie weiter zu stabilisieren. Ob das Einfrieren solcher Spannungen einen dauerhaften Frieden ermöglichen wird, ist zweifelhaft. Ob wir uns mit einem solchen Zustand zufriedengeben dürfen, nur weil wir keinen anderen zu schaffen wissen, ist eine schwere Gewissensfrage an jeden von uns.

Haben wir irgendeine Möglichkeit, diesen Zustand zu ändern? Durch einseitige Gewalt oder Drohung können wir es nicht. Jede Lösung wird der Zustimmung der Sowjetunion bedürfen, wird daher auch ein echtes Interesse der Sowjetunion selbst befriedigen müssen. Ein solches Interesse kann im wirtschaftlichen Feld, es kann in einer Beruhigung des osteuropäischen Krisenherdes, es kann in einem Abbau der von der Sowjetunion gefürchteten militärischen Bedrohung durch den Westen liegen.

Der Aufbau meines Berichts legt es nahe, zunächst das militärische Interesse zu betrachten. Ohne Zweifel fühlt sich die Sowjetunion durch das weltweite amerikanische Stützpunktsystem bedroht. Es hielt sehr schwer, meinen russischen Gesprächspartnern den Gedanken nahezubringen, es handele sich bei diesen Stützpunkten nicht um Angriffsabsichten; der Westen habe vielmehr die Sowjetunion aus Angst eingekreist. Ohne Zweifel ist auch gerade ein stark gerüstetes Deutschland für die Russen ein Alptraum. Wir mögen völlig recht haben mit unserer Überzeugung, daß ein paar deutsche Divisionen, selbst mit taktischen Atomwaffen, die mächtige Sowjetunion nicht bedrohen können – wir können aber damit die Tatsache nicht aus der Welt schaffen, daß jeder Russe, der heute in einer verantwortlichen Stelle ist, als eines der tiefsten Erlebnisse seines Lebens den verzweifelten Verteidigungskampf seines Volkes gegen den deutschen Angriff von 1941 in seiner Erinnerung eingebrannt trägt.

Ein Versuch, diese Drohung – sei sie nun real oder eingebildet – auszuschalten, ist der Plan der atomwaffenfreien Zone, etwa in der Gestalt des Rapacki-Planes. In Amerika bin ich natürlich oft gefragt worden, was ich aus deutscher Sicht über diesen Plan dächte, und etwa auch, wie er sich zur »Göttinger Erklärung« verhalte. Ich denke, man muß sich dabei stets vor Augen halten, daß der Plan nicht isoliert, sondern nur in seinem möglichen Verhältnis zu sehr viel weitergehenden Plänen – sei es des europäischen Disengagements oder der weltweiten Einschränkung des Besitzes von Atomwaffen – betrachtet werden darf.

Rapacki selbst hat ihn nur als einen ersten Schritt bezeichnet. Man darf aber nicht außer acht lassen, daß dieser erste Schritt, der die Sowjetunion von der unmittelbaren Sorge der westdeutschen Atombewaffnung befreien würde, unter Umständen die spätere Neigung der Russen zu weiteren Schritten auch dämpfen könnte. Behalten wir diese weiteren Zusammenhänge im Blick und betrachten wir den Plan zunächst einmal so wie er dasteht, als vorgeschlagene Vereinbarung, die Territorien West- und Ostdeutschlands, Polens und der Tschechoslowakei von Atomwaffen freizuhalten.

Zunächst sei bemerkt, daß unser »Göttinger« Vorschlag die atomwaffenfreie Zone weder einschließt noch ausschließt. Es sind zwei verschiedene, aber vereinbare Gedanken. Wir sprachen von Atomwaffen unter einer bestimmten Souveränität; der Plan der atomwaffenfreien Zone spricht von Atomwaffen auf einem bestimmten Territorium. Wir haben nicht vorgeschlagen, daß die Amerikaner ihre Atomwaffen aus Deutschland zurückziehen sollten; ebensowenig haben wir das Gegenteil vorgeschlagen. Diese Zurückhaltung hatte, wenigstens was meine eigene Auffassung angeht, die folgenden Gründe.

Unsere Erklärung enthält auch den Satz: »Wir bekennen uns zur Freiheit, wie sie heute die westliche Welt gegen den Kommunismus vertritt.« Politisch sind wir ja unter allen Umständen Verbündete des Westens. Wir können jedoch als Deutsche den Westen fragen, wieweit es in seinem Interesse ist, daß wir atomar bewaffnet werden, und wir werden Gründe dafür angeben, warum dies vielleicht nicht in seinem Interesse ist. Diese Gründe können wir mit einer entschiedenen Erklärung darüber verbinden, daß wir die Atomwaffen selbst nicht zu besitzen wünschen. Wir können sie aber nicht mit einer Forderung an unsere Bundesgenossen verbinden, unser Land von den Waffen zu räumen, die sie selbst für erforderlich halten. Nur wenn sie sich selbst davon überzeugen, daß auch diese Räumung, etwa als Gegenleistung gegen eine entsprechende Konzession des Sowjetblocks, ihrem und unserem Interesse dient, kann es mit der Räumung ernst werden. Ich habe bei meinen amerikanischen Gesprächen hinzugefügt, daß dies meiner Überzeugung nach auch in den deutschen Oppositionsparteien die herrschende Ansicht sei.

Ich möchte nun zunächst sagen, worin meines Erachtens der Sinn einer atomwaffenfreien Zone nicht liegen kann. Die Meinung, sie würde einen »zufälligen« Kriegsausbruch durch technisches Versagen eines Apparats oder psychisches Versagen eines Kommandeurs unwahrscheinlicher machen, teile ich nicht. Beide Gefahren liegen heute viel mehr bei den größten Waffen; sie liegen mehr bei der zurückgezogenen Hand, die das Schwert führt, als beim vorgeschobenen Schild. Eine militärisch entleerte Zone würde sogar Volksunruhen sehr viel leichter entstehen lassen. Dies ist kein Einwand gegen den Rapacki-Plan, der nur die Atomwaffen betrifft, die gegen Revolutionen ohnehin kaum einzusetzen sind, muß aber bei allen weitergehenden Plänen eines militärischen Disengagement im Auge behalten werden.

Die Meinung, unser Land wäre gegen die Gefahren eines Atomkrieges besser geschützt, wenn sich in ihm keine Atomwaffen befinden, ist auch nur in sehr begrenztem Umfang richtig. Als wir sie in der Göttinger Erklärung vorsichtig aussprachen, stand dahinter der Wunsch, die Atomwaffen überhaupt von kleinen Ländern fernzuhalten; wenn er sich noch erfüllen würde, so würde er wohl die Gefahr für alle kleinen Länder sehr vermindern. Daß wir aber verschont blieben, wenn wir allein inmitten einer atomar aufgerüsteten Umgebung diese Waffen nicht besäßen, ist unwahrscheinlich und von uns nie behauptet worden.

Diese Überlegung müßte dazu führen, die atomwaffenfreie Zone, wenn überhaupt, dann sehr groß zu wünschen. Die Rapacki-Zone erscheint hierfür zu klein; dazu kommt, daß sie beim heutigen technischen Stand (d. h. ehe die weitreichenden Raketen verfügbar sind) militärisch ein großes Opfer der NATO mit einem kleinen Opfer des Ostblocks bezahlt. Man hätte freilich, so scheint mir, Rapacki selbst und den Kreml, der ihn gedeckt hat, beim Wort nehmen können, und den Plan als zwar in der heutigen Gestalt unannehmbar, aber als Ausgangspunkt weiterer Verhandlungen bezeichnen können. Der Weltmeinung hätte man, so scheint mir, die westliche Position damit überzeugender gemacht und dem Verhandlungspartner gegebenenfalls das Neinsagen zugeschoben.

Der Sinn sowohl eines deutschen, eventuell durch Bedingungen eingeschränkten Verzichts wie von Verhandlungen über atomwaffenfreie Gebiete kann meiner Meinung nach nur im politischen Feld liegen und nicht im militärischen. Der politische Sinn wiederum würde ins Gegenteil verkehrt, wenn er nicht in voller Solidarität mit dem Westen gemeint wäre. Es würde sich um ein globales und ein europäisches Ziel handeln. Das globale Ziel wäre, doch der internationalen Vereinbarung gegen das atomare Chaos den Weg zu bahnen. Ein Demonstrationsbeispiel dafür, daß kontrollierte Rüstungsbeschränkung wenigstens außerhalb des Territoriums der Weltmächte selbst praktisch glücken kann, sollte dem Westen etwas wert sein. Das europäische Ziel wäre die Auflockerung Osteuropas.

Wir denken in Deutschland dabei mit Recht zunächst an die Wiedervereinigung. Von Amerika aus gesehen verflicht sich das deutsche Problem natürlich eng mit dem der osteuropäischen Länder, die heute russische Satelliten sind. Der Kennansche, von W. Lippmann sekundierte Gedanke ist, als Fernziel die Befreiung dieser Länder um den Preis der beiderseitigen Räumung Europas durch die Truppen der Weltmächte anzustreben. Noch ohne mich auf irgendeine bestimmte Gestalt dieser weiteren Schritte festzulegen, habe ich deshalb auf der Pugwash-Konferenz zur Diskussion gestellt, den Rapacki-Plan nur als ein befristetes Abkommen auf zwei Jahre abzuschließen, nach Ablauf welcher Zeit beide Seiten ihre Handlungsfreiheit wiedergewinnen sollten, wenn sie sich bis dahin nicht über weitergehende Schritte würden einigen können. Dieser Vorschlag schien auf beiden Seiten eine sympathische Aufnahme zu finden.

Für unsere jetzige Analyse ist aber entscheidend, welche weitergehenden Schritte Aussicht auf Erfolg haben. Das Schlagwort Disengagement, das sich hier meldet, ist zweideutig. Es kann einen militärischen und einen politischen Sinn haben. Meine persönliche Ansicht ist, daß die militärische und die politische Entwicklung genau gegenläufig sein müßten. Ein militärisches Auseinanderrücken der Blöcke müßte nämlich, so scheint mir, von einer politischen Verflechtung begleitet sein, wenn stabile Zustände ermöglicht werden sollten.

Militärisch bedeutet Disengagement, daß nicht nur eine begrenzte atomwaffenfreie Zone geschaffen wird, sondern daß die beiden Weltmächte ihre Truppen selbst aus einem größeren Teil Europas ganz oder teilweise herausziehen. Dieser Gedanke erweckt nun zwei verschiedene, aber zusammenhängende Besorgnisse. Die Sowjetunion hat Anlaß zu fürchten, die Räumung der osteuropäischen Länder von sowjetischen Truppen werde den politischen Abfall dieser Länder zur Folge haben. In Westeuropa fürchtet man entsprechend, die Sowjetarmee könnte sich dann veranlaßt sehen, zurückzukehren und womöglich ganz Europa zu besetzen.

Ich habe niemanden getroffen, der die technischen Bedingungen für das Funktionieren solcher Disengagement-Vereinbarungen schon hinreichend durchdacht hätte. Dabei unterscheide ich Waffenexperten, deren technisches Vorstellungsvermögen die gegenwärtige Lage kennt und von da in die Zukunft hinein plant, von den gewöhnlichen Sterblichen, deren technisches Vorstellungsvermögen meist die Gegenwart noch nicht ganz erreicht hat. Für die ersteren enthält der Gedanke eines weltweiten westlichen Verteidigungssystems, in dem die Atomwaffen aber nur an ganz wenigen Stellen gelagert sind, keine unüberwindbaren technischen Schwierigkeiten, ja als Zukunftsziel bietet er sich geradezu an. Auch die Existenz großer militärisch neutralisierter Gebiete, deren rein militärisch (aber nicht politisch) neutraler Status von den Großmächten garantiert und international überwacht würde, könnte technisch Teil eines solchen Plans sein. Politisch denken jedoch technische Experten meist im Schema zweier Machtblöcke. Umgekehrt müssen sich die Menschen, die politische Pläne ausarbeiten, meist in ihrer militärtechnischen Phantasie ans schon Bekannte, »Bewährte« halten. Ich habe aus den Gesprächen den Eindruck gewonnen, daß ein Kontroll- und Garantiesystem, das eine weitgespannte militärisch neutralisierte Zone in Europa etwa im Sinne der abgestuften Abschreckung sichern könnte, technisch sehr wohl ausgearbeitet werden könnte.

Ein derartiges militärisches System kann aber nicht Selbstzweck sein. Man wird nur erwägen, es einzuführen, wenn es einen klaren politischen Nutzen bringt. Für viele Europäer hat wohl der Gedanke etwas Verlockendes, die Weltmächte durch eine nicht nur militärisch, sondern auch politisch neutrale Zone zu trennen. Wie schon oben angedeutet, scheint mir dies bedenklich, zum mindesten sehr mißverständlich.

Es ist einerseits kaum anzunehmen, daß die Sowjetunion den osteuropäischen Ländern die Freiheit lassen wird, sich mit westeuropäischen Ländern zu einer echten unabhängigen »dritten Kraft« zu vereinigen, gerade weil sie weiß, daß deren Neutralität in Wahrheit Zugehörigkeit zur westlichen Welt bedeuten würde. Es ist andererseits zu befürchten, daß solche politische Neutralität als eine Wiederbelebung nationaler Souveränitäten auch in Westeuropa verstanden würde und somit einen Rückschritt auf dem heute unausweichlich notwendigen Weg der Integration der Welt bedeuten würde.

Ich gestehe, daß wenigstens ich persönlich in einem unter

dem Motto der Neutralität etwa sich einschleichenden Anti-Amerikanismus, oder »Nationalismus der Nation Europa« schlechterdings nur eine Gefahr für Europa selbst sehen könnte. Etwas ganz anderes ist es, daß Europa auch im Bündnis mit Amerika seinen Einsichten und Interessen Gewicht verschafft.

Sowohl das jetzige harte Aneinandergrenzen der beiden Machtblöcke wie auch eine etwaige Trennung beider durch ein von beiden unabhängiges Europa kommt mir wie zwei verschiedene Erscheinungsformen desselben Fehlers vor. Das, was wir heute zur Überwindung dieses Fehlers anstreben können, ist die Verflechtung der Machtblöcke. Das wäre die regionaleuropäische Fassung des Programms, das im vorangegangenen Kapitel unter dem globalen Aspekt besprochen worden ist.

Wie könnte eine solche Verflechtung konkret aussehen? Ich gestehe, daß ich dafür heute kein ausgearbeitetes Programm vorzulegen weiß; ich stoße hier an die Grenze dessen, was ich bisher durch eigene Anstrengungen habe erarbeiten können. Ich meine aber, daß ein solches Programm notwendig wäre. Die Rüstungsbeschränkung, der ja diese Artikelserie gewidmet ist, hätte in der Verflechtung nur eine dienende Rolle zu spielen, vor allem, um diejenigen psychologischen und organisatorischen Hindernisse aus dem Weg zu räumen, die einer Einigung beider Seiten im Weg stehen. Von den drei obengenannten Interessen der Sowjetunion an einer Verständigung über die Auflockerung des europäischen Zweiblocksystems hätte sie dem dritten, der Befreiung von der Sorge vor militärischer Bedrohung, zu dienen. Selbstverständlich wäre auch hierin ein Maximum der Gegenseitigkeit anzustreben, also womöglich eine Übereinkunft über die Begrenzung auch der konventionell ausgerüsteten Truppenmacht, die die Sowjetunion in Osteuropa unterhält.

Ein völliger Rückzug der sowjetischen Truppen aus den Satellitenstaaten würde, so weit man heute sehen kann, eine anderweitige Garantie der Stabilität der Satellitenregierungen erfordern. Eben darum besteht die einzige Aussicht, die Beziehungen dieser Länder zum Westen zu verstärken, in einem System, das ihre Beziehungen zum Osten nicht löst, also in einer Verflechtung. Intensive Handelsbeziehungen könnten dabei eine leitende Rolle spielen.

Gegen eine wirtschaftliche Verflechtung West- und Osteuropas meldet sich bei uns und auch in Amerika vielfach der Einwand, damit befestige man ja gerade das kommunistische System. Die Antwort dürfte sein, daß wir hier eine Entscheidung zu treffen haben. Wünschen wir den Kommunismus zu stürzen, so müssen wir die dazu geeigneten Mittel wählen. Sie würden nach allem, was wir heute wissen können, den großen Krieg erfordern. Wollen wir den Krieg nicht, so müssen wir den Wunsch, den Kommunismus zu stürzen, dem Frieden opfern. Dann aber ist es nicht konsequent, eine Politik zu machen, die den Kommunismus nicht stürzt und gleichwohl das Zusammenleben mit ihm erschwert, wo nicht unmöglich macht. Wir müssen vielmehr denjenigen Zustand herzustellen suchen, der den Menschen unter kommunistischer Herrschaft das Leben möglichst erträglich macht und den kommunistischen Machthabern ein friedfertiges und liberales Verhalten ihres eigenen Lagers so wünschenswert wie möglich erscheinen läßt.

Das Haupthindernis für alle Pläne, die eine Vereinbarung mit den Russen voraussetzen, sahen aber die meisten Partner meiner Gespräche in den Russen selbst. Wieweit diese Skepsis Folge der russischen Starrheit und wieweit sie, als »Rückkopplung«, selbst wieder Ursache dieser Starrheit ist, lasse ich offen. Mein eigener Eindruck von der russischen Politik ist, daß sie heute zu Konzessionen in Osteuropa weniger bereit ist als in den letzten Jahren und daß alle Pläne gegen das atomare Chaos heute noch für sie so uninteressant sind wie die abgestufte Abschreckung. Letzteres hängt mit ihrer These totaler Atomabrüstung zusammen. Insofern scheint mir in der Tat der Weg zu allen soeben besprochenen Projekten hinter einer grauen Wand verborgen.

Diese Wand kann sich unversehens spalten, sie kann sich auch als undurchdringlich erweisen. Ist sie undurchdringlich, so heißt das bezüglich Deutschlands, daß die Wiedervereinigung unmöglich ist. Diese Ansicht habe ich vielfach gehört, meist vorsichtig auf die nächsten 10 oder 30 Jahre begrenzt. Bei offenherzigen Gesprächen kam oft die Frage hinterher, ob sie denn überhaupt nötig, ja wünschbar sei. Die dritte Frage war dann, wann wir endlich bereit sein würden, die Oder-Neiße-Grenze anzuerkennen.

Daß die Wiedervereinigung den Russen nicht abgetrotzt, sondern allenfalls abgehandelt werden kann, sieht jedermann. Daß der Preis nicht geringer sein kann als eine drastische Beschränkung der deutschen Rüstung und Räumung Westdeutschlands von westlichen Truppen, erscheint heute fast selbstverständlich. Ein stark gerüstetes wiedervereinigtes Deutschland würden auch viele unserer westlichen Freunde als eine Gefahr für den Weltfrieden ansehen, und die Frage nach der Oder-Neiße-Linie enthüllt den ersten konkreten Anlaß dieser Sorge. Daß man freilich jetzt die atomare Bewaffnung Deutschlands im NATO-Rahmen einführe, um sie gegen die Wiedervereinigung wieder zu verkaufen, war im allgemeinen nicht die Deutung, die man der Politik der Bundesregierung gab.

Obwohl man natürlich immer einzelne trifft, die sehr genau wissen, was sie für richtig halten, war mein Eindruck von der durchschnittlichen Stimmung gerade politisch intensiv interessierter Kreise in USA gegenüber den europäischen Problemen der der Unsicherheit. Man möchte sich auf die deutsche Effektivität verlassen, die vielfach als der zuverlässigste Faktor in Europa gilt, und behält ihr gegenüber doch ein Unbehagen. Man traut eher bestimmten Personen, wie vor allem dem Bundeskanzler, als bestimmten Programmen. Ich vermute, man würde von Personen, die man als vertrauenswürdig ansieht, auch ziemlich unorthodoxe Vorschläge entgegennehmen und sehr ernstlich erwägen.

Als Schlußbemerkung möchte ich darauf hinweisen, wieviel neue Denkarbeit die durch die technische Entwicklung der Welt entstehenden politischen Aufgaben noch erfordern. Ich habe versucht, überall genau anzugeben, welche Fragen mir schon durchdacht scheinen und welche noch nicht.

Gewiß muß man in der Politik oft Entscheidungen treffen, ohne zu wissen, was das Richtige ist. Aber wenn uns das Denken die Entscheidungen nicht abnimmt, so werden uns doch auch die Entscheidungen das Denken nicht abnehmen. So schwierige Denk- und Informationsaufgaben kann kein einzelner lösen. Ich wäre vollauf zufrieden, wenn meine Ausführungen anderen, die sich an diesen Aufgaben versuchen, einiges Material geliefert hätten.

Christen und die Verhütung des Kriegs im Atomzeitalter*

Herr Vorsitzender,
meine Herren Ausschußmitglieder!

Lassen Sie mich mit einigen Bemerkungen über die persönliche Erfahrung beginnen, die wir während der drei Jahre unserer Mitgliedschaft in dieser Kommission gemacht haben.

Ich erinnere mich sehr gut, daß, als ich von ihrem Vorsitzenden, Sir Thomas Taylor, eingeladen wurde, Mitglied dieser Kommission zu werden, meine erste Reaktion völlig negativ war. Ich meinte, diese Kommission könnte niemals erfolgreich arbeiten, und zwar aus drei Gründen.

Erstens war die Kommission nach solchen Gesichtspunkten ausgewählt, daß ihr Mitglieder angehörten, die zur allgemeinen Frage des Krieges sehr unterschiedliche Standpunkte einnahmen. Ihr gehörten Pazifisten und Nichtpazifisten an, und es war die ausdrückliche Absicht, daß sie so zusammengesetzt sein sollte. Mitglieder, die zum Krieg im allgemeinen unterschiedliche Standpunkte einnahmen, sollten herauszufinden versuchen, ob sie nach der Erfindung der H-Bombe leichter imstande sein würden, zu einer Vereinbarung zu kommen, als vor dieser Erfindung.

Zweitens sollte die Kommission eine theologische sein, mit der Aufgabe, ein theologisches Gespräch zu führen. Praktische Tagesfragen mögen gelöst werden, aber diese theologischen Probleme sind sehr alt, und ich meinte, das Atomzeitalter habe ihnen eher neue Probleme hinzugefügt, als daß es zur Lösung der alten beitrage.

---

* Aus dem einleitenden Vortrag vor dem Zentralausschuß des Weltrats der Kirchen in Nyborg, 23. August 1958, anläßlich der Überreichung des Berichts von Th. M. Taylor und R. S. Bilheimer, Christians and the Prevention of War in an Atomic Age (London, SCM Press, 1961). Der Bericht enthält die Ergebnisse einer Kommission des Weltrats der Kirchen, die von 1956 bis 1958 getagt hat. Der vorliegende Text entstammt der offiziellen deutschen Übersetzung meines englisch gehaltenen Vortrags.

Drittens wurde vorausgesetzt, daß wir nach Ablauf von drei Jahren eine Art Bericht erstatten würden, wie wir es nun getan haben. Aber ich meinte, drei Jahre reichten nicht aus, um zu einer Lösung zu gelangen – wenn es überhaupt eine Lösung gibt.

Dennoch stimmte ich zu, Mitglied dieser Kommission zu werden, weil wir alle von Sir Thomas sehr freundlich dazu eingeladen wurden, der betonte, daß irgend jemand eine Lösung zu finden versuchen müsse. So versuchten wir es, und unser Gespräch zerstörte meine Skepsis vollkommen. Selbstverständlich scheint mir, daß wir nicht eins der großen Probleme gelöst haben. Wäre es möglich gewesen, hätte ich es vorgezogen, jetzt kein Dokument herauszugeben; die Probleme sind jedoch dringend, und unsere Abhandlung wird Ihnen wenigstens zeigen, über welche Fragen wir miteinander gesprochen haben. Aber die große Erfahrung in der Kommission war die, daß Menschen, die sehr unterschiedliche Ansichten vertreten, imstande sind, die Fragen in einem guten und freundschaftlichen Geist zu diskutieren, und ich denke, jeder von uns hat Dinge gelernt, die er auf keine andere Weise so leicht gelernt hätte. Sie kennen jene Art von Gespräch, in dem Sie am Ende nicht wissen, welches Problem Sie gelöst haben mögen; aber Sie gehen als ein anderer Mensch daraus hervor. So soll unser Studiendokument keine Feststellung abstrakter und fester Ansichten sein, sondern eine Grundlage für die Diskussion hauptsächlich in kleinen Gruppen. Große Gruppen sind außerstande, solche Angelegenheiten gründlich zu diskutieren.

Ehe ich auf die Kapitel III und V unserer Abhandlung zu sprechen komme, möchte ich einige theologische Probleme nennen, die ausführlich diskutiert worden sind, im Bericht aber nicht deutlich zum Vorschein kommen, weil wir sie am Ende fallengelassen haben. Die theologische Absicht, aus der heraus die Kommission eingesetzt worden ist, enthielt gewiß die Frage, ob dogmatische Begriffe wie Schöpfung und Eschatologie oder moraltheologische Begriffe wie der des gerechten Krieges uns eine Richtschnur für das Problem des Krieges im Atomzeitalter geben könnten. Nach langer Diskussion kamen wir zu dem Schluß, daß diese Begriffe nicht hilfreich sein würden.

Zum Beispiel hatten wir alle den sehr natürlichen Gedanken, daß es für Christen unmöglich sein sollte, Atomwaffen anzuwenden, weil wir dadurch Gottes Schöpfung zerstören. Wohl meinen wir immer noch, daß solche Feststellung ein Wahrheitselement enthält, aber am Ende schien es uns unmöglich, sie in einem streng theologischen Sinn anzuwenden. Auch Kriege vor dem Atomzeitalter haben Gottes Schöpfung in einem gewissen Ausmaß zerstört, und andererseits ist es nicht unmöglich, gewisse Atomwaffen so einzusetzen, daß ihre Wirkung begrenzt bleibt. Wenn wir also nicht von Anfang an die pazifistische Position beziehen, wird sich unser Problem zu einer Diskussion entwickeln, in der es nicht um Qualitäten, sondern nur um Quantitäten geht. Im Gefolge einer solchen Diskussion mag ein einzelner oder eine Gruppe, auch eine Kirche, zu dem Entschluß gelangen, zu einem bestimmten Punkt »Nein« zu sagen; aber solch ein Entschluß könnte nicht auf einfache Weise theologisch vom Begriff der Erhaltung der Schöpfung Gottes abgeleitet werden. Daher wagten wir diese Art Argument in unser Dokument nicht aufzunehmen; was davon übriggeblieben ist, wird man in Kapitel II finden.

Ich will hier nicht die entsprechenden Argumente bezüglich der Eschatologie wiederholen.

Unsere ausführliche Diskussion über den Begriff des gerechten Krieges werden Sie in vielen Teilen des Dokumentes widergespiegelt finden, aber wir haben auch diesen Begriff nicht als Ausgangspunkt anerkannt. Schon das Wort »gerechter Krieg« tönt den Menschen unserer Zeit nicht sehr angenehm. Diese Tatsache an sich zeigt, wie sehr sich unsere Ansichten unter dem Einfluß der Technik und besonders des Atomzeitalters verändert haben, denn die Idee des gerechten Krieges ist fast in der gesamten christlichen Ära ganz üblich gewesen. Jedoch kann nicht geleugnet werden, daß unsere Gedanken über den begrenzten Krieg von den alten Diskussionen über den gerechten Krieg nicht allzu weit entfernt waren. Denn der Begriff »gerechter Krieg« sollte ja niemals die Rechtfertigung des Krieges als solchen bedeuten, sondern gerade umgekehrt eine Beschränkung seiner Ziele und Mittel auf solche Gebiete, wo ein Rechtsgrund und ein Rechtverhalten des Kriegführenden den Krieg zum geringeren von zwei Übeln machen würden. Doch ich meine, wir haben richtig gehandelt, indem wir den Begriff »gerechter Krieg« nicht gebrauchten, teils weil er so viele Ausdeutungen zuläßt, die keine christlichen sind und es auch niemals waren, und teils, weil unsere Diskussion des begrenzten Krieges ganz entschieden auf die völlige Abschaffung des Krieges zielt und nicht auf die Einsetzung eines zulässigen Bereichs der Kriegführung.

Ein anderer Punkt, der nicht im Dokument enthalten ist, wenn auch aus einem anderen Grund, ist die Gewaltlosigkeit, sei es in Form des gewaltlosen Widerstandes oder des Nicht-Widerstandes. Natürlich hätten wir diese Frage diskutieren sollen, zumal wir zwei erklärte Pazifisten in unserer Gruppe hatten, und wir haben die Absicht, dies bis ins kleinstmögliche Detail auf ferneren Tagungen nachzuholen. Nach meiner Ansicht ist das unbedingt notwendig, hauptsächlich deshalb, weil, treffen unsere allgemeinen Gedanken über unser Zeitalter zu, immer öfter eine Situation eintreten wird, in der Gewaltlosigkeit als einzige Möglichkeit nicht nur für Christen, sondern für jedermann auf der Welt übrigbleibt; da der Krieg, weil er immer schrecklicher wird, auch als ein Mittel zur Verteidigung von Freiheit und Ordnung immer weniger möglich sein wird. Der Grund, daß wir zu diesem Gespräch nicht gekommen sind, war einfach Zeitmangel.

Ich werde nun Kapitel III und V unseres Berichtes kommentieren.

Kapitel III trägt die Überschrift: Die Verhütung des Krieges – Disziplin in bezug aufs technische Zeitalter. Etwas vereinfacht sagt es: Das technische Zeitalter ist ein weitgehend unpersönlicher Prozeß, eine durchgreifende Umformung der Welt, der durch keine Einzelaktion aufgehalten werden kann. Er schreitet fort. Doch können wir nicht den Gedanken akzeptieren, daß hier ein unpersönliches Fatum am Werk sei, auf das wir nicht als Personen reagieren könnten. Nein, wir denken, daß wir verantwortlich als Personen darauf reagieren müssen. Bis zu einem gewissen Grad können Sie diese Reaktion ganz losgelöst von christlichen Begriffen begreifen, wenn Sie auf die innere Struktur der Technik blicken.

Wissen bedeutet Macht, und Macht bedeutet Verantwortung. Verantwortung bedeutet, daß wir den Gebrauch unserer eigenen Macht durch unsere Erkenntnis der Folgen des Gebrauchs dieser Macht begrenzen. Nehmen Sie als Beispiel das

Auto. Es ist nichts Unmoralisches dabei, mit einem Wagen hundert Stundenkilometer zu fahren; der Wagen ist so gebaut, daß er, falls gewünscht, auf diese Geschwindigkeit zu bringen ist. Aber es wird nicht nur unmoralisch, es wird unsinnig, wenn ich den Wagen mit hundert Stundenkilometern durch eine belebte Straße in einer Stadt zu fahren versuche. Dies wäre ein Mißverständnis der Technik selbst, es wäre ein untechnisches Verhalten. So gehört zum Sinn der Technik selbst und muß zu ihm gehören der Gedanke, daß wir technische Mittel nicht bis zum letzten ausnutzen. Es gibt technische Möglichkeiten und wird sie immer geben, von deren Anwendung wir uns zurückhalten müssen, um nicht die Ziele der Technik selbst zu zerstören.

Somit sagen wir nicht, die Technik sei einfach gut, weil sie, angewendet ohne jenes Verantwortungsbewußtsein, völlige Zerstörung bedeuten kann. Andererseits sagen wir auch nicht, sie sei einfach böse; wir gehören nicht zu denen, die die »Dämonie der Technik« für die zerstörende Kraft unserer Zeit halten. Darum nennen wir den technischen Prozeß einen zweideutigen Prozeß, der durch verantwortungsvolles Handeln geleitet werden muß. Das ist die Disziplin in bezug auf technische Faktoren.

Diese Disziplin ist nun auf die Atomwaffen anzuwenden. Wie kann dies geschehen?

Diese Frage führt zu den eigentlichen Streitpunkten, über die, wie zu erwarten war, zu einer vollen Einigung zu kommen, unserer Kommission nicht gelungen ist. Sie führt zu Kapitel V: Die Verhütung des Krieges – Disziplin in bezug auf die Kriegführung.

Wir können eine Frage stellen wie diese: Wenn wir erkannt haben, daß das Nichtausnutzen technischer Möglichkeiten eine Vorbedingung für das Leben im technischen Zeitalter sein kann, warum sollten wir nicht diese Erkenntnis auch strikt auf jene äußerst zerstörerischen Geräte, die Atomwaffen, anwenden? Ich muß sagen, daß ich für meine Person nicht imstande gewesen bin, einen anderen Schluß zu ziehen. Im Versuch, ein Christ zu sein, im Versuch, mich auf eine Weise zu verhalten, die ich, ich sollte nicht sagen: rechtfertigen, aber die ich durchhalten kann, wenn ich wieder und wieder das Neue Testament lese, vermag ich nicht zu sehen, wie ich persönlich auf irgendeine Weise am Einsatz von Atombomben teilnehmen könnte. Das ist nicht etwas, worüber ich mir zu allen Zeiten klar gewesen wäre. Ich war während des Krieges Atomwissenschaftler, und zu jener Zeit habe ich über das Problem der nuklearen Energie gearbeitet. Es ist wahr, daß dann unsere deutsche Gruppe zu der klaren Erkenntnis kam, daß wir nicht imstande sein würden, Bomben herzustellen, und das erleichterte unsere Gewissen, ohne uns zur Entscheidung zu zwingen. Nach dem Krieg gab es für einen Deutschen, der in Deutschland geblieben war, für mehr als zehn Jahre die Frage der Arbeit an Bomben nicht. Aber als ich vor einigen Jahren erkannte, daß ich vielleicht bald gebeten werden könnte, Bomben herzustellen, da wußte ich, daß nun eine Entscheidung unvermeidlich war, und ich fand mich außerstande, mich an einer solchen Arbeit auf irgendeine Weise zu beteiligen. Selbstverständlich heißt das, daß ich bereit bin, die Folgen aus meiner Entscheidung für meine Person, für meine Familie und für meine Nation auf mich zu nehmen, was auch immer die Folgen sein mögen.

Diese persönliche Entscheidung jedoch führt mich nicht dazu und kann mich nicht dazu führen, diejenigen zu verurteilen, die eine andere Entscheidung gefällt haben, wenn ich nur weiß, daß sie es in der vollen Erkenntnis ihrer Verantwortung getan haben. Wie ich vorhin sagte, konnte ich meine Entscheidung nicht von klaren theologischen Voraussetzungen ableiten. Auch konnte ich sie nicht ableiten von einem feststehenden moralischen Kodex; solch ein Kodex in bezug auf die Probleme der Technik, einschließlich der technischen Waffen, existiert bislang nicht. Er sollte so schnell wie möglich geschaffen werden. Aber während meine eigene Entscheidung nicht länger aufgeschoben werden konnte, kann mein Urteil über mögliche allgemeine Verhaltensmaßregeln nicht schneller reifen als der Prozeß des Durchdenkens der konkreten Tatsachen und Möglichkeiten unseres Zeitalters. Auch wenn, wie ich persönlich meine, ein christliches Zeugnis ein Zeugnis gegen jeden Gebrauch von Atomwaffen sein sollte, zweifle ich, ob die Kirche für ein solches Zeugnis geistig vorbereitet ist, ehe wir unser Äußerstes versucht haben, die wirklichen Folgerungen dieser oder jener Handlungsweise zu erkennen. Ich denke, es liegt mehr oder weniger an diesen Überlegungen, daß die Kommission davon Abstand nahm, verallgemeinernde Feststellungen über die Nichtanwendung von Atombomben zu treffen.*

---

* Das Ende des Vortrags skizziert die in dem Aufsatz »Mit der Bombe leben« erläuterte Auffassung.

Thesen*

These 1

Der Weltfriede wird zur Lebensbedingung des technischen Zeitalters. In der verworrenen Debatte über das Atomproblem suchen die Menschen mit Recht nach einer einfachen Aussage, die zum Leitfaden des Handelns werden könnte. Wir glauben, daß diese Einfachheit nicht in Regeln gefunden werden kann, welche einzelne Handlungen gebieten oder verbieten, wohl aber im Ziel des Handelns. Dieses Ziel muß die Herstellung eines haltbaren Weltfriedens sein.

Früheren Zeiten mußte der Weltfriede als ein wahrscheinlich unerreichbares Ideal erscheinen. Christen mußten geneigt sein, ihn erst mit dem Jüngsten Gericht zu erwarten. Für unser technisches Zeitalter aber wird er zur Lebensbedingung (vgl. Beitrag II, 3). Er beginnt heute genau deshalb möglich zu werden, weil er notwendig wird. Die Atomwaffe ist nur das heute deutlichste Symptom derjenigen Wandlung des menschlichen Daseins, die ihn zur Bedingung unseres Lebens macht. Das ständige Wachstum der Gebiete, die von einer Zentrale aus regiert werden können, die Reduktion der Anzahl wirklich souveräner Staaten, die wachsende wirtschaftliche Verflochtenheit der Welt sind ebenso wie die unablässige Weiterentwicklung auch aller nichtatomaren Waffen andere Symptome desselben Prozesses.

Die Notwendigkeit des Weltfriedens ist kein Satz des Christentums und erst recht kein schwärmerischer Satz, sondern eine Aussage der profanen Vernunft. Der Weltfriede des technischen Zeitalters ist nicht das Paradies auf Erden. Es

---

* Sog. »Heidelberger Thesen«. Gemeinsame Erklärung einer Kommission der Evangelischen Studiengemeinschaft, verabschiedet am 28. April 1959. Mitglieder der Kommission: Helmut Gollwitzer, Günter Howe, Karl Janssen, Richard Nürnberger, Georg Picht, Klaus Ritter, Ulrich Scheuner, Edmund Schlink, Wilhelm-Wolfgang Schütz, Carl Friedrich von Weizsäcker. Gastgeber: Hermann Kunst. Gäste: Ludwig Raiser, Erwin Wilkens. Assistent: Eckart Heimendahl.

könnte leicht sein, daß wir ihn nur um den Preis der staatsbürgerlichen Freiheit erhalten werden, zumal wenn er auf dem Wege über einen dritten Weltkrieg zustande käme. Der Friede ist in einer versklavten Welt vielleicht leichter rational zu planen als in einer freien. Äußerster Anstrengung wird es vielleicht bedürfen, nicht damit er überhaupt kommt, sondern damit er nicht über Katastrophen kommt und damit in ihm die Freiheit bewahrt bleibt.

These 2

Der Christ muß von sich einen besonderen Beitrag zur Herstellung des Friedens verlangen. Obwohl die Notwendigkeit des Weltfriedens ein Satz der profanen Vernunft ist, hat die Christenheit auf dem Wege zu ihm eine besondere Aufgabe.

Der rational geplante Friede hat die Zweideutigkeit, die sich zum Beispiel darin zeigt, daß er mit der rational geplanten Sklaverei Hand in Hand gehen könnte. Heute ist die Menschheit hin und her gerissen zwischen der Angst vor dem Krieg, die sie in Versuchung führt, sich der Sklaverei zu ergeben, und der Angst vor der Sklaverei, die sie in Versuchung führt, den Krieg, zu dem sie gerüstet ist, ausbrechen zu lassen. Die Angst ist der schlechteste Ratgeber. Die Angst ist aber ein Attribut der Welt, und die Steigerung der technischen Mittel, die uns von der Angst vor so vielen Naturkräften befreit hat, hat die Angst vor dem Mitmenschen mit gutem Grund erhöht. Gerade unser vom Verstand erhelltes Zeitalter leidet an dumpfer Angst vor seiner eigenen Unberechenbarkeit. Den Christen und durch sie allen ihren Brüdern ist gesagt: In der Welt habt ihr Angst, aber seid getrost, Ich habe die Welt überwunden. Durch die Christen sollte der Friede Gottes in der Welt wirksam werden, der allein den Frieden der Welt zum Segen werden lassen kann.

Wie kann das geschehen? Wir wenden uns zunächst wieder zu der Aufgabe, die die profane Vernunft vorschreibt.

These 3

Der Krieg muß in einer andauernden und fortschreitenden Anstrengung abgeschafft werden. Die Erkenntnis der Notwendigkeit der Abschaffung des Krieges ist nicht identisch mit seiner tatsächlichen Abschaffung. Seit 1945 finden ständig begrenzte Waffengänge statt. Daß in zukünftigen begrenzten Konflikten Atomwaffen eingesetzt werden, ist möglich, ja wachsend wahrscheinlich. Daß ein solcher Kampf in den totalen Weltkrieg umschlägt, ist jederzeit möglich.

Die Fortdauer der Kriege macht es nötig, ständig weiter an der Humanisierung des Krieges zu arbeiten. Hierzu gehört der unerläßliche Versuch, auch in Zukunft den Einsatz von Atomwaffen in lokalen Konflikten zu verhindern. Wir würden es aber für einen verhängnisvollen Irrtum halten, wollte man in der Fortdauer begrenzter Kriege einen stabilen Zustand sehen. Nicht die Ausschaltung der Atomwaffen aus dem Krieg, sondern die Ausschaltung des Krieges selbst muß unser Ziel sein.

In den Berichten dieses Bandes sind die realen Ansätze besprochen, die hierfür heute bestehen. Die Kapitulation gegenüber einer diktatorischen Weltmacht rechnen wir nicht zu den realen Möglichkeiten. Die Menschheit ist heute dazu nicht bereit. Im übrigen würde die Kapitulation vor der Gewalt, auch wenn sie zunächst äußere Ruhe herstellen mag, den Frieden schwerlich dauerhaft sichern, da siegreiche Gewalt mit sich selbst und mit den Unterdrückten in Konflikt kommen wird. Alle anderen Wege aber sind langwierig, und ihr Erfolg ist ungewiß.

Wir dürfen darüber nicht überrascht sein. Die Gegenwart des Krieges in der Menschheit gleicht einer tausendjährigen chronischen Krankheit. Zahllose Institutionen und Reaktionsweisen setzen seine Möglichkeit voraus. Das gegenwärtige Gleichgewicht des Schreckens bedient sich der fortdauernden Kriegsfähigkeit des Menschen, um den Kriegsausbruch hintan zu halten; es gleicht einer gefährlichen Schutzimpfung mit dem Krankheitsserum selbst. Was wir als äußerstes von ihm erwarten dürfen, ist, daß es uns eine Zeitspanne zur konstruktiven Arbeit am Frieden gewährt.

These 4

Die tätige Teilnahme an dieser Arbeit für den Frieden ist unsere einfachste und selbstverständlichste Pflicht. Die größte Gefahr für den Frieden ist, daß die Zeitspanne, die uns das gegenwärtige Kräftegleichgewicht läßt, in träger Resignation vertan wird. Lähmung ist die schlimmste Wirkung der Angst, Sattheit ist meist nur ihr Deckmantel. Weite und Unsicherheit des Wegs rechtfertigen nicht den Verzicht auf den ersten Schritt.

Über die Aufzählung der bestehenden politischen und völkerrechtlichen Ansätze hinaus ein konkretes Aktionsprogramm zu entwerfen, ist nicht die Aufgabe dieses Berichts; dies würde seine, nicht unter diesem Gesichtspunkt ausgesuchten Verfasser überfordern. Wir glauben aber, eines sagen zu dürfen: Für jeden Menschen, zumal wenn er im Besitz staatsbürgerlicher Freiheit ist, bietet sich wenigstens eine Stelle, an der er seinen eigenen Beitrag leisten kann, mag dieser Beitrag auch nur in Handlungen individueller praktischer Nächstenliebe bestehen. Jede Lösung eines Krampfes trägt zur Ermöglichung des Friedens, jeder sinnvolle aktive Gebrauch von Freiheit trägt zur Bewahrung der Freiheit bei. Rings um jeden Menschen, der die Angst überwunden hat, bildet sich eine Zone, in der die Lähmung aufhört. Die Unterschätzung dieser scheinbar kleinen menschlichen Schritte ist eine der tödlichsten Gefahren für die großen Ziele.

These 5

Der Weg zum Weltfrieden führt durch eine Zone der Gefährdung des Rechts und der Freiheit, denn die klassische Rechtfertigung des Krieges versagt. Es ist seit langem die herrschende Lehre der Christenheit gewesen, daß der Christ, auch wenn er auf die Gewalt zum Selbstschutz zu verzichten bereit ist, ihrer zum Schutz seiner Mitmenschen nicht entraten könne. Ihre Anwendung wurde durch Regeln des rechten Gebrauchs eingeschränkt. In bezug auf den Krieg waren diese in der Lehre vom gerechten Krieg zusammengefaßt, die ja nicht eine Rechtfertigung, sondern eine Begrenzung des als unvermeidlich anerkannten Übels des Krieges bezweckte. Krieg sollte nur zur Abwehr größeren Übels und nur so geführt werden, daß er nicht selbst zum größeren Übel wurde. Niemand kann leugnen, daß dieses Prinzip in der Christenheit durch die Jahrhunderte hindurch immer wieder flagrant verletzt worden ist. Aber wenigstens war sein prinzipieller Sinn klar; wenigstens die Möglichkeit seiner Anwendung bestand.

Wir sehen nicht, wie dieses Prinzip auf den Atomkrieg noch angewandt werden kann. Er zerstört, was er zu schützen vorgibt. Wie können wir die Erhaltungsordnung, die der Schöpfer gewollt hat, zur Rechtfertigung atomarer Kriegführung in Anspruch nehmen? Wir brauchen die subjektive Aufrichtigkeit derer nicht in Zweifel zu ziehen, die von der Entwicklung kleiner und sauberer Atomwaffen eine Humanisierung des Atomkriegs erhoffen, ebensowenig wie die Möglichkeit, daß einmal begrenzte Konflikte mit diesen Waffen ausgefochten werden können; aber auch ihre Wirkung ist schlimm genug, und die Gefahr einer Überschreitung so künstlich gezogener Grenzen des Einsatzes vorhandener Waffen ist groß genug, um uns die Errichtung einer neuen stabilen Ordnung humaner Kriegführung mit ihnen als ausgeschlossen erscheinen zu lassen.

Dies aber bedeutet, daß in unserer Welt Lagen eintreten, in denen das Recht keine Waffe mehr hat. Die ultima ratio der kriegerischen Selbsthilfe wird durch die Mittel, deren sie sich bedienen müßte, lebensgefährlich und moralisch unerträglich; eine Instanz, an die sich das bedrängte Recht, die bedrängte Freiheit mit Aussicht auf Erfolg wenden könnte, besteht aber für viele Fälle nicht. Einzelne Völker und Gruppen waren immer in der Geschichte in dieser Lage; heute gewinnt sie eine universelle Bedeutung.

Zusammengefaßt erscheint sie den Bürgern der westlichen Welt in dem Dilemma, ob sie die Rechtsordnung der bürgerlichen Freiheit durch Atomwaffen schützen oder ungeschützt dem Gegner preisgeben sollen. Wir glauben zwar, daß die Berufung auf dieses Dilemma in vielen Fällen ein bloßer Vorwand für eine Politik ist, die in Wahrheit nationale oder persönliche Macht zum Ziel hat. Auch verkennen wir nicht, daß die Bürger kommunistischer Staaten die Überzeugung haben können, daß sie sich bezüglich des Schutzes der ihnen wichtigen Züge ihrer

Gesellschaftsordnung in einem entsprechenden Zwiespalt befinden. Wie aber auch immer das Dilemma ausgedrückt oder umgedeutet werden mag – wir können nicht leugnen, daß es heute tatsächlich die Weltpolitik überschattet.

Wir wenden uns nun zu den Entscheidungen, die dieses Dilemma von uns fordert.

These 6

Wir müssen versuchen, die verschiedenen im Dilemma der Atomwaffen getroffenen Gewissensentscheidungen als komplementäres Handeln zu verstehen. Die Spandauer Synode der EKD von 1958 hat zu diesen Entscheidungen die Sätze gesagt:

»Die unter uns bestehenden Gegensätze in der Beurteilung der atomaren Waffen sind tief. Sie reichen von der Überzeugung, daß schon die Herstellung und Bereithaltung von Massenvernichtungsmitteln aller Art Sünde vor Gott ist, bis zu der Überzeugung, daß Situationen denkbar sind, in denen in der Pflicht zur Verteidigung der Widerstand mit gleichwertigen Waffen vor Gott verantwortet werden kann. Wir bleiben unter dem Evangelium zusammen und mühen uns um die Überwindung dieser Gegensätze. Wir bitten Gott, er wolle uns durch sein Wort zu gemeinsamer Erkenntnis und Entscheidung führen.«

Es ist bisher nicht gelungen, diese Auffassungen miteinander auszugleichen, und es hat nicht den Anschein, als ob es bald gelingen werde. Die Verfasser des vorliegenden Berichts haben in ihre Kommissionsarbeit Überzeugungen mitgebracht, die einen erheblichen Teil der Spannweite überdecken, die in dem Wort der Synode angedeutet ist. Sie haben an sich selbst erfahren, wie schwer es ist, diese Differenzen zu überwinden, und sie haben sich über manche wichtigen Punkte nicht geeinigt. Aus der Erfahrung ihres zweijährigen ständigen Gesprächs heraus glauben sie jedoch, daß der Satz »Wir bleiben unter dem Evangelium zusammen« eine tiefere Bedeutung hat als die einer bloßen gegenwärtigen Duldung des Unversöhnbaren.

Die Liebe muß uns drängen, die Gründe des Bruders, der sich anders entscheidet als wir, mit besonderer Sorgfalt zu prüfen, und sie zu verstehen, auch wo wir sie verwerfen. Freilich gibt es Fälle, in denen Verstehen nicht zu duldender Anerkennung führen darf. Wir glauben jedoch, daß es für nach außen entgegengesetzte Entscheidungen im Atomproblem einen gemeinsamen Grund geben kann, von dem aus verstanden sie einander geradezu fordern.

Der gemeinsame Grund muß das Ziel der Vermeidung des Atomkrieges und der Herstellung des Weltfriedens sein. Keine Handlungsweise, die nicht auf diesem Grund ruht, scheint uns für einen Christen möglich. In der gefährdeten und vorbildlosen Lage unserer Welt können aber Menschen von verschiedenem Schicksal und verschiedener Erkenntnis verschiedene Wege zu diesem Ziel geführt werden. Es kann sein, daß der eine seinen Weg nur verfolgen kann, weil jemand da ist, der den anderen Weg geht (vgl. These 11). Mit einem aus der Physik entlehnten Wort nennen wir solche Wege komplementär (vgl. Beitrag VI).

Wir schildern diese Wege und ihre Zusammengehörigkeit, so wie wir sie sehen.

These 7

Die Kirche muß den Waffenverzicht als eine christliche Handlungsweise anerkennen. Der absolute Waffenverzicht der Friedenskirchen ist in früheren Zeiten von den herrschenden Kirchen verurteilt worden. Die Überzeugung breitet sich heute auch bei denen aus, die nicht Pazifisten sind, daß dieser Verzicht als eine den Christen mögliche Haltung anerkannt werden muß. Die Schrecken der Atomwaffen sind so groß, daß wir es als unbegreiflich empfinden müßten, wenn sich ihnen gegenüber ein Christ nicht wenigstens ernstlich prüfte, ob der Verzicht auf sie, ohne Rücksicht auf die Folgen, nicht unmittelbar verständliches göttliches Gebot ist.

Die einzige uns begreifliche Rechtfertigung des Besitzes von Atomwaffen ist, daß ihre Anwesenheit heute den Weltfrieden vorläufig schützt. Ihre Anwesenheit wirkt aber nur, wenn mit ihrer Anwendung für bestimmte Fälle gedroht wird. Die Drohung wirkt nur, wenn die Bereitschaft, ernst zu machen, vorausgesetzt werden kann. Eine Rechtfertigung ihres tatsächlichen Einsatzes durch die traditionelle Kriegsethik vermögen wir aber (vgl. These 5) nicht mehr zu geben.

Dieser Gedankengang hat nach unserer Ansicht jedenfalls eine allgemeine und eine individuelle Konsequenz.

Die allgemeine Konsequenz ist, daß die Unmöglichkeit einer grundsätzlichen Rechtfertigung des Atom*kriegs* nach der Lehre vom gerechten Krieg ausdrücklich anerkannt werden muß. Über die Frage, ob Atom*rüstung* gleichwohl gerechtfertigt werden kann, siehe These 8.

Die individuelle Konsequenz ist, daß jeder, den sein Gewissen drängt, hieraus die Konsequenz eines vollen freiwilligen Verzichts auf jede Beteiligung an diesen Waffen zu ziehen, von der Kirche in dieser Haltung anerkannt werden muß. Auch wer die entgegengesetzte Entscheidung trifft, weiß nicht, ob nicht jener den Weg gewählt hat, der mehr im Sinne des Evangeliums ist. In Lagen wie diesen erschließt oft genug erst das Wagnis die Erkenntnis, zeigt erst der getane Schritt den festen Boden, auf den der Fuß beim nächsten Schritt gesetzt werden kann.

Daß diese Entscheidung die einzige dem Christen mögliche sei, behaupten wir jedoch nicht. Ob oder unter welchen Umständen sie von der des vollen Verzichts auf jeden Kriegsdienst noch getrennt werden kann, erörtern wir nicht.

These 8

Die Kirche muß die Beteiligung an dem Versuch, durch das Dasein von Atomwaffen einen Frieden in Freiheit zu sichern, als eine heute noch mögliche christliche Handlungsweise anerkennen. Verzichtete die eine Seite freiwillig auf Atomwaffen, so wäre die totale militärische Überlegenheit der anderen Seite damit besiegelt. Wir können nur glauben, daß derjenige, der sich zum *persönlichen* Atomwaffenverzicht entschließt, weiß, was er tut, wenn er sich diese Konsequenz eines *allgemeinen* Verzichts der einen Seite klarmacht. Voraus wissen kann man die Folgen einer solchen Verschiebung der Machtverhältnisse nicht. Aber in dem uns näherliegenden Fall, daß es die westliche Welt wäre, die einen solchen Verzicht leistete, kann wenigstens das Risiko nicht geleugnet werden, daß unsere Begriffe von Recht und Freiheit für unabsehbare Zeiten verlorengingen. Wie weit oder unter welchen Voraussetzungen in der Welt, die dann auf uns wartet, christliches Leben möglich wäre, wissen wir ebenfalls nicht.

Die Beibehaltung der westlichen Atomrüstung strebt an, dieses Risiko zu vermeiden. Sie läuft dafür das Risiko des Atomkrieges. Dies ist die Haltung, die die westliche Welt tatsächlich einnimmt. Wir müssen uns darüber klar sein, daß jeder politische Vorschlag, der in der absehbaren Zukunft Aussicht auf Verwirklichung haben soll, die Beibehaltung dieser Rüstung zum mindestens seitens Amerikas voraussetzen muß.

Dies allein brauchte die Kirche nicht zu bewegen, diese Haltung anzuerkennen. Die Kirche kommt in der Geschichte immer wieder in Lagen, in denen sie zu der einzigen Politik, die zur Zeit Aussicht auf Verwirklichung hat, nein sagen muß. Uns scheint jedoch, daß, da auf beiden Seiten Risiken stehen, die wir als nahezu tödlich empfinden müssen, der Weg des Friedensschutzes durch Atomrüstung heute nicht verworfen werden kann. Es muß nur unbedingt feststehen, daß sein einziges Ziel ist, den Frieden zu bewahren und den Einsatz dieser Waffen zu vermeiden; und daß nie über seine Vorläufigkeit eine Täuschung zugelassen wird.

These 9

Für den Soldaten einer atomar bewaffneten Armee gilt: Wer A gesagt hat, muß damit rechnen, B sagen zu müssen; aber wehe den Leichtfertigen! Für den Christen stellt sich die Frage atomarer Bewaffnung oft weniger als die ihm praktisch entzogene politische Entscheidung über Ja oder Nein solcher Rüstung, sondern als die seines persönlichen Wehrdienstes. Wir glauben, daß hier die Entscheidung im wesentlichen schon mit seinem Eintritt in den Wehrdienst fällt und daß dies öffentlich gesagt werden müßte. Innerhalb einer Armee, die Atomwaffen besitzt, besondere Gruppen von Atomdienstverweigerern zuzulassen, dürfte für eine Wehrmacht kaum möglich sein; die Forderung danach scheint uns auch die Entscheidung an die falsche Stelle zu verlegen. Wir halten es zwar für einen Christen für unmöglich, in einer solchen Armee zu dienen, wenn er diesen Dienst anders als im Sinne der Friedenserhaltung versteht und wenn er nicht annehmen darf, daß seine Regierung ihn ebenso auffaßt. Aber indem er sich dem militärischen Gehorsam unterstellt, erklärt er sich bereit, die größten vorhandenen Waffen gegebenenfalls auch anzuwenden; die Drohung, die ja den Frieden schützen soll, ist sonst illusorisch. Wiederum muß zwar in unserer Lage die militärische Führung mit der Möglichkeit rechnen, daß ein Soldat gewisse Befehle, vom Gewissen gehindert, nicht ausführen wird; auch darum wehe denen, die leichtfertige Befehle geben. Die Maschinerie des Militärs kann sich aus der Teilhabe an der unerträglichen Zwiespältigkeit unserer Situation nicht ausschließen. Aber dies kann für den Soldaten nicht eine grundsätzliche reservatio mentalis rechtfertigen; er kann, so scheint uns, nicht den grauen Rock anziehen, wenn er von vornherein entschlossen ist, im Ernstfall dem Befehl nicht zu folgen.

Wir sprechen hier vom Soldaten, weil sich, zumal für das allgemeine Bewußtsein, an seiner Lage dieses Problem am deutlichsten zeigt. Dieselben Gewissensfragen stellen sich in oft unscheinbarer Form vielen anderen Menschen, z. B. dem der Waffen herstellt oder herstellen könnte, den Büromitarbeitern und Arbeitskräften in Fabriken und an Baustellen und letzten Endes dem Politiker, dem Parlamentarier und dem Wähler.

Wie fragwürdig diese Lage immer bleibt, zeigt jedoch die folgende Überlegung: sollte es zum Ausbruch eines atomaren Krieges kommen, so könnten wir als Rechtfertigung des Einsatzes dieser Waffen – da wir die traditionelle Rechtfertigung dafür ausdrücklich verworfen haben – nur die Feststellung zulassen, daß die Drohung ohne Bereitschaft zum Ernstmachen sinnlos gewesen wäre; daß also nun die Folgen des Versagens des Friedensschutzes durch diese Drohung eingetreten und von uns zu tragen sind. Der Christ wird dies nicht anders denn als ein Gericht Gottes über uns alle verstehen können.

These 10

Wenn die Kirche überhaupt zur großen Politik das Wort nimmt, sollte sie den atomar gerüsteten Staaten die Notwendigkeit einer Friedensordnung nahebringen und den nicht atomar gerüsteten raten, diese Rüstung nicht anzustreben. Die politische Wirksamkeit der Kirche scheint uns nicht dort am stärksten und am heilsamsten zu sein, wo sie direkt zu politischen Entscheidungen das Wort nimmt. Es gibt aber immer wieder Lagen, in denen der Verzicht auf eine Stellungnahme selbst eine Stellungnahme ist. Nur in diesem Sinne scheint es uns nötig, zu präzisieren, was die Kirche gegebenenfalls den Regierungen sagen soll.

Es schiene uns sinnlos, wenn die Kirche die Weltmächte heute zum Verzicht auf die Atomrüstung bereden wollte. Hingegen ist es ihre Aufgabe, das Bewußtsein ständig wachsen zu lassen, daß der heutige Zustand nicht dauern darf. Ihre Sache war es immer, sich auch dann mit einem Zustand nicht zufriedenzugeben, wenn die Welt ihn für unabänderlich hielt. Leider sind heute oft die Nichtchristen eher bereit, solche Änderungen für möglich zu halten, als die Majorität der Christen.

Den noch nicht atomar gerüsteten Ländern kann die Kirche, so scheint uns, vom Streben nach dieser Rüstung nur abraten. Sie muß den Blick über die Grenzen der einzelnen Nation auf die Gefahren des »Atomaren Chaos« richten. Sie wird das können, ohne in politischen Einzelfragen über das Maß ihrer tatsächlichen Information hinaus Partei zu nehmen.

These 11

Nicht jeder muß dasselbe tun, aber jeder muß wissen, was er tut. Wir sind auf die Kritik gefaßt, das in den obigen Thesen Gesagte sei zu wenig und vermeide die Härte der Entscheidung. Einzelne unter uns haben sich persönlich weitergehend entschieden, als es in einer Formulierung eines mühsam erarbeiteten consensus ausgesprochen werden kann. Niemand kann schärfer als wir empfinden, wie viel wir unentschieden gelassen haben, vermutlich weil wir es nicht tief genug erkannt haben.

Wir wünschen aber klar zu sagen, daß wir eine bloß äußerliche Einheitlichkeit der Entscheidung für noch schlechter hielten als divergierende Entscheidungen, in denen jeder weiß, was er tut. Faktisch stützt heute jede der beiden Haltungen, die wir angedeutet haben, die andere. Die atomare Bewaffnung hält auf eine äußerst fragwürdige Weise immerhin den Raum offen, innerhalb dessen solche Leute wie die Verweigerer der Rüstung die staatsbürgerliche Freiheit genießen, ungestraft ihrer Überzeugung nachzuleben. Diese aber halten, so glauben wir, in einer verborgenen Weise mit den geistlichen Raum offen, in dem neue Entscheidungen vielleicht möglich werden; wer weiß, wie schnell ohne sie die durch die Lüge stets gefährdete Verteidigung der Freiheit in nackten Zynismus umschlüge.

Solche Erwägungen rechtfertigen den heutigen Zustand nicht anders denn als rasch vorübergehenden Übergang. Die Kirche muß sich sagen, daß es erschreckend ist, wie wenig sie vermag. Wir tragen die Sünden der Vergangenheit an unserem Leib. Das Kollektivbewußtsein ist nur zu wenigen und groben Bewegungen fähig. Das Gewissen und die Disziplin einzelner müssen ihm stets vorangehen. Diese zu entfalten ist der Sinn unserer letzten These: Jeder muß wissen, was er tut.

Memorandum*

Eine neue Bundesregierung tritt in diesen Tagen ihr Amt an. Die außenpolitische Lage ist kritisch. In diesem Augenblick wünschen die Unterzeichner die Aufmerksamkeit verantwortlicher Kreise auf eine Gefahr im inneren politischen Leben der Bundesrepublik zu lenken, die unsere Fähigkeit, diese und künftige Krisen zu bestehen, bedroht.

Der Teil des deutschen Volkes, zu dem wir gehören, lebt schon im zweiten Jahrzehnt nach einer vollständigen und begründeten Niederlage wieder in Freiheit und wirtschaftlichem Wohlstand unter einer rechtsstaatlichen Verfassung. Die Arbeit des Volkes, die Hilfe unserer Verbündeten und die Politik der Regierung haben dazu beigetragen. Wir erkennen dies dankbar an.

Aber mit dem Wohlstand ist in breiten Kreisen des Volkes und seiner Führung die Neigung eingezogen, den Blick vor gesellschaftlichen und politischen Übelständen zu verschließen und harten Entscheidungen auszuweichen. Wir können keine der politischen Parteien von dem Vorwurf freisprechen, daß sie dem Volk die Wahrheit, die es wissen muß, vielfach vorenthalten und statt dessen das gesagt haben, wovon sie meinten, daß man es gern hört. Man hat zu oft fiktive Positionen aufgebaut, sich mit taktischen Erfolgen begnügt und den Ernst unserer Lage am Rande der westlichen Welt verschleiert.

Der Vorwurf trifft ebenso einen großen Teil unserer Öffentlichkeit. Einem Politiker, der auf Wählerstimmen angewiesen ist, fällt es nicht leicht, der öffentlichen Meinung entgegen zu handeln. So können Lagen entstehen, in denen die Politiker darauf angewiesen sind, daß auch Staatsbürger, die selbst nicht im aktiven politischen Leben stehen, auf vordringliche politische Notwendigkeiten hinweisen. Dieses Ziel hat die Unterzeichner dieses Memorandums zusammengeführt. Jeder von uns kennt in dem Bereich, den er übersieht, gefährliche Bei-

---

* Sog. »Tübinger Memorandum«. 6. November 1961. Verfaßt als Diskussionsgrundlage für Bundestagsabgeordnete.

spiele politischer und sozialer Illusionen, mangelnder Planung und fehlender Voraussicht. Wir sind bereit, den politisch Verantwortlichen und der Öffentlichkeit hierüber Rede zu stehen.

Aus der Fülle politischer Aufgaben greifen wir fünf Ziele heraus, deren Erreichung nötig und möglich, aber durch den Zustand unserer öffentlichen Meinung gehemmt ist:

1. aktive Außenpolitik
2. militärisch effektive, politisch behutsame Rüstungspolitik
3. richtig begrenzte, aber energische Maßnahmen zum Bevölkerungsschutz
4. unnachgiebige und planvolle Sozialpolitik
5. durchgreifende Schulreform.

Wir erläutern die Ziele in Stichworten.

Außenpolitik

Vor uns liegen schwierige internationale Verhandlungen über Deutschland. Niemand wird von der Bundesregierung erwarten, daß sie in einem solchen Augenblick vorzeitig Positionen aufgibt und Ansprüche verschenkt. Der Staatsbürger, der den Inhalt der laufenden, nicht offiziellen Gespräche nur unvollständig erfährt, kann keine Vorschläge machen, wie sie im einzelnen geführt werden müssen. Stellung nehmen kann und muß er aber zu dem, was er sieht: zu den außenpolitischen Grundkonzeptionen der Regierung und zu der Reaktion der öffentlichen Meinung. Beides erfüllt uns mit Besorgnis. Die Außenpolitik der Regierung erscheint uns zu einseitig defensiv. Die Reaktionen der Öffentlichkeit bewegen sich in der Unwirklichkeit einer Atmosphäre, die mit ihrer Mischung aus überhöhten Ansprüchen und dumpfer Angst alle Gebiete der Politik durchzieht.

Wir stehen im Kampf um die Freiheit von West-Berlin; wir stehen darüber hinaus im Kampf um das Selbstbestimmungsrecht der Deutschen in der DDR. Beide Forderungen gehören zum unabdingbaren Grundbestand jeder überhaupt denkbaren deutschen Politik. Von unseren westlichen Verbündeten erwarten wir, daß sie im Kampf um die Freiheit von West-Berlin das Risiko eines nuklearen Krieges auf sich nehmen und daß auch sie die Selbstbestimmung der Deutschen in der DDR langfristig als eines der wichtigsten Ziele der westlichen Politik festhalten. Wir können beide Forderungen nur deshalb erheben, weil wir damit nicht ausschließlich nationale Interessen verfolgen, sondern uns auf die Menschenrechte der Freiheit und der Selbstbestimmung berufen dürfen, deren Verteidigung das westliche Bündnis dient. Unser Kampf für eine moralisch und rechtlich unanfechtbare Sache ist aber dadurch erschwert, daß das Vertrauen auch der westlichen Welt zu Deutschland durch Hitlers Machtpolitik und durch den Krieg gänzlich zerstört worden ist. Die großen Erfolge, die Bundeskanzler Adenauer in der Wiederherstellung eines Vertrauensverhältnisses zu unseren westlichen Verbündeten erzielt hat, dürfen nicht darüber hinwegtäuschen, daß das Mißtrauen gegen Deutschland auch in der Politik der Westmächte ein latenter, aber deshalb nicht weniger wichtiger Faktor geblieben ist. Dies lehrt jeder Blick in eine ausländische Zeitung. In dieser Lage war es ein bedenklicher Weg, die auf die Menschenrechte gegründete Forderung nach Aufrechterhaltung der Freiheit in West-Berlin und nach der Selbstbestimmung der Deutschen in der DDR mit dem nationalen Anliegen nicht nur der Wiedervereinigung, sondern darüber hinaus der Wiederherstellung der Grenzen von 1937 zu verknüpfen. Die internationale Diskussion der letzten Monate hat gezeigt, daß auch unsere unabdingbaren Rechte durch diese Politik in der Weltöffentlichkeit in ein zweifelhaftes Licht gerückt worden sind. Die deutsche Position in der gegenwärtigen Krise wurde dadurch geschwächt, daß wir an Ansprüchen festgehalten haben, die auch bei unseren Verbündeten keine Zustimmung finden. Wir sagen nichts Neues, wenn wir die Ansicht aussprechen, daß zwar die Freiheit der in Berlin lebenden Menschen ein von der ganzen Welt anerkanntes Recht ist, daß aber das nationale Anliegen der Wiedervereinigung in Freiheit heute nicht durchgesetzt werden kann und daß wir den Souveränitätsanspruch auf die Gebiete jenseits der Oder-Neiße-Linie werden verloren geben müssen.

Wir glauben zu wissen, daß politisch verantwortliche Kreise

aller Parteien die von uns ausgesprochene Ansicht teilen; aber aus innenpolitischen Rücksichten scheuen sie sich, die Erkenntnis, die sie gewonnen haben, öffentlich auszusprechen. Eine Atmosphäre, die es der politischen Führung unmöglich macht, dem Volk die Wahrheit zu sagen, ist vergiftet. Wir werden den Krisen der kommenden Monate nicht gewachsen sein, wenn es nicht möglich ist, die Öffentlichkeit auf eine Entwicklung vorzubereiten, die schon im Gange ist und die Schritte erfordert, die unser Volk binnen kurzem wird anerkennen und gutheißen müssen.

Als das wichtigste Beispiel für Möglichkeiten einer aktiven Außenpolitik nennen wir die Normalisierung der politischen Beziehungen zu den östlichen Nachbarn Deutschlands. Ohne sie ist eine dauerhafte Lösung der Grundprobleme der deutschen Politik nicht denkbar. Die Neuordnung der internationalen Politik, die im Gange ist, enthält Chancen für sie. Zu Beginn einer Wiederherstellung des Vertrauens wird ein Bündel von Maßnahmen nötig sein, zu denen gehören können: materielle Wiedergutmachung, Nichtangriffspakte und etwa die Aufforderung an Warschau, geeigneten rückkehrwilligen Deutschen die Rückkehr in die Heimat zu gestatten. Die Anerkennung der Oder-Neiße-Grenze mag in vergangenen Jahren außenpolitisch ein denkbares Handelsobjekt gewesen sein. Heute schließen wir uns der Meinung jener Sachverständigen an, die glauben, daß die öffentliche Anerkennung dieser Grenze, im Rahmen eines umfassenden Programms der obengenannten Art, unsere Beziehungen zu Polen entscheidend entlasten, unseren westlichen Verbündeten das Eintreten für unsere übrigen Anliegen erleichtern und der Sowjetunion die Möglichkeit nehmen würde, Deutschland und Polen gegeneinander auszuspielen.

Rüstung und Bevölkerungsschutz

Die Bundesrepublik muß in der Rüstungspolitik auch unter großen Opfern und Anstrengungen klar zu den von ihr übernommenen Verpflichtungen des westlichen Bündnisses stehen, bis die Politik der großen Mächte eine allgemeine oder regionale Verminderung der Rüstung ermöglicht. Oberster Gesichtspunkt muß heute die möglichst reibungslose Eingliederung in die westliche Rüstungs- und Verteidigungsplanung sein.

Es ist nicht unsere Absicht, in die uns unbekannten Details schwebender rüstungspolitischer Verhandlungen einzugreifen. Allgemein aber läßt sich soviel sagen: Unter den Nationen der Welt breitet sich heute der Wunsch nach dem Besitz von Atomwaffen unter nationaler Souveränität immer mehr aus. Dieser Wunsch ist vielfach mit illusionären Hoffnungen auf eine weltweite Abrüstung verbunden oder wird doch der Öffentlichkeit gegenüber dadurch getarnt. Wir halten es für die Pflicht der politisch Verantwortlichen in der ganzen Welt, den Nebel solcher Illusionen zu zerstören und den Gefahren entgegenzutreten, die eine solche Politik für alle Nationen beschwört.

In besonderem Maße gilt dies für die Bundesrepublik. Zu einer Stunde, in der wir von unseren Verbündeten erwarten, daß sie zur Verteidigung von West-Berlin die größten Risiken auf sich nehmen, können wir für uns nicht eine Bewaffnung fordern, durch die eine einheitliche westliche Verteidigungsplanung militärisch nicht gefördert und die Einheit des politischen Handelns der westlichen Welt gefährdet wird. Da wir dem westlichen Bündnis angehören, können wir ohne Einbuße an militärischer Sicherheit im Felde der Rüstung auf nationale Prestige- und Machtpolitik verzichten; das ist für uns leichter als für die neutralen Staaten. Der oft gehörte Satz, wir könnten nicht verantworten, unsere Truppen dem Gegner mit schlechteren Waffen gegenüberzustellen, erscheint uns als ein Ausdruck des Mißtrauens gegen unsere Bundesgenossen, während doch die Befestigung des bestehenden Vertrauensverhältnisses die einzige Garantie unserer Sicherheit ist. Innerhalb des westlichen Bündnisses muß die Verteilung der Bewaffnung auf die verschiedenen Kontingente ausschließlich Sache rationaler militärischer Planung und politischer Zweckmäßigkeit sein. Es ist unbestritten, daß auch heute starke konventionell ausgerüstete Verbände notwendig sind. Daß diese Aufgabe im Rahmen der westlichen Verteidigungsplanung für den Aufbau der nationalen Armeen der europäischen Länder den Vorrang hat, versteht sich von selbst. Das Streben nach einer nationalen oder europäischen Atomrüstung, die uns von Amerika unabhängig machen könnte, scheint uns militärisch illusorisch und politisch gefährlich.

Wie immer die Bundeswehr ausgerüstet wird, jedenfalls ist die Vorbereitung eines Schutzes der Bevölkerung gegen die Gefahren möglicher Kriegshandlungen der Großmächte ein elementares Gebot der Menschlichkeit. Auch der beste Schutz wird unvollkommen bleiben müssen; es wäre aber unverantwortlich, das Volk in dem Glauben zu lassen, Rüstung könnte solchen Schutz ersetzen. Vor allem ist eine umfassende und gründliche Unterrichtung der Bevölkerung über die von ihr selbst zu treffenden Vorkehrungen (z. B. mit Lebensmittelvorräten) und über das Verhalten im Ernstfall nötig. Eine Reihe anderer europäischer Länder, wie Dänemark, die Schweiz u. a., haben dafür ein Beispiel gegeben. Wir begrüßen es, daß jetzt die ersten Schritte in dieser Richtung getan werden. Aber diese Maßnahmen werden nur Erfolg haben, wenn die Regierung ihre volle Autorität dahinter stellt. Wir können den Politikern aller Parteien den Vorwurf nicht ersparen, daß sie den Bevölkerungsschutz durch Jahre hindurch aus Rücksicht auf die öffentliche Meinung vernachlässigt oder doch ohne jeden Nachdruck betrieben, zum Teil sogar positiv gehindert haben.

Sozialpolitik und Kulturpolitik

Es wäre eine Illusion zu meinen, die Verteidigung gegen den Kommunismus sei in erster Linie Sache der Außenpolitik und der Rüstung. Die Entscheidung darüber, ob unsere Gesellschaftsordnung der Herausforderung durch den Kommunismus gewachsen ist, fällt auf den Gebieten der Sozialpolitik und der Kulturpolitik, die nur in ihrem wechselseitigen Zusammenhang richtig verstanden und vernünftig geplant werden können. Die sehr komplexen Fragen, um die es hier geht, können hier nicht eingehend erörtert werden; wir beschränken uns auf einige grundsätzliche Bemerkungen.

Es ist der Sozial- und Wirtschaftspolitik der vergangenen Jahre gelungen, in Verbindung mit der allgemeinen Hebung des Lebensstandards ein beträchtliches Maß an individueller Freiheit und sozialer Sicherheit, an Wohlstand und an Wohlfahrt zu erreichen. Aber die soziale Grundordnung ist nicht schon deshalb gesund, weil es im Augenblick den meisten gut geht. Ihr Bestand wird davon abhängen, ob sie die Prinzipien der Selbstverantwortung und der Solidarität klar miteinander zu verbinden weiß. Selbstverantwortung heißt, daß der selbständige Mensch seine Kraft wahrt, den Wechselfällen des Lebens von sich aus zu begegnen. Solidarität bedeutet, daß der einzelne in der Gemeinschaft klar umrissene Pflichten und einen klar umrissenen Schutz findet. Diese Forderungen lassen sich nur durch eine wohldurchdachte, gerechte und unnachgiebige Wirtschafts- und Sozialpolitik erfüllen. Aber statt einen umfassenden sozialpolitischen Plan aufzustellen und entschlossen auch gegen Widerstände zu verwirklichen, ist die Regierung immer wieder in eine Sozialpolitik der planlosen Wahlgeschenke abgeglitten. Vor der Aufgabe einer Sozialversicherungsreform ist sie zurückgewichen; die Behandlung der Krankenversicherung war ein böses Beispiel kurzsichtigen taktischen Verhaltens. In der Wirtschaftspolitik ist der Kampf gegen Kollektiv- und Einzelmonopole auf halbem Wege steckengeblieben. Die Landwirtschaft erhält hohe Subventionen, die aber in großem Umfange nur der Erhaltung des Bestehenden dienen, während es darauf ankäme, die Hilfe nach sorgfältiger Überlegung darauf zu konzentrieren, daß die notwendige Umstellung auf rationale Betriebsweisen erleichtert wird. Überall drängen sich taktische Konstellationen des Augenblicks zu stark in den Vordergrund. Damit ist der Kampf um die Sicherung unserer Gesellschaftsordnung nicht zu gewinnen.

Im Zusammenhang mit der im vollen Gang befindlichen Umschichtung unserer Gesellschaft hat das technische Zeitalter uns vor neue Bildungs- und Ausbildungsanforderungen gestellt, denen bisher kein Zweig unseres Bildungswesens gewachsen ist. Das öffentliche Bewußtsein hat noch nicht begriffen, daß in der Welt des 20. Jahrhunderts das wirtschaftliche Potential und die politische Selbstbehauptung eines Staates vom Stande seines Bildungswesens abhängig sind. Eine durchgreifende Neuordnung unseres Erziehungs- und Bildungswesens ist heute zu einer politischen Aufgabe ersten Ranges geworden. Sie muß sozial gerechte Methoden der Begabungsauslese einführen, muß der ländlichen Jugend gleiche Bildungschancen eröffnen wie der städtischen und muß es ermöglichen, den steigenden Bedarf an qualifizierten Nachwuchskräften der verschiedenen Bildungsstufen zu befriedigen. Diese Reform droht an der Schwerfälligkeit unseres föderativen Systems der Kulturverwaltung zu scheitern. Sie ist aber als gemeindeutsche Aufgabe so dringlich wie der Ausbau der wissenschaftlichen Hochschulen und Forschungseinrichtungen. Wie dort müssen darum auch hier neue Wege zur Zusammenarbeit von Bund und Ländern gefunden werden, die eine einheitliche Planung und Entscheidung der Grundsatzfragen ermöglichen.

Tübingen, den 6. November 1961

Gezeichnet:
Rechtsanwalt Hellmut Becker, Kreßbronn
Präses D. Dr. Joachim Beckmann, Düsseldorf
Intendant D. Klaus v. Bismarck, Köln
Professor Dr. Werner Heisenberg, München
Dr. Günter Howe, Heidelberg
Dr. Georg Picht, Hinterzarten
Professor Dr. Ludwig Raiser, Tübingen
Professor Dr. Carl-Friedrich Freiherr v. Weizsäcker, Hamburg

Hat jeder eine Chance?*

Wenn ein Volk den dreißigjährigen Krieg von 1914 bis 1945 hinter sich hat, so sind nachher 15 Jahre Schlaf der öffentlichen Meinung vielleicht verzeihlich. Es könnte ein Heilschlaf gewesen sein, zumal wenn in diese Zeit die bewundernswerte Leistung des wirtschaftlichen Wiederaufbaus fällt. Wer aber heute in der Welt herumkommt, der weiß, wie provinziell die Denkweise in der Bundesrepublik durch diesen Schlaf geblieben ist. Wenn aber das Überleben von der Wachheit abhängt, wäre es dann nicht ratsam, aufzuwachen? Wenn man so denkt, und wenn man meint, zur Wachheit gehöre es, daß unsere Politiker ohne Angst vor Wahlverlusten wagen dürfen, das Notwendige zu sagen und zu tun – nun, dann nimmt man es sich unter Umständen heraus, ein Memorandum für Bundestagsabgeordnete zu schreiben.

Unser »Memorandum der Acht« empfiehlt als dritten von fünf Punkten richtig begrenzte, aber energische Maßnahmen zum Bevölkerungsschutz.

Diese Empfehlung hat in den Erwiderungen nirgends Kritik und vielfach Zustimmung gefunden. Die SPD hat die Unterzeichner sogar mit Recht darauf hingewiesen, daß sie selbst solche Maßnahmen seit Jahren gefordert habe. Trotz dieser scheinbaren Übereinstimmung der Ansichten scheint es mir richtig, gerade dieses Thema als erstes ausführlicher zu erörtern. Vielleicht hat man uns nur deshalb so mühelos zugestimmt, weil wir uns zu knapp und insofern undeutlich ausgedrückt haben. Der Bevölkerungsschutz beginnt gerade jetzt »in Mode zu kommen«. Wir laufen aber Gefahr, bei seiner Durchführung in schlimmerer Weise den Fehler zu wiederholen, der bisher an seiner Vernachlässigung schuld war. Ich werde daher den Hauptteil dieses Aufsatzes einer vorläufigen Analyse dessen widmen, was im Bevölkerungsschutz möglich und nötig ist, also einer Erläuterung der Worte des Memorandums: »richtig

---

* DIE ZEIT, 23. März 1962, mit dem Untertitel: Erläuterungen zum Tübinger Memorandum der Acht (I).

begrenzt«. Am Ende folgen dann einige praktische Vorschläge für den jetzigen Augenblick.

Das Für und Wider

Für den Bevölkerungsschutz und gegen ihn lassen sich jeweils zwei verschiedene Gründe anführen.

Pro: Man kann für den Bevölkerungsschutz eintreten,
   1. weil man es als ein schlichtes Gebot der Menschlichkeit ansieht, Menschen vor drohenden Gefahren zu schützen,
   2. weil man das militärische Potential des eigenen Landes steigern will.

Contra: Man kann gegen den Bevölkerungsschutz eintreten,
   1. weil man ihn für nutzlos oder undurchführbar hält,
   2. weil man schädliche Wirkungen von ihm erwartet.

Das Memorandum hat grundsätzlich *für* den Bevölkerungsschutz gesprochen. Es hat sich dabei nur auf den ersten Grund, das Gebot der Menschlichkeit, berufen. Durch diese Argumentation wollte es ihn aus jeder möglichen rüstungspolitischen Kontroverse herausheben. Im heutigen Aufsatz muß ich aber auch auf den militärischen Wert von Schutzmaßnahmen kurz eingehen.

Die Argumente *gegen* den Bevölkerungsschutz hat das Memorandum jedoch berücksichtigt durch die Worte »*richtig begrenzt*« und durch die Hervorhebung bestimmter Arten von Schutzmaßnahmen. Es nennt Vorbereitung der Bevölkerung auf den Ernstfall, und es schweigt von Bunkerbau. Heute, ein halbes Jahr nach der Abfassung des Memorandums, finde ich, daß wir damals zu vorsichtig und daher zu undeutlich formuliert haben. Diese Unklarheit versuche ich heute zu beheben. Die beiden möglichen Gründe gegen gewisse Schutzmaßnahmen hängen ja miteinander zusammen. Nutzlose Maßnahmen sind nicht nur nutzlos, sondern positiv schädlich, vor allem, da sie die Illusionen (den »Schlaf«) nicht zerstreuen, sondern befestigen.

Gibt es eine Kriegsgefahr, gegen die wir uns schützen können?

Der sicherste Schutz gegen Kriegsgefahren ist die Vermeidung des Kriegs. Ich diskutiere hier nicht mit den Leuten, die meinen, die allgemein bekannte selbstmörderische Wirkung der heutigen Waffen genüge, um den Ausbruch eines Kriegs zu verhindern. Wenn diese Leute recht hätten, wäre natürlich jede Bevölkerungsschutzmaßnahme überflüssig. Ich bin ohne Zweifel im Einklang mit den führenden Staatsmännern der westlichen und der östlichen Welt, wenn ich dieses Maß an Zuversicht für falsch halte. Der Krieg ist heute *weniger wahrscheinlich* als vor der Erfindung der Wasserstoffbombe, aber er ist *nicht unmöglich*. Ihn ausdrücklich oder stillschweigend für unmöglich zu halten, ist ein Teil des begreiflichen Verdrängungsvorganges, den ich soeben als Schlaf bezeichnet habe.

Ernster zu nehmen ist eine andere Ansicht. Nach ihr ist Vermeidung des Kriegs heute nicht nur der sicherste, sondern der einzige Schutz gegen Kriegsgefahren: »Wenn es losgeht, sind wir doch alle tot.« Auch wenn *diese* Ansicht richtig ist, sind Schutzmaßnahmen überflüssig, weil vergeblich. Ich glaube, niemand kann heute beweisen, daß diese Ansicht (speziell für das kleine, dicht bevölkerte Gebiet der Bundesrepublik) mit Sicherheit falsch ist. Aber ich glaube auch, niemand kann beweisen, daß sie mit Sicherheit richtig ist. Erstens kann man nicht mit Sicherheit wissen, wie die vorhandenen Waffen im Ernstfall eingesetzt würden, ob ein begonnener Kampf durchgefochten oder abgebrochen würde, zweitens ändert sich die Waffentechnik heutzutage alle fünf bis zehn Jahre grundlegend.

Diese Ungewißheit ist nach meiner Meinung der einzige Grund dafür, daß Bevölkerungsschutz-Vorbereitungen nicht sinnlos sind. Wir können nicht wissen, ob nicht eben eine solche Kriegshandlung stattfinden wird, in der richtige Vorbereitungen Millionen von Menschen das Leben retten und anderen schwere Leiden lindern oder ersparen könnten. Aus diesem Grund habe ich die Lethargie, die gerade in der Bundesrepublik (anders als in manchen unserer kleineren Nachbarstaaten) im letzten Jahrzehnt in dieser Frage geherrscht hat, seit langem für gefährlich gehalten.

Die Bundesregierung hat bisher gemeint, die in den zuständigen Ministerien vorbereiteten Pläne nicht mit Nachdruck durchführen zu sollen; ohne Zweifel, weil dies in der Bevölkerung die Besorgnis, es könne in unserem Lande zu einem Krieg kommen, belebt und damit Widerstand gegen die von der Regierung für notwendig gehaltene Rüstungspolitik wachgerufen hätte. Diese Phase geht heute zu Ende. Heute wird der Bevölkerungsschutz von allen Seiten gefordert; aber nun entstehen zwei neue Gefahren: die Gefahr der Verharmlosung und die Gefahr falscher, weil nutzloser Schutzprogramme.

Die Gefahr der Verharmlosung

Der erste aktive Schritt in die Breite war eine unlängst an alle Haushaltungen verteilte Postwurfsendung des Bundesamts für zivilen Bevölkerungsschutz mit dem Titel »Jeder hat eine Chance«. Es liegt mir fern, die psychologischen Widerstände zu unterschätzen, mit denen gerade in Deutschland nach den Erfahrungen des Zweiten Weltkriegs jeder Versuch rechnen muß, die Menschen von neuem an Luftschutz denken zu lassen.

Ich verstehe die Schwierigkeit, in der sich die Verfasser und Verteiler dieser Schrift befanden. Trotzdem möchte ich die Hoffnung aussprechen, daß künftige Äußerungen offizieller Stellen unserer Bevölkerung die Ehre antun werden, ihrem Urteil mehr zuzutrauen und sie in höherem Maß mit der bitteren Wahrheit bekannt zu machen, als es hier geschehen ist. Die analoge, ebenfalls unlängst ausgegebene amerikanische Druckschrift »*Fall-out Protection. What to know and do about nuclear attack*« – Schutz gegen radioaktiven Niederschlag. Was muß man wissen, was kann man tun beim atomaren Angriff – (Department of Defense, Office of Civil Defense, Washington D.C.) könnte zum Vorbild dienen, obgleich selbst diese noch von urteilsfähigen Kritikern als zu optimistisch angesehen wird.

Die Schrift »*Jeder hat eine Chance*« enthält zwar auf ihren letzten Seiten eine Reihe sehr vernünftiger, beherzigenswerter Hinweise für die Vorbereitung und für das Verhalten im Ernstfall. Sie beginnt jedoch mit einer Darstellung davon, wie es 1945 zwei Japanern geglückt ist, die beiden Atomangriffe auf

Hiroshima und Nagasaki durch richtiges Verhalten zu überleben, und sie erweckt den Eindruck, dies sei die Art von Gefahren, die uns heute erwarten: der Leser muß den Eindruck gewinnen, jeder habe die Chance, durch richtiges Verhalten einen Atombombenangriff zu überleben. Richtiger wäre es zu sagen: Jeder hat die Chance, daß er sich nicht in dem Hunderte von Quadratkilometern großen Wirkungsbereich einer modernen Wasserstoffbombe, in dem es kaum eine Rettung gibt, befindet. Wenn er am Rande dieses Wirkungsbereichs oder in hinreichendem Abstand von einer kleineren Bombe ist, dann allerdings hat er die Chance, daß richtiges Verhalten und richtige Vorbereitung ihn retten.

Die amerikanische Schrift läßt hierüber keinen Zweifel. Sie beginnt mit einer seitenlangen Schilderung der totalen, durch keinen Bunker aufzuhaltenden Zerstörung im Bereich der unmittelbaren Bombenwirkung und beschränkt sich auf Schutzmaßnahmen für diejenigen, die die Bombe nicht unmittelbar erreicht hat, vor allem auf Schutz gegen den nachträglich ausregnenden radioaktiven Niederschlag *(Fall-out)*.

Ich möchte die verantwortlichen Instanzen in der Bundesrepublik bitten, gerade der Gefahr der *Verharmlosung* besondere Aufmerksamkeit zu widmen. Ich sage das nicht aus Wahrheitsfanatismus; mir ist bewußt, daß wir Menschen gewisse Wahrheiten im Durchschnitt nicht ertragen und daß der Politiker wie der Erzieher und der Arzt oft vor dem Dilemma steht, was er sagen darf und was nicht. Im vorliegenden Fall ist zu erwägen, was durch Verharmlosung und was durch Aufrichtigkeit erreicht wird.

Eine verharmlosende Unterrichtung unserer jungen Männer in der Bundeswehr und der ganzen Bevölkerung durch eine umfassende Luftschutzorganisation könnte dann vielleicht einen Sinn haben, wenn wir uns in Bundeswehr und Luftschutz gar nicht wirklich auf den Ernstfall vorbereiten, sondern beide nur zu einem großen Bluff verwenden wollen. Man kann die Drohung mit unserer Kriegsbereitschaft sicher leichter als Mittel unserer Politik einsetzen, wenn Truppe und Bevölkerung gutgläubig zum Krieg bereit sind, weil sie nicht wissen, was der Ernstfall für sie bedeuten würde. Gerade für einen dynamischen Politiker, der den selbstmörderischen Charakter des heutigen Krieges kennt und der daher den Krieg nicht will, der aber zugleich alle Politik in Kategorien von Druck und Gegendruck beurteilt, gerade für einen solchen Politiker liegt es heute nahe, Rüstung und Bevölkerungsschutz als Mittel eines Bluffs zu betreiben.

Ich bin diesem Gedankengang nachgegangen, nicht um ihn zu rechtfertigen, sondern um auf ihn aufmerksam zu machen, denn er liegt vielleicht versteckt im Gemüt eines jeden von uns, und wir scheuen uns nur, uns zu ihm zu bekennen. Wenn wir ihn klar vor uns sehen, werden wir erkennen, wie gefährlich er ist. *The bluff may be called,* wie man auf englisch im Pokerspiel sagt. Der Gegner ist nicht töricht genug, Bluff nicht als Bluff zu erkennen. Wir werden entweder einem Gegenbluff weichen oder den Ernstfall riskieren müssen, und wehe uns, wenn wir dann als unvorbereitet erkannt werden.

Ich glaube, man kann in der Zeit der Wasserstoffbombe weder eine zuverlässige Wehrmacht aufbauen noch ein gesundes Staatswesen bewahren, wenn man die Menschen über die extreme Möglichkeit der Vernichtung täuscht. Man hofft, durch solche Täuschung nervöse Kurzschlußreaktionen zu vermeiden, aber man beraubt sich der Mitarbeit, die nur wissende Menschen leisten können.

Gefahr nutzloser Schutzprogramme

Die Ungewißheit, ob es zu derartigen Kriegshandlungen kommt, gegen die kein Schutz mehr möglich ist, rechtfertigt, wie ich oben sagte, ein Schutzprogramm. Eben diese Ungewißheit muß daher auch in jedem vernünftigen Schutzprogramm einkalkuliert sein. Ein Grund der Ungewißheit ist die ständige Weiterentwicklung der Waffentechnik. Daher wäre es sinnlos, sich im Stil der *Maginotlinie* für viele Jahre auf ein starres Programm festzulegen, das unsere Volkswirtschaft aufs schwerste belasten würde und uns vielleicht am Ende verarmt und betört in einer surrealistischen Landschaft nutzloser Bunkerbauten zurückließe.

In den Vereinigten Staaten von Amerika hat eben diese Frage im letzten Jahr einen Wirbel in der öffentlichen Meinung hervorgerufen. Wir können aus der amerikanischen Debatte viel lernen.

Einer der Hauptbefürworter eines großen Schutzprogramms ist seit Jahren Edward Teller, der bedeutende Physiker, dessen Name der Öffentlichkeit vor allem im Zusammenhang mit der Wasserstoffbombe bekannt geworden ist. Teller argumentiert wie folgt: Die technische Entwicklung führt dahin, daß jede der beiden großen Atommächte über dem Gebiet der anderen eine Menge atomarer Sprengkörper entzünden kann, die durch Druck, Feuersturm und Radioaktivität den größten Teil der Bevölkerung töten, die Industrie zerstören und die Ernten vernichten würden. Das einzige, was nicht wirklich getroffen werden kann, ist die von Raketen getragene Macht zum atomaren Gegenschlag, die einbetoniert in Felsen oder getragen von getauchten U-Booten unerreichbar bleibt. Dadurch paralysieren die großen Schlagkräfte einander: die Drohung mit Mord und Selbstmord ist nur in extremen Situationen glaubwürdig.

Das gibt, so folgert Teller, einer russischen Politik kleiner Übergriffe (Salami-Taktik) freie Hand.

Hiergegen gibt es zwar verschiedene Gegenmittel, wie beispielsweise die abgestufte Abschreckung, die Teller seit langem befürwortet (und die von der heutigen Linie der amerikanischen Rüstungspolitik vor allem auf konventionelle Waffen gegründet wird). Die Situation würde aber völlig verändert, wenn Amerika einen hinreichenden Teil seiner Bevölkerung mit allen notwendigen Vorräten in Bunkern schützen könnte, um in zwei Jahren seine Industrie wieder aufzubauen und nach zweijähriger Ernährung aus Konserven neue Ernten auszusäen. Dann brauchte Amerika den Gegenschlag nicht zu fürchten: seine militärischen Drohungen würden wieder glaubwürdig, und eben darum brauchte es nie wirklich zum großen Krieg zu schreiten.

Dies ist das Modell einer Argumentation für Bevölkerungsschutz, um das militärische Potential zu steigern. Wie vieles, was Teller vorgeschlagen hat, hat es den Vorteil, ein Problem als Denkaufgabe klar vor uns zu stellen. Ich glaube, daß das Ergebnis des Durchdenkens lautet: So geht es nicht. Die drei großen Waffenwirkungen sind Druck, Radioaktivität und Hitze. Nun bewegen sich für die Bundesrepublik die Schätzungen der

Kosten eines Bunkerbauprogramms, das einen großen Teil der Bevölkerung nur gegen Druck und Radioaktivität schützen würde, zwischen 60 und 120 Milliarden DM; dies würde unsere gesamte Hochbaukapazität ein knappes Jahrzehnt lang in Anspruch nehmen. Der Schutz gegen die Hitzewirkung wäre damit noch nicht gegeben.

Die Wasserstoffbomben werden voraussichtlich ganze Großstädte in ein Areal riesiger Feuerstürme verwandeln, in denen in allen Bunkern, die nicht viele Meter unter dem Boden liegen und die nicht zugleich Sauerstoffvorräte für hinreichend lange Zeit besitzen, die Menschen entweder durch Hitze oder an Erstickung (Sauerstoffmangel und Kohlenmonoxyd) sterben werden. Ob ein Schutz gegen diese Hitzewirkungen überhaupt erreicht werden kann, weiß ich nicht.

Selbst wenn sich ein derartiger Schutz als technisch möglich erweisen sollte, müßte man immer noch dreierlei gegen Teller einwenden:

1. Eine demokratische Gesellschaft wird faktisch die völlige Verwandlung ihres Lebensstils, die die Verwirklichung dieses Programms verlangt, nicht auf sich nehmen.
2. Wenn sie es täte, müßte sie sich voraussichtlich einer Diktatur unterwerfen, welche die Freiheit, die sie verteidigen will, illusorisch macht.
3. Wenn Amerika dieses Programm heute durchführen kann, wird Rußland es bald auch können; dann wäre nur mit größten Opfern die Gleichheit beider Seiten wiederhergestellt.

Faktisch hat man in Amerika ein Programm dieser Größe nicht angestrebt. Nun folgt aber der charakteristische Fehlschluß: Um doch nicht nichts zu tun, versucht man ein viel schwächeres Programm, den Bau von kleinen Bunkern für die einzelnen Familien, die nur gegen Radioaktivität *(fall-out)* schützen und weitgehend privat finanziert werden sollen. Dies aber scheint mir, wie wenn einer, der über einen breiten Graben springen wollte und ihn zu breit findet, sagte: gut, dann springe ich nur über die halbe Breite des Grabens.

Das Fallout-Bunker-Programm gibt den militärischen Zweck des Tellerschen Programms preis. Es schützt nur die

Menschen, die der Feind zu verschonen bereit ist; es sichert das Land nicht mehr gegen den Vernichtungsschlag. Auch humanitär ist ein Programm privater Fallout-Bunker aber von höchster Fragwürdigkeit. Es privilegiert die Besitzenden, und es würde vermutlich im Alarmfall schon vor der Ankunft der feindlichen Atombomben zu einem Gemetzel innerhalb der Bevölkerung führen, die die zu knapp vorhandenen Schutzräume stürmen würde.

Wenn ich die letzten Nachrichten aus den Vereinigten Staaten richtig deute, ist das Programm privater Fallout-Bunker, gegen das sich führende Autoritäten (z. B. die Federation of American Scientists, FAS) in zum Teil sehr abgewogenen Erörterungen kritisch geäußert haben, heute schon tot. Sicher scheint, daß man in England und auch in Frankreich auf größere Bunkerbauprogramme überhaupt verzichtet hat, und dasselbe scheint für die Sowjetunion zu gelten.

In der Bundesrepublik scheint mir im Augenblick die Gefahr zu bestehen, daß wir, um die Versäumnisse der Vergangenheit gutzumachen, uns auf ein Bunkerbauprogramm festlegen, das vor der Entwicklung der modernen Wasserstoffbombe vielleicht sinnvoll gewesen wäre. Davor möchte ich aufs entschiedenste warnen.

Die Frage, welche Maßnahmen sinnvoll sind, läßt sich nur durch sehr sorgfältige Abwägung aller Eventualitäten entscheiden. Die Vereinigung Deutscher Wissenschaftler (VDW), die nach dem Vorbild der Federation of American Scientists gegründet worden ist, hat im letzten Jahr eine Expertenkommission mit dem Studium dieser Frage beauftragt. Wie ich höre, wird diese Kommission einen vorläufigen Bericht in wenigen Wochen vorlegen. Ich schlage vor, daß die zuständigen Ausschüsse des Bundesrates und die zuständigen Ministerien die aufgeworfenen Fragen mit den Verfassern des genannten Berichts und anderen Fachleuten noch einmal sorgfältig diskutieren. Es dürfte sich empfehlen, für langfristige Planungen das Ergebnis dieser Diskussionen abzuwarten. Dies würde uns aber für den Augenblick zur Untätigkeit nötigen, denn es gibt genug Maßnahmen, die jedenfalls sinnvoll sind und auch eingeleitet werden können. Ich ende daher mit einer Liste von Vorschlägen. Diese Vorschläge sind zum größten Teil nicht neu. Ich glaube aber, daß der Zeitpunkt zur unverzüglichen Durchführung der unter 1 bis 4 genannten Maßnahmen nunmehr gekommen ist.

Vorschläge

1. Die Bevölkerung ist über richtiges und falsches Verhalten zur Vorbereitung auf den Ernst und im Ernstfall wahrheitsgemäß und gründlich aufzuklären. Sie ist in möglichst weitem Umfang in Erster Hilfe auszubilden.

2. Mit wirkungsvollem Gerät ausgerüstete »technische Hilfstrupps« sind aufzustellen und auszubilden. Diese Hilfstrupps sind, schon um ihrem Weiterfunktionieren im Fall eines feindlichen Einmarsches eine Chance zu geben, vom Militär scharf zu scheiden; sie müßten den Charakter des Roten Kreuzes haben.

3. Es scheint sinnvoll, Strahlenwarngeräte, gewisse Medikamente, eine Volksschutzmaske mit Batterieempfänger (zum Empfang von Warnungen durch Radio trotz Stromausfall) zu verteilen.

4. Lebensmittelvorräte sind von der öffentlichen Hand anzulegen und strahlensicher zu lagern; Lebensmittellagerung durch die Bevölkerung ist außerdem nachdrücklich zu befürworten.

5. Die Entscheidung über Programme baulichen Schutzes (Bunker etc.) sollte um ein Jahr hinausgeschoben werden, bis die hier entstehenden Fragen von Experten geklärt sind.*

---

* Der Bericht der VDW wurde unter dem Titel »Ziviler Bevölkerungsschutz heute«, Frankfurt, Mittler & Sohn, 1962 vorgelegt. Sie empfahl im baulichen Bereich Fallout- und Trümmerschutz. Dieser Empfehlung habe ich mich angeschlossen. Auch der Gesetzgeber übernahm sie unter dem Namen »Grundschutz«. Das verabschiedete Gesetz wurde jedoch nie in Kraft gesetzt. Vgl. dazu den Aufsatz »Bevölkerungsschutz gegen mögliche Kriegseinwirkung« (1980).

Bedingungen des Friedens*

Als erstes danke ich dem Börsenverein des Deutschen Buchhandels für die Verleihung seines Friedenspreises. Ich danke den drei Rednern, die vor mir gesprochen haben, und deren Worte für mein heutiges Anliegen hilfreich waren. Ich danke der Stimme der Freundschaft.

Bei der ersten Nachricht habe ich einen Augenblick gezaudert, ob ich diesen Preis annehmen dürfe. Hat jemand von uns, und gar ich, genug für den Frieden getan? Ist der Friede soweit gesichert, daß man für ihn einen Preis verleihen kann?

Aber man soll diesen Preis wohl nicht als Anerkennung einer vollzogenen Leistung verstehen, sondern als Unterstützung einer fortdauernden Anstrengung. Diese Anstrengung ist freilich nicht die Arbeit eines einzelnen. Ich bin heute aufgefordert, als einer von vielen und im Namen dieser vielen zu sprechen. Man bittet mich wohl insbesondere zu sprechen im Namen des Kreises der Atomphysiker, weitergespannt der Naturforscher, überhaupt der Wissenschaftler. Der Wissenschaft ist in den letzten beiden Jahrzehnten der Friede in einer vorher nicht geahnten Weise zu ihrem besonderen, unausweichlichen Problem geworden.

In den vergangenen Jahren habe ich mehrmals, teils gemeinsam mit Kollegen und Freunden, teils allein, öffentlich gesagt, was meiner Überzeugung nach heute in unserem Lande politisch notwendig ist. Die Bereitschaft zu solchen Äußerungen erscheint mir als staatsbürgerliche Pflicht. Ich habe nichts von dem damals Gesagten zurückzunehmen und bin bereit, mich, wenn es nötig scheint, wieder zu konkreten Anliegen des Tages zu äußern. Heute habe ich aber ein anderes Ziel. Ich will über die allgemeinen Bedingungen sprechen, unter denen alle konkreten Einzelentscheidungen beurteilt werden müssen. Die politischen Reaktionen, die man bei uns öffentlich zu sehen bekommt, sind zu sehr von zwei Elementen bestimmt: Lethargie und blinder Emotion. Beide machen denselben Fehler; sie ver-

* Rede in Frankfurt am Main in der Paulskirche am 13. Oktober 1963.

zichten aufs Denken. Jeder, der mit überlegten Vorschlägen an die Öffentlichkeit tritt, macht die bittere Erfahrung, daß die Kritik und oft auch die Zustimmung an Einzelheiten hängenbleibt, die nur vor dem Hintergrund eines Bildes der gesamten Weltlage beurteilt werden könnten. Diese Weltlage ist kompliziert; sie stellt unser Denken vor schwierige Probleme. In der vereinfachenden Weise, die in einer halbstündigen Rede allein möglich ist, will ich von diesen Problemen sprechen. Bitte verkennen Sie hinter dem kühlen Ton der Analyse nicht, daß diese Analyse auf die Ermöglichung sicherer Tritte auf dem praktischen Weg zum Frieden zielt.

Ich spreche also von den Bedingungen des Weltfriedens. Beim Nachdenken über sie sind verschiedene Aufgaben zu unterscheiden. Es gibt so etwas wie eine politische Generalstabsarbeit, die eine »Strategie der Friedenssicherung« entwirft. Diese Arbeit muß sich aufs Detail einlassen. Es ist eine der Stärken der heutigen amerikanischen Politik, daß sie sich auf solche Arbeit stützen kann. Wir werden dieser Politik weder gute Bundesgenossen, noch, wenn das einmal nötig sein sollte, gute Kritiker sein, wenn wir nicht ebenso planen lernen. Es ist mein Anliegen, im Sinne solcher Planung zu sprechen. Ich kann Ihnen jedoch nicht Ergebnisse derartiger Arbeit vortragen. Sie ist in unserem Land erst in den Anfängen, und in ihren Einzelheiten ist sie nicht mein Beruf. Aber diese Planung vollzieht sich vor dem vorgegebenen Hintergrund der Struktur der heutigen und der Möglichkeiten der morgigen Welt. Über diese Struktur und diese Möglichkeiten nachzudenken, gehört zu meinem Beruf; über sie will ich sprechen. Die besonderen Angelegenheiten Deutschlands werde ich dabei nur in einzelnen Bemerkungen streifen.

Ich beginne mit drei Thesen:

1. Der Weltfriede ist notwendig.
2. Der Weltfriede ist nicht das goldene Zeitalter.
3. Der Weltfriede fordert von uns eine außerordentliche moralische Anstrengung.

Diese Thesen scheinen mir heute schon fast selbstverständlich. Nehmen wir sie ernst, so folgt aber viel aus ihnen. Ich wiederhole sie daher, zunächst mit wenigen erläuternden Sätzen:

1. Der Weltfriede ist notwendig. Man darf fast sagen: der Weltfriede ist unvermeidlich. Er ist Lebensbedingung des technischen Zeitalters. Soweit unsere menschliche Voraussicht reicht, werden wir sagen müssen: Wir werden in einem Zustand leben, der den Namen Weltfriede verdient, oder wir werden nicht leben.

2. Der Weltfriede ist nicht das goldene Zeitalter. Nicht die Elimination der Konflikte, sondern die Elimination einer bestimmten Art ihres Austrags ist der unvermeidliche Friede der technischen Welt. Dieser Weltfriede könnte sehr wohl eine der düstersten Epochen der Menschheitsgeschichte werden. Der Weg zu ihm könnte ein letzter Weltkrieg oder blutiger Umsturz, seine Gestalt könnte die einer unentrinnbaren Diktatur sein. Gleichwohl ist er notwendig.

3. Eben darum fordert der Weltfriede von uns eine außerordentliche moralische Anstrengung. Er ist unsere Lebensbedingung, aber er kommt nicht von selbst, und er kommt nicht von selbst in einer guten Gestalt. Seit die Menschheit besteht, hat es, soweit wir wissen, den Weltfrieden nicht gegeben; etwas Beispielloses wird von uns verlangt. Die Geschichte der Menschheit lehrt, daß das bisher Beispiellose oft eines Tages verwirklicht wird. Dies geschieht nicht ohne außerordentliche Anstrengung; und wenn der Friede menschenwürdig sein soll, muß die Anstrengung moralisch sein.

Ich gehe nun ins einzelne, und gleichsam als Überschrift wiederhole ich die Thesen ein drittes Mal mit je einem begründenden Zusatz:

Der Weltfriede ist notwendig, denn die Welt der vorhersehbaren Zukunft ist eine wissenschaftlich-technische Welt.

Der Weltfriede ist nicht das goldene Zeitalter, sondern sein Herannahen drückt sich in der allmählichen Verwandlung der bisherigen Außenpolitik in Welt-Innenpolitik aus.

Der Weltfriede fordert von uns eine außerordentliche moralische Anstrengung, denn wir müssen überhaupt eine Ethik des Lebens in der technischen Welt entwickeln.

Wie sehen diese Zusammenhänge im einzelnen aus?

1. Der Weltfriede ist notwendig, denn die Welt der vorhersehbaren Zukunft ist eine wissenschaftlich-technische Welt. In-

wiefern ist sie eine wissenschaftlich-technische Welt? Wie tief greifen ihre Forderungen? Inwiefern macht sie den Frieden notwendig? Ich wähle die primitivsten Beispiele, versuche sie aber weit genug zu verfolgen.

Die Technik ernährt uns. Was haben Sie heute zum Frühstück gegessen oder getrunken? Vom dänischen Ei über das Brötchen aus kanadischem Weizen zum Kaffee aus Brasilien sind diese Lebens- und Genußmittel auf rationalisierte, technische Weise erzeugt, mit modernen technischen Mitteln herbeigebracht, frischgehalten, gebacken, gekocht. Eine Erinnerung zwanzig Jahre zurück genügt, uns klarzumachen, was geschieht, wenn uns diese Apparatur nicht mehr zuverlässig bedient. Heute müssen die Entwicklungsländer sich industrialisieren und ihre Landwirtschaft technisieren, wenn sie dem nackten Hunger entgehen wollen. Unsere eigene Landwirtschaft wird andererseits in der Weltkonkurrenz höchstens noch bestehen können, soweit sie sich entschlossen modernisiert; wo das nicht zureichend gelingt, werden staatliche Subventionen nur ihr Ende hinauszögern. Die technische Welt gewährt uns zwar ein Leben in bisher beispielloser Fülle materieller Güter. Aber die Gesetze ihres Funktionierens sind nicht minder erbarmungslos als die des Lebens in der Natur.

Warum sind denn viele Völker der Erde heute vom nackten Hunger verfolgt? Ich gehe hier nicht auf das große Problem der richtigen Güterverteilung ein, das schon zur Welt-Innenpolitik gehört. In den vortechnischen Jahrtausenden gab es keinen großen Welthandel mit den elementaren Nahrungsmitteln, und diese Völker haben doch, wenngleich mit periodischen Hungersnöten, zu essen gehabt. Warum? Damals war die Bevölkerungszahl über lange Zeiten etwa konstant, oder die Landnahme konnte mit ihr Schritt halten. Die wissenschaftliche Einsicht und die technischen Mittel der modernen Medizin und Hygiene haben ein vorerst unaufhaltsam scheinendes Wachstum der Bevölkerungszahlen in Gang gebracht. Wissenschaft und Technik scheinen uns wohl mit Recht nirgends so segensreich wie in der Medizin. Eben dieser Segen wird hier zur Quelle des vielleicht schwierigsten Lebensproblems unserer Zeit. Welche Abhilfen gibt es? Ich sehe nur zwei, die Aussicht bieten, in der Breite Erfolg zu haben, und zwar indem sie zusammenwirken; beide gehören selbst der Welt der Technik und der wissenschaftlichen Medizin an: Vermehrung der Lebensmittelproduktion und Beschränkung der Geburtenzahl.

Der Vermehrung der Lebensmittelproduktion als vordringlichem Ziel dient die Technisierung der Entwicklungsländer mit dem durch sie erzwungenen Umsturz uralter Gesellschaftsordnungen. Auf diesem Weg ist viel zu erhoffen. Aber eines Tages muß die Geburtenzahl zum Stehen kommen, denn die Erde ist endlich, und der Weltraum ist der Massenauswanderung verschlossen. Je später die Geburtenzahl zum Stehen kommt, desto schärfere Anforderungen werden an das Gewebe der Produktion und Verteilung gestellt, desto verletzlicher wird also der Apparat, an dem die Ernährung der Menschheit hängt. Ungestörtes Funktionieren der Weltwirtschaft setzt den Weltfrieden voraus; schon aus diesem Grunde ist er notwendig. Die Geburtenzahl ihrerseits wird nicht aus biologischen Gründen zum Stehen kommen; wenigstens bietet unsere Kenntnis der Gesetze des Lebens keinen Anlaß zu einer so bequemen Hoffnung. Ihre Beschränkung wird also entweder als eine sich durchsetzende Sitte oder aus Anordnung des Staates kommen. So tief wird der Mensch in der wissenschaftlich-technischen Welt genötigt, in seine Natur und in die Ausübung seiner Freiheit einzugreifen. Die ethischen und weltinnenpolitischen Folgen dieser Tatsachen versuche ich hier nicht auszumalen.

Heute schon allen sichtbarer geht die Notwendigkeit des Friedens aus der Entwicklung der Waffentechnik hervor. Wissen erzeugt Macht. Die Atomphysik, aus rein wissenschaftlichem Interesse entstanden, hat uns die Möglichkeit der Atomwaffen eröffnet. Der politische und gesellschaftliche Zustand der Menschheit ist so, daß von einer solchen Möglichkeit Gebrauch gemacht wird, einerlei ob einzelne sich der Teilnahme verweigern. Als Erkenntnis ist die Möglichkeit der modernen Waffen nicht mehr auszurotten; in diesem Sinne müssen wir für alle vorhersehbare Zukunft mit der Bombe leben. Dennoch kann ein manifester Akt der Verweigerung der Teilnahme an ihr seinen Sinn haben. Er kann darauf hinweisen, daß der politische und gesellschaftliche Zustand der Menschheit, der diese Gefahr mit sich bringt, geändert werden muß.

Es gibt ab und zu Phasen vorübergehender Selbststabilisierung im historischen Prozeß, die wie ein Eingriff einer gnädigen Vorsehung, wie eine uns zur Nutzung gewährte Frist erscheinen. So ist heute die Gefahr des großen Kriegs gerade durch die Erkenntnis der vernichtenden Wirkung dieser Waffen gemindert. Aber das behutsame Verfahren der führenden Staatsmänner ist selbst ein Akt schwer errungener Einsicht. Diese Einsicht bedarf der Ausarbeitung im Detail. Sie bedarf der Expertenarbeit; sie bedarf einer Wissenschaft und Technik oder, wie ich eingangs sagte, einer Strategie der Friedenssicherung. Die technische Welt stabilisiert sich nicht von selbst; sie stabilisiert sich, soweit Menschen sie zu stabilisieren lernen.

Deshalb ist der bewußt gewollte, geplante und herbeigeführte Weltfriede Lebensbedingung des technischen Zeitalters. Vergleichen wir den Weg zu diesem Frieden mit der Besteigung eines noch nicht bezwungenen Felsenbergs. In früheren Jahrhunderten stieg die Menschheit durch Geröllhalden, in denen ein häufiges Zurückgleiten unvermeidlich, aber nicht tödlich war. Heute nähern wir uns der Gipfelregion. Sie bietet hartes Gestein; das Gestein historischer Notwendigkeit. In ihr kann man vielleicht sicherer steigen als früher. Aber man muß steigen wollen, und man muß es technisch können; und ein Ausgleiten hier oben ist wahrscheinlich tödlich.

Hierzu noch eine letzte klarstellende Bemerkung. Wie manche andere habe ich in den letzten Jahren gelegentlich öffentlich gesagt, ein mit planmäßigem Einsatz der verfügbaren Waffen heute geführter Weltkrieg würde vermutlich die Menschheit nicht völlig ausrotten. Ich habe das gesagt, weil mir wichtig schien, daß wir in allen Erwägungen das Maß behalten. Ich bin dann gelegentlich so zitiert worden, als dürfe hieraus abgeleitet werden, ein Krieg sei unter Umständen immerhin noch zu verantworten. Ich kann mir keinen törichteren und schrecklicheren Mißbrauch meiner Äußerungen denken. Freilich wissen wir alle, daß die Regierungen der Weltmächte heute auf die Drohung mit einer letzten Bereitschaft zum nuklearen Krieg noch nicht zu verzichten vermögen. Aber diese Staatsmänner wissen selbst am besten, daß sie dabei zugleich mit dem Selbstmord alles dessen drohen, was sie selbst zu verteidigen wünschen. Wer diesen Krieg überleben würde – und in Europa würden es wenige sein –, der würde nur bedauern, daß er nicht unter den Toten ist. Von Freiheit und Demokratie würde nachher schwerlich noch die Rede sein, sondern von Hunger, Radioaktivität und der letzten Hoffnung auf eine starke Hand. Der billige Ausweg aus dem Nachdenken, der lautet »entweder es bleibt Friede, oder wir sind alle tot« – dieser Ausweg ist uns versperrt.

2. Wir haben bereits den Fragenkreis der Weltpolitik betreten. Die zweite These lautete: Der Weltfriede ist nicht das goldene Zeitalter, sondern sein Herannahen drückt sich in der allmählichen Verwandlung der bisherigen Außenpolitik in Welt-Innenpolitik aus. Unter dem Titel Welt-Innenpolitik werde ich hier zwei verschiedene, aber beide aus der Vereinheitlichung der Welt entspringende Phänomene beschreiben: die Entstehung übernationaler Institutionen und die Beurteilung weltpolitischer Probleme mit innenpolitischen Kategorien.

Daß Außenpolitik kleinerer in Innenpolitik größerer politischer Einheiten übergeht, ist ein uns aus der Geschichte vertrauter Vorgang. Es sind noch keine hundert Jahre verflossen, seit zum letztenmal deutsche Staaten gegeneinander Krieg führten. Damals kämpfte der König von Preußen gegen die Könige von Bayern, von Württemberg, von Hannover und den Kaiser von Österreich. Der jungen Generation von heute ist das schon fast unvorstellbar. Die Interessen- und Temperamentsdifferenzen der deutschen Stämme haben seitdem nicht aufgehört, und moralischer ist die Politik inzwischen gewiß nicht geworden. Aber innerhalb des Bismarckschen Reiches und heute innerhalb der Bundesrepublik gab und gibt es verfassungsmäßige Wege zum Austrag der Differenzen. Wo diese Wege, noch nicht einmal durch Gewalt, sondern z. B. durch Unwahrheit verlassen werden, erhebt sich berechtigte und in manchen Fällen erfolgreiche Empörung. Wir müssen hoffen, daß denen, die in hundert Jahren jung sein werden, die vergangenen Kriege zwischen Deutschland und Frankreich, ja die Möglichkeit eines Kriegs zwischen Amerika und Rußland so unbegreiflich sein werden wie unserer Jugend der politische Zustand Deutschlands, der durch die Kriege von 1866 und 1870 beendet wurde.

Das ist heute nur eine Hoffnung; und was mag zwischen uns

und ihrer Verwirklichung noch liegen? Eine, freilich zweischneidige, Realität hingegen ist, daß sich die Menschen heute schon die Spannungen zwischen den Mächten immer mehr nur noch in der Sprache innenpolitischer Ideologien begreiflich machen können. Die meisten Menschen im Westen sind überzeugt, daß demokratische Staaten ihre Differenzen stets friedlich regeln könnten und nur der Kommunismus und allenfalls nationalistische Diktatoren uns mit Krieg bedrohten. Genau analog scheint den Kommunisten chinesischer Observanz der Krieg durch das bloße Dasein des Kapitalismus unausweichlich, und auch die russische Observanz sieht im Kapitalismus die Quelle des Unfriedens in der Welt. Auch die neu sich formierenden asiatischen und afrikanischen Nationen sind überzeugt, gegen ein Prinzip, den Kolonialismus, zu kämpfen.

Dieser Glaube an die Dominanz innenpolitischer Prinzipien ist zweischneidig, denn er ist zum Teil eine Selbsttäuschung. Machtkörper wie die Imperien und wie nationalistische Nationen haben noch heute die Tendenz zum ungezügelten Ausgreifen und, gegebenenfalls, zum Rückerwerb verlorener Gebiete. Diese Tendenz hat 1914 die einander so ähnlich gewordenen europäischen Kulturnationen in den selbstmörderischen Krieg gegeneinander gehetzt. Wir dürfen daher unsere Hoffnung nicht allein auf den Sieg der uns als richtig erscheinenden Ideologie setzen. Wir müssen vielmehr, quer durch die Ideologien, langsam, behutsam und mit unbeirrbarer Zähigkeit diejenigen Elemente staatlicher Souveränität abbauen, die es den Staaten möglich machen, Krieg aus freiem Entschluß zu beginnen.

Ein Teil dieses Bemühens sind die seit langem fortlaufenden Verhandlungen über Abrüstung. Es ist gleich gefährlich, sie zu über- wie zu unterschätzen. Man darf sie nicht überschätzen: Abrüstung ist technisch und politisch gleich schwer durchzusetzen, und sie löst die bestehenden Konflikte nicht. Sie muß ergänzt und wohl erst ermöglicht werden durch die Schaffung politischer Wege zum Austrag von Konflikten. Ich glaube, daß sie eines Tages in die Übertragung des Polizeimonopols an eine internationale Behörde einmünden muß. Davon sind wir noch sehr weit entfernt. Man darf die Abrüstung aber auch nicht unterschätzen. Die Arbeit an ihr ist ein ständiger Anreiz, eben diese notwendigen weiteren internationalen Regelungen auszubilden. Zudem ist Verachtung des Abrüstungswillens eine der Brutstätten jenes Zynismus, aus dem die Katastrophen hervorgehen. Ich sehe mit Kummer, wie der politische Provinzialismus der Bundesrepublik sich z.B. im Fehlen einer breiteren Schicht von Kennern der »Strategie der Abrüstung« dokumentiert; ich zitiere damit den deutschen Titel eines amerikanischen Buches, in dem die Abrüstungsaspekte der Strategie der Friedenssicherung dargestellt sind. Verstünden wir mehr von diesen Fragen, so würden wir vielleicht weniger in Versuchung sein, uns auf Grund spezieller nationaler Interessen, so wichtig sie für uns sind, notwendigen internationalen Schritten in den Weg zu stellen.

Allgemein gilt: der Friede muß nicht nur durch friedfertige Absichten, sondern durch feste übernationale Institutionen gesichert werden. Absichten und Gefühle wechseln von Land zu Land, von Generation zu Generation; der Friede aber muß alle Länder umfassen und die Generationen überdauern. Diese Institutionen müssen so gut wie möglich den heranreifenden innenpolitischen Strukturen einer sich vereinheitlichenden Welt angepaßt sein. Welches sind diese Strukturen? Welche Ziele müssen wir dem Willen zum Fortschritt und zur Bewahrung setzen, der in jedem Land und jeder Generation immer von neuem erwacht?

Wir im Westen halten mit vollem Recht die Freiheit für ein unaufgebbares politisches Gut. Wir sind damit in unserem Jahrhundert zeitweilig in die Defensive gedrängt. Aber auch in der heutigen Welt ist Freiheit, richtig durchdacht, der eigentlich fortschrittliche Gedanke. Für den größeren Teil der Welt ist innenpolitische Freiheit vor allem deshalb schwer erreichbar, weil sie als konkretes Ziel fast noch zu früh kommt. Diese Völker lösen sich erst in unserem Jahrhundert aus der alten feudalen Ordnung. Sie müssen sich modernisieren, sie müssen einen angemessenen Grad sozialer Gleichheit erreichen, und sie träumen oft einen – angesichts der wahren Verflechtung der modernen Welt – altmodischen Traum nationaler Unabhängigkeit. All dies ist ohne eine starke Staatsgewalt nicht zu erreichen. Diese aber, meist Kind einer Revolution, sichert sich gegen neuen Umsturz auf Kosten der Freiheit der Staatsbürger.

Wir werden den in die Modernität eintretenden Nationen

diese Phase oft nicht ersparen können. Vielleicht dürfen wir uns hier daran erinnern, daß in der west- und mitteleuropäischen Geschichte das wichtigste Sprungbrett zur institutionell gesicherten Freiheit die Rechtsgleichheit und Rechtssicherheit war. Der Staat des Absolutismus aber hatte an der Schaffung dieser Rechtsordnung, die ihn schließlich abzulösen gestattete, ein erhebliches Verdienst. Daher ist auch in der Welt-Innenpolitik, gerade auch in der Auseinandersetzung mit dem Kommunismus, die Schaffung und Verteidigung zuverlässiger rechtsstaatlicher Formen im Innern der Staaten und durchsetzbarer rechtlicher Normen im Verkehr zwischen ihnen ein vordringliches Ziel; dies ist ein Ziel, das überall auf der Welt persönlichen Einsatz unter Gefahr rechtfertigt. Rechtsstaatlichkeit ist die Grundlage bürgerlicher Freiheit; Freiheit ohne bindende Rechtsordnung vernichtet sich selbst.

Zugleich aber müssen wir die Freiheit dem heutigen und kommenden Gesellschaftszustand gemäß neu denken und müssen dementsprechend handeln lernen. Terror ist ja eigentlich ein plumpes und altmodisches Mittel. Das moderne Problem heißt: Freiheit und Planung. Moderne Industriegesellschaften wie einerseits die der atlantischen Nationen, andererseits die der Sowjetunion werden einander unmerklich immer ähnlicher; dies geschieht unter der Decke widerstreitender Ideologien und echter Gegensätze politischer Gewohnheiten und politischen Gefühls. Die technischen Notwendigkeiten erzwingen ein weitgehend geplantes Leben, und mit oft kaum erkennbarem Zwang, mit ökonomischem Druck und der Verlockung des Lebensstandards werden die Menschen dem Plan eingefügt. Wenn es in unserer Welt noch eigentliche menschliche Freiheit geben soll, so bleibt uns nicht erspart, auch den Raum dieser Freiheit zu planen. Ein Plan ohne Freiheit wird sich in einer fortschreitenden technischen Welt am Ende als unterlegen, ja als funktionsunfähig erweisen; er widerspricht der Natur des Menschen, der diese Technik und ihren Fortschritt trägt.

Ein konkretes Beispiel für die notwendige Planung der Freiheit mag genügen: das Bildungswesen. In unserer Welt ist für jeden Menschen eine angemessene Ausbildung Bedingung desjenigen sozialen Status, in dem allein er das ihm mögliche Maß an Freiheit betätigen kann. Diese Ausbildung aber erfährt er als Folge staatlicher Planung (oder Planlosigkeit) in einem jugendlichen Alter, in dem er noch nicht für sich selbst entscheiden kann. So entscheidet die Planung des Bildungswesens mit darüber, ob wir Staatsbürger haben werden, die der Freiheit fähig sind.

3. Der Weltfriede fordert von uns eine außerordentliche moralische Anstrengung, denn wir müssen überhaupt eine Ethik des Lebens in der technischen Welt entwickeln.
Was bedeutet Ethik der technischen Welt?
Ihre Grundlage ist nicht neu. Die alte Ethik der Nächstenliebe reicht aus, wenn wir sie auf die Realitäten der neuen technischen Welt anwenden; und wenn wir sie hier nicht anwenden, so ist es uns mit ihr nicht Ernst. Das revolutionärste Buch, das wir besitzen, das Neue Testament, ist nicht erschöpft. Viele Strukturen der modernen Welt stammen aus ihm, nur sind sie hier einseitig aufs Konkrete, Diesseitige angewandt; sie sind, wie man sagt, säkularisiert. Ich nenne diesen Hintergrund hier, aber ich analysiere ihn nicht. Ich will versuchen, das Wenige, was ich noch zu sagen habe, aus der inneren Gesetzmäßigkeit der technischen Welt selbst zu entwickeln. Damit versuche ich, nicht von ethischen Postulaten auszugehen, sondern von der Vernunft. Der Zusammenhang zwischen beiden ist eng. Wahre Vernunft, auf die Praxis angewandt, setzt sich notwendigerweise auch in ethische Postulate um. Was aber unserer Vernunft die Augen geöffnet hat und, wo wir sie nicht zu gebrauchen wissen, immer wieder öffnet, ist die Stimme der Nächstenliebe, die wir einmal gehört haben.

Es gibt eine eigentümliche Fazination der Technik, eine Verzauberung der Gemüter, die uns dazu bringt, zu meinen, es sei ein fortschrittliches und ein technisches Verhalten, daß man alles, was technisch möglich ist, auch ausführt. Mir scheint das nicht fortschrittlich, sondern kindisch. Es ist das typische Verhalten einer ersten Generation, die alle Möglichkeiten ausprobiert, nur weil sie neu sind, wie ein spielendes Kind oder ein junger Affe. Wahrscheinlich ist die Haltung vorübergehend notwendig, damit Technik überhaupt entsteht. Reifes technisches Handeln aber ist anders. Es benützt technische Geräte als

Mittel zu einem Zweck. Den Raum der Freiheit planen kann nur der Mensch, der Herr der Technik bleibt.

Mir liegt daran, klarzumachen, daß diese reife Haltung nicht der Technik fremd, sondern erst die eigentlich technische Haltung ist. Jedes einzelne technische Gerät ist von einem Zweck bestimmt; es ist so konstruiert, daß das Zusammenwirken aller seiner Teile eben diesem Zweck dient. Kein Gerät ist Selbstzweck. Eine technische Zivilisation, deren Glieder sich gegenseitig hindern, gefährden und zerstören, ist technisch unreif. Eine Technik, die sich als Selbstzweck gebärdet, ist als ganze auf einer niedrigeren Entwicklungsstufe als ihre einzelnen Apparate; sie ist als ganze noch untechnisch.

Wir müssen also ein Bewußtsein für den richtigen, den technischen Gebrauch der Technik gewinnen, wenn wir in der technischen Welt menschenwürdig überleben wollen. Das verlangt eine moralische Anstrengung, die sich in einer positiven Moral, einer gefestigten Sitte niederschlagen muß. Wir sollen, nach Kant, so handeln, daß wir die Menschheit – wir würden heute sagen das Menschsein – in jedem Menschen nicht nur als Mittel, sondern als Zweck verstehen. Als leitende Regel muß gelten: Kein Mensch ist ein Gerät, und Geräte dürfen nur zum Nutzen, nicht zum Schaden der Menschen gebraucht werden. Das wachsende Bewußtsein von dieser Regel wird sich manifestieren in der Herausbildung fester verbindlicher Formen des Umgangs mit der Technik. Die Medizin, die seit Jahrtausenden eine auf Wissen beruhende Technik und die aus ihr fließende Macht kennt, kennt auch diese bindende Regel seit Jahrtausenden; sie kennt den Hippokratischen Eid. In der Technik des Alltags, wie etwa im Straßenverkehr, lernen wir alle sie heute nach und nach respektieren. Im großen wirtschaftlichen Zusammenhang ist sie gegen das scheinbare Einzelinteresse durchgesetzt worden oder muß noch durchgesetzt werden, wie in Fragen der Slums und der Abholzung oder heute der Abgase und Abwässer. Die technischen Waffen schließlich haben eine Perfektion erreicht, die die Ausschaltung des Kriegs zu einer vordringlichen Forderung der technischen Ethik macht.

Diese Forderung ist dem heutigen Menschen bewußt; er verzagt nur oft gegenüber ihrer Realisierbarkeit. Wir befinden uns in einer Übergangszeit, in der der große Krieg schon schlechthin verwerflich, aber doch noch möglich ist. So ist auch unser ethisches Verhalten zur Möglichkeit des Kriegs ein unsicheres Verhalten des Übergangs. Einige versuchen heute schon streng nach derjenigen Ethik zu leben, die eines Tages wird die herrschende sein müssen, und verweigern jede Beteiligung an der Vorbereitung auf den möglichen Krieg. Andere, die die Forderung nicht minder deutlich verstehen, versuchen inmitten der heute noch geltenden Normen für die Festigung einer rechtlichen und freiheitlichen Friedensordnung zu wirken. Beide tun etwas Notwendiges; etwas, das zu tun sich jemand bereit finden muß.

Am klarsten sollte das Bewußtsein von der Notwendigkeit, den Frieden zu sichern, bei den Menschen entwickelt sein, die den technischen Waffen am nächsten stehen: den Wissenschaftlern, deren Forschung sie ermöglicht; den Soldaten, die sie anwenden müßten; und den Politikern, die noch am ehesten Mittel haben, ihre Anwendung zu vermeiden. Aber jeder dieser Stände bleibt noch hinter seiner Aufgabe zurück. Der Wissenschaftler zieht sich oft in den elfenbeinernen Turm der reinen Forschung zurück, und daß das nicht ausreicht, möchte ich gerade der wissenschaftlichen Jugend sagen; wo sich aber der Wissenschaftler den politischen Folgen seiner eigenen Forschung stellt, muß er erst lernen, die verwickelte politische Realität gedanklich zu durchdringen. Dem Soldaten fällt es heute noch schwer, an eine so tiefgreifende Verwandlung der Welt zu glauben. Der Politiker schließlich ist gezwungen, mehrere Eisen im Feuer zu haben; er vertritt, so ernst es ihm mit dem Frieden sein mag, stets zugleich das Interesse seiner Partei, seiner Nation. Alle brauchen den Antrieb und den Rückhalt oder Widerstand eines Bewußtseins aller Menschen, auch derer, die unter ihrem Kommando stehen oder ihnen ihre politische Stimme geben; des klar herausgearbeiteten und zu Opfern bereiten Bewußtseins, daß Krieg nicht mehr sein darf.

Der weltpolitische Zyklus*

Das politische Gefüge der Welt ist höchst verwickelt. Keinem Praktiker oder Theoretiker der Politik bleibt es erspart, sich gewisse einfache Begriffe zurechtzulegen, mit denen er sich dieses Brodeln der Kräfte näherungsweise faßbar macht. Anschließend an eine heute verbreitete Unterscheidung schlage ich vor, drei mögliche Grundfiguren der weltpolitischen Vorgänge im vor uns liegenden Jahrzehnt und vielleicht darüber hinaus zuerst getrennt und dann im Zusammenwirken zu betrachten.

Ich gehe dabei von der Meinung aus, daß das militärische Potential auch heute noch einer der wichtigsten Machtfaktoren ist. Militärische Großmächte im eigentlichen Sinn gibt es seit 1945 nur noch zwei, und für die Spanne der Zukunft, von der ich heute rede, wird sich das vermutlich auch noch nicht ändern. Ich teile die möglichen Gestalten der Weltpolitik nach dem Verhältnis der beiden Weltmächte zueinander und zur Gesamtheit der dritten Mächte in drei Grundfiguren ein, die ich in der Reihenfolge nenne, in der ich sie nachher besprechen will:

1. Gegnerische Bipolarität,
2. Multipolarität (auch Polyzentrismus oder Pluralismus genannt),
3. Kooperative Bipolarität.

Ich behaupte, daß diese Formen eine Tendenz haben, sich in einem gewissen Zyklus (einem »Regelkreis«) gegenseitig der Reihe nach hervorzubringen.

Die multipolare Weltherrschaft der weißen Rasse vor 1914 führte in die von einem Weltkrieg eingeleitete und von einem Weltkrieg beendete dreißigjährige Krisenzeit, an deren Ende zwei verbleibende militärische Großmächte gemeinsam die

* Auszug aus einem Referat über weltpolitische Prognosen vor der Studiengruppe für Rüstungsbeschränkung und Rüstungskontrolle der Deutschen Gesellschaft für Auswärtige Politik, am 6. Dezember 1965. Abgedruckt in »Gedanken über unsere Zukunft«, Göttingen, Vandenhoeck & Ruprecht, 1966.

dritte niedergekämpft hatten, um alsbald in offener Gegnerschaft auseinanderzutreten. Seit 1946 stand die Welt im Zeichen der feindlichen Bipolarität Amerikas und Rußlands. Daß es zwischen ihnen nicht zum Krieg kam, hatte verschiedene Ursachen, unter denen die Erfindung der Wasserstoffbombe nicht die geringste war. Immerhin möchte ich auch über die anderen Ursachen ein paar Vermutungen äußern. Zunächst waren beide Mächte tief erschöpft vom Krieg, die Sowjetunion vielleicht physisch noch mehr als willensmäßig, die Vereinigten Staaten willensmäßig mehr als physisch. Ferner hatten beide Nationen politische Ideologien, in denen der große imperiale Krieg nur als Mittel der Verteidigung anerkannt war, wenn auch die leninistische Doktrin ihn als unvermeidlich vorherzusagen lehrte. Die realen Probleme der Ordnung der Welt in Europa, Asien und bald auch anderswo zeigten aber beiden die Unvermeidlichkeit einer harten Auseinandersetzung ihrer konkurrierenden Ordnungs- und Machtsysteme; Stalin sah dies vom ersten Tage an, die Amerikaner lernten es widerwillig, aber rasch. Ich weiß kein historisches Beispiel dafür, daß ein derartiges Ringen zweier Kandidaten um die Hegemonie anders als kriegerisch entschieden worden wäre. Ehe aber der Krieg reif war, den alle historische Erfahrung erwarten ließ, trat das historisch Beispiellose ein, daß die Kriegführung sich durch die Größe der verfügbaren Angriffswaffen und das Fehlen einer zuverlässigen Verteidigungswaffe zur gegenseitigen Vernichtung, also praktisch zum gemeinsamen Selbstmord der Gegner auszuwachsen drohte. Der beiderseitigen Einsicht in diese Lage verdanken wir die Entspannung, die seit 1954 unter vielen Rückschlägen doch ständige langsame Fortschritte macht. Der Machtkampf der beiden Hegemonie-Kandidaten ist damit weder entschieden noch vergessen, sondern vorübergehend partiell gelähmt. Die Frage, ob die Welt liberal oder kommunistisch geordnet werden wird, ist ebensowenig entschieden; die Möglichkeit, sie auf lange Zeit unentschieden zu lassen, deutet sich unter dem Titel »Koexistenz« ungewiß an.

Die Lähmung der militärischen Macht durch ihre Übergröße aber gab kleineren Mächten einen politischen Spielraum, den sie ohne diese nicht besessen hätten: die Welt begann, sich multipolar zu formieren. Zwei bedeutende Machtzentren traten wieder hervor: Westeuropa und China. Westeuropa, mit den drei Schwerpunkten Großbritannien, Frankreich, Bundesrepublik Deutschland ist heute wirtschaftlich sehr viel stärker als militärisch, und es ist zu einheitlicher politischer Willensbildung nur begrenzt fähig; aber eben die Lähmung der militärischen Macht steigert die Bedeutung der wirtschaftlichen. China verdankt seiner politischen Einheit und ideologischen Konsequenz, seinem Menschenreichtum und seinen schwer abschätzbaren Entwicklungsmöglichkeiten, insbesondere aber eben der militärischen Paralyse der beiden Supermächte heute eine weltpolitische Machtposition oder mindestens einen Nimbus, der durch sein heute vorliegendes wirtschaftliches und militärisches Potential allein nicht motiviert wäre. Aber auch die Fülle der anderen Nationen, die, gemessen an den Großmächten, militärisch fast machtlos und in ihrer Mehrzahl wirtschaftlich hilfsbedürftig sind, genießen eine politische Bewegungsfreiheit, die man in der Zeit der »Weltherrschaft des weißen Mannes« für undenkbar gehalten hätte. Hier ist ein Wandel des politischen Bewußtseins der Menschheit, ein Erwachen aus dem dumpfen Hinnehmen bestehender Herrschaftssysteme im Gang, dessen Folgen wir noch kaum übersehen können.

Es wäre meines Erachtens irrig, im heutigen Polyzentrismus der Welt schon das Ende der Bedeutung militärischer Macht zu sehen. Hat die feindliche Bipolarität das Entstehen einer multipolaren Welt begünstigt, so bedeutet die Multipolarität eine Einladung an die beiden Großmächte zur kooperativen Bipolarität. Noch auf lange Zeit hinaus ist keine dritte Nation und keine Allianz solcher den beiden Großen militärisch auch nur von ferne gewachsen. Der Grund der gegenseitigen militärischen Lähmung der beiden Großen aber ist ihre politische Gegnerschaft. Sie wären militärisch frei, zu handeln, wenn sie politisch einig wären. Müssen sie sich eigentlich die Erschütterung ihrer Bündnis- und Einflußsysteme durch Mächte zweiter Ordnung und den beginnenden Aufbau der dritten Weltmacht China gefallen lassen, nur weil es ihnen nicht glückt, ihr gegenseitiges Mißtrauen abzubauen? Legt sich nicht die Ordnung der Welt durch eine Pax Russo-Americana nahe? Der Versuch dieser dritten weltpolitischen Struktur, der kooperativen Bipolarität, könnte, nach machtpolitischer Logik gedacht, sehr wohl die kommenden 15 Jahre überschatten. Tastende Schritte in dieser Richtung sehen wir seit Jahren.

Wir betreten hiermit den Raum zukünftiger Möglichkeiten. Es wäre eine sinnvolle Aufgabe politischer Analyse, Bedingungen, Chancen und Grenzen eines solchen Vorgangs abzuwägen, und ich werde alsbald etwas näher darauf eingehen. Dabei möchte ich vorweg auf die Grenzen hinweisen, die, machtpolitisch beurteilt, diesem dritten Verhaltensschema gesetzt sind. Keine der Gefährdungen und Irritationen durch dritte Mächte hebt schon den Gegensatz zwischen liberaler und kommunistischer Ideologie oder die objektive weltpolitische Konkurrenzsituation der zwei Hegemoniekandidaten auf. Um es in einem Gleichnis zu sagen: Rußland und Amerika spielen gegeneinander eine Schachpartie und müssen nur die im Zimmer herumtollenden Kinder hindern, das Brett umzuwerfen; aber die Partie werden sie gleichwohl weiterspielen, bis der Sieg des einen von beiden oder das Remis – falls es das gibt – feststeht. Gemessen an den Dimensionen dieses Spiels ist nur China mehr als ein tollendes Kind. Gerade eine partiell erfolgreich kooperative Bipolarität enthält den Anlaß zur Rückkehr in die gegnerische Bipolarität.

Diesen sich schließenden Kreis von Ursachen und Wirkungen könnte man den weltpolitischen Zyklus nennen. Was haben wir nun von der weiteren Zukunft zu erwarten? Wird sich die Welt doch in einer der drei Strukturen stabilisieren? Wird sie den Zyklus, vielleicht sogar mehrfach, durchlaufen? Oder wird sie aus den hier besprochenen Strukturen und ihrem Kreis in ein ganz anderes politisches Schicksal übertreten?

Dafür, daß keine der drei Strukturen in sich selbst stabil ist, habe ich soeben Gründe angeführt. Jede von ihnen enthält starke Motive zum Übertritt in die nächstfolgende. So gesehen, sollte man bis auf weiteres ein Durchlaufen des Zyklus erwarten.

Aber auch der Zyklus als ganzer ist schwerlich auf die Dauer stabil. In jeder der drei Strukturen besteht eine Gefahr, daß sie, direkt oder indirekt, in den großen atomaren Weltkrieg umschlägt. Eben deshalb gibt es andererseits Anlaß zu dem Versuch, aus dem Zyklus wechselnder Konstellationen von Mächten, welche den Krieg jederzeit auslösen könnten, irgendwie in eine institutionell gesicherte Friedensordnung überzugehen. Daher ist es für uns das wichtigste, die Gefahren und Chancen innerhalb des Zyklus – Gefahren der Katastrophe, Chancen der permanenten Stabilisierung – genauer zu prüfen.

Gefahren und Chancen im weltpolitischen Zyklus

Keine der drei Gestalten der Weltpolitik ist – so sagte ich – gegen den Übergang in einen Weltkrieg gesichert, obwohl jede gewisse, ihr eigentümliche Friedenschancen enthält.

Am gefährlichsten ist wohl die gegnerische Bipolarität. Manche politischen Wendungen der vergangenen 20 Jahre kann man nur verstehen, wenn man die beiderseits erwogenen, aber nicht geführten Kriege strategisch durchspielt. Wie prekär ist eine Friedenssicherung, die darauf angewiesen ist, daß keiner der Gegner sich eine hinreichende Siegeschance ausrechnen kann! Das Gleichgewicht des Schreckens wäre an dem Tage zu Ende, an dem z. B. eine der beiden Seiten früher als die andere eine effektive Antirakete entwickelt hätte. Wenn es in einem solchen Fall weder zum Präventivkrieg noch zur politischen Kapitulation des dann Schwächeren kommen wird, dann höchstens, weil die Weltpolitik bis dahin genug Elemente einer permanenten Friedensordnung enthalten wird, um dem Stärkeren die ihm mögliche Machtausübung aus nichtmilitärischen Rücksichten heraus zu verbieten. Es ist leichtfertig, zu hoffen, unsere eigene Seite werde in diesem Fall der Stärkere sein und werde zudem die Vernunft des Handelns bewahren. Bessere Stabilitätsgarantien müssen zuvor entwickelt werden.

Aber auch die Multipolarität ist voller Gefahr. Wenn sie, wie ihre lautstärksten Verfechter wollen, mit der Ausbreitung der Atomwaffen auf mehr Nationen verbunden ist, so sind wir in Zukunft nicht mehr auf die Vernunft zweier Regierungen, sondern auf die von 5 oder 20 oder, eines utopischen Tages, 100 Regierungen der Welt angewiesen. Die politischen Anlässe zum Waffeneinsatz bieten sich in der multipolaren Welt souveräner Staaten ständig. Freilich ist ein Staat, der ein paar Atombomben besitzt, noch keine wirkliche Atommacht. Die

Träger- und Steuerungssysteme der Großmächte, die erst konzentrierten Waffeneinsatz ermöglichen, sind noch auf Jahrzehnte nicht einzuholen. Aber jedes auftretende atomare Chaos wird entweder die Weltmächte auf entgegengesetzten Seiten in den Kampf ziehen oder ihre Tendenz steigern, gemeinsam der Gefahr zu steuern, also jedenfalls die multipolare Unordnung beenden.

Dabei enthält andererseits gerade eine multipolare Welt gewisse Ansätze für den Weltfrieden, die im Bipolarismus schwer zu entwickeln sind. Eine Ordnung der Welt, der die Menschen innerlich zustimmen können, muß die Komponente des geschriebenen und appellablen Rechts enthalten. Es muß Sicherheit der Verträge, Schutz des Schwächeren und für Streitigkeiten Verfahrensregeln und Schiedsgerichte geben. Rechtliche Formen aber entwickeln sich auch unter Einzelmenschen nur, wenn mehrere Partner an ihnen teilhaben. Wo nur zwei Partner sind, entstehen Gewohnheiten des Umgangs miteinander, aber keine Rechtsnormen. Für polyzentrische Machtsysteme gilt die schon aus der italienischen Renaissance stammende, im »europäischen Konzert« durch Jahrhunderte bewährte Erfahrungsregel, daß wenigstens fünf Großmächte zum Gleichgewicht nötig sind, so daß jeweils die drei schwächeren die zwei stärkeren kompensieren können. Eine förderative Zentralinstanz mit Waffenmonopol, wie sie meinem Empfinden nach im gesicherten Weltfrieden nötig sein wird, kann fast nur entstehen, wenn der kollektive Wille aller jedem einzelnen Glied an Macht weit überlegen ist. Wie weit der heutige Polyzentrismus hiervon entfernt ist, zeigt die Schwäche der Vereinten Nationen.

Man wird also sagen müssen, daß die wirkliche Chance des Weltfriedens heute genauso weit reicht, als die beiden Großmächte zu seinen Gunsten zu kooperieren bereit sind. Das mindeste ist das bisher erfolgreich geübte Zurückschrecken vor dem Kriegsausbruch, die Beschränkung der Krisen auf begrenzte Felder. Wollten die beiden weitergehen, schließlich bis zur Konstruktion einer stabilen Friedensordnung, so hätten sie dazu die Macht. Doch sind dabei zwei Schranken zu beachten. Die eine ist die vorhin genannte Fortdauer ihrer objektiven Konkurrenzsituation, die sich psychologisch auch in einem vielleicht unüberwindbaren gegenseitigen Mißtrauen äußert.

Die zweite liegt in der Unwilligkeit des Restes der Welt, sich einem Diktat der großen Zwei zu fügen. Hier würde sich für die beiden, gerade wenn sie zur engen Zusammenarbeit bereit wären, der Weg gabeln. Der harte Weg wäre es, die gemeinsam beschlossene Regelung mit Gewalt durchzusetzen. Das wäre heute vielleicht nicht ohne einen Krieg gegen China möglich, vor dem sie, ohne sehr manifeste Herausforderung durch China, wohl zurückschrecken werden. Der weiche Weg müßte soviel Polyzentrismus als möglich in das geplante Friedenssystem einbauen, was innen- und außenpolitisch gleichviel Geduld erfordern würde. Vor allem ist die echte Delegation der Macht an eine übernationale Instanz bis auf weiteres wohl für keine der beiden Regierungen innenpolitisch möglich, auch wenn sie sie wünschte. Was auf dem Wege kooperativer Bipolarität vorerst maximal zu erreichen sein wird, sind also wohl Teilbereinigungen von Krisenherden, welche die Souveränität der Weltmächte nicht aufheben, sondern allenfalls vertraglich binden.

In dieser Analyse der Chancen und Gefahren sehe ich die Begründung der These, nach der wir vom institutionell gesicherten Weltfrieden sehr weit entfernt sind, so weit, daß ein qualitativer Sprung dazu nötig scheint. Wie groß die tatsächliche Kriegsgefahr heute ist, bleibt subjektiven Schätzungen überlassen. Ich selbst würde, wenn die kommenden dreißig Jahre von feindlicher Bipolarität (kaltem Krieg) bestimmt wären, angesicht der vielen technischen und politischen Unvorhersehbarkeiten, für diesen Zeitraum dem Kriegsausbruch wenigstens gleiche Chancen wie der Friedenserhaltung geben. Ein rein multipolares System würde meines Erachtens die Kriegsgefahr eher vermehren als vermindern; es würde höchstens die möglichen Kriegsanlässe verschieben. Eine vernünftig den Polyzentrismus einbauende kooperative Bipolarität wäre, solange sie dauert, wohl bei weitem die gefahrloseste vorläufige Ordnung; aber eben ihre Dauer vorherzusagen, ist schwer.

Wiedervereinigung Deutschlands und Europas*

Thesen zur internen Diskussion

Wie alle thesenhaften Formulierungen sind die nachstehenden Sätze Vereinfachungen und Stilisierungen. Ihr Zweck ist, Anhaltspunkte zu geben, an denen Zustimmung oder Widerspruch lokalisiert und dadurch weitere Diskussionen, insbesondere auch die Ausarbeitung anderer als der hier besprochenen Variante unserer Politik, ausgelöst werden können. Für die öffentliche Debatte halte ich solche Thesen für ungeeignet.

A. *Grundsätzliches*

1. Solange die gegenwärtige weltpolitische Lage in ihren Grundzügen fortdauert, ist eine staatliche Wiedervereinigung Deutschlands unmöglich.
2. Eine deutsche Wiedervereinigung wird nur möglich sein als Teil eines politischen Prozesses, den man Wiedervereinigung Europas nennen kann.
3. Die Wahrscheinlichkeit dafür, daß die Wiedervereinigung Europas *bald,* d. h. innerhalb der nächsten zehn Jahre, in Gang kommt, darf man vielleicht auf $1/3$ schätzen.
4. Die Wahrscheinlichkeit dafür, daß die Wiedervereinigung Europas zwar nicht bald, aber *später*, d.h. nach Ablauf eines oder mehrerer Jahrzehnte, eintreten wird, kann man vielleicht wiederum auf $1/3$ schätzen.
5. Das letzte Drittel, d. h. die Annahme, die Wiedervereinigung Europas werde in dem unserer politischen Phantasie heute erreichbaren Zeitraum überhaupt nicht anlaufen, erscheint mir nahezu gleichbedeutend mit der Annahme, irgendwann in diesem Zeitraum werde der dritte Weltkrieg stattfinden.
6. Politische Vorbedingungen einer *baldigen* Wiederverei-

---

* 1965. Zuerst veröffentlicht München, Hanser 1981.

nigung Europas lassen sich heute im Umriß formulieren; dem dienen die Thesengruppen B bis E.

7. Die mögliche politische Gestalt einer *späteren* Wiedervereinigung Europas heute auszumalen, wäre ein müßiges Beginnen. Doch gibt es gute Gründe für die Annahme, daß in einigen Jahrzehnten fortdauernder Spaltung Europas und Deutschlands die Eigenstaatlichkeit beider jetziger deutschen Staaten so starke Wurzeln geschlagen haben wird, daß eine dann erst beginnende Neuordnung Europas nur eine gute Nachbarschaft, aber keine Wiedervereinigung der beiden deutschen Staaten zur Folge haben würde.

8. Ein dritter Weltkrieg würde vermutlich vom deutschen Volk höchstens einen dezimierten Rest übriglassen.

9. Es gibt also starke Gründe für die Vermutung, daß eine staatliche Wiedervereinigung Deutschlands entweder auf dem Wege über eine baldige Wiedervereinigung Europas oder überhaupt nicht möglich sein wird.

B. Motive für die Weltmächte

10. Die wichtigste Vorbedingung für eine Wiedervereinigung Europas wäre, daß die beiden Weltmächte ihr gemeinsames Interesse darin fänden, auf diese Weise die zwischen ihnen stehenden europäischen Probleme zu entschärfen.

11. Es ist möglich, aber keineswegs sicher, daß diese Bedingung eintreten wird. Die in den Thesen 3, 4 und 5 benutzten Wahrscheinlichkeiten beruhen vor allem auf meiner Schätzung der Chancen der Erfüllung dieser Bedingung.

12. Die Vereinigten Staaten und die Sowjetunion befinden sich in der objektiven Situation einer Konkurrenz um die Hegemonie in der Welt, aus der sich zu lösen nicht im freien Willen ihrer politischen Führung steht, selbst falls diese es auf beiden Seiten wünschen sollte.

13. Diese Konkurrenzsituation könnte definitiv enden durch

a) einen Weltkrieg, der wahrscheinlich zur Vernichtung der Machtbasis, vielleicht der Existenz beider Nationen, oder, mit geringerer Wahrscheinlichkeit, zum Sieg einer von beiden führen würde; man darf voraussetzen, daß beide diesen Ausgang ihres Konflikts zu vermeiden suchen.

b) einen Sieg einer der beiden Seiten mit wirtschaftlichen und politischen Mitteln unter Einschluß des Mittels kleiner Kriege; diese Hoffnung hat beide Seiten in der Ära des kalten Kriegs befeuert, dürfte heute aber auf beiden Seiten sehr zurückgegangen sein.

c) das Aufkommen anderer, ihnen vergleichbarer Mächte; heute ist dafür China der einzige Kandidat, oder etwa ein Bündnis mehrerer Mächte; heute läuft zwar die Entwicklung in dieser Richtung, ist aber noch weit vom Ziel.

d) die Errichtung einer übernationalen Autorität mit Waffenmonopol; auf die sehr lange Sicht scheint mir dies die einzige Alternative zum dritten Weltkrieg, aber für die nähere Zukunft scheidet es als reales politisches Ziel aus.

14. Die Konkurrenzsituation kann *nicht* enden durch

a) eine politische Systemänderung in einer der beiden Nationen; auch ein kommunistisches Amerika oder ein demokratisches Rußland wäre nach wie vor objektiv Konkurrent der anderen Nation um die Weltmacht.

b) einen Akt guten Willens der beiderseitigen politischen Führung; ein solcher Akt kann die Folgen der Konkurrenzsituation vorübergehend dämpfen und dadurch die Errichtung einer festen Weltordnung vorbereiten, kann aber permanente Wirkungen nur haben durch institutionelle Bindungen eines Ausmaßes, zu dem heute auf beiden Seiten die Bereitschaft fehlt (vgl. 13d).

c) spezielle organisatorische Maßnahmen wie z. B. Abrüstung; die Rüstungen sind Folge und nicht Ursache der Konkurrenzsituation.

15. Ein Abbau der gegenseitigen Spannungen und Bedrohungen liegt gleichwohl gegenwärtig im Interesse beider Mächte. Daran ist vor allem das Aufkommen dritter Mächte und Störenfriede wie China, Frankreich, Ägypten, Indonesien, Kuba schuld. Das Rüstungspatt vermindert zwar die Kriegsgefahr, lähmt aber eben dadurch die Aktionsfreiheit beider Mächte gegenüber Dritten. Diese wäre durch eine Entschärfung der Konkurrenzsituation in höherem Maße wiederzugewinnen.

16. Das Extrem des denkbaren Spannungsabbaus wäre ein Bündnis zwischen Amerika und Rußland, also eine Vertagung des Austrags ihrer weltpolitischen Konkurrenz und die Errichtung einer Pax Russo-Americana. Dies erscheint vorerst nicht wahrscheinlich. Aber es gibt eine lange Skala von Möglichkeiten zwischen diesem Extrem und der Wiederverschärfung des kalten Kriegs.

17. Die gegenseitige Lähmung der beiden Weltmächte und ihre Unfähigkeit, sich zu einem Bündnis zusammenzufinden, hat dem Entstehen eines weltpolitischen Polyzentrismus Vorschub geleistet. Dieser hat den Vorteil, notwendige Machtverschiebungen und Interessenausgleiche leichter in Gang kommen zu lassen als die Bipolarität. Er enthält andererseits eine Erhöhung der Weltkriegsgefahr, da er die Weltmächte ständig in die Lage bringt, auf entgegengesetzten Seiten an Streitigkeiten Dritter teilzunehmen. Dies legt eine Kanalisierung und Beilegung der Konflikte durch globale und regionale Abkommen nahe, welche durch die Billigung oder Garantie der Weltmächte stabilisiert würden.

18. Die »Wiedervereinigung Europas« kann unter diesen Aspekten im Interesse beider Weltmächte liegen.

C. Motive der europäischen Nationen

19. Es gibt keine objektiven vitalen Interessen einer europäischen Nation, die durch eine baldige Wiedervereinigung Europas verletzt würden, wohl aber viele, die dadurch gefördert würden.

20. Die westeuropäischen Nationen könnten ihr eine größere Sicherheit gegenüber Rußland und eine Beruhigung des deutschen Problems sowie die Chancen eines erweiterten wirtschaftlichen Markts verdanken. Unter Abstrich der nicht im objektiven Interesse Europas (auch Frankreichs) liegenden antiamerikanischen Tendenzen entspricht eine solche Regelung dem, was de Gaulle in der letzten Zeit anstrebt.

21. Die osteuropäischen Nationen würden ihr genau das Maß an Unabhängigkeit von Rußland verdanken, das heute überhaupt erreichbar ist, und damit freiere Bahn auf dem Wege der Wiederherstellung freiheitlicher Lebensformen.

22. Die Bundesrepublik müßte dem Plan zwar einige zentrale Thesen ihrer bisherigen Deutschlandpolitik opfern, aber nur solche Thesen, deren Unhaltbarkeit auf die Dauer heute allen Ausländern und vielen Deutschen klar ist. Sie würde dafür die mutmaßlich einzige reale Chance einer Annäherung an die Wiedervereinigung Deutschlands eintauschen.

23. Die DDR würde die vorläufige Anerkennung ihrer staatlichen Existenz erhalten um den Preis einer faktischen Isolierung ihres heutigen Regierungssystems. Es ist anzunehmen, daß sich ihre jetzige Regierung daher der Regelung widersetzen, die Mehrzahl der Bevölkerung (einschließlich eines erheblichen Teils der kommunistischen Führungsschicht) ihr aber zustimmen würde.

D. *Durchführung*

24. Ein wiedervereinigtes Europa müßte im engeren Sinn vom Atlantik bis zur russischen Westgrenze, im weiteren Sinn von San Francisco bis Wladiwostok reichen.

25. Das wiedervereinigte Europa im engeren Sinne müßte vorerst ein Bündnis souveräner Staaten mit gewissen vertraglich festgelegten gegenseitigen Pflichten sein.

26. Dieses Bündnis kann nur beginnen mit der vollen Billigung, vermutlich unter der Garantie der beiden Weltmächte. Daher ist es ohne eine stärkere Annäherung der beiden unmöglich. Wenn es längere Zeit dauert, wird es ein Eigengewicht gewinnen, das dieser Garantie nicht mehr bedarf. Da auch die Weltmächte das vorherwissen, müßten beide dieses Bündnis als ihren langfristigen Interessen gemäß ansehen. Diese Bedingung ist wichtiger als alle Einzelinteressen der Bündnispartner selbst. Nur in diesem Sinne der Einschätzung der objektiven Interessengemeinschaft müßte die Regelung den gesamten Raum Nordamerikas, Europas und Sibiriens umfassen.

27. Das Bündnis ist unmöglich, wenn es eine antiamerikanische oder eine antirussische Tendenz hat.

28. Die vermutlich größte objektive Schwierigkeit für das Bündnis bietet die Regelung der Rüstungen der Bündnispartner. Vermutlich wäre Rückzug der amerikanischen und der

russischen Truppen aus dem Bündnisgebiet notwendig. Jedoch wäre die Fortdauer der Präsenz »symbolischer« Streitkräfte beider Weltmächte in ihren bisherigen Besatzungsgebieten, vielleicht sogar Präsenz *beider* im *ganzen* Bündnisgebiet ein stabilisierender Faktor, um die Rückkehr im Fall eines Vertragsbruchs wahrscheinlicher zu machen. Die Rüstungen der Bündnispartner selbst wären bis auf weiteres nicht zu fusionieren, aber nach einem Schlüssel zu begrenzen.

29. Die wirtschaftlichen Probleme müssen Gegenstand einer besonderen Studie werden.

30. Innenpolitisch wird keine Angleichung der Systeme gefordert; es ist jedoch zu vermuten, daß sie automatisch einander näherkommen werden. Vorbedingung ist also nur gegenseitige Duldung. Diese besteht heute, trotz aller Beschimpfungen, seit vielen Jahren de facto. Sie würde dann in einem neuen Sinne de jure bestehen. Es ist zu hoffen, daß eben dies die Motive der beiderseitigen Verhärtung, die in der gegenseitigen Angst bestehen, unwirksamer machen und so insbesondere die Liberalisierung der osteuropäischen Länder fördern würde.

31. Eine übernationale Instanz für Rechtsfragen erscheint notwendig, auch wenn sie nicht leicht zu schaffen ist. Die offizielle Anerkennung eines Prinzips der Rechtsstaatlichkeit sollte Teil des Bündnisvertrages sein. Damit wäre zu verbinden eine Instanz (etwa ein Schiedsgerichtshof) für Streitigkeiten der Bündnispartner untereinander, eine Regelung der Behandlung privatrechtlicher Probleme zwischen Bürgern verschiedener Bündnispartner und womöglich auf die Dauer die Errichtung eines obersten europäischen Appellationshofs als Beginn einer übernationalen Rechtsordnung. Rechtsstaatlichkeit hat historisch und sachlich den Vortritt vor den anderen Elementen der Demokratie. Ihre Sicherung ist in den kommunistischen Ländern die vordringliche Aufgabe.

32. Freizügigkeit der Individuen innerhalb des europäischen Raums ist als Endziel unerläßlich und, wenn nicht sofort, so schrittweise zu realisieren.

E. *Deutschland*

33. Keine europäische Nation außer der deutschen hat ein direktes objektives Interesse an der deutschen Wiedervereinigung. Für viele heute lebende Europäer ist die Wiederentstehung eines einheitlichen deutschen Staats ein Alptraum. Auch die Kommunisten der osteuropäischen Länder sind heute weniger am Fortbestand der jetzigen Regierung der DDR als am Fortbestand der deutschen Teilung interessiert.

34. Wir haben nicht nur nicht die Macht, die deutsche Wiedervereinigung zu erzwingen. Wir haben aus dem unter 33. genannten Grund auch nicht die Möglichkeit, eine sofortige Wiederherstellung der staatlichen Einheit Deutschlands als Bedingung unserer Teilnahme an einer größeren europäischen Regelung durchzusetzen.

35. Andererseits haben alle europäischen Nationen ein objektives Interesse an einer Entschärfung des deutschen Problems. Diese Entschärfung ist solange nicht möglich, als die Teilung Deutschlands gegen den Willen des deutschen Volks aufrechterhalten wird.

36. Beiden Gesichtspunkten würde die folgende Regelung Rechnung tragen: Die Bundesrepublik und die DDR treten als souveräne Partner in das europäische Bündnis ein. Ihre gegenseitigen Beziehungen unterstehen denselben liberalisierenden Regelungen wie die Beziehungen aller Bündnispartner untereinander. Außerdem verpflichten sich beide deutschen Staaten, unter der Garantie und Kontrolle aller Bündnispartner, 10 Jahre nach Abschluß des Bündnisvertrages eine freie und geheime Abstimmung ihrer Bürger darüber durchzuführen, ob sie sich wieder zu einem Staat vereinigen sollen. Die Wiedervereinigung findet statt, wenn in jedem der beiden Staaten die Mehrheit der abgegebenen Stimmen für sie entschieden hat.

37. Der Status Berlins ist bis zur Abstimmung aufrechtzuerhalten und durch die Gesamtheit aller Bündnispartner, gegebenenfalls einschließlich der Weltmächte, zu garantieren. Gegen eine Einbeziehung der ganzen Stadt in diese Regelung wären, wenn die anderen Bedingungen erfüllt wären, vom Westen her vermutlich keine Einwände zu erheben. Geht die Abstimmung für Wiedervereinigung aus, so tritt Berlin in den gesamt-

deutschen Staat zurück. Die Regelung des Berliner Status bei Abstimmungsausgang gegen Wiedervereinigung wird nach Ablauf der bis dahin vergangenen 10 Jahre leichter auszuhandeln sein als zu Beginn des Bündnisses, sollte also wenigstens nicht im Detail vorgeplant werden.

F. Schlußbemerkung

38. Das Ziel dieser Aufzeichnung ist nicht, diesen Plan zu propagieren, sondern die Prüfung seiner Möglichkeit und Wünschbarkeit anzuregen. Dazu gehört eine detaillierte Durchführung der in D. und E. angedeuteten Vorschläge und ihr Vergleich mit einer ebenso sorgfältigen Ausarbeitung der anderen Möglichkeiten, die sich unserer Politik heute bieten. Danach wäre die Reaktion außerdeutscher Sachkenner zu prüfen. Erst dann läßt sich entscheiden, ob die Gedanken öffentlich zu erörtern sind.

Friedlosigkeit als seelische Krankheit*

Bitte erlauben Sie mir, meinen Vortrag mit einer persönlichen Erinnerung zu beginnen. Mitten im zweiten Weltkrieg habe ich einmal Bethel besucht. Pastor Fritz v. Bodelschwingh war kurz zuvor tief besorgt von einer seiner Reisen nach Berlin zurückgekommen. In seinen dortigen Gesprächen mit den führenden nationalsozialistischen Funktionären des Gesundheitswesens war es wieder einmal darum gegangen, ob es ihm gelingen würde, den Vollzug des geheimen Euthanasiebefehls Hitlers von den Tausenden der Betheler Kranken abzuwenden. Bodelschwingh nahm hier wie stets seine Gesprächspartner menschlich ernst. Er suchte eine Sprache zu finden, die sie verstanden, er rang mit ihnen um den Wert auch des leidenden, verhüllten menschlichen Lebens; und auf eine in den Ursachen nie ganz aufgeklärte Weise ist es ja schließlich dazu gekommen, daß der Abtransport und die Tötung der Betheler Kranken unterblieb. Diese Dinge bewegten ihn, als ich mit ihm und seiner Frau – wenn ich mich recht erinnere – am Frühstückstisch saß. Da ertönte auf einmal vor dem Fenster des ebenerdigen Zimmers eine jugendliche und doch etwas brüchige Männerstimme, die allein einen Choral sang. Frau v. Bodelschwingh bedeutete mir, daß heute der Geburtstag ihres Mannes sei; der leicht schwachsinnige junge Mann, einer der vielen ganz persönlichen Schützlinge ihres Mannes, lasse sich diese Form des Geburtstagsgrußes nicht nehmen. Wir hörten zu dritt den Gesang an; zuletzt wurde der Sänger freundlich begrüßt und entlassen, und wir kehrten zum Thema des Gesprächs zurück. Pastor Fritz sagte nachdenklich: »Ja, wenn ich so aus Berlin zurückkomme und mich in Bethel von der Pforte an diese meine lieben kranken Freunde in ihren sonderbaren Weisen begrüßen, dann bin ich wieder zu Hause. Da muß ich oft denken: die hier sind doch nur im Kopf verrückt, aber die in Berlin sind im Herzen verrückt.«

Dies führt mich auf das Thema meines Vortrags. Die Welt

---

* Vortrag, gehalten in Bethel bei Bielefeld im September 1967 auf der 100-Jahr-Feier des Bestehens der von Bodelschwinghschen Anstalten.

jener Berliner Befehlsträger war eine Welt nicht ohne einsatzbereiten Idealismus und nicht ohne scharfe Intelligenz, aber sie war eine Welt furchtbarer Friedlosigkeit. Bodelschwingh nahm auch diese Menschen ganz und gar ernst, aber er nahm sie ernst als unwissentlich kranke Menschen – als im Herzen Verrückte. Gerade weil er mit Kranken menschlich sprechen konnte, konnte er auch mit jenen Funktionären menschlich und darum wirksam sprechen. Er verstand die Friedlosigkeit als seelische Krankheit. Hier muß ich nun ein zweitesmal einsetzen. Eine Anekdote wie die, die ich erzählt habe, mag als Blickfang geeignet sein, aber gerade darum enthält sie die Gefahr, zu verdecken, daß ich von unserem eigenen Alltag zu reden verpflichtet bin. Die Nazis zu verdammen, ist heute leicht, und indem Friedosigkeit an den Nazis demonstriert wird, sind wir alle getrost, daß von den Bösen und nicht von uns die Rede ist. Umgekehrt: von einem Bodelschwingh läßt man sich gern erzählen, wie er auch seine Feinde liebt, denn unsere Gesellschaft kann froh sein, wenn es in ihr Menschen gibt, die so etwas leisten, was man von uns normalen Menschen nicht verlangen darf. Mit diesen zwei naheliegenden Fehlern ist dann der Sinn der Geschichte ins Gegenteil verkehrt; denn nicht vom Außergewöhnlichen, sondern vom Alltag soll die Rede sein.

Ich setze daher zum zweitenmal an mit einem Problem, das der heutigen Welt, also uns allen gestellt ist, dem Problem des Weltfriedens. Über dieses Problem habe ich mir einige Thesen zurechtgelegt und bitte um Entschuldigung dafür, wenn ich diese Thesen hier noch einmal zum Ausgangspunkt der Betrachtung mache.

Der Weltfriede ist Lebensbedingung des technischen Zeitalters. Das technische Zeitalter, das ist unsere Zeit, unser Alltag und der Alltag unserer Kinder und Enkel. Es ist die Welt, in der man zu einer Tagung wie der heutigen mit Auto, Eisenbahn oder Flugzeug anreisen kann, in der unsere Ernährung und Kleidung am Welthandel hängt, in der die Medizin die Zahl der Weltbevölkerung zur Explosion bringen kann und, wie wir hoffen müssen, auch begrenzen kann, und in der Atombomben und Napalm das verfügbare, biologische Waffen vielleicht das künftige Kriegspotential andeuten. Diese Welt bedarf des Friedens, wenn sie sich nicht selbst zerstören soll.

Friedlosigkeit als seelische Krankheit

Ich bespreche zwei einander entgegengesetzte Einwände, die doch oft von denselben Menschen erhoben werden.

Erstens: Was sollen diese Beteuerungen? Wir leben ja im Frieden. Gerade die großen Waffen schützen den Frieden.

Darauf antworte ich: Woran erkennen wir, daß dieser Friede anders ist als friedliche Jahrzehnte früherer Zeiten? Oft herrschte zwischen Großmächten in der Spanne zwischen dem letztvergangenen und dem nächstfolgenden Krieg die Ruhe der Waffen, in welche freilich, wie auch heute, sogenannte Randgebiete und Spannungszonen nicht einbezogen waren. Diese Art des Friedens reicht für uns nicht aus. Uns mit ihr zufriedenzugeben, ist lebensgefährlich. Der große, atomare Krieg als wiederkehrende Institution wäre tödlich. Das ist anderwärts zur Genüge auseinandergesetzt; heute gehe ich auf technische Einzelheiten nicht ein. Wir bedürfen eines institutionell gesicherten Weltfriedens.

Zweiter Einwand: Dieser Gedanke ist schwärmerisch, utopisch. Es hat immer Krieg gegeben und wird immer Krieg geben. So ist die Natur des Menschen. Der Kampf ums Dasein ist der Motor des Fortschritts, und vollendete Friedfertigkeit ist den Heiligen vorbehalten. Wir aber sind keine Heiligen.

Wie ich schon sagte, kann man oft genug diesen Einwand aus demselben Munde hören wie den vorigen. Dieselben Menschen meinen, wir lebten ja im Frieden und Friede sei bloß ein frommer Wunsch. Der unbemerkte Selbstwiderspruch ist, psychologisch gesehen, wohl hier wie so oft Ausdruck einer Verdrängung. Man verdrängt ein Wissen, dessen Anblick man nicht erträgt. Im normalen Seelenleben ist Verdrängung oft ein unentbehrliches Mittel zur Wahrung des seelischen Gleichgewichts. Wo aber lebensnotwendige Einsichten verdrängt werden, kann die Verdrängung zwangshaft, neurotisch werden. Die Verdrängung des Friedensproblems ist in unserer Zeit ein Symptom einer seelischen Krankheit. Diese Behauptung will ich im ganzen weiteren Verlauf des Vortrags zu erläutern suchen.

Rational ist auf den zweiten Einwand zu antworten: Wäre der Krieg mit allen verfügbaren Waffen auch im technischen Zeitalter unvermeidlich, so wäre die Zukunftsaussicht der Menschheit so gut wie hoffnungslos. Die Spezies Mensch wäre dann eine der vielen Fehlkonstruktionen, die der Kampf ums

Dasein hervorbringt und wieder verschlingt, wie vielleicht die Säbeltiger, die, wie es scheint, an der Hypertrophie ihrer Waffen zugrunde gegangen sind. Die Wahrheit aber ist anders. Wir haben die möglichen Lebensformen der technischen Welt vernünftig zu entwerfen und politisch durchzusetzen. Hierfür habe ich eine weitere These formuliert: Der Weltfriede, den wir jetzt schaffen müssen, ist nicht das goldene Zeitalter der Konfliktlosigkeit. Er ist eine neue Form der Kanalisierung der Konflikte. Er ist Weltinnenpolitik. Ich vermute, daß er einer, möglichst föderativen, Zentralautorität mit Waffenmonopol bedürfen wird.

Hierauf höre ich manchmal einen ganz anderen Einwand als die vorigen. Er lautet: Dieses Zukunftsbild ist die Ausdehnung des Gewaltstaats auf die ganze Welt. Das ist kein Friede, sondern die technokratisch organisierte Tyrannis, die erstarrte Friedlosigkeit.

Ich antworte: Wer diesen Einwand erhebt, hat meine Sorge verstanden. Die Abschaffung der Institution des Kriegs ist lebensnotwendig. Der billigste Weg zu ihr ist aber ein letzter, größter Krieg und die daraufffolgende Einfrierung der Friedlosigkeit. Eben deshalb habe ich eine dritte These formuliert: Der Weltfriede bedarf, um wahrhaft Friede zu werden, einer außerordentlichen moralischen Anstrengung. Man kann mein heutiges Thema auch als eine Interpretation des Wortes »moralisch« im Begriff der notwendigen moralischen Anstrengung auffassen. Ich wende mich hiermit von den politischen Plänen und Prognosen, den Themen anderweitiger Darlegungen ab, und frage: was muß geleistet werden, damit wir Menschen zum Frieden fähig werden? Was müssen wir leisten?

Vorhin sprach ich von Einwänden, die ich als Ausdruck einer Verdrängung verstand. Verdrängung ist ein Wort aus dem Sprachschatz der Tiefenpsychologie. Der Psychotherapie gelingt es manchmal, einen neurotischen Zwang zu lösen, indem sie dem Patienten hilft, einer verdrängten Wirklichkeit ansichtig zu werden. Das Ansichtigsein einer Wirklichkeit nennen wir Wahrheit. Solche seelische Heilung, wo sie gelingt, ist Heilung durch Wahrheit, und zwar durch Wahrheit, die nicht der Arzt dem Kranken autoritativ auferlegt – das ist nutzlos, denn für den Patienten ist sie dadurch noch nicht Wahrheit –, sondern durch Wahrheit, die der Kranke selbst entdeckt. Entdeckte Wahrheit löst einen zuvor unlösbaren Konflikt des Kranken mit sich selbst, sie löst ein Stück Friedlosigkeit auf; sie gewährt einen Raum inneren Friedens. So, meine ich allgemein, ist Wahrheit Seele des Friedens, und jeder Friede Leib einer Wahrheit. Die moralische Anstrengung, von der ich sprach, ist nicht die Befolgung eines vorgeformten Moralkodex. Sie ist nur der nicht ruhende Versuch, der Wahrheit ansichtig zu werden, die unsere innere Friedlosigkeit löst, und dieser Wahrheit gemäß zu leben, auch und gerade angesicht der fortdauernden Friedlosigkeit um uns und in den unerlösten Schichten unseres eigenen Selbst.

Dies ist das abstrakte Schema, das nun mit konkretem Inhalt zu erfüllen ist.

Zunächst frage ich, gleichsam rekapitulierend, was in der Diagnose der Friedlosigkeit als einer seelischen Krankheit impliziert ist. Es mögen vier Punkte sein:

1. Friedlosigkeit ist nicht ein Aspekt menschlicher Gesundheit, sondern menschlicher Krankheit. Sie ist also weder etwas, was sein soll, noch etwas was leider unausweichlich sein muß. Hierüber wird das Mittelstück des Vortrags ausführlich handeln.

2. Es ist also ein sinnvolles Ziel, die Friedlosigkeit zu überwinden. Wir haben uns nicht mit ihr abzufinden.

3. Friedlosigkeit ist von außen her weder als Dummheit noch als Bosheit anzusprechen; eben darum ist sie weder durch Belehrung noch durch Verdammung zu überwinden. Sie bedarf eines anderen Prozesses, den man Heilung nennen sollte. Erst in der Heilung wird der Kranke selbst innewerden, inwiefern er als Kranker töricht und schuldig war.

4. Der Kranke, dessen Krankheit nicht oder noch nicht geheilt werden konnte, bedarf der Fürsorge. Heilung der Friedlosigkeit ist, menschlich gesehen, nicht möglich ohne einen Rahmen, der die Fürsorge für die Ungeheilten umfaßt.

Ich wende mich zum breiten Mittelstück des Vortrags, das dem ersten dieser vier Punkte gewidmet ist, der Frage, wo in der menschlichen Natur die Friedlosigkeit ihren Ort und ihren

Grund hat. Warum hassen wir einander und uns selbst, weit über das Maß hinaus, in dem wir es uns bewußt eingestehen?

Der große Mythos, mit dem die biblische Geschichte des Menschen beginnt, läßt die Friedlosigkeit aus dem Sündenfall folgen. Der Sündenfall selbst aber geschieht in einer uns allen tief vertrauten unbegreiflichen Grundlosigkeit. »Und die Schlange sprach zum Menschen...« Die Vertrautheit mit diesem unbegreiflichen Vorgang, in der wir alle leben, ist der Kern seelischer Wahrheit in der viel mißverstandenen Lehre von der Erbsünde. Aber das Bewußtsein unseres wissenschaftlichen Zeitalters hat keinen unmittelbaren Zugang mehr zu diesen mythischen Bildern. Sie geben keine kausale oder strukturelle Erklärung und helfen uns daher nicht, uns im Einklang mit unserem alltäglichen Denken richtig zu verhalten. Sie werden eher dort herangezogen, wo wir eine Spaltung unseres Bewußtseins in den gemeinsamen Bestand wissenschaftlicher oder halbwissenschaftlicher Rationalität einerseits und eine Sphäre privater Religiosität andererseits zulassen, d. h. in der Resignation, in der Ratlosigkeit des rationalen Denkens gegenüber dem Faktum des Unfriedens. Dort dienen sie dann dazu, unserer Untätigkeit den Schein des Rechts zu geben, d. h. sie dienen dem Unglauben: »Der Mensch ist eben aus dem Paradies vertrieben; da kann man nichts machen.«

Daher will ich im folgenden soweit wie möglich einer kausalen, an der Naturwissenschaft orientierten Anthropologie folgen. Der Friede, den die Wissenschaft erzwingt, muß, soweit es möglich ist, auch mit den Mitteln der Wissenschaft gedacht werden.

Die Wissenschaft aber ist heute über die Gründe des Phänomens, das ich hier Friedlosigkeit nenne, nicht einig. Vielfache Kenntnisse – biologische, tiefenpsychologische, soziologische, ökonomische, historische – sind zu ihrer Beurteilung nötig, Kenntnisse, die wohl kein einzelner Mensch in seinem Kopf vereinigt. Die Wissenschaft findet sich vor den Lebensfragen der Menschheit in einer Lage, die jedem Arzt vertraut ist. Der Arzt kann nicht warten, bis die Medizin alles erforderliche Wissen gesammelt und geordnet hat; der Patient würde darüber hinwegsterben. Der Arzt muß eine diagnostische Hypythese wagen und ihr gemäß handeln. So mag es dem Philosophen erlaubt sein, im Namen von Wissenschaften, in deren keiner sein spezielles Fachwissen liegt, eine synthetische Diagnose zu wagen und sie der Kritik der Fachleute zu unterbreiten.

Es sei zunächst an ein paar einzelne Mutmaßungen erinnert, die sich auf diese oder jene Wissenschaft berufen.

Nach Darwin ist der Mensch als biologische Spezies aus der natürlichen Zuchtwahl im Kampf ums Dasein hervorgegangen. Die unmittelbare Anwendung dieses Denkschemas auf den Fortschritt der menschlichen Gesellschaft, oft Sozialdarwinismus genannt, legt nahe, die heute bestehende Menschenart als die Nachkommen der Sieger historischer Kämpfe zu verstehen. Sieger im Kampf wird wohl bleiben, wer kämpfen kann und will. So erscheint die Feindseligkeit des Menschen gegen seinesgleichen als eine erblich erworbene Vorbedingung des Überlebthabens. Ist die Aggressivität biologisch ererbt, so ist es leicht, sie heroisch zu idealisieren, wie es in unserem Lande zuletzt der Nationalsozialismus getan hat; es ist dann aber sehr schwer, auf ihre Überwindung in einer Welt, die der Friedfertigkeit bedarf, zu hoffen. Die Friedlosigkeit ist dann gerade ein Merkmal des gesunden Menschen und darum der Heilung weder bedürftig noch fähig.

Friedensoptimistische Lehren haben darum danach gestrebt, den Ursprung der Friedlosigkeit nicht in unserer Herkunft, sondern in unserer sozialen Umwelt, im Milieu, zu finden. Denn unsere Umwelt können wir zu ändern hoffen, die Herkunft ist Schicksal. So sucht der Marxismus die Quelle der Aggression in sozialen Verhältnissen, nämlich in der Herrschaft von Menschen über Menschen. Er setzt damit ein klares Ziel: der Gang der Geschichte hat zuletzt alle Herrschaft aufzuheben; dann wird mit dem Quell auch der Strom der Aggression versiegen. Diese Lehre hat die Kraft einer revolutionären Handlungsanweisung. Man wird jedoch sagen müssen, daß die erfolgreiche historische Probe aufs Exempel bisher noch nicht vorgelegt ist.

Einen anderen Aspekt des Milieus hebt die Psychoanalyse hervor. Wir beobachten oft, daß Menschen sich zwanghaft irrational, insbesondere auch aggressiv verhalten, denen ihre aktuelle Umwelt dazu keinen der Reaktion angemessenen Anlaß gibt. Diese Menschen scheinen Vergangenes zu rächen oder zu büßen. Freud entdeckte die Quelle neurotischer Zwänge in den vergessenen ersten Kindheitsjahren. Niemand sollte über Friedlosigkeit und ihre Wurzeln in Angst und Aggression mitreden, der sich, wenn er nicht selbst Psychotherapeut ist, nicht wenigstens von erfahrenen Psychotherapeuten an vielen konkreten Einzelfällen hat erzählen lassen, wie wir durch unser Verhalten zu unseren Kindern in den ersten zwei oder drei Lebensjahren ihnen unwissentlich Reaktionsweisen aufprägen, die nachher kaum mehr zu ändern sind. »Man könnte erzogene Kinder gebären, wenn nur die Eltern erzogen wären«, sagt Goethe. Hier wird das erworbene Verhalten fast so schicksalhaft wie wenn es angeboren wäre, und es zeigt sich die tiefe psychologische Wahrheit des als grausam verschrienen alttestamentlichen Satzes, daß die Sünden der Väter an den Kindern bis ins dritte oder vierte Glied gerächt werden. Wird es glücken, dieses forterbende Dunkel durch Erziehung aufzuhellen?

Gemeinsam ist den Umwelttheorien das Problem, was denn die Anlagen im Menschen sind, die ihn auf bestimmte familiäre und gesellschaftliche Verhältnisse so zu reagieren veranlassen. Der Kampf um die begrenzt vorhandenen Güter, kurz der Hunger allein erklärt nicht die grenzenlose Aufhäufung von Macht und Geld, die unstillbare Aggression des einst Unterdrückten. Der Marxismus nimmt hier, wenn ich richtig sehe, als gegeben an, was er erklären müßte, und Freuds Theorie bedurfte eines naturwissenschaftlich kaum geklärten Gefüges von ihrerseits nun doch angeborenen Trieben.

Es scheint mir, daß jede der drei Lehren, die ich hier aus manchen anderen herausgegriffen habe, einen großen Brocken Wahrheit in der Hand hat, die aber durch die Isolierung von anderen Tatsachen zur Unwahrheit wird. Für einen synthetischen Ansatz, der keine übertriebene Originalität beansprucht, mag es zweckmäßig sein, an eine klassische Definition des Menschen anzuknüpfen. Der Mensch heißt in der überlieferten Philosophie ein *animal rationale*, oder, um die schärfere griechische Urfassung zu zitieren, ein *zoon logon echon,* also auf deutsch ein Tier, das der Rede mächtig ist. Ich gebe hier Logos, wovon Ratio die lateinische Übersetzung ist, dem schlichten Wortsinn gemäß mit Rede wieder. Damit ist natürlich Rede gemeint, die einen Sinn hat, wie man also sagt vernünftige Rede, oder, wie Heidegger schön paraphrasiert, die Wahrheit vorliegen läßt. Ich halte mich der Reihe nach an die zwei Teile der Definition, erst an das Tier, dann an die Rede.

In der humanistischen Tradition übersetzt man *zoon* oder *animal* zutreffend und doch etwas weichherzig mit Lebewesen und läßt den Menschen dann das vernünftige Lebewesen sein; damit fühlt man sich vom Tier weit genug abgerückt. Das ist gefährlicher Hochmut. Mit tiefem Recht hat demgegenüber die Naturwissenschaft des 19. Jahrhunderts die tierische Natur des Menschen wieder sehen gelehrt, indem sie uns zum ersten Mal klarmachte, daß wir sogar in der Geschlechterfolge von den Tieren abstammen. Darwin lehrte uns die Bedingungen tierischen Überlebens und tierischer Fortentwicklung sehen. Selbst wenn man nicht behaupten darf, es sei heute wissenschaftlich erwiesen, daß die Selektion im Kampf ums Dasein ausreicht, um die pflanzliche und tierische Evolution zu erklären, so ist diese Selektion doch ohne jeden Zweifel ein ausmerzender Faktor von der größten Bedeutung. Man wird also den Menschen nicht verstehen, wenn man nicht sein Erbteil biologischer Anpassung an die Bedingungen des Überlebens versteht. Vorhin nannte ich Angst und Aggression die Wurzeln der Friedlosigkeit. Damit habe ich Friedlosigkeit als ein komplexes Phänomen bezeichnet. Dieser seiner komplexen Natur kann ich in einem einzelnen Vortrag nicht gerecht werden. Es sei mir erlaubt, heute das Hauptgewicht auf die eine Komponente der Aggression zu legen. Das Wort Friedlosigkeit bezeichnet zum mindesten *auch* eine aus der Ordnung geratene Aggression. Die Aggression des Menschen aber hat ihre Wurzeln in seiner tierischen Natur.

Andererseits sind die vorhin angedeuteten sozialdarwinistischen Theorien im wesentlichen schlechter Darwinismus, und das heißt eigentlich gar kein Darwinismus. Sie vernachlässigen das fundamentale Faktum, daß nicht Individuen, sondern Arten überleben, und daß alles Überleben einer Art im Durchschnitt der Fälle wesentlich daran hängt, daß Artgenossen einander nicht töten. Um es ganz darwinistisch auszudrücken: wäre die Natur im Würfelspiel der Mutation (Veränderung im Erbgefüge) nicht auf Konstruktionspläne für Organismen verfallen, die angeborenermaßen den Artgenossen *schonen,* so wäre die Entwicklung bis zum Menschen gar nicht möglich gewesen. Das biologisch Erstaunliche ist eben nicht, daß es Tiere gibt, die gegen ihresgleichen friedfertig sind, sondern daß Aggression gegen Artgenossen gerade bei höheren Tieren so verbreitet ist und sich beim Menschen – und nur bei ihm – bis zur systematischen Tötung von seinesgleichen versteigt.

Eine moderne, gut darwinistische Theorie der Aggression gegen Artgenossen hat Konrad Lorenz vorgelegt, und eigentlich müßte ich eine besondere Vortragsstunde benutzen, um sie zu referieren. Ich rechne darauf, daß sein Buch »Das sogenannte Böse« – das, wie er selbst nachträglich gesagt hat, besser hätte heißen müssen »Diesseits von Gut und Böse« – allgemein bekannt ist, und referiere das mir jetzt Wichtigste in Stichworten.

Spezifische Aggression gegen Artgenossen, aber fast durchweg verbunden mit einer Hemmung oder physischen Unfähigkeit der Tötung des Unterlegenen, ist ein Merkmal fast aller höheren Tiere. Der Tiger zeigt keinen Zorn gegen seine Beute, wohl aber gegen einen konkurrierenden Tiger; doch tötet er zwar seine Beute, aber nicht den anderen Tiger. Und auch der Hahn, der Körner frißt, kämpft gegen den anderen Hahn, der Tauber gegen den anderen Tauber, der flüchtige Hirsch gegen den Hirsch. Lorenz gibt gute Gründe für die Meinung an, daß dieses Verhalten primär artfördernd ist. Die feindselige Abgrenzung von Territorien verbreitet die Art über ein weites Gelände; der Kampf der Männchen um die Weibchen sichert dem kräftigsten Individuum die größte Nachkommenschaft. Der Darwinist hat Grund zur Annahme, daß eine Art, in der die Aggression ins Artschädigende umschlägt, also etwa wirklich zur Ausrottung der Artgenossen führt, mit der Zeit aussterben, also von uns kaum je beobachtet werden wird. Vielleicht ist unsere eigene Spezies fast die einzige Ausnahme, und wir sind ja in der Tat von der Selbstzerstörung bedroht.

Sehr viel interessanter als diese primären Wirkungen der Aggression ist aber eine sekundäre Wirkung, die Lorenz unter dem Titel »das Band« beschreibt. Die Erfahrung scheint zu lehren, daß die individuelle Bindung zweier Tiere gleicher Art aneinander, also tierische Ehe und Freundschaft, nur bei solchen

Tieren auftritt, die starke Aggression gegen ihresgleichen besitzen. Um es vermenschlichend zu sagen: man kann nur lieben, wen man auch hassen kann. Viele der wichtigsten instinktiven Gesten der Freundschaft und Zusammengehörigkeit bei Tieren sind nach Lorenz ritualisierte Aggressionsgesten. Hier gewinnt die von Humanpsychologen oft bedauerte Ambivalenz des Terminus Aggression einen genetischen Sinn, eine Ambivalenz, die das Bedeutungsfeld von einem Vernichtungstrieb bis zum präzisen Angehen eines Objekts überdeckt (vgl. z. B. Erikson, Insight and Responsibility, S. 212). Im deutschen Wort »angreifen« liegt dieselbe Ambivalenz; man greift einen Feind, aber auch eine Aufgabe an. Aggression, so darf man vielleicht sagen, schafft Struktur; sie individualisiert. Hat man dies einmal erfaßt, so kann man die ritualisierte Aggression in allen Strukturen menschlicher Gemeinschaft wiederfinden, bis hin zu jenen subtilen Hemmungssystemen, die gerade waffentragende Aristokratien, etwa unter dem Titel der Ritterlichkeit, entwickelt haben. Wer das Kampfspiel der wissenschaftlichen Diskussion liebt, sollte sich seiner Verwandtschaft mit dem Hahnenkampf nicht schämen.

Die Stärke dieser Theorie liegt darin, daß sie dem uns allen so wohlbekannten und doch rational kaum zu begreifenden Faktum menschlicher Aggression eine kausale Erklärung und Rechtfertigung in den Bedingungen der Entstehung unserer Art verschafft. Wäre diese Theorie alles, was hierzu zu sagen ist, so müßte sie uns freilich für die Zukunft der Menschheit tief pessimistisch stimmen. Offensichtlich ist die Aggression beim Menschen, verglichen mit dem Tier, außer Kontrolle geraten. Menschen töten Menschen, und die Mittel des Tötens haben Dimensionen angenommen, welche die Arterhaltung bedrohen. Unter dem Aspekt der Aggression erscheint der Mensch als das kranke, als das im Herzen verrückte Tier. Und wenn diese Verrücktheit angeboren ist, wie soll Erfahrung und Vernunft des Individuums sie ändern? Kein Leser wird sich dem Eindruck entziehen können, daß die letzten Kapitel des Lorenzschen Buches, die vom Menschen und von seiner Rettung vor den Gefahren fehllaufender Aggression handeln, sehr viel weniger überzeugend sind als die Kapitel über die Tiere.

Hier muß der zweite Teil der klassischen Definition eingreifen. Der Mensch ist *zoon logon echon,* das Tier, das Rede hat. Was ist damit gesetzt?

Beginnen wir beim Äußeren. Wie hat der Mensch die Rede? Er hat sie nicht wie eine inhaltlich bestimmte angeborene Verhaltensweise, auch nicht wie eine solche, die sich erst spät im individuellen Leben entfaltet, wie etwa die Geschlechts- und Brutpflegeinstinkte. Angeboren ist ihm die Fähigkeit, ja die Nötigung, eine Sprache zu lernen; die Form und somit der Inhalt dieser Sprache aber ist nicht angeboren. Wenn die Berichte von den sogenannten Wolfskindern richtig sind, so kann ein Kind, das über ein bestimmtes Alter hinaus keine Sprache gelernt hat, nicht mehr die volle Reife als Mensch erreichen. Der Mensch also ist auf Tradition angewiesen, und damit verfügt er in gewisser Weise über den Schatz der Erfahrung seiner Vorfahren. Er ist, wie Lorenz einmal gesagt hat, das Tier, das die Entdeckung gemacht hat, wie man erworbene Eigenschaften vererben kann. Wie hochabstrakt hier im übrigen der Begriff der Rede, des Logos, zu nehmen ist, zeigt die Austauschbarkeit der gewählten Zeichen. Eine Sprache muß der Mensch lernen, um Mensch zu sein; welche Sprache er lernt, ist für sein Menschsein sekundär. Schon Kinder lernen aus einer Sprache in die andere zu übersetzen. Die Schrift kann die Lautsprache repräsentieren oder ablösen; selbst Taubstumm-blinde vermochten in Tastzeichen auf hohem Niveau sprechen zu lernen.

Was aber ist der Gehalt dieses hochabstrakten Gebildes, worauf zeigt dieses Zeichensystem? Jedes Wort, jede Redefigur bedeutet so etwas wie ein Ding, eine Eigenschaft, einen Vorgang, eine Handlungsstruktur. Welchen Namen verdient das Ganze dieser Gehalte? Ich weiß dafür keinen anderen Begriff als den der Wahrheit, der entdeckten, ansichtig gemachten Wirklichkeit. Hier wäre nun ein philosophischer Exkurs über den Begriff der Wahrheit nötig, der wiederum mehr als eine Vortragsstunde in Anspruch nehmen würde, und auf den ich verzichten muß. Ich muß hier unser aller schlichtes Alltagsverständnis von Worten wie wahr und wirklich in Anspruch nehmen. Das Tier ist der Wirklichkeit, in der es lebt, angepaßt, es erweist sich in seinem Verhalten mit ihr vertraut; wäre es nicht so, so könnte das Tier nicht überleben. Der Mensch hingegen kann eben diese Wirklichkeit wissen; im Medium der Sprache, des Denkens, der Vorstellung hat er sie gleichsam noch einmal, und aus diesem Wissen heraus kann er nicht nur sich ihr anpassen, sondern auch sie verändern. Die Wirklichkeit, die er wissen kann, ist nicht nur die äußere Welt, in der er lebt, sondern auch er selbst: die Gesellschaft, das Ich. Der Mensch ist also gerade noch nicht voller Mensch, wo er nur instinktiv angepaßt handelt, und er hat andererseits das Menschsein verfehlt, wo unangepaßte Triebfragmente sein wissendes Verhalten überspülen und ausschalten. Der Mensch, der dort, wo er wissend handeln müßte, einem inneren Zwang folgend unwissend handelt, ist krank. Wenn Friede Bedingung menschlichen Lebens ist, so ist Friedlosigkeit seelische Krankheit.

Aber diese Hergänge müssen genauer betrachtet werden. Die einfache Gegenüberstellung von Instinkt und Wissen beschreibt den Menschen nicht. Das Instinktgefüge wird zwar auf dem Wege zum Menschen gelockert, aber nicht zerstört. Es wird eher bereichert, indem zum angeborenen starren Verhalten eine angeborene Fähigkeit zu lernen hinzukommt; das ist schon bei den höheren Tieren so. Beim Menschen könnte man sagen, sein Lebensgang bestehe in der sukzessiven Entfaltung angeborener Fähigkeiten zum Aufnehmen und Nutzen immer neuer Strukturen der menschlichen Überlieferung und der sich zeigenden Wahrheit. Eric H. Erikson gliedert den menschlichen Lebenslauf nach den Zeiten, in denen gewisse »Tugenden« oder »Stärken« dem Menschen zum erstenmal zugänglich werden, beginnend mit der Hoffnung, die schon dem Säugling zukommt, und endend mit der Weisheit des reifen Alters. All diesen angeborenen Anlagen aber ist gemeinsam, daß sie eben Vermögen des Erfülltwerdens mit Inhalt, aber nicht selbst schon Inhalt sind. Sie können, wenn der Lebensgang glückt, erfüllt werden, sie können aber auch mehr oder weniger leer bleiben, verkümmern, verdreht werden, erstarren. Der Mensch, dem als Säugling die Fähigkeit zu hoffen zerstört wurde, wird keins der späteren Vermögen mehr wirklich ergreifen können. Hier liegt die große psychologische Wahrheit des Wortes von Pastor Fritz v. Bodelschwingh, es bedürfe auch einer Seelsorge für Säuglinge. Daß der Mensch wird, was er sein kann, daß er er selbst wird und das weiß, nennt man heute oft die Gewinnung einer Identität. Die Identität ist im einzelnen Inhalt nicht voll vorbestimmt; sie muß sich mit den Chancen des Lebens, mit der zugewiesenen oder verfügbaren sozialen Rolle abfinden. Was der Mensch braucht, ist aber jedenfalls eine Identität. Diese ermöglicht ihm, mit sich selbst im Frieden zu leben. Und Friede mit sich selbst ist nötig, um Frieden mit den anderen halten zu können.

Soeben habe ich die Bezogenheit der instinktiven Anlage des Menschen auf Inhalte geschildert. Welche Struktur aber haben diese Inhalte? Ich habe sie als Wahrheit charakterisiert. Aber sie sind ja nicht das schlichte, unvermittelte Sichzeigen einer Wirklichkeit, wie diese an sich ist. Die Form menschlichen Wissens, wie es in der Rede, im Logos vermittelt wird, ist Tradition. Tradition heißt Geschichte. Der Mensch ist ein Wesen, dessen instinktive Ausstattung darauf angelegt ist, Geschichte zu haben. Das Tier lebt zwar ebenfalls in einer Art Geschichte. Es lebt in der objektiven Geschichte der Natur, deren Produkt seine Spezies mit ihren spezifischen Anlagen ist, und in der eine Weiterevolution stattfindet. Diese Geschichte ist aber für das einzelne Tier im wesentlichen in Erbanlagen und Umwelt gegenwärtig. Der Mensch hingegen ist darauf angelegt, sein Leben in den Inhalten zu haben, die er aus der Geschichte der Menschheit aufnimmt und in denen, die er zu dieser Geschichte hinzufügt.

Indem ich von Aufnehmen und Hinzufügen spreche, gerate ich unweigerlich in die Feuerlinie zwischen den Fronten konservativen und revolutionären Denkens. Dies ist ein politischer Gegensatz, aufgeladen mit aller Spannung gegenseitiger Aggression. Und das ist kein Zufall. Redet man philosphisch vom Menschen, so ist es ein Kriterium dafür, ob man von seinen wirklichen Problemen spricht, daß man nicht mit kühler Neutralität durchkommt, sondern jede scheinbar wissenschaftliche Formulierung Affekte wachruft, Positionen bestätigt oder erschüttert. Durch die Wahl einer komplizierten Fachsprache kann man sich dem vorübergehend entziehen; ich strebe aber das Gegenteil, die Deutlichkeit durch Vereinfachung an.

Es scheint mir, daß weder der Konservative noch der Revolutionär grundsätzlich und ein für allemal recht hat. Ihr Ringen miteinander ist nötig, und Einzelfälle müssen im Blick auf ihre besondere Struktur entschieden werden. Ich möchte meine persönliche, wie ich weiß subjektive, Position nicht im unklaren lassen. Ich empfinde mich selbst als einen in der Anlage konservativen Menschen, der in der Auseinandersetzung mit den konkreten Problemen Schritt für Schritt genötigt worden ist, einschneidende Änderungen zu fordern, weil ohne sie alles, was er bewahren möchte, dem sicheren Untergang anheimfiele. Von diesem in meinem Naturell und Schicksal mitgegebenen Blickpunkt aus lege ich mir den Konflikt von Bewahrung und Veränderung als einen vereinfachten Anblick eines eigentlich dreieckigen Verhältnisses zurecht: der dritte Partner ist die Wahrheit, d. h. die im historischen Prozeß sich zeigende Wirklichkeit. Beide Parteien nehmen ja Wahrheit in Anspruch, der Konservative die längst entdeckte und verwirklichte, der Revolutionär die neugefundene oder bisher unterdrückte. Wesentlich scheint mir, daß die Wahrheit über den Menschen selbst geschichtlich ist. Der Mensch ist, wie Nietzsche sagt, das nicht festgestellte Lebewesen; er ist das Tier, das Rede hat, das also auf nicht vorweg festgelegte Gehalte angelegt ist. Der Traditionsschatz, den der Konservative bewahren will, ist selbst das Erbe gelungener Revolutionen. Andererseits muß der Revolutionär, der sagen will, worum es ihm geht, eine Sprache sprechen, die die Menschen verstehen, also eine Sprache, die vor ihm da war; der revolutionäre Traum des Neubeginns auf einer tabula rasa ist ein Selbstmißverständnis, das zur Barbarei führt, wenn man seiner Verwirklichung nachkommt.

Was bedeutet dies, angewandt auf den Frieden?

Der Mensch geht biologisch-historisch gewiß nicht aus dem von alten Gesellschaftstheoretikern fingierten Kampf aller gegen alle hervor. Die uns nächstverwandten Affen, wie alle etwas gescheiteren Tiere, leben in Familien oder Horden, in denen, mit Hilfe von viel ritualisierter Aggression, die Formen des inneren Friedens der Gruppe seit Jahrmillionen eingespielt sind. Die menschliche Geschichte hat uns in der für die Anpassung kurzen Zeitfolge von wenigen Jahrtausenden das Dorf, den Stadtstaat, das Großkönigtum, die Kirche, die Nation, das Imperium beschert. Jede dieser Formen bedarf anderer Strukturen des inneren Friedens. Jede neue Friedenspflicht bricht alte Loyalitäten. Hier entstehen fast unerträgliche Konflikte, und möglich ist den Menschen eigentlich immer nur das an

Anpassung gewesen, was hinreichend viele von ihnen als notwendig erkannten. Deshalb ist es wichtig, daß heute so viele Menschen als möglich die Notwendigkeit einer Friedensordnung der Menschheit erkennen. Ich hebe hervor, daß ich unter Anpassung nicht die äußere Angleichung des einzelnen an soziale Normen verstehe, sondern das Vermögen, so zu handeln, wie die Aufgaben der Wirklichkeit es fordern.

So gesehen erscheint unsere Friedlosigkeit einfach als ein Mangel an Anpassung an die Wirklichkeit unserer Welt. Aber das wußten wir schon. Die Frage ist: wie leisten wir diese Anpassung? Ich nannte die Friedlosigkeit eine Krankheit. Wo tritt im Anpassungskonflikt die Krankheit auf? Oder habe ich vielleicht den Begriff der Krankheit leichtfertig verwandt, in jener Intellektuellen-Metaphorik, der kein seriöser Mediziner zustimmen darf?

Krankheit gehört zu jenen in der Praxis unentbehrlichen Begriffen, die gleichwohl kaum eine befriedigende abstrakte Definition zulassen. Er deutet auf eine in unserem Leben immer wiederkehrende Wirklichkeit, deren Gründe wir zu wenig durchschauen, um sie gegen ihren Gegenbegriff, die Gesundheit, scharf genug abgrenzen zu können. An subtilen Grenzbestimmungen kann mir nicht liegen, nur das Phänomen der Krankheit müssen wir uns vor Augen stellen.

Gesundheit verstehen wir vielleicht am ehesten als Normalität. Was aber ist die Norm eines Lebewesens? Biologisch mag man sie als das Gefüge derjenigen Eigenschaften auffassen, die für das Überleben seiner Spezies optimal sind. Hierüber stehen ein paar erleuchtende Seiten im Buch von Lorenz: die Graugans des Zoologen ist nicht der statistische Durchschnitt der empirisch lebenden Graugänse, sondern sie ist jenes nie vorkommende »optimale« Tier, von dem die empirischen Graugänse nicht zu weit abweichen dürfen, wenn sie mit ihrer Brut überleben wollen; es ist die darwinistisch begriffene platonische Idee der Graugans. Nun aber ändern sich in der Evolutionsgeschichte die Arten. Der Menschenfuß, der für einen Affen eine Mißbildung wäre, ist für den Menschen Bedingung des aufrechten Gangs, also integrierender Bestandteil des Menschseins. Was aber ist dann bei einem geschichtlich rasch weiterschreitenden Wesen wie dem Menschen die seelische Norm, die

Norm des Verhaltens? Oft genug erscheint der erste Wissende den Zeitgenossen als der Verrückte. Ja, eine leise Unangepaßtheit meines Gemüts ans Bestehende mag Bindung für neue Erkenntnisse sein.

Trotz dieser Definitionsschwierigkeiten meine ich, daß die Begriffe seelischer Gesundheit und Krankheit beim Menschen einen brauchbaren Sinn haben. Wenn es die Gesundheit der Graugans ist, den fast unwandelbaren Bedingungen des Lebens wilder Graugänse angepaßt zu sein und die Schwankungen dieser Bedingungen zu überstehen, so mag es die Gesundheit des Menschen sein, sich den immer neuen Anforderungen menschlichen Lebens aktiv und notfalls sie selbst umgestaltend anpassen zu können. Gesundheit erscheint so als das Innehaben der menschlichen Vermögen, als die Gegenwart der Kräfte oder Tugenden im Sinne Eriksons. Was aber ist dann Krankheit? Daß Anpassung schwer ist, daß jede menschliche Entwicklung durch lebensbedrohende Krisen geht, das ist noch nicht Krankheit; von Kraft spricht man nur sinnvoll, wo es einen Widerstand zu überwinden gibt. Aber es gibt das eigentümliche Phänomen des vorübergehenden oder dauernden Unvermögens, eine Kraft auszuüben, der vorübergehend oder dauernd unkorrigierbaren Abweichung von der gesunden Norm. Ein verkrüppeltes Bein *kann* nicht zum Gehen benutzt werden, der Epileptiker *kann* im Anfall die Muskeln nicht koordinieren, der tief Depressive *kann nicht* die physisch gesunden Glieder zur täglichen Arbeit benutzten. Eine physiologische Theorie der Krankheit müßte tief in die Bedingungen des Funktionierens von Steuerungssystemen eindringen. Das versuche ich heute nicht; das Phänomen der Krankheit ist uns allen bekannt.

Ich sage nun, daß Friedlosigkeit in diesem Sinne eine Krankheit ist, ein Unvermögen, die Anpassung an die Notwendigkeit des Friedens zu leisten. Friedfertigkeit nämlich ist eine Kraft, ein Vermögen. Der verhuschte Feigling, der nicht angreift und seine Aggression, in scheinbare Demut eingewickelt, in sich hineinfrißt, ist nicht friedfertig. Friedfertig ist, wer Frieden um sich entstehen lassen kann. Das ist eine Kraft, eine der größten Kräfte des Menschen. Ihr krankhaftes Aussetzen oder Verkümmern, fast stets bedingt durch mangelnden Frieden mit sich selbst, ist die Friedlosigkeit. Friedlosigkeit ist eine seelische Krankheit.

Hiermit beende ich den Hauptteil des Vortrags, das Mittelstück, das erläutern sollte, inwiefern Friedlosigkeit als Krankheit aufgefaßt werden kann. Dies war der erste von vier in der Einleitung genannten Punkten. Für den Psychologen würde hiermit freilich erst eine Aufgabe bezeichnet sein. Das eigentümliche Unvermögen zum Frieden, das ich krank genannt habe, müßte in seiner Struktur und seinem Werdegang analysiert werden. Wie ich schon einmal sagte, müßte insbesondere auch die Rolle der Angst in diesem Zusammenhang verfolgt werden. All dies vermag ich nicht zu leisten. Ich wende mich statt dessen noch kürzer den drei weiteren Punkten, d. h. der Praxis unseres Umgangs mit der Friedlosigkeit, zu.

Als Zweites hatte ich dort gesagt, es sein ein sinnvolles Ziel, die Friedlosigkeit zu überwinden. Wir haben uns nicht mit ihr abzufinden. Das ist jetzt fast selbstverständlich. Nur: wie macht man das?

Als Drittes sagte ich, man dürfe Friedlosigkeit von außen her weder als Dummheit noch als Bosheit ansprechen; sie sei weder durch Belehrung noch durch Verdammung zu überwinden, sondern bedürfe der Heilung. Dies scheint mir nun über die Maßen wichtig.

Wir können viel aus dem Verlauf rein persönlicher Streitigkeiten lernen. Wenn zwei miteinander verzankt sind, so sieht meist jeder der beiden mit dem scharfen Auge der Feindschaft den bösen Willen und die törichte Borniertheit des anderen. Er selbst hält sich für friedensbereit und darum zur Strafpredigt oder üblen Nachrede legitimiert. Und warum sieht er Bosheit und Torheit so scharf? Weil er nach außen projiziert, was in ihm selber ist. Er sieht sich im Spiegel des anderen, aber Bedingung der Fortdauer dieses Zustandes ist, daß er den anderen nicht als Spiegel erkennt. Es gibt die schöne alte jüdische Geschichte der zwei Feinde, die einander am Versöhnungstag begegneten. An diesem Tag soll jeder seinem Feind vergeben, was dieser ihm angetan hat. Der eine von ihnen faßte sich ein Herz, ging auf den anderen zu und sagte: »Ich wünsch dir alles, was du mir wünschst.« Darauf der andere: »Fängst du schon wieder an?«

Friedlosigkeit als seelische Krankheit

Einer der seelischen Mechanismen, um innerhalb einer Gruppe von Menschen den Frieden zu bewahren, ist die Weiterprojektion der Aggression auf andere Gruppen. Hier wie in privaten Streitigkeiten sieht man sehr scharf und oft zutreffend Bosheit und Torheit der anderen Gruppe. Wie genau weiß die westliche Welt, daß der Kommunismus den Unfrieden braucht und schürt! Wie genau sehen die Kommunisten die Friedensgefährdung durch Kapitalinteressen! Koexistenzbereitschaft hat meist die Formel: »Ich wünsch dir alles, was du mir wünschst« und ein Konferenzabbruch die Formel: »Fängst du schon wieder an?«

Aber der Intellektuelle, der klug oder zornig diese Struktur in unserer friedlosen Welt entlarvt, schafft damit die Friedlosigkeit nicht aus der Welt. Die Entlarvung des Selbstwiderspruchs und der Ideologie, der bewußten und der noch häufigeren und gefährlicheren unbewußten Lüge ist eine der wichtigen Rollen, die in der modernen Gesellschaft gespielt werden müssen. Aber wer zum erstenmal, wahrheitsgemäß, sagte: »Sie sagen Christus und meinen Kattun«, der hatte selbst das geschärfte Auge des Hasses und entging nicht dem seelischen Gesetz, daß Haß Haß erzeugt. Es gibt verschiedene seelische Flammen, die sich am leichtesten an der gleichartigen Flamme entzünden: Liebe an Liebe, Haß an Haß, Friede am Frieden, Wahrheit an der Wahrheit. Das schnellste Geschoß der Seele ist wohl der Haß, die Aggression, und darum am geeignetsten, um in alte Mauern Breschen zu schlagen. Er kann siegen, aber nicht versöhnen, und so ruft er den neuen Gegner wach, der ihn seinerseits besiegen wird.

Daß wir die Friedlosigkeit von außen nicht als Bosheit oder Torheit ansprechen sollen, beruht aber nicht nur darauf, daß dies selbst so oft in törichter Bosheit getan wird. Es entspricht vielmehr auch nicht der Struktur dieser Krankheit als Krankheit; der Vorwurf der Bosheit oder Torheit gegen den Friedlosen ist, von außen erhoben, nicht wahr. Das zwingende moralische Urteil wendet sich an Gesunde. Sie sollen, denn sie können. Das Wesen der Krankheit ist eben, daß der Kranke nicht kann, auch wenn er will. Manche seelische Krankheiten mag man auch so beschreiben, daß der Kranke nicht wollen kann. Am Nichtkönnen prallt der moralische Appell ab, sei es, daß er gar nicht verstanden oder abgelehnt wird, sei es, daß der aufrichtige Versuch, ihm zu folgen, aus innerem Zwang scheitert. Es ist die Erfahrung der Psychoanalyse, daß solcher Zwang manchmal durch eine vom Kranken selbst gefundene Einsicht behoben werden kann, eine Einsicht, die etwa einem alten traumatischen Erlebnis als dem Urheber des Zwangs auf die Spur kommt. C. G. Jung gebraucht für einen wichtigen Prozeß in der Seelenheilung den Ausdruck »Integration des Schattens«. Das Dunkle in uns ist Teil von uns. Verwerfen wir es durch ein bewußtes Moralsystem, so entweicht es ins Unbewußte, und auf unbegreifliche Weise finden wir uns, oft gerade in einem entscheidenden Moment, als Sünder gegen unsere eigenen Überzeugungen vor. Frieden mit uns selbst finden wir allenfalls, wenn es uns gelingt, den Schatten in uns anzunehmen; wenn wir zu sagen vermögen: »auch das bin ich«, »auch das habe ich gewollt«. Dies ist bei weitem keine Ausflucht aus dem Ernst der moralischen Forderung, im Gegenteil, es ist eine vorher nicht gelungene Weise, sie ernst zu nehmen. Jetzt kann der Kranke das von sich aus sagen, was ihm kein anderer, auch nicht der Arzt, glaubwürdig sagen konnte; er kann jetzt sagen: »ich war böse«, »ich bin böse«, »ein Tor bin ich«. Vorher wußte er wohl, daß er die Norm verletzte; jetzt beginnt er zu sehen, warum er sie verletzen wollte. Und in geheimnisvoller Weise wächst an dieser Stelle oft zum erstenmal ein eigentliches Verständnis für die Wahrheit der Norm.

All dies sind nicht nur Erfahrungen eines spezialisierten Zweigs der Seelenheilkunde. Jedem Seelsorger, jedem Erzieher begegnen diese Erfahrungen; wenn er dafür wach geworden ist, sieht er sie auf Schritt und Tritt. Wie sollen wir Kranken helfen, solange wir nicht das Kranke in uns selbst erkannt und gelernt haben, die anderen und uns selbst als Kranke anzunehmen? Luthers Theologie der Rechtfertigung ist in einer Sprache ausgedrückt, welche die meisten heutigen Menschen nicht mehr verstehen, aber sie kreist um dieselben Themen. Das Gesetz ist uns gegeben, damit wir daran scheitern. Kein Mensch wird durch gute Werke selig, denn der entscheidende Schritt ist die Entdeckung, daß er das Gute, das er will, nicht kann. Gerechtfertigt, also eines inneren Friedens fähig, werden wir nicht durch unser Verdienst, sondern weil wir geliebt sind und weil wir darum Gott und in Gott die Menschen lieben dürfen. Ich verfolge diese Linie heute nicht weiter, denn ich weiß wohl, wie viele Abgründe auszuloten wären, um die Theologie der Rechtfertigung und die Tiefenpsychologie ins wirkliche Gespräch miteinander zu bringen; übergehen durfte ich, so scheint mir, diesen Punkt nicht.

Wer kann aber der friedensbedürftigen Menschheit diese Heilung bringen? Wenn das Übel so tiefe Wurzeln hat, ist unsere Lage dann nicht hoffnungslos?

Sie ist wohl, wenngleich in zugespitzter Form, so hoffnungsvoll oder hoffnungslos, wie es die Lage des Menschen immer war. Niemand kann sagen: ich werde das leisten. Unsere letzte Zuflucht ist die Hoffnung auf Gott, ist das Gebet. Aber es läßt sich sagen, in welcher Richtung unsere Anstrengung zu gehen hat.

Nur die Kraft des Friedens erzeugt den Frieden. Jeder von uns hat sich selbst zurechtzuschaffen. Dies geschieht nicht in der Introversion, sondern in der praktischen Arbeit am Frieden in derjenigen Umwelt, die er zu erreichen vermag. Die praktische Entschlossenheit freilich schließt die Bereitschaft zur meditativen Selbstprüfung nicht aus, sondern ein.

Nächst uns selbst sind es die uns zur Erziehung Anvertrauten, denen wir zur Friedfertigkeit helfen sollen. Von der Erziehung zum Frieden wird morgen Georg Picht hier sprechen. Ich sage darum hierüber nichts weiter, als daß der Erzieher erzogen sein sollte. Insbesondere sollte er die Zusammenhänge wissen oder ahnen, von denen hier die Rede war. Ich darf vielleicht dafür noch auf einen soeben leicht zugänglichen Aufsatz hinweisen: Jutta v. Graevenitz, Persönliche Voraussetzungen der Friedfertigkeit, in der Schrift »Streit um den Frieden«, herausgegeben von W. Beck und R. Schmid, Mainz und München 1967.

Die Erziehungsarbeit im engeren Sinne geht über in die erzieherische Wirkung eines großen politischen Einsatzes. Hier komme ich nun auf den vierten und letzten Punkt der Einleitung: Heilung der Friedlosigkeit verlangt einen Rahmen, der die Fürsorge für die Ungeheilten mitumfaßt.

Lassen Sie mich diesen Gedanken zuerst in dem engeren medizinischen Bereich erläutern, dem die Sprechweise, die ich gewählt habe, entstammt. Bethel ist das große Beispiel. Bethel ist der Herkunft nach und weitgehend auch heute nicht eine Heil-, sondern eine Fürsorgeanstalt. Die Humanisierung der Fürsorge für die bisher Unheilbaren war einer der großen und späten Schritte der neuzeitlichen Medizin. Wenn irgendwo, so war hier der christliche Impuls nötig, im hoffnungslosen Fall, dessen Rückführung in die sogenannte gesunde Gesellschaft wir als unmöglich ansehen müssen, den Bruder zu sehen, der der Gemeinschaft wert und fähig ist. Es geht hier nicht ohne ein gewisses Maß von Entmündigung, von Macht von Menschen über Menschen. Aber wieviel hier noch geholfen werden kann, wenn man den Kranken als Menschen ernst nimmt, ihm Partnerschaft, ein Stück Selbstverwaltung und sinnvolle, für ihn mögliche Arbeit gibt, das ist die große, auch medizinisch relevante Entdeckung des Vaters Bodelschwingh und seiner Helfer und Nachfolger gewesen.

Ich sage das nicht nur, um dem genius loci zu huldigen, sondern um einer vielleicht gewagten Parallele willen. Bitte halten Sie sie nicht nur für pervers oder lächerlich. Die großen politischen Institutionen sind in gewisser Weise die Fürsorgeanstalten der noch ungeheilten Friedlosigkeit. Wo Friedfertigkeit waltet, entfalten sich Ordnungen menschlichen Zusammenlebens, die nur eines Minimums an Gewalt bedürfen. Auch in ihnen sind, zumal in der modernen technischen Gesellschaft, funktionale Regelungen nötig. Aber sie sind im Prinzip zu unterscheiden von Machtausübung, die einen widerstrebenden Willen zwingt oder gar einen eigenen Willen der Beherrschten nicht erwachen läßt. Diese Macht wird sich freilich heute besonders gern der funktionalen Regelungen als ihrer Hilfsmittel bedienen; Technokratie ist eine moderne Form der Macht. Wo nun Friedlosigkeit das menschliche Handeln bestimmt, erweist sich immer wieder Macht als unerläßlich, um das lebensnotwendige Minimum an Ordnung zu garantieren. Die Träger der Macht sind oft genug friedlose Menschen; ihre Rechtfertigung ziehen sie aus der manifesten Notwendigkeit, das Chaos der ungezügelten Konflikte zu vermeiden.

Angesichts der Realität der Macht stehen wir vor einer doppelten Aufgabe. Im tiefsten Grunde kommt es darauf an, die Friedlosigkeit zu heilen und damit die Macht überflüssig zu machen.

Das ist, in der Sprache der Christen gesprochen, im strengen Sinn die eschatologische Hoffnung. Das heißt in der apokalyptischen Symbolik: ein neuer Himmel und eine neue Erde. Ich habe so naturwissenschaftlich gesprochen, um zu zeigen, daß diese Hoffnung nicht jenseits der Welt, sondern in der Geschichte der menschlichen Spezies ihren sinnvollen Ort hat. Man kann mit gutem Recht einen Begriff vom Menschen, eine Norm seiner Gesundheit aufstellen, wonach nur der von der Friedlosigkeit geheilte Mensch gesund ist. Im Zusammenleben mit unseren Mitmenschen erweist sich immer wieder dies als die einzige Norm, die letztlich tragfähig ist. Andererseits ist es Schwärmertum, zu meinen, wir müßten die unerlöste Welt, in der die Friedlosigkeit weiterhin waltet, sich selbst überlassen, denn wir überlassen sie dann ihrer und unserer Katastrophe. Fürsorge für die Ungeheilten heißt hier: Errichtung von Recht, wo die Liebe nicht durchdringt; Kanalisierung der Konflikte, die zu vermeiden wir nicht vermochten; Schaffung einer Friedensordnung auf der Basis einer soweit als möglich humanisierten Macht, da die Abschaffung der Macht nicht in unserer Macht steht. Es ist dieselbe Kraft der Friedfertigkeit, oder um den anderen Ausdruck zu gebrauchen, der Nächstenliebe, welche in glücklichen Fällen die Heilung, in weniger glücklichen die Fürsorge ermöglicht. Das sollte der wunderliche Vergleich der Betheler Anstalten mit den großen politischen Institutionen sagen.

Ich möchte dies nun zum Schluß in der pragmatischen Sprache der Politik sagen. Die Politik muß im Durchschnitt der Fälle die Konflikte der Menschen hinnehmen, ohne sie aufzulösen. Was wir unsere Interessen nennen, suchen wir in der Politik durchzusetzen oder auszugleichen; zum Verschwinden bringen können und wollen wir sie als Politiker nicht. Wer selbst politisch handelt, vertritt stets gewisse Interessen. Ganz gewiß muß er sein eigenes Interesse insofern im Auge haben, als er seine eigenen Möglichkeiten der Wirkung nicht zerstören lassen darf. Er vertritt aber zugleich die Interessen der Gruppe, ohne die er nicht wirken könnte; er vertritt Interessen seines Standes, seiner Partei, seiner Nation. Welche Kriterien gibt es im politischen Denken einer Zeit für den Ausgleich dieser Interessen? Es ist nicht lange her, daß in unseren Ländern als das oberste Prinzip das Interesse der Nation galt. Darin lag ein bestimmtes Ethos: alle Partikularinteressen sind dem Interesse des Ganzen, dem man angehört, unterzuordnen. Das ist ein Begriff vom Frieden: innerhalb der Nation dürfen die Konflikte nicht weiter getrieben werden als bis zu dem Punkt, an dem sie das Interesse der Nation selbst gefährden würden. Die Aggression der Angehörigen des gleichen Volkes gegeneinander wird dadurch nicht aufgehoben, aber sie wird einer Rechtsordnung unterworfen, die an einem höheren, allen gemeinsamen Interesse orientiert ist.

Für die heutigen Menschen unseres Erdteils, zumal für die Jungen unter ihnen, hat dieser absolute Primat des nationalen Interesses die Überzeugungskraft verloren. Wir empfinden das Ganze, das den Einzelinteressen vorgeordnet sein soll, als zu klein, eigentlich als kein wahres Ganzes, und eben darum empfinden viele von uns seinen Anspruch an uns als zu groß. Die vielbeklagte Anteillosigkeit der einzelnen am Wohl des Ganzen ist nicht nur nackter Egoismus; sie ist auch ermöglicht durch eine begreifliche Skepsis an den überlieferten obersten politischen Wertkriterien. Welche Kriterien aber sind heute glaubwürdig? Für viele ist es die Freiheit oder die soziale Gleichberechtigung. Gegen den falschen Frieden und die falsche Freiheit, nämlich den bloß formalen Charakter des Friedens und der Freiheit in einer Gesellschaft, die in Wahrheit vor allem die Interessen der herrschenden Gruppen schützt, empört sich gerade heute der für unsere Zukunft wichtigste Teil der studentischen Jugend. Aber auch diese Empörung macht sich nicht leicht verständlich; es fällt ihr schwer, an Kriterien zu appellieren, die allen Gliedern der Gesellschaft gemeinsam wären.

Nur ein Kriterium politischer Handlungen und Interessen sehe ich heute, das niemand manifest anzufechten wagen darf: die Bewahrung des Weltfriedens. Das war vor 1945 noch nicht so. Hier bedeutet Hiroshima den Angelpunkt einer langsam sich drehenden Tür der Weltgeschichte. Gewiß sagt man auch heute noch, daß es nationale Interessen gibt, deren Schutz den großen Krieg rechtfertigen würde. Aber niemand vermag mehr im Ernst zu behaupten, daß der Krieg diese Interessen wirklich schützen würde. Die überlieferte Reaktionsweise sucht viele Auswege: Man droht nicht mit der Verteidigung, sondern sucht abzuschrecken mit der Drohung des Untergangs; man sucht Formen begrenzten Kriegs; man verwendet sehr viel propagandistische Kraft darauf, die eigene Seite als völlig friedfertig und nur die Gegenseite als kriegerisch darzustellen. All dies bestätigt nur, daß die Bewahrung des Weltfriedens zum im Grunde allgemein anerkannten Kriterium der Politik geworden ist. Sowenig das nationale Interesse einst als Kriterium ausreichte, um Handlungen zu verhindern, die faktisch der Nation schadeten, so wenig eliminiert der Weltfriede als Kriterium schon die Gefahr des Weltkriegs, ganz zu schweigen von den aktuell stattfindenden lokalisierten Kriegen. Und doch ist hier ein Kriterium, an das man appellieren kann, ein möglicher konstruktiver Mittelpunkt politischer Zukunftsentwürfe. Die Menschheit selbst als das einzige Ganze, das groß genug ist, um seine Interessen den Partikularinteressen vorzuordnen, beginnt infolge der technischen Gefahren und Möglichkeiten eine politische Realität zu werden.

Ganz gewiß ist das Interesse der Menschheit und die Bewahrung des Weltfriedens kein *hinreichendes* Kriterium für politisches Handeln. Im Namen dieses Interesses ließe sich auch eine beispiellose Tyrannis errichten. Heilung der Friedlosigkeit sieht anders aus als dieses Interesse. Es ist aber ein *notwendiges* Kriterium. Die Fürsorge für die ungeheilte Friedlosigkeit, d. h. die Arbeit der politischen Institutionen, ist nicht Fürsorge, wenn sie diese Forderung verletzt. Das ist ein zukunftsträchtiges politisches Prinzip.

Acht Prognosen*

1. Die Kernenergie wird zur wichtigsten Energiequelle für die letzten Jahrzehnte unseres Jahrhunderts.
2. Diejenige Wirtschaft wird gedeihen, welche die Bewußtseinsstufe der Computertechnik erreicht.
3. Die Verwandlung der Gesellschaft durch Wissenschaft und Technik wird uns vor wachsende Probleme stellen.
4. Eine Hungerkatastrophe in den Entwicklungsländern ist für die kommenden zwei Jahrzehnte nahezu unvermeidlich.
5. Die Biologie wird die Welt nicht weniger tief verändern als die Physik.
6. Die stabilisierende Wirkung der Waffenentwicklung hat vielleicht ihr Optimum überschritten.
7. Jetzt kommt eine konditional formulierte These: Wenn Europa zu einer größeren Einheit zusammenfindet, wird es eine Rolle in der Welt spielen, die keine andere Macht oder Region ihm abnehmen kann.
8. Der Weltfriede bedarf einer politischen Sicherung. Diese liegt in einer heute noch unvorhersehbaren Zukunft. (Ich ende also mit einer Prognose über das Unprognostizierbare, mit der These, daß ich das nicht vorherzusagen weiß, wie der Weltfriede gesichert wird.)

---

* Aus dem Vortrag »Über die Kunst der Prognose«, gehalten in Wiesbaden, Mai 1968 auf der Jahrestagung des Stifterverbandes für die deutsche Wissenschaft.

Rückblick auf die acht Prognosen*

Ich hatte behauptet:

1. Die Kernenergie wird zur wichtigsten Energiequelle für die letzten Jahrzehnte unseres Jahrhunderts. Eine in der Zeitskala voreilige, in der Substanz nicht unproblematische Prognose. Man sieht heute deutlicher als damals, daß das Öl nicht ausreicht, und bei weiterem weltweitem Wirtschafswachstum durch viele Jahrzehnte schließlich auch die Kohle nicht. Deutlicher als damals sieht man heute aber auch die ökologischen Gefahren jeglichen wachsenden Energiekonsums. Wie garantieren wir die Sicherheit künftiger Kernmülldeponien gegen Sabotage und Krieg? Ferner gibt es bei jeder Energiequelle eine klimatische Grenze des zulässigen Umsatzes. Man kann die langfristige technische Notwendigkeit einer Grenze des Wachstums am Energieproblem, für sich genommen, demonstrieren.

2. Diejenige Wirtschaft wird gedeihen, die die Bewußtseinsstufe der Computertechnik erreicht. Für hochindustrialisierte Gesellschaften ist das heute schon selbstverständlich, jedenfalls wenn man sagt: »höchstens« diejenige Wirtschaft wird gedeihen. Das eigentliche Problem ist nicht mehr die fortschreitende Informationsverarbeitung, sondern die vernünftige Verwendung der Information.

3. Die Verwandlung der Gesellschaft durch Wissenschaft und Technik wird uns vor wachsende Probleme stellen. Ins öffentliche Bewußtsein hat dies der Klub von Rom durch vereinfachende Modelle gebracht. Mein heutiger Vortrag war ein Versuch, dasselbe mehr vom Hintergrund her zu analysieren.

4. Eine Hungerkatastrophe in den Entwicklungsländern ist für die kommenden zwei Jahrzehnte nahezu unvermeidlich. Vordergründig ist das bisher nicht deutlich, denn diese Katastrophe geschieht so schleichend, daß sie vielfach nicht wahrgenommen wird. Man muß mehr als eine Milliarde Menschen

---

* Aus dem Vortrag »Wissenschaftsgeschichte als Wissenschaftstheorie«, gehalten in Berlin, Juni 1974, auf der Jahrestagung des Stifterverbandes für die deutsche Wissenschaft.

als so weit unterernährt bezeichnen, daß ihre Krankheitsresistenz sehr herabgesetzt ist. Welche Todesfälle schreiben wir aufs Konto des Hungers? Wird die Not sich, zumal im indischen Subkontinent, verschärfen? Das eigentliche Problem ist nicht Nahrungshilfe, sondern diejenige wirtschaftlich-soziale Umgestaltung, ohne welche auch das Bevölkerungswachstum nicht aufzufangen ist. Rückblickend würde ich sagen: ich habe damals das größte aktuelle Problem der Menschheit am zu engen Beispiel des Hungers angedeutet.

5. Die Biologie wird die Welt nicht weniger tief verändern als die Physik. Das halte ich noch immer für richtig, es liegt aber noch immer in der Zukunft. Die grüne Revolution war noch keine hinreichende Veränderung.

6. Die stabilisierende Wirkung der Waffenentwicklung hat vielleicht ihr Optimum überschritten. Ich würde heute noch genauso reden. Inzwischen hat eine große politische Anstrengung, die durch den Namen Kissinger symbolisiert ist, dem durch technische Entwicklungen nach wie vor drohenden Sicherheitsverfall entgegengewirkt. Das Weltsicherheitssystem bleibt jedoch prekär.

7. Wenn Europa zu einer größeren Einheit zusammenfindet, wird es eine Rolle in der Welt spielen, die keine andere Macht oder Region ihm abnehmen kann. Dieser Satz war dunkel formuliert, und das mit Absicht, denn er sollte in einer damals aktuellen Entwicklung nicht mißbraucht werden können. Der heutige Vortrag hat nicht die Politik zum Thema, so versuche ich keine verdeutlichende Aktualisierung.

8. Der Weltfriede bedarf einer politischen Sicherung. Diese liegt in einer heute noch unvorhersehbaren Zukunft. Das heißt im klaren Text: der Weltfriede besteht noch nicht, nur eine prekäre vorläufige Kriegsverhütung. Ich habe früher in diesem Zusammenhang vor allem mit der Waffentechnik argumentiert. Die wachsende Weltwirtschaft wird jedoch verwandte Anforderungen stellen.

Zusammenfassend: Meine Prognosen waren Extrapolationen gegenwärtiger Trends und darum besorgniserregend. Kurskorrekturen setzen als erste Vorbedingung Erkenntnis voraus.

Gedanken zum Arbeitsplan*

1. Integration

   A. *Politik***

2. Weltpolitik und Strategie
3. Probleme der Industriegesellschaft
4. Probleme der Entwicklungspläne

   B. *Physik*

5. Systemtheorie und verwandte Wissenschaften
6. Grundlagen der Physik
7. Biologie und Medizin

   C. *Philosophie*

8. Psychologie und Anthropologie
9. Religion
10. Klassische Philosophie

A. Politik

Aus dem Fragenkreis der Weltpolitik unter dem Aspekt des Weltfriedens ist der Gedanke des Instituts hervorgegangen. Ich kehre deshalb hier die Reihenfolge der Unterabschnitte um und berichte zunächst über die Vorgeschichte. Vielleicht geschieht auch die Einführung in die Gedanken zur Sache, die z. T. mit innerer Notwendigkeit über die heute sichtbare Struktur der Welt hinausreichen, am leichtesten, wenn ihr Werdegang vorgeführt wird.

* Aufzeichnung, April 1969. Zuerst veröffentlicht München, Hanser 1981.
** Diese Themenliste war das geplante Inhaltsverzeichnis eines Aufsatzes über einen Arbeitsplan des in Gründung begriffenen Max Planck-Instituts für Erforschung der Lebensbedingungen der wissenschaftlich-technischen Welt. Die hier abgedruckte Aufzeichnung sollte der Anfang des dann nicht vollendeten Aufsatzes sein. Die Verweise in der Aufzeichnung beziehen sich auf die geplanten Kapitel.

a) Die Atombombe. Der historische Ausgangspunkt des professionell bedingten weltpolitischen Nachdenkens von Physikern ist die Hahnsche Entdeckung der Uranspaltung. Ich habe im Februar 1939 ein Gespräch mit Georg Picht über die politischen Konsequenzen dieser Entdeckung geführt, in dem in Umrissen alle seitdem eingetretenen Ereignisse schon vorkamen, freilich ohne daß wir wußten, wie wir selbst ihnen begegnen müßten. Wir sahen wenigstens den unausweichlichen Kausalzusammenhang: Die Physik erkennt Grundgesetze der Natur, die unser Denken radikal umgestalten. Hieraus entspringt eine Technik, die unsere materiellen Lebensbedingungen radikal umgestaltet. Es ist unvermeidlich, daß hieraus politische Ereignisse folgen, die die politischen Ordnungen der Menschheit radikal umgestalten. Wir standen vor der Aufgabe, diese Umgestaltungen zu denken und, noch ehe wir sie denken konnten, aber doch schon angeleitet durch das, was wir zu denken versuchten, in ihnen zu handeln.

Nach dem Krieg erfuhren wir, daß Szilard im Frühjahr 1939 versucht hatte, die westlichen Kernphysiker zu bewegen, ihre Ergebnisse über Uranspaltung vorerst nicht zu publizieren, um zu verhindern, daß sie in deutsche Hand kämen. Er scheiterte, so wird erzählt, an Joliot. Welche Gründe Joliot hatte, sich zu verweigern, weiß ich nicht. Da Joliot sehr ausgeprägt politisch dachte (in kommunistischer Richtung), glaube ich nicht, daß privater wissenschaftlicher Ehrgeiz sein Motiv war. Vielleicht wollte er den sowjetischen Wissenschaftlern die westlichen Ergebnisse nicht vorenthalten. Ein wichtiges Argument gegen Geheimhaltung von Ergebnissen war (z. B. auch für Hahn) das Prinzip der Öffentlichkeit der Wissenschaft, das mit den drei Gedanken der freiwilligen Unterwerfung unter die Kontrolle der Kollegen, der aufklärerischen Funktion der Wissenschaft und der Verweigerung des Dienstes gegenüber wissenschaftsfremden Mächten zusammenhing. Hahn seinerseits war für Veröffentlichung seiner Ergebnisse, gerade damit die Gefahren vermindert würden, die daraus fließen könnten, daß dieses Wissen nur in die Hand *einer* Regierung (zumal der Hitlers) käme. Das Problem ist seitdem Gegenstand vielfältiger, auch literarischer (Dürrenmatt) Diskussion geworden. Uns haben, so scheint mir, schon früh die Ereignisse gelehrt, daß weder das

Prinzip der Geheimhaltung noch das Prinzip der Öffentlichkeit das Problem der Gefährdung der Menschheit durch wissenschaftliche Ergebnisse grundsätzlich löst. Im Einzelfall mag man sich zur einen oder anderen Entscheidung aus der Lage des Falls heraus moralisch verpflichtet sehen. Grundsätzlich kann höchstens eine Änderung der politischen, gesellschaftlichen und moralischen Bedingungen helfen, in die hinein die Wissenschaft ihre Erkenntnisse liefert. Dies zu durchdenken, ist eine Aufgabe des Instituts; wir werden dem Problem im folgenden unter immer neuen Aspekten begegnen.

Ich erwog damals in jugendlicher Abstraktheit, ob die Wissenschaftler eine Art Orden bilden könnten, der seine Ergebnisse und deren Herausgabe und Anwendung selbst verwalten würde. Wie irreal dies ist, zeigt die Tatsache, daß praktisch jede größere Machtgruppe Wissenschaftler gefunden hat, die für sie arbeiten. Ein abstrakterer, aber wohl treffender Einwand ist, daß auch ein solcher internationaler Orden der Wissenschaftler eine Machtgruppe mit allen Versuchungen der Macht werden würde. Immerhin hat nach dem Krieg der Gedanke einer internationalen moralischen Solidarität der Wissenschaftler eine gewisse Wirkung geübt. Unserer deutschen Gruppe von Kernphysikern stand dieser Gedanke im Kriege stets vor Augen. Die Spaltung der Welt ging aber so tief, daß viele unserer ausländischen oder emigrierten Kollegen unsere Haltung im Krieg und unsere besonderen moralischen Probleme, unsere Ziele und unsere Weisen des Versagens auch nachträglich nicht haben verstehen können. Als mir dies 1945 klar wurde (denn vorher war ich in diesem Punkt naiv), wurde mir das ein weiterer Anstoß, mich um Ausbildung eines gemeinsamen Bewußtseins von der Verflechtung der Wissenschaft mit der Politik zu bemühen.

Im Krieg arbeitete ich in der Kernphysikergruppe, die sich mit der Vorbereitung der Konstruktion eines Reaktors beschäftigte, dem sog. »Uranverein«, und zwar in engster Fühlung, auch in den politischen Problemen, mit Heisenberg und Wirtz. Heisenbergs und Hahns Ziel war, so viel wie möglich von deutscher Wissenschaft durch den Krieg, dessen Verlust sie voraussahen, hindurchzuretten. Ich träumte von der Ausübung weitergehenden politischen Einflusses. Anfänglich wußten wir nicht, wie leicht oder schwer es sein würde, Atombomben zu bauen (dies hing u.a. an den erst zu ermittelnden Werten gewisser Materialkonstanten), hielten es freilich für schwer. Nach einiger Zeit stellte sich heraus, daß wir keine Möglichkeit hatten, unter den Bedingungen und während der mutmaßlichen Dauer des Kriegs Bomben zu bauen; an der Fertigstellung eines Probereaktors fehlte uns hingegen 1945 nicht sehr viel. Es war die Absicht unseres engsten Kreises, das Wissen über die Möglichkeit einer Bombe, falls es real würde, für uns zu behalten und dann erst zu entscheiden, wie wir es politisch benützen würden. Nachträglich finde ich wenigstens für meine Person das moralische Risiko, das ich damit auf mich genommen hatte, zu groß und würde es, mit heutigen Meinungen nochmals in dieselbe Lage gebracht, nicht noch einmal auf mich nehmen. Ohne Zweifel hat die Erfahrung des Lebens unter diesem Risiko uns ähnlich geprägt, wie die amerikanischen und später auch die russischen Physiker durch die härtere Erfahrung ihres Erfolgs geprägt wurden.

Eine Konsequenz des Nachdenkens der amerikanischen Physiker über diese Fragen war der kurz nach dem Krieg unter Mitarbeit Oppenheimers entstandene Lilienthal-Plan (später als Baruch-Plan modifiziert), der eine internationale Atombehörde mit alleinigem Verfügungsrecht über die Uranvorräte der Welt und über deren Nutzung vorschlug, also den Beginn einer Übertragung der nationalen und imperialen Souveränitätsrechte an eine Weltinstanz. Der Vorschlag scheiterte an den Russen und wäre vielleicht auch am amerikanischen Kongreß gescheitert.

Die faktische Entwicklung führte zum atomaren Gleichgewicht der Supermächte. Als die beiden wichtigsten Stufen auf dem Weg zu dieser heutigen, prekären Art der Sicherung des Weltfriedens sehe ich die Konstruktion der Wasserstoffbombe und die beiderseitige Entwicklung einer »second strike capability« an. Erstere ist im wesentlichen eine technische Leistung, letztere, obwohl sie viel Technik voraussetzt, im wesentlichen eine Leistung strategischen Denkens. Beide führen zur Abschreckung vom großen Krieg gerade durch die Elimination der Möglichkeit einer effektiven Verteidigung.

Gedanken zum Arbeitsplan

b) *Kirchliche Kommissionen.* Die erste der beiden Kommissionen, von denen hier die Rede ist, wurde 1954 vom Weltrat der Kirchen eingesetzt mit dem Thema »Kriegsverhütung im technischen Zeitalter«. Ihr Leiter, Sir Thomas Taylor, berief mich in sie bei ihrer Gründung. Aus Deutschland nahm auch Günter Howe an ihrer Arbeit teil. Sie lieferte ihren Abschlußbericht 1957 ab. Die zweite Kommission wurde in der Folge der Auseinandersetzung über Atomwaffen auf der Spandauer Synode der Evangelischen Kirche in Deutschland 1958 von der Forschungsstätte der Evangelischen Studiengemeinschaft zusammengerufen. Ihr ständiger Sekretär war Günter Howe. Sie erstattete ihren Bericht 1959 in dem Band »Atomzeitalter – Krieg und Frieden«. Neben guten menschlichen Kontakten verdanke ich vor allem der ersten der beiden Kommissionen eine wichtige gedankliche Klärung.

Es war unvermeidlich, daß die Kommission zunächst in einiger Breite klassische ethische und moraltheologische Thesen über den Krieg auf die neue Situation anzuwenden suchte. Man versuchte z.B. zu erkennen, welcher Waffengebrauch erlaubt und welcher verboten sei. In der Vergangenheit haben solche Unterscheidungen wesentlich zur Humanisierung des Krieges beigetragen. Ihre Bedeutung auch für unsere Zeit habe ich erst später angesichts der ständigen Gefahr der technischen Brutalisierung der vor unseren Augen stattfindenden Kriege einschätzen gelernt. Da ich unlängst zu einer Expertenkonferenz des Internationalen Komitees vom Roten Kreuz über die Anwendung und Weiterbildung der Haager Landkriegsordnung geladen war, halte ich für möglich, daß ich auch im Institut eine Erörterung dieser Fragen werde anregen wollen.

Für die unmittelbare Absicht der Kommission aber, die in der Auseinandersetzung mit dem Atomkrieg lag, hat die ethische Kasuistik nichts beigetragen. Das Empfinden, es dürfe kein Atomkrieg stattfinden, war allgemein, aber die kasuistischen Unterscheidungen reichten nicht aus, sein völliges Verbot zu rechtfertigen, wenn andere Formen des Kriegs anerkannt blieben. Die eben damals aufkommenden taktischen Atomwaffen und die ihnen zugeordnete strategische Doktrin der abgestuften Abschreckung machten die Schwierigkeit besonders deutlich. Wir gelangten zu der Überzeugung, daß, wenn der große Krieg nicht überhaupt abgeschafft würde, nicht werde verhindert werden können, daß man ihn atomar führen würde. Immer wieder geschah es in den vielen Diskussionen, die ich erlebt habe, daß Personen, für welche der Einsatz von Atomwaffen durch das eigene Land bisher nicht ernstlich in Betracht kam, die Abschaffung der Atomwaffen als moralisches Gebot aufstellten, während diejenigen, in deren Land die Atomrüstung schon bestand, diese Forderung als undurchführbar empfanden.

Damit stellte sich unser eigentliches Problem: die Verhütung, oder um es deutlich zu sagen, die Abschaffung des Kriegs der Großmächte gegeneinander. Diesem Problem gegenüber konnte man unter den bewußt nachdenkenden Christen zwei verschiedene Einstellungen vorfinden, die der konservativen Majorität und die der radikalen Minorität. Beiden gemeinsam war eine Überzeugung, welche die unermeßliche Schwierigkeit der Aufgabe sah: die Überzeugung, daß der politische Friede auf der Welt nur durch eine Wandlung des menschlichen Herzens zur Friedfertigkeit ermöglicht werden könne. Gemeinsam war ihnen auch die Überzeugung, daß der Mensch, so wie wir ihn kennen, aus tief in seinem Wesen liegenden Gründen diese Friedfertigkeit nicht hat. Sie waren nicht bereit, die mangelnde Fähigkeit zum Frieden auf Gründe wie unzureichenden Wohlstand der Massen, Fehlen einer demokratischen Staats- und Gesellschaftsordnung, mangelnde Aufklärung zurückzuführen, außer soweit sie diese Faktoren selbst als Folge desselben Grundübels im Menschen (der »Sünde«, christlich gesprochen) sahen. In dieser gemeinsamen christlichen Voraussetzung liegt ein für alle Friedensarbeit entscheidendes Problem. Wenn sie wahr ist, so stellt sich das praktische Problem der Kriegsverhütung ganz anders als wenn sie ein Irrtum ist. Ich hielt und halte sie im wesentlichen für wahr. Diese Frage muß offensichtlich in dem Institut zur Diskussion gestellt werden. Sachlich werde ich in den Kapiteln 8 und 9 mehr dazu sagen.

Auf dem Boden dieser gemeinsamen Voraussetzung prägt sich nun der Unterschied des konservativen und des radikalen Christentums aus. Schematisch gesagt, erwartet der Konservative diese radikale Wandlung des Menschen erst vom Jüngsten Gericht und betrachtet den Versuch, jetzt den Krieg abzuschaffen, als Schwärmerei; der Radikale hingegen fordert die Wandlung hier und jetzt. Auch der Konservative unterwirft sich persönlich der Forderung des unablässigen Strebens nach der Wandlung, aber er fordert zugleich, sein Handeln auf die Bedingungen einer unverwandelten Welt einzustellen. Auch der Radikale weiß, daß die Wandlung noch nicht eingetreten ist, aber er fordert als unseren Beitrag zu ihrem Eintreten ein Handeln, so als sei sie jeden Tag möglich. Symbol dieses Handelns ist die Kriegsdienstverweigerung.

Die beiden Seiten haben, auch wenn ihre Vertreter persönliche Freundschaft zu halten vermochten, sachlich nicht zusammengefunden; wahrscheinlich können, ja dürfen sie noch nicht zusammenfinden. In der zweiten der beiden Kommissionen bezeichneten nach langem Streit die theologischen Vertreter der beiden Seiten ihr Verhältnis zueinander mit dem Bohrschen Begriff der Komplementarität, damit freilich mehr eine Denkaufgabe als ihre Lösung bezeichnend.

Ich hatte mich vor dem Eintreten in die ökumenische Kommission gescheut, weil ich die Unlösbarkeit dieser Spannung in mir selbst seit langem kannte. Einerseits empfand ich die konservative Beurteilung als realistisch, andererseits die radikale Praxis als gefordert. Ich fürchtete mich vor dem Ausgleiten des konservativen Realitätssinns in eine ideologische Rechtfertigung der Trägheit, vor dem Ausgleiten des radikalen Impulses in unreale, zum Scheitern führende Hoffnungen, und gleichermaßen vor dem fruchtlosen Streit wie vor falschen Kompromissen beider Flügel.

Ich lernte in den Diskussionen, daß es möglich und nötig ist, die Abschaffung des großen Kriegs als die einzige realistische, also auch dem Konservativen akzeptable Forderung unserer Zeit – im Unterschied zu früheren Zeiten – aufzustellen. Rein politisch betrachtet, fiel mir diese Konzeption nicht schwer. Ich hatte mich geübt, historische Parallelen zu ziehen und zugleich die Einmaligkeit und Irreversibilität des historischen Prozesses zu sehen. Die »Geschichte der Natur« war hier eine wichtige Denkhilfe, die Geschichtlichkeit des Seins das relevante philosophische Thema. Konkret gewendet wußte ich genug historische Parallelen für die politische Einigung eines ganzen Kulturkreises. Toynbee, der nach 1945 in Deutschland bekannt wurde, bot ein generalisierendes Denkschema in seiner Phase des »world state«. Schon unabhängig von Toynbee hatte ich mir, z.B. an der Einigung des Mittelmeerraums durch das römische Reich und analogen Vorgängen im alten Orient, in Indien und in China, sowie an der inneren Einigung europäischer Nationalstaaten, zuletzt Deutschlands und Italiens im 19. Jahrhundert, gewisse gemeinsame Züge klargemacht. Ich entdeckte überall eine technische Entwicklungsstufe, die die einheitliche Verwaltung des ganzen Raums ermögliche, das Heraustreten mehrerer Hegemoniekandidaten aus einem vorhergehenden Gleichgewicht der Mächte, und schließlich die Schaffung eines Einheitsstaats durch den Sieger im letzten Krieg der übriggebliebenen Hegemoniekandidaten. Eine andere Weise, die inneren Kriege eines im übrigen lebensfähigen Kulturkreises zu beenden, hat mich die Geschichte nicht kennengelehrt. Die technische Entwicklungsstufe für einen Weltstaat schien mir jetzt erreicht. 1944 überlegte ich, wie viele Weltkriege wohl noch kommen würden, und schätzte auf wenigstens einen, höchstens vier. Denn es schienen höchstens drei Hegemoniekandidaten übrigzubleiben, zunächst Amerika und Rußland, weiterhin China. Dies ließ einen, vielleicht auch zwei getrennte Ausscheidungskämpfe erwarten, und in der Geschichte ist ein Ausscheidungskampf oft in zwei getrennte Kriege zerfallen (die zwei Hälften des Peloponnesischen Kriegs, die zwei punischen Kriege, die zwei Weltkriege unseres Jahrhunderts gegen Deutschland).

Diese etwas zu spielerischen Überlegungen erhielten durch die Atomwaffen einen konkreten Inhalt und zugleich eine Korrektur. Die Schrecklichkeit eines Atomkriegs macht, zumal seit der Erfindung der Wasserstoffbombe, mit einem Male allen Menschen der Welt die Notwendigkeit des Weltfriedens deutlich. Sie enthüllt gleichsam dem Allgemeinbewußtsein, daß die technische Stufe für einen politisch gesicherten Weltfrieden erreicht ist. Diese Lehre ist so gründlich, daß sie zum erstenmal die Hoffnung zu eröffnen scheint, die notwendige Einigung sogar ohne einen weiteren Weltkrieg zu erreichen. Diese Hoffnung ist freilich am meisten gefährdet durch die irrige Meinung, der heutige Weltzustand sei schon der gesicherte Friede, und durch die aus ihr entstehende Trägheit gegenüber dem Friedensproblem.

Gedanken zum Arbeitsplan

Wie steht aber diese säkulare Erwartung zu der soeben von mir zustimmend zitierten christlichen Überzeugung, der Weltfriede bedürfe einer Wandlung der Herzen? Einerseits habe ich die säkulare Erwartung eingeführt, um das Dilemma zwischen konservativer Akzeptation des Kriegs und radikalem Schwärmertum zu mildern: heute, anders als früher, ist der politisch gesicherte Weltfriede eine reale politische Möglichkeit, der sich auch der konservative Realist nicht verschließen darf. Andererseits wäre der politisch gesicherte Weltfriede ohne Wandlung der Herzen kein wahrer Friede. Der wahrscheinlichste Weg zu ihm ist nach wie vor der letzte Weltkrieg, seine wahrscheinlichste Form eine erbarmungslose Weltdiktatur, sei es auch in den trügerischen Formen der »repressiven Toleranz«. Deshalb schien mir die radikale christliche Praxis nach wie vor auch eine politische Forderung. Aber wie kann sie konkret aussehen?

Von den Formen christlicher Praxis, die ich selbst gesehen habe, hat mich die der Quäker am tiefsten beeindruckt; fast nur sie erschien mir eigentlich christlich. Ich komme im 9. Kapitel auf sie zurück. Sie glaubt nicht, durch ihr Handeln den Weltfrieden machen zu können. Sein Kommen sieht sie in der Hand Gottes gelegen. Aber sie übt den Verzicht auf Gewalt aus Überzeugung, ohne auf den äußeren Erfolg zu rechnen. Sie sieht in ihm die einzige menschliche Möglichkeit, aus dem Zirkel des Übels herauszutreten, der in dem Wort symbolisiert ist: »Wer das Schwert ergreift, wird durch das Schwert umkommen.« Daß diese Haltung dann und wann auch ein Stück Welt verwandelt, zeigen manche Abschnitte aus der Geschichte der Quäker, wie der Indianerfriede des Quäkerstaats Pennsylvanien. Das größte Beispiel politischer Wirkung durch Gewaltlosigkeit in unseren Tagen ist Gandhi. Ich möchte wünschen, daß in dem Institut Gandhis politische Methodik und seine Ethik, die beide sehr viel reflektierter sind, als viele seiner Anhänger und Gegner und alle seine Verächter meinen, gründlich studiert würden, auch wenn wir ihre Unübertragbarkeit auf unsere Lage erkennen sollten.

Was mich bewegt hat, selbst nicht den Weg der Quäker zu gehen, war die Meinung, ich hätte den tatsächlichen Machthabern unserer Tage, von deren Verhalten es abhängt, ob es zu einem Atomkrieg kommt oder nicht, einen ihnen gangbaren Weg zu zeigen. Die Voraussetzungen für das Verständnis der politischen Wahrheit im radikalen Christentum, ja auch nur der Praxis Gandhis, sind bei den heute herrschenden politischen Gruppen (wie mir scheint, auch bei den Neomarxisten) nicht vorhanden. Es schien mir, ich müsse einen heute praktikablen Weg zum Weltfrieden gedanklich ausarbeiten und womöglich durchsetzen, im Bewußtsein dessen, daß dieser Friede, auf menschlich unzureichender Basis begründet, alle Gefahren und Schrecken der seinem Zustandekommen anhaftenden Unmenschlichkeit enthalten würde. Dies ist eine persönliche Entscheidung, die ich nur habe treffen können im steten Bewußtsein, daß ich falsch entschieden haben könnte, indem ich mit ihr der »Welt« Konzessionen mache, die schließlich doch nicht ausreichen, sie zur notwendigen Haltung des Friedens zu bewegen. Das gesamte Institut steht unter dieser selben Gefahr. Wir haben die Aussicht, Realitäten zu lernen und weiterzulehren, die unter allen Umständen, auch im Durchgang durch einen dritten Weltkrieg, für den Frieden wichtig sein werden. Aber keiner von uns kann wissen, ob er mit der Wahl dieser Arbeitsweise richtig entschieden hat. Dies werde ich unter anderen Aspekten als dem des Quäkertums, so dem Verhältnis zur Berufspolitik und zur revolutionären Aktivität, später besprechen.

Die Schlußberichte beider Kommissionen enthielten Gedanken, die ich als philosophische Aufgaben für mich empfand und für das Institut weiterhin empfinde.

Der Bericht der ökumenischen Kommission, von ihrem ständigen Sekretär R. Bilheimer (USA) verfaßt, stellte die Ambivalenz des Fortschritts zur Diskussion. Mit dem Begriff der fortschreitenden Verwandlung der Welt überspielte er die fruchtlosen Debatten der rein kasuistischen Ethik, die positive Normen aus zeitlosen Prinzipien herleiten wollte. Dafür ist die Lehre vom heute möglich werdenden politischen Weltfrieden ein Beispiel. Die Gefahr des »friedlosen Friedens« ist im Begriff der Ambivalenz dieses Fortschritts abstrakt gefaßt. Mir war diese Ambivalenz, besonders deutlich an der technischen Verwandlung der Welt und an der Dialektik der Revolutionen, seit langem ein zentrales Problem. Gegen Ende des Kriegs habe ich darüber einen nicht publizierten Aufsatz geschrieben, und sie wurde der Leitgedanke des 1. Bandes der »Tragweite der Wissenschaft«. Ich sah die Ambivalenz im Zusammenhang mit der Deutung des Fortschritts als einer Säkularisierung radikal christlicher Antriebe. In der »Tragweite der Wissenschaft« bin ich aber nicht weiter gelangt als zum Stellen des Problems. Ich habe dort insbesondere nicht deutlich gemacht, was, in Worten moderner Rationalität gesagt, die radikal christlichen Antriebe eigentlich bedeuten; dies würde eine Anthropologie erfordern (vgl. C 8). Ebensowenig habe ich deutlich gemacht, was, christlich gesehen, die moderne Rationalität bedeutet (vgl. C 9–10). Dies denken zu können, wäre aber ein wichtiger Leitfaden für die Praxis.

Die theologischen Mitglieder der deutschen Kommission griffen, wie oben angedeutet, einen Gedanken von Howe auf, um sich selbst ihre Zusammengehörigkeit bei radikal divergierenden Entscheidungen begreiflich zu machen. Sie bezeichneten das Verhältnis dessen, der die Mitwirkung an militärischer Rüstung selbst unter atomarem Aspekt für nötig hielt zu dem, der sie verweigerte, als komplementär. Eine beide Seiten befriedigende Formulierung dieser ihrer Übereinstimmung vermochten die streitenden Brüder selbst nicht zu verfassen; ich schrieb sie (trotz einiger eigener Bedenken) für sie in einer Nacht nieder in Gestalt von »11 Thesen«, die am nächsten Morgen verlesen und, da jede weitere Diskussion die Einigung vermutlich zerstört hätte, ohne Diskussion angenommen wurden. Der Grundgedanke war wiederum die Ersetzung zeitloser Normen durch das Kriterium des Beitrags zur Erreichung des neuen geschichtlichen Ziels eines Weltfriedens. Ein einfacher und nicht neuer ethischer Gedanke war die Achtung vor demjenigen, der nach gewissenhafter Prüfung die zu der meinen entgegengesetzte Entscheidung getroffen hat. Neu, kühn und nicht zu Ende gedacht war die Auffassung, daß entgegengesetzte Entscheidungen notwendige »komplementäre« Seiten desselben geschichtlich geforderten Prozesses seien.

Natürlich wurde unsere Kommission alsbald von beiden streitenden Parteien angegriffen, wie wenn streitende Hunde den Menschen, der sie trennen will, gemeinsam anfallen. Ein Einwand war, Bohrs Komplementarität sei offenbar nur eine

Neuauflage von Hegels Dialektik; letztere aber sei eine von der Theologie überwundene idealistische Position. Picht lud daraufhin einige seiner Freunde und Mitarbeiter zu einem Kolloquium ein, das dann alljährlich wiederholt wurde, und dessen erste Aufgabe war, über das Verhältnis von Komplementarität und Dialektik nachzudenken. Wie zu erwarten war, geriet der Kreis in die philosophischen Kernfragen, die er seitdem nicht wieder verlassen hat (vgl. C 10).

Rückblickend erscheint es mir nicht überraschend, daß der Versuch, zum Atomwaffenproblem eine Stellung zu gewinnen, meine Freunde und mich alsbald in die größten, kaum lösbaren theoretischen Fragen verstrickt hat. Der vordergründig ablaufende Streit einfacher Parteipositionen war eben darum unlösbar, weil keine Seite ihre eigenen Voraussetzungen (natürlich auch ihre eigenen Interessen und deren Spiegelung in ihren Voraussetzungen) durchschaute. Wir sahen dies und wandten uns den Voraussetzungen selbst zu. Andererseits kamen wir selbst im Denken nur in dem Maß effektiv weiter, in dem eigene Praxis uns zwang und belehrte. Diese Praxis war für mich zunächst der politische Kampf um die nationale Atomrüstung.

c) Göttinger Erklärung. Bis 1954 war der Bundesrepublik die Atomtechnik verboten. Als das Verbot fiel, nahm Wirtz die alten Arbeiten in Karlsruhe wieder auf; mit ihm ging u. a. Häfele, der bei mir promoviert hatte. Ich interessierte mich eine Zeitlang für Plasmaphysik im Hinblick auf den Gedanken eines Fusionsreaktors; die Mehrzahl meiner damaligen Schüler ging dann ins Institut für Plasmaphysik in Garching. Das Atomministerium wurde gegründet; Strauß wurde Atomminister. Obwohl ich wissenschaftlich von meiner neu begonnenen Arbeit über die Grundlagen der Quantentheorie (s. B 6) ganz absorbiert war und mich von allen früheren halbpolitischen Aktivitäten zurückgezogen hatte, sorgte ich dafür, daß ich in den Arbeitskreis »Kernphysik« der Beratergremien des Ministeriums kam, im wesentlichen um mich über etwaige militärische Absichten mit der Atomenergie sofort informieren zu können. Strauß gewann die Bewunderung und Mitarbeit der Physiker durch seine effektive Arbeit und ihr Mißtrauen durch sein abends beim Wein nicht mehr verhülltes Drängen nach Atom-

Gedanken zum Arbeitsplan 193

waffen. Als er Verteidigungsminister wurde, besprachen die Mitglieder des Arbeitskreises »Kernphysik« das Problem, fanden sich einig und schrieben ihm einen Brief, in dem sie erklärten, an nationaler Atomrüstung nicht mitarbeiten zu wollen. Er lud uns zu einem Gespräch ein, das zu Anfang in sehr unangenehmen Formen verlief, uns aber effektiv an einem öffentlichen Schritt hinderte. Wir hatten nämlich für uns alle überzeugende Argumente gegen eine Atomrüstung unter nationaler Souveränität; wir hofften auch, durch einen deutschen Verzicht die in Frankreich bestehende Tendenz französisch-nationaler Atomrüstung zu schwächen. Strauß belehrte uns, er wolle eine große übernationale westeuropäische Atomrüstung, da die Amerikaner sich eines Tages aus Europa zurückziehen würden (er hat diese Linie übrigens bis heute ohne Wanken durchgehalten). Wir waren damit einem Gedankenkreis konfrontiert, auf den wir nicht hinreichend vorbereitet waren, und an dem möglicherweise unsere Einigkeit gescheitert wäre. Erst einige Monate später gab mir eine leichtfertige Äußerung Adenauers (»Taktische Atomwaffen sind nur eine Fortbildung der Artillerie«) Gelegenheit, einen Text zu formulieren, der, mit kleinen Änderungen, von allen Beteiligten akzeptiert und binnen einer Woche (im April 1957) publiziert wurde.

Die öffentliche Wirkung war sehr groß, aber, wie ich mit Bedauern feststellte, so unspezifisch, wie sie bei geringer Information und wachsender Leidenschaft wohl sein mußte. Ich hatte die Anordnung der Argumente sorgfältig überlegt. Auf einen informierenden Teil über die Wirkung strategischer und taktischer Atomwaffen und einen (von anderen Unterzeichnern gewünschten) Passus über unsere Legitimation zu dieser Äußerung folgten drei Sätze: »Wir fühlen keine Kompetenz, konkrete Vorschläge für die Politik der Großmächte zu machen. Für ein kleines Land wie die Bundesrepublik glauben wir, daß es sich heute noch am besten schützt und den Weltfrieden noch am ehesten fördert, wenn es ausdrücklich und freiwillig auf den Besitz von Atomwaffen jeder Art verzichtet. Jedenfalls wäre keiner der Unterzeichneten bereit, sich an der Herstellung, der Erprobung oder dem Einsatz von Atomwaffen in irgendeiner Weise zu beteiligen.« Es lag mir daran, daß wir sachlich nicht mehr behaupteten, als wir vertreten konnten (und worauf wir uns einigen konnten), und daß wir andererseits die außerordentliche Wichtigkeit des Problems durch ein völlig fragloses eigenes Engagement deutlich machten. So ließen wir das weltpolitische Problem ganz beiseite; und in dieser Versenkung verschwand auch Strauß' westeuropäischer Plan. Gegen nationale Atomrüstung zu reden, erschien uns auch im Rahmen der Blockpolitik des kalten Kriegs zweifellos richtig; hiermit war die Linie anvisiert, die schließlich zum Atomsperrvertrag geführt hat. Damit war politisch der Weg leicht zu der persönlichen Weigerung, die den Schlußsatz bildete. In diesem Satz schlug sich aber für mich zugleich die Überzeugng nieder, die ich von den Quäkern gelernt hatte, daß nur der eigene Verzicht auf Gewalt die seelische Macht der Gewaltsamkeit im Kern trifft. Der Satz sollte eine Art symbolischer Bedeutung über seinen auf die Tagesfrage der deutschen Atomrüstung bezogenen Sinn hinaus haben, und so ist er auch verstanden worden.

Ich möchte die große Wirkung der Erklärung damit in Zusammenhang bringen, daß es in ihr für einen Augenblick gelungen war, heterogene, je in ihrem Horizont konsequente Motive zu einer widerspruchsfreien Einheit zu bringen. Es konnte aber nicht anders sein, als daß dieses subtile, nur durch genau überlegte Auslassungen ermöglichte Gefüge in der öffentlichen Debatte verworrene Wirkungen hervorbrachte. Viele, die uns zujubelten, hörten nur den moralischen Ton und erleichterten es dadurch unseren Gegnern, unsere Überlegungen für unrealistischer zu halten als sie waren. Nato-Gegner interpretierten uns, als hätten wir zugleich die Entfernung der amerikanischen Atomwaffen vom deutschen Boden oder gar die Neutralisierung Deutschlands gefordert. Nichts davon stand in unserem Text; dies war nicht meine politische Linie und auch nicht die eines erheblichen Teils der Unterzeichner.

Rückblickend glaube ich, daß die Göttinger Erklärung das beschränkte direkte politische Ziel, das sie sich gesteckt hatte, erreicht hat, nämlich die Schaffung einer politischen Atmosphäre in der Bundesrepublik, in der eine *nationale* Atomrüstung nicht ernstlich ins Auge gefaßt werden konnte. Auch das pädagogische Ziel, daß in der Bundesrepublik über diese Fragen nunmehr zum erstenmal in etwas breiteren Kreisen ernsthaft nachgedacht werden sollte, wurde erreicht. In dieser Hinsicht war aber vielleicht am stärksten die selbstpädagogische Rückkopplung. Die Debatten machten mir klar, daß ich keinen rüstungspolitischen Vorschlag mit Aussicht auf Erfolg würde vorbringen können, ohne das Gewebe der rüstungspolitischen, strategischen und technischen Vorstellungen im Weltrahmen genau kennengelernt zu haben. Ich war ins Wasser gesprungen und mußte nun schwimmen lernen. Im Frühjahr 58 reiste ich nach Amerika, sprach mit vielen physikalischen und strategischen Experten und legte die Ergebnisse in einer Artikelserie »Mit der Bombe leben« vor. In den Augen vieler, die uns zugestimmt hatten (und auch mancher Gegner), war dies ein Umfall, und in der Tat habe ich vor dieser Äußerung mehr Angst gehabt als seinerzeit vor der Göttinger Erklärung. Dabei hatte sich meine politische Absicht, den tatsächlichen Machthabern eine für sie praktikable Linie zu zeigen, nicht geändert; insofern war ich aufrichtig, wenn ich sagte, ich erkläre nur, was ich immer gewollt habe.

In doppelter Hinsicht hatte ich aber doch politisch zugelernt und hatte dem einen Lieblingsgedanken aus dem moralischen Feld zum Opfer gebracht. Einmal sah ich, daß der Appell an das Motiv der Gewaltlosigkeit die deutsche (und ebenso die amerikanische) Öffentlichkeit hinderte, die vorgetragenen Gedanken überhaupt ernsthaft zu erwägen. So hörte ich schweren Herzens auf, Gandhi öffentlich zu zitieren; ich sah, daß die heutige westliche Welt unfähig ist, eine solche Politik zu praktizieren. Zweitens sah ich auch, daß die Deckung zwischen einem selbst im Rahmen der Machtpolitik vernünftigen Vorschlag und dem Prinzip der Gewaltlosigkeit in der Göttinger Erklärung ein einmaliger Fall war, der sich nicht auf die Politik der Großmächte ausdehnen ließ.

Erst jetzt lernte ich die Theorie der Friedenserhaltung durch gegenseitige Abschreckung in ihren subtilen Einzelheiten verstehen und trug sie, wohl als erster, in Deutschland vor. Dies war notwendig, um die Deutschen von nationalen Versuchungen fernzuhalten, die in das Abschreckungskonzept nicht paßten. So fiel es mir damals leicht, im Einklang mit denjenigen Amerikanern, die dann John F. Kennedy berieten, in Deutschland zur Vernunft zu reden. Diese Vernunft aber war die Vernunft desjenigen Provisoriums, als welches die Abschreckungslehre in den Augen ihrer klügeren Vertreter allein gelten konnte. Abschreckung sollte den Turm der Rüstungen, der abgetragen werden sollte, zunächst so stabilisieren, daß er nicht während seiner Abtragung umstürzte. Sie sollte die Abrüstung und den Souveränitätsverzicht der Großmächte vorbereiten. Ihr kurzfristiger Erfolg (zu dessen Verständnis in Deutschland ich beigetragen habe) könnte aber leicht ihren langfristigen Mißerfolg besiegeln. Unter dem Schutz einer waffentechnisch ephemeren Abschreckung fühlen sich die Völker heute so sicher, daß sie leicht vergessen könnten, den notwendigen nächsten Schritt zu tun. Gleichwohl mußte ich, meiner eigenen Bewußtseinsentwicklung nach, damals wohl zu dieser Verengung des Horizonts beitragen, um die Forderung des Tages zu erfüllen. Das einzige, was ich darüber hinaus anzubieten hatte, der Hinweis auf Gandhi, symbolisierte die tatsächlich notwendigen weiteren Schritte viel zu undeutlich. In der Tat wird man ohne Zweifel dereinst noch ganz andere Wege als die Gandhis beschreiten, die sich unserer Phantasie bisher noch entziehen.

Mich persönlich stellte jene Phase noch vor eine andere Entscheidung: ob ich die Politik zu meinem Beruf machen wollte. Gerstenmaier, der meine weiterführenden politischen Überlegungen aus mehreren Gesprächen kannte, bot mir nach der Göttinger Erklärung an, für die CDU zum Bundestag zu kandidieren. Dies war leicht abzulehnen, da meine parteipolitische Unabhängigkeit ein wesentliches Element der von mir angestrebten politischen Wirkung war. Der Weg in den Bundestag oder in ein Ministerium hätte mir zweifellos auch später offengestanden, und 1964 fragte mich die SPD, ob ich als gemeinsamer Kandidat von ihr und der FDP für die Bundespräsidentschaft zur Verfügung stehen würde. Auch dies lehnte ich ohne Zögern ab, aber nur, weil ich mir inzwischen die Entscheidung gegen die Berufspolitik grundsätzlich und nicht ohne innere Krisen klargemacht hatte. Es ist bei solchen Entscheidungen kaum möglich, sich der eigenen Motive rational voll bewußt zu werden. Jedenfalls hatte ich schließlich eine völlig eindeutige innere Stimme gegen den Übergang in die Berufspolitik in dem Zeitraum, für den ich planen konnte. Ich sah die wissenschaftliche Arbeit in Physik, Philosophie, politischer Theorie (in dieser Dringlichkeitsreihenfolge) als meine Aufgabe vor mir. Auch heute glaube ich, daß ich durch diese Art der Theorie auch politisch nachhaltiger wirke als durch Tagespolitik, so wenig ich das Geschäft der Tagespolitik verachte.

d) Vereinigung deutscher Wissenschaftler. Bald nach der Göttinger Erklärung wurde ich mehrfach aufgefordert, eine Vereinigung etwa nach dem Modell der Federation of American Scientists zu gründen, um die Gedanken dieser Erklärung öffentlich zu vertreten. Ich lehnte das als eine Überforderung meiner Kräfte ab. 1959 kam eine Gruppe von Physikern zu mir (deren wohl wichtigster Sprecher G. Burkhardt war) und erklärte, sie würden von sich aus eine solche Vereinigung gründen, bäten aber um meine Mitarbeit. Ich sagte zu unter einer Bedingung: es solle nicht eine Vereinigung zur Durchsetzung einer bestimmten politischen Ansicht (auch nicht meiner eigenen), sondern zur Diskussion der mit der Wissenschaft zusammenhängenden politischen Probleme sein, die nur die Ergebnisse gründlicher Studien oder allenfalls einen Konsens der Wissenschaftler, der sich über die Grenzen ihrer eigenen politischen Meinungsunterschiede hinweg herausstellen würde, publizieren sollte. Ich war überzeugt, daß die politische Selbstinformation der Wissenschaftler vorerst eine viel wichtigere Aufgabe sei als das öffentliche politische Hervortreten im Schutz des leicht zu verscherzenden und kaum wieder zu erwerbenden Nimbus der tieferen Einsicht der Wissenschaft. Die Bedingung wurde akzeptiert, bezeichnet aber trotzdem den Angelpunkt aller späteren inneren Auseinandersetzungen in der Vereinigung.

Nicht ganz untypisch war die Gründungsversammlung. Es gelang, uns während der Physikertagung 1959 für zwei Stunden zu dieser Zusammenkunft freizumachen, etwa 15 Teilnehmer, vorwiegend Unterzeichner der Göttinger Erklärung. Fast die ganze Zeit verging mit der Beratung der Statuten. Es blieben 10 Minuten zur Beratung der künftigen Tätigkeit der Vereinigung. Da niemand einen Vorschlag machte, bot ich an, einen meiner Mitarbeiter (E. Heimendahl) einen Rundbrief zur Information der Mitglieder verfassen zu lassen. Dies war die erste Aktivität der VDW. Heimendahl wurde dann ihr erster Geschäftsführer.

Ein Thema der ersten Jahre war die Forderung, die politischen und gesellschaftlichen Konsequenzen der Wissenschaft in den Hochschulunterricht zu bringen (interfakultative Seminare etc.). Ich bedauere nachträglich, daß ich dieser vor allem von jüngeren Mitgliedern erhobenen, voll berechtigten Forderung unter dem Einfluß der ständigen Überanstrengung durch andere, m.E. oft weniger wichtige Themen nicht mehr Nachdruck verliehen habe. Es hätte damals eine gute Wirkung tun können, wenn z.B. von jedem Hochschullehrer, der Mitglied der VDW wurde, gefordert worden wäre, sich zu verpflichten, diese Themen in einer von ihm selbst zu wählenden Form im regulären Unterricht zu behandeln. Die Selbstverpflichtung hätte die Phantasie angeregt, und 100 bis 200 Hochschullehrer unter dieser Verpflichtung hätten das Klima unserer Hochschulen beeinflussen können. Heute ist all dies durch die Studentenbewegung überholt.

Der Rückblick auf 10 Jahre VDW ruft mir vor allem die Erinnerung an unseren internen Streit wach, der von hinreichend prinzipieller Bedeutung ist, um hier erwähnt zu werden. Ich habe mich manchmal gefragt, ob nicht die VDW eine Fehlgründung sei, oder aber, wenn nicht, ob meine Mitgliedschaft in ihr nicht für sie und für mich schädlich sei, da hier vielleicht Unvereinbares vereinbart werden sollte. Ich habe einen großen Teil meiner der VDW gewidmeten Zeit damit verbracht, die Vereinigung an gewissen öffentlichen Verlautbarungen zu hindern, die mir politisch naiv erschienen. Von meiner, vermutlich einseitigen, Blickrichtung her gesehen ging das Bedürfnis, solche Äußerungen zu tun, etwa aus folgender Denkweise hervor: »Wissenschaftler denken rational und sind aufrichtig, Politiker folgen irrationalen Motiven. Wissenschaftler, vor allem wenn sie der (nach heutigen Begriffen gemäßigten) intellektuellen Linken angehören, haben daher eo ipso ein richtigeres Urteil auch über politische Fragen als Politiker. Es ist daher eine moralische Pflicht der Wissenschaftler, dieses ihr Wissen öffentlich bekannt zu machen.« Ich konnte die Motive, aber nicht die vorgebrachten Ansichten achten. Zwar schauen kluge Wissenschaftler in der Tat oft weiter als viele aktive Politiker. Ihr spezifischer Fehler ist aber, das Nahe nicht genau zu sehen; sie sehen oft die Bäume vor Wald nicht. Ferner bedeutet die Bereitschaft, die eigenen langgehegten Meinungen oder raschen Reaktionen in der Politik für wahr zu halten, daß man im Felde der Politik genau die Gesetze der Wahrheitsfindung vergißt, die man in der Wissenschaft praktiziert. Über eine wissenschaftliche Frage würde kaum ein Wissenschaftler so leichtfertig urteilen, wie er es sich über politische Fragen oft erlaubt. Schließlich schien mir der Wunsch der Wirkung durch öffentliche Äußerung oft eine bloße Gewissensberuhigung: »Wenigstens kann man uns nachher nicht nachsagen, wir hätten geschwiegen.« Wer wirklich in der Politik etwas ändern will, muß sehr viel mehr verschwiegene Mühe aufwenden als zu einer öffentlichen Äußerung gehört.

Ohne Zweifel hatte ich im Kampf gegen Manifeste auch ein, wie ich meine legitimes, persönliches Interesse. Ich wurde öffentlich mit der VDW identifiziert und durfte meinen langsam und mühsam aufgebauten Kredit für politische Sachkenntnis nicht durch m. E. undurchdachte Manifeste meiner Kollegen gefährden lassen. Vielleicht hätte die VDW freilich ohne die Hemmung durch mich ein eigenes, von dem meinen sehr verschiedenes »Image« aufgebaut und so eine gewisse Wirkung entfaltet. Jedenfalls bin ich der Meinung, daß die VDW jetzt, nach 10 Jahren Erfahrung und nach der Gründung des Instituts, bei guter und freundschaftlicher Zusammenarbeit ihren Weg doch unabhängiger von mir als bisher bestimmen sollte.

Die Auseinandersetzung nach außen, die den Stil der VDW-Arbeit am produktivsten geprägt hat, betraf den Luftschutz. Auf der Jahresversammlung der VDW im Herbst 1961 wurden die Pläne des neuen Bundesinnenministers bekannt, mit dem Bunkerbau für Zivilschutz ernstzumachen. Viele Anwesende verlangten ein Manifest hingegen, mit der doppelten Begründung, dies sei nutzlos und erhöhe die Kriegsgefahr. Man verwies auf ein analoges Manifest amerikanischer Wissenschaftler gegen Zivilschutzpläne von Kennedy. Ich sprach gegen das Manifest und schlug eine gründliche Studie über das Problem vor. Eine Kommission wurde gegründet, deren ständiger Sekretär H. Afheldt war. In einem Jahr arbeitete sie ein Gutachten aus, das vor der Publikation den Ministerien und Bundestagsabgeordneten zugestellt wurde. Es kam zu einer vielseitigen öffentlichen Diskussion, wir forderten noch ein

Kostengutachten von der Prognos ein, schließlich veranstaltete der Bundestag im Dezember 1964 ein Hearing, auf das hin der Gesetzentwurf der Regierung weitgehend unseren Vorstellungen angepaßt wurde. Zum Schluß ist freilich auch der beschnittene Zivilschutz der Finanznot zum Opfer gefallen.

Dieser Vorgang demonstrierte ein paar wichtige methodische Sachverhalte. Die Arbeitstechnik der Kommission kann als Modell für solche Arbeiten gelten. Mehrere, sachlich engagierte Professoren verschiedener Fächer wurden unterstützt durch einen jüngeren Mitarbeiter, der die Arbeit hauptamtlich machte. Dieser brauchte nicht Fachmann in einem der beteiligten Gebiete zu sein, mußte aber hinreichend vorgebildet sein, um die Sachprobleme verstehen zu lernen, mußte Überblick und Urteil über Menschen haben und gewann damit die zur Integration der Arbeit notwendige Verbindung von Nähe und Distanz. Nach außen zeigte sich, daß ein Gutachten, das manifest besser war als die Vorarbeiten des Ministeriums, auch politischen Erfolg hatte, freilich nicht ohne sehr sorgfältige taktische Erwägungen. Es wurde Wert darauf gelegt, die Zuständigen früher als die Öffentlichkeit zu informieren, aber zugleich klarzumachen, daß man sich jedenfalls an die Öffentlichkeit wenden würde; es wurde also versucht, unnötige Animositäten zu vermeiden und doch den Druck der öffentlichen Meinung und des Ansehens der Wissenschaft ins Spiel zu bringen.

Ebenso lehrreich war das sachliche Problem, das ich bis heute nicht als für uns selbst hinreichend geklärt empfinde. Schon 1958 hatte ich eine unaufgelöste Meinungsdifferenz mit einigen Unterzeichnern der Göttinger Erklärung (z.B. Max Born), weil ich vorschlug, wir sollten Zivilschutz empfehlen, was dann, da wir uns nicht einigten, unterblieb. Ich war erstens der Meinung, ein Krieg sei keineswegs unmöglich und er sei zugleich nicht notwendigerweise das Ende allen Lebens in unserem Land; es sei also sinnvoll, ja geboten, Schutzmaßnahmen zu treffen. Zweitens wollte ich der Verdrängung der Gedanken über die Realität eines Atomkriegs entgegenwirken. Atomwaffen sieht kein Mensch in der Bevölkerung, Luftschutztraining erfährt man am eigenen Leibe; wenn man Atomrüstung wollte, wie Adenauer, so war es daher innenpolitisch taktisch klug, den Zivilschutz, so wie er es tat, in die Planungsschubladen der

Ministerien zu verbannen. Born und andere antworteten, Zivilschutz werde von unseren Nachbarn als Kriegsvorbereitung empfunden werden, werde auch die Leichtfertigkeit unserer eigenen Politik steigern und sei ein Mittel, die Bevölkerung über die angebliche Überlebbarkeit eines Atomkriegs zu indoktrinieren und so kriegswilliger zu machen. Ich fand auch diese Argumente stark und weiß bis heute nicht, auf welcher Seite mehr Wahrheit liegt. Zumal da die psychologischen Wirkungen ambivalent sind, neige ich dazu, vor allem wissen zu wollen, was das sachlich Richtigste ist, dieses unbekümmert vorzuschlagen und dann die psychologischen Wirkungen soweit als möglich in der richtigen Richtung zu beeinflussen.

Als sachlich richtig sehe ich an, daß ein Schutz, der die Kriegsgefahr nicht erhöht und für tragbare Kosten einen fühlbaren Rettungszuwachs verspricht, errichtet werden sollte. So argumentierte auch das Gutachten unserer Kommission, das zum Vorschlag umfangreicher Information der Bevölkerung, eines Warnsystems, verstärkter Kellerdecken und von Falloutschutzräumen kam, Druckbunker aber ablehnte. Manche Mitglieder der Kommission betrachteten auch diese Vorschläge eher als eine unerläßliche Konzession an die Zivilschutz-Anhänger, um überhaupt Gehör im Parlament zu finden. Ich habe die Vorschläge sachlich ernst gemeint, da ich die reale Möglichkeit eines Kriegs zu unausweichlich vor Augen hatte. Ob aber diese Vorschläge sinnvoll sind, hängt von den Annahmen über das Kriegsbild ab.

Die weiteren Kommissionsarbeiten der VDW (Welternährung, Folgen der Biologie) bespreche ich am sachlich gebotenen Ort.

e) Studie über Kriegsfolgen und Kriegsverhütung. Im Sommer 1963 brachte mich die Lektüre von Kahns Buch »On Thermonuclear War« zu der Meinung, wir müßten für unser Land eine Studie über mögliche Kriegsfolgen anstellen. Mein stärkstes Motiv war dabei vielleicht der Wunsch, selbst Bescheid zu wissen. Zweitens wollte ich durch Betrachtung verschiedener möglicher Kriegsbilder die Torheit der auf einem einzigen, schon veralteten Kriegsbild beruhenden, auf 20 Jahre angelegten Bunkerbaupläne des Bundesinnenministeriums bloßstellen. Drittens wollte ich darüber hinaus auch durch dieses Projekt die öffentliche Aufmerksamkeit auf die realen Gefahren des Kriegs lenken. Der Verdrängungsmechanismus, der hier obwaltet, bedient sich des halbbewußten Denkschemas: »Jetzt ist Friede, hoffentlich bleibt er, und wenn Krieg kommt, sind wir doch alle tot.« Ich wollte auf die Realität der Kriegsfolgen, gerade auch in ihrer Begrenztheit hinweisen (»die Überlebenden werden bedauern, daß sie nicht unter den Toten sind«), um die Kriegsgefahr als ein echtes Kriterium in die Beurteilung einer Politik einzuführen. Gerade in diesem letzten Punkt bekam ich in mehreren Gesprächen die Zustimmung hoher Militärs, die wünschten, daß wir Zivilisten öffentlich aussprechen sollten, was sie wußten, aber nicht öffentlich erörtern konnten.

Die Studie erforderte organisatorische Schritte, die sich heute als eine Stufe auf dem Weg zum Institut erweisen. Geld wurde bei der VW-Stiftung beantragt, und es wurde die Forschungsstelle der VDW gegründet.

Ich setze den Inhalt der inzwischen ausgeführten Studie hier als bekannt voraus. In der Tat sollte sich jeder Mitarbeiter des Instituts, auch wenn er in anderer Richtung arbeitet, mit ihren wesentlichen Ergebnissen und Gedanken vertraut machen. Ich hebe nur drei Gesichtspunkte hervor, einen methodischen und zwei inhaltliche.

Methodisch kann die Arbeit, unter Einbeziehung des Themas der Kriegsverhütung, als eine Systemanalyse gelten, die eine Anzahl von Parametern ansetzt, und von diesen schrittweise immer neue als Variable ins System einführt. Es wäre der Mühe wert, dieses Verfahren methodologisch zu analysieren (vgl. B 5).

Inhaltlich wird zunächst deutlich, daß es für uns in der heutigen Waffensituation eigentlich keine Verteidigung, sondern nur Abschreckung gibt. Dies ist ein Beitrag zur Rüstungsdebatte. Hier stellt sich die politische Frage, wie dieser Beitrag zur innenpolitischen Wirkung gebracht wird (vgl. die analogen Probleme in der Luftschutzstudie, oben unter d.) und was seine außenpolitischen Konsequenzen sind (vgl. unten, unter f. und g.).

Zweitens enthält die Arbeit eine weitgeführte Analyse der Stabilität des Abschreckungssystems im Weltrahmen unter Berücksichtigung der Weiterentwicklung der Waffen (»ABM-Studie«). Hier wird sehr deutlich, daß Abschreckung (vgl. oben unter b.) nur eine vorübergehende, nicht die endgültige Lösung des Weltfriedensproblems ist. Diese Erkenntnis muß m. E. unseren weiteren Arbeiten zugrunde liegen. Sie muß aber, schon um nach außen erfolgreich vertreten werden zu können, durch ständig weitergeführte Verfolgung der Waffenentwicklung und Analyse ihrer strategischen Konsequenzen immer tiefer und immer von neuem überprüft werden. Daß Abschreckung keine endgültige Lösung ist, ist, so kurz gesagt, fast selbstverständlich, aber für die reale Politik der kommenden Jahrzehnte hängt alles an den quantitativen Fragen, wie lange sie vorhält, von welchen Akten abgeschreckt werden kann und von welchen nicht usw.

f) Studie über Wiedervereinigung Europas. Die Kriegsfolgenstudie zeigt zwar die Notwendigkeit, aber nicht die Möglichkeit einer wahrhaft friedenbewahrenden Politik; es war daher dem ganzen Kreis der Mitarbeiter an der Kriegsfolgenstudie selbstverständlich, sie nicht als Selbstzweck, sondern als Vorbereitung von Studien über mögliche Friedenspolitik anzusehen. Seit Jahren sind wir mit dem Plan einer Europa-Studie umgegangen, der sich noch nicht ganz realisiert hat. Hierzu haben die durch die Pugwash-Konferenzen erleichterten ausländischen Kontakte, vor allem mit Osteuropäern wesentlich beigetragen. Ich sollte hier vielleicht einiges über die Herkunft und die Wandlung unserer Motive sagen.

Friedenspolitik kann unter drei Gesichtspunkten betrachtet und betrieben werden: Bewahrung des heutigen relativen Friedens, Überleitung zu einem gesicherten Frieden, Zielvorstellungen von der Struktur der Welt in einem gesicherten Frieden. Charakteristischerweise haben die Intellektuellen angesichts des durch die Atomwaffe akzentuierten Friedensproblems relativ früh Zielvorstellungen entwickelt und erst schrittweise realisiert, wie schwer die Überleitung dorthin, ja die Bewahrung des heutigen Friedens ist. Unser Institut muß sich allen drei Aufgaben widmen. Die Überlegungen, von denen soeben die Rede ist, beziehen sich auf eine gewisse Kombination von Bewahrung und Überleitung.

Ich muß hier den Werdegang meiner persönlichen Ansichten zur deutschen und europäischen Politik kurz schildern, ohne irgendeinem Leser dieselben Ansichten aufnötigen zu wollen; hier liegt ein sinnvolles Diskussionsthema. Ich habe in den Anfängen der Adenauer-Ära zu den entschiedenen Befürwortern der Außenpolitik Adenauers gehört und glaube auch heute, daß ich unter der gegebenen Fragestellung damals recht hatte. Ich vermutete und vermute noch, daß Adenauer die Politik der Westintegration betrieb im vollen Bewußtsein, daß er damit die deutsche Wiedervereinigung auf unabsehbare Zeit unmöglich machte (wenn sich auch einiges Wunschdenken über die Schwäche des Sowjetsystems in seine Erwartungen eingeschlichen haben mag). Ich war überzeugt, daß genau diese Politik (und nicht die von Schumacher angestrebte Neutralisierung eines vereinigten Deutschland) im gesamtdeutschen Interesse lag. Denn ich hielt die Schaffung größerer Einheiten als der europäischen Nationalstaaten für unerläßlich, fürchtete das Wiedererwachen des deutschen Nationalismus, hielt es also für nötig, die Deutschen in größere Systeme unauflösbar zu binden, und sah in dem heraufkommenden Hegemoniekampf zwischen Amerika und Rußland keine andere Möglichkeit solcher Bindung als in den entstehenden Blöcken. Eine Weltfriedensordnung konnte ich mir, wenn überhaupt, denn nur von einer Verständigung der wahren Machthaber Amerika und Rußland versprechen. So fiel es mir leicht, in der Bundesrepublik für das amerikanische Bündnis einzutreten und gegenüber nationalistischen Machtwünschen dieses Bündnis ins Feld zu führen. Mich irritierte der Kirchturmstandpunkt der innerdeutschen Behandlung des Deutschlandproblems. Ich war überzeugt, daß die Deutschen ihr eigenes Problem gerade solange zur Unlösbarkeit verurteilten, als sie in ihrem Denken traumatisch an dieses Problem fixiert blieben. Ich war der Meinung, daß die Wiedervereinigung Deutschlands, in welchen Formen auch immer, nur durch eine »*Wiedervereinigung Europas*« und diese nur unter dem Schirm einer Weltfriedensabsprache zwischen Amerika und Rußland möglich sei. Letztere hielt ich nur für möglich unter dem Druck der erkannten Unerläßlichkeit, eine Erkenntnis, der Kennedy und Chruschtschow nahezukommen schienen. Es schien mir notwendig, die

Deutschen in diesem Sinne zu weltpolitischem Denken zu erziehen. Deshalb habe ich öffentlich unablässig vom Weltfrieden und seinen Bedingungen geredet und habe versucht, die traumatischen Stellen der Deutschlandpolitik in diesen Äußerungen nicht oder nur sehr behutsam zu berühren. Nur in bezug auf die Oder-Neiße-Grenze habe ich als Mitunterzeichner des Tübinger Memorandums von 1961 eine Ausnahme gemacht, denn die Aufrechterhaltung dieser Fiktion schien mir eine lähmende Absurdität. Es ist mir heute angenehm, mich in Gesprächen sowohl mit Deutschen wie mit Ausländern, zumal Osteuropäern, auf diese meine öffentlich bezogene Position berufen zu können. Sehr viel wichtiger war mir aber die Frage, ob ein Konzept einer Politik der »Wiedervereinigung Europas« ausgearbeitet werden könnte, das zum offiziellen Entwurf der Bundesrepublik gemacht werden und sowohl die amerikanisch-russische Verständigung wie die Wiederannäherung der beiden deutschen Staaten erleichtern könnte.

Ein wesentlich neuer Gedanke trat in diese Überlegungen durch den von Afheldt vertretenen polyzentristischen Standpunkt ein. Afheldt wies darauf hin, daß, wenn Eine Welt das beste ist, zwei Welten nicht notwendigerweise das zweitbeste sind. Ein Gleichgewicht der Mächte gibt es nach jahrhundertelanger außenpolitischer Erfahrung erst bei fünf Großmächten, und eine bindende Rechtsordnung entsteht u. U. unter vielen Partnern, aber kaum je unter genau zwei Partnern. Bipolaritäten drängen zum Austrag im Kampf. Ferner enthält die Aufteilung der Welt auf zwei Machthaber alle Gefahren der Vergewaltigung der Schwachen, für welche heute die Namen Vietnam und Tschechoslowakei Weltsymbole geworden sind. In Anlehnung an Gedanken de Gaulles und vieler Osteuropäer suchte Afheldt nach einem Konzept eines geöffneten Gesamteuropas.

Afheldt und ich haben unsere Gedanken einander angenähert, ohne sie voll zur Deckung zu bringen. Was ich von seinen Vorschlägen mir aneignen konnte, habe ich 1965 in einer Studie »Wiedervereinigung Deutschlands und Europas« in Thesenform zur Diskussion gestellt. Diese Studie wurde nie veröffentlicht, zirkulierte aber ziemlich weit. Als sie entstand, war sie der öffentlichen Meinung in der Bundesrepublik weit voraus, in der Blütezeit der Ostpolitik der großen Koalition konnte sie als zeitgemäßer Entwurf gelten, und nach dem August 1968 erscheint ihre Realisierbarkeit so zweifelhaft, wie sie vielleicht immer war. Die Sachprobleme, mit denen sie sich abgibt, verschwinden freilich nicht und müssen im Institut studiert werden.

Wir wollten diese Studie nach Abschluß der Kriegsfolgenstudie zum Hauptthema der Forschungsstelle der VDW machen. Die etwas wechselvollen Schicksale unseres diesbezüglichen Antrags an die VW-Stiftung führten zu ihrem Einbau einerseits in ein von R. Löwenthal betreutes Gesamtprojekt mehrerer Institute, andererseits in unsere Mitarbeit am World Order-Project.

g) World Order-Studie. Hier handelt es sich um das Problem der Zielvorstellungen für die Weltpolitik. Schon früh hatten wir uns für den Entwurf einer reformierten Charta der Vereinten Nationen von Clark und Sohn interessiert. Angeregt durch S. Mendlovitz veranstaltete die VDW 1964 hierüber eine Arbeitstagung, an der L. Sohn teilnahm. Der Entwurf sieht eine Art föderativer Weltregierung (wenngleich dieser Name vermieden wird) mit Atomwaffenmonopol und eine fünfzehnjährige Übergangsphase vor. Mir schien die Zielvorstellung sehr diskutierenswert, die Übergangsregelung aber völlig unrealistisch. Wer hängt der Katze die Schelle um? Nicht die Mäuse, sondern höchstens einer, der stärker und klüger ist als die Katze, also ein Mensch. Wer ist hier der Mensch?

Mendlovitz hat inzwischen durch den World Law Fund ein anderes, realistischeres Projekt eingeleitet. Sieben Arbeitsgruppen in der Welt (USA, Lateinamerika, Europa, Afrika, UdSSR, Indien, Japan) sollen die Frage beantworten: »Welcher unter den Ihnen realisierbar erscheinenden möglichen Zuständen der Welt in den 90er Jahren unseres Jahrhunderts wäre unter Ihren Gesichtspunkten der wünschenswerteste?« Wir stellen gegenwärtig die europäische Arbeitsgruppe dieses Projekts dar. Die Fragestellung ist weit genug gefaßt, unsere gegenwärtigen Arbeiten (ABM-Studie, Europastudie) auf einen Nenner zu bringen.

B: Zur Sache

a) Systematik. Ich habe die Sachfragen durch eine Schilderung der Art, wie sie uns bewußt wurden, entwickelt. So habe ich ihre Einführung durch eine abstrakt und unreal wirkende Systematik vermieden. Zu ihrer weiteren Bearbeitung ist aber der Entwurf einer Systematik nötig. Einen solchen gebe ich hier, noch immer in sehr lockerer, nicht durch tiefergehende theoretische Reflexion gegründeter Weise. Ich unterscheide folgende Gesichtspunkte der Erwägung:

I. Abfolge: 1. Zielvorstellungen
               2. der langfristige Weg
               3. nähere Zukunft
               4. aktuelle Politik
II. Gebiete: 1. Politik
               2. Strategie
               3. Wirtschaft
               4. Erziehung
III. Kräfte: 1. Gewalt
               2. Vernünftige Vereinbarung
               3. Wandlung der menschlichen Antriebe.

Ich bespreche diese interdependenten Gesichtspunkte in einer Abfolge, die vielleicht die Interdependenz deutlich macht.

b) Zielvorstellungen. Es ist ein ausgeprägt intellektueller und nicht politisch-pragmatischer Weg, von Zielvorstellungen auszugehen. Auch intellektuell ist er problematisch. Denn in der Geschichte gibt es keine stationären Endzustände, und heute wohl weniger als je zuvor. Nach dem Anmarsch über die Vergangenheit (wenn es auch nur die Vergangenheit der eigenen Vorstellungen ist) scheint mir eine andere Anmarschroute über ein Zukunftsbild aber als Ergänzung wichtig. Und es ist immerhin meine zentrale These, daß die Weltgeschichte in bezug auf das Problem des Friedens in der Tat einen qualitativen Übergang von dem Plateau des großen Kriegs als anerkannter Institution zu einem neuen Plateau des politisch gesicherten Weltfriedens vor sich hat. Wenn dies überhaupt glaubwürdig sein soll, muß man versuchen können, Merkmale des neuen Plateaus anzugeben.

Ich gebrauche ständig den Begriff des *politisch gesicherten* Weltfriedens. Darin steckt, daß ich einen Weltfrieden, der nur auf der Friedfertigkeit souveräner, zum Krieg fähiger Nationen beruht, nicht für stabil halte. Ich habe das Problem unter Vb berührt. In der jetzigen Systematik heißt das, daß ein Weltfriede, der in der für uns praktisch erwägbaren Zukunft zustande kommen soll, nicht nur durch vernünftige Vereinbarung und die Wandlung der menschlichen Antriebe stabilisiert werden kann, sondern dazu eines gewissen Maßes an verfügbarer Gewalt bedarf. Eine andere Frage ist es, ob er ohne Anwendung kriegerischer Gewalt wird entstehen können (darüber unter c). Das nächstliegende Modell eines politisch gesicherten Friedens ist der innere Friede in einem Staat. Er impliziert ein Armee- und Polizeimonopol der Staatsgewalt, auch wenn diese Gewalt demokratisch zustande kommt und kontrolliert wird. Eines der theoretischen Probleme im Bereich »Zielvorstellungen« ist, ob es ein anderes Modell des gesicherten Weltfriedens geben kann als einen – wenngleich möglichst föderativen – Weltstaat.

Ich habe mir kein anderes Modell als das des Weltstaats auszudenken vermocht. Vielleicht liegt das an einer einseitigen Richtung meiner Phantasie. Anderweitige Modelle bestehen, wenigstens in Ansätzen, und müssen im Institut durchdiskutiert werden. Ich nenne drei:

α) Internationale Organisationen und Staatsverträge,
β) Transnationale Organisationen und funktionale Verflechtung,
γ) Abschaffung der Herrschaftssysteme durch Wandel der Gesellschaft.

α kann das klassisch-politische Modell heißen, etwa durch die UNO repräsentiert. β ist vorwiegend wirtschaftlich-technisch (vielleicht technokratisch) orientiert. γ liegt in den Spielarten des Sozialismus (Marxismus, Anarchismus) vor. Das erste Modell akzeptiert die bestehenden Staaten und fordert von ihnen, sich an eine Friedensordnung ausdrücklich zu binden, die beiden anderen versuchen die bestehenden Staaten auf verschiedene Weise und in verschiedener Radikalität zu unterlaufen.

Ich leugne nicht, daß alle drei Vorgänge sowohl bei der Entstehung wie bei der Stabilisierung eines garantierten Weltfriedens eine wichtige Rolle spielen können. *Nach* der Stabilisierung des Weltfriedens mag die Überwindung der Herrschaftsstrukturen sogar eines der wichtigsten Themen der weiteren Politik (der »Weltinnenpolitik«) werden. Blicken wir aber darauf, wie die innere Ordnung in den heute bestehenden, selbst den friedlichsten und freiheitlichsten, stabilisiert ist, so finden wir überall eine Zentralgewalt mit monopolistischen Befugnissen, die bestehen, auch wenn es kaum je nötig ist, auf sie zurückzugreifen. Die meisten freiheitlichen Staaten hatten ihre Einheit ehe sie ihre innere Freiheit hatten; sie verschafften dem Volk Kontrolle über eine schon funktionierende Staatsapparatur. Von vorneherein föderativ zustandegekommene Staaten wie die Vereinigten Staaten und die Schweiz haben sich nur unter der Notwendigkeit eines Freiheitskampfs gegen einen äußeren Gegner zusammengefunden, und immerhin haben beide Länder noch im 19. Jahrhundert einen Sonderbund durch einen inneren Krieg gewaltsam unterdrückt.

Ich kann mein Argument am einfachsten als Antwort auf einen Einwand formulieren. Ein kluger Gesprächspartner sagte mir einmal, er verstehe nicht, warum ich einen so komplizierten Weg wie die Schaffung eines Weltstaats vorschlage, da einfachere Wege, die geringere Änderungen verlangten, möglich seien; er dachte wohl vor allem an α und β. Ich antwortete, mein Hauptgrund sei gerade, daß der Staat die einfachste Lösung sei, deren Errichtung die geringste politische Phantasie verlange, da nur die Übertragung eines schon bekannten Modells auf das Weltganze nötig sei; jeder andere Vorschlag verlange, im Weltrahmen ein Modell auszuprobieren, das sich noch bei keiner einzelnen Nation als hinreichend erwiesen habe.

Ich gehe im folgenden von der Arbeitshypothese aus, ein (föderativer) Weltstaat sei die richtige Zielvorstellung. Sie auszumalen oder durch eine bessere zu ersetzen mag eine Aufgabe sein, die Mitarbeiter des Instituts sich stellen.

c) Der langfristige Weg der vernünftigen Vereinbarung. Das Ziel eines föderativen Weltstaats ist so entfernt, daß niemand von uns weiß, wie und wann es zu erreichen ist. Der Weg zu ihm ist langfristig.

Die politische Planung hierfür wird natürlicherweise auf den Weg der vernünftigen Vereinbarung gedrängt. Die vorhin genannten Modelle α und β, die mir zur Stabilisierung des Weltfriedens nicht ausreichend erscheinen, haben ihre große Bedeutung zur Erleichterung des Wegs zu ihm. Man darf hier nur nicht die stückweise erfolgreiche Anwendung eines Mittels mit dem Ziel verwechseln und zu früh erlahmen.

Das Ziel der Arbeit am World-Order-Projekt könnte die theoretische Ausarbeitung dieses Wegs mit seinen mancherlei Varianten sein. Man sollte die vier unter II genannten Gebiete dabei einzeln durchgehen.

Der Weg enthält aber vorerst keinen Hinweis darauf, wie der entscheidende Schritt, die wirkliche Übergabe an Souveränitäten der Weltmächte, zu erreichen ist. Ein Weg ist nur gangbar, wenn jeder Tritt auf ihm sicher ist, wenn also jeder Zwischenzustand ein wenigstens für die ihm zukommende Dauer hinreichend stabiler Zustand ist. Da vernünftige Vereinbarung die freiwillige Zustimmung wenigstens der mächtigeren Partner verlangt, muß sie für jeden von ihnen auf jedem Schritt hinreichend anziehend sein (oder das zu vermeidende Übel muß hinreichend groß erscheinen). Gerade der Erfolg der Stabilisierung des gegenwärtigen Friedens nimmt der Überleitung zu einem besseren Zustand den Antrieb.

d) Der langfristige Weg der Wandlung der menschlichen Antriebe. Die Kritik liegt nahe und ist vielleicht berechtigt, daß vernünftige Vereinbarung den entscheidenden Schritt nie zuwege bringen wird. Die marxistische Spielart dieser Kritik schiebt das Versagen auf das Gesellschaftssystem. Sie sieht die Vereinbarungen, zu denen Vertreter kapitalistischer Interessen fähig sind, nicht als wahrhaft vernünftig an. Sie erhofft von einer Änderung des Gesellschaftssystems die Freisetzung der zum Frieden erforderlichen Vernunft.

Ich bin geneigt, der marxistischen Kritik an der Unvernunft unseres Systems weitgehend zu folgen, nicht aber dem marxistischen Optimismus, einen Gesellschaftszustand einzuführen, der durch seine materiellen Bedingungen der Vernunft den erforderlichen Spielraum gibt. Dies ist, theoretisch gefaßt, eine Frage der Anthropologie. Mit aus diesem Grund ist die Präsenz anthropologischen Wissens und Fragens im Institut unerläßlich (vgl. Kap. 7 und 8). Wir werden uns damit den bekannten Streit der Biologen und Soziologen über angeborene und gesellschaftsbedingte Verhaltensweisen ins Haus ziehen; wir werden nicht darum herum kommen, ihn, so gut wir können, auszutragen. Freilich darf man nicht erwarten, diese Fragen rein theoretisch entscheiden zu können. Wie sich der Mensch wandeln läßt, kann nur der praktische Versuch lehren, und dieser wiederum kann nicht glücken, wenn er bloß aus theoretischem Interesse und nicht um der Wandlung selbst willen angestellt wird. Nur der marxistische Einsatz entscheidet schließlich über die Wahrheit des Marxismus. Auch ich kann an dieser Stelle nicht experimentieren. Ich bleibe gegenüber der marxistischen Anthropologie skeptisch und empfinde den Übergang marxistisch angesetzter Revolutionen in diktatorische oder »bürokratische« Systeme nicht als Zufall. Ich halte es aber für notwendig, daß die marxistische Auffassung im Institut vertreten und eine entscheidende Komponente der Diskussion ist. Zu den politisch-wirtschaftlichen Aspekten vgl. auch A 3 und A 4.

Nach meiner Ansicht bieten die großen Religionen (nicht nur das Christentum), wenngleich in einer heute altmodisch erscheinenden Sprache, eine tiefer begründete Anthropologie an. Ich habe das in Vb besprochen und greife es im Teil C wieder auf. Ich glaube nicht, daß ein nicht religiös begründeter Weltfriede haltbar und menschenwürdig bleiben kann. Auch über die christliche Wahrheit entscheidet nur der christliche Einsatz. Mir liegt aber nichts daran, irgend jemanden im Institut zu dieser religiösen Auffassung zu verpflichten. Hiergegen würde ich gern die christliche Anthropologie in einer der säkularen Wissenschaft zugänglichen Weise ausgearbeitet sehen.

Die Hoffnung, den Weltfrieden durch eine religiöse Bekehrung der Menschheit *herbeizuführen,* kann man heute nicht haben. Wenn die christliche Anthropologie wahr ist, ist viel eher zu fürchten, daß erst die Katastrophen, die das ungewandelte menschliche Herz mit den Mitteln der modernen Technik hervorbringt, die Besinnung wachrufen werden. Vielleicht ist die Angst, es könnte so sein, ein Grund für viele Intellektuelle, zu wünschen, die christliche Anthropologie sei nicht wahr.

e) Der langfristige Weg der Gewalt. Selbst der Weg der vernünftigen Vereinbarung braucht ein begrenztes Maß an Gewalt; der Weg der marxistischen Revolution braucht ein höheres Maß. Solange sich uns aber kein besserer Weg als die bisher betrachteten zeigt, um die Schwelle zum Weltfrieden zu überspringen, müssen wir mit der Möglichkeit, ja mit der nicht geringen Wahrscheinlichkeit rechnen, daß nur ein atomarer Krieg die Menschheit über diese Schwelle zwingen wird. Ich habe in allen bisherigen Arbeiten und politischen Akten darauf gedrängt, diese Möglichkeit als real ins Auge zu fassen. Das Ergebnis der ABM-Studie stimmt mit meinem Empfinden überein, daß die Kriegswahrscheinlichkeit seit 1945 schrittweise abgenommen hat, etwa seit 1967 aber wieder langsam zunimmt. Ich wünsche, daß im Institut diese Eventualität weiterhin entschieden durchgedacht wird, mit allen ihren vielverzweigten Konsequenzen. Hier und heute sage ich dazu nicht mehr.

f) Nähere Zukunft. Für die nähere Zukunft kann man versuchen, politische Handlungsmöglichkeiten zu entwerfen, die dem langfristigen Weg der vernünftigen Vereinbarung angepaßt sind. Die Europa-Studie ist ein Versuch dieser Art. Er ist nach den Gebieten unter II durchzugehen.

g) Aktuelle Politik. Das Institut sollte sich *als* Institut nicht in aktuelle Politik mischen, ohne seine Mitglieder an Stellungnahmen, die sie für notwendig halten, zu hindern. Es ist erwünscht, solche Stellungnahmen zu diskutieren. Ferner ist die Zusammenarbeit mit Instituten, die selbst aktuelle Auftragsforschung betreiben, erwünscht, um den Druck zu fühlen, den nur die Praxis mit sich bringt.

C: *Zum Arbeitsplan*

Das Institut muß zunächst die Kriegsfolgen-Studie veröffentlichen und ihre Folgen tragen. Der weitere Arbeitsplan in diesem Gebiet ist mit der Europa- und World-Order-Studie wohl zur Genüge umrissen.

Zusammenarbeit ist vor allem mit der Friedensstudie der Forschungsstelle der Evangelischen Studiengemeinschaft (Picht) und mit der Stiftung Wissenschaft und Politik (Ritter) ins Auge gefaßt. Die möglichen Formen dieser Zusammenarbeit sind durch Kontaktnahme zu klären.

Ferner beabsichtige ich, verschiedene an diesen Problemen interessierte Ausländer zu Kolloquien und zur Planung von Zusammenarbeit einzuladen.

II. Kriegsverhütung

Kriegsfolgen und Kriegsverhütung*

Wer eine wissenschaftliche Untersuchung über Folgen eines möglichen zukünftigen, atomar geführten Krieges in unserem Lande vorlegt, der muß zunächst davon Rechenschaft geben, was ihn zur Wahl eines so grauenhaften Themas veranlaßt hat. Er kann dafür nur eine Rechtfertigung finden: die Hoffnung, durch seine Arbeit dazu beizutragen, daß das Unglück, das er beschreibt, verhindert werde. Wir schildern zunächst, wie wir dazu gekommen sind, diese Studie zu beginnen.

1961 schlug das Bundesinnenministerium eine Reihe von Gesetzen für den Schutz der Bevölkerung im Kriegsfall vor, darunter ein Gesetz über den Bau von Schutzräumen. Über den Wert der vorgeschlagenen Maßnahmen entstand, wie im breiten Publikum, auch in wissenschaftlichen Kreisen eine Kontroverse. Die Vereinigung Deutscher Wissenschaftler (VDW) setzte daraufhin eine Kommission ein, die nach einjähriger Arbeit ein Gutachten unter dem Titel »Ziviler Bevölkerungsschutz heute« veröffentlichte. Dieses Gutachten gab Anlaß zu einem Hearing im Bundestag, auf Grund dessen der Gesetzentwurf der Regierung in dem im Gutachten vorgeschlagenen Sinne modifiziert wurde.

Eine Kritik, die im Hearing an dem älteren Regierungsentwurf geübt wurde, war, daß er nur ein festes Kriegsbild zugrunde lege und der Vielzahl möglicher Kriegsbilder und der ihnen entsprechenden Waffeneinsätze nicht gerecht werde. Die VDW schlug daher der Stiftung Volkswagenwerk eine Studie vor, welche die Auswirkungen eines im Territorium der Bundesrepublik geführten Krieges unter verschiedenen Kriegsbildern – also in Abhängigkeit von den eingesetzten Arten und Mengen von Waffen, von den angegriffenen Zielen und von den Schutzmaßnahmen ermitteln sollte. Das Ergebnis dieser Arbeit, die in der Zeit von 1964 bis 1969 ausgeführt wurde, ist in diesem Band niedergelegt.

* Aus: H. Afheldt, A. Künkel, A. Pfau, E. Rahner, K. Rajewski, U. P. Reich, H. Roth, Ph. Sonntag, C. F. v. Weizsäcker, »Kriegsfolgen und Kriegsverhütung«. München, Hanser 1971.

Wir hätten diese Arbeit nicht begonnen, wenn wir lediglich am Problem des Zivilschutzes interessiert gewesen wären. Das zwingendste Argument gegen ein sehr umfassendes Schutzraum-Bauprogramm waren schon 1964 seine hohen Kosten, und die bald nachher eintretende Knappheit im Bundeshaushalt machte es seit Anfang 1966 klar, daß ein solches Programm – wie immer die militärischen Argumente ausfallen würden – auf lange Zeit hinaus keine Aussicht auf Verwirklichung hatte. Wir hätten unsere Arbeitskraft nicht jahrelang der Erörterung des Nutzens eines fiktiven Programms gewidmet. Jede sicherheitspolitische Diskussion im Bundestag und in der breiteren Öffentlichkeit macht aber deutlich, wie schwer es ist, den Zweck unserer gegenwärtigen und der für die Zukunft geplanten Rüstung zu beurteilen, wenn kein hinreichendes öffentliches Bewußtsein von den möglichen Folgen eines wirklich ausgefochtenen Krieges vorhanden ist. Es ist ebenso gefährlich, die heutigen Waffenwirkungen nach unseren Erfahrungen aus dem zweiten Weltkrieg beurteilen zu wollen, wie, im entgegengesetzten Extrem, die Zerstörungen als unkalkulierbar groß jedem vernünftigen, quantitativen Denken zu entziehen. Informierte militärische Fachleute vermeiden gewiß beide Extreme, um aber die Öffentlichkeit von dem Gewicht ihrer Argumente zu überzeugen, müssen sie bei dieser Öffentlichkeit ein Verständnis für das genaue Maß der Wirkungen voraussetzen, das dort in Wahrheit nicht besteht.

Es schien uns daher wichtig, eine Studie vorzulegen, die gerade auch dem Nichtmilitär Methoden und Ergebnisse solcher Kriegsschäden-Abschätzungen (»damage assessment« in englischer Militärterminologie) bekanntmachen würde. Die äußere Gliederung unserer Studie ist so angelegt, daß der nichtfachmännische Leser selber wählen kann, wie tief er ins Detail vordringen will.

Dieser sehr kurze einleitende Teil stellt die Absichten und Ergebnisse der gesamten Studie in einem ersten Überblick dar. Der mittlere Teil diskutiert die sämtlichen Grundprobleme in zusammenhängender Folge; er ist selber eingeleitet durch ein Kapitel, das den Zusammenhang dieser Probleme schildert. Die Detailanalysen schließlich bestehen aus einer umfangreichen Serie von Darstellungen der Technik unserer Untersuchung und von Spezialproblemen. Der einleitende Teil wendet sich vorzugsweise an den Nichtspezialisten, der mittlere Teil an den zu intensiver Lektüre willigen Nichtfachmann ebenso wie an den Fachmann, die Detailanalysen suchen bestimmte Ergebnisse vor dem Spezialisten auszuweisen.

Unsere Aufgabe, die zivilen Kriegsschäden zu analysieren, ist deutlich abgegrenzt gegen die speziellere und in ihrer Besonderheit schwierige Aufgabe einer militärisch-strategischen Analyse; letztere hätten wir, da wir bewußt auf die Kenntnis geheimer Informationen verzichtet haben, nicht übernommen. Wer eine militärische Strategie oder Taktik entwirft, der muß die Wirkungen von Waffen auf Truppen und auf Waffen im einzelnen beurteilen können; er muß dazu aktuelle Detailinformationen über die jeweils verfügbaren Waffensysteme besitzen. Uns kam es hingegen nur darauf an, abzuschätzen, in welchem Zustand Bevölkerung, Gebäude und Wirtschaft in unserem Lande nach einem Einsatz von Waffen einer bekannten durchschnittlichen Gesamtwirkung zurückbleiben würden. Die Grundlagen für solche Rechnungen sind öffentlich zugänglich und bekannt.

Unsere Arbeit ist jedoch über eine bloße Schadensschätzung sehr weit hinausgewachsen. Dafür waren zwei Gründe maßgebend:

Erstens erwies sich rasch, daß eine Schadensabschätzung überhaupt unmöglich ist ohne gewisse Annahmen über die politischen Ziele, die die kriegführenden Parteien verfolgen. Der Schaden hängt ab von Art, Menge und Ort der eingesetzten Waffen. Dieser Einsatz ist bestimmt durch die Strategie, die die Kriegführenden wählen. Welche Strategie sie wählen, wird aber auch von ihren politischen Zielen abhängen. Zwar haben wir versucht, von Annahmen über diese Ziele dadurch so unabhängig wie möglich zu werden, daß wir das ganze Feld des militärisch-technisch möglichen Waffeneinsatzes durch formale Variation gewisser Parameter überdecken. Es zeigt sich aber, daß der Spielraum der möglichen Kriegsfolgen, die wir dann zu erwägen haben, von verhältnismäßig unbedeutenden Schäden bis an die Auslöschung alles Lebens in unserem Lande reicht; damit bleibt für eine realistische Überlegung die Frage, welche Art des Waffeneinsatzes in einem Krieg wirklich gewählt würde, doch unerläßlich.

Zu dieser politischen Erwägung muß eine wirtschaftliche und medizinische treten. Es kommt nicht darauf an, welches Maß an Schäden am Ende bestimmter Kriegshandlungen eingetreten ist, sondern vor allem auch darauf, ob unser Land sich aus einem derartigen Zustand wirtschaftlich wieder würde erholen können oder ob es an den Nachwirkungen der Schäden – Hunger, Krankheiten, Zerstörung der Produktionsmittel, Desorganisation – nachträglich noch zugrunde gehen würde. All diesen Fragen haben wir uns in sehr ausführlichen Untersuchungen gewidmet, die z. T. nur in knappen Ergebnisberichten in die vorliegende Studie aufgenommen worden sind. Hier mag die methodische Bemerkung erlaubt sein, daß in einer wissenschaftlichen Untersuchung die Irrwege, die die Verfasser zunächst gegangen sind, zu den wichtigen Erfahrungen bei der Wahrheitsfindung gehören, auch wenn man sich entschlossen hat, sie – nachdem sie als Irrwege erkannt sind – nicht oder nur in knappen Andeutungen darzustellen.

Ein zweiter Grund für die Ausweitung der Untersuchung über eine bloße Schadensanalyse hinaus erwies sich für uns im Fortschritt der Arbeit als ebenso zwingend und noch bedeutsamer als der erste. Man bringt es, wenn man sich als Staatsbürger für das Wohl des Ganzen mitverantwortlich fühlt, nicht über sich, bloß mögliche Schäden auszusprechen und als Material für sicherheitspolitische Diskussionen anzubieten. Man kann nicht umhin, sich selbst die Frage zu stellen, was getan werden kann, um ein so großes Unglück zu verhindern oder doch weniger wahrscheinlich zu machen. Eine Studie über Kriegsfolgen führt mit menschlicher Zwangsläufigkeit weiter zu einer Studie über Kriegsverhütung.

Hiermit aber weitet sich notwendigerweise der politische Horizont. Ob ein Krieg in unserem Land verhütet werden kann, hängt heutzutage nur in begrenztem Maße von den Verhältnissen in eben diesem, unserem Lande ab. Wir haben jedenfalls verhältnismäßig leicht der Versuchung widerstanden, Mutmaßungen und Vorschläge zum deutschen Problem in unsere Studie einzuflechten. Einerseits ist das deutsche Problem überhaupt nur im Rahmen einer größeren europäischen Ordnung lösbar. Auf die politischen Fragen einer solchen Ordnung können wir in der gegenwärtigen Studie ebenfalls nur andeutend hinweisen. Andererseits aber hängen auch die Möglichkeiten einer europäischen Ordnung sicherheitspolitisch wesentlich vom Kräfteverhältnis und den strategischen und rüstungspolitischen Konzeptionen der beiden Weltmächte ab. Die Frage der Verhinderung eines Atomkriegs in Deutschland ist aufs engste an die Frage der Verhinderung eines Atomkriegs zwischen den USA und der UdSSR geknüpft. Wenn wir überhaupt von Kriegsverhinderung sprechen, so müssen wir auch, und methodisch sogar zuerst, von der Verhinderung eines atomaren Weltkrieges sprechen.

Im öffentlichen Bewußtsein wird dieses Problem der Verhütung eines atomaren Weltkrieges heute weitgehend psychologisch verdrängt, obwohl es eine ständige intensive Diskussion der Experten über diese Fragen gibt. Man begnügt sich, wenn die Frage auftaucht, mit einer eigentümlichen Mischung von Sicherheit und Fatalismus, etwa ausgedrückt in den Sätzen: »Die großen Waffen sichern den Frieden« und »Wenn der große Krieg kommt, ist sowieso alles aus«. Man schiebt das Problem gerade wegen seiner Übergröße ab und wendet sich dann wieder den Sorgen und Interessen des Tages zu. Wenn aber eine politische Haltung die Gefahr eines großen Krieges herausfordert, so ist es diese. Denn die Entscheidungen des Tages wirken auch auf den Faden zurück, an dem das Damoklesschwert des großen Krieges über uns hängt. Darauf, ob dieser Faden zu einem Strick verstärkt oder hauchdünn gescheuert wird, wirkt auch das politische Bewußtsein und die aus ihm folgenden politischen Entscheidungen in einem zwar kleinen und nicht sehr mächtigen, aber geographisch, historisch und wirtschaftlich wichtigen Lande wie dem unseren ein.

Wir haben es daher für eine unserer wichtigsten Aufgaben gehalten, die Stabilität des Rüstungssystems der Weltmächte zu überprüfen. Wir haben versucht, die sehr schwierigen prognostischen Fragen, die sich hier stellen, durch ein mathematisches Modell zu klären*. Wir mischen uns damit in die internationale sicherheitspolitische Debatte ein, die vor allem in den Vereinigten Staaten, aber auch in England, Frankreich und der

---

* Vgl. Horst Afheldt, Philipp Sonntag: Stabilität und Abschreckung durch strategische Kernwaffen – eine Systemanalyse, Seite 303.

Sowjetunion heute mit Nachdruck geführt wird, während die Bundesrepublik in der Kenntnisnahme von diesen Problemen noch immer hinterher hinkt. Wegen der Wichtigkeit und Dringlichkeit dieser Fragen ist geplant, diese speziellen Untersuchungen gleichzeitig in englischer Sprache zu publizieren.

2. Kriegsfolgen

Unsere erste Aufgabe war, die entstehenden Verluste an Menschenleben, Gesundheit, Wohnungen und Industrieanlagen bei verschiedenen Formen des Waffeneinsatzes abzuschätzen. Das dafür benutzte Computerprogramm wird ausführlich dargestellt*. Es ist spezialisiert auf den Einsatz atomarer Waffen; zur Berechnung konventioneller Waffenwirkungen reicht die Feinheit unserer Rechnung nicht aus. In dem einleitenden Überblick, den ich hier gebe, beziehe ich aber auch Wirkungen konventioneller Waffen ein, und diskutiere die Waffenwirkungen von vornherein im Zusammenhang mit den möglichen Zielen der Kampfhandlungen. Sehr vereinfachend kann man diese Ziele wie folgt klassifizieren:

Möglich wäre
 a) ein Kampf um lokal begrenzte Ziele in unserem Land;
 b) der Versuch eines Gegners, unser Land zu erobern;
 c) ein Versuch eines Gegners, unser Land physisch zu zerstören;
 d) ein Krieg in unserem Land, der nur ein Teil eines größeren Krieges zwischen den Weltmächten wäre.

a), b) und c) könnten auch in zeitlicher Folge, als Glieder einer Eskalationskette ablaufen; auch d) könnte das Ergebnis einer Eskalation eines in unserem Land in einer der vorigen Stufen beginnenden lokalen Krieges sein. Bei a) könnte es sich etwa um einen zufälligen oder provozierten Grenzzwischenfall, einen hochgetriebenen Konflikt um die Zufahrtswege nach Ber-

---

* Ph. Sonntag: Mathematische Analyse der Wirkungen von Kernwaffenexplosionen in der BRD. Seite 75.

lin oder den Versuch der Wegnahme eines Faustpfandes handeln. Bei b) könnte es das Interesse des Gegners sein, die Wirtschaftskapazität unseres Landes möglichst unbeschädigt in seine Hand zu bekommen; deshalb haben wir u. a. Waffeneinsätze diskutiert, welche die Schädigungen der Bevölkerung und Industrie zu vermeiden suchen. Es ist auch eine politische Spannungssituation denkbar, in der dem Gegner gerade an unserer Ausrottung liegt (c). Wir müssen also fragen, ob diese physisch möglich ist.

Hierbei ist auch der Begriff der Zerstörung oder Auslöschung noch aufzugliedern. In der amerikanischen Abschreckungsstrategie spielt der Begriff des Überlebens als lebensfähige Industriegesellschaft (viable 20th century society) eine wichtige Rolle. Man geht davon aus, daß ein moderner Industriestaat schon dann von einer bestimmten Handlung abgeschreckt werden kann, wenn ihm als »Strafe« für diese Handlung die Zerstörung als lebensfähige Industriegesellschaft droht, selbst wenn keineswegs alle Menschen getötet würden oder die Bestellbarkeit der Äcker vernichtet wäre. Man schätzt, daß die amerikanische wie die sowjetische Industrienation nicht als solche überleben kann, wenn sie mehr als 20 bis 25 % ihrer Bevölkerung und 50% der Industriekapazität verliert. Unsere Studie über den wirtschaftlichen Wiederaufbau hat uns zu der Auffassung geführt, daß dies nicht so sehr an den quantitativen Verlusten liegt, außer in gewissen Schlüsselindustrien, sondern primär an einem Zusammenbruch des Organisationsnetzes. Eine so schwer getroffene Gesellschaft wird nicht mehr mit unverletzten Gesellschaften konkurrieren und sich ohne deren aktive Hilfe auch nicht selbst wiederherstellen können. Sie wird ebensowenig in eine moderne konkurrenzfähige Agrargesellschaft überführt werden können. Wenn sie in einen Zustand bloßer Subsistenzwirtschaft zurücksinkt, so wird sie vermutlich nicht einmal alle Überlebenden ernähren können. Selbstverständlich ist all dies in hohem Grad hypothetisch. Doch darf man annehmen, daß die genannten Verlust-Prozentzahlen etwa dasjenige Risiko bezeichnen, das keine der beiden Weltmächte heute zu laufen bereit ist.

Die Übertragung dieser Vorstellungen auf ein kleines Land wie die Bundesrepublik ist wiederum problematisch. Die Frage unserer wirtschaftlichen Erholungsfähigkeit hängt in ganz anderem Maß als in den einer Autarkie nahen Wirtschaftssystemen der Weltmächte davon ab, was unserer Umwelt zustößt und ob sie uns nachher Hilfe gewähren kann und will. Immerhin wird man sagen können, daß der Verlust unserer industriellen Wettbewerbsfähigkeit für uns schon ein kaum erträglicher Schlag wäre. Wir haben in unserer Studie in Ermangelung eines besseren Kriteriums die amerikanischen Prozentzahlen als Maßzahlen für wirtschaftliche Überlebensfähigkeit auch für die Bundesrepublik übernommen.

Summarisch läßt sich unser Ergebnis so aussprechen: Gegen keine der oben aufgezählten Bedrohungen besitzt die Bundesrepublik eine Verteidigung, und sie hat auch keine Aussicht, eine solche Verteidigung im kommenden Jahrzehnt aufzubauen.

Unter dem Besitz einer Verteidigung ist dabei das Vermögen verstanden, einen Gegner, der entschlossen ist, die betreffende Drohung auszuführen, und der dafür auch großen Schaden in Kauf nimmt, durch Einsatz militärischer Mittel an der Verwirklichung der Drohung zu hindern*.

Es scheint uns für alle sicherheitspolitischen Überlegungen der Gegenwart und Zukunft notwendig, diesem, den Fachleuten wohlbekannten Sachverhalt nüchtern und ohne Schreck ins Auge zu sehen. Wir erläutern ihn nun zuerst allgemein und dann im besonderen.

Allgemein gesehen teilt unser Land hierin das Schicksal aller Länder der Welt. Keine Nation kann sich heute effektiv gegen einen atomar gerüsteten Gegner schützen, sofern dieser Gegner beschlösse, ohne Rücksicht auf eigene Verluste die betreffende Nation physisch oder doch als funktionsfähige moderne Gesellschaft auszulöschen. Eben dies liegt für die beiden Welt-

---

* Was hier als »Besitz einer Verteidigung« bezeichnet ist, soll dasselbe besagen wie im Kapitel »Analyse der Sicherheitspolitik...«, Abschnitt 5. 431, die Ausdrucksweise, die Verteidigung sei »möglich«. Natürlich ist es möglich, gegenüber gewissen der aufgezählten Drohungen, sofern der Gegner sie ausführt, in einen Verteidigungskampf einzutreten, und der Blick auf die Opfer, welche die Überwindung dieses Widerstands kosten kann, mag den Gegner von der Ausführung der Drohung abschrecken. Wir müssen aber zwischen Verteidigung und Abschreckung scharf unterscheiden.

mächte im Begriff der »second strike capability«: jede der beiden kann heute die andere auch in einem zweiten Schlag, d. h. in Erwiderung eines schon vom Gegner geführten erfolgreichen ersten Schlages, mit den dann noch unzerstörten eigenen Raketenwaffen im eben erläuterten Sinne auslöschen. Wie wir unten näher betrachten werden, gilt gerade diese Situation gegenseitiger Abschreckung heute als das wichtigste Mittel zur Verhinderung eines atomaren Krieges zwischen den Weltmächten. Im obersten Niveau der vorhandenen Waffen ist also der Begriff der Verteidigung gegenwärtig völlig außer Kraft gesetzt und durch den grundsätzlich andersartigen Begriff der Abschreckung ersetzt. Gegen kleinere Waffen hingegen gibt es in vielen Fällen allerdings Verteidigung mit gleichartigen Waffen und natürlich erst recht mit größeren Waffen. Aber eben die Möglichkeit, auf einen Angriff kleinerer (z. B. konventioneller) Waffen mit größeren (z. B. taktischen Atomwaffen) zu antworten, zeigt die Labilität dieser Art der Verteidigung. Der Angreifer könnte auch zu größeren Waffen übergehen, und so könnte der Kampf bis ins höchste Niveau eskalieren. Die Glaubwürdigkeit klassischer Verteidigung reicht heute für Atomwaffenbesitzer und deren Verbündete höchstens so weit wie die Glaubwürdigkeit der Abschreckung gegenüber einer Eskalation zum großen Atomkrieg.

Wir wenden diese Überlegungen auf den besonderen Fall der Bundesrepublik an und prüfen dabei stets die zivilen Folgen eines in einer bestimmten Stufe des Waffeneinsatzes geführten Krieges:

a) ob wir einen lokalen Übergriff von Truppen des Warschauer Pakts innerhalb unserer Grenzen durch einen rein konventionellen Einsatz abwehren können, hängt angesichts der konventionellen Überlegenheit dieses Bündnisses heute davon ab, einen wie großen Einsatz ein Angreifer dafür zu leisten bereit ist. Eine militärische Schule in unserem Land (in sehr entschiedener Formulierung vertreten durch B. von Bonin) fordert, daß wir konventionell hinreichend rüsten, um solche Übergriffe, falls sie vom Gegner in der Stufe des begrenzten konventionellen Einsatzes belassen werden, sicher abschlagen zu können. Ob dies durchführbar ist, ist umstritten; heute jedenfalls ist es nicht durchgeführt. Man wird solche Übergriffe des Gegners nicht ohne Berücksichtigung seiner möglichen politischen Zielsetzung beurteilen können. Man darf heute wohl sagen: Daß es zu lokalen Übergriffen der Warschauer-Pakt-Truppen in die Bundesrepublik bisher nicht gekommen ist, liegt nicht an der Existenz einer ausreichenden konventionellen Verteidigungsfähigkeit der Bundeswehr oder der NATO, sondern einmal an der Drohung einer Eskalation zu einem größeren Krieg (im Sinne eines »nichtkalkulierbaren Risikos«) und andererseits daran, daß die Sowjetunion keine sinnvollen politischen Ziele vor Augen gesehen hat, die sie durch einen derartigen einseitig begrenzten militärischen Akt hätte zu realisieren hoffen können.

Der Schaden eines lokal begrenzt bleibenden konventionellen Kampfes bleibt unter der Stufe, die unser Programm zu berechnen eingerichtet ist.

b) Ein Angriff mit dem Ziel, unser Land zu erobern, kann atomar oder konventionell begonnen werden; konventionell begonnen, kann er ebenso fortgeführt oder in die atomare Stufe eskaliert werden. Wir treffen hier auf die auch in der Öffentlichkeit viel erörterten Probleme der NATO-Strategie, die wir hier nur unter dem Gesichtspunkt der Kriegsfolgen zusammenfassen.

Nach dem sowjetischen Einmarsch in die Tschechoslowakei im August 1968 wurde in militärischen und politischen Zirkeln der Bundesrepublik viel diskutiert, wie rasch ein ähnlicher Angriff auf die Bundesrepublik nunmehr würde vorgetragen werden können und welche Abwehr dagegen möglich sei. Einem Beobachter, der sich schon vorher mit den strategischen Möglichkeiten unserer Verteidigung beschäftigt hatte, mußte diese Debatte das Bild bieten, daß eine nicht allzuweit gehende Änderung der strategischen Ausgangslage (Vorverlegung einiger Divisionen und das vordemonstrierte Beispiel einer sehr raschen Besetzung aus einer als Manöver dargestellten vorbereitenden Truppenkonzentration) weiten Kreisen in unserer politischen Führungsschicht mit einem Schlag die seit langem bestehende militärische Lage zum Bewußtsein gebracht hätte, nämlich eben das Fehlen einer echten Verteidigung. Ohne vorhergehende starke Truppenkonzentration würden die militärischen Verbände des Warschauer Paktes die Bundesrepublik schwerlich – bei beiderseits konventioneller Kriegsführung – in einem Anlauf überrennen können, wohl aber nach einer solchen Konzentration. Aus politischen Gründen bestand freilich auch damals keine Gefahr eines russischen Einmarsches in die Bundesrepublik. Dieselbe, seit nun zweieinhalb Jahrzehnten beiderseits respektierte Einteilung Europas in Interessengebiete der beiden Weltmächte schloß einerseits einen solchen Einmarsch in die Bundesrepublik aus und machte andererseits die Tschechoslowakei gegen ihn schutzlos. Rein militärisch aber gilt, daß wir einen massierten konventionellen Angriff des Warschauer Pakts nicht rein konventionell erfolgreich abwehren könnten. Falls die NATO überhaupt einen konventionellen, massierten Angriff zur Eroberung unseres Landes fürchtet, muß sie ihn heute mit dem unkalkulierbaren Risiko des Einsatzes atomarer Waffen abschrecken, denn sie würde ihn rein konventionell nicht abschlagen können.

Unter dem Aspekt der Kriegsfolgen ist zu sagen, daß ein konventioneller Krieg, wenn er unser Land in wenigen Tagen schnell durchzieht, nur begrenzten Schaden bringen würde, während der vielleicht denkbare Fall eines in unserem Lande hin- und hergehenden oder festgefahrenen, lang andauernden konventionellen Krieges uns Zerstörungen bringen würde, die an den Beispielen Sowjetunion im 2. Weltkrieg, Korea und Vietnam nur unvollkommen abzulesen sind und die, sowohl wegen der größeren Ausmaße wie wegen der größeren Verletzlichkeit eines Industrielandes für unsere wirtschaftliche Fortexistenz lebensgefährlich werden könnten.

Unsere eigenen Rechnungen setzen bei der Eskalation zu atomarem Waffengebrauch ein. Rechentechnisch haben wir das ganze Gebiet der Bundesrepublik in 2469 Quadrate von je 10 mal 10 km Größe (genannt »Karrees«) eingeteilt. Zu jedem Karree haben wir Bevölkerungszahl, Bebauung und wichtige Wirtschaftsdaten festgestellt. Die verschiedenen möglichen Kriegshandlungen stellen sich dann in der Anzahl, Größe und Explosionshöhe atomarer Sprengkörper dar, die jedes Karree treffen oder von der Seite her durch Druck, Wärmestrahlung und Fallout in Mitleidenschaft ziehen.

Es ist nun technisch zweifellos möglich, einzelne Atomwaffen so zu placieren, daß der Schaden für die Zivilbevölkerung in Grenzen bleibt. Eine Bombe von 20 kt (Größe der Hiroshima-Bombe), auf ein schwach besiedeltes Karree treffend, tötet etwa 1000 Menschen, und die Zerstörungen dehnen sich über ein Karree (100 qkm) aus.

Von solchen Fällen gehen Überlegungen aus, die einen Einsatz atomarer Waffen als eine mögliche Form der Verteidigung ansehen. Vor dem wirklichen Ereignis kann man nicht mit Sicherheit entscheiden, ob diese Überlegungen realistisch sind. Ihre Schwäche liegt jedenfalls in der Annahme, es werde bei diesem begrenzten Waffeneinsatz bleiben. Generell gilt jedenfalls, daß es zu jeder Stufe eigenen Waffeneinsatzes eine höhere Stufe gibt, zu der der Gegner übergehen kann, eventuell militärisch übergehen muß. Man muß sich also fragen: Würde der Gegner einen Angriff überhaupt begonnen haben, wenn er nicht schon entschlossen wäre, auf einen Einsatz einzelner Atomwaffen durch die NATO seinerseits zu einem Einsatz überzugehen, der unseren Einsatz bricht und uns vor die Alternative stellt, zu unterliegen oder selbst eine höhere Stufe des Einsatzes zu wählen? Wir haben nun versucht, für die Wirkungen einer solchen operativen Eskalation eine untere Grenze dadurch abzuschätzen, daß wir (willkürlich und zu optimistisch) angenommen haben, beide Seiten befolgten eine »Strategie«, in der sie Atomwaffen nur auf den am dünnsten besiedelten unter den Karrees zünden; die Höhe der Eskalationsstufe ist dann durch die Anzahl solcher Karrees bezeichnet, die getroffen werden. Da dieses Maß an Schonung der Zivilbevölkerung nicht zu erwarten ist, werden die wirklichen Schäden höher liegen. Da die Anzahl der heute verfügbaren (sogar der heute in der Bundesrepublik stationierten) Sprengkörper bei 5000 bis 7000 liegt, muß mit der extremen Möglichkeit einer Eskalation bis zu 1000 oder mehr getroffenen Karrees gerechnet werden. Dann aber steigt nach unseren Rechnungen die Anzahl der Toten über 10 Millionen und kann die Grenze der Auslöschung als Industriegesellschaft erreichen. Wir behaupten natürlich nicht zu wissen, daß ein atomarer Bewegungskrieg so hoch eskalieren wird. Es liegt in der Abschreckungsstrategie des »inkalkulablen Risikos«, daß man mit dieser Möglichkeit droht, ohne sich auf sie festzulegen. Jedenfalls aber bedeutet dies, daß wir eine garantierte Verteidigung in dieser Stufe des Krieges wiederum nicht besitzen, denn wenn wir so hoch eskalieren, hinterläßt der Krieg, einerlei wer ihn militärisch gewinnt, ein im definierten Sinne lebensunfähiges Volk.

c) Bisher sind wir von der Voraussetzung ausgegangen, daß beide kriegführenden Seiten militärisch bestimmte Ziele erreichen wollen; wir haben eine rationale Annahme über ihre Absichten zu machen versucht. Man muß aber auch die Frage stellen, was bei einem blinden Einsatz der vorhandenen Waffenkapazitäten oder bei einem Einsatz mit der Absicht unserer physischen Vernichtung erreicht werden könnte. Beides haben wir durchgerechnet. Es ergibt sich, daß schon der gezielte Abwurf von nur 10 Waffen mit einer Sprengkraft von je zwei Megatonnen TNT auf die 10 dichtest besiedelten unserer Karrees mehr als 8 Millionen Tote hinterlassen würde. Die 700 Mittelstreckenraketen, über die die Sowjetarmee in Europa verfügt, können im Prinzip alle mit solchen Sprengköpfen ausgerüstet werden. Sollte der Gegner die Absicht haben, seine ganze Kapazität zur Zerstörung unseres Landes einzusetzen, so wäre er in der Tat fähig, das Leben in unserem Lande auszulöschen. Soweit die materiellen Fakten. Ob eine solche Handlungsweise im Ernst für möglich gehalten werden kann, besprechen wir nachher (d).

An dieser Stelle ist die Frage aufzuwerfen, ob uns ein großes Schutzraum-Programm gegen die Vernichtung (oder auch gegen die Gefahren eines begrenzteren Krieges) schützen könnte. In den nun bald 10 Jahren zurückliegenden Diskussionen hierüber argumentierten die Verteidiger eines solchen Programms mit Modellfällen. Es wurde etwa angenommen, auf die Bonner Rheinbrücke falle eine 20-kt-Atombombe. Die Anzahl der Toten wurde berechnet, einmal ohne Schutzräume, einmal mit Schutzräumen (und der Annahme, daß die Bevölkerung Zeit gehabt hat, die Schutzräume aufzusuchen). Natürlich ergab sich eine starke Reduktion der Anzahl der Toten durch die Schutzräume (ein starker »Rettungszuwachs«). Hier sind nun offensichtlich die Absichten des Gegners entscheidend. Will er nur die Rheinbrücke zerstören, so bleibt es vielleicht bei dieser

Bombe; dann ist der berechnete Rettungszuwachs reell. Ist diese Zerstörung Teil eines atomaren Bewegungskrieges, so können weitere Bomben folgen; ein gegen eine isolierte Bombe optimal geplantes Schutzraumsystem wäre in diesem Fall zu schwach. Hat der Gegner jedoch die Absicht, unsere Bevölkerung zu treffen, so ist der Schutz illusorisch. Schon seine heutigen Waffenkapazitäten können auch ein System schwächerer Schutzräume, das wir allenfalls rasch errichten könnten, nahezu nutzlos machen. Falls wir aber in einem Jahrzehnt oder in zwei Jahrzehnten ein großes Bunkersystem errichten, gibt die notwendigerweise öffentlich bekannte Anlage dieses Systems dem Gegner die genaue Anweisung, um wieviel er seine Waffenwirkung und -menge steigern muß, um der Abwehr stets überlegen zu bleiben. Ein Bunkersystem zusammen mit Antiraketen schließlich ist heute in seiner Wirkung selbst in den Weltmächten umstritten; wegen der sehr viel kürzeren Warnzeiten ist es für ein mitteleuropäisches Land bis auf weiteres keine ernstzunehmende technische Möglichkeit. Zusammenfassend folgern wir: Einen Rüstungswettlauf zwischen einem großen Bunkerbau-Programm unsererseits und einer gemäßigten quantitativen Vermehrung der gegnerischen Angriffswaffen müssen wir verlieren. Wie wir in unserer Schrift »Ziviler Bevölkerungsschutz heute« gezeigt haben, kann ein solches Programm zudem der Stabilität der Abschreckung entgegenwirken. Ein kleines Schutzraumprogramm (Fallout-Schutz und verstärkte Kellerdecken), wie wir es seinerzeit in unserer Denkschrift »Ziviler Bevölkerungsschutz heute« vorgeschlagen haben, könnte auch heute noch sinnvoll sein, da die Möglichkeit eines begrenzten Atomwaffeneinsatzes nicht ausgeschlossen ist.

d) Ein lokaler Krieg in Mitteleuropa könnte bis zum großen Weltkrieg eskalieren, und die Besorgnis davor ist heute ein entscheidendes Moment der Friedenserhaltung in unserem Erdteil. Umgekehrt würde ein aus anderen Gründen entstandener Weltkrieg zwischen den beiden heutigen Supermächten unser Land schwerlich verschonen. Technisch könnte ein solcher Krieg allerdings mit einem Schlagwechsel von Interkontinentalraketen begonnen und möglicherweise sogar beendet werden. Führt dieser Schlagwechsel zur einseitigen Zerstörung eines der beiden gegnerischen Länder oder zu sofortiger Friedensbereitschaft beider, so ist ein Bewegungskrieg in Europa militärisch für beide Teile überflüssig. Der von manchen europäischen Staatsmännern verfolgte Wunsch nach einem von beiden Supermächten politisch und militärisch unabhängigen, stark atomar gerüsteten Westeuropa (einerlei ob diese Rüstung national oder integral gedacht ist), entspringt u. a. der Hoffnung, in einer solchen Lage von dem »über unseren Kopf« ausgetragenen Konflikt der beiden Großen verschont zu bleiben. Aber was immer der politische Vorteil eines unabhängigen Westeuropas ist, so ist die Wahrscheinlichkeit gering, daß eine solche Rüstung, gerade wenn sie anstreben würde, stark genug für einen Angriff auf eine der Supermächte zu werden, für Westeuropa im Ernstfall eines Weltkrieges einen Schutz bedeuten würde. Die Waffenkapazitäten sind heute groß genug, um durch Abzweigung eines kleinen Teils dieser Waffen auch das eng besiedelte Westeuropa zerstörend zu treffen, und eine schwer verletzte benachbarte Supermacht wird kaum wünschen, nach dem Krieg ein intaktes, hochgerüstetes Westeuropa zum Nachbarn zu haben. Wenn der fürchterliche Entschluß, die großen Waffen einzusetzen, überhaupt gefaßt ist, so ist mit einer Mäßigung, die gegen das eigene machtpolitische Interesse verstößt, kaum mehr zu rechnen.

3. *Kriegsverhinderung durch Abschreckung*

Das Ergebnis des vorigen Abschnitts ist, daß unsere militärische Sicherheit heute nicht auf einem Vermögen zur Verteidigung, sondern auf Abschreckung beruht. Anders gesagt: Wir können nicht verhindern, daß der Gegner uns militärisch entweder erobert oder vernichtet, aber wir (d.h. die in der NATO verbündeten Nationen gemeinsam) können ihm androhen, daß die Kosten dieses Erfolges für ihn unkalkulierbar hoch – im Extremfall bis an die Grenze seiner eigenen Vernichtung – steigen können. Noch anders gesagt: Wir haben keine hinreichende Aussicht, einen Krieg auszuhalten, ja nur zu überleben; wir sind darauf angewiesen, ihn zu verhindern. Wie schon hervorgehoben, ist das keine Sondersituation der Bundesrepublik. In von Fall zu Fall etwas verschiedener Weise leben alle Industrienationen heute unter diesen Bedingungen. Aber unsere gefährdete geographische Lage und unsere ungelösten nationalen Probleme machen diesen Zustand für Deutschland gefährlicher als für andere Länder und machen damit Deutschland für die Welt zu einem noch nicht ausgeräumten Gefahrenherd.

Diese These von der Gefährlichkeit der Lage trifft freilich nur dann zu, wenn wir Grund haben, der Zuverlässigkeit der Kriegsverhinderung durch Abschreckung nicht voll zu trauen. Unsere Untersuchung muß sich daher nunmehr, wenn sie nicht an der wichtigsten Stelle unvollendet bleiben soll, der Glaubwürdigkeit und Stabilität der Abschreckung und darüber hinaus den allgemeineren Möglichkeiten der Kriegsverhütung zuwenden.

Der Erfolg der Abschreckung hängt an der Glaubwürdigkeit der Drohungen. Um einen Gegner von einer Handlung abzuschrecken, muß ich ihm für den Fall, daß er so handelt, ein Übel androhen. Das Übel muß einerseits groß genug sein; sonst könnte er den Gewinn, den ihm seine Handlung bringt, vorziehen und das Übel in Kauf nehmen. Andererseits muß hinreichend wahrscheinlich sein, daß ihm das Übel, falls er handelt, wirklich zugefügt wird: also, daß ich es kann und auch will. Meinen Willen kann er seinerseits durch eine Gegenabschreckung zu lähmen suchen: er droht mir für den Fall, daß ich ihn ausführe, mit einem noch größeren Übel. Im Beispiel eines Krieges in unserem Lande: Wenn wir annehmen, die Truppen des Warschauer Paktes seien willens, unser Land zu besetzen, so können wir mit Widerstand mit konventionellen oder atomaren Waffen drohen. Es kann sein, daß der konventionelle Widerstand nicht die Androhung eines hinreichend großen Übels ist; der Gegner mag sich zutrauen, ihn zu brechen. Der atomare Widerstand wäre ein größeres Übel für den Gegner; doch kann er durch die Drohung, selbst bis zur Vernichtung unseres Landes atomar zu kämpfen, unsere Bereitschaft dazu zu lähmen suchen. Die mit uns verbündete Weltmacht USA mag den Gegner vor der Ausführung dieser Drohung abschrecken durch die Androhung eines großen atomaren Schlags gegen sein eigenes Land; durch die Drohung des Gegenschlags wird er aber die USA möglicherweise von der Ausführung des ersten Schlags abschrecken.

Man sieht an diesem Beispiel das Dilemma, in dem sich eine Weltmacht wie die Vereinigten Staaten befindet, wenn sie zwischen eigener Sicherheit und Einhaltung ihrer internationalen Verpflichtungen und Interessen (commitments) zu wählen hat. Wenn die gegenseitige Abschreckung im Bereich der größten Waffen zuverlässig funktioniert, so ist eben darum die Drohung, die größten Waffen einzusetzen, nicht glaubwürdig; sie kann also nur schwer zur Abschreckung eines Gegners von Kriegshandlungen auf einer niedrigeren Stufe der Skala benützt werden. Daher die amerikanische Militärdoktrin von der »flexible response«; auf jeden gegnerischen Übergriff muß mit einer genau angepaßten, nicht zu schwachen, aber auch nicht zu großen Gegenwehr geantwortet werden können. Hier entsteht aber ein neues Dilemma. Wenn nicht garantiert ist, daß der Waffeneinsatz auf der einmal gewählten Stufe bleibt, so entsteht die Gefahr einer nicht mehr kontrollierbaren Eskalation; da die Vereinigten Staaten diese fürchten müssen, tendieren sie dazu, schon den ersten Einsatz atomarer Waffen möglichst zu vermeiden, also »die atomare Schwelle anzuheben«. Wenn umgekehrt die Wahrscheinlichkeit sehr groß ist, daß der Krieg nicht höher eskaliert, so kann es sein, daß er auf dem gewählten Niveau auch wirklich durchgefochten (und nicht etwa vermieden) wird, denn ein so begrenzter Krieg ist für eine Supermacht, die ihn außerhalb ihres eigenen Landes führt, nicht notwendigerweise ein unerträgliches Übel. Er ist es aber für das Land, in dem er stattfindet. So war es in den NATO-Debatten der vergangenen zehn Jahre stets das deutsche Interesse, die atomare Schwelle zu senken, d. h. durch hohe Wahrscheinlichkeit einer Eskalation im Atomaren den Gegner auch von einem konventionellen Krieg abzuschrecken. Die Problematik dieser Interessenkollision zwischen uns und unserem größten Bundesgenossen spiegelte sich lange Jahre in den etwa halbjährlich wiederholten Anforderungen einer erneuten Zusage der längst zugesagten militärischen Hilfe für den Ernstfall.

Tatsächlich ist seit 1945 nicht nur der Ausbruch eines Weltkrieges, sondern auch der Ausbruch eines Krieges in Europa vermieden worden. Die allgemeine Sorge vor solchen Kriegen hat zudem im Lauf dieser zweieinhalb Jahrzehnte schrittweise abgenommen, wenngleich nicht ohne Schwankungen und Krisen. Unsere Analyse gibt der Vermeidung beider Kriege nicht denselben Grund und dieselbe Zuverlässigkeit. Der große Weltkrieg wird gegenwärtig durch die beiderseitige Fähigkeit zum zweiten Schlag (»second strike capability«), also durch eine gegenseitige Androhung eines gewissen sehr großen Übels mit, wie man hoffen darf, vorläufig noch recht großen Zuverlässigkeit abgewehrt (vgl. dazu die noch folgende kritische Analyse der Zukunftsentwicklung). Die Abschreckung von einem begrenzten Krieg in Europa ist keineswegs von derselben Klarheit und Durchsichtigkeit. Man kann vielmehr umgekehrt sagen, daß eben gerade die Undurchsichtigkeit des Risikos hier den hauptsächlichen Abschreckungsfaktor ausmacht. Diese Tatsache wird nicht dadurch aufgehoben, daß die NATO seit 1967 die Strategie der flexiblen Reaktion zu ihrer offiziellen Doktrin erhoben hat. Wie im Weltrahmen ist auch auf dem beschränkten europäischen Feld diese Doktrin eine Verfeinerung gegenüber der älteren Abschreckungsstrategie der massiven Vergeltung, bei der gerade die Größe der Drohung ihre Unglaubwürdigkeit als Abschreckung gegenüber kleinen Übergriffen nach sich zog. Aber es wäre eine Selbsttäuschung, wollte man sich einreden, man besäße auf jede mögliche militärische Handlung des Gegners eine gerade angemessene Reaktion. Um dennoch für das gesamte Spektrum denkbarer Angriffe ein Übel anzudrohen, macht man die eigene Reaktion für den Gegner unvorhersehbar, sein Risiko bewußt unkalkulierbar. Aber damit wird auch das eigene Risiko unkalkulierbar, und das wiederum hat Rückwirkungen auf die Glaubhaftigkeit jeder Reaktionsdrohung. Unkalkulierbarkeit des eigenen Risikos ist außerdem eine zweifelhafte Sicherheitsgrundlage.

In dieser Lage hängt damit die Sicherheit in Europa sehr stark davon ab, ob eine der beiden Seiten ein politisches Ziel hat, dessen Erreichung ihr das Risiko einer status-quo-Veränderung wert wäre. Zur Zeit ist dies nicht der Fall, beide Supermächte sind am status quo interessiert.

Nehmen wir an, wir hätten hiermit die Gründe der bisherigen erfolgreichen Kriegsverhinderung zwischen den Supermächten und in Europa im Umriß verstanden, so stellt sich uns die eigentlich wichtige Frage, ob diese Kriegsverhinderung auch in Zukunft gelingen wird.

Wir beginnen mit dem Verhältnis zwischen den Weltmächten. Ihr strategisches Gleichgewicht ist Gegenstand der Kapitel H. Afheldt, Analyse der Sicherheitspolitik... (S. 23), H. Afheldt und H. Roth, Verteidigung und Abschreckung in Europa (S. 285), H. Afheldt und Ph. Sonntag, Stabilität und Abschreckung... (S. 303) unserer Studie.

Es sei zunächst noch einmal hervorgehoben*, daß die bloße Vernichtungskraft der großen Waffen keineswegs eine Friedensgarantie darstellt. In der strategischen Literatur ist diese Tatsache vor allem in einer berühmt gewordenen Abhandlung von R. Wohlstetter (»The delicate balance of power«) hervorgehoben worden. Wenn zwei Mächte vorhanden sind, deren jede die Schlagkraft der anderen durch einen rasch geführten ersten Schlag vernichten kann, so bedeutet das eine objektive Prämie für einen Präventivkrieg. Ob eine der beiden Mächte dann zum Präventivkrieg schreitet, hängt nicht von der Rüstungssituation allein ab, sondern davon, wie sie die Bedrohung durch ihren Gegner beurteilt. Bildlich ausgedrückt: Jeder der beiden Gegner schläft schlecht, weil er weiß, daß der andere auch schlecht schläft. Auch ohne ernsthafte eigene aggressive Absichten wird er die im »Kalten Kreig« ausgeübten Pressionen und aggressiven Reden des Gegners ständig darauf abtasten, ob hinter ihnen die Absicht zur moralischen Vorbereitung des Präventivkrieges lauert. Seine militärischen Fachleute werden ihm im Ohr liegen, er müsse stets bereit sein, im Ernstfall als erster zu schlagen, und er wird auf das Anfliegen der feindlichen Raketen mit der Besorgnis warten, er könne durch versäumte Prävention die Zerstörung des eigenen Landes verschulden. Zwischen den Vereinigten Staaten und der Sowjetunion hat dieser seelische Mechanismus in den kritischen Zeiten der unverbunkerten Langstreckenraketen nicht zum Heißen Krieg geführt; zwischen Israel und seinen arabischen Nachbarn kam es 1967 in einer ebenso gearteten Rüstungssituation zum Ausbruch.

* Horst Afheldt, Philipp Sonntag: Stabilität und Abschreckung durch strategische Kernwaffen – eine Systemanalyse. S. 307 siehe Anmerkung 3.

Der Gedanke, beide Seiten müßten eine gesicherte Fähigkeit zum zweiten Schlag haben, ist der intelligente Versuch der amerikanischen Schule von Militärtheoretikern, deren Analyse wir hier folgen, mit dieser Instabilität fertig zu werden. Von klassischen strategischen Konzepten her mag es verblüffend erscheinen, daß die eine der beiden konkurrierenden Mächte vorschlägt, nicht nur sie selbst, sondern auch die andere solle eine Fähigkeit erwerben, auch noch im zweiten Schlag den Gegner vernichtend zu treffen. (Die Realisierung dieser second strike capability besteht heute teils in verbunkerten Raketenbasen, teils in raketentragenden U-Booten.) Bleiben wir aber bei der obigen Stilisierung, so können wir sagen: Nur wenn die Amerikaner wissen, daß die Russen ruhig schlafen, können die Amerikaner ruhig schlafen und vice versa. Die Versuchung, in irgendeiner Phase der ständig wechselnden Kräfteverhältnisse doch zum Präventivschlag zu greifen, ist gerade für den objektiv schwächeren der beiden Partner groß. Diese Versuchung ist dann am kleinsten, wenn auch der Schwächere weiß, daß der Schwächere immerhin stark genug ist, den Stärkeren auch im zweiten Schlag noch vernichtend zu treffen; dann ist der Stärkere nicht in Versuchung, seine Überlegenheit erpresserisch auszunützen, und der Schwächere ist nicht in Versuchung, eine solche Erpressung zu fürchten und ihr kriegerisch zuvorzukommen. Der Verwirklichung dieses Gedankens verdanken wir zu einem erheblichen Teil die Entspannung zwischen den Weltmächten in den 60er Jahren.

Aber die technische Welt stabilisiert sich nicht von selbst. Sie bedarf einer bewußten, technisch durchdachten und politisch gewollten und durchgesetzten Stabilisierung. Die beiderseitige second strike capability ist selbst ein Beispiel einer solchen geplanten Stabilisierung. Aber sie hängt an bestimmten technischen Voraussetzungen. Heute sind wenigstens zwei technische Entwicklungen im Gang, die geeignet sein können, diese Stabilität zu gefährden: Antiraketen (ABM = Anti-Ballistic Missiles) und Raketen mit mehrfachen Sprengköpfen (MIRV = Multiple Independently targeted Reentry Vehicles). Erstere sollen anfliegende Raketen vor Erreichung des Ziels vernichten, letztere tragen mehrere Sprengköpfe nahe ans Ziel, die dann gesteuert mehrere verschiedene Punktziele treffen können; sie gestatten so z. B. von einer einzigen Basis aus eine Rakete abzuschießen, die mit ihren verschiedenen Sprengköpfen fünf verschiedene gegnerische Raketenbasen vernichten kann. Daß diese letztere Technik wieder eine Verstärkung des ersten Schlages gibt und die gegnerische Fähigkeit zum zweiten Schlag herabmindern oder auslöschen kann, ist leicht einzusehen. Aber auch ein Antiraketen-Schild mag gerade wirksam genug werden, um den zweiten Schlag des Gegners abzufangen, ohne den stärkeren ersten Schlag abwehren zu können. So entsteht die paradoxe Situation, daß eine scheinbar rein der Verteidigung und dem Schutz von Menschenleben dienende Waffe in Wirklichkeit die Sicherheit ihrer Besitzer gefährden kann. Zwar wird die Zahl der Toten, falls der Gegner angreift, durch die Antiraketen vermindert. Aber die Wahrscheinlichkeit, daß er angreift, kann dadurch gesteigert werden, daß er nun wieder Grund hat, in Spannungssituationen einen Präventivkrieg für notwendig zu halten.

Die quantitative Beurteilung dieser Verhältnisse wird sehr kompliziert. Sie hängt von der Menge verfügbarer Raketen der verschiedenen Typen auf beiden Seiten und sehr wesentlich von den Treffwahrscheinlichkeiten dieser Raketentypen ab. Unsere Studie verfährt hier ähnlich wie bei der Schadensberechnung. Sie versucht nicht, die technischen Daten der Raketentypen, also insbesondere die Treffwahrscheinlichkeiten, zu ermitteln. Sie betrachtet vielmehr die ganze mögliche Variationsbreite dieser Parameter, also z. B. Treffwahrscheinlichkeiten für jeden Typ im vollen Spielraum zwischen 0 und 100 Prozent. Sie studiert die Stabilität oder Instabilität der entstehenden Abschreckungssituation als Funktion dieser Parameter. Zeigt sich dann z. B., daß in einem weiten Bereich angenommener Treffwahrscheinlichkeiten stabile gegenseitige Abschreckung besteht, so darf man annehmen, daß diese Abschreckung auch bei Entwicklung der neuen Waffen erfolgreich fortbestehen wird. Zeigt sich umgekehrt, daß die Stabilität nur in schmalen Intervallen der angenommenen Parameterwerte besteht, so muß man fürchten, daß die wirkliche Entwicklung die Stabilität aufheben wird.

Die beiden Supermächte haben in Wien die SALT-Gespräche (Strategic Arms Limitation Talks) aufgenommen. Der außenstehende Beobachter kann schwer beurteilen, wieviel beide Seiten sich von diesen Gesprächen versprechen und wieweit sie selbst in der Begrenzung der eigenen Rüstung zu gehen bereit sind. Es gibt immanente Zwänge des Abschreckungssystems, die es beiden Seiten sehr schwer machen, das Weiterrüsten zu bremsen. Man wird den verantwortlichen Staatsmännern gerechter und sieht zugleich die Gefahren der bestehenden Lage deutlicher, wenn man den Grund des Wett- und Weiterrüstens nicht in unzureichender persönlicher oder klassenbedingter Abrüstungsunwilligkeit, sondern in der inneren Konsequenz des seit Jahrtausenden überlieferten Systems der Machtpolitik sieht, der sich eine Führungsgruppe, die einen heutigen Staat leitet, fast nicht entziehen kann. Robert McNamara hat 1967 in seiner Rede von San Francisco dargestellt, daß ein Verteidigungsminister, der nur seinem unmittelbaren Auftrag folgt, kaum umhin kann, mehr als notwendig zu rüsten, da er angesichts der Ungewißheit über die begonnenen oder bevorstehenden Rüstungen des Gegners seine Pflicht zu versäumen fürchtet, wenn er seine Vorbereitungen nicht auf den schlimmsten Fall einrichtet. Präsident Eisenhower hat in seiner Abschiedsrede auf die ökonomischen Interessen hingewiesen, die einen Rüstungswettlauf weitertreiben. Schließlich ist den beiden Supermächten das Interesse gemeinsam, dritten Mächten, also insbesondere China, stets weit überlegen zu bleiben.

Angesichts dieses Drucks in der Richtung auf ein Wettrüsten muß man wohl die SALT-Gespräche, auch wenn sie langwierig und die erhofften Ergebnisse bescheiden sind, als Zeichen einer echten Besorgnis beider Partner gegenüber den Gefahren eines weiteren Wettrüstens ansehen. Diese Gefahren liegen nicht nur in den hohen Kosten. Unsere Untersuchung jedenfalls würde die Auffassung stützen, daß auch eine echte Gefahr der Entstabilisierung des Abschreckungssystems durch weitere Rüstung besteht. Ganz roh kann man sagen: Es gibt eine Reihe von Parameterwerten, bei denen die Stabilität bewahrt bleibt, aber auch eine Reihe von Werten, für welche sie fortfällt. Werte, die einer der beiden Seiten eine so klare Überlegenheit geben, daß sie dieses Ergebnis dem heute ungefähr bestehenden schützenden Gleichgewicht vorziehen könnte, sind möglich; aber da dann der Schwächere sehr große Anstrengungen machen wird, aus der Situation der Unterlegenheit herauszukommen, sind hier große Kosten für beide Seiten und der Durchgang durch sehr gefährdete Zwischenphasen zu befürchten. Man kann das Ergebnis dieser komplizierten Überlegungen in die einfache Formel zusammenziehen: Die technische Weiterentwicklung der Waffen bietet günstigenfalls die Aussicht, daß der jetzige Sicherheitsgrad der Verhütung des Weltkrieges gewahrt bleibt, enthält aber eine Fülle von Möglichkeiten, daß er sich verschlechtert.

Man könnte gegen unsere Überlegung einwenden, daß wir nur zwei neue Waffentypen berücksichtigt haben. In der Tat haben wir von vielen anderen möglichen physikalischen sowie von chemischen und biologischen Waffen abgesehen. Insofern bedeuten unsere Rechnungen nur ein Modell, dessen Methode freilich auf andere Fälle übertragen werden könnte. Es fragt sich nun, ob die Hinzunahme weiterer technisch möglich werdender Waffensysteme zur Stabilisierung oder zur Entstabilisierung beiträgt. Diejenigen Militärtheoretiker, die das gegenwärtige Abschreckungssystem für grundsätzlich ausreichend halten, setzen ihre Hoffnung darauf, daß neue Systeme die bisherigen second strike capabilities nicht völlig ausschalten, vielleicht sogar durch neue ersetzen können. So bietet sich angesichts der möglichen Entstabilisierung durch MIRV die Verlegung der Raketen auf bewegliche Basen, vor allem im Meer, an. Doch fordert dieser technische Ausweg wieder zu einer technischen Leistung, z.B. zur Ortung von Unterseebooten, heraus. Die Undurchschaubarkeit der technischen Weiterentwicklung hat jedenfalls die Verfasser der hier vorgelegten Studie zu der Überzeugung gebracht, daß auf eine permanente technische Stabilisierung der Kriegsverhinderung durch Abschreckung nicht zu rechnen ist.

Man kann ein erstes Argument für diese Überzeugung auf die folgende, nur wenig stilisierte Form bringen: Durchschnittlich alle sieben Jahre tritt ein technisch neuartiges dominierendes Waffensystem an die Stelle des bisherigen. Es müßte also alle sieben Jahre von neuem glücken, das jeweils dominierende Waffensystem in der Gestalt von second strike capabilities oder analogen Strukturen zu stabilisieren. Wenn dies auch nur in einer einzigen der Phasen mißlingt, so besteht danach für eine

Reihe von Jahren der oft gehörte Satz, keine Seite könne einen Atomkrieg gewinnen, nicht mehr zu Recht. Die Welt ist dann nicht mehr auf die Vorsicht, sondern nur auf die Friedensliebe der Großmächte angewiesen.

Ein zweites Argument besagt, daß auch heute das Gleichgewicht der strategischen Waffen, wie oben erläutert, zwar den totalen Weltkrieg, aber nicht lokale Kriege verhindert. In außereuropäischen Ländern sehen wir dies täglich vor Augen, und in wechselnden technischen und politischen Konstellationen hat Europa keine Garantie, verschont zu bleiben.

So stellt sich nach unserer Überlegung die direkte und unausweichliche Forderung, daß die Sicherung des Weltfriedens durch politische Schritte geschieht.

4. *Kriegsverhütung im Felde der Politik*

Das Ergebnis unserer Überlegungen zu dieser Aufgabe stellt uns die Schwierigkeiten und damit die Gefahren deutlich vor Augen.

Es ist freilich methodisch kaum möglich, in diesem Bereich zwingende Schlüsse zu ziehen. Während wir für die Abschreckungsstrategie wenigstens ein mathematisch wohldefiniertes, wenn auch kompliziertes und doch spezielles Modell vorlegen konnten, bewegen wir uns im politischen Feld naturgemäß sehr viel mehr im Bereich schwer durchdiskutierbarer Vermutungen. Generell läßt sich etwa soviel sagen: Ein politisch gesicherter Weltfriede müßte eine Struktur der Welt sein, die die politischen Garantien ihrer eigenen Stabilität gegen Partikularinteressen beim Druck wechselnder technischer und sozialer Entwicklungen in sich enthält. Ein solcher Zustand muß ferner nicht nur stabil sein, wenn er einmal erreicht ist. Er muß vielmehr, wenn er ohne die Katastrophe des Durchgangs durch einen Weltkrieg erreicht werden soll, über eine Kette von Zwischenzuständen hinweg hergestellt werden können, deren jeder ebenfalls eine für die Zeit, die er währt, hinreichende Stabilität hat. Wir haben eine Reihe von Modellen eines solchen Weltzustandes und des Übergangs zu ihm diskutiert. Dabei haben wir keine Utopien entworfen (so wichtig dies als gedankliche Arbeit sein kann), sondern Zustände erwogen, die von der heutigen Weltlage aus ohne radikalen Bruch erreichbar erscheinen.

Die heute nächstliegende Struktur ist die gemeinsame Vorherrschaft der beiden Supermächte, das Duopol. Unsere gesamte bisherige Diskussion der Kriegsverhütung setzte dieses Duopol faktisch voraus. Wir sind bereits auf gewisse Grenzen seiner Stabilisierbarkeit gestoßen. Lösen wir uns von den technischen Einzelheiten, so tritt als wesentliche strukturelle Schwäche des Duopols die doppelte Schwierigkeit hervor, einerseits alle anderen Nationen im Zaum zu halten und andererseits das Gleichgewicht der Kräfte zwischen den beiden Supermächten zu wahren. Namen wie China und Vietnam kennzeichnen die erste Schwierigkeit zur Genüge. Nicht ebenso deutlich ist dem politischen Weltbewußtsein vielleicht die zweite Schwierigkeit, also die, das Gleichgewicht zwischen den Duopolisten zu garantieren. Ihr sei daher noch eine kurze abstrakte Erörterung gewidmet.

Die klassische Theorie des Gleichgewichts der Mächte, wie es z.B. im Italien der Renaissance und dann durch Jahrhunderte im »europäischen Konzert« praktiziert wurde, setzte wenigstens fünf Großmächte voraus. Nur dann ist zu mutmaßen, daß sich durch Gruppierungen wie die der drei schwächeren gegen zwei stärkere oder im Extremfalle der vier schwächeren gegen einen Hegemoniekandidaten das stets zu Störungen neigende Gleichgewicht immer wieder herstellen läßt. Zwischen zwei Konkurrenten um die erste Stelle ist das Gleichgewicht überhaupt nur herzustellen, wenn die Ressourcen der beiden einander schicksalhaft über längere Zeit etwa gleichbleiben oder wenn so ungewöhnliche Lagen wie die heutige Fähigkeit zu gegenseitiger Vernichtung im zweiten Schlag eintreten. An sich tendiert, wie zahlreiche historische Beispiele zeigen, eine Zweierherrschaft zum endlichen Austrag der Konkurrenz mit den Waffen. Es ist nicht zu bezweifeln, daß sich das Weltbewußtsein unter dem manifesten Druck dieser Gefahr rasch in der Richtung entwickelt, andere Friedensgarantien als die der bloßen Großmachtpolitik zu fordern. Aber dieses Bewußtsein ist noch nicht so weit gekommen, funktionsfähige politische Formen zu entwickeln und durchzusetzen, die die Großmachtpolitik zu ersetzen vermocht hätten. Wir müssen daher heute die Stabilität machtpolitischer Strukturen überprüfen, teils, um zu ihrer notwendigen Kritik beizutragen, teils aber auch, um realistische Wege des Übergangs zu neuen Strukturen zu finden.

Ein historisch naheliegendes Modell ist der Übergang zum Monopol, also zur politischen Hegemonie einer einzigen Macht. Der einzige Kandidat hierfür ist in der heutigen Weltsituation Amerika; ob in absehbarer Zukunft Rußland oder in ferner Zukunft China stark genug für eine solche Rolle sein könnten, lassen wir, da wir unseren Blick auf die für uns relevante nahe Zukunft richten, hier noch außerhalb der Debatte. Der Wunsch, Amerika in hegemonialer Weltstellung zu sehen, war in den letzten Jahrzehnten nicht nur für manchen Amerikaner, sondern gerade auch für viele Europäer attraktiv, die sich so eines ungewöhnlichen Schutzes ihrer Sicherheit und ihrer Interessen erfreuen würden. Doch haben wir uns in unserer Analyse nicht zu der Meinung durchringen können, daß dies ein praktikabler friedlicher Weg zum politisch garantierten Weltfrieden sei. Die gegenwärtige große Krise des amerikanischen Ansehens in der ganzen Welt ist wenigstens eines der Symptome der Schwierigkeiten. Gerade das fortschreitende Weltbewußtsein erträgt diese machtpolitische Präponderanz nicht, und es verliert den Glauben an die echten und nützlichen Werte der amerikanischen Staats- und Gesellschaftsauffassung, da es die Mittel nicht erträgt, mit denen diese durchgesetzt werden. Man mag das als eine Anpassungskrise ansehen, aus der Amerika geläutert und die Welt bescheidener hervorgehen könnte. Doch ist zudem der Übergang von dem heutigen Duopol mit Übergewicht Amerikas zu einer echten Hegemonie, rein machtpolitisch beurteilt, ohne Waffengang kaum vorstellbar. Das ist nicht nur ein Urteil aus historischen Parallelen in sechs Jahrtausenden, die nicht ohne weiteres durch die Atomwaffen außer Kraft gesetzt sind. Es läßt sich auch durch eine nähere Erörterung der Abschreckungsstrategie begründen.

Die Theoretiker der Abschreckungs- und Eskalationsstrategie müssen davon ausgehen, daß beide Seiten sich hinreichend »rational« verhalten. Rational in diesem Sinne ist es, das kleinere Gut dem größeren Gut oder der Vermeidung des größeren Übels zu opfern. In extremen Situationen treten aber seelische Kräfte auf den Plan, die die Ordnung der Güter verändern. Das gesamte Phänomen des Krieges, das die Menschheitsgeschichte seit undenklichen Zeiten durchzieht, wäre unmöglich ohne die in jedem Menschen angelegte Umschaltung von der Selbsterhaltung zu der Einstellung »das Leben ist der Güter Höchstes nicht«. Wer, um noch ein anderes Zitat zu gebrauchen, sich dazu bringen kann, »lieber tot als Sklav« zu sein, der handelt im Sinne seiner neuen Werte rational, wenn er das vom Standpunkt der Abschreckungsstrategie aus Irrationale tut. Und die Erfahrung lehrt dann zudem, daß oft eben diese scheinbare Irrationalität sich bezahlt macht. Vermutlich verdankt die Schweiz ihre Bewahrung im zweiten Weltkrieg ihrer manifesten Bereitschaft, notfalls kämpferisch unterzugehen (und den Gotthard-Tunnel in den Untergang mitzunehmen); das Scheitern der Eskalationsstrategie gegen Nordvietnam ist ein aktuelles Beispiel. Noch weniger kann man erwarten, daß der kommunistische Block eine echte amerikanische Hegemonie kampflos akzeptieren wird. Amerika mag, wenn der Friede bewahrt bleibt, noch lange die erste unter den Weltmächten sein; es kann nicht ohne Atomkrieg der den »Frieden« garantierende Führer der Welt werden.

Wir sollen uns nicht wundern, daß der Versuch, den Frieden durch die Strukturen der Machtpolitik der Großmächte permanent zu sichern, auf eine Sandbank läuft. Die klassische politische Struktur souveräner Mächte ist bis in ihre juristischen Einzelheiten und bis in die emotionalen Grundlagen der in ihr in Anspruch genommenen Loyalitäten so aufgebaut, daß sie den Krieg als ultima ratio enthält. In allen klassischen Gleichgewichtssystemen sind viele kleine Kriege und gelegentliche große Kriege geführt worden. Nicht die Unfähigkeit eines Systems souveräner Staaten, Krieg ganz zu vermeiden, ist etwas Außerordentliches, sondern das Außerordentliche ist, daß uns eben diese Aufgabe der Elimination zum mindesten des großen Krieges durch die Entwicklung der technischen Welt gestellt wird. (Daß Staatensysteme in einem ruhigen Winkel der Geschichte, wie heute die skandinavischen Staaten, miteinander Frieden bewahren, beweist nicht, daß die Großmächte dazu fähig sein werden; die skandinavischen Staaten sind friedfertig genau seit sie definitiv keine Großmächte mehr sind.) Wir haben also Ausschau nach Kräften zu halten, die die traditionellen Souveränitäten überspielen können. Eine der wichtigsten Kräfte solcher Art sind transnationale Bindungen. Den imperialen und nationalen Einheiten stehen einmal internationale Organisationen gegenüber, wie etwa die Vereinten Nationen, die Liga der Gesellschaften vom Roten Kreuz usw. Sie sind Zusammenschlüsse, in denen die Nationen als Nationen auftreten. Ihr Gewicht für die Friedenserhaltung ist nicht gering, aber doch gleichsam a priori nicht ausreichend, solange die Nationen ihnen die entscheidenden Souveränitätsrechte nicht delegieren. Als transnational bezeichnet man demgegenüber heute solche Strukturen, welche Menschen verschiedener Nationen untereinander ohne den Umweg über die jeweilige Staatsautorität miteinander verbinden. Alte Beispiele sind die katholische Kirche und die »Gelehrtenrepublik« der Wissenschaft. Im Bereich der Wirtschaft können nicht nur Handelsbeziehungen, sondern nachgerade auch große Firmen als ganze transnational sein.

Wie weit tragen transnationale Bindungen als Friedenssicherung? Man wird nicht bezweifeln, daß sie einen wichtigen Beitrag leisten. Je mehr Bindungen der Entschluß zum Krieg zerreißen muß, desto schwerer wird er vermutlich fallen. Die Hoffnung, auf diese Weise, durch Schaffung einer echt transnationalen Gesellschaft, den Krieg definitiv zu fesseln, erinnert ein wenig an Swifts Erzählung von Gulliver, den die Liliputaner, als er schlafend am Boden lag, mit einem Gewebe spinndünner Seile und mit winzigen Pflöcken, die jedes seiner langen Haare einzeln in die Erde rammten, gefesselt hatten. Wie versenken wir Mars in einen so tiefen Schlaf, daß er dies über sich ergehen läßt? Konkret gesagt: die transnationalen Bindungen werden ein unentbehrliches Teil eines friedensbewahrendesn Systems, aber nicht seine einzige Grundlage sein.

Unsere Studie erwägt schließlich ein durch internationale Organisation gesichertes politisches System, das die Abrüstung der Nationalstaaten und Blöcke erlaubt. Formale Entwürfe hierfür sind vorhanden, z. B. in der von Clark und Sohn vorgeschlagenen Ausgestaltung der Charta der Vereinten Nationen *. Für jedes derartige Modell ist entscheidend, daß die bisher souveränen Staaten nicht nur Abkommen unterzeichnen, sondern ihre Macht zur Kriegführung abgeben. Es ist ebenso plausibel, daß, wenn dies einmal geschehen ist, der große Weltkrieg vermieden werden kann, wie es unplausibel ist, daß die heutigen Mächte freiwillig die Schwelle zum wirklichen Machtverzicht überschreiten werden.

Treten wir nun zum Abschluß einen Schritt zurück, und betrachten wir aus der Distanz der Überlegung die vielen einzelnen Schritte, die wir vollzogen haben. Das Ergebnis ist tief beunruhigend. Wir glaubten hinreichend deutlich gemacht zu haben, daß es keinen zuverlässigen Weg zur Kriegsverhütung gibt, der nicht den Machtverzicht der Imperien und Nationen in sich schließt. Die innere Logik der Weltpolitik strebt heute diesem Ziel so wenig zu wie in vergangenen Zeiten. Die Gefahr freilich und das Bewußtsein der Gefahr ist heute größer als früher. Am grundsätzlichen Streben aller großen Mächte nach der Vermeidung des Weltkrieges brauchen wir nicht zu zweifeln. Aber dieses Streben wirkt sich aus zwei Gründen nur unzureichend aus. Der eine Grund ist das Mißtrauen gegeneinander, das zwischen konkurrierenden Mächten unvermeidlich und insofern, solange das System konkurrierender Mächte besteht, legitim ist. Der zweite Grund ist das Zutrauen zur Stabilität des gegenwärtigen Zustands. Dies ist nach unserer Überzeugung ein falsches Zutrauen, das die Mächte hindert, die traditionelle Prioritätenfolge ihrer Ziele umzukehren. In einem grundsätzlich stabilen Mächtesystem gibt jede einzelne Macht ihrem eigenen Partikularinteresse die erste Priorität. Nur wenn die Gefährdung des Ganzen gesehen wird, vermögen konkurrierende Mächte allenfalls der Bewahrung des Ganzen den Vorrang vor ihren Partikularinteressen zu geben. Dies ist in der vor uns liegenden Zeit erforderlich.

In einer solchen Lage hat die Öffentlichkeit eine wichtige Rolle. Das gilt nicht nur von der sogenannten Weltöffentlichkeit, sondern auch von der Öffentlichkeit eines kleineren Lan-

---

* G. Clark, L. Sohn: »World Peace through World Law«. 3rd ed. Cambridge, Mass.: Harvard Univ. Pr. 1966. 535 S. Deutsche Übersetzung der 2. Auflage: Frieden durch ein neues Weltrecht, Alfred Metzner, Ffm. 1961.

des wie des unseren. Es ist eine beliebte Selbststilisierung derer, die am Regierungsgeschäft nicht teilnehmen, die Völker wollten ja den Frieden, und nur ihre Regierungen verhinderten ihn. Die meisten, die so reden, sehen nicht, daß es der Druck der im Volk und seiner Öffentlichkeit wirksamen Einzelinteressen ist, die auch einer wissenden und handlungsbereiten Regierung den Spielraum des Handelns unerträglich einschränkt. Die Öffentlichkeit selbst muß begreifen, das das eigene Überleben davon abhängen kann, ob der Strukturwandel der Welt, der zum politisch garantierten Weltfrieden führt, die erste Priorität der Politik ihres eigenen Landes ist.

Die Ansätze zu dieser Einsicht sind heute in unserem Lande vorhanden; die politische Realität wird nicht von ihr bestimmt. Es ist das Ziel der gegenwärtigen Studie, zu ihrer Entstehung beizutragen. Die Ausarbeitung einer Politik unter dieser Priorität ist Sache eines anderen Gedankengangs. Ohne Zweifel gehört zu dieser Politik der Versuch, die Konfliktherde, die im eigenen Land und in seiner Beziehung zu seinen Nachbarn liegen, zu löschen. Dies wird heute versucht, und wenn unsere Analyse richtig ist, so ist dieser Versuch lebenswichtig.

Durch Kriegsverhütung zum Krieg?*

Drei negative Utopien

A. *Rüstungswettlauf.* Die beiden Weltmächte sehen heute, daß sie ein gemeinsames Interesse an der Erhaltung des Friedens haben. Jede mißtraut aber den Absichten der anderen, d. h. jede glaubt, die andere werde die Gelegenheit, einen gesicherten Rüstungsvorsprung zu erreichen, wahrnehmen. Der militärischen Gefährdung und ökonomischen Belastung, die hieraus hervorgeht, sollen die jetzt angesetzten SALT-Gespräche (Strategic Armaments Limitation Talks) steuern. Die negative Utopie A beginnt mit der Annahme, daß diese Gespräche aus sachlichen Gründen (mangelnde Kontrollmöglichkeit etc.) scheitern. Ein ungehemmter Rüstungswettlauf setzt ein, der irgendwann, vielleicht in den 80er Jahren zur Existenz einer first strike capability auf einer oder auf beiden Seiten führt. Der Rüstungswettlauf verhindert die sonst mögliche Entstehung eines besseren politischen Klimas zwischen beiden Seiten. Die Reaktion der Weltöffentlichkeit und der Jugend des eigenen Landes bringt eine oder beide Regierungen in solche innenpolitischen Schwierigkeiten, daß der klassische Ausweg in den Krieg gewählt wird. Derjenige, der den Krieg begonnen hat, gewinnt ihn auch, aber mit größeren Schäden als vorhergesehen. Die Zahl der Toten in der Welt beläuft sich zunächst auf wenige hundert Millionen. Es kommt nun zu einem oder zwei Jahrzehnten der Wirren in der Welt, in deren Verlauf die Weltbevölkerung durch Hunger, Kriege, Radioaktivität und Krankheiten auf die Hälfte sinkt. Zuletzt wird, durch das Zusammenwirken eines Machtzentrums und eines allgemeinen Bewußtseins für die Notwendigkeit des Friedens, ein Weltstaat errichtet.

---

* Auszüge aus: H. Afheldt, Ch. Potyka, U.P. Reich, Ph. Sonntag, C.F. v. Weizsäcker: Durch Kriegsverhütung zum Krieg? Die politischen Aussagen der Weizsäcker-Studie »Kriegsfolgen und Kriegsverhütung«. Reihe Hanser, München, Carl Hanser Verlag 1972.

Es sei bemerkt, daß in diesen nur skizzierten negativen Utopien in keinem Augenblick von irgendeinem Mitspieler eine Handlungsweise angenommen wird, die den Rahmen der herrschenden politischen Rationalität verläßt, und daß trotzdem eine Folge eintritt, die keiner der Mitspieler gewollt hat. Genauso ist es in der Geschichte oft gegangen, z. B. im Dreißigjährigen Krieg oder im ersten Weltkrieg. Man könnte sagen, wir seien gewarnt. Aber während unsere Öffentlichkeit fortfährt, den Atomkrieg für unmöglich zu halten, da sie ihn für einen Selbstmord hält, entwickelt sich die höhere technische Rationalität der Rüstungsspezialisten bis zu einem Punkt, an dem sie – nicht durch ein volles öffentliches Bewußtsein der Gefahr gehemmt – »die Tat vollbringen müssen, weil sie sie gedacht«.

B. Rüstungsstillstand

Die utopische Ausgangsannahme B ist, daß die SALT-Gespräche einen nahezu vollständigen Erfolg haben. ABM, MIRV und eine Reihe anderer ausdrücklich gekennzeichneter Waffensysteme werden nicht produziert. Die vorhandenen strategischen Waffen werden auf einen verabredeten Stand eingefroren. Kontrollen durch Stichproben werden vereinbart und durchgeführt, und es zeigen sich keine Verletzungen der Vereinbarungen. Einen Stop der Forschung zu vereinbaren, hat man mit Recht für unmöglich gehalten. Die Weltpolitik, von der Sorge vor dem Atomkrieg befreit, wendet sich der Durchsetzung der bestehenden nationalen, imperialen und ideologischen Interessen mit den verfügbaren Mitteln zu. Mit anderen Worten, der politische Zustand der 60er Jahre wird, in mancher Hinsicht verbessert, fortgeführt. Die Ausgaben für Wissenschaft wachsen weiter. Die ziviltechnologisch orientierte Forschung wird eines der größten Machtmittel. Die Konkurrenz der Mächte entwickelt sich zu einem Kampf um die zivile Weltherrschaft. In größeren Abständen offerieren Wissenschaftler ihren Regierungen neue geheime Waffen. Die Angebote werden mehrmals abgelehnt; in einer aus anderen Gründen für sie verzweifelten Situation nimmt eine der Regierungen das Angebot an. Der Fortgang kann dem unter A skizzierten gleichen.

Die Elimination der aktuellen technischen Bedrohung, die in dieser negativen Utopie angenommen wird, ist gewiß ein Gewinn. Aber solange Machtpolitik getrennter Mächte und technischer Fortschritt zusammenwirken, wird sich diese Aufgabe immer von neuem stellen und jedesmal in einer neuen Weise schwer, einmal vielleicht unlösbar sein.

C. *Abrüstung*

Hier ist eine Vorbemerkung nötig. Freiwillige Abrüstung souveräner, einander fürchtender Mächte ist nur möglich, soweit sie das gegenseitige Kräfteverhältnis nicht wesentlich verändert. Das kann allenfalls in gewissen Fällen zwischen zwei Mächten glücken, aber nur solange sie dabei ihre Sicherheit gegenüber Dritten gedeckt fühlen. Hier liegt der Grund dafür, daß Abrüstung in der Geschichte fast nie ein Weg zur Entspannung, sondern allenfalls die Folge einer Entspannung war. Es bedarf keines chauvinistischen, sondern nur eines verantwortungsbewußten konservativen Denkens eines Staatsmannes, um in der Abrüstung sehr zurückhaltend zu sein. Es ist daher eine im umgangssprachlichen Sinn utopische Annahme, die Großmächte unserer Welt würden sich zu einer einschneidenden Abrüstung bereit finden.

Diese utopische Ausgangsannahme machen wir nun. Eine etwa gleichzeitige drastische innenpolitische Änderung in beiden Weltmächten bringt Regierungen an die Macht, die die Gefahr des atomaren Weltkriegs endgültig zu eliminieren beschließen. Sie versuchen sich mit China und Westeuropa auf die Vernichtung aller Atomwaffen, den feierlichen Verzicht auf Erforschung, Entwicklung und Anwendung von ABC-Waffen und die drastische Reduktion der konventionellen Rüstungen zu einigen. Sie nehmen das Prinzip der Selbstbestimmung der Völker an und geben die militärische Dominanz in ihren Satellitensystemen auf. Für internationale Streitigkeiten schaffen sie Schiedsgerichte, für die gemeinsamen Wirtschaftsprobleme weltweite Beratungs- und Beschlußgremien. Der Gedanke einer Weltpolizei wird als Rückfall in die Kategorien vergangener Machtpolitik verworfen.

Es sei der Phantasie des Lesers überlassen, das Scheitern dieses Systems auszumalen. Folgende Schritte lassen sich mutmaßen. Die wirtschaftliche Herrschaft kapitalistischer Firmen und sich sozialistisch nennender Staatswirtschaften über frühere Satelliten und Kolonien hört nicht auf und erzeugt scharfe politische Konflikte. In verschiedenen Ländern entstehen oder halten sich faschistoide Regierungen. Die größeren Mächte verzichten zunächst auf Intervention, bis sich lokale Kriege entwickeln, denen zuzusehen nicht mehr möglich scheint. Das geschieht vor allem, da sich revolutionäre Bewegungen mit Bevölkerungsteilen der alten imperialen Mächte verbünden und so die Großstaaten vom Zerfall ihrer staatlichen Einheit bedroht sind. Es entwickeln sich Bündnissysteme, die den in ihnen führenden Staaten die Nötigung auferlegen, im qualitativen Rahmen der erlaubten Waffensysteme quantitativ über das erlaubte Maß aufzurüsten. Der Versuch anderer, dieser Gefahr zu steuern, führt zu einem Weltkrieg. Das nie vergessene Wissen über die Weise der Herstellung von Atomwaffen ermöglicht atomare Wiederaufrüstung während des Krieges. Das Geschehen mündet, mit zum Teil vertauschter Reihenfolge der Ereignisse, in die Variante A ein.

Diese negative Utopie ist wegen des betont »utopischen« Ausgangspunkts schwerer zu durchschauen als die vorigen. Wenn man schon annimmt, daß die Staaten zur ganzen Abrüstung bereit sind, warum soll man nicht annehmen, daß sie dann auch Frieden halten können? Die Antwort ist, daß ersteres in einer emotionalen Aufwallung, in einem der in der Geschichte vorkommenden Hoffnungsstürme möglich sein könnte, letzteres aber einen permanenten Strukturwandel verlangt. Der Sinn der Variante C ist nicht, die Möglichkeit eines Strukturwandels zu bestreiten, aber auf Bedingungen hinzuweisen, ohne die er nicht eintreten kann. Man kann nicht die materiellen Probleme der Weltregionen im wesentlichen bestehen lassen, die klassische Form politischer Organisation, den partikularen, souveränen Staat aufrechterhalten, und nur die militärischen Mittel ausschalten, durch welche bisher die ständig vorhandenen Spannungen restringiert wurden.

Thesen

1. Die Bundesrepublik ist mit konventionellen Waffen nicht zu verteidigen.
2. Der Einsatz nuklearer Waffen in der Absicht der Verteidigung der Bundesrepublik würde zur nuklearen Selbstvernichtung führen.
3. Für die Bundesrepublik gibt es nur eine in sich widerspruchsvolle Abschreckung (Abschreckung durch für beide Seiten unkalkulierbares Risiko).
4. Zwischen den Supermächten gibt es heute eine in ihrer militärischen Logik widerspruchsfreie Abschreckungsstrategie.
5. Die Abschreckung zwischen den Supermächten führt (aber) zum Wettrüsten.
6. Das Wettrüsten führt zur Erhöhung des Kriegsrisikos.
7. Der Versuch, durch Rüsten das Abschreckungsgleichgewicht zu erhalten, lähmt die Supermächte politisch und militärisch.

Konsequenzen

A. Gerade die Fragwürdigkeit des Abschreckungssystems eröffnet der Bundesrepublik einen Spielraum, rüstungspolitische Entscheidungen als Mittel der Außenpolitik einzusetzen.

B. Bei der Beurteilung jeder Politik hat heute der Beitrag zur Schaffung eines politisch gesicherten Weltfriedens die erste Priorität.

Erläuterung zur Konsequenz A

Die Bundesrepublik ist nicht Träger einer Strategie der stabilen Abschreckung. Sie ist auch nicht in ein optimal funktionierendes Sicherheitssystem derart eingebunden, daß sich jede Einzelentscheidung zwingend aus dem System ergäbe. In der Tat, hätten wir eine Streitmacht, die uns gegen einen Angriff mit Eroberungsabsicht effektiv schützen könnte, so wäre die Forderung natürlich, sie solle nicht unter das Maß reduziert werden, unterhalb dessen sie diese Verteidigungskraft verlöre. Hätten wir wenigstens eine Abschreckungsmacht, deren Einsatz dem Gegner einen sicheren, kalkulierbaren Schaden androhte, von dem wir wissen, daß er ihm zu hoch sein wird, so müßte es wiederum leichtfertig erscheinen, diese Abschreckungsmacht so zu reduzieren, daß das Risiko inkalkulabel würde. So ist unsere Lage aber nicht. Wer nun sicherheitspolitische Debatten in unserem Lande, zumal in Expertenkreisen, in den vergangenen zehn Jahren verfolgt hat, ist in ihnen immer wieder dem Argument begegnet: »Dieser oder jener, vielleicht politisch erwünschte Schritt ist nicht möglich, weil er unsere militärische Sicherheit vermindert.«

Dieses Argument beruht wesentlich darauf, daß man in der Analyse unserer militärischen Situation auf halbem Wege stehenzubleiben pflegt. Man erkennt, daß unser militärischer Schutz, rein militärisch betrachtet, unzureichend ist. Ohne der Ursache auf den Grund zu gehen, fürchtet man, er werde weiter vermindert, wenn gewisse Elemente unserer Rüstung reduziert werden. In Wahrheit konserviert man dadurch nichts von einer Sicherheit, deren militärischer Grund, wie weiter oben erörtert, nur in der Ungewißheit des Risikos für den Gegner liegt, begibt sich aber der politischen Beweglichkeit, Rüstungsreduktionen als Angebote in Verhandlungen einzubringen. Akzeptiert man als Kriterium für die Wirkung von Rüstungsmaßnahmen die oben dargelegte politisch-militärische Realität, so eröffnet sich ein Spielraum, rüstungspolitische Entscheidungen als Mittel der politischen Friedenssicherung einzusetzen.

Fragen zur Weltpolitik*

Im ganzen spricht dieser Text wie fast alles, was ich über Politik geschrieben habe, leiser, als ich empfinde. Das hat einen Grund. Zorn und erstickende Angst trüben unseren Blick für die Tatsachen, selbst wenn die Tatsachen zu Zorn und Angst Anlaß geben; sie machen uns das Verständnis unserer Gegner, damit des Ganzen, damit unserer eigenen Situation schwer. Nur die Stimme der Liebe dürfte emphatisch werden, aber diese wird von Menschen, die sich für bewußt halten, meist nicht ernst genommen. So wenden sich diese Texte, nicht planvoll, sondern instinktiv, an die zweitbeste menschliche Tugend, die Sachlichkeit; deshalb sind sie leise.

---

* München, Hanser, 1975. Aus dem Vorwort S. 8–9.

Fünf Thesen zum Dritten Weltkrieg*

1. Der Dritte Weltkrieg ist wahrscheinlich.
   1.1. Er ist wahrscheinlich, weil der Zwang zur Hegemoniekonkurrenz in einem System souveräner Großmächte, der in der Geschichte stets zu großen Kriegen geführt hat, heute unvermindert und mit denselben strukturellen Folgen fortbesteht.
   1.2. Politischer Bewußtseinswandel, Wandel sozialer Systeme und die Mittel klassischer Diplomatie sind zur Kriegsverhütung heute notwendig. Keines dieser Mittel ist heute hinreichend.
   1.3. Die Größe der Waffenwirkungen garantiert, isoliert genommen, die Vermeidung des Weltkriegs nicht.

2. Eine Politik, die den Weltkrieg verhindert, ist möglich und wird heute versucht.
   2.1. Die erste Aufgabe der Weltkriegsverhütung ist die Stabilisierung des amerikanisch-russischen Duopols.
   2.2. Das Duopol ist langfristig instabil. Es muß in einem kriegerischen Austrag oder in einer pluralistischen Mächtestruktur enden.
      2.1.1. Eine Politik, die den unkriegerischen Sieg einer der Weltmächte durchzusetzen versucht, ist keine Friedenspolitik.
      2.1.2. Der friedliche Übergang in eine pluralistische Struktur ist nur nach vorheriger Stabilisierung des Duopols möglich.

3. Die Politik der Kriegsverhütung stößt auf Hindernisse, die in gesellschaftlichen Strukturen wurzeln.
   3.1. Die Friedenshindernisse liegen nicht nur in denjenigen Strukturen, welche die heutigen Gesellschaften unterscheiden, sondern sogar vorwiegend in denjenigen, die ihnen gemeinsam sind.

* Auszug aus dem 6. Kapitel von »Wege in der Gefahr«. S. 110–139.

4. Die Überwindung der Hindernisse einer Kriegsverhütungspolitik erfordert einen umfassenden Bewußtseinswandel.

5. Die kriegsverhütende Politik muß so geführt werden, daß sie den Bewußtseinswandel erleichtert und nicht erschwert.

Zum Bewußtseinswandel*

Liberale und sozialistische Staaten, so ideologisch sie sich auch verhalten, leisten im allgemeinen die innere Pazifizierung, die Vermeidung des Bürgerkriegs. Es gibt keine analoge Struktur, die den nationalen und imperialen Krieg zuverlässig verhütet. Eine solche entstehen zu lassen, nicht in der Form des Weltstaats, sondern etwa des gesicherten Duopols, der Pentarchie, der Weltorganisation nach dem Muster weiterentwickelter Vereinter Nationen, ist das Ziel heutiger Kriegsverhütungspolitik. Unsere 3. These besagt nur, daß die vernünftigen und im Prinzip realisierbaren Ziele dieser Politik an den fortdauernden Machtkonkurrenzen innerhalb der einzelnen Gesellschaften scheitern. Dabei ist der eigentliche Fehler nicht, daß die erkannten Notwendigkeiten nicht durchgesetzt werden können. Ihre Undurchsetzbarkeit liegt gerade daran, daß sie von den mächtigsten Gruppen nicht als notwendig erkannt werden. Machtkampf und Herrschaftserhaltung machen in hohem Grade aufmerksam für die eigenen, zumal kurzfristigen Interessen, sie machen blind für die allgemeinen und damit für die eigenen langfristigen Interessen.

Ein Bewußtseinswandel müßte nicht unsere Meinungen, sondern unser Wahrnehmungsvermögen verändern. Dies ist möglich, aber der Weg dazu ist fast unerträglich schmerzhaft. Das Opfer – nicht das Brandopfer von Kälbern oder die caritative Spende, sondern das Opfer dessen, was man für unerläßlich zum Lebensglück hält – ist der symbolische Ausdruck der Bereitschaft, diesen Schmerz auf sich zu nehmen. Wenn jemand gewußt hat, warum es stets mörderische Konflikte unter den Menschen gibt, so waren es die Träger der Hochreligionen; Jesus: »wo euer Schatz ist, da ist euer Herz«, Buddha: »das ist der Wahn, das ist die Entstehung des Wahns, das ist die Auflösung des Wahns, das ist der zur Auflösung des Wahnes führende Weg«. Es ist undenkbar, daß ohne diese folgenreiche Selbstaufklärung die mörderischen Intentionen aufhören, selbst

---

* »Wege in der Gefahr«, S. 137–138.

wenn gesellschaftliche Formen gefunden werden, die dem Machtkampf andere Weg des Austrags als den des Kriegs ermöglichen. Wer das nicht weiß, weiß nicht, warum er durch sein eigenes Handeln ständig Wind sät und Sturm erntet. Der umfassende Bewußtseinswandel muß und kann die ganze Person umfassen.

Aber nun ist der umfassende Bewußtseinswandel der Friedenspolitik auch gegen übertriebene Forderungen abzugrenzen, übertrieben nicht für das eigentliche Glück der Menschheit, aber für die bescheidenere Aufgabe, Weltkriege zu verhindern. Der Bewußtseinswandel muß hierfür extensiv umfassend sein. Er muß alle gesellschaftlichen Gruppen umfassen, die formenden Einfluß auf die politischen Entscheidungen üben, also die Machthaber und Meinungsmacher und in gewisser Weise die ganzen Völker. Er muß aber nur soweit gehen, sie ihr eigenes langfristiges Interesse verstehen zu lehren, soweit es von der Friedenserhaltung abhängt. Dazu gehört nicht die Verwandlung der ganzen Person, aber die noch immer schmerzhafte und dann beglückende Wahrnehmung des weltpolitischen Zusammenhangs.

Wer das zu wissen meint, was in diesem Buch dargelegt wird, befindet sich in einem ständigen Dilemma bezüglich des von ihm selbst zu verlangenden politischen Verhaltens. Er sieht, daß die politischen Maschinerien, also letztlich seine täglich mit ihm umgehenden Mitmenschen, sich selbst, halb unbewußt, das Elend bereiten, das auf sie wartet, und das nicht nötig wäre. Zum Bewußtseinswandel gehört ein tiefer Schreck, dem man, wenn er einmal geschehen ist, nicht mehr entlaufen kann. Man meint oft, man müßte die Menschen anbrüllen, daß sie aufwachen. Aber man weiß, daß sie den, der brüllt, für einen Narren halten. Man wählt dann den Weg nüchterner Darlegung. Dies wird als professoraler Beitrag zur Debatte freundlich zur Kenntnis genommen. Wer aber in der Tiefe berührt ist von den selbsterzeugten Leiden der Gesellschaft, wie es die linke Jugendbewegung des letzten Jahrzehnts wieder einmal war, gerät meist in eine kurzschlüssige und von neuem ideologische Verteufelung bestimmter Gruppen und Gesellschaftsstrukturen, eine Verteufelung, die die erfolgreiche Gegenverteufelung durch diese Gruppen zur unvermeidlichen Folge hat.

Vorwort zu H. Afheldt »Verteidigung und Friede« *

Unter den drei gleichzeitig erscheinenden und aufeinander bezogenen Büchern** steht dieses thematisch in der Mitte. Es ist eine großangelegte Analyse des heutigen atlantischen Systems der Kriegsverhütung durch Rüstung, die bis zu konkreten Vorschlägen für die Strategie der USA, der NATO und der Bundesrepublik vordringt. Von den flankierenden Büchern bezieht das eine den systematischen Zusammenhang der Kriegsverhütung mit Wirtschaft und Gesellschaft ein, das andere unterrichtet bundesdeutsche Leser über wichtige neue Entwicklungen der strategischen Doktrin in zwei europäischen Nachbarländern, die der westlichen Gesellschaftsform angehören (Österreich und Frankreich). Hinter dem gegenwärtigen Buch von H. Afheldt steht eine Arbeit von anderthalb Jahrzehnten, deren erste große Darstellung unter dem Titel »Kriegsfolgen und Kriegsverhütung«*** vor 6 Jahren abgeschlossen worden ist. Damals sprach Herr Afheldt als Verfasser von Beiträgen zum Sammelband einer Arbeitsgruppe, deren spiritus rector er war. Jetzt legt er als alleiniger Autor ein Gesamtbild des Fragenkreises aus der durch neue technische und gedankliche Entwicklungen veränderten heutigen Perspektive vor.

Wenn dieses Vorwort eines Freundes des Autors einen Sinn haben kann, so nicht den, seinem Buch selbstverständliches und unspezifisches Lob zu spenden; ebensowenig darf es versuchen, dem Leser durch eine scheinklare Zusammenfassung der Ausgangsfragen und der Endvorschläge des Buchs die Arbeit der Lektüre des entscheidenden Mittelstücks, der detaillierten Analyse, zu ersparen. Es kann nur versuchen, dem Leser zu sagen, warum der Mitvollzug dieser Analyse unerläßlich ist.

Die heutige Kriegsverhütung durch Abschreckung ist ein höchst paradoxes Unternehmen. In alten Zeiten galt freilich die

---

* München, Hanser 1977.
** Die beiden anderen sind: Emil Spannocchi und Georg Brossollet. Verteidigung ohne Schlacht; C. F. von Weizsäcker. Wege in der Gefahr. Beide Hanser, München 1976.
*** München, Hanser 1970.

Doktrin »si vis pacem, para bellum« — sei auf den Krieg vorbereitet, den du vermeiden willst. Aber jeder wußte, daß der so bewahrte Friede nur wenige Jahrzehnte zu dauern pflegt. Die politischen Mechanismen des Mächtegleichgewichts funktionierten nicht, wenn nicht dann und wann die Probe auf das reale Kräfteverhältnis gemacht wurde. Friedensfürsten wurden gepriesen, weil sie so selten waren. Heute erscheint der große Krieg selbstmörderisch, und man scheint genötigt, sich das phantastische Ziel zu setzen, ihn bei Fortdauer der imperialen und nationalen Souveränitäten ganz zu vermeiden; und dies nicht mit einem ein für allemal bekannten und fixierten Waffensystem, sondern angesichts des technischen Fortschritts ins Unbekannte. Der optimale Kompromiß zwischen den Motiven der Kriegsverhütung und der Schadensbegrenzung wird von den strategischen Planern rund zweimal im Jahrzehnt völlig neu durchdacht. Wir werden diese Ära reißenden kulturellen Wandels und langsamer politischer Veränderung unter der Decke scheinbarer militärischer Ruhe vermutlich nicht überleben, wenn unsere eigenen politischen und militärischen Planer nicht das Variantenregister des lebensgefährlichen Schachspiels, das Machtpolitik der Großmächte heißt, bis in die Konsequenzen jeder Variante für unser eigenes Land durchdacht haben. Es ist die politische Stärke des demokratischen Systems, daß in ihm solche Fragen öffentlich diskutiert werden können. Denn gute Politik ist unmöglich ohne Erkenntnis der Sachverhalte, und Erkenntnis gedeiht weitaus am besten im Felde freier Diskussion. Ein totalitäres Regime kann seine Probleme eine Zeitlang unter den Teppich fegen, aber die Stunde der Wahrheit kommt schließlich. Es sei darum als Ausdruck des Respekts gegenüber den verantwortlichen Planern in unserem demokratischen Staat verstanden, wenn ihnen hier ein kritisch durchdachtes Variantenregister auch für ihre eigene zukünftige Politik vorgelegt wird. Das Ziel dieses Buches ist nicht, daß seine Vorschläge — die mir einleuchten — angenommen werden, sondern daß ihr Für und Wider sorgfältig diskutiert wird, so daß am Ende vielleicht sogar bessere Vorschläge gefunden werden könnten.

Das entscheidende mittelfristige Problem ist heute in der Tat das Verhältnis zwischen Kriegsverhütung und Schadensbegrenzung. Die weltpolitische Struktur ist nicht weit genug entwickelt, mit nichtmilitärischen Mitteln den Krieg zu verhüten. Faktisch funktioniert die Kriegsverhütung nicht ohne die Drohung mit dem eigenen Einsatz militärischer Mittel, von deren Einsatz sie den Gegner abschrecken will. Diese Abschreckung aber reicht nicht aus, um den Krieg unmöglich zu machen. Der militärische Planer ist gezwungen, zugleich zu überlegen, wie der Krieg überlebt werden könnte. Es liegt nahe, anzunehmen, daß jede vorbereitete Schadensbegrenzung die Angst vor dem Krieg und damit die Wirkung der Abschreckung vermindert. Durchdenkt man jedoch die Mechanismen der Abschreckung und der Schadensbegrenzung mit derjenigen Schärfe, mit der es im vorliegenden Buch geschieht, so zeigt sich, daß diese Annahme nicht selbstverständlich ist. Wer soll vom Angriff abgeschreckt werden? Die gegnerische Regierung. Wer soll geschützt werden? Das eigene und das gegnerische Volk. Es ist der Mühe wert zu durchdenken, bei welchen Strategien diese Forderungen noch am ehesten vereinbar sind.

Gleichwohl bleibt die heutige Lage in hohem Grade prekär. Es kann nicht das Ziel einer Friedenspolitik sein, diese Lage einzufrieren; das Ziel, auch wenn es befriedigend wäre, bleibt unerreichbar. Das entscheidende langfristige Problem ist, welche Strategie die Veränderung dieser Lage zu einer stabileren Friedensordnung erleichtert und welche sie erschwert. Es ist der Mühe wert, die Kriterien ausdrücklich aufzustellen, nach welchen eine langfristige Friedenspolitik beurteilt werden muß.

Es ist der Mühe wert, diese Fragen zu durchdenken. Der Leser sei zu dieser Mühe aufgefordert. Begründeter Widerspruch wird den Verfasser weder erstaunen noch kränken. Wenn aber diese Gedanken nicht sorgfältig durchgeprüft und öffentlich erörtert würden, so geschähe – davon bin ich überzeugt – unserem Lande ein Schade.

Vorwort zu E. Spannocchi und G. Brossollet »Verteidigung ohne Schlacht« *

Dies ist das dritte von drei Büchern, die gleichzeitig und in sachlichem Zusammenhang dem an der militärischen Verteidigung der Bundesrepublik interessierten Publikum vorgelegt werden. In der Mitte dieser Trias steht das Buch von H. Afheldt **, eine umfassend angelegte Analyse der Abschreckungs- und Verteidigungsstrategie der USA, der NATO und der Bundesrepublik, die zu neuen Vorschlägen vorstößt. Flankiert ist dieses Buch auf der einen Seite von meiner Arbeit ***, welche Wirtschaft, Gesellschaft und Kriegsverhütung im systematischen Zusammenhang erörtert. Auf die andere Flanke stellen wir die Schriften der beiden Autoren dieses Bandes, welche das konkrete Problem der Verteidigung für zwei europäische Länder erörtern, die zur NATO in verschiedenen Graden der Distanz stehen.

Zunächst seien die Autoren dem bundesdeutschen Publikum vorgestellt. Beide sind Berufsoffiziere im aktiven Dienst ihres Landes, übrigens beide auch Abkömmlinge von Familien weit zurückreichender militärischer Tradition. Emil Spannocchi ist der gegenwärtige Armeekommandant des österreichischen Bundesheers. Guy Brossollet hat sein Buch als Major in der französischen Armee geschrieben; seit kurzem ist er Militärattaché an der französischen Botschaft in Peking.

Spannocchi hat seine Vorschläge in der Zeit schrittweise entwickelt, in der er Kommandant der österreichischen Verteidigungsakademie war. In seiner heutigen Position hat er den Auftrag, diese Vorschläge organisatorisch in die Tat umzusetzen. Das, wovon er spricht, ist also heute nicht mehr ein theoretischer Entwurf, sondern werdende Realität. Brossollets Buch, 1975 erschienen, hat in der französischen militärischen Debatte vielleicht eine neue Ära eingeleitet; die Realität der militärischen Planung hat es naturgemäß noch nicht beeinflussen

* München, Hanser 1977.
** S. das vorangehende Vorwort.
*** »Wege in der Gefahr«.

können. Spannocchi und Brossollet, deren Doktrinen verwandt, aber keineswegs gleichartig sind, haben ohne Kenntnis voneinander geschrieben; Afheldt ist auf die Schriften beider aufmerksam geworden, nachdem er selbst, wiederum unabhängig von beiden, zu wiederum anderen, aber verwandten Überlegungen vorgestoßen war.

Den Ausgangspunkt haben die drei Bücher mit allen modernen militärischen Analysen gemein: die radikale Veränderung des Kriegs durch die ständig fortschreitende Waffentechnik. Das Symbol dieser Veränderung im öffentlichen Bewußtsein ist seit dreißig Jahren die Atombombe. Der Blick aber, der gebannt nur auf diese Waffe starrt, nimmt die wirkliche Veränderung des Militärwesens noch nicht wahr. Die Bannung des Blicks durch dieses freilich unübersehbare und tief bedeutsame Symbol hat gerade dem bürgerlich-europäischen Denken der letzten drei Jahrzehnte in bezug auf den gesamten Bereich des Kriegs eine eigentümliche Realitätsferne aufgezwungen. Man denkt vielfach: entweder kommt es noch einmal zum Krieg, dann ist alles aus; oder es kommt nicht zum Krieg. In beiden Alternativen braucht man eigentlich über den Krieg nicht nachzudenken; Sache der Fachleute ist es dann, durch Abschreckung und/oder Entspannung den Krieg so unwahrscheinlich wie möglich zu machen.

Der reale Gang der Geschichte kümmert sich wenig um solches Wunschdenken. Die Machtkonkurrenz zwischen souveränen Staaten und innerhalb der Gesellschaften, eine Grundfigur der bisherigen menschlichen Geschichte, geht weiter. Sie zwingt die Phantasie der an ihr Beteiligten, neue Formen des Konfliktaustrags zu finden, die man auch im Atomzeitalter überleben kann. Es war ein großer Fortschritt der bürgerlichen Gesellschaft, den Konfliktaustrag vielfach in gewaltloser Form zu institutionalisieren, und moralisch bewundernswert waren jene Führer von Befreiungsbewegungen wie Gandhi und King, die sogar dem Kampf gegen die Herrschaft eine gewaltlose Gestalt gegeben haben. Aber man soll sich nicht wundern, daß auch die Mittel begrenzter Gewalt phantasievoll immer weiter entwickelt werden. Das gilt sowohl am oberen wie am unteren Ende des Waffenspektrums. Bei den großen Waffen ist einem Jahrzehnt wachsender Sprengkraft und einem Jahrzehnt wachsender Reichweite und Schubkraft der Träger nun ein Jahrzehnt wachsender Zielgenauigkeit gefolgt. Die Zielgenauigkeit dient offensichtlich u. a. auch der Möglichkeit eines begrenzten und eben darum glaubwürdig androhbaren Waffeneinsatzes. Andererseits ist der internationale Terrorismus, der uns heute so beunruhigt, ja nicht bloß die Folge neuer politischer Erregung, sondern er ist eine weiterentwickelte Kampfform des militärisch Schwächeren. Die Aufgabe, die Institution des Kriegs und womöglich allen gewaltsamen Konfliktaustrag zu überwinden, bleibt der Menschheit darum nicht weniger gestellt. Aber ihre Lösung liegt jenseits von für uns noch undurchschaubaren weltgeschichtlichen Krisen.

Die Autoren dieses Buchs, pragmatische Berufsmilitärs west- und mitteleuropäischer Länder, überlegen, wie sie ihren Auftrag erfüllen können, in der so beschaffenen Welt ihr Land zu schützen. Länder wie Frankreich und Österreich (auch die Bundesrepublik, trotz der begreiflichen Sorge unserer östlichen und westlichen Nachbarn vor dem Wunsch nach Wiedervereinigung) erheben keine territorialen Ansprüche, die überwiegende Mehrheit ihrer Bevölkerung will nicht die Welt verändern, sondern sie wollen in bürgerlichen Freiheit und in Frieden leben und ihren Wohlstand mehren. Ihre einstmals kriegsschwangeren Gegnerschaften untereinander sind so gut wie erloschen. Der einzige mögliche militärische Gegner ist die Sowjetunion und der von ihr dominierte Warschauer Pakt. An einen Angriff auf diesen möglichen Gegner denkt niemand. Aber seine militärische Überlegenheit macht einen Angriff von seiner Seite auf Mittel- und Westeuropa denkbar. Man darf annehmen, daß er für einen solchen Angriff heute kein politisches Motiv hat. Aber es wäre offensichtlich unrealistisch, anzunehmen, er könne im politischen Spiel, das er ständig spielt, keine Motive haben, mit der Möglichkeit eines solchen Angriffs leise oder vernehmlich zu drohen. Deshalb ist die Fähigkeit, einem solchen Angriff zu begegnen, ein Instrument der Politik, das alle demokratisch gewählten Regierungen des Westens – also offenbar auch die Mehrheiten ihrer Wähler – für unerläßlich halten. Es geht um die Tauglichkeit dieses Instruments.

Der Angriff, auf den man dabei vorbereitet sein muß, ist

nicht automatisch atomar, sondern zunächst eher der konventionelle Angriff einer Panzerarmee. Das ist evident für Österreich, das überhaupt nur als Durchmarschgebiet operatives Interesse hat; in den Darlegungen Spannocchis spiegelt sich diese Ausgangslage. Es ist aber auch die Ausgangsannahme der französischen Planung. Die »force de combat« soll einen Panzerangriff solange aufhalten, daß der obersten Führung Zeit zur Entscheidung über den möglichen Einsatz der atomaren Schlagkraft bleibt. Was Brossollet kritisiert, ist nicht diese Aufgabenstellung, sondern die Art ihrer Lösung. Es gibt in der Tat gute Gründe, diese Ausgangslage für die wahrscheinlichste zu halten. Ein allgemeiner Grund ist, daß das einzige Tabu gegen Waffengebrauch, das im Atomzeitalter nach dem August 1945 eingehalten worden ist, das gegen Atomwaffen ist. Jeder Staat, der einen Krieg mit begrenztem Zweck beginnt oder androht, wird froh sein, wenn er dabei auf den atomaren Einsatz verzichten kann. Dazu kommt der spezielle Grund, daß aus dem ersten Jahrzehnt nach dem Krieg, in dem Rußland die amerikanische atomare Überlegenheit durch große konventionelle Rüstung zu kompensieren suchte, heute noch eine russische konventionelle Überlegenheit übriggeblieben ist, die durch Aufrüstung zu überwinden kein europäischer Staat unternimmt. Alle Verteidigungsplanungen mittel- und westeuropäischer Staaten gehen von dem Faktum der russischen konventionellen Überlegenheit aus und haben für den Fall, daß diese voll eingesetzt würde, nur die Wahl zwischen Niederlage und nuklearem Einsatz.

Gleichwohl – oder eben darum – stellt sich allen mittel- und westeuropäischen Verteidigungsplanungen die Aufgabe, ihre konventionelle Gegenwehr so glaubwürdig wie möglich zu gestalten. Denn keine dieser europäischen Armeen kann den Schritt zur atomaren Verteidigung leicht vollziehen. Österreich verfügt weder über Nuklearwaffen noch darf es sich einem Bündnis anschließen, das diese besitzt. Frankreich käme mit dem realen Einsatz der »force de dissuasion« in eine verzweifelte Lage; es wäre leicht die Lage der Biene, die ihren schmerzenden Stich mit dem Tod bezahlt. Für die NATO hängt die Einsatzmöglichkeit nuklearer Waffen von dem Risiko ab, das der amerikanische Bündnispartner zu laufen bereit ist. Und der

Einsatz nuklearer Gefechtsfeldwaffen in einem dicht besiedelten Land akzentuiert das Problem, wer und was in dem vielleicht erfolgreich verteidigten Territorium die Verteidigung überlebt.

Die allen drei Autoren – Spannocchi, Brossollet, Afheldt – gemeinsame Kritik der bisherigen Vorbereitung auf diesen Fall läßt sich am einfachsten in Spannocchis These zusammenfassen, daß ein unterlegener Gegner dem überlegenen gegenüber nie eine Chance hat, wenn er dessen Bewaffnung und Strategie mit notwendig unzureichenden Mitteln kopiert. Gegen Panzerarmeen sind unterlegene Panzerarmeen keine gute Verteidigung; ihr Einsatz garantiert vielmehr nur den sehr raschen Verlust des Feldzugs. Die Frage ist nur, ob es außer dem problematischen nuklearen Einsatz eine Alternative gibt. Die heutige Kriegserfahrung bietet deren zwei an: den seit Jahrhunderten praktizierten Guerillakampf, und die neueste Entwicklung zielsuchender Waffen (precision-guided missiles). Alle drei Entwürfe beruhen auf einer Mischung dieser beiden Elemente. Die Mischung ist in jedem Fall anders, was nicht nur der Individualität des jeweiligen Autors zuzuschreiben ist, sondern der Verschiedenheit der Situationen Österreichs, Frankreichs, und der Bundesrepublik in der NATO.

Die Einzelheiten muß der Leser aus den Texten der Autoren selbst erfahren. Hier seien wenige gemeinsame Züge genannt. Es handelt sich in allen Fällen selbstverständlich um reguläre Truppen, nicht um Partisanen. Nur in der Kampfweise, die der Lage des vorweg in der konventionellen Waffenquantität Schwächeren angepaßt ist, wird von Mao, Giap und Tito gelernt. Die Panzerschlacht, die in Stunden oder Tagen verlorengehen muß, wird vermieden (»Essai sur la nonbataille« nennt Brossollet sein Buch). An die Stelle der Schlacht treten hundert Gefechte (Raumverteidigung nach Spannocchi) der im Raum verteilten kleinen, mit panzerbrechenden Waffen versehenen Einheiten (Module nach Brossollet). Der Gegner kann nur in einem zeitraubenden Prozeß die militärische Herrschaft im ganzen Land erringen, und selbst ein bloßer Durchbruch wird (vgl. Afheldt) länger dauern und für ihn verlustreicher sein als die Schlacht.

Der Skeptiker muß eine Reihe von Gegenfragen erheben.

Was ist der operative Vorteil eines länger hingezogenen Kampfes, dessen Ausgang gleichwohl gewiß ist? Wo bleibt die Abschreckungswirkung der – in der Doktrin flexibler Reaktion – mit für den Gegner inkalkulablen Eskalationsrisiken verbundenen Schlachtdrohung? Und wird nicht die Zivilbevölkerung in diejenige Verstrickung mit dem Kampfgeschehen gezogen, die zu verhindern einer der Hauptvorteile des klassischen Schlachtkonzepts ist?

Die Antwort – im einzelnen wieder nur aus den Texten zu entnehmen – lautet: Zur ersten Frage fragen die Verfasser nach dem Auftrag zurück, der der bisherigen wie der vorgeschlagenen Verteidigung gemeinsam ist. Sie soll einen begrenzten Angriff abwehren können, einen mit voller Kraft vorgetragenen möglichst verlustreich für den Gegner werden lassen und dabei für weitergehende militärische Entschlüsse oder diplomatische Aktivitäten Zeit gewinnen. Sie soll einen »militärischen Spaziergang« unmöglich machen. Der Anspruch ist, daß die vorgeschlagene Verteidigung dies mit gleichem Aufwand besser leistet als die bisherige. Zur zweiten Frage wird man sagen, daß dem Verteidiger die Freiheit zu eskalieren in dem Grade bleibt, in dem er sie zuvor besessen hat, daß aber die präzise Trennung der Ebenen im neuen Konzept die Versuchung, undurchdacht zu eskalieren, herabsetzt. Dies leitet zur dritten Frage über. Im Zeitalter sehr großer Feuerkraft, und gar bei nuklearer Eskalation, ist in einem dicht bewohnten Land die Schlacht nicht mehr vom Schicksal großer Bevölkerungen zu trennen; die Aussparung der Nichtkombattanten wird weitgehend fiktiv. Deshalb ist es ein Hauptziel des neuen Konzepts, möglichst keinerlei Ziele zu bilden, die mit großer Feuerkraft anzugreifen dem Gegner einen Vorteil im Kampf bringen würde. Die Kampfeinheiten müssen klein, weit verstreut und zahlreich sein, um dies zu erreichen. Von der Zivilbevölkerung sind diese Einheiten andererseits, eben um dem Gegner keinen Anreiz zu Repressalien zu geben, präzise zu unterscheiden; sie sind und bleiben Truppen in Uniform.

Was geschieht, wenn der Gegner den Angriff mit überlegenen Kräften gleichwohl durchgeführt hat, ist nicht mehr Gegenstand der in diesem Band vereinigten Texte. Österreich kann in diesem Fall nur auf Befreiung von außen hoffen. In

Frankreich stellt sich dann die Frage des Gebrauchs der nuklearen Schlagkraft, vermischt mit der Frage, was die in einen solchen Krieg, nach heutiger Konstellation, unweigerlich verstrickte NATO tun wird; Brossollet spart diese Fragen aus, vermutlich nicht, weil er darüber keine Meinungen hätte, sondern weil er die Klarheit seiner Argumente nicht mit weitergehenden Kontroversen zu belasten wünscht. Afheldt läßt sich unter Gesichtspunkten der NATO auf die Frage im Detail ein; dafür sei auf sein Buch verwiesen.

Ich wünsche den Autoren aus unseren Nachbarländern, die wir hier präsentieren, aufmerksame, ja neugierige deutsche Leser. Wir sitzen, wie man zu sagen pflegt, im selben Boot.

III. Zur Debatte über den radikalen Sozialismus

Schlußbemerkungen in der Vorlesung über Platons Staat am 16. 6. 1967*

Ich möchte nun doch noch ein paar Worte zu der Situation sagen, in der wir uns heute befinden. Ich gestehe, daß ich dies nicht sehr gern tue. Die Situation ist kompliziert, und was immer man sagt, wird man einiges aussprechen, was vielleicht nicht richtig ist und manches aussprechen, was einigen nicht gefällt, obwohl es richtig ist. Ich werde – wenn ich die Platonischen Termini gebrauchen darf – nicht als Sophos, d. h. mit dem Anspruch des Wissenden reden, sondern, wenn es gut geht, als Philosophos, d. h. als einer, der versucht zu sagen, was wahr ist. Ich spreche meine eigene Empfindung aus, und wer eine andere Empfindung hat, den werde ich gleichwohl achten können.

Ich kann nicht beginnen, ohne von den großen Ereignissen, auf die wir nur wenig Einfluß haben, außerhalb unseres Landes zu reden, nämlich von dem Krieg, der sich in den letzten 14 Tagen abgespielt hat. Ich gestehe, daß ich, als der Krieg anfing, eine tiefe Sorge um das Land Israel und um das Volk dort hatte. Ich habe gute Freunde dort; es wird manchem von uns so gehen. Ich habe gern einen Aufruf für eine Blutspende für Israel unterschrieben, weil ich um das Schicksal dieser Menschen besorgt war. Sie haben dann einen auch für mich überraschenden militärischen Sieg errungen und heute muß unser Mitgefühl mit Leidenden, das ja nie zur Ruhe kommt, insbesondere den vielen Arabern gelten, die nunmehr unter diesem Sieg leiden, wie es unvermeidlich ist. Ich würde also heute, wenn ich von neuem einen Aufruf zu unterschreiben hätte, insbesondere einen Aufruf wünschen für alle nur möglichen Hilfeleistungen für die leidenden Menschen der arabischen Bevölkerung.

Ich danke Ihnen für Ihren Beifall, und ich möchte ihn auch nicht verhindern. Ich möchte aber doch sagen, daß es mir auch willkommen ist, wenn Sie einfach anhören, was ich sage. Ich werde an einigen Stellen auch Widerspruch hervorrufen. Ich

* Nachschrift. Zuerst veröffentlicht München, Hanser 1981.

werde diesen Widerspruch zu ertragen wissen, aber mir liegt weder am Beifall noch am Widerspruch, sondern daran, daß ich versuche, das Notwendige zu sagen.

Jeder von uns empfindet, daß aufs höchste eine Lösung dieser tragischen Verkettung zu wünschen ist, die nun seit Jahrzehnten zwischen den begreiflichen Ansprüchen zweier Nationen besteht. Ich sehe nicht, wie sie anders möglich sein wird als in dem bitterschweren Versuch einer Versöhnung, die die Weiterexistenz des Volkes und des Staates Israel garantiert und die gleichzeitig die so unendlich begreiflichen Ansprüche der Araber so weit befriedigt wie nur irgend möglich. Man muß hoffen, daß beide Seiten den Schritt zu dieser Versöhnung irgendwann einmal zu tun lernen.

Zweitens spreche ich von den Vorgängen in unserem Land, insbesondere in unseren Universitätsstädten, auch gerade hier in Hamburg. Ich möchte mich hier auf relativ kurze Bemerkungen beschränken, aber ich bin gern bereit – das werde ich am Schluß noch einmal hervorheben –, im Rahmen meiner Kräfte und meiner Zeit mit denen, die länger darüber sprechen wollen, auch länger zu sprechen.

Ich nehme zunächst einen Satz auf, der vielfach in der Öffentlichkeit gesagt worden ist. Man hört, daß die studentischen Demonstrationen, zuletzt die Demonstrationen anläßlich des Schah-Besuchs, ja doch nur von einer kleinen, sogar von einer verschwindend kleinen Minderheit getragen oder veranlaßt worden seien. Es ist wahr, daß nur eine Minderheit der Studenten demonstriert hat. Es war sicher eine noch kleinere Minderheit, die die Demonstration veranlaßt hat. Ich halte es für sehr gut möglich, daß viele Studenten den Demonstrationen nicht nur ferngeblieben sind, weil sie ihnen nicht wichtig genug waren, sondern auch weil sie sie für falsch hielten. Wer deshalb den genannten Satz ausspricht, ist trotzdem in Gefahr, einem Irrtum zu verfallen. In unserem Kreise hier sitzen nicht nur Studenten, sondern auch ständige Gäste der Vorlesung aus der Stadt. Auch ihnen möchte ich versuchen, hier ein Wort zu sagen. Es wäre in meinen Augen ein schwerwiegender Irrtum, das Ganze, was hier geschieht, nur als die Angelegenheit einer kleinen Minderheit aufzufassen. Was geschieht, ist eher wie das Stück eines Eisbergs, das aus dem Wasser ragt, und darunter ist ein ganzer Eisberg. Das müssen alle diejenigen sehen, die durch die Form der Demonstrationen irritiert und vielleicht mit Recht irritiert sind. Ich habe in der letzten Woche eine Fülle von Gesprächen mit Studenten geführt und habe daraus in einem Maß, das auch mir vorher nicht voll bewußt war, erfahren, wie falsch die Rede von der kleinen Minderheit ist. Vielmehr handelt es sich, soweit ich sehe, um einen besonderen und vielleicht nicht den allerglücklichsten Ausdruck einer tiefen und – wie ich meine – voll berechtigten Unzufriedenheit. Wer nicht bereit ist oder nicht fähig ist zu sehen, daß und warum diese tiefe Unzufriedenheit und in vielen Fällen dieser Zorn heute einen erheblichen Teil der Studenten erfüllt, der wird nicht verstehen, was nun noch geschehen wird; und es wird noch mehr geschehen.

Was ist der Grund dieser Unzufriedenheit? Ich erinnere mich, da ich dazu alt genug bin, an die Zeit nach 1945, als manche meiner Freunde meinten, nun nach dem Ende des Nationalsozialismus werde ein ganz neuer Beginn unserer gesellschaftlichen und staatlichen Verhältnisse möglich werden. Ich war damals skeptisch, und aus vielleicht unvermeidlichen Gründen war meine Skepsis berechtigt. Wir haben allerdings einen Neubeginn bekommen, für den wir sehr dankbar sein müssen, daß wir nämlich in äußerlich gesicherten Formen leben können, daß wir einen Wohlstand gewonnen haben, wie wir ihn nie in unserer Geschichte gehabt haben, daß uns eine Staatsordnung gegeben worden ist, in deren Rahmen es möglich ist, auch sogar gegen diese Staatsordnung zu protestieren. Wir haben eine Garantie von Freiheit bekommen, die, auch wenn uns mit Recht an gewissen Stellen scheint, es werde dieser Garantie nicht hinreichend Folge geleistet, uns doch sehr viel mehr gestattet als den meisten Menschen, die heute auf der Erde leben. Andererseits ist aber uns, die wir das getragen haben, d. h. meiner Generation und der etwas älteren, all dies nur möglich gewesen durch einen Rückgriff auf Vergangenes. Wir haben auf manches zurückgegriffen, was vor 1914 zu Hause ist, anderes, was vor 1933 zu Hause ist, und einiges, was vor 1945 zu Hause ist. Es war, so meine ich, nicht anders möglich. Ich habe diese Zeit immer als einen Heilschlaf empfunden. Nach den entsetzlichen Anspannungen, denen unser Volk von 1914 bis nach 1945 unterworfen worden war, hat es zunächst nichts anderes vermocht, als eine äußere Ordnung recht anständig wiederherzustellen. Aber eine Ordnung, in der einige der tiefen und eigentlichen Probleme unseres Zusammenlebens einfach auf Eis gelegt wurden. Meine Generation, ich gestehe es offen, ist hier überfordert gewesen. Wir sind durch die vorangegangenen Zeiten dezimiert, und die Übriggebliebenen haben nicht all das geleistet, was sie hätten leisten müssen. Insbesondere ist in unserer Gesellschaft gerade mit dem Erfolg, mit dem Wohlstand und mit dem Gefühl einer Bedrohung von außen ein System des autoritativen Beharrens auf den überlieferten Formen langsam und unmerklich gewachsen, das heute die jungen Menschen vielfach, ich sage mit Recht, aufs Blut ärgert.

Ich behaupte also, daß es richtig und notwendig ist, zu versuchen, dieses System nunmehr in einem Erwachen aus dem Heilschlaf in etwas Besseres umzuwandeln, insbesondere, um es ganz schlicht zu sagen, in etwas Moderneres. Die Welt unserer Wissenschaft, unserer Universität ist in vieler Hinsicht einfach altmodisch, und es scheint mir sehr gut und sehr richtig, in andere Länder zu schauen, die heute moderner sind als wir, und von ihnen zu lernen. Das braucht uns in unserem Stolz keinen Abbruch zu tun. Unsere Universität war im 19. Jahrhundert die modernste, heute können wir von den Amerikanern lernen, und bei allem Respekt vor ihnen meine ich, daß wir auch noch etwas leisten können. Nur eines ist gefährlich: sich darüber zu täuschen, daß wir altmodisch sind.

Diese Unzufriedenheit nun hat zu meiner eigenen Überraschung auf einmal militante Formen angenommen, die noch vor kurzem unmöglich erschienen wären. Ich gestehe, daß ich die Unzufriedenheit begrüße. Ich habe auf sie gewartet und auf sie gehofft. Trotzdem kann ich nicht anders, als einige dieser militanten Formen persönlich für falsch halten. Ich bin gern bereit, darüber zu sprechen. Ich lasse mich gern ansprechen. Sie müssen mir nur erlauben, wenn ich mit Ihnen rede, daß ich dann auch auf das schimpfe, was ich falsch finde. Ich rede jetzt noch von drei Punkten.

Das erste ist das Verhalten der Polizei anläßlich der Demonstrationen um den Schah. Ich habe die Dokumentationen gesehen, die der AStA darüber gemacht hat, ich habe mit Augenzeugen gesprochen, und ohne damit in die heute schwebenden Untersuchungen im Sinne eines festen Urteils eingreifen zu wollen, muß ich meinen Eindruck so formulieren, daß es leider der Hamburger Polizei in einer Reihe von Fällen nicht geglückt ist, sich an die Grenzen zu halten, die einer Polizei gesetzt sind. Ich weiß, wie schwer es ist, Polizist zu sein, ich weiß, wie schwer es ist, sich an solche Grenzen zu halten, wenn Befehle gegeben sind, die auch verständlich sind. Aber es scheint mir notwendig, daß das, was da geschehen ist, genau untersucht wird. Ich würde sehr bereit sein, es nicht scharf zu verurteilen, weil ich begreife, wie es dazu gekommen ist, aber ganz unmöglich ist, das zu vertuschen. Denn wenn nach Platon kein Heil in unseren Staaten ist, wenn nicht Wahrheit in ihnen ist, dann ist das Vertuschen des Geschehenen das, was am allerwenigsten geschehen darf. Ich möchte Ihnen versprechen, daß ich versuche, mit einigen Kollegen darauf zu achten, ob es vertuscht wird oder nicht. Es ist heute aber zu früh, darüber etwas zu sagen, denn Untersuchungen sind im Gange, und es wäre wiederum unseren rechtsstaatlichen Formen unangemessen, das Ende dieser Untersuchungen nicht abzuwarten.

Zweitens möchte ich offen gestehen, daß ich persönlich schmerzlich getroffen worden bin von einigen Äußerungen, die das Studentenparlament getan hat, insbesondere von dem Ton der Äußerungen der letzten Woche über Bürgermeister Weichmann. Ich habe mit vielen Studenten darüber gesprochen, ich habe nicht immer Verständnis für mein Gefühl gefunden, möchte es aber hier noch einmal aussprechen. Es geht mir nicht darum, ihn auch dort zu verteidigen, wo einige Worte, die er gesagt hat, auch mir zu weit zu gehen scheinen. Schon gar nicht geht es mir darum, ihn deshalb zu verteidigen, weil er ein Angehöriger dessen ist, was man heute gern das Establishment nennt, zu dem ich auch gehöre. Es geht mir darum, daß hier ein Mann ist, den ich persönlich kenne und verehre – und ich verehre nicht viele Leute – ein Mann, dessen Integrität, dessen Humanität, dessen Rechtlichkeit, dessen Klugheit mir bekannt ist und vor den mich nicht zu stellen mir unmöglich ist. Ich kann nicht anders für die legitimen Anliegen der Studenten eintreten, als indem ich mich vor diesen Mann stelle.

Das dritte ist das Gespräch. Alles was ich jetzt gesagt habe, ist schon beeinflußt und gefärbt von Gesprächen, die ich geführt habe. Das Gespräch scheint mir heute das Wichtigste. Ich habe, das will ich einfach erzählen, im Philosophischen Seminar für die unmittelbaren Angehörigen dieses Seminars und nur für diese, damit die Gruppe klein genug bleibt und man reden kann, in der letzten Woche eine Zeit angesetzt, in der wir über diese Sachen sprechen. Ich habe sehr viel aus diesem Gespräch gelernt, und wir haben einen neuen festen Termin zur Fortsetzung ausgemacht. Ich bin bereit, so lange fortzufahren, wie wir brauchen, um diese Dinge soweit als möglich aufzuklären. Ich werde persönlich auch mit anderen Studenten darüber zu sprechen bereit sein, auch mit Gruppen, wenn sie es wollen, wobei nur leider meiner Kraft und meiner Zeit Grenzen gesetzt sind. Ich glaube, daß viele meiner Kollegen dazu auch bereit sind. Ich habe den Brief des Rektors an die Vorsitzende des AStA, in dem er solche Gespräche anbietet, begrüßt. Ich möchte Sie bitten, auf die Bereitschaft zu solchen Gesprächen einzugehen, ohne daß eine der beiden Seiten durch formale Forderungen darüber, wie die Gespräche abgehalten werden müssen, das einzig Wichtige unmöglich macht, nämlich daß gesprochen wird. Was dabei herauskommt, kann man nicht vorher wissen. Ich bin aus dem Gespräch im Philosophischen Seminar verändert hervorgegangen. Das wird einem jeden so gehen, der solche Gespräche ernstlich mitmacht, und dies scheint mir heute das Wünschenswerteste.

Die Ambivalenz der politischen Ideale der europäischen Neuzeit*

A. Absolutismus. Der Rückgang auf den Absolutismus, der mir für den Hintergrund der heutigen Auseinandersetzungen notwendig scheint, nötigt mich alsbald zu einem noch weiteren Rückgang, denn der Absolutismus ist wie jede geschichtliche Bewegung in eine vorbereitete Situation eingetreten und ohne diese nicht zu verstehen. Dabei beschränke ich mich auf die größeren Mächte des kontinentalen Europa; z.B. England, Holland, die Schweiz, Polen folgen dem durch das Wort »Absolutismus« bezeichneten Schema bereits nicht oder ungenau. Alle historischen und politologischen Begriffe sind ja armselige Verkürzungen einer sehr viel komplexeren Wirklichkeit.

Der Absolutismus trifft historisch auf diejenige spätmittelalterlich-frühneuzeitliche, sehr differenzierte Gesellschaftsordnung, die, um nur ein Merkmal zu nennen, den Begriff des Territorialstaats nicht eigentlich kennt, da in ihr vielerlei Herrschaftsrechte und Privilegien auf demselben Territorium durcheinandergreifen, so daß jede Darstellung durch gefärbte Landkarten den damaligen politischen Zustand entstellend beschreibt. Als dominantes Merkmal dieser Ordnung darf man vielleicht die aus dem Mittelalter noch, freilich eingeschränkt, überkommene Herrschaft des Adels bezeichnen, die ihr in manchen Schulen den ursprünglich nur das Lehnswesen bezeichnenden Namen des Feudalismus eingetragen hat. In den Städten ist aber die Herrschaft des alten Adels fast überall den Zünften erlegen, denen dann ein neues, frühkapitalistisches Patriziat entspringt. Die Landesfürsten haben beschränkte Rechte und meist große finanzielle Probleme. Die Bauern sind in einer, im ganzen ständig wachsenden, tiefen Abhängigkeit. In komplizierter Weise teilt sich mit diesen weltlichen Ständen die Kirche in die politische Herrschaft. Der pluralistisch aufge-

---

* Aus einer institutsinternen Aufzeichnung unter dem Titel »Lebensbedingungen«, 1970. Abgedruckt in »Der Garten des Menschlichen«, München, Hanser, 1977, S. 66–80.

gliederten Realität steht eine integralistische politische Doktrin gegenüber, die christliche Schöpfungsvorstellungen mit antiken teleologischen Begriffen von der Gesellschaft verknüpft. Der Appell an diese Ideale ist weder ganz vergeblich noch sehr wirkungsvoll. Die Spannung zwischen radikalem, weltveränderndem Christentum und konservativer Weltverwaltung flammt in jedem Jahrhundert wieder auf, um stets durch neue Kompromisse aufgefangen zu werden. Der Wohlstand der herrschenden Schichten und ihre Bildung wachsen in jenen Jahrhunderten, die Kunst ist in höchster Blüte, die Philosophie ist hochdifferenzierte Scholastik, der Humanismus bringt antike Vorbilder wieder zum Tragen, die Wissenschaft bereitet sich auf ihren Siegeslauf vor, bei einigen führenden Geistern (Bacon, Galilei, Descartes) in Bewußtheit ihrer zukünftigen Rolle.

Gegenüber dieser reich pluralistischen Welt mit ihrer Mischung von Not, Glanz und halber Effizienz ist der Absolutismus einer der entscheidenden Schritte in die Moderne, und zwar ebenso der Absolutismus der Fürsten wie der der Kirche in der Gegenreformation mit ihren protestantischen Gegenbildern. Der leitende Wert des Absolutismus ist, wo würde ich sagen, die *Einheit*. Ich beschränke mich hier auf den profanen Bereich. Politische Einheit ist zu Anfang jener Zeit ein deutlicher Wert, denn ihr Mangel wird als manifestes Übel täglich erfahren. Machtpolitisch handelt es sich um den siegreichen Kampf des Fürsten gegen den hohen Adel. Im allgemeinen hat der Fürst hier das Bürgertum zum Bundesgenossen oder mindestens zum Nutznießer seines Siegs. In der Tat ist die Schaffung einheitlich verwalteter Territorien eine wichtige Förderung des wirtschaftlichen Aufschwungs. Dies ist jedenfalls dort der Fall, wo die großen Handelsstädte nicht selbst praktisch souverän waren und nun dem Fürstenstaat unterliegen. Der Fürstenstaat schafft ein effektives Beamtentum, Reduktion der Privilegien, Egalisierung der Justiz, Sicherheit des Verkehrs. All dies erscheint von den nachfolgenden Fortschritten aus nicht mit derselben Deutlichkeit wie wenn man es mit den voraufgehenden Zuständen vergleicht. In den besser geglückten Fällen darf man geordnete Verwaltung und Gleichheit vor dem Gesetz als Geschenk des Absolutismus an die nachfolgende bürgerliche Gesellschaft bezeichnen.

Ausgenommen von dieser Egalisierung ist natürlich der Monarch selbst. Dies aber ist in der Selbstinterpretation des Absolutismus eine notwendige Selbstverständlichkeit. Die Schaffung der dem Gemeinwohl dienenden Einheit des »Staats« ist ein Machtproblem, und nur der Fürst hat die Macht, um die Macht des Adels, der Kirche, der zahllosen Privilegierten zu brechen und in den Dienst des Ganzen zu stellen. Eine so ungeniert funktionale Rechtfertigung des Absolutismus wie die von Hobbes ist freilich die Ausnahme. Diese Machtpraxis bedarf im allgemeinen wie jede einer rechtfertigenden mythischen Weihe. Die Formel »König von Gottes Gnaden« ist an sich eine Demutsformel: der König ist weder Gott noch göttlichen Geblüts, er ist, was er ist, nur durch die unableitbare Gnade Gottes, der ihn auf diesen Stuhl gesetzt hat und von ihm stoßen kann. In der Praxis aber ist eben Gottes Wohlgefallen die Rechtfertigung der königlichen Position, auf die man sich oft genug auch zur Begründung von Akten beruft, die nach allgemeinem Verständnis Gott nicht gefallen können. Die fundamentale Lüge alles Machtkampfs: »meine Macht ist gerechtfertigt, denn sie dient dem Guten; also ist alles gerechtfertigt, was sie stärkt und stützt«; diese Lüge findet im Gottesgnadentum eine hochwillkommene Formel. Dies aber wird von den Untertanen empfunden. Die Einheit des politischen Körpers zerbricht schließlich genau dort, wo sie die Bedingung ihrer Ermöglichung hatte, im Verhältnis des Monarchen zum Untertan.

Ich übergehe die vielgestaltigen Zwischenphasen von aufgeklärtem Absolutismus und konstitutioneller Monarchie und wende mich zur voll entfalteten liberalen bürgerlichen Gesellschaft des 19. und 20. Jahrhunderts.

B. Liberalismus.* Als leitenden Wert des Liberalismus muß man die *Freiheit,* näher bestimmt als Freiheit des Individuums, bezeichnen. Der Absolutismus hat die Einheit durch eine Unterdrückung vieler alter Freiheiten erkauft. So ist in seiner späteren Phase der Mangel an Freiheit ein manifest empfundenes Übel. Dieses Übel wird um so mehr empfunden, je mehr das Ge-

---

* Vgl. »Fragen zur Weltpolitik«, S. 39 f., »Wege in der Gefahr«, S. 134 f.

schenk des Absolutismus, die schutzbietende Einheit des staatlichen Verwaltungskörpers, als selbstverständlich und gar nicht mehr als Leistung empfunden wird. Die Freiheit des Liberalismus ist aber nicht die Wiederherstellung der vorabsolutistischen Freiheiten, wenn sie auch manchmal zunächst so intendiert war. Die alte Freiheit war zum Teil ständisch oder lokal bedingtes Privileg, zum Teil war sie die schlichte Ohnmacht der Obrigkeit. Die neue Freiheit ist der radikaleren Intention und ein gutes Stück auch der Wirklichkeit nach egalisierende Freiheit aller Individuen, und andererseits ist sie nur möglich, weil das Erbe des Absolutismus, der funktionierende Staatsapparat, übernommen wird. So ist sie im Gegensatz zugleich Fortführung dessen, was als Fortschritt des Absolutismus empfunden werden durfte.

Ich empfinde die politische Theorie des Liberalismus als eine hohe, vorher nie erreichte Stufe politischer Bewußtheit. Allen politischen Systemen, die hier besprochen werden, ist die Überzeugung gemeinsam, daß eine politische Ordnung letzten Endes auf einer Wahrheit ruhen muß.

Was »Wahrheit« eigentlich bedeutet, ist eine philosophische Frage, die dieses ganze Buch durchzieht. Hier sei der Wortgebrauch nur an Beispielen erläutert. Die antik-christliche Gesellschaftstheorie, in der sich die vorabsolutistische Gesellschaft interpretierte, ist durchaus auf dem Wahrheitsbegriff aufgebaut. Es gibt die wahre Rolle jedes Gliedes der Gesellschaft. Es selbst ist glücklich, soweit das irdisch möglich ist, und die Gesellschaft gedeiht, wenn jedes Glied die ihm zukommende Rolle spielt. Die religiöse Rechtfertigung des Fürstentums ist eine Rechtfertigung im höchsten bekannten Begriff von Wahrheit, denn Gott ist die Wahrheit. Das funktionale Verständnis des Absolutismus basiert auf einem anderen, einem ganz neuzeitlichen Verständnis von Wahrheit: wer die Kausalketten der Machtkämpfe und der zweckmäßigen Güterverteilung durchschaut, der weiß, daß Macht an Einen delegiert werden und von ihm für eine rationale Verwaltung verwendet werden muß. Auch der Liberalismus hat eine ihm eigene Beziehung zur Wahrheit, nämlich daß Wahrheit freie Zustimmung und nicht Zwang erfordert, also freie Diskussion und Toleranz. Diese Auffassung aber enthält eine fundamentale Kritik aller vorhergehenden Systeme. Diese nämlich gehen davon aus, daß der Herrschende die Wahrheit hat. Er muß sie haben, um von ihr aus regieren zu können; dies ist das stets wiederholte Argument für den Religionszwang und macht die politische Notwendigkeit der Religionskriege (vor allem der Religions-Bürgerkriege) begreiflich. Der Zusammenbruch dieses Absolutismus der religiösen Wahrheit, der sich schrittweise vollzieht im Prinzip cuius regio eius religio, das die Ordnungsfunktion der Religion von ihrem Wahrheitsanspruch trennt, im konfessionsneutralen Naturrecht, in der Toleranzidee, ermöglicht die geistige Welt des kommenden Liberalismus. Dieser weiß: kein Herrscher, überhaupt keine politische Gruppe darf den *Besitz* der Wahrheit als Rechtsbasis in Anspruch nehmen. In freier Kommunikation der Bürger werden die politischen Wahrheitsprobleme erörtert und Repräsentanten und schließlich Magistrate gewählt.

Wenn ich den Liberalismus aus Überzeugung verteidige, so verteidige ich vor allem dieses Prinzip, das ich gern auf die etwas paradoxe Formel bringe: gute Politik ist nur von der Wahrheit her möglich, und niemand darf sich anmaßen, er sei im Besitz der Wahrheit. Jeder der beiden Teilsätze bleibt nur in der Spannung zum anderen Teilsatz seriös. An sich ist Wahrheit intolerant; wer weiß, daß $2 \times 2 = 4$ ist, kann zwar schweigen, aber er kann nicht ehrlich zugeben, es könnte auch 5 sein; und wenn das Wohl der Gemeinschaft daran hängt, daß $2 \times 2 = 4$ erkannt oder anerkannt wird, so muß er für diese Anerkennung kämpfen. Toleranz als Wahrheitsneutralität ist selbstzerstörerisch. Aber da Wahrheit nicht unter Zwang, sondern nur in Freiheit anerkannt werden kann, ist Toleranz als Schaffung des Raums, in dem Wahrheit gefunden und anerkannt werden kann, unerläßlich. Es gibt also strenggenommen keine Rechtfertigung einer Gewalthandlung durch Berufung des Handelnden darauf, daß er die Wahrheit habe – auch dann nicht, wenn er die Wahrheit hat. In der Praxis freilich sind diese Prinzipien oft nicht mit äußerem Erfolg durchführbar; dieses Dilemma spielt in dem Zwischenraum zwischen fruchtbarer Spannung und Scheitern. Jedenfalls dürfte es kein Zufall sein, daß der Liberalismus sich des vom absoluten Staat geschaffenen festen Rahmens einschließlich der Polizei bediente.

Es ist interessant, die konservative Kritik am aufkommenden Liberalismus zu betrachten. Nicht ohne Recht wird in der Toleranz die Gleichgültigkeit gegen das Wahre, in der Freisetzung der Privatinitiative die Freisetzung der Privatinteressen kritisiert, und verurteilen im Dienstethos erzogene Beamte die Herrschaft der »Krämer«. Der unterliegende Vorgänger sieht oft schon mit scharfem Auge die Ambivalenz im Verhalten seines Gegners, der nun für eine wiederum begrenzte Geschichtsepoche an die führende Stelle rücken wird. Die Durchsetzung des Liberalismus hängt wohl wesentlich an der Freisetzung der außerordentlichen Dynamik, die in der Verbindung privater ungehemmter Interessen mit dem Durchbruch des Fortschrittsglaubens liegt.

Dies ist nirgends so deutlich wie in der Wirtschaft. Hier macht die klassische Nationalökonomie (Adam Smith, ein Professor, der mit Kaufleuten umging) ihre große Entdeckung: daß das, was sowohl dem antik-christlichen Ordnungsdenken wie dem paternalistisch-kausalen Denken des Absolutismus als Chaos erscheinen mußte, die freie Konkurrenz, der Motor des allgemeinen Wohlstands sein kann. Diese Entdeckung verteidige ich nicht mit der Ernsthaftigkeit, mit der ich den Zusammenhang von Wahrheit und Freiheit verteidige. Ich verteidige sie nur so, wie man, manchmal mit ein wenig Ungeduld, von intelligenten Menschen die Einsicht in die Tragweite einer sehr wichtigen und einfachen Teilwahrheit erwartet, auch dort, wo die betreffenden intelligenten Menschen sich jeden Tag über den Mißbrauch und die unintelligente Anwendung dieser Teilwahrheit ärgern. Nach meinen eigenen Erfahrungen habe ich das Verhältnis zwischen Marktwirtschaft und geplanter Wirtschaft auf die kalauerhafte Formel gebracht: in der Marktwirtschaft geht es um Einnahmen und Ausgaben, in der geplanten Wirtschaft um Eingaben und Ausnahmen. »Geht hin und findet mir andre Gestalt...«

Natürlich zeigt sich einer ernsthaften Analyse der höchst partielle Charakter dieser Wahrheit. Der Markt ist durch Monopole gefährdet, die nach demselben darwinistischen Prinzip in ihm entstehen, dem er selbst seine Kraft verdankt. Der Markt kann automatisch effektiv nur dort sein, wo statistisch beschreibbare Reaktionen ausreichen, aber nicht, wo kausale

Zusammenhänge detailliert durchschaut werden müssen. Der Markt schafft günstigenfalls eine ähnlich zu sich selbst wachsende Verteilungsfunktion der Einkommen, aber keine Gleichheit; ich glaube, daß sich die Koexistenz großer und kleiner Einheiten in einer selektionstheoretischen Analyse bei biologischen Populationen ebenso wie in der Ökonomie als die wahrscheinlichkeitstheoretisch bei weitem begünstigte Verteilung erweisen wird. De facto schafft der Markt z.T. krasse Ungleichheiten, die manchmal als Stationen auf einem Wachstumsweg auch wieder gemildert werden, stets aber die erbarmungslose Härte der Zerstörung gewachsener Lebensformen mit sich bringen (dies einer der konservativen Einwände gegen die Liberalen). Den Opfern dieses Systems erscheint seine Freiheit oft genug als die Freiheit der Haifische. Der Markt ist schließlich Situationen exponentiellen Wachstums gut angepaßt; Sättigungsproblemen zeigt er sich oft entweder nicht oder wieder nur unter außerordentlich grausamen Begleiterscheinungen gewachsen.

Die zentrale Frage an die liberale Wirtschaftsauffassung ist schließlich die ethische, welche die Konservativen und die Sozialisten fast unisono stellen: mit welchem Recht setzt ihr das Privatinteresse vor das Gesamtinteresse? Gerade hier aber hat die liberale Theorie eine zwar partielle, aber höchst wichtige Verteidigung, die der größeren Aufrichtigkeit. Zeigt uns, so können ihre Vertreter sagen, das System, das seine Behauptung, es diene bewußt dem Gesamtinteresse, wahrgemacht hat. Wir hingegen sind vielleicht zynisch, aber wir lügen in diesem Punkt wenigstens nicht. Unser Erfolg ist verdient, denn schließlich erweist sich die Wahrhaftigkeit auch meist als Leitfaden zum friktionslosesten Ablauf der Dinge; »Lügen ist so kompliziert«. Es ist eben wahr, daß das Eigeninteresse gerade im ökonomischen Bereich bei jedem Menschen der zuverlässigste Motor zweckmäßigen Handelns ist und daß der Zwang, selbst für sich zu sorgen, leistungsfähige Menschen schafft.

Andererseits ist gerade diese Verteidigung voller Ambivalenz, eben in ihrer Berufung auf Wahrheit. Kann man die Menschen nicht doch im Blick auf überhöhte Zielvorstellungen erziehen? Darf man ihnen das Verständnis des Gesamtinteresses nicht zumuten? Gewiß wird eben dies in der vollen politischen

Doktrin des Liberalismus gefordert. Aber dressiert uns der erfolgreiche Wirtschaftsliberalismus nicht de facto doch die Rücksicht auf das Gesamtinteresse ab? Auf die vernünftige Frage: »Warum sollte einer, der eine Million verdient hat, noch eine zweite verdienen wollen?« ist die Antwort: »Nur wer so beschaffen ist, auch noch eine zweite verdienen zu wollen, verdient sich die erste.« Das sogenannte Eigeninteresse ist in der kapitalistischen Entwicklung am Ende gar kein direktes vitales Interesse mehr. Es gehört zu jenen geheimnisvollen Selbstzwecken, die sich das geistige Wesen Mensch setzen kann, wie Macht, künstlerische Produktion, Erkenntnis, Mode, Sexualriten. Wir werden das, was eigentlich im Kapitalismus geschieht, nicht verstehen, wenn wir keine anthropologische Einsicht in diese Vorgänge haben.

C. *Sozialismus.* Den leitenden Wert des Sozialismus möchte ich die *Solidarität* nennen. Vielfach wird an dieser Stelle ein anderer Wert zuerst genannt, der der Gerechtigkeit, spezifiziert als soziale Gerechtigkeit. Dieser Wert ist aber in der Realität undeutlich. Im wirtschaftlichen Kampf wird er zur Verteilungsgerechtigkeit reduziert. Diese, isoliert genommen, ist nichts mehr als der Ausgleich der ökonomischen Egoismen und setzt sich allen soeben genannten Kritiken aus. Ihre Rechtfertigung findet diese Forderung nur in dem Blick auf das gesellschaftliche Ganze, die, in moralische Motivierung umgesetzt, eben Solidarität bedeutet.

Es ist vielleicht nicht nur spielerisch, wenn man sie mit den beiden vorangehenden Werten durch die Formel verbindet, sie sei *Einheit in Freiheit.* Man sieht hier wieder die Kontinuität im Gegensatz. Die Freiheit der bürgerlichen Schicht ist nur Freiheit eines Teils der Gesellschaft, und in der wachsenden Funktionalisierung der kapitalistisch-technischen Welt wird auch diese Freiheit immer fiktiver, sie wird auf die Freiheit zum Privatleben eingeschränkt. Nur eine solidarische Freiheit, eine Freiheit in Einheit, ist wahre Freiheit. Erst so geschieht, wenn er möglich ist, der Fortschritt zur vollen Gleichheit.

Der Sozialismus hat sich in den knapp anderthalb Jahrhunderten seiner Geschichte gespalten in seinem Verhältnis zur liberalen Welt. Die Sozialdemokratie hat sich der liberalen Welt reformerisch eingefügt. Sie hat die zentralen politischen Wertsetzungen des Liberalismus voll, seine wirtschaftlichen Wertsetzungen schrittweise und partiell akzeptiert.

Es ist die innere Spannung, also die Ambivalenz der Sozialdemokratie, daß sie nicht wissen kann, ob sie eine sozialreformistische Variante des Liberalismus oder der Weg zu einem radikaleren Ziel ist. Als Kern dieser Spannung erscheint nun zunächst die Fragwürdigkeit, die Ambivalenz, in der dieses radikale Ziel selbst bisher in der geschichtlichen Realisierung aufgetreten ist. Die Sozialdemokratie fühlt sich – mit Recht, wie mir scheint – abgeschreckt von den Ergebnissen, die der konkurrierende Zweig der sozialistischen Bewegung, der revolutionäre Sozialismus, bisher produziert hat.*

Kommunistische Parteien und nationale revolutionäre Sozialismen haben sich bisher von innen her praktisch nur in Ländern durchgesetzt, die wirtschaftlich unterentwickelt waren und keine nennenswerte liberale Phase hinter sich haben. (In den manifesten Gegenbeispielen DDR und CSSR ist die kommunistische Herrschaft von außen, durch internationale Machtverhältnisse, durchgesetzt worden.) In diesen Ländern liegt es nahe, den Erfolg zunächst durch das Kriterium des Wirtschaftswachstums zu messen, das auch von den Sozialisten selbst dort voll anerkannt wird. Dieser Erfolg ist nicht so groß, wie er in der Eigenpropaganda dargestellt wird, aber doch beachtlich. Fragt man nach seinen Ursachen, so habe ich deren zwei einleuchtend gefunden: die Möglichkeit, ein Land gegen Kapitalexport abzuschließen, und die Möglichkeit, eine Bevölkerung über Jahrzehnte zu einem für Investitionen erforderten Konsumverzicht zu zwingen. In der Frühphase der großen kapitalistischen Entwicklung war der Abschluß nach außen für die wirtschaftlich führenden Länder nicht nötig und wurde in anderen z. T. durch merkantilistische Maßnahmen erreicht. Der Konsumverzicht wurde im Frühkapitalismus durch die Wirtschaftsmacht der Unternehmer und die Festigkeit des sie stützenden Staatsapparats erzwungen. Beides leistet in den heutigen Entwicklungsländern der »weiche Staat«

---

* Vgl. dazu »Fragen zur Weltpolitik«, S. 38–46 und »Wege in der Gefahr«, 4. Kapitel.

nichtsozialistischer Verfassungen im allgemeinen nicht. Ein anderer Ausweg aus dem weichen Staat sind freilich Militärdiktaturen, die sich selbst dann aber oft auch eine sozialistische Interpretation geben.

Soweit gesehen ist die Leistung des Sozialismus, etwas pointiert gesagt, daß er einer noch »feudalen« Gesellschaft die Vorteile des Absolutismus bringt. Diese Formel unterschlägt freilich die wichtige Rolle der sozialen Bewußtseinsbildung, also der Orientierung des Denkens einer Nation auf den Wert der Solidarität. Hier ist kein König von Gottes Gnaden, der die bestehenden ökonomischen Machtverhältnisse allenfalls reformerisch ändert, sondern meist ein charismatischer Führer, der seiner egalitären Lehre treu bleibend die alte Oberschicht total entmachten muß. Das Verhältnis zwischen den vier Komponenten, die ich Charisma, Terror, Bürokratie und Selbstbestimmung nennen würde, ist das Problem, um das alle ernstzunehmenden sozialistischen Systeme ringen. Die sozialistische Doktrin dient, positiv gewendet, der Verankerung des Solidaritätswillens, ohne den diese Auseinandersetzung selbstzerstörerisch würde; negativ gesagt dient sie zur Verschleierung des radikalen Widerspruchs zwischen Anspruch und Wirklichkeit.

Von der marxistischen Geschichtserwartung aus erscheint diese Entwicklung, mindestens zunächst, paradox; und bürgerliche Kritiker des Marxismus haben auf diesen Widerspruch von Erwartung und faktischer Geschichte oft hingewiesen. Die Länder, von denen hier die Rede ist, sollten nach dem klassischen marxistischen Ansatz erst auf dem Wege zur bürgerlichen Gesellschaft sein. Ich möchte mich in meinen eigenen Begriffen dieser Erwartung anschließen. Ich halte für wahrscheinlich, daß diese Länder ihrer gesellschaftlichen Entwicklung nach etwas wie ein Bedürfnis nach Absolutismus haben. Andererseits leben sie in einer modernen Welt, deren Bewußtsein nicht mehr absolutistisch, sondern eben liberal oder sozialistisch ist. Deshalb müssen sie mit dem Bekenntnis zu solchen modernen Wertsetzungen ein Stück absolutistischer Praxis verbinden. Der Liberalismus ist für sie noch nicht reif, und wo er formal durchgeführt wird (z.B. in Indien), erschwert er die notwendige Entwicklung. Das Bekenntnis zum Sozialismus erleichtert die notwendigen absolutistischen Maßnahmen, wird aber durch eben diese korrumpiert. Rußland ist heute in gewisser Weise noch oder wieder ein zaristisches Land, dessen Intellektuelle nach den Freiheiten verlangen, die der Liberalismus bei uns durchgesetzt hat. China ringt, in m. E. sehr viel interessanterer Weise, mit demselben Problem.*

Was haben wir für unsere fortgeschrittenere Gesellschaft hieraus zu lernen? Junge Linke haben in den letzten zehn Jahren oft behauptet, die liberale Kritik an den manifesten Übeln z. B. der heutigen osteuropäischen Zustände verkenne, daß im kapitalistischen System die Übel durch die Struktur des Systems erzwungen, im sozialistischen hingegen grundsätzlich überwindbar seien. Die Übel des sowjetischen Systems werden dann entweder auf menschliches Versagen geschoben oder auf Notwendigkeiten in der Defensivposition gegenüber kapitalistischem Imperialismus. Ich halte dieses Argument für essentiell kurzschlüssig, aber einer sorgfältigen Diskussion wert.

Um die Gesichtspunkte der Reihe nach durchzugehen, halte ich zunächst das Argument menschlichen Versagens (Personenkult, Bürokratie) für richtig, aber eben für einen Ausdruck dessen, was ich als Ambivalenz bezeichne. Ich komme im anthropologischen Kapitel (II, 4, 5) auf die gewaltigen Kräfte zurück, die solches Versagen immer wieder erzeugen. Eine politische Doktrin ist naiv, die sich einbildet, sie habe nun zum erstenmal den Weg aus den Folgen dieses Versagens, die wir die Weltgeschichte nennen, gefunden. Ein politisches System wird nicht zu Unrecht an seinem realen Erfolg im Kampf gegen dieses Versagen gemessen. Im besonderen bezeichnen gerade Personenkult und Bürokratie zwei Formen des Absolutismus, also des, wenn ich richtig sehe, historisch nahezu notwendigen Wegs dieser Länder. Dies dient einerseits, solches Versagen begreiflich zu machen (es ist eben nicht nur Versagen, sondern z. T. Notwendigkeit), zeigt andererseits, wie wenig das, was dort als Sozialismus versucht wird, für uns vorbildlich sein kann.

Daß sich ferner die Sowjetunion unter dem Druck des westlichen Imperialismus, das maoistische China unter dem Druck des amerikanischen und des sowjetischen Imperialismus hat

---

*Vgl. »Wege in der Gefahr«, 5. Kapitel.

entwickeln müssen und weiter unter diesem Druck steht, ist zweifellos. Ich gebe nur zu bedenken, daß der Konflikt der Imperien um die Welthegemonie durch die ideologischen Differenzen eher mystifiziert als erklärt wird.* Nun ist freilich die Überwindung der Weltmachtpolitik das Thema, mit dem die hier vorgelegten Aufzeichnungen beginnen, und ich würde mir selbst widersprechen, wenn ich diese Überwindung a priori als unmöglich unterstellte. Ich diskutiere aber, z. Z. unter dem Titel der Ambivalenz des Fortschritts, warum sie so schwer ist. Hier treffen wir auf das Paradox, daß gerade die beiden heutigen Hauptkonkurrenten um die Welthegemonie, die Vereinten Staaten und die Sowjetunion, ihre heutige politische Gestalt einer Revolution verdanken, zu deren ideellen Zielen die Überwindung der Weltmachtpolitik gehörte. Keine Weltmacht hat sich je so widerwillig in die Rolle des Weltimperialisten drängen lassen wie die Vereinigten Staaten (wenn auch Wirtschaftsimperialismus gegenüber Lateinamerika stets praktiziert wurde). Die Väter der amerikanischen Verfassung wollten vorbildlich den Verzicht auf die Machtpolitik europäischer Fürsten praktizieren; dies hing mit ihrem innenpolitischen Bekenntnis zur Bürgerfreiheit und zum minimalen Staat aufs engste zusammen. Die russischen Revolutionäre erhofften von der Weltrevolution das Ende der kriegserzeugenden ökonomischen Mächte und schließlich das Dahinschwinden des Staats; mit beiden Gedanken radikalisieren sie Ansätze der amerikanischen Revolution. Woodrow Wilsons war to end wars und Stalins Sozialismus in einem Land waren jedoch Kompromisse mit der Realität, und die Kraft dieser Realität ist hier unser Thema.

Ich kehre nun zu der These zurück, die Behebung der Übel sei im liberalen System grundsätzlich unmöglich, im sozialistischen aber grundsätzlich möglich und nur, etwa aus den genannten Gründen, bisher nicht hinreichend geglückt. Versteht man dabei unter liberalem und sozialistischem System die heute faktisch etablierten Systeme, so halte ich die These für schlicht und einsehbar falsch. Versteht man unter ihnen aber ihre theoretischen Entwürfe, so erheben beide den Anspruch,

---

* Vgl. dazu »Wege in der Gefahr«, 6. Kapitel.

die Übel überwinden zu können, und es fragt sich, welcher Anspruch realistischer ist. Nur wenn man die Realität des einen Systems, z.B. dessen, in dem wir leben, mit der Hoffnung auf ein noch nicht errichtetes anderes vergleicht, so entsteht die natürliche und legitime Asymmetrie zwischen schlechter Wirklichkeit und erhoffter besserer Zukunft. Die von mir angefochtene These besagt in ihrer theoretischen Grundlage, das liberal-kapitalistische System fordere grundsätzlich die ungehemmte Verfolgung der Privatinteressen, das sozialistische aber grundsätzlich die Priorität des Gesamtinteresses; daher sei ersteres unfähig, letzteres grundsätzlich fähig, die Probleme des Gesamtinteresses zu lösen. In der theoretischen Ebene ist dies nun eine unzweifelhafte Entstellung der liberalen Doktrin. Diese fordert den politischen Mechanismus der repräsentativen, rechtsstaatlich gebundenen Demokratie zur Lösung der Probleme des Gemeininteresses, und sie hat sich stets im Prinzip reformfreudig genug gefunden, ihren Glauben an den Nutzen des Marktmechanismus durch staatliche Eingriffe auf das rechte Maß zu beschränken. Freilich führt dieser Weg auch in der Theorie mit Notwendigkeit durch Phasen fast unerträglicher Spannung, da ohne solche Spannung die für Beschlüsse erforderlichen Mehrheiten oft nicht zustande kommen. In der Praxis ist heute der zutreffende Hauptvorwurf gegen das System eher seine vordergründige Spannungslosigkeit, der durch Meinungsmanipulation und Selbsttäuschung aufrechterhaltene Eindruck, die Zustände seien »im Kern gesund«. Wenn einst Konservative den Liberalen das Meinungschaos, die schwankenden Entschlüsse und die manifesten Skandale des entfesselten Privategoismus des liberalen Systems vorwarfen, so konnten diese mit Recht antworten, in ihrer offenen Gesellschaft komme der Schmutz zum Vorschein und könne angegriffen werden, den ein autoritäres System unter die Schränke fegt, wo er Miasmen ausbrütet. Der Vorwurf gegen die heutige liberale Gesellschaft, sie fege ihren Schmutz auch unter die Schränke, besteht jedoch weitgehend zu Recht. Dies gehört zur Ambivalenz des Fortschritts im Liberalismus, fordert aber zur Prüfung der analogen Frage im Sozialismus heraus.

Anders als die reformistische Sozialdemokratie, deren Schwäche oft der Kompromiß ist, hat der revolutionäre Sozialismus, wo er nicht dem Feudalismus, sondern dem Liberalismus gegenübertritt, ein Prinzip, das m. E. die gefährlichen, ambivalenten Folgen geradezu erzwingt. Es ist die Rückkehr zum Dogmatismus, d. h. zur Überzeugung, eine bestimmte Gruppe – und zwar natürlich die eigene – sei im Besitz der Wahrheit. Wie in den klassischen Kirchen und Sekten wird die Menschheit im dogmatischen Sozialismus wieder in Eingeweihte und Außenstehende eingeteilt. Das Glückserlebnis, zu den Eingeweihten zu gehören, hat eine unendliche Verführungskraft. Die manifest richtige Kritik, daß das liberale System nicht jedem seine Chance gibt, sondern auch eine Herrschaft von Interessen und Doktrinen stabilisiert, dient zur Verwerfung seines Grundgedankens, in der illusionären Hoffnung, nur gerade diese eine Machtposition müsse noch gestürzt werden, damit die freie Gesellschaft sich selbst herstellen kann. Nun wirkt das Prinzip, der Zweck rechtfertige die Mittel, in der Gestalt, daß dem Gegner seine unmoralischen Handlungen als Beweis seiner egoistischen Moral vorgeworfen werden, während die eigene Seite, unter dem Titel der revolutionären Taktik, genau solche Handlungen begehen darf, da sie ja dem wahren Fortschritt dienten. Der Selbstwiderspruch nimmt oft groteske Formen an, so in der extrem-elitären anti-elitären Doktrin, die der gegnerischen Majorität falsches Bewußtsein vorwirft.

Bedenken wir die im Liberalismus-Abschnitt besprochene Spannung zwischen der politischen Notwendigkeit der Wahrheit und ihrem Nichtbesitz, so ist auch dieser Dammbruch verständlich. Erkannte Wahrheit ist intolerant. Wo Absolutismus die Forderung der Stunde ist, kann dieses Verfahren das historisch gebotene sein. Für uns aber ist eine Solidarität, die die Freiheit nicht opfert, die Forderung der Stunde; und zwar geht es nicht um die Freiheit, die wir für uns beanspruchen, sondern um die Freiheit, die wir unseren Mitmenschen gewähren. Dies wird bei uns heute unter den Titeln Demokratie, Demokratisierung, Mitbestimmung thematisiert.

Ich füge hier einen weiteren Ladenhüter unter meinen Überzeugungen an, daß nämlich mehrheitliche Demokratie, für sich genommen, nicht Freiheit, sondern Herrschaft einer größeren Gruppe ist. Der Sinn des Liberalismus ist nur in frühen Kampfphasen die Freiheit der Vielen von der Herrschaft der Wenigen.

Ein solcher Kampf muß wohl in immer neuen Gestalten immer wieder ausgefochten werden, und er bringt als Geschenk, solange er dauert, ein Solidaritätserlebnis unter den Vielen. Aber eine siegreiche Gruppe ist darum, weil sie die Majorität darstellt, nicht weniger töricht als andere Sieger. Minderheiten sind unter einer ihrer selbst sicheren, aufgeklärten konservativen Herrschaft oft besser geschützt als unter einer militanten Demokratie. In der siegreichen Demokratie wird daher zur wichtigsten Aufgabe des liberalen Prinzips der Schutz der Minderheiten, zumal derjenigen, die keine Aussicht haben, die Mehrheit für sich zu gewinnen.

Notizen über Ideologiekritik*

1. Ideologiekritik trifft fast immer etwas Richtiges. – Sie sagen Christus und meinen Kattun. Sie sagen Freiheit und meinen Erdöl. Sie sagen Sozialismus und meinen ihre Herrschaft.

2. In Gesellschaften, wie wir sie kennen, verhalten sich alle Gruppen und vielleicht alle Individuen mehr oder weniger ideologisch. – Unter ideologischem Verhalten sei hier verstanden, daß allgemeine Prinzipien zum Schutz partikularer Interessen in Anspruch genommen werden, die sie in Wahrheit nicht decken. Interessen sollen hier natürlich nicht nur ökonomische, sondern irgendwelche hinreichend konsistent empfundenen Bedürfnisse und Wünsche bezeichnen. Gesellschaften, wie wir sie kennen, sind Gesellschaften, in denen Berufung auf allgemeine Prinzipien ein sinnvolles Argument ist. Die raffiniertere und harmlosere Form ideologischen Verhaltens ist der bewußte Mißbrauch der Prinzipien fürs eigene Interesse, die primitivere und gefährlichere der unbewußte Mißbrauch, also die Selbstbelügung. Die Grenze zwischen beiden ist fließend.

3. Ideologiekritik ist kein treffendes Argument in einem wahrheitssuchenden Dialog über Prinzipien. – Es beweist nichts gegen die Wahrheit eines Prinzips, sondern eher noch etwas für seine Überzeugungskraft, wenn es ideologisch mißbraucht wird. Trotz der Ideologiekritik an ihren Bekennern kann Sozialismus die politische Form der Zukunft sein, Freiheit das höchste politische Ideal, Christus die Wahrheit.

4. Ideologiekritik ist eine der schärfsten politischen Waffen. – Gegner außerhalb der eigenen Gesellschaft kann man für lange Zeit mit ihren Prinzipien zusammen verteufeln. Gegner in der eigenen Gesellschaft pflegen sich zu Prinzipien zu bekennen, die man nicht schlicht verwerfen kann. Man bekämpft entweder nur den Gegner als einen, der dieses Prinzip mißbraucht,

* »Fragen zur Weltpolitik«, München, Hanser 1975, S. 122–125.

oder das Prinzip als eines, das solchen Gebrauch hervorbringt, d. h. als ein selbst ideologisches Prinzip, einen Verrat an höheren Prinzipien.

5. Wie jede Waffe vertieft Ideologiekritik die Konflikte, in denen sie eingesetzt wird. – Ideologiekritik ist eine im eigentlichen Sinne beleidigende Form politischen Kampfes. Sie wird daher, als Waffe benutzt, im allgemeinen die Versöhnung eines Konflikts erschweren. Sie kann so weit im guten Gewissen als Waffe verwendet werden, als man ein gutes Gewissen hat bei der Zielsetzung, den Konflikt ohne Versöhnung des Gegners zu gewinnen. Dieses gute Gewissen ist meist selbst ideologisch.

6. Ideologiekritik ist legitimer Inhalt einer Bußpredigt. – Die Bußpredigt sucht nicht einen Gegner zu vernichten, sondern die eigene Gruppe an den wahren Sinn der eigenen Prinzipien zu erinnern. Solche Ideologiekritik ist Selbstkritik der Gruppe. Aus denselben Gründen, die das ideologische Verhalten erzeugen, sind Bußpredigten meist erfolglos. Deshalb werden Revolutionen notwendig oder Zusammenbrüche unvermeidlich.

7. Verständnisvoll angewandt, kann Ideologiekritik der Hebel eines freundschaftlichen oder seelsorgerlichen Gesprächs sein. – Ideologisches Verhalten ist stets Ausdruck eines Selbstwiderspruchs, meist eines verdrängten. Der Gesprächspartner kann dazu verhelfen, einen solchen Selbstwiderspruch zu erkennen, also Selbstkritik zu üben. Am glücklichsten verläuft ein solches Gespräch oft, wenn es dem in einem bestimmten ideologischen Verhalten Befangenen dazu hilft, selbst derjenige zu sein, der seinen eigenen Widerspruch entdeckt.

8. Ideologiekritik als Gewohnheit ist eine Art Zwangshandlung. – Im Dialog ist Ideologiekritik als Gewohnheit eine bequeme Art, der Wahrheitsfrage zu entgehen. Wenn ich einmal die ziemlich einfache Technik gelernt habe, bei jeder sachlichen Behauptung meines Gegners die ideologischen Gründe dafür aufzusuchen, daß gerade er diese Behauptung aufstellt, so kann ich mich der Diskussion des Wahrheitsanspruchs der Behauptung bis auf weiteres entziehen. Die Durchsichtigkeit dieses

Mechanismus läßt es unplausibel erscheinen, daß intelligente Menschen ihn ständig anwenden ohne eine Art neurotischen Zwangs dazu. Der permanente Ideologiekritiker erscheint wie der intellektualisierte jüngere Bruder des Querulanten.

9. Der seelische Zwang zur Ideologiekritik dürfte auf Projektion beruhen. – Projektion ist ein psychischer Mechanismus, der die inneren Konflikte auszutragen sucht, indem er sie nach außen verlagert. Menschen, die sich in besonders hohem Maß ideologisch verhalten, können mit sich selbst nicht glücklich sein. Es wird ihnen besonders naheliegen, ihr eigenes Verhalten dadurch der Selbstwahrnehmung zu entziehen, daß sie es in ihren Mitmenschen wiederfinden.

10. Ideologiekritik ist nur dort moralisch legitimiert, wo sie mit der ständigen Bereitschaft zur Kritik an der eigenen Ideologie verbunden ist. – Dies schließt nicht aus, daß man im vertrauensvollen Gespräch den eigenen Projektionen einmal die Zügel schießen läßt. Sie »liegen dann auf dem Tisch« und können gemeinsam erörtert werden. So habe ich hier meinen Affekt gegen Ideologiekritik auf den Tisch gelegt.

11. Ideologiekritik im engeren Sinne ist marxistische Kritik, d.h. Kritik der Selbstrechtfertigung einer Klassenherrschaft. Diese Kritik trifft zu. – Die ideologiekritische Einsicht findet sich schon bei den Propheten des Alten Testaments, bei Jesus, bei Platon und anderswo. Ihre besondere Fassung im 19. Jahrhundert betrifft den Übergang der Macht vom religiös gesicherten Feudalismus zu einer Klasse, die sich selbst nur durch eine säkulare Ethik rechtfertigen konnte. Die sachliche Richtigkeit vieler Argumente heutiger Technokraten, verbunden mit der Blindheit derselben Technokraten für die ideologische Art ihres Gebrauchs, ist manifest. In dieser Verblendung kann der heutige Kapitalismus auf längere Sicht, trotz seiner bisher ungebrochenen Überlegenheit über alternative Wirtschaftssysteme, fast nur seinen eigenen Untergang produzieren.

12. Die Schwäche der marxistischen Ideologiekritik liegt in ihrem eigenen ideologischen Charakter. – Jede Seite in diesem

Konflikt vergleicht ihr eigenes Ideal und die angenehmen Seiten ihrer eigenen Realität mit der Ideologie und den unangenehmen Seiten der Realität des Gegners. Kritik der notwendigen Widersprüche des Kapitalismus ohne Kritik der notwendigen Widersprüche des Sozialismus ist ideologisch, vice versa natürlich ebenso. Mit diesen Kritiken ist das sachliche Problem der beiden Systeme, die einander nicht symmetrisch, sondern in komplizierter struktureller und historischer Verwandschaft und Abhängigkeit gegenüberstehen, noch gar nicht berührt. Es ist Thema eines anderen Arbeitsgangs.

Das moralische Problem der Linken und das moralische Problem der Moral*

Vorbemerkung: Die Moralisierung der Politik

In unserer Zeit findet eine Politisierung der Menschheit statt. Nie zuvor hat sich ein so großer Prozentsatz der Menschen um Politik gekümmert. Dies ist ein Aspekt der Demokratisierung der Politik.

Dieser Vorgang führt zugleich zu einer Moralisierung der Politik. Politik wird weniger als das Spiel der Großen, als das Geschäft der Fachleute, als Schicksal betrachtet, sondern als Thema moralisch beurteilter Entscheidungen, zu denen jeder aufgefordert ist. Ob die Politik dadurch moralischer wird, kann man bezweifeln. Sicher wird sie moralisierender. Der Appell an moralische Urteile gehört zu den immer unentbehrlicheren Mitteln der Politik. Die in der Politik uralten Verhaltensweisen der Lüge und der Selbstbestätigung durch Selbstbetrug nehmen heute immer mehr die Gestalt der Ideologie, d. h. der Berufung auf allgemeingültige moralische Prinzipien an. Die Moralisierung der Politik ist ein Beispiel für die Ambivalenz des Fortschritts.

Die nachfolgende Niederschrift erörtert dies an einem aktuellen Beispiel. Ein konkreter Anlaß hat in mir die Emotionen noch einmal wachgerufen, die ich in ihrem Anfang schildere. Die Niederschrift entstand als Versuch, dieser Emotionen durch Objektivierung, also durch Analyse ihrer Gründe, Herr zu werden. Sie spiegelt wegen dieser Entstehungsweise unverhohlener als andere, kontrolliertere Äußerungen meine Empfindungen gegenüber dem Phänomen der »Linken«. Sie schneidet aber zugleich Probleme an, die mir weit über die Geschichte der linken Bewegung der vergangenen Jahre hinaus von zentraler Bedeutung zu sein scheinen. Um dieser Probleme willen wollte ich sie in die Hand von Freunden geben, zumal

---

* Geschrieben 1975. Gedruckt in »Der Garten des Menschlichen«, München, Hanser 1977, S. 116–121.

von solchen, die der Linken in ihrem elementaren Empfinden näherstehen als ich. Nicht die Emotion, sondern ihre Überwindung durch Klärung der Gründe der Ambivalenz des den Fortschritt wollenden Verhaltens ist das, worum es ihr geht.

Niederschrift

Diese Betrachtung strebt vom Besonderen zum Grundsätzlichen. Sie beginnt mit einem Beispiel aus dem Erfahrungsbereich der Berufs- und Generationsgenossen des Verfassers.

Das Wort »die Linke« bzw. »die Linken« sei zunächst zur Bezeichnung derjenigen politischen Tendenz gebraucht, die in der Studentenbewegung der letzten zehn Jahre in Ländern wie dem unseren bestimmend war. Mit diesen Linken haben liberale Professoren (ähnlich auch liberale Politiker, Richter usw.) oft folgende Erfahrung gemacht. Der betreffende Professor war ein entschiedener Kritiker vieler Strukturen der Gesellschaft, in der er lebte. Er begrüßte die Anfänge der linken Studentenbewegung mit Sympathie und mit großer Lernbereitschaft. Er sah die gedankliche Kraft der meist irgendwie von Marx bestimmten globalen Betrachtung der Gesellschaft, die Wichtigkeit einer politisch-ökonomischen Betrachtungsweise. Er bewunderte den entschlossenen Einsatz, nicht ohne Selbstkritik, die er seinem eigenen faktischen bürgerlichen Konformismus zudachte. Letztlich beruhte diese seine Sympathie mit den Linken nicht auf einer theoretischen Übereinstimmung – dazu fand er die linken Theorien denn doch zu konfus –, aber auf dem tiefen Eindruck, den ihm die *moralische* Motivation dieser jungen Menschen machte. Die bürgerlichen Schockiertheiten über rüde Umgangsformen, sexuelle Libertinage und ähnliche Brüche mit der traditionellen Moral überwand er leicht, denn auch in diesen Brüchen, selbst wenn er sie persönlich nirgends mitmachte, spürte er den moralischen Sinn eines Bedürfnisses nach Wahrhaftigkeit, er spürte den moralisch motivierten Protest gegen die moralische Verlogenheit herrschender äußerer Formen. Er bot den Linken offenes Gespräch, freie Kooperation, Schutz gegen die Repressionen des herrschenden Systems an. Nicht in jedem Fall, aber in signifikant vielen Fällen erlebte er nach kurzer oder längerer Zeit, daß gerade sein moralisches Zutrauen gröblich und unheilbar mißbraucht und verletzt wurde. Er sah sich einer planvollen Machtergreifung gegenüber, der er nur gerade so lange interessant war, als sie seiner bedurfte. Er erkannte, daß er ein »nützlicher Idiot« gewesen war. Von hierher erklärt sich das heute unheilbar gewordene Trauma gerade vieler aufrichtig fortschrittlich gewesener Liberaler gegen die Linken, das seine Träger oft zu einer reaktionären Haltung bringt, die sie selbst noch vor zehn Jahren aufs schärfste mißbilligt hätten. Ich vermute, daß dies auch der tiefste Grund des, wenigstens vorläufig, radikalen und kläglichen Scheiterns der linken Bewegung in allen hochindustrialisierten Gesellschaften mit repräsentativer Demokratie ist. So berechtigt die Vorwürfe gegen das in dieser Gesellschaft hinter der formellen Rechtsstaatlichkeit bestehende Herrschaftssystem sind, so konnte doch die Linke sich gerade bei dem einfachen, aber nicht ganz leicht zu täuschenden *moralischen* Urteil der Nicht-Intellektuellen, zumal der Arbeiter, auf die sie sich so oft beruft, nicht durchsetzen. Die Linke ist bisher gegen ein moralisch durchaus anfechtbares und von ihr mit Recht kritisiertes System deshalb unterlegen, weil ihre eigene faktische Moral einen moralischen Schrecken verbreitet, der, auch wenn er sich oft ungewandt ausspricht, im Kern voll begründet ist. Gerade die moralisch hochmotivierte Linke scheitert an ihren systematischen Verstößen gegen die Moral.

Es ist klar, daß eine Analyse, wie ich sie hier versuche, im Faktischen hochkontrovers bleiben wird. Ich wäre bereit, mich einer Diskussion über ihre Richtigkeit zu stellen und auch, sie zum Zweck der Kontrolle, in weiten Details in unserer Gesellschaft und in anderen Gesellschaften auszubreiten. In der vorliegenden Notiz gehe ich von der Vermutung aus, diese Analyse habe wenigstens einen Zug des Geschehens richtig bezeichnet. Dann entsteht die Frage, wie so etwas zu erklären sein mag. Das moralische Problem der Linken leitet über zum moralischen Problem der Moral.

Es handelt sich zunächst um das Verhältnis von Moral und Gesellschaft. Unter Moral sei hier abkürzend die wohl höchste bisher entwickelte Form von moralischen Prinzipien verstanden, die universalistische Moral. Sie hat ihre alte Formulierung in der goldenen Regel: »Was du nicht willst, daß man dir tu, das füg auch keinem andern zu«, ihre philosophisch durchdachteste Fassung in Kants kategorischem Imperativ: »Handle so, daß die Maxime deines Handelns jederzeit Prinzip einer allgemeinen Gesetzgebung sein könne.« Nun gibt es in der menschlichen Geschichte seit Jahrtausenden das Phänomen der Herrschaft, also einer manifesten Ungleichheit der gesellschaftlich gesicherten Rechte der Menschen. Die meist religiös verankerte traditionelle Moral hat zwischen der Anerkennung dieses Faktums und der universalistischen Moral Kompromisse gefunden. Dazu gehört das Ethos der höheren Verpflichtung des Herrschenden, dessen große reale Bedeutung die heutige linke Kritik meist in einem zum Realitätsschwund führenden Grade mißachtet. Ein anderer Ausweg ist der Verzicht von Individuen auf die eigene Teilhabe am Herrschafts- und Reichtumssystem bei Eremiten, Bettelmönchen, Sekten. Sowohl im Kern des Ethos der Vornehmen wie offenkundig im Ethos der Verzichtenden steckt die Überzeugung, daß die Forderung der Gleichheit der Behandlung der Mitmenschen nur erfüllt werden kann, wenn ich von mir selbst mehr verlange, als ich meinem Partner zumute. Dies ist in diesen Formen der Ethik möglich gewesen durch ihren religiösen Kern: nicht die selbstgeleistete – und nie glückende – eigene Gerechtigkeit ist die Basis moralischen Verhaltens, sondern die göttliche Gnade, welche die Lücken ausfüllt, die jedes Handeln, auch bei bestem Willen, lassen muß. Diese religiöse Erfahrung ist in nicht geringerem Grade eine Realität als die Erfahrung der unwidersprechlichen Gültigkeit der universalistischen Moral.

Die radikale europäische Aufklärung, in deren Tradition die heutige Linke steht, attackiert das Faktum der Herrschaft selbst. Sie tendiert dazu, Herrschaft abzuschaffen. Ich spreche jetzt nicht davon, ob das im radikalen Sinne eines Tages möglich sein wird; ich muß es nach meinem anthropologischen Urteil grundsätzlich für möglich halten, aber in einer auf lange Zeit unerreichbaren Zukunft. Ich spreche von den Problemen, die entstehen, wenn man hofft und versucht, dergleichen direkt, also in einem Anlauf zu erreichen. Die Linken, die dies entweder in einem revolutionären Anlauf oder in dem noch immer phantastisch kurzen Schritt eines einmaligen »langen

Marschs durch die Institutionen« zu erreichen hoffen, kritisieren direkt die Einrichtung der Herrschaft selbst vom Standpunkt der Moral aus. Sie nennen dies die Forderung nach Gerechtigkeit. Sie durchschauen und kritisieren das Verhalten der Herrschenden, die sich auf das Ethos der Vornehmheit im wesentlichen dort berufen, wo es ihrer eigenen Herrschaft keinen Abbruch tut. Diese linke Kritik stößt nun auf das uralte moralische Problem von Zweck und Mitteln. Sie erkennt die gesellschaftliche Bedingtheit und den seinen Trägern verborgenen (»ideologischen«) Zweck moralischer Urteile. Sie ist überzeugt, daß eine Änderung der Gesellschaft, welche die Herrschaft als die faktische Vorbedingung der moralischen Lüge abschaffen würde, allein eine echt universalistische Moral gesellschaftlich möglich machen würde. Ihre Träger fühlen sich daher legitimiert, gegen die Träger des bestehenden Systems eine ungleiche Moral anzuwenden, d.h. sie so zu behandeln, wie sie von diesen nicht behandelt werden möchten. Sie verdrängen die Wahrheit, daß sie die Moral, die sie selbst etablieren wollen, auf dem Wege zu ihrer Etablierung durch die Tat verraten, und daß jeder halbwegs Sensible diesen Verrat merkt. So schaffen sie ihre eigene moralische Diskreditierung, von der eingangs die Rede war. Sie geraten aber, wenn ihnen diese Erkenntnis dämmert, in eine verzweifelte Lage. Denn sie wissen andererseits, daß das herrschende System mit anderen als den von ihnen versuchten Mitteln nicht gestürzt werden kann. Versagen diese Mittel, so wird das System eben auf absehbare Zeit nicht gestürzt.

Ich spreche nun nicht davon, was langfristig mit dem System geschehen mag, sondern von dem moralischen Problem der Linken. Es ist in folgendem Sinne das moralische Problem der Moral selbst. Moral in einem einigermaßen radikalen Sinne ist möglich, wenn man auf gesellschaftliche Sicherung verzichtet, wie die vorhin genannten religiösen Gruppen. Es dürfte jedoch eine echte Verpflichtung für politisch verantwortlich denkende Menschen sein, zum Entstehen solcher gesellschaftlicher Zustände beizutragen, in denen auch den normalen Menschen, die keine radikalen Nonkonformisten sind, ein möglichst moralisches Handeln möglich wird. Wie, wenn dies gegen bestehende Macht nur unter Verletzung moralischer Prinzipien durchsetzbar ist?

Ich behaupte, daß dieses Problem zwar viele pragmatische Lösungen von Fall zu Fall zuläßt, aber auf der Basis einer *bloßen Moral* keine grundsätzliche Lösung besitzen *kann*. Unter bloßer Moral verstehe ich hier eine Moral, die zwar die goldene Regel oder den kategorischen Imperativ zugrundelegt, aber nicht noch tiefer in dem begründet ist, was ich vorhin die religiöse Erfahrung genannt habe. Dies ist die Erfahrung der Gnade, der erlösenden Kraft der Nächstenliebe, und zwar in der Liebe, Verehrung und Furcht jenes tiefsten Selbst, das in der religiösen Tradition Gott heißt. Ohne diese Erfahrung gibt es zwischen unerfüllbarer Kompromißlosigkeit und faulen Kompromissen keinen gangbaren Weg. Beide Verhaltensweisen führen bei einem moralisch sensiblen Menschen zum Selbsthaß, und durch den psychologischen Mechanismus der Projektion zum Haß gegen andere. Dieser Haß liegt auf dem Grund des moralischen Versagens der Linken. Ich glaube, man sieht in diesem Gedankengang die »Dialektik« der linken Moralität: Gerade *weil* die Linke primär moralisch motiviert ist, verfällt sie tieferen moralischen Fehlern als ihre moralisch weniger aktivierten Gegner. Darum liegt mir fern, diese moralischen Fehler moralisch zu verdammen; sie sind im Grunde ein Phänomen der Verzweiflung. Aber sie haben die den Produkten der Verzweiflung innewohnenden selbstmörderischen Konsequenzen. Nicht wer diese Versuchungen nie gehabt hat, hat Anlaß zur moralischen Selbstzufriedenheit. Der eigentliche, fruchtbare Weg endet nicht in dieser Verzweiflung, sondern beginnt, wo wir ihr ins Auge zu schauen wagen. Man kann das moralische Problem der Moral auf eine Formel bringen, wegen deren Simplizität man sich als Intellektueller normalerweise schämen würde: letzter Grund der Möglichkeit menschlichen Zusammenlebens ist die Liebe und nicht die Moral. Die Moral ist ein vorletzter Grund.

Die Hoffnung des revolutionären Sozialismus*

Der immanenten, auf Stabilisierung zielenden Kritik am kapitalistischen Weltsystem steht eine völlig andere Kritik am selben System gegenüber, die des radikalen Sozialismus. Sie hält die stabilisierende Reform des Kapitalismus weder für wünschbar noch auf die Dauer für möglich. Für sie trägt der Weg durch die Gefahr ein völlig anderes Gesicht als für liberale oder sozialdemokratische Wirtschaftspolitiker. In der weltweiten wirtschaftlichen Krise sieht sie die Chance der Überwindung eines Systems, das untergehen soll; die Gefahr sieht sie in den verzweifelten Aktionen des Systems zu seiner Rettung, wirtschaftlich in wachsender Ausbeutung, politisch im Faschismus und, äußerstenfalls, im Krieg gegen die Vorposten der neuen, sozialistischen Welt; der Weg in der Gefahr schließlich liegt für sie in der revolutionären Aktion, in nationalen Befreiungskriegen, im Gang zum Sozialismus in denjenigen Ländern, in denen revolutionäre Sozialisten zur Herrschaft gekommen sind. Wir nehmen die Suche nach Wegen in der Gefahr nicht ernst, wenn wir diese Denk- und Handlungsweise nicht als eine Alternative völlig ernst nehmen. Ich werde sie kritisieren und mich ihr nicht anschließen. Aber dahinter steht ein jahrelanges Bemühen, diese Denkweise nach ihrer eigenen inneren Logik zu vollziehen. Die Kritik an ihr versucht, »dialektisch« zu bleiben, d.h. die kritisierte Denkweise nicht von ihren natürlich vorhandenen Schwächen und Unvollkommenheiten, sondern von ihren Stärken her zu kritisieren; mit anderen Worten zu zeigen, daß gerade die Richtigkeit gewisser fundamentaler Gedanken des radikalen Sozialismus die Schwierigkeiten, in die dieser sich verstrickt, als wesensnotwendig und nicht als bloße Betriebspannen erkennen läßt.

Freilich ist dies nicht ein Buch über Gesellschaftssysteme, sondern vorwiegend über wirtschafts-, außen- und militärpolitische Fragen. Für die volle Durchführung einer gleichzeitigen Kapitalismus- und Sozialismuskritik (Fragen zur Weltpolitik,

* »Wege in der Gefahr«, München, Hanser 1976, S. 82–89.

S. 38–39) wäre eine tieferdringende und breitere Analyse nötig. Deshalb folgt das gegenwärtige Kapitel dem Strang eines einzigen theoretischen Gedankengangs, nämlich der Frage, ob die Hoffnung des revolutionären Sozialismus auf Überwindung von Herrschaft nach den durch Marx selbst erschlossenen Einsichten glaubwürdig ist. Ein nachfolgendes Kapitel bietet als gleichsam aphoristische Fallstudie Impressionen aus dem m. E. bei weitem interessantesten radikal sozialistischen heutigen Land, aus China*.

Es gehört zu den Stärken des Marxismus, daß er kein detailliertes Bild von der Zukunft festlegt: weder von dem angestrebten Endziel, noch von dem Weg dahin. Dies ermöglicht ihm eine flexible Taktik. Es ist auch theoretisch konsequent. Nach dem Denkschema der Dialektik muß sich die Zukunft aus den Widersprüchen der Gegenwart herausarbeiten. Das Ergebnis dieser Arbeit läßt sich in der Gegenwart nicht gedanklich vorwegnehmen.

Gleichwohl bezieht der Marxismus einen großen Teil seiner Überzeugungsstärke aus einer, wenn auch vagen, Antizipation der Zukunft. Er entwirft in Worten ein Bild vom Endziel. Es ist die Aufhebung der Herrschaft von Menschen über Menschen, näher ausgemalt als klassenlose Gesellschaft und Absterben des Staats. Ebenso entwirft er ein Bild vom Weg dahin. Es ist die proletarische Revolution und die aus ihr hervorgehende Diktatur des Proletariats. Bürgerliche Gegner des Marxismus beneiden ihn oft um einen so deutlichen Entwurf der Zukunft. Auch nicht orthodox-marxistische Sozialisten erweisen sich in einer ihnen selbst nicht immer durchsichtigen Weise von diesen Bildern bestimmt. Man könnte m. E. leicht zeigen, daß z. B. ihre Analyse der Probleme des heutigen Kapitalismus aus denselben Fakten andere Schlüsse zieht als eine nichtmarxistische Analyse, weil hinter ihrer Analyse als Kriterium steht, die realen Vorgänge an der sozialistischen Hoffnung zu messen.

Eine Überprüfung der sozialistischen Hoffnung ist daher auch für eine Beurteilung der Gegenwart wichtig. Wir beschränken uns hier auf eine Kritik des Weges, also der Begriffe der proletarischen Revolution und der Diktatur des Proleta-

* Vgl. in diesem Buch, IV, 5.

riats. Eine kurze Bemerkung über die ungelöste Aufgabe einer deutlicheren Bestimmung des Endziels geht dieser Kritik voran.

Der Begriff der Herrschaft bezeichnet ein komplexes Phänomen. Man kann in dem Phänomen der Herrschaft wenigstens drei Komponenten unterscheiden, die man mit den ihrerseits wieder erklärungsbedürftigen Worten: Rangordnung, Funktion, Macht benennen könnte. Mir ist kein anthropologischer, historischer oder systemtheoretischer Grund bewußt, warum dieses Verhaltensgefüge in alle Zukunft fortbestehen müßte. Die langfristige Hoffnung auf die Überwindung der Herrschaft über Menschen erscheint mir also sinnvoll. Ich unterlasse hier aber die sehr voraussetzungsvolle nähere Diskussion dieses Gedankens. Diese Hoffnung liegt aber heute in einer unseren Blicken ganz verhüllten fernen Zukunft.

Die Hoffnung hingegen, das Phänomen der Herrschaft durch eine proletarische Revolution zu überwinden, scheint mir in einsehbarer Weise falsch. Ich behaupte: Eine sozialistische Revolution mag zwar in gewissen Situationen ein notwendiger und im Interesse der Menschen wünschbarer Vorgang sein. Sie trägt aber zur Überwindung des Phänomens der Herrschaft nichts bei, da sie die Revolutionäre zwingt, eine nicht minder stabile Herrschaft zu errichten. Gerade darin unterscheidet sie sich von der bürgerlichen Revolution; denn diese hat zwar das Phänomen der Herrschaft nicht überwunden, hat aber zu seinem Abbau beigetragen. Diese Behauptung ist, wie man sieht, der Hoffnung von Marx genau entgegengesetzt.

Marx übernimmt und transformiert einen Hegelschen Gedanken über die Weltgeschichte mit der Meinung, in jeder geschichtlichen Phase gebe es eine Klasse, deren Partikularinteresse dem Gesamtinteresse der Gesellschaft nahe genug stehe, um in dieser Phase diese Klasse zum Träger des geschichtlichen Fortschritts zu machen. Eine Revolution tritt ein, wenn eine Klasse die andere in dieser geschichtlichen Rolle ablöst. Die Revolution könnte an sich eine unblutige Ablösung sein. Realiter wird sie fast immer gewaltsam geschehen, da eine herrschende Klasse ihre Herrschaft nicht freiwillig aufgibt. In der Beschreibung der neueren Zeit operiert Marx begrifflich mit drei Klassen: dem feudalen Adel, dem kapitalistischen Bürgertum und dem industriellen Proletariat. Selbstverständlich differenziert er diese Klassen in sich und kennt die Bauern als eine von ihnen verschiedene Klasse. Aber genau diese drei macht er zu Trägern der geschichtlichen Dynamik. Daraus ergibt sich das Modell der zwei sukzessiven Revolutionen: der bürgerlichen und der proletarischen.

Ich behaupte nun, daß dieses Modell einem in seinen Motiven verständlichen Wunschdenken entstammt, aber einer genaueren Prüfung mit seinen eigenen Begriffen nicht standhält. Das Zusammenfallen des partikularen Klasseninteresses mit dem Gesamtinteresse hat beim Bürgertum und beim Proletariat einen ganz verschiedenen Sinn.

Der Sieg des Bürgertums über den Adel war der Sieg der Stadtkultur über die landwirtschaftliche Kultur. Die Städte waren seit dem Mittelalter in den Händen der Bürger und nicht des landbesitzenden Adels. Die Bürger verfügten von jeher über die materiellen und intellektuellen Machtmittel ihrer eigenen Kultur, und als diese das ökonomische Übergewicht über die Landwirtschaft gewonnen hatte, übernahmen sie schließlich auch die politische Macht. Das Bürgertum war nie in seiner Geschichte seit dem Hochmittelalter ein funktionaler Diener des Adels.

Das Industrieproletariat hingegen war von Anfang an der abhängigste der Stände. Es war ein Produkt der bürgerlichen Wirtschaftsform, eine von Marx im Prinzip richtig beschriebene Sklavenarmee des Kapitalismus. Es verfügte nicht über die Maschinen, die es bediente; intellektuell mit wachsender Technisierung immer weniger, materiell nur in der negativen Form der Möglichkeit des Streiks. Sein Partikularinteresse war nicht wie beim Bürgertum die Durchsetzung realer, integrierter Macht, sondern Befreiung von Elend und Abhängigkeit. Dem entspricht genau, was das Proletariat hat durchsetzen können: seine Integration in die bürgerliche Gesellschaft in einer kleinbürgerlichen Rolle.

So hat es auch niemals in der bisherigen Weltgeschichte in einem industrialisierten Lande eine erfolgreiche gegen das Bürgertum gerichtete proletarische Revolution gegeben. Ebensowenig hat es je eine Diktatur des Industrieproletariats gegeben.

Die obige Überlegung macht wahrscheinlich, daß es beides auch niemals geben wird. Das Industrieproletariat ist zu Anfang der Industrialisierung zur Revolution zu schwach und in den späteren Phasen zu wenig revolutionär motiviert.

Die sozialistischen Revolutionen, die wirklich stattgefunden haben, sind etwas völlig anderes. Sie sind, marxistisch ausgedrückt, antifeudale Revolutionen vor der Entstehung eines zur bürgerlichen Revolution fähigen Bürgertums. Sie sind Wege zur Modernisierung wirtschaftlich rückständiger Länder. Wenn man sie mit den Epochen der westeuropäischen Geschichte überhaupt parallelisieren dürfte, so wären sie funktionale Entsprechungen zu den Machtergreifungen des merkantilistischen Absolutismus gegen den Feudaladel. Sie sind getragen von intellektuellen Kadern (Abkömmlingen des alten Adels und des in seiner Masse zu schwachen Bürgertums) und gestützt durch ein revolutionäres Potential der Bauern. Das natürliche Produkt dieser Revolutionen sind zentralistische Bürokratien. Die russische Revolution hat gegenüber der inneren Logik dieser Entwicklung kapituliert. Die chinesische Revolution hat mit einer wohl stark von Mao persönlich getragenen heroischen Anstrengung versucht, ihr zu entgehen. Es scheint, daß nur der chinesische Weg heute ein denkbares Gegenmodell gegen die hier von mir behauptete geschichtliche Nötigung ist. Im Blick auf ihn ist daher das folgende gemeint. Doch argumentiere ich zunächst mit den außerchinesischen Erfahrungen.

Die Parallele der heutigen sozialistischen Staaten mit dem bürokratischen Absolutismus entspricht zwar einem strukturellen Sachzwang, aber nicht der Intention der Träger der Revolution. Für diese erscheint der Bürokratismus als eine Entartung des Sozialismus. Nicht nur Mao, auch Namen wie Tito, Dubcek, Nyerere, Allende, auch Castro, bezeichnen Versuche, den Sozialismus besser zu verwirklichen. Die programmatische Entwicklung der italienischen und französischen kommunistischen Parteien nimmt zum mindesten Rücksicht auf den in westlichen Ländern überwiegenden Abscheu gegen den sowjetischen Absolutismus. Die heutigen Sozialisten sind Zeitgenossen einer liberalen bürgerlichen Gesellschaft mit repräsentativer Demokratie und egalitärer Ideologie, sie sind Teilhaber moderner Rationalität und guter und bitterer Erfahrungen mit der Marktwirtschaft und der kapitalistischen Produktionsform, welche alle es zur Zeit des europäischen Absolutismus im 17. und 18. Jahrhundert noch nicht gab. Zudem sind die lokalen Kulturen sehr verschieden. Es kann sein, daß man sich in einer seit Jahrtausenden so fleißigen und spontan ordnungsbereiten Nation wie der chinesischen Dezentralisierungsexperimente leisten kann, die in Rußland zum Scheitern verurteilt wären.

Ich behaupte aber, daß dieser Reichtum von Begleitphänomenen die strukturelle Nötigung nicht aufhebt, welche sozialistische Revolutionen, völlig anders als bürgerliche Revolutionen, dazu drängt, Herrschaft nicht abzubauen, sondern zu übernehmen und dann zu stabilisieren, ja zu verschärfen. Sozialisten, welche die in dieser Richtung deutenden Phänomene beobachten, entschuldigen sie oft durch die Meinung, echter Sozialismus lasse sich erst nach der Überwindung des kapitalistischen Weltsystems aufbauen. Vorher sei Sozialismus in einem Lande eigentlich nicht möglich, sondern höchstens Herrschaft sozialistisch gesinnter Menschen. Denn das kapitalistische Weltsystem nötige alle in den Welthandel verstrickten Nationalwirtschaften, sich den Konkurrenzformen des Kapitalismus anzupassen, wenigstens in der Form, daß der Staat als Unternehmer auftritt, also der Form eines Staatskapitalismus. Auch ein Land, das sich wirtschaftlich autark halten kann, stehe noch immer unter den Zwängen des kapitalistischen Weltsystems durch die Notwendigkeit, eine zum Selbstschutz hinreichende militärische Stärke und innenpolitische Kontrolle und die dazu gehörigen Herrschaftsstrukturen aufrechtzuerhalten.

In dieser These steckt m. E. eine Wahrheit, die aber im Ausdruck durch Hoffnungen entstellt ist. Der Kapitalismus ist in der Tat ein weltweites System, heute mehr denn je, das auch den ihm ideologisch und machtmäßig abgewandten Gesellschaften gewisse Strukturmerkmale aufnötigt. Im Anschluß an das zuvor Gesagte kann man die Unmöglichkeit des radikalen Sozialismus in unserer Welt auch so ausdrücken: Es gibt keine gesellschaftliche Formation, welche kraft ihrer ökonomischen Macht imstande wäre, den ins kapitalistische System integrierten Klassen so die politische Herrschaft aus der Hand zu nehmen wie einst das Bürgertum sie dem Adel bzw. dem König aus der Hand genommen hat. Sozialistische Revolution kann daher von innen nur durch straff organisierte Minoritäten, durch Kader, verwirklicht werden; von außen durch militärischen Sieg einer sozialistischen Macht über eine nichtsozialistische. Es ist reines Wunschdenken, zu meinen, die Gewalt, die eine solche Revolution herbeiführt, werde nachher automatisch die Majorität der Bevölkerung auf ihrer Seite haben. Auch dort, wo sie die Gegenrevolution nicht mehr zu fürchten hat, hat sie neue Staatsstreiche zu fürchten. Denn ihre Legitimationsbasis bleibt die einer gewaltsam zur Macht gekommenen Minorität. Dazu kommt das psychologische Argument: Seit Jahrzehnten in Machtkategorien geschulte Berufsrevolutionäre sind unabhängig von ihrer vielleicht freiheitlichen Ideologie wenig geeignet, als Sieger die Macht aus der Hand zu legen; ihre Nachfolger aber sind die in ihrem Dienst erzogenen Bürokraten.

Die einzige Macht, die in der absehbaren Zukunft dem Kapitalismus die politische Herrschaft entwinden könnte, liegt also im Militär der sozialistischen Großstaaten, der Sowjetunion und, auf längere Sicht, Chinas. Die Erwartung einer weltweiten sozialistischen Revolution ist also wahrscheinlich objektiv gleichbedeutend mit der Erwartung des Weltkriegs. Dieser ist auch unabhängig vom Gegensatz der Gesellschaftssysteme wahrscheinlich (vgl. das sechste Kapitel). Über ihn hinaus zu prognostizieren erscheint kaum möglich. Wir sollten gleichwohl die Frage stellen, welche Entwicklung wahrscheinlich ist, wenn es gelingen sollte, ihn zu vermeiden.

In den sozialistischen Staaten wird vermutlich die Modernisierung der Wirtschaft und der Mentalität voranschreiten. Dies dürfte die Menge und das Selbstbewußtsein derjenigen Schicht wachsen lassen, die in der Produktion funktional eine ähnlich leitende Rolle spielt wie im europäischen 18. und 19. Jahrhundert das Bürgertum. Man darf vermuten, daß diese Schicht ein ähnliches Freiheitsverlangen entwickelt wie einst das Bürgertum. Liberalisierung dürfte dann das langfristige Schicksal der sozialistischen Staaten sein, insofern also eine Annäherung an den Abbau von Herrschaft. Jedoch hat die faktische Machtübernahme des westeuropäischen Bürgertums ihre ökonomische Basis eben, wie Marx gesehen hat, in dem rechtlichen Institut des Privateigentums an Produktionsmitteln gehabt. Dessen Fehlen ist, zum mindesten im sowjetischen Machtbereich, wohl die Hauptstütze des bestehenden »Absolutismus«, also das Hauphindernis des politischen Fortschritts. Man hätte wohl gerade durch intelligente Marx-Interpretation wissen können, daß die Abschaffung dieses Privateigentums jedenfalls in einer vorbürgerlichen Gesellschaft ein Fortschrittshindernis ist.

Ein feudaler Staatsmann konnte, wenn ihm der Staatsdienst nicht mehr paßte, »auf seine Güter gehen«. Der großbürgerliche Politiker konnte im Idealfall von seinen Kapitalzinsen leben, der heutige amerikanische Politiker oder höhere Beamte kommt oft genug aus der Wirtschaft und kehrt, wenn er es wünscht, in sie zurück. Der Professor als Abgeordneter oder Administrator hat oft genug einen freigehaltenen Lehrstuhl, in angelsächsischen Ländern u. U. an einer privaten Universität, als das »Rittergut«, dessen Existenz er seine Unabhängigkeit verdankt. Die totale Abhängigkeit jedes Glieds der politischen Führungsschicht vom Wohlwollen der Spitze eben dieser Führungsschicht engt den Bewegungsspielraum zur Durchsetzung abweichender Meinungen und Interessen stärker ein als dies im Absolutismus des 18. Jahrhunderts für Barone und für Bürger der Fall war. Es gibt also im bürokratischen Sozialismus keine Klasse, deren ökonomische Situation sie zu Trägern der Bewegung zu individueller Freiheit hin prädestinieren würde, allenfalls zu Trägern einer gemeinsamen Durchsetzung kollektiver Interessen.

Die von Marx theoretisch konstruierte Abfolge Feudalismus-Kapitalismus-Sozialismus hat gerade unter dem Gesichtspunkt der Schaffung und Sicherung politischer Freiheit einen klaren Sinn. Es ist in diesem Schema die Rolle des kapitalistischen Bürgertums, diejenigen Freiheiten durchzusetzen, rechtlich zu sichern und einzuüben, die dann in der sozialistischen Phase der breiten Masse zugute kommen sollen. Die revisionistische Sozialdemokratie handelt und denkt genau im Sinne dieser Logik. Der Gedanke der Diktatur des Proletariats entspringt einer völlig anderen, revolutionären Argumentationskette. Die Vereinigung beider Gedanken im klassischen Marxismus war m. E. nur »dialektisch« möglich, d. h. durch Zulassung eines Widerspruchs innerhalb der Doktrin. Die Geschichte hat diesen Widerspruch bisher nicht »aufgehoben«, sondern hat jeweils nur die eine Seite realisiert, wodurch die andere Seite ausgeschlossen wurde. Im entwickelten Kapitalismus ist es zu einer sozialen Evolution ohne Revolution und eben darum ohne Aufhebung der kapitalistischen Grundstruktur gekommen. Die sozialistische Revolution aber ist bisher nur in solchen Ländern geglückt, in denen die reale Erfahrung der bürgerlichen, staatlich garantierten Freiheit unbekannt war, und sie hat nicht zur Entstehung, sondern zur Verhinderung dieser Freiheit beigetragen. Versucht man, von den Analysen von Marx die Kruste seines eigenen Wunschdenkens behutsam abzulösen, so ist dies wohl ziemlich genau das historische Ergebnis, das man gemäß eben diesen Analysen hätte erwarten müssen. Die maoistische Hoffnung, die Spontaneität der Massen anstelle des bürgerlichen Profitstrebens zum Garanten einer die Freiheit tragenden ökonomischen Struktur zu machen, erscheint mir, wie oben gesagt, heroisch, aber – vorbehaltlich besserer Belehrung – wenig aussichtsreich. Wird hier nicht die von Adam Smith und Karl Marx völlig parallel gesehene Bedeutung des ökonomischen Handlungsmotivs idealistisch überspielt?

Diese Kritik an der utopischen Hoffnung des revolutionären Sozialismus hebt nicht auf, daß er wenigstens für die Überführung wirtschaftlich unterentwickelter und sozial vorkapitalistisch strukturierter Länder in die Modernität wohl der radikalste Weg und insofern als Vorbild und Machtsystem höchst folgenreich ist. Wenigstens wo er sich auf ein hinreichendes Maß an Autarkie stützen kann, bietet er die Chance, gewisse Fehlentwicklungen und Gefahren des abhängigen Kapitalismus zu vermeiden. Die Moral, an die er appelliert, ist freilich eine Moral der Einteilung der gesellschaftlichen Gruppen in Gute und Böse, also der Polarisierung. Sie trägt, soweit man sehen kann, eher zur Erhöhung als zur Verminderung der schon ohne sie bestehenden Kriegsgefahr bei, nicht zum mindesten durch die unbefangene Willkür, mit der die sozialistischen Großmächte, in vielfach genau entgegengesetzter Weise, die Einteilung in Gute und Böse konkret vollziehen.

Ein Absterben des Staats liegt weder auf der Entwicklungslinie des heutigen Sozialismus noch auf der des heutigen Kapitalismus. Die außenpolitischen wie die weltwirtschaftlichen Unheilsprognosen wären sehr viel weniger begründet, wenn der weltweite Wirkungszusammenhang den Rahmen einer staatsähnlichen Organisation hätte. Daher ist zu vermuten, daß Krisen entweder destruktiv bleiben oder die Entstehung eines solchen Rahmens beschleunigen werden. Das wahre Problem der Freiheit in derjenigen Zukunft, die wir überhaupt in einen mutmaßenden Blick fassen können, lautet daher: Freiheit im Staat, nicht Freiheit ohne Staat. Dies wird wohl wenigstens solange so sein als die Weltwirtschaft dynamisch ist.

IV. Jenseits Europas

Indische Reiseeindrücke*

Entwicklung und Politik

Diese Aufzeichnung will das Erlebte nicht schildern, sondern versucht, Ergebnisse einer Reflexion über das Erlebte knapp und ohne Beweise zu formulieren.

Das direkte Thema der Reise war: Entwicklungspolitik im Rahmen einer Visitation des Deutschen Entwicklungsdienstes (German Volunteers Service, DED).

Ich fasse die Eindrücke aus diesem Bereich in eine Mutmaßung zusammen: Indien wird in den nächsten zehn Jahren große wirtschaftliche Katastrophen, auch ein permanentes Anwachsen des Hungers, vermeiden; es wird vielmehr mäßige, in einigen Bereichen vielleicht sogar rasche wirtschaftliche Fortschritte machen. Hand in Hand mit diesen Fortschritten wird die politische Spannung zunehmen, ohne eine Lösung zu finden.

Das Entwicklungsproblem ist mit der Formel »Übergang aus Rückständigkeit in Modernität« zu kurzschlüssig beschrieben. Ich kann mich des Eindrucks nicht erwehren, daß das Indien früherer Jahrhunderte, vor der Berührung mit der modernen Welt, bis in die armen Dörfer hinein wohlhabender, sozial stabiler, zum Teil auch sozial ausgeglichener, besser an die Lebensbedingungen angepaßt, kurz: auf begründete Weise glücklicher war als heute. Soll man einzelne Ursachen des heutigen Elends nennen, so drängen sich mir zwei auf, die in paradoxer Weise beide als Erfolge formuliert werden können: der Erfolg der Medizin und der Erfolg der Kolonialherrschaft. Darüber sofort mehr. Das Problem der Entwicklungspolitik liegt in der Unumkehrbarkeit des Prozesses: nur der Speer, der die Wunde geschlagen hat, nämlich die Modernität, kann vermutlich die Wunde heilen.

---

* Aus C. F. v. Weizsäcker, M. Kulessa, J. Heinrichs, »Indiengespräche, Indien als Modellfall der Entwicklungspolitik«. München, Bruckmann 1970, S. 14–19, 86–89.

Der problematische Erfolg der Medizin, die Bevölkerungsvermehrung, liegt vor aller Augen. Nicht nur die Slum-Bewohner der Großstädte, gerade die ärmeren Bauern sind unterernährt. Dabei bieten die Felder aus dem Flugzeug wie aus der Nähe ein Bild der Ordnung und des Fleißes. Man hört sagen: Könnte man durch Bewässerung überall, wo einmal im Jahr Reis geerntet wird, zwei Ernten einführen, so wäre das Ernährungsproblem Indiens gelöst. Das ist eine Vereinfachung, deutet aber auf das quantitative Problem. Auf Hunderte von Kilometern wimmeln die Landstraßen von Menschen und Vieh; das bebaubare Land ist von Menschen überfüllt. Für family planning wird jede denkbare Werbung getrieben; Dorfkinder, die dem Besucher einen Volkstanz vorführen, singen dazu ein ellenlanges Lied von der glücklichen kleinen Familie. Welchen Wert man aktuellen Erfolgsmeldungen zusprechen darf, wage ich nicht zu beurteilen; auf die lange Sicht einiger Jahrzehnte, vielleicht schon von zwei Jahrzehnten, wird das Wachstum der Bevölkerung wohl auf ein erträgliches Maß absinken.

Zweifelhafter ist der Zusammenhang zwischen dem heutigen Elend und der einstmaligen Kolonialherrschaft. Schon daß sich diese These den ehemaligen Kolonialvölkern als billiger Entschuldigungsgrund für eigenes Versagen allzuleicht anbietet, muß gegen sie einnehmen. In der guten Infrastruktur, etwa Straßen und Eisenbahnen, in einer freilich seit der Befreiung abgesunkenen Tradition präziser Verwaltung, in tüchtigen, geschulten und pflichtbewußten Beamten und Offizieren, in der außerhalb der westlichen Welt seltenen Meinungsfreiheit trifft man auf lebendiges englisches Erbe. Trotzdem vermag ich die Argumente der Vertreter dieser These nicht voll zu entkräften. Die englische Fremdherrschaft war in der Tat die erste in der indischen Geschichte, die ihre Gewinne nicht im Lande verzehrte. Die von Myrdal zustimmend zitierte These, die Einführung westlicher Eigentumsbegriffe habe die Sozialstruktur des indischen Dorfes tief erschüttert, klingt einleuchtend. Man glaubt leicht, daß die Einführung der freien Konkurrenz mit Europa das alte indische Handwerk ruiniert und einen Teil der einstigen Stadtbevölkerung als Landarbeiter auf die Dörfer getrieben hat. Ich wüßte die Behauptung, Indien habe anderthalb Jahrhunderte lang mehr als seine Überschüsse nach England geliefert, nicht zu widerlegen. Viele Inder wirken »verhuscht«; dieser Bruch im Selbstgefühl, psychologisch auch eine der Ursachen der von vielen Beobachtern beklagten Arroganz, geht vielleicht auch auf noch ältere Herrschaftsverhältnisse zurück. In Nepal meinte ich zu sehen, was auch von Thailand behauptet wird: daß ein Land, das nie Kolonie war, selbstsicherere Menschen hervorbringt.

Was sind nun die wirtschaftlichen Erfolgschancen?

In der Landwirtschaft spricht man von einer »Grünen Revolution« durch neue Getreidesorten, Bewässerung, künstliche Düngung. Im Punjab, in dem ich freilich nicht war, scheint der Erfolg fraglos und groß. Ob andere Gebiete schon hinreichend oder überhaupt erreicht sind, ist umstritten. Immerhin schwanken die Diagnosen nur zwischen der Behauptung und Leugnung eines Durchbruchs, die Prognosen zwischen rascher und langsamer Verbesserung. Aber auch der gedämpfte Optimismus bedarf einiger Einschränkungen. Das Wetter der letzten Jahre war im Durchschnitt günstig. Das umfangreiche Brunnenbohrprogramm dient der Bewässerung in naher Zukunft, aber man hört Unterschiedliches über die Rückwirkungen auf den Grundwasserspiegel. Für spezielle Landstrecken (West-Gujarat, Umgebung von Madras) hält man im Atomforschungszentrum Trombay Meerwasserentsalzung für nötig. Ferner genügt es nicht, ein »Existenzminimum« zu sichern. Ich glaube den Physiologen ohne Zögern, daß die gegenwärtige Unterernährung und Fehlernährung (Proteinmangel) die physische Leistungsfähigkeit und Initiative der Landbevölkerung entscheidend schwächt; der Grad der notwendigen Verbesserung wird von sanguinischen indischen Prognostikern oft übersehen. Schließlich folgt die »Grüne Revolution« fast zwangsläufig dem Schema: Wer hat, dem wird gegeben. Das Punjab war schon immer ein Musterländle. Im Dorf können die wohlhabenden Bauern bei weitem am besten Brunnen und Kunstdünger bezahlen und benützen. Kollektiver Betrieb dieser Hilfsmittel scheint sehr schlecht zu funktionieren. Ein starkes Wachstum der sozialen Spannungen im Dorf scheint fast unvermeidlich. Bei heute 80 Prozent, in 15 Jahren vielleicht 70 Prozent Dorfbevölkerung im ganzen Land ist eine solche

Quelle sozialer Unruhe auf dem Land politisch besorgniserregend.

Bei der Industrialisierung ist zu unterscheiden zwischen der Hebung des Handwerks und der am unmittelbaren Bedarf orientierten Kleinindustrie einerseits, der ehrgeizigen hochmodernen Industrie andererseits. Ersteres wurde im Gespräch gelegentlich als »Gandhi«, leztere als »Nehru« bezeichnet. Beides enthält die Mischung von Chancen und Fiktionen, die je nach Beobachter zu sehr verschiedenen Prognosen führt. Von Artikeln des täglichen Bedarfs hört man sagen: In Indien gibt es alles, aber oft in schlechter Qualität. Der Anreiz zu besserer Qualität ist gering, denn der Markt nimmt auch schlechte Waren mühelos auf. Als ein Hauptproblem erscheint die Überproduktion von Schreibern und der Mangel an guter Handarbeit. Nicht mit der Hand zu arbeiten, ist ein Status-Symbol. Ich habe selbst kaum Industriebetriebe gesehen, wohl aber technische Ausbildungsstätten von der Mechaniker-Lehrlingsschule bis zur Technischen Hochschule (IIT Madras, unter Mithilfe der Bundesrepublik, mit etwa 40 deutschen Lehrkräften). Es gibt eine Überproduktion an Absolventen dieser Lehranstalten. Von staatlichen Mechanikerschulen in Orissa, deren Unterricht nach Ansicht unserer dort arbeitenden Entwicklungshelfer zu theoretisch orientiert ist, gehen angeblich zum Teil nur 20 % der Absolventen in den erlernten Beruf; die meisten kehren aufs Dorf zurück. Eine geographisch nahe benachbarte, stark praxisorientierte, von indischen katholischen Geistlichen und Ordensbrüdern geleitete Lehrwerkstätte trägt sich wirtschaftlich durch ihre Produkte, und jeder ihrer Absolventen findet Beschäftigung im gelernten Beruf. Der kluge Direktor des Engineering College Madras (Ingenieurfachschule) setzte uns das Problem der Entwicklungshilfe so auseinander: »Wir brauchen noch Hilfe, aber keine schlüsselfertigen Institute und Fabriken. Wir müssen die Erfahrung machen, daß wir die Sachen selber zustande bringen, auch wenn wir dabei hinter den speziellen Vollkommenheitsvorstellungen der Geber zurückbleiben.« Ich traue mir eine genaue Auswertung dieser vielfältigen Eindrücke nicht zu, neige aber zu gemäßigtem Optimismus für beide Bereiche der Industrialisierung.

In der Naturwissenschaft haben wir ein paar gute Institute

gesehen, zum Teil in überzeugender Weise praxisorientiert. Ein ungelöstes und vielleicht unlösbares Problem in der Wissenschaft ist der »brain drain«, die Abwanderung der Besten ins Ausland. Ein Institutsdirektor stellte uns (in der verbreiteten, naiv anmutenden Art der Selbstanpreisung) die Leistung seines Instituts durch die Mitteilung dar, daß in den letzen zwei Jahren sechs seiner Absolventen Stellen in den USA gefunden hätten. Ein Physiker sagte mir: »Es gibt drei Gründe des ›brain drain‹: schlechte materielle Arbeitsbedingungen, schlechte Bezahlung und das autoritäre System unserer Universitäten und Institute. Die beiden ersten Nachteile wären viele bereit, in Kauf zu nehmen. Der dritte Grund ist der entscheidende.«

Die Politik konnte in diesen Wochen der Kongreßspaltung nur verwirrend wirken. Doch dürfte der Durchblick durch die lokale Klientelwirtschaft, durch welche schließlich auch die Mehrheiten im Zentrum zustande kommen, einfach wegen ihrer Kompliziertheit für jeden Ausländer schwierig sein. Indira Gandhi erscheint als die zur Zeit stärkste Figur. Von ihrem engeren Kreis höre ich, daß sie kommandiert und daß man ihr gehorcht. Da private Firmen in sehr vielen Fällen besser funktionieren als staatliche Betriebe, wird die Bankennationalisierung, die den Bruch zwischen ihr und dem »Syndikat« herbeigeführt hat, sachlich von sehr vielen Beobachtern kritisiert. Ich lege mir Indira Gandhis Politik etwa so zurecht: »Ohne Aktivierung der Arbeitsinitiative der Ärmeren kann unsere Wirtschaft nicht gedeihen. Das verlangt insbesondere die Durchführung der seit Jahrzehnten geforderten Landreform. Diese ist nur gegen die ›vested interests‹ durchzusetzen, wenn eine starke Stimmung sozialistischer Initiative im Volk entsteht. Die Kongreßpartei kann diese Stimmung nur erzeugen und lenken, wenn sie manifeste Taten der Sozialisierung tut und deren Gegner notfalls aus ihren Reihen ausschließt.« Die psychologische Wirkung der Bankennationalisierung beruht auf der Aussaugung durch die lokalen Geldverleiher, obwohl die Nationalisierung der Großbanken gerade diese kleinen Geldoperateure gar nicht betrifft.

Eine politische Prognose wage ich nicht, außer der Mutmaßung, daß gerade der begrenzte wirtschaftliche Erfolg die politischen Spannungen steigern wird. Halbwegs ist man ungeduldiger als ganz unten. Ferner (vgl. die Bemerkungen über das

Dorf) sind, trotz aller Sozialisierungstendenzen, die wirtschaftlich Starken die natürlichen Träger und folglich Nutznießer des Fortschritts. Die Wahrscheinlichkeit, daß die Kommunisten das Problem des Landes lösen werden, wird von vielen Beobachtern niedrig eingeschätzt, trotz der Unruhe Bengalens und der eindrucksvollen Leistung Keralas. (In Kerala war ich nicht, aber viele Leute aus Kerala, die ich anderswo sah, machten mir den Eindruck von Deutlichkeit und Arbeitsfähigkeit.) Man sagt, auch die Kommunisten würden keine hinreichend umfassenden effizienten Kader zustande bringen. Nachdem ich das Land gesehen habe, scheint mir aber auch die Notwendigkeit einer radikalen Lösung seiner Probleme, so wie Europäer und Marxisten sie sich vorstellen, jedenfalls gegenwärtig geringer als ich vermutet hatte. Wir denken hier von unserer Mentalität aus. Ich habe die Fragen vorangestellt, die sich von unserer Mentalität her aufdrängen, und muß nun das Schwierige versuchen, etwas zum Verständnis der indischen Verhaltensweise zu sagen.

Vorweg noch eine Bemerkung über den heutigen Ort Gandhis. Er wird gefeiert, aber die Politik hat seine Wege ganz verlassen. Man wünscht im Ökonomischen Technisierung und nicht Bescheidung. Jemand sagte mir: »Gandhi war der Europäer, der radikale Lösungen wollte; Nehru war der Inder, der sich aufs Durchwursteln verstand«. Ein indischer Verehrer Gandhis sagte: »Gandhi hat geraten, die Teilung des Landes nicht zu akzeptieren und lieber noch einige Jahre auf die Befreiung zu warten. Ferner hat er geraten, im Augenblick der Befreiung den Kongreß aufzulösen. Die Übel der letzten 20 Jahre hängen damit zusammen, daß man beide Ratschläge nicht befolgt hat. Die nahe Zukunft hat er nicht für sich. Für die Welt ist er vielleicht 1000 Jahre zu früh geboren.«

Menschen und Geist

Im ersten Teil meines Berichts war von der Wirklichkeit des Landes, von den Menschen, noch kaum die Rede. Es ist eben schwer, von der Wirklichkeit zu reden. Man muß sie erleben. Man muß am Leben teilnehmen.

Ich habe mich unter den Menschen in Indien sehr viel glücklicher gefühlt, als ich erwartet hätte. Ihr Verhalten ermutigte mich, meiner Spontaneität freien Lauf zu lassen. Vielleicht darf man von einer nicht ganz durchpersonalisierten Gefühlswelt sprechen.

Dem, der das Land nicht gesehen hat, würde ich zuerst von optischen Eindrücken sprechen. Die großen schwarzen Augen und die zutraulichen Hände der Kinder im Dorf und in den Fürsorgezentren der Slums. Das schöne, mühelose Schreiten der Frauen im Sari, sei es auf staubigen Feldwegen oder in der europäisierten Großstadt. Die fast immer harmonische Farbauswahl. Die stark duftenden Blumenkränze. Über den Duft komme ich zum Gefühl. Die Freude derer, die nicht viel haben, einen Gast reichlich zu bewirten. Die Zuneigung der Dienerschaft zu einem humanen Herrn. Lächelnde Verständigung über die Sprachschranken hinweg.

Gewiß erwächst auf diesem Gefühlsboden auch Unzuverlässigkeit, der Rausch der großen Worte, das substanzlose Gerede vieler Intellektueller. Als westlicher Erfolgsanbeter, als protestantischer Wahrheitsfanatiker, als aristotelischer Gläubiger des Satzes vom Widerspruch stößt man sich an diesen Fehlern. Eine katholische Nonne aus Luzern, seit 40 Jahren in hingebender Arbeit in Indien, sagte mir: »Viel hat sich verändert. Aber der Schmutz ist geblieben, der Schmutz. Das liegt ihnen wohl im Blut.« Dabei sieht man viel fegen, und in den Ashrams habe ich mich unbedenklich mit den anderen auf den Boden gesetzt. Ein soziologischer Autor (Carstairs, The Twice-Born) sagt etwas stilisierend: »Einem Hindu ist es so unerträglich, eine Alternative scharf zu entscheiden, wie es einem Europäer unerträglich ist, einen Widerspruch stehen zu lassen.«

Was steht geistig hinter dieser Gefühlswelt? Die klassische Tempelarchitektur, an künstlerischer Einheit den größten Leistungen der europäischen Architektur gewachsen, wenn nicht überlegen, zeigt vegetative Fülle. Hier drückt die Materie den Geist mühelos aus, denn beide sind Seele. Wir stellten uns die Frage, ob die erotischen Darstellungen auf den Tempeln von Orissa »direkt« erotisch gemeint seien oder eine unio mystica von Geist und Natur, von Bewußtsein und Energie symbolisieren. Wir verfielen auf die Antwort, daß beides wahr ist, weil der natürliche Geschlechtsakt eben jene Einung auf der vitalen Ebene ist. Die geschlechtliche Askese, die für die höheren Formen der Meditation so wichtig ist, ist nicht die Verwerfung, sondern die Transformation der Erotik, das Durchdringen zum Bewußtsein ihres letzten Sinnes.

Deshalb kann man von Indern und Indienkennern ebensowohl hören, die Religion durchdringe das ganze Leben wie, dieses Leben sei rein weltlich. Beide Redeweisen beschreiben, mit verschiedenem Gefühlston, dieselben Phänomene. Dabei kann man die These von der Weltlichkeit des Hindu-Lebens zustimmend von modernistischen Indern und kritisch von indischen Christen hören.

Ich habe Yogis, Heilige, Jünger und Philosophen besucht und gesprochen. Die vielverehrte, alte und doch merkwürdig jung aussehende »Mataji« (Mutter) Anandamayi habe ich im Ashram in Brindaban, einer heiligen Stadt der Krishna-Tradition, gesehen, und ich habe ihr, wie es Stil ist, einige Fragen gestellt. Abgekürzt (schon die Übersetzung durch eine Nonne europäischer Herkunft, im ockerfarbenen Gewand, war leider eine Abkürzung) waren dies ihre Antworten: Frage: »Wie ist der Friede möglich?« Antwort, spontan, mit wohlklingender Stimme vorgebracht: »Nur in Gott gibt es Frieden. Gott ist Einer, und diese Einheit ist der Friede. Suchen Sie diese Einheit in Gebet und Meditation und Sie werden Frieden finden.« Frage: »Ich habe auch den Frieden unter den Völkern gemeint.« Antwort: »Die Natur ist der Bereich des Entstehens und Vergehens. Sehen Sie hin: der Wind weht, die Blätter fallen. Wie kann es da dauernden Frieden geben? Wenn die Menschen den Frieden in Gott suchen, dann besteht die Hoffnung, daß es auch unter den Völkern mehr Frieden gibt.« Frage: »Ich lebe in einer Spannung. Ich suche diesen Frieden in Gott. Zugleich sehe ich die Gefahr eines großen Krieges zwischen den Völkern und meine, für seine Verhinderung wirken zu müssen.« Antwort, ganz kurz: »Do what God will tell you.« Ich sagte: »I am satisfied«, und ich war befriedigt. Alle drei Antworten waren wahr, und sie überließen mir, was kein Mensch für mich entscheiden kann.

Nach der Advaita-Lehre ist nur das Eine. Nach upanischadischer Lehre ist das Eine die Dreiheit Sat-Chit-Ananda: Sein –

Bewußtsein – Seligkeit. Professor Mahadevan in Madras erklärte mir, im Einen seien die drei nicht Aspekte, sondern identisch. Nur im Vielen, im Reich der Zeit, dessen Sein nur dem in ihm Verharrenden Sein ist, treten die drei auseinander: »Sat, being, appears in all that is, Chit, consciousness, only in a mind, Ananda, bliss, only in a pure mind.« Daß dies nicht nur Lehre, sondern Wirklichkeit ist, erfuhr ich im Ashram des Ramana Maharshi in Tiruvannamalai.

Die Lehre vom Handeln in der Bhagavad-Gita besagt: »Tue die Tat, aber begehre ihre Frucht nicht.« Kritiker der sozialen Zustände Indiens sagen, diese Lehre rechtfertige das verbreitete unpräzise Handeln: Es genügt, ein Wasserrohr zu legen, aber es ist nicht nötig, daß es funktioniert; deshalb tropfe dann die Wasserröhre. Auch soll jeder die Tat seines Karma, de facto in der Gita die Tat seiner Kaste tun; deshalb ist es nicht Sache eines Wissenschaftlers, ein Wasserrohr zu reparieren. Dem höchsten und somit eigentlichen Verständnis der Lehre wird diese Kritik nicht gerecht. Die ungenaue Tat ist keine wahre Tat. Das Nichtbegehren der Frucht soll mich lehren, mich, d. h. das empirische Ich, nicht für den wahren Täter zu halten. Sein Dasein ist vergänglich, sein Denken ist nicht Bewußtsein des Selbst, sein Glück ist nicht Seligkeit. Aber doch ist auch der Mißbrauch einer Sache ein möglicher Gebrauch. Die Anstrengung, wo sie ernst ist, geht in dieser Denkweise ganz darauf, die Zeit zu überwinden. Da wird nach unserem westlichen Empfinden der Zeit nicht ihr Recht. Spekulativ gefragt: Warum stellt sich das Eine überhaupt in der Zeit dar?

Vielleicht ruhte das alte Indien im zyklischen Ablauf der Zeit, in der sich das Eine, sich vergegenwärtigend, verbirgt. Indiens heutige Krise wäre die Begegnung mit der offenen Zeit der Unumkehrbarkeit. Die heutige Aufgabe der Menschheit wäre, die Vergegenwärtigung des Einen in der offenen Zeit geschehen zu lassen.

Ich ende mit dieser Stenographie offener Fragen.

Frieden für Nahost*

Ob dieses kleine Buch einen Beitrag zur Lösung des Nahost-Problems geben wird, wissen wir nicht, denn wir wissen nicht, ob dieses Problem gelöst werden wird. Daß die deutsche Übersetzung des Buches einen wichtigen Beitrag leisten kann zur Information und zur Anregung eines beteiligten Nachdenkens in unserem Lande, ist gewiß. Deshalb seien zunächst ein paar Worte über das deutsche Verhältnis zu dem Problem gesagt, um das es hier geht, das Problem der Existenz des Staates Israel.

Die öffentliche Meinung in der Bundesrepublik hat in wachsendem Maße den Erfolg dieses Staates gewünscht. Bei den Gründern der Bundesrepublik war das Bewußtsein wach, daß die nationalsozialistische Regierung Deutschlands – eine Regierung, der wir uns in unserer Mehrheit nicht widersetzt haben – an dem jüdischen Volk einen Mord verübt hatte, der, wenn es nach ihrer Absicht gegangen wäre, einer Ausrottung gleichgekommen wäre. Ohnmächtig, diese Schuld zu sühnen, suchte man doch ein Stück Wiedergutmachung zu leisten. Es kam dazu, daß junge Menschen aus Deutschland nach Israel reisten, um dort am harten Leben des Aufbaues ein Stück weit teilzunehmen. Eine beunruhigende Popularität bekam Israel in weiten deutschen Kreisen auf Grund seines Sieges im Sechs-Tage-Krieg 1967, eine Popularität der Bewunderung militärischer Effizienz. In derselben Zeit erwachte in der kritischen intellektuellen Jugend der Bundesrepublik ein Verständnis für die Lage der unterentwickelten Länder und ein Protest gegen die wirtschaftliche und z. T. politisch-gewaltsame Fortführung der Kolonialherrschaft. Die Linken begannen, für die Araber Partei zu ergreifen, die im Staat Israel einen Vorposten der westlichen Herrschaft sehen. So wurde die Stellungnahme zum Konflikt um Israel ein Spiegelbild unseres eigenen inneren Kon-

---

* Vorwort zur deutschen Ausgabe von »Search for Peace in the Middle East«, The American Friends Service Committee, 1970, deutsch »Frieden für Nahost«, München, Kaiser 1972.

fliktes. Wir fügen uns damit heute in das Verhaltensmuster der gesamten europäisch-amerikanischen industrialisierten Welt ein, die – an der Spitze die Sowjetunion und die Vereinigten Staaten – ihre Macht- und Ideologiekonflikte dem Rest der Menschheit auferlegt.

Ein solches Verhalten ist das Normale, wo immer es Macht- und Ideologiekonflikte gibt. Es ist aber nicht ausreichend, um irgendein wirkliches menschliches Problem zu lösen, und gewiß nicht das Problem von Israel. Daß jedoch dieses Problem einer Lösung bedarf, ist nicht nur um der Menschen willen gewiß, die dort leben, sondern auch um der Welt willen. Unter den ungelösten regionalen Problemen der Erde ist dieses vielleicht dasjenige, aus dem, wenn das Abschreckungssystem der Weltmächte einmal versagen sollte, der stärkste Anlaß zur Eskalation bis zu einem Weltkrieg erwachsen könnte.

Die Existenz der Quäker beruht seit 300 Jahren darauf, daß sie sich geweigert haben, an den Macht- und Ideologiekonflikten ihrer politischen Umwelt teilzunehmen. Sie waren bereit, die Folgen dieser Weigerung selbst zu tragen, haben Verfolgung auf sich genommen und haben in ihrer frühen amerikanischen Geschichte durch die Tat bewiesen, daß möglich war, was sonst in den nordamerikanischen Gemeinwesen nicht gelang: 100 Jahre Frieden zwischen Weißen und Indianern. In unserem Jahrhundert sind sie nicht nur durch ihr weltweites Hilfswerk berühmt geworden. Sie haben sich auch, leise, behutsam und entschieden, für die Verständigung politisch entzweiter Gruppen angeboten, wo solche Verständigung ernstlich gesucht wurde. So hat man sie von beiden Seiten gebeten, die Studie zu machen, die in diesem Buch vorliegt. Sie haben, wie es selbstverständlich ist, von beiden Seiten Kritik empfangen, und der politische Erfolg ihrer Studie ist nicht zu sehen, so wenig wie der anderer Vermittlungen. Die Gefahr scheint eher einem neuen Höhepunkt zuzutreiben. Es kennzeichnet aber die, denen es wirklich um den Frieden geht, daß sie nicht aufgeben.

Sind die Analysen der Sachlage in diesem Buch und die Vorschläge, in denen die Analyse mündet, gerecht? Es sei mir, obwohl ich in keiner Weise ein Sachkenner bin, erlaubt, dazu eine Frage zu stellen. Wer Frieden stiften will, sieht sich Ansprüchen und Emotionen gegenüber. In Ansprüchen und Emotionen waltet meist eine gewisse Gegenseitigkeit, eine Art von Symmetrie. Jeder fordert mehr, als der andere zu geben bereit ist; wäre es nicht so, wäre der Konflikt gelöst. Jeder sieht überscharf Unrecht und Schuld des anderen und kennt die Entschuldigungsgründe für die Verfehlungen der eigenen Seite. Jeder hat ein Geschichtsbild, in dem gerade dasjenige grell hervorsticht, was im Geschichtsbild des anderen vergessen oder beschönigt ist. Wer nun Frieden stiften will, kann kaum anders handeln, als daß er diese Symmetrie auf sich nimmt und von beiden Seiten Konzessionen verlangt. Der Prozeß der Konfliktbeilegung, des Friedensschlusses ohne Kapitulation einer Seite verlangt mit seelischer Notwendigkeit den Kompromiß, das Gleichgewicht der beiderseits gebrachten Opfer. Wer dies im konkreten Fall überzeugend dartun kann, ist als Friedensstifter geeignet. Aber das ist nicht alles, was zu sagen ist.

Menschliche und zumal politische Situationen sind immer auch in entscheidenden Punkten ganz unsymmetrisch. Ihre Unlösbarkeit beruht oft darauf, daß die Gleichgewichtsforderung, die zum Kompromiß gehört, es den Menschen unmöglich macht, die essentiellen Unterschiede ihrer Lagen anzuerkennen. Ich nenne hier nur einen Punkt, in dem dies für Israel der Fall ist. Fragt man, welche Worte die entscheidende Forderung jeder der beiden Seiten bezeichnen, so wird man wohl sagen müssen: Für die Araber geht es um Gerechtigkeit, für Israel um die Existenz. Die Unfähigkeit Israels, sich auf Bedingungen einzulassen, die Israel selbst als gerecht anerkennen würde, wenn gewiß wäre, daß sie endgültig sind – diese Unfähigkeit beruht auf der Frage: Und was wird aus uns, wenn wir alle diese Bedingungen erfüllt haben und die Gegenseite sich dann nicht an sie hält? Israel hat Anlaß, keiner Macht der Welt zu trauen, daß sie seine Existenz schützen würde, wenn es sich selbst nicht mehr zu schützen vermöchte. Daher ein Verhalten, das die militärische Garantie der Fähigkeit zur Selbstverteidigung über die ausgleichende Gerechtigkeit der Abreden stellt. Diese Garantie der Selbstverteidigung aber sieht das an Volkszahl um das Zwanzigfache unterlegene Israel begreiflicherweise nur in seiner fraglosen militärischen Überlegenheit, nicht in irgendeinem Waffengleichgewicht. Eben diese Überlegenheit Israels aber ist den Arabern demütigend und bedrohlich, sie ist ihnen unerträglich. Wenn dieser Kreis der Widersprüche nicht durchbrochen wird, so kann er nur zu einer düsteren Prognose Anlaß geben. Israel kann vielleicht alle zehn Jahre einen siegreichen Krieg führen, bis ein Jahrzehnt kommt, in dem die Machtverhältnisse umgekehrt sind; dann ist weder Verteidigung noch Versöhnung mehr möglich.

Es gibt etwas in der jüdischen Geschichte, im jüdischen Schicksal seit mehr als drei Jahrtausenden, was immer wieder solche aussichtslosen Situationen hervorruft, und es gibt eine Tradition im jüdischen Volk, sie durch Mut gegen jede Wahrscheinlichkeit zu bestehen. Moses führt das Volk (2. Moses 3, 17) »in das Land der Kanaaniter, Hethiter, Amoriter, Pheresiter, Heviter und Jebusiter«, also in ein Land, das ihm nicht gehört, damit es sein Land werde. Es folgen Königtum, Exil und Gastexistenz in immer anderen Völkern. Hätten die Juden nicht die Haltung der Hoffnung gegen jede Wahrscheinlichkeit entwickelt, so gäbe es seit langem keine Juden mehr, sondern nur assimilierte Nachkommen ehemaliger Juden. Diese Haltung aber, zusammen mit den materiellen Bedingungen des Überlebens, machte die Juden notwendig immer wieder ihren Nachbarn verdächtig, ja verhaßt, sei es als Händler, deren erfolgreichste reich wurden, bis man sie von neuem plünderte, sei es jetzt als Repräsentanten westlicher Macht, Effizienz und Intransigenz in dem um Modernisierung und Überwindung der Armut ringenden Orient. Diese Situation ist um so tragischer, als wirtschaftliche Zusammenarbeit Israels mit den Arabern eine der großen Chancen der Entwicklung jenes Teils der Welt sein könnte.

Wer eine Lösung vorschlägt, muß dies sehen. Wer eine vorgeschlagene Lösung verwirft, muß die Hoffnungslogistik der Prognose einer Fortdauer des Zustands ohne Lösung sehen. Mehr wage ich nicht hinzuzufügen.

Dritte Welt*

Militärisch sind alle Länder der dritten Welt denen der ersten und zweiten Welt weit unterlegen. Selbst ihre Kriege untereinander führen sie mit von dort gelieferten Waffen. Diese Waffenlieferungen sind ein Teil der von den beiden ersten Welten in der dritten Welt getriebenen Machtpolitik. Wirtschaftlich muß man die verschiedenen Regionen der dritten Welt getrennt betrachten. Ihre Charakterisierung als wirtschaftlich unterentwickelte oder sich entwickelnde Länder (developing countries, schlecht als Entwicklungsländer übersetzt) verdeckt wesentliche Strukturen und Strukturunterschiede.

Lateinamerika. Lateinamerika ist seit mehr als vier Jahrhunderten, nämlich seit der Eroberung durch die Spanier und die Portugiesen, ein Zulieferungsgebiet von Rohstoffen für wirtschaftlich höher entwickelte und politisch mächtigere Partner, zuerst für die iberischen Nationen, dann für das nördliche Europa, schließlich für Nordamerika. Man hat im europäisch-nordamerikanischen Kulturkreis lange Zeit die wirtschaftliche Rückständigkeit der südlichen Völker auf ihre kulturelle Rückständigkeit zurückgeführt. Bewußtsein, Verhaltensweisen, Sozialordnung eines von der Modernität noch nicht durchdrungenen Landes können die Leistungen, die zum Funktionieren der Industriegesellschaft notwendig sind, nicht erbringen. Hierin liegt, deskriptiv genommen, sicher sehr viel Wahrheit, welche das Scheitern mancher optimistischer Entwicklungsprojekte erklärt. Aber die Oberschicht Lateinamerikas hatte seit vier Jahrhunderten Anteil an der jeweils erreichten Phase der Modernität. Warum hat diese nicht wie in Europa und Nordamerika, später auch in Japan, die Massen durchdrungen? Der Hinweis auf Volkscharaktere reicht hier nicht aus. Die lateinamerkanische Oberschicht war vielmehr in die Wirtschaftsinteressen der nördlichen Partner integriert. Während

---

* Aus »Die heutige Menschheit, von außen betrachtet« in »Fragen zur Weltpolitik, München, Hanser, 1975.

sich nun in Europa und Nordamerika die Modernisierung der Massen als Bedingung oder Folge der Industrialisierung ergab, lag sie in den rohstoffliefernden Regionen nicht im Interesse der die Produktion lenkenden Klasse. Hier ist also die Fortdauer der kulturellen Rückständigketi eine Folge der wirtschaftlichen Rückständigkeit, und diese eine Folge derjenigen wirtschaftlichen Arbeitsteilung, die man marxistisch als Ausbeutung bezeichnet. Der Protest des bürgerlichen Empfindens gegen dieses Wort verkennt, daß damit eine objektive Zwangsläufigkeit des Wirtschaftsprozesses bezeichnet wird, die sogar reibungsloser verläuft, wenn sie nicht mit subjektiv ausbeuterischen Gelüsten einhergeht, sondern mit dem guten Gewissen des Vertrauens in die Vernünftigkeit der Ordnung, die man vertritt.

Fragt man, warum gerade südliche Kontinente in den Circulus vitiosus dieser Abhängigkeit geraten sind, so wird man einerseits klimatische Faktoren berücksichtigen, andererseits weit in die Geschichte zurückgehen müssen. Die alten Hochkulturen sind überwiegend in warmen Klimaten entstanden, als der Zivilisationsstand im rauhen Norden erst das Überleben gestattete. Diese Kulturen bildeten aus wirtschaftlicher Notwendigkeit Klassengesellschaften aus, so auch die indianischen Hochkulturen in Mittelamerika und den Anden. Mit wachsender technischer Zivilisation verschob sich die kulturelle Innovationskraft nach Norden. Schließlich trat die nördlichste Hochkultur, die europäische, in das Erbe der alten herrschenden Klassen der südlichen Welt ein und übernahm oder radikalisierte deren wirtschaftliche Privilegien. Die wenigen Indianer Nordamerikas wurden zum großen Teil ausgerottet, die vielen Indianer Südamerkas wurden ausgebeutet und durch Negersklaven und arme Weiße ergänzt. Nachdem der weltweite Zusammenhang der kapitalistischen Wirtschaft hergestellt war, hat es nicht im Interesse ihrer nördlichen Zentren gelegen, in Lateinamerika eine selbständige diversifizierte Industriegesellschaft entstehen zu lassen. Ansätze dazu sind meist der Automatik der Konkurrenz mit dem Norden erlegen.

Es ist klar, daß sich in unseren Tagen mit der Erkenntnis dieser Zusammenhänge die Hoffnungen auf Modernisierung, Unabhängigkeit und Wohlstand, zumal im Bewußtsein der Intellektuellen, auf den Sozialismus richten mußten. Das Schicksal Allendes scheint aber zu zeigen, daß das bestehende System eine sozialistische Revolution nicht zuläßt, auch wenn sie mit der subjektiven Absicht begonnen wird, die freiheitliche Verfassung nicht aufzuheben. Hierin liegt übrigens die oft bemerkte Parallele zu Dubcek: die heutige Welt erträgt das Experiment des freiheitlichen Sozialismus nicht. Die Sowjetunion unterstützt jedenfalls Revolutionen in Lateinamerika faktisch nicht mehr, seit ihr Kuba zur Last fällt, und Chinas Einwirkungsmöglichkeiten sind vorerst gering. Die Modernisierung Lateinamerikas wird vielmehr vorwiegend von den internationalen Firmen der ersten Welt vorangetrieben. Mit den steigenden Arbeitslöhnen in der ersten Welt wird es für diese Firmen immer lohnender, in Gegenden mit billiger Arbeitskraft zu produzieren. Damit tragen sie, nun im eigenen Interesse, zur Modernisierung der Massen bei. Das Resultat werden Fortschritte, Ungleichheiten und Konflikte sein.

Arabische Länder. Der Islam war im Mittelalter Europa wirtschaftlich und kulturell überlegen. Aus schwer analysierbaren Gründen hat er in den nachfolgenden Jahrhunderten seine Spannkraft verloren. Heute hat sich die wirtschaftliche Macht der arabischen Länder durch den Zufall ihres Ölreichtums unerwartet gehoben. Die Fortdauer dieser Macht hängt jedoch an der Bedingung der Integration in den Weltmarkt. Die Araber werden in dem Maße an der Macht der ersten Welt teilhaben, in dem sie faktisch ein Teil von ihr werden. Dies wird sich in der Weise zeigen, in der sie das aus Öl verdiente Geld investieren. Ihre politische Macht hängt wesentlich vom Grade ihrer Einigkeit ab. Es ist gesagt worden, die Araber seien nur einmal in 4000 Jahren Weltgeschichte geeinigt worden, nämlich von Mohammed, einem Kämpfer. Einen Ansatz zur Einigung bringt heute der Kampf gegen Israel. Dies ist jedoch für eine echte Union eine unzureichende Basis.

Der Islam als die jüngste und theologisch einfachste der Weltreligionen ist bisher durch die Modernität am wenigsten aufgelöst. Ob dies Förderung oder Hemmnis der Modernisierung bedeutet, wage ich nicht zu beurteilen.

Das Bestehen des Staats Israel erscheint seit Jahrzehnten als das vielleicht unlösbarste Problem der Weltpolitik und als dasjenige, das am ehesten zum Streichholz für einen dritten Weltkrieg werden könnte. In der gesamten Menschheitsgeschichte sind unter dem Druck der Not Völkerwanderungen geschehen, und die Frage »wem gehört dieses Land?« hatte oft keine gerechte Lösung, sondern wurde durch die Gewalt gelöst. Das jüdische Volk hat seine Identität in dreitausend Jahren durch seine Religion bewahrt, für welche die Heimkehr nach Israel die nicht erlahmende Hoffnung war. Aber schon der mythische Stammvater Abraham war Gast im Lande, und Mose führte das Volk aus Ägypten in ein Land, das ihm nicht gehörte. In unserer Zeit war die vernünftige Lösung, die Kooperation zur Entwicklung des nahöstlichen Raumes, blockiert durch die Intransigenz der Araber, die ihr Recht einklagen, und durch die Intransigenz Israels, das ums Überleben fürchtet. Der Jom-Kippur-Krieg hat die Aussicht Israels auf Selbstschutz durch militärische Überlegenheit gebrochen. Vielleicht läßt sich jetzt eine Kompromißlösung herausarbeiten, die im Interesse der Weltmächte, zumal Amerikas, liegt. Die Weltmächte hätten sich nie in den vergangenen Jahrzehnten, einschließlich der letzten Konfrontation, um dieses Konfliktes willen in einen selbstmörderischen Krieg treiben lassen. Aber falls in Zukunft ein Weltkrieg wieder möglich würde, könnte er sich noch immer an diesem Ort entzünden.

Schwarzafrika. Hier war die anfängliche Distanz zur Modernität wohl am größten. Die politisch aufgelösten Kolonialreiche Englands und Frankreichs bestehen wirtschaftlich und kulturell in erheblichem Maße fort, bewußt gepflegt vor allem das französische. Die Nationen sind meist das Produkt kolonialistischer Grenzziehungen und in Stammeseinheiten zersplittert; nation building ist ein Hauptproblem. Die wirtschaftlichen Wege, die sie einschlagen, sind höchst verschieden, von der kapitalistischen Elfenbeinküste zum mild sozialistischen Tansania, dessen Staatschef sich nicht Führer, sondern Lehrer nennen läßt. Es ist unwahrscheinlich, daß sich die kapitalistische Dynamik nicht durchsetzen wird; an ihr bewußt nicht teilzuhaben, bedeutet eine wirtschaftliche Selbstbeschränkung, die weise, aber in der heutigen Welt wohl nicht attraktiv ist.

Das südliche Afrika hat sich zu einem der Krisenherde der heutigen Menschheit entwickelt. Auch hier haben Völkerwanderungen fast unlösbare Probleme geschaffen. Die ältere Bevölkerung, Buschmänner und Hottentotten, ist von Bantus und Weißen in die Enge getrieben. Portugiesen und Buren waren z. T. früher im Lande als die heute zahlenmäßig weit überwiegenden schwarzen Stämme. Auch die paternalistische Selbstinterpretation der südafrikanischen Apartheids- und der portugiesischen Provinztheorie läßt sich gegenüber dem erwachten afrikanischen Nationalbewußtsein nicht vor dem Vorwurf schützen, sie stabilisiere eine Klassenherrschaft. Die Fortdauer des heutigen Zustandes hängt wesentlich daran, ob die weltweiten Interessen fortbestehen, die ihn aufrechterhalten.

Südasien. Indien ist neben Ostasien der bedeutendste Kulturkreis, der keinen Anlaß hat, sich Europa gegenüber kulturell unterlegen zu fühlen. Indien war aber, zum mindesten seit Asoka, also seit zweitausend Jahren, nie ein national geeinigtes Imperium. Die englische Herrschaft hat Indien moderne Technik und die intellektuelle Prägung der Oberschicht hinterlassen, eine trotz immenser Probleme noch funktionierende repräsentative Demokratie mit Meinungsfreiheit, ein nüchternes, staatsdienendes Militär, und das durch Medizin und Gütertransporte ermöglichte unstillbare Bevölkerungswachstum. Wirtschaftlich hat England Indien, zumal im 19. Jahrhundert, durch Verwandlung in ein Zuliefererland objektiv ausgebeutet. Indien ist seitdem in ähnlich abhängiger Weise in die Weltwirtschaft integriert wie Lateinamerika. Die Meinung vieler Inder, Indien habe vor der englischen Herrschaft einen ebenso hohen Wirtschaftsstand gehabt wie das damalige Europa, scheint mir jedoch die im alten Indien stärker als im alten Europa ausgebildeten Klassenunterschiede zu unterschätzen; ein russischer Kaufmann, der im 15. Jahrhundert in Indien reiste, war tief beeindruckt vom Reichtum der Städte und von der in Rußland so nicht vorstellbaren Armut der Dörfer.

Indien hat im Anfang unseres Jahrhunderts eine heute fast schon verschollene, aber m. E. langfristig zukunftsweisende politische Persönlichkeit hervorgebracht, M. K. Gandhi. Sein nationales Ziel war strukturell westlich; nie zuvor war Indien eine Nation. Sein Mittel des gewaltlosen Kampfes war eine Neuschöpfung mit hinduistischen, christlichen und modernen Motiven. Das Mittel war präzise der liberalrechtsstaatlichen Denkweise der englischen Herrschaft angepaßt und ist insofern – wie die meisten politischen Mittel – nicht schematisch übertragbar. Heute ist es meist durch das rohere und unter den gegebenen Umständen effizientere Mittel des Guerillakampfes ersetzt. Lange durchgehaltener Guerillakampf setzt aber vermutlich eine polarisierte Welt mit Freizügigkeit voraus, schon um Waffenlieferungen zu garantieren. Wäre Mao ohne die sowjetische, Ho ohne die chinesische und sowjetische Rückendeckung erfolgreich gewesen? Gewaltlosigkeit ist das angemessene Kampfmittel in einer unter Rechtsnormen pazifizierten Gesellschaft. Um sie überzeugend durchzuhalten, war jedoch bei Gandhi wie bei King zentral eine Nächstenliebe, die in keinem einzigen Augenblick aufhörte, auch den politischen Gegner zu umfassen.

Wirtschaftlich war Gandhi ein Gegner der modernen Entwicklung. Nicht Reichtum, sondern Selbstgenügsamkeit – symbolisiert durch das Spinnrad – erschien ihm als sinnvolles Ziel. Nehru betrieb die Modernisierung, förderte die Industrie. Die Modernisierung des Bewußtseins in den Massen ist ein langwieriger Prozeß. Auf den hohen Stufen des Bewußtseins bildet sich ein spannungsreiches Geben und Nehmen heraus; während indische Intellektuelle in Kategorien europäischer Aufklärung denken, dringt das religiös-psychologische Wissen indischer Tradition nach Amerika und Europa ein. Das Wirtschaftswachstum wird, in Wellen guter und schlechter Jahre, vom Bevölkerungswachstum aufgezehrt. Dieses wird kaum zum Stehen kommen, solange die ökonomische Zukunft einer Familie von der Kinderzahl abhängt. Weder der chinesische Weg, die Familie als Wirtschaftseinheit durch eine Kommune zu ersetzen, noch der westliche Weg, den Familien genug Wohlstand garantieren zu können, ist im heutigen Indien möglich.

Militärisch ist Indien jeder der größeren nördlichen Mächte unterlegen. Aber keine Macht, auch China nicht, kann in Versuchung sein, Indien zu erobern und damit die Verantwortung für seine Zukunft auf sich zu laden. Ob Indien einer kommunistischen Revolution oder einem Zerfall in Teilstaaten entgegentreibt, wie seit langem von westlichen Beobachtern und manchen politisch engagierten Indern prophezeit wird, oder ob es langsam seine Lebensbedingungen unter Bewahrung der heutigen Form verbessern kann, bleibt ungewiß. Dramatische Vorhersagen treffen in diesem Volk, dessen Zähigkeit damit zusammenhängt, daß es nie geglaubt hat, Leben sei Glück, nicht immer zu.

Besuch in Japan*

»In Eile geschrieben.«

Wir waren drei Wochen in Japan, davon die ersten zwei in Kyoto, die letzte in Tokyo. Man kann die drei Wochen schematisch unter die drei Überschriften bringen: Arbeit für die einladende Universität, Kennenlernen des alten Japan, Kennenlernen des modernen Japan. In der Einteilung lag eine gewisse Absicht. Man lernt vielleicht am schnellsten etwas von einem Land, wenn man in ihm eine Verpflichtung übernimmt; deshalb die Arbeit für die Universität. Die Probleme des modernen Japan sind die Probleme der Modernität in japanischer Version. Die Modernität bringen wir im Bewußtsein mit; deshalb zunächst der Versuch, etwas von Japan möglichst losgelöst von den modernen Problemen zu verstehen. Das Geschenk, das Japan für uns hatte, war die Menschlichkeit unserer Gastgeber und, kulturell, das alte Japan – bei aller Bewunderung für die Leistung des modernen.

Arbeit für die Kyoto Sangyo Universität.

»Wir haben nicht gewußt, *wie* nett die Japaner sind.«

Die Universität ist eine Neugründung der Sechzigerjahre, in mehreren großen hellen Betonklötzen in den ersten Anstieg der Waldberge am Nordrand der Stadt gesetzt. Sie ist privat finanziert. Sangyo bedeutet Industrie. Die technischen Fächer stehen im Vordergrund, es gibt keine medizinische Fakultät, aber Geisteswissenschaften bis hin zur christlichen Theologie. Der Gründer und permanente Rektor der Universität, Prof. Araki, ein siebenundsiebzigjähriger agiler Mann mit einem im heutigen Japan ganz ungewöhnlichen, an alte Bilder gemahnenden schütteren, zur Brust herabreichenden weißen Kinnbart, ist Astronom, hat in Deutschland studiert und hat in seinem Ar-

* November 1974. Zuerst veröffentlicht München, Hanser 1981.

beitszimmer u. a. viele hundert Seiten in gotischer Handschrift eigenhändig gemachter Exzerpte aus Schopenhauers »Welt als Wille und Vorstellung« stehen. Er lädt in Jahresabstand oder mehr einen »geistigen Repräsentanten« eines europäischen Landes ein. Für Deutschland war also die Wahl auf mich gefallen. Vor vier Jahren kam die erste Einladung, die ich wegen Zeitmangels ablehnte. Vor einem Jahr brachte eine mir unerforschliche Voraussicht zustande, daß er bei einer Europareise mit mir eine Nacht im selben Hotel wohnte; er spürte mich auf und wiederholte die Einladung: mit meiner Frau, beliebige Aufenthaltsdauer in ganz Japan, eine öffentliche Vorlesung in der Stadt Kyoto, eine Vorlesung vor Studenten seiner Universität, ein Kolloquim mit Professoren als Leistung. Diese VIP-Behandlung hebt einen natürlich zu sehr über die Nöte des Alltags im Gastland hinaus, aber der Kontakt mit den Menschen, die uns hingebend betreuten, war eine Erfahrung für sich.

Als wir uns auf dem Moskauer Flughafen, nach zweistündigem Warten in einer großen Halle und vielfachem Schreiben und Köpfezusammenstecken von zwei uniformierten Mädchen und vier uniformierten Jünglingen über den Transfer unserer zwei Koffer von LH zu JAL, im japanischen Flugzeug auf unsere Sitze niederließen, sahen wir einander an und sagten: »Wir sind wieder in einer Kulturnation.« Das »wieder« war hochmütig; die ästhetische Verfeinerung in den Kleinigkeiten und die rasche Effizienz in der Abwicklung erreicht keine europäische Nation. Auf dem Flughafen in Tokyo großer »Bahnhof«; zwar kamen die Herren von der deutschen Botschaft kraft diplomatischen Privilegs aufs Rollfeld, aber hinter der Sperre warteten Araki und seine Frau und wenigstens sechs weitere Angehörige der Universität.

Sollte ich die uns angetanen Ehren in unserer Reaktion auf sie spiegeln, so würde ich vier Elemente der Reaktion nennen: dankbare Hinnahme der vorbildlichen Organisation, Kompensation des Übermaßes durch ästhetisches Vergnügen an einer alten Kultur stilisierter Höflichkeit, intensiver Arbeitskontakt, menschliche Wärme, die sich am schnellsten zwischen meiner Frau und den Frauen entwickelte, die sich ihrer annahmen.

Während in der ersten Woche meine Frau von Frau S., die in

Deutschland studiert hat, durch die Straßen, Tempel und Kaufhäuser Kyotos und in ihr enges Privathaus geführt wurde und im Hotel einen Hexenschuß von hervorragenden Masseusen behandeln ließ, bereitete ich meine Vorträge vor. Mehrere Gespräche führten mich in die japanische Sicht des Verhältnisses Japans zum Westen ein und machten mir technisch klar, daß ich wörtlich formulierte Vortragstexte haben mußte. Ich trug diese dann auf deutsch vor, und Herr Y. übersetzte sie absatzweise ins Japanische. Hätte ich englisch gesprochen, so hätten mehr Hörer direkt folgen können, aber auch dann wäre wohl die Übersetzung am Platze gewesen. Es war übrigens der Wunsch der Universität, daß ich deutsch spreche. Auch die Mehrzahl der Gespräche mit Philosophen geschah auf deutsch. Aber die Übersetzung schwieriger Texte muß wörtlich vorbereitet sein. Nachdem dies klar war, verfaßte ich von Samstag mittag bis Sonntag abend den ersten Vortrag. Herr Y. erhielt den fertigen Text, den ich um der Lesbarkeit willen eigenhändig auf einer von ihm besorgten Schreibmaschine abgeschrieben hatte, abends gegen 11 Uhr. Am nächsten Morgen um 10 Uhr erschien er mit der vollständigen japanischen Übersetzung.

Er hatte in der Nacht zwei Stunden geschlafen. Nachmittags von 2 bis 4 dauerte der Vortrag in einem Saal in Kyoto. Bei großer Kälte harrten die Hörer die zwei Stunden mäuschenstill aus: 15 Minuten Begrüßung und dann in 1 3/4 Stunden der ständige Wechsel meines deutschen und des japanischen Textes.

Am Abend dieses Montags begann ich den zweiten Vortrag, der sich freilich zur Hälfte auf einen schon früher übersetzten gedruckten Text stützen konnte. Die Abfassung wurde Dienstag nachmittag durch ein intensives Gespräch mit drei Philosophen unterbrochen. Y. erhielt meinen physikalisch und philosophisch schwierigen Text wieder am Abend und war wieder am Morgen (nun Mittwoch) fertig. Mittwoch frühnachmittag in der Universität vor einem Riesensaal voll der schwarzen Haarschöpfe junger Studenten und Studentinnen ein, wie sich zeigte, für sie etwas zu schwerer Vortrag, wieder in völliger Stille, und mit einer Reihe intelligenter Fragen am Schluß, für die Y., nun doch fast am Ende seiner Kräfte, extempore dolmetschen mußte. Man sagte mir übrigens, daß Studenten sich so zu fragen getrauten, sei selten und ein Lob für diese Universität. Danach noch ein Interview für eine Studentenzeitung; die üblichen gesellschaftskritischen Fragen, höchst höflich und z. T. unterschwellig vorgetragen. Schließlich am Freitag ein Kolloquium mit etwa 20 Professoren aller Fachrichtungen, direkt auf englisch, konzentriert, aber, verglichen mit dem Vorangegangenen, mühelos.

Altes Japan.

»Eine Kultur ist ein Rätsel.«

Die alten Kaiserstädte Kyoto und Nara wurden von den Amerikanern im Zweiten Weltkrieg nicht zerstört. Wir sahen einige wenige der 1600 buddhistischen Tempel und 250 Shinto-Schreine und die kaiserlichen Gärten in Kyoto und die berühmtesten Bauten in Nara. Wir sahen in Tokyo ein No-Spiel. Wir sprachen mit buddhistisch orientierten Philosophen und sehr eindrucksvollen christlichen Theologen, mit Zen-Meistern in ihren Klöstern, mit einem der Shinto-Tradition angehörigen Gelehrten in seiner Wohnung und nahmen zuletzt noch an einem Wochenend-Meditationstreffen im Zen-Zentrum des Paters Lassalle bei Tokyo teil.

Jede geprägte Kultur ist ein Rätsel. Warum ist sie so und nicht anders? Es ist wichtiger, sich mit ihr zu durchdringen als über sie zu reflektieren. Hier nur lockere Eindrücke zur Kultur Japans.

Dem Auge bietet sich die unvergleichliche ästhetische Verfeinerung des ganzen Lebens bis in die kleinsten Formen als erster Eindruck an. Einfache Linien, vollkommene Proportionen, tadellos sauber, dichtgefügte Strohmatten als Fußböden in den Häusern, leichtgleitende Schiebetüren aus Holz und Papier, der stilisierte Schwung des sanft aufruhenden Bambusrohrs in den Tempeldächern, der das Haus gleichsam in der Natur enden läßt. Ein japanischer Architekt sagte: die europäische Bauweise ist eine Kultur der Substanz – für ewig gefügte Steine –, die japanische ist eine Kultur des Schattens – Holz, das vergeht und wiederkehrt.

Die politische Geschichte Japans zeigt eine Kultur der Kraft zum Entschluß und zur Integration. Der Entschluß wird dem Außenstehenden am schnellsten sichtbar. Im frühen Mittelalter hatte Japan die chinesische Kultur und den Buddhismus übernommen. Der riesige Bronzebuddha in Nara, 749 vollendet, als das größte Bronzebildwerk der Welt bezeichnet (500 Tonnen Bronze), war die Zentralfigur für über 40 kleinere, ähnliche, in Tempeln durchs ganze Land, die das Leben durch die übernommene Kultur verwandelten. Im späten 16. Jahrhundert entschloß sich der Sieger der Feudalkämpfe, Hideyoshi, einmalig in der älteren japanischen Geschichte, zur Gründung eines Imperiums. Sein Nachfolger Ieyasu, der Gründer des Tokugawa-Shogunats, gab den Imperialismus radikal auf, schloß das Land, verbot Christentum, Büchereinfuhr und fast allen Außenhandel. Die Feudalherren (Daimyo) mußten ihren Wohnsitz in seiner Residenz Edo (dem heutigen Tokyo) nehmen. Ein feudalabsolutistischer Klassenstaat mit allen Ungerechtigkeiten eines solchen bewahrte dem Land 250 Jahre inneren und äußeren Friedens und entließ es mit wirtschaftlicher und militärischer Kraft in den nächsten großen Entschluß, die Übernahme der westlichen Zivilisation seit 1867. Die weitere Geschichte ist bekannt: der Entschluß zum Eintritt in den imperialistischen Wettlauf, die Niederlage 1945 (die ersten fremden Eroberer im Lande seit wenigstens 2000 Jahren), der Entschluß zur Akzeptation des parlamentarischen Systems, das Wirtschaftswunder.

Ist die westliche moderne Kultur eine Kutlur des Willens und Verstandes, so ist die japanische eine Kultur der Integration. Der Verstand unterscheidet, erträgt Widersprüche nicht, und sucht die Einheit im System. Die Integration nimmt Widersprüche hin, nimmt sie oft gar nicht wahr, und fügt sie in ein gelebtes Leben ein. Ein Japaner sagte mir: Die Japaner arbeiten mit Kategorien. Technik ist eine Kategorie; was technisch ist, wird ihr gemäß behandelt. Naturgenuß ist eine andere Kategorie, der man nachlebt, wo es um Natur und das Schöne geht. Technik und Naturgenuß kommen nebeneinander vor; daß sie in Konflikt kommen könnten, wird nicht überlegt. Das Problem des modernen Japan könnte man unter diesem Aspekt nennen: die Grenzen der Integrierbarkeit. Ein junger Japaner sagte mir: wir müssen jetzt lernen, Europa intuitiv zu verstehen und Japan logisch.

Auch das soziale Leben beruht auf der Integration. Ich gebe wieder, was man darüber hört. Die Kinder werden nie geschlagen. Sie werden daran gewöhnt, sich in der Familie, in ihrem sozialen Ort, geborgen zu wissen. In der sozialen Rangstufung, bis hinauf zu den großen Firmen, der Regierung und einstens dem Militär, gibt es keine einsamen Entschlüsse der Führenden. Ein Befehl wird gegeben, wenn man weiß, daß die Untergebenen ihm zustimmen werden. Eben darum ist die soziale Mobilität bis heute sehr gering. Die Frauen sind seit vielen Jahrhunderten auf Fügsamkeit und Charme stilisiert. Und sie sind charmant, und so menschlich, natürlich. Auch unter Studentinnen, von denen ich freilich zu wenige gesehen habe, habe ich von der entgegengesetzten modern-westlichen Stilisierung auf Männischkeit, auf primitiv-sexuellen Reiz oder, damit fast gleichbedeutend, auf Häßlichkeit, so gut wie nichts wahrgenommen.

Die schon angeklungenen modernen Probleme der Integrationskultur stelle ich bis zum Schlußabschnitt zurück und suche noch etwas mehr vom alten Japan aufzufassen.

Das Ästhetische ist mit dem Begriff des Schönen nicht zureichend beschrieben, wenigstens wenn er zu sehr nach der Seite des Harmonischen interpretiert wird. Ein vermittelnder Begriff zwischen Ästhetik, Entschluß und Integration ist vielleicht – aus westlich-moderner Sicht formuliert – der Begriff der Stilisierung. Im alten No-Schauspiel, von dem wir leider nur ein Beispiel sahen, ist in Maske, Tanz, Musik und ans Psalmodieren erinnerndem Text-Vortrag eine vom ersten Augenblick bis zum letzten durchgehaltene hochpathetische Stilisierung von Schicksal und Gefühl. Wie mir vor langer Zeit ein sensibler westlicher Künstler sagte: Die fast unerträglich realistische Expressivität des Gefühls in diesem Schauspiel stammt aus seiner allen empirischen Realismus völlig verleugnenden Stilisierung. Dies findet sein Analogon in alteuropäischen Traditionen, so zumal im Chorteil antiker Tragödien.

Man kann die hohe Stilisierung überall in der japanischen Kultur finden. Der rituell vollzogene Selbstmord (Harakiri) ist ein berühmtes Beispiel. Dem Fernsehzuschauer bot sich in diesen Wochen ein anderes Beispiel aus dem Bereich sportlicher Wettkämpfe in dem täglich zwei Stunden gesendeten Turnier (so viermal im Jahr je 15 Tage) der Ringer im altjapanischen Stil (Sumo). Die Ringer brauchen nicht nur Kraft, sondern auch Gewicht und bekommen durch entsprechende Ernährung Fett überall, zumal Fettbäuche. Gebückt kauern sie einander gegenüber, stehen wieder auf, bücken sich wieder, solange bis der in ein zeremonielles Gewand gekleidete Schiedsrichter mit einem Zepter das Zeichen gibt, das besagt, daß nach seiner Einsicht beide innerlich zum Kampf bereit sind. Sie fahren aufeinander los, Berührung zunächst nur an den Schultern, Beine weit hinten, beide zusammen gleichsam eine flache Brücke bildend. Jeder sucht den andern am – ebenfalls zeremoniell farbigen – Lendengürtel zu packen. Der Kampf kann in Sekunden zu Ende sein, höchstens wohl in einer oder zwei Minuten. Plötzlich wirft einer den anderen zu Boden oder drängt ihn aus dem Ring. Eine immense Kraftanstrengung auf die engste Zeitspanne zusammengedrängt.

Der Begriff der Stilisierung ist aber eine Kennzeichnung von außen her; er bezeichnet nicht die Weise, wie die japanische Kultur sich selbst wahrnimmt. Jede Kultur beruht auf Stilisierungen, aber die eigenen Stilisierungen hält sie meist für das dem Menschen natürliche oder angemessene Verhalten. Was ist unsere eigene Stilisierung? Von philosophisch interessierten Japanern hört man oft, die westliche Kultur beruhe auf der griechischen Logik, auf der Vermeidung des Widerspruchs, die japanische hingegen auf der Hinnahme der widerspruchsvollen Wirklichkeit. Ähnliches kann man in Indien hören; dies scheint eine Selbstinterpretation des heutigen Asiens zu sein. Dabei sei bemerkt, daß der Begriff »Asien«, wenn er mehr bedeuten soll als »nicht-modern-europäische Hochkultur«, in nichts zerrinnt. Die Japaner meinen mit den Indern nicht mehr gemeinsam zu haben als mit den Europäern, und mit den Arabern weniger als mit den Europäern. Selbst mit den Chinesen lassen sie sich ungern zu einem ostasiatischen Kulturkreis zusammenfassen. Sie haben eben vor über tausend Jahren sehr viel von China übernommen und seit hundert Jahren sehr viel von Europa bzw. Amerika. Damit bleiben sie aber den Chinesen so fern wie den Okzidentalen. In dieser Fähigkeit, Fremdes ins japanische

Leben zu integrieren, liegt ein Teil ihrer unverwechselbaren Identität. Nachdenkliche Japaner bekennen dabei, daß sich im Stolz auf diese Kraft auch Minderwertigkeitsgefühle kompensieren, erzeugt durch die kulturell abgeleitete und machtpolitisch bedrohte oder abhängige Rolle, in der sie sich einst China, heute dem Westen und auch China gegenüber fühlen. Als Europäer wird man sich andererseits fragen, ob das, wovon sich die »Asiaten« absetzen, eigentlich das Ganze der europäischen Kultur ist oder die auch in Europa fragwürdige »moderne Zivilisation«. Der Bezug auf die griechische Logik behauptet eher das erstere. Doch lasse ich dieses Problem der Selbstinterpretation Europas hier beiseite.

Von den beiden religiösen Traditionen Japans ist die für den hier gemeinten Unterschied wichtigere der Shinto (chinesisches Wort, das als »Weg der Götter« übersetzt werden kann; To = Tao = Weg). Als ich den in einer Shinto-Gemeinschaft lebenden Prof. Sh., der uns, die wir auf Kissen um den Tisch in seinem schönen Haus saßen, Tee bereitete, nach dem Eigentümlichen des Shinto fragte, sagte er: »Sprechen Sie doch Ihre Eindrücke aus; dann werde ich schon antworten. Dieses Verfahren wäre Shinto-gemäß.« Auf die Frage nach dem Unterschied von Buddhismus und Shinto sagte er: »Die beiden haben in Japan so eng zusammengelebt; es gibt nichts im Buddhismus, was nicht von Shinto durchdrungen wäre, nichts im Shinto, was nicht vom Buddhismus durchdrungen wäre.« Es gibt keine Theologie im Shinto, nicht einmal die im Buddhismus so hochstilisierte negative. Die Welt ist voll von Göttern (Kami, daher Kamikaze = Wind der Götter), die oft gar nicht mit besonderen Namen genannt werden. In zahllosen Schreinen, in durch den Gang des Jahres und des menschlichen Lebens verteilten festlichen Begehungen sind sie allgegenwärtig. Reinigung des Herzens, Treue zur menschlichen Gemeinschaft, Offenheit für die Natur, Gestaltung des Schönen halten uns in ihrer Nähe. Es gibt überhaupt keinen Gegensatz zwischen dem Göttlichen und der Natur. Wir sprachen davon, daß auf Shinto-Bildern meist kein Gott sichtbar ist, sondern etwa eine runde Scheibe, als Spiegel oder Sonne deutbar, oder ein Hirsch, aus dem ein Baum wächst. Er sagte: »Ja, aber schon der Berg, der auf so vielen dieser Bilder ist, ist selbst ein göttliches Zeichen. Die Natur ist göttlich.« Auch zwischen Mensch und Gott ist deshalb eigentlich kein Unterschied. Der Mensch soll eben seiner göttlichen Natur gemäß leben und sie in diesem Leben erfahren. Ich sagte: »Da ist immer ein Problem in der Theologie. Trennt sie den Menschen scharf von Gott, so beraubt sie ihn eines Wesentlichen seiner Natur.« Er stimmte lebhaft zu. Ich fuhr fort: »Identifiziert sie Menschliches und Göttliches, so wird es ihr ein Rätsel, woher die Trennung beider, woher das Böse im menschlichen Leben eigentlich kommt.« Er: »Ja, da hat es das Christentum dann leichter, eine Antwort zu geben, mit der Erbsünde. Wir im Shinto könnten da vielleicht vom Christentum auch etwas lernen. Eigentlich stellen wir solche Fragen nicht.« Es gelang nicht, ihn zu einer Opposition zu bewegen; er blieb seiner integrierenden Haltung treu. Übrigens lobte er mich nach einer Stunde, daß ich, anders als fast alle westlichen Besucher, noch nicht nach dem Zusammenhang des Shinto mit dem Kaiser gefragt habe; dieser sei aus der politischen Geschichte begreiflich, aber für das Wesen des Shinto nicht aufschlußreich.

Was ist nun der Unterschied der Erfahrungen im Shinto und im Buddhismus? »Versuchen wir es mit einem Beispiel.« Am selben Vormittag besuchten wir die im frühen 17. Jahrhundert angelegten kaiserlichen Gärten in Kyoto und den wohl noch etwas älteren Steingarten im Zen-Kloster Ryoan-Ji. Japanische Gärten haben die Tradition, im kleinsten Raum die Fülle der Wirklichkeit darzustellen. Kaiserliche Gärten sind natürlich größer als die Gärten von Klöstern oder Privatleuten. Aber ihre Größe ist z.T. ein perspektivischer Effekt. Nicht nur ist jedes kleinste Detail vollkommen, auch und gerade in seinen naturwüchsigen Asymmetrien; nicht der Künstler zeichnet den Grundriß, sondern die Natur selbst mit Tälern, Bächen, Teichen, Felsblöcken. Aber auch jeder Blick führt ins Unbegrenzte. Nirgends sieht man eine Gartenmauer. Der angrenzende Wald, die schwingenden Kuppen, die acht Kulissen der fernen Berge, alle sind eingeplanter Teil der Blicke, deren Wechsel den Garten ausmacht. Das ist Shinto in der Kunst.

In den buddhistischen Klostergärten gibt es einen fließenden Übergang von diesem Herauswachsen aus der Natur bis zur höchsten Abstraktion (300 Jahre vor Kandinsky) in den Steingärten. In Ryoan-Ji begrenzt ein rechteckiger hölzerner Rahmen, über den man nicht hinaussieht, vielleicht 25 mal 15 Meter fassend, eine Ebene von schneeweißem, kunstvoll geharktem feinem Kies, aus der in fünf unregelmäßig verteilten Gruppen einige Felsbrocken ragen. Das einzig Pflanzliche ist der Moosbewuchs um den Fuß der Steine. Man hört die Erklärungen, der Kies bedeute das sonst in den Gärten unerläßliche Wasser, die Steine erinnerten an die aus dem Wolkenhimmel schauenden Berggipfel und symbolisierten die fünf Zen-Schulen; oder man dürfe bei ihnen an eine mit ihren Jungen durch den Strom schwimmende Tigerin denken. Alle diese Deutungen sind erlaubt. Ich erlaube mir die Deutung, daß die weiße Ebene die Leere ist, die in der buddhistischen Meditation erfahren wird. Sie wird umgrenzt, um die Fülle auszuschließen, die der Shinto einbezieht. Im chinesischen Roman von dem Mönch, der nach Westen zog, um die heiligen Schriften des Buddhismus in seine Heimat zu bringen, geben ihm Buddha und seine seligen Begleiter auf dem Weltenberg ein Bücherpaket mit. Am Fuß des Bergs schaut er hinein und findet nur leere Seiten. Empört kehrt er zurück, und der Buddha sagt ihm: »Eigentlich hattest du die richtigen Schriften erhalten. Aber ich sehe, du möchtest solche mit Gestalten fürs Auge. Auch die kannst du haben.« Und nun händigen sie ihm die klassischen Texte aus. Die Steine sind wohl die Schriftzeichen der Natur, um die herum sich die Leere als ihr Ursprung zeigt. Ein Zen-Meister sagte mir trocken: Im eigentlichen Verständnis des Zen sind die Steine eben Steine und der Kies Kies.

Auch Satori ist eben Satori, Erwachen zu sich selbst, wie es umschrieben wird. Man muß die Wirklichkeit des Zen sagen, indem man weder spricht noch nicht spricht. Wir brachten im Zenzentrum des Paters Enomiya Lassalle, in einem schönen gewundenen Waldtal unfern Tokyo einen Sonntag zu und nahmen an einer Stunde des »Sitzens« (Zazen) teil. Im Meditationssaal, auf etwas erhöhten Strohmatten liegen runde feste Kissen. Man sitzt auf ihnen, dort nach Soto-Übung mit dem Blick zur Wand. Es ist halbdunkel und es herrscht völliges Schweigen. Man hört nur den Bach fern rauschen. Es war der Jahreszeit gemäß kalt. Der Sitz ist aufrecht, die Augen sollten ruhig auf einen Punkt gerichtet bleiben. Aufsteigende Gedanken, Gefühle, Bilder sind zu entlassen. Man kann zur inhaltfreien Sammlung damit beginnen, Atemzüge zu zählen. Raum und Zeit sind fern. Ein leiser Gongschlag: 40 Minuten sind verflossen. Man steht auf, geht schweigend langsam in der Runde.

Bodhidharma, »der blauäugige Mönch aus dem fernen Westen«, brachte im 6. Jahrhundert n. Chr. das Zen nach China. Er soll in China neun Jahre mit dem Blick zur Wand gesessen haben. Ein Gesprächspartner sagte mir: »Es ist nicht wichtig, ob er neun Jahre meditiert hat. Es kommt darauf an, die Verzweiflung am Sein bis ins letzte auszuhalten.« Als später ein chinesischer Kaiser, frommer Buddhist, den Meister Bodhidharma fragte, was das Heiligste im Buddhismus sei, antwortete er: »Nichts Heiliges. Offene Leere.« Der Roshi (Meister) Uchiyama in einem kleinen, selbst vielen Eingesessenen unbekannten Kloster in Kyoto, empfing mich mit Y. und S., die dolmetschten, bereitete uns selbst den Tee, sprach urban, heiter, mit Pointen. Er hat ein Buch über die Praxis des Zen für Europäer geschrieben. Ich fragte, wie wir das denn in unserer anderen Tradition praktizieren könnten. Er sagte, er bilde jetzt die europäischen Lehrer dafür aus. Ob sie lang bei ihm blieben? »Wenn einer kommt und nicht bereit ist, zehn Jahre zu sitzen und zu schweigen, schicke ich ihn weg. Wenn er nach zehn Jahren nicht zu weiteren zehn Jahren bereit ist, schicke ich ihn weg. So ein drittes Mal.« Ich meinte, ich verstände das, schon weil es in der Physik ebenso sei. Aber mit der Wirkung, die er anstrebe, werde es lange dauern: »Bis eine Kultur von einer Wirklichkeit durchdrungen ist, dauert es siebenhundert Jahre.« Ich fragte ihn, was er einem sage, dessen Lebensweg ihn nicht in diese dreißig Jahre des Schweigens geführt habe. Er schien die Frage nicht zu verstehen, beantwortete sie anders, als ich sie gemeint hatte. Nachher schrieb er mir in mein Exemplar seines Buchs: »Veilchen tragen Veilchenblüten, Rosen tragen Rosenblüten.«

Zen ist nicht im Kloster sitzengeblieben. Alle Japaner verweisen darauf, daß es eine Zen-Kultur gibt. Die schwarz-weiße Zen-Malerei läßt um die angedeuteten Gestalten die Leere sichtbar werden; sie ist der späteren, bunten Holzschnitt- und Fächerkunst vorangegangen. Die Samurai sollen meditiert haben, bis »ihr Herz in der Spitze ihres Schwertes lag.« Bei Daisetz Suzuki habe ich vor vielen Jahren folgende Geschichte gelesen. Im Zen kommt es vor, daß der Meister den Schüler anbrüllt. Der Ruf heißt chinesisch »ho!«, japanisch »kwatsu!«, mit fast stummem u am Schluß. Als die Mongolen im 13. Jahrhundert mit einer riesigen Flotte ausfuhren, um Japan zu erobern, war ein junger Mann erblicher Shogun in Japan. Sein alter Zen-Lehrer begab sich zu ihm und setzte sich schweigend nieder. Der Lehrer frage: »Die Mongolen kommen. Was gedenkt der Befehlshaber zu tun?« Der junge Shogun brüllte: »KWATSU!« Der Meister sagte: »Das Junge des Löwen brüllt wie ein Löwe. Es ist gut.« Der Shogun blieb im Hauptquartier, gab die Befehle, die Mongolen wurden geschlagen.

Was haben Christen in dieser Welt zu suchen? Ich habe keinen japanischen Christen gesprochen, der die Wirklichkeit der Erfahrung des Shinto und des Buddhismus angefochten hätte. Der christliche Theologe Muto, leise, kaum hörbar sprechend, und der vom Zen bestimmte Philosoph Tsujimura, ein Bewunderer Heideggers und von aggressiver Direktheit, saßen nebeneinander mir gegenüber auf einem Sofa und erklärten mir das Verhältnis, das ihrem jahrzehntelangen freundschaftlichen Streit zugrundeliegt. Die Erklärung ging in den Streit über, der dann in japanischer Sprache weiterlief. Mit den Worten: das Nichts – die Geschichte; das Erwachen – die Liebe, ist alles und nichts gesagt. Für meine Ohren schnitt der Christ gut ab. Die Christen scheinen mit ein unerläßlicher Sauerteig in Japan zu sein.

Warum soll die Begegnung der Erfahrungen nicht siebenhundert Jahre dauern?

Modernes Japan.

»Wohin?«

Wer im Flugzeug aus dem fernen Westen nach Tokyo kommt, merkt von allem, was ich geschildert habe, fast nichts. Eine Betonwüste für 12 Millionen Menschen. Freilich, auch der Beton ist gekonnt. Auch in Kyoto sind, wie in New York, die Tempel von den Hochhäusern aus der Horizontlinie verdrängt. Die Schnellbahn Tokyo-Osaka ist das Symbol, den ganzen Tag hindurch in jeder halben Stunde zwei Züge in jeder Richtung, 500 km in weniger als drei Stunden. Nie ist mir im Speisewagen so schnell und zugleich geschmackvoll serviert worden. Mein optischer Eindruck: effizient wie Amerika, sauber wie Holland, bewundernswert geheimnislos. Das Geheimnis ist, wie man so etwas zustandebringt.

Das moderne Japan hat vermutlich zwei verschiedene Arten von Problemen: solche, die daraus folgen, daß es nicht modern ist, und solche, die daraus folgen, daß es modern ist. Letztere sind die uns in Europa vertrauten und etablieren unsere weltweite Solidarität. Vorher ein Wort über die ersteren.

Was Hermann Kahn an Japan bewundert, die phantastische technische Wachstumskraft, hängt wahrscheinlich eng mit den nichtmodernen Zügen Japans zusammen. Die traditionelle Kraft der Integration erzeugt einen Leistungsdruck, einen Leistungswillen und eine Leistungsfähigkeit, die es so in Eruopa und Amerika nicht mehr gibt. Kleine Züge: Ich hörte sagen, Urlaub sei gesetzlich zugesichert, aber die meisten wagten nicht, ihn auszunützen, um nicht den Kollegen und Vorgesetzten den Beweis ihrer zeitweiligen Entbehrlichkeit zu geben. Die berufliche Mobilität ist sehr gering. Firmenführungen verhalten sich den Belegschaften gegenüber wie paternalistische Feudalherren. Eine Schar entzückender ganz kleiner Kinder mit jungen Eltern auf dem Flugplatz bei unserer Ankunft veranlaßte einen der uns empfangenden Herren zu der Vermutung: »Vielleicht hat eine Firma sie zu ihren Großeltern geschickt, damit die ihre Enkel zu sehen bekommen.« An den Universitäten (und wohl auch sonst) scheinen die Aufstiegschancen berufstätiger Frauen noch hinter denen in der Bundesrepublik zurückzubleiben. Wechsel des Arbeitsplatzes scheint allgemein sehr schwierig. Die Respekthaltung Untergebener gegenüber Vorgesetzten ist überall wahrzunehmen. Prof. X. gab mir zu verstehen, daß er mich ein zweitesmal sprechen möchte, denn beim vorigen Gespräch sei Prof. Y, sein verehrter Lehrer, dabei gewesen, und so habe er sich natürlich sehr zurückgehalten.

In der seit über 20 Jahren regierenden konservativen Partei (»liberal-demokratische Partei«) gibt es Faktionen, die wie die Gefolgschaften von Feudalherren funktionieren. Während unserer Anwesenheit entwickelte sich die Erwartung des Rücktritts des gegenwärtigen Ministerpräsidenten Tanaka wegen dunkler Geldgeschäfte. Deren Faktizität wurde von niemandem, den wir sprachen, angezweifelt. Aber man hörte sagen: »Dieser Selfmade-man hat sich eben anders finanzieren müssen, weil er als einziger Faktionsführer seiner Partei nicht von den großen Konzernen abhängt.« (Eine Variante des Urteils, daß Nixon es seiner kleinbürgerlichen Quäkerherkunft verdanke, nicht zu wissen, welche Gemeinheiten in der Politik als Kavaliersdelikte gelten und welche nicht.) Von den anderen Parteien wurde mir die sozialistische, einst Hoffnung der Intellektuellen, als absteigend geschildert, die Komeito, der politische Arm der an Nichiren, den Calvin des japanischen Buddhismus, anschließenden nationalistisch populärbuddhistischen Sokka Gakai, als keine Gefahr mehr bedeutend. Über die kommunistische Partei wurde gesagt, sie habe sich zu einer von Moskau und Peking unabhängigen zukunftsreichen sozialen Kraft entwickelt, vielleicht der italienischen Schwesterpartei vergleichbar. Ich gebe hier Urteile wieder, die ich nicht überprüfen konnte.

Die meisten hier zitierten Urteile beklagen Japans unzureichend fortgeschrittene Modernität. Dazu gehört auch, daß noch immer Armut verbreitet ist, fast alle Menschen sehr eng wohnen, Slums existieren. Dies führt freilich unabgegrenzt in die Klagen über Zustände über, die eher Folgen der Modernität sind. Dazu gehört die Bevölkerungszahl von über 100 Millionen, die sich auf 17% des Bodens des Landes zusammendrängt, da der Rest als Gebirgsland praktisch unbebaubar ist. So wird auch die Umweltverschmutzung in diesem Lande stärker gefühlt als irgendwo sonst. Mir wurde gesagt, in Japan mit seinen rasch ins Meer abfließenden Gebirgswässern gebe es eine alte Redensart »überlasse es dem Wasser.« Aber das Bewußtsein für das Problem ist, trotz vieler Klagen über die Harthörigkeit der Großindustrie, geweckt. Ich versuchte, den Japanern plausibel zu machen, daß sie als Inselnation einen Teil der Umweltschäden besser als europäische Länder auf rein nationaler Basis bekämpfen könnten, und daß ich darauf warte, sie meinen Landsleuten als lobenswertes Beispiel der Effizienz auch hierin hinstellen zu können, was mit freundlichem Lachen quittiert wurde.

Nachdem Japan die imperialistische Hoffnung begraben und mit der Hoffnung, ein technisch-moralisches Musterland zu werden, vertauscht hatte, ist etwa seit der Ölkrise eine tiefe Verunsicherung über den Weg des eigenen Landes in der modernen Welt entstanden. Man ist sich fast mit Erstickungsgefühlen der eigenen Abhängigkeit vom Weltmarkt bewußt geworden. Ein großes Reaktorprogramm ist die natürliche Antwort auf das Energieproblem. Aber die Verunsicherung geht viel tiefer. Hier beginnt, so scheint mir, die echte moderne Solidarität Japans mit uns.

Außenpolitisch war Japan, wenn ich richtig sehe, seit anderthalb Jahrtausenden vom Verhältnis zu China, seit über hundert Jahren zusätzlich von dem zu Amerika bestimmt. Das ist heute noch so. Die Beziehungen zu Europa sind Funktionen dieser beiden dominanten Probleme. Der russisch-japanische Krieg von 1905 wurde um den Einfluß in China ausgefochten. Der japanische Imperialismus jener Jahrzehnte war eine Meisterleistung der Übernahme westlichen Denkens. Die Abhängigkeit von größeren Mächten bleibt dabei das leitende Erlebnis. Hundert Jahre Überlegenheit über China in einer tausendjährigen Geschichte eliminieren dieses Erlebnis nicht. Mit dem ökonomisch vernünftigen Gedanken der »ostasiatischen Wohlstandssphäre« als Euphemismus für ihr Imperium überzeugten die Japaner damals keinen ihrer Nachbarn. China erwies sich schon unter Chiang Kai Shek als uneroberbar. In den Stabs-Beratungen vor Pearl Harbour erklärte die Marine: »Wenn uns zu Anfang die Vernichtung der amerikanischen Pazifik-Flotte gelingt, so können wir ein Jahr lang Widerstand leisten, länger nicht.« Die einzige Hoffnung, den Krieg nicht zu verlieren, war ein rascher Sieg der Deutschen. Roosevelt aber war für Pearl Harbour dankbar, das ihm den Eintritt in den Krieg innenpolitisch ermöglichte.

Heute finden sich die Japaner, wirtschaftlich dominant, bei ihren Nachbarn von neuem unbeliebt. »Wie sollen wir es denn machen?« Eine ostasiatische Wohlstandssphäre wäre auch heute höchst vernünftig. »Müssen wir uns beugen und in ihr China die Führung überlassen?« Mein Hinweis auf den weltweiten Charakter der wirtschaftlichen wie der militärischen Probleme wurde in einem Gespräch fast mit Erleichterung aufgenommen, so als ob die Rolle Japans in einer weltweiten Ordnung leichter sei als im ostasiatischen Raum. Andererseits wäre nur China der Partner, der die Abhängigkeit vom amerikanischen Kapital und vom arabischen Öl kompensieren könnte.

Wie steht Japan sozial und kulturell in der modernen Welt? Fast alles, was in Japan so unendlich liebenswert und so unglaublich effizient ist, beruht auf den Zügen seiner Kultur, die nicht modern-westlich sind. In der Tat: muß man egalitär sein, wenn man integrativ zu leben vermag? Aber kann man noch integrativ leben, wenn der Intellekt von der technisch-wissenschaftlichen Denkweise und der Denkmöglichkeit der Gleichberechtigung der Individuen durchdrungen wird? Es ist fast unvorstellbar, daß diese starke Gesellschaft, daß Shinto nicht auch die Krisen der Modernität meistert; aber um Preise, die nicht geringer sind als diejenigen, die wir werden zahlen müssen. Ich bin mit einer Liebe zu Japan zurückgekommen, die dem Bemühen, den Widersprüchen der Modernität auf den Grund zu kommen und sie abzuarbeiten, ein neues Motiv hinzugefügt hat.

In Mao's letztem Lebensjahr.
Reflexionen über China*

Mir scheint, Mao bekämpft Konfuzius, weil er ihm so ähnlich ist. Beide sind hochmoralisch motiviert. Aber der Konfuzianismus lehrt mit der Moralisierung der Herrschaft ihre Anerkennung. Dem Himmel, dem Kaiser, dem Vater, dem Ehemann, dem älteren Bruder wird Ehrfurcht gezollt. Konfuzius suchte einen Fürsten, der zur Richtigstellung der Begriffe bereit war, diesen hätte er zur Hegemonie zu führen vermocht. »Es ist alles aus! Ich habe noch keinen gesehen, der moralischen Wert liebt ebenso wie er Frauenschönheit liebt«. Drei Jahre war Konfuzius Minister des Königs eines der damaligen Teilreiche, und dieser Staat blühte auf. Ein Nachbarfürst schickte dem König Tänzerinnen. Drei Tage vollzog der König keine Regierungsgeschäfte. Konfuzius nahm seinen Abschied. Mao belehrt nicht die Könige, sondern die Massen. Es ist undenkbar, daß er nicht eine irreversible Wendung in der chinesischen Geschichte bedeutet, denn die Massen werden durchdrungen, sie werden alphabetisiert, zum Mitdenken gezwungen. Vieles spricht dafür, daß sie nach dem Tod des unerbittlichen Lehrmeisters früher oder später wieder in eine bequemere Lebensführung zurückfallen werden. Chinesen, so sagen alle Kenner, halten das Simulieren jahrzehntelang durch. Aber der neue Schlendrian wird nicht der alte sein.

Einmal, in einem Betrieb von vielen zehntausend Arbeitern in einer Millionenstadt, die Frage an den Vorsitzenden des Revolutionskomitees: »Gibt es in Ihrem Betrieb eigentlich Anhänger des Winds von rechts?«** Strahlende Antwort: »Nein.« »Keinen einzigen?« »Keinen.« »Und in Ihrer Stadt?« »Keinen.« So erfährt der Besucher, trotz großer Offenheit im Gespräch über alle Details, gleichwohl die wahren grundsätzlichen Argumente nur in polemischer Spiegelung. Er muß Nuan-

---

* Aus dem Kapitel »Reflexionen über China« von »Wege in der Gefahr«, 1976, S. 94–95, 103–105.
** Unter diesem Titel wurde damals Teng Hsiaoping kritisiert. Es war die Zeit der Herrschaft der »Viererbande«.

cen hören lernen. (»Zensur macht geistreich«, sagte Goethe zu Eckermann.)

Ein stabilisierter Herrschaftsapparat hat es zwar leicht, seine Erkenntnisse durchzusetzen, aber um ebensoviel schwerer hat er es, zuzulernen. Unangefochtene Herrschaft macht die Herrschenden dumm; »der Sieg macht dumm«, sagte Nietzsche nach 1870. Freie Diskussion ist die Lebensluft der Wahrheitssuche. Hat Mao nicht recht, den sowjetischen Zustand als abschreckendes Beispiel anzuführen? »Stalin hat die Sowjetunion auf den Weg des Hegemoniestrebens geführt, er hat ihr die aggressive Atomrüstung gegeben«, sagte er zu Helmut Schmidt. Auf die Gegenfrage: »Ist dieser Weg nicht rückgängig zu machen?« antwortete er: »Nein. Wer ihn eingeschlagen hat, ist gezwungen, ihn bis zum Ende zu gehen.« »Aber, Herr Vorsitzender, in Ihrem Lande sehe ich überall Stalin-Bilder. Ich dachte, Sie bewundern Stalin?« »70 Prozent von Stalin war gut, 30 Prozent schlecht. Wir übernehmen das Gute.«

Aber wie ist die Realität des Maoschen Gegenmodells? Beginnen wir nicht alsbald mit rationalen Erwägungen, sondern nochmals mit Impressionen. In der ungefilterten Impression sind oft Wahrnehmungen enthalten, die unsere vorgeprägten Begriffe korrigieren. Vier Worte haben sich mir aufgedrängt, wenn ich für einen Augenblick die Augen schloß und mich fragte: »Wie ist dieses China nun eigentlich?« Mir drängten sich dann die Adjektive auf: liebenswert, geheimnislos, doppelbödig, pragmatisch. Kann ich die Mischung von Gelerntem und Wahrgenommenen in diesen Adjektiven auslegen?

»Liebenswert« ist eine Reaktion nicht speziell auf Mao's China, sondern auf China überhaupt. Sie hat eine persönliche Komponente, für die ich keine Rechenschaft schuldig bin, aber mit der ich nicht alleinstehe; auch China-Kenner pflegen China zu lieben. Ich nenne sie hier, um klarzumachen, daß alles, was ich kritisiere, nicht zur Rationalisierung einer (bei Westlern sehr verbreiteten) elementaren Abwehr, sondern aus direktem Beteiligtsein gesagt ist.

»Geheimnislos« bedarf einer Erläuterung. Natürlich bleibt es uns ein Geheimnis, wie der Machtkampf der beiden Linien entschieden wird. Nirgends sind wir zu dem politisch freien Gespräch zwischen Individuen durchgedrungen, das sich bei uns nach fünf Minuten der Bekanntschaft herstellen kann. Aber ich werde das Empfinden nicht los, daß das, was uns im offiziellen China verborgen bleibt, »geheimnislose Geheimnisse« sind. Die Prinzipien, mit denen argumentiert wird, sind von einer ganz vereinfachten, popular-aufklärerischen Rationalität. Mao ist ein Meister der Vereinfachung. Bei ihm erscheint die Vereinfachung als die geniale Leistung eines Mannes, der sehr differenzierter Wahrnehmung und integrierender Abwägung fähig ist, und der ein Volk erzieht durch die Umsetzung der Urteile, die er sich gebildet hat, in praktikable Richtlinien. Befolgt, geglaubt und heruntergebetet aber erscheinen diese Richtlinien dann eben von geheimnisloser Primitivität. Eigentlich schämt man sich, sich auf Debatten mit diesem intellektuellen Rüstzeug einzulassen. Ich hörte, junge europäische Maoisten, die nach China gekommen sind, seien vor den Teng kritisierender Wandzeitungen ihren chinesischen Gastgebern unangenehm aufgefallen, weil sie diskutieren wollten, ob die erhobenen Vorwürfe denn zutreffen.

»Doppelbödig« kompensiert das Empfinden der Geheimnislosigkeit. Ein noch so simples Urteil ist in China nie nur dieses Urteil. Es ist ein Handeln in einer Situation. Es kommt nicht darauf an, eine geäußerte Meinung zu verstehen, sondern die Situation zu verstehen, in der diese Äußerung etwas bewirkt. Die Litanei ist wichtig, nicht ihr Inhalt. Vermutlich ist das Wort »doppelbödig« noch eine typisch europäische Reaktion auf eine chinesische Handlungseinheit. Die dienende Funktion der Aussage gegenüber dem Leben ist für den traditionellen theoretischen Wahrheitsbegriff Europas eine Doppelbödigkeit der Aussage.

»Pragmatisch« ist nun wieder eines der konventionellen Urteile der Europäer über die Chinesen; aber konventionelle Urteile spiegeln eine Realität. Vielleicht habe ich den chinesischen Pragmatismus soeben ein Stück weit ausgelegt.

Überwindet Mao das für den siegreichen revolutionären Sozialismus charakteristische Problem der verfestigten Wiederherstellung von Herrschaft?

Islam und Toleranz. Ein Appell an die politische und geistliche Führung im Iran.*

Der Islam erfährt in unseren Tagen eine Neubelebung mit weitreichenden politischen Konsequenzen. Das neueste und bisher größte Beispiel ist die islamische Revolution im Iran. Die Denkweise, die sich hier durchsetzt, ist den meisten Menschen des Westens schwer verständlich. In der modernen Welt, in der die Zusammenarbeit und die Verständigung lebensnotwendig für die Nationen geworden ist, entsteht eine neue Gefahr der Entfremdung. Einiges könnte aber getan werden, dieser Gefahr zu begegnen. Beide Seiten müssen etwas tun.

Wir im Westen müssen versuchen, den Islam und damit die Gründe seiner Wiederbelebung zu verstehen. Der Islam ist nicht das, was der skeptische Pluralismus des Westens unter einer Religion versteht, er ist nicht eine auf die Privatsphäre beschränkbare fromme Überzeugung. Der Islam ist eine auf Offenbarung gegründete sittliche, soziale, politische Lebensgemeinschaft. Seine Gläubigen können in ihm die Erfüllung der bisherigen Religionen und zugleich die einzige Alternative zur modernen Zerstörung der Gesellschaft sehen. Die Erfüllung der Religionen: die Christen haben einst das Gesetz und die Propheten der Juden als Altes Testament in ihren Kanon aufgenommen, Mohammed erkennt Moses und Jesus als die ihm vorangegangenen Boten Gottes an die Menschheit an. Die Alternative zur Zerstörung der Gesellschaft: die kapitalistische Konsumgesellschaft läßt die Menschen ratlos in einer zerfallenden Wertordnung, der Kommunismus einigt sie durch eine erfundene und gewaltsame Doktrin; beiden kann sich der Islam moralisch und in der langfristigen Lebensfähigkeit überlegen fühlen.

Diese Überzeugung leitet die gegenwärtige islamische Revolution im Iran. Eine persönliche Erinnerung sei mir erlaubt. Im Herbst 1975 war ich zu einem kurzen Besuch in Teheran. Ich

* Süddeutsche Zeitung, 2. November 1979 (zwei Tage vor der Geiselnahme in Teheran!)

war tief beeindruckt von der hohen Bildung der persischen Oberschicht, von ihrer Fähigkeit, in islamischer Tradition wurzelnd weltoffen zu sein. Aber ich verließ das Land in der sicheren Erwartung, das Regime des Schah werde nicht mehr lange bestehen. Wird sich jetzt die islamische Republik stabilisieren können? Beide Seiten müssen etwas tun, auch die islamische Seite. Auch die islamischen Nationen können nicht leben ohne ökonomische und politische Beziehungen mit dem Rest der Welt. Ökonomische und politische Beziehungen können nicht auf die Dauer bestehen ohne eine Basis gemeinsamer humaner Überzeugungen. Ich greife ein Beispiel heraus: die Toleranz.

In der Schule habe ich gelernt, daß der Islam in seinen größten Zeiten eine religiöse Toleranz geübt hat, an der wir Christen uns hätten ein Vorbild nehmen sollen. Im Westen hat die Aufklärung das Prinzip der Toleranz durchgesetzt, im Islam ist es, jedenfalls den Juden und Christen gegenüber, älter. Diese Toleranz, jedenfalls gegenüber den Religionen »des Buches«, das heißt der Bibel, die dem Koran voranging, kann sich auf Worte des Propheten berufen. Im heutigen Verfassungsentwurf der islamischen Republik im Iran ist sie anerkannt und umfaßt mehr als nur die biblischen Religionen: »Die Zoroastrier, die Juden und die Christen im Iran sind als religiöse Minderheiten anerkannt. Sie sind in der Ausübung ihrer religiösen Handlungen frei und haben sich in ihrem Familien- und Erbrecht wie auch in ihrer religiösen Unterweisung nach ihrer Lehre zu richten.« (Art. 14)

Wer aber diesen Text sorgfältig liest, kann sich einer Beunruhigung nicht erwehren. Drei Religionen sind aufgezählt; was aber geschieht mit den nicht aufgezählten? Nicht genannt ist insbesondere die größte religiöse Minderheit im Iran, die Baha'i. Im Iran, dem Herkunftsland dieser Weltreligion, leben heute etwa eine Million Baha'i; in der übrigen, zumal auch westlichen Welt mögen es drei oder vier weitere Millionen sein. Nachrichten über Bedrängnis der Baha'i haben uns seit dem Beginn der islamischen Revolution erreicht und sind jetzt auch in die Presse gedrungen. Im September 1979 wurde die heiligste Stätte der Baha'i, das »Haus des Bab« in Schiraz, besetzt und zerstört. Den Baha'i ist es verboten, sich zu Gemeindeversammlungen, Andachten und sonstigen Zusammenkünften zu treffen. Geistliche Zentren mit ihren Bibliotheken sind beschlagnahmt, so auch Friedhöfe und andere Orte religiösen Lebens. Von Gewalttaten gegen Personen gibt es viele Meldungen. Es ist unmöglich, zu glauben, dies seien nur revolutionäre Übergriffe. Es ist eine neue Phase der Verfolgung, der diese Religion in den mehr als hundert Jahren ihres Bestehens ausgesetzt war.

Die Baha'i lehren die Einheit Gottes, die innere Einheit der im Lauf der Geschichte von Gott gesandten Propheten, und die Einheit der von den Prophten gestifteten Religionen. Die in der bisherigen Geschichte gespaltene Menschheit soll durch die Religion den Weg zu einer Einheit im Frieden finden. In der Vergangenheit wurden aber die Religionen selbst in den Streit gezogen; obwohl ihre Grundwahrheit dieselbe ist, befehdeten sie einander. Der Gründer der Baha'i, der Perser Baha'ullah (1817–1892), hat ein Ende dieses Zeitalters in einer Phase wachsender Kämpfe, Unterdrückung und Katastrophen, aber auch ein neues Zeitalter des Friedens vorhergesagt. Diese schon dem messianischen Judentum und dem Christentum gemeinsame Geschichtsvision hat er auf die jetzt nahe bevorstehende Zeit bezogen. Baha'ullah wurde verfolgt, gefangengesetzt und lebte vierzig Jahre in erst harter, dann gelockerter Haft. Aus der Haft in Akka (damals im türkischen Reich, heute in Israel) richtete er an die Machthaber seiner Zeit prophetische Briefe. 1869 schrieb er an Napoleon III.: »... Deine Herrschaft soll Deinen Händen... entgleiten«. Nach dem deutschen Siege über Frankreich schrieb er an den Kaiser Wilhelm I.: »O König von Berlin!... Sei gewarnt! Sei einer von denen, die überlegen!... Wir hören das Weheklagen Berlins, obgleich es heute in sichtbarem Ruhme erstrahlt.«

Die Baha'i haben sich durch Mission über die Welt ausgebreitet. Sie verlangen von den Angehörigen ihrer Gemeinschaft Gehorsam gegen die Regierung, Nichteinmischung in die Politik. Sie tun im stillen Gutes. An unerwarteten Stellen begegnet man ihrem Wirken, so in der Stützung »trocken« gewordener Alkoholiker (E. Herhaus, Der zerbrochene Schlaf). Im Iran waren sie jahrzehntelang verfolgt. Unter dem letzten Schah waren sie frei in der Religionsausübung und manche von ihnen spielten eine Rolle im kulturellen Bereich. Es scheint, daß ihnen eben diese jüngste Vergangenheit heute schadet.

Uns im Westen kann ihr Schicksal nicht gleichgültig sein. Wir sollen uns nicht darüber täuschen, daß Toleranz gegen die Baha'i einem sich erneuernden islamischen Staatswesen schwerer fällt als Toleranz gegen Zoroastrier, Juden und Christen. Stets ist es einer Religion leichter, die ihr vorangegangenen Verkündigungen anzuerkennen als die nach ihr gekommenen. Dem Moslem werden die Baha'i allzu leicht nicht als Gläubige einer neuen Religion, sondern als seine abtrünnigen Glaubensbrüder erscheinen. Aber wir im Westen brauchen uns mit einem Wort für die Baha'i nicht in den Glaubensstreit in der neu entstehenden islamischen Republik einzumischen. Wollen wir mit ihr, will sie mit uns in friedlichen und förderlichen Beziehungen leben, so würde das sehr erleichtert, wenn sie die große Tradition islamischer Toleranz auch auf diese, für jeden vernünftigen Menschen hoch achtbare Gruppe ausdehnte. Aufnahme der Baha'i in die Reihe der durch die Verfassung geschützten religiösen Minderheiten, Rückgabe ihrer heiligen Stätten – das wären weltweit respektgebietende Zeichen islamischer Toleranz.

Brot für die Welt*

Brot für die Welt – was heißt das?

»Brot für die Welt« ist zunächst der Name einer gemeinsamen Spendenaktion der evangelischen Kirchen in Deutschland. Eine Spendenaktion: wer die heutigen Reden hört, an wen die Aktion sich in den kommenden Wochen und Monaten wenden wird, der versteht, daß man einen Beitrag von ihm wünscht, im Normalfall Geld aus seinem Geldbeutel.

Wofür erbittet man den Beitrag und mit welchem Recht erbittet man ihn?

Wofür erbittet man den Beitrag? Für materielle Hilfe, kurz ausgedrückt: für Brot. Wem soll die Hilfe zukommen? Notleidenden Menschen ringsum in der Menschheit, kurz ausgedrückt: in der Welt. Brot für die Welt.

Mit welchem Recht erbittet man den Beitrag? Dieser Frage möchte ich im heutigen Vortrag nachgehen. Eben deshalb gebe ich zuerst dem Zweifel das Wort. Gut, wird man sagen, einzelnen Menschen, kleinen Gruppen wird so geholfen. Aber haben diese Aktionen in zwanzig Jahren das Elend im ganzen gemindert? Sind sie mehr als ein Tropfen auf den heißen Stein? Können sie die Wurzeln des Elends überhaupt treffen? Kommt es statt solcher Almosen nicht auf ganz andere Aktionen an, auf große wirtschaftliche Entwicklung der unterentwickelten Länder, oder vielleicht gar auf radikale politische Aktion, um ihnen eine unausgebeutete Entwicklung allererst möglich zu machen? Gut, man wird seine Spende zahlen, wie die bürgerliche Reputation es fordert. Aber glaubt man an ihren Sinn?

Eine Antwort auf diese Frage will ich in drei Schritten zu geben versuchen. Zuerst fasse ich kurz zusammen, was die Aktion über ihre bisherige Arbeit berichtet. Dann frage ich nach den Gründen des Elends. Zuletzt kehre ich zu der Frage zurück, wie wir heute angesichts dieser Gründe handeln sollen.

---

* Rede zur Eröffnung der 21. Aktion »Brot für die Welt«. Erster Adventssonntag, 2. Dezember 1979.

1. Knapper Bericht über die bisherige Arbeit.

In zwanzig Jahren sind bei »Brot für die Welt« etwas über 600 Millionen DM an Spenden eingegangen, im Rechnungsjahr 1977/78 rund 49 Millionen, knapp eine Mark pro Bundesbürger. Rechnet man den Beitrag pro Kopf der evangelischen Bundesbürger, so sind es 1,81 DM. Teilt man ihn unter die beteiligten Kirchen auf, so haben die Angehörigen der Freikirchen pro Kopf 8,40 DM gespendet; die Landeskirche der EKD mit dem größten Pro-Kopf-Beitrag hat 2,81 DM aufzuweisen, in einem als sparsam bekannten Land; die Landeskirche mit dem kleinsten Pro-Kopf-Beitrag 73 Pfennig.

Was geschieht mit diesem Geld? Im Berichtsjahr wurden Projekten in Afrika knapp 11 Millionen DM zugewiesen, Projekten in Asien 18,6 Millionen, in Lateinamerika 10 Millionen, in Europa knapp eine halbe Million, und an überregionale Projekte gingen 9 Millionen. Das Wort »Projekt« bezeichnet die Art der Arbeit. Es handelt sich um einzelne Vorhaben. 80 Prozent der Mittel wurden für mittel- und langfristige Entwicklungsaufgaben ausgegeben, 20 Prozent zur raschen Hilfe in Katastrophen. Die ausgegebenen Mittel sind nach sechs Sachgruppen eingeteilt: I. Katastrophenhilfe (20%), II. Wirtschafts- und Sozialeinrichtungen (42%), III. Medizin (7%), VI. Planung von Projekten (3 ½%). Dazu übergreifende Maßnahmen, die mehrere Sachgruppen umfassen wie z.B. Dürrehilfe im Sahel (4,3%). Liest man den detaillierten Projektbericht, so trifft man – Beispiele, die ich zufällig auf einer Seite über Afrika zusammengerafft habe: Prothesen und andere Hilfsmittel für Körperbehinderte, lokale Aufforstung, lokale Unterstützung von Gemüsebauern, Personalausbildung für landwirtschaftlichen Beratungsdienst, Einrichtung einer dörflichen Wasserversorgungsanlage, Kindertagesstätten, mobiler zahnärztlicher Dienst, eine Röntgenausstattung usf..

Die Richtung ist deutlich. Akute Not – Hunger, Wasser- und Erdbebenkatastrophen – erfordert akuten Einsatz. Aber wo immer es möglich ist, muß die akute Hilfe in Hilfe zur Selbsthilfe übergehen. Entwicklung zu fördern, ist die Hauptaufgabe.

2. Gründe des Elends.

Entwicklungshilfe – hier fallen wir in den Zweifel zurück. Seit bald dreißig Jahren predigt man Entwicklungshilfe, leistet man Entwicklungshilfe – was ist dabei herausgekommen? Man hört darüber so viele Behauptungen. Wem soll man glauben? Es sei mir erlaubt, das Bild hier zu umreißen, das ich mir selbst von diesen Fragen gemacht habe. Ich habe mich aktiv, nicht bloß theoretisch darum bemüht, in sechs Jahren ehrenamtlicher Tätigkeit für den DED, den Deutschen Entwicklungsdienst, d. h. den vom Staat finanzierten, aber mit den kirchlichen Diensten eng zusammenarbeitenden Dienst freiwilliger, meist junger, aber beruflich voll ausgebildeter Helfer. Reist man in solchen Angelegenheiten durch Indien, in afrikanische Länder, nach Lateinamerika, hat man gemeinsam mit den Entwicklungshelfern ständig Sachentscheidungen zu treffen, so drängt sich übergroß die Frage auf: was ist eigentlich Unterentwicklung? Woher kommt sie? Haben wir gegen sie die richtigen Mittel?

Unterentwicklung ist nicht einfach eine Rückständigkeit ferner Nationen, die in einem oder drei oder fünf Jahrzehnten aufgeholt werden könnte, oder die vielleicht gar unheilbar wäre. Unterentwicklung – das ist wenigstens das Bild, das sich mir bietet – Unterentwicklung ist vielmehr ein Ausdruck einer Menschheitskrise, die sich lange hinzieht und die ihren Höhepunkt voraussichtlich erst in den vor uns liegenden Jahrzehnten erreichen wird. Die Krise geht von der explosiven Veränderung unserer eigenen westlich-nördlichen Kultur aus. Wir selbst haben noch nicht gelernt, unser menschliches Verhalten, unsere gesellschaftlichen Strukturen, unsere kulturelle Bewußtseinshaltung mit den technischen Mitteln, die wir erfunden haben, ins Gleichgewicht zu setzen. Nach außen hin haben diese technischen Mittel der nord-westlichen Welt überlegene Macht, wirtschaftliche Dominanz und zeitweilig auch politische Kolonialherrschaft über die meisten anderen Kulturen gebracht. Unterentwicklung ist das Leiden dieser Kulturen an der Ungelöstheit ihrer Auseinandersetzung mit unserer Dominanz, mit der überlegenen Macht unserer so zweischneidigen Lebensform und unserer Herrschaftsinstrumente. Die asiatischen Hochkulturen, die in vielen Einzelkulturen geprägte Menschlichkeit der Schwarzafrikaner und Indios, das Europäertum der Lateinamerikaner, sie alle waren nach ihren eigenen langbewährten Maßstäben nicht unterentwickelt. Jede dieser Kulturen befand sich in einem nie voll stabilisierten, aber langlebigen Gleichgewicht im Ringen mit den drei uralten Menschheitsproblemen der Armut, der Ungerechtigkeit, des Kriegs.

Die neue europäisch-amerikanische Kultur hat in ihrem eigenen Raum ein einziges dieser drei Probleme der Lösung nahegebracht: das der Armut. Gemessen an älteren Menschheitsstandards sind wir heute reich, phantastisch reich. Der weltweite Sieg unserer Zivilisation hat auch den anderen Kulturen neue Mittel zum Kampf gegen die Armut in die Hand gegeben. Aber sie hat diese Kulturen gleichzeitig vor fast unlösbare Probleme gestellt, von denen ich hier drei nenne. Das erste und schwerste Problem ist für jene Kulturen die Anpassung ihrer alterprobten eigenen Lebensformen an die Lebensformen einer fremden Zivilisation, die selbst keineswegs im Gleichgewicht, sondern noch immer in rasender Veränderung begriffen ist. Das zweite Problem ist, daß diese Anpassung zeitweilig unter der politischen Herrschaft, fortdauernd unter der wirtschaftlichen Dominanz jener fremden, also unserer Zivilisation geleistet werden muß. Das dritte Problem ist eine spezielle Folge der europäischen Medizin: das unaufhaltsame Bevölkerungswachstum. Keines der gesellschaftlichen Phänomene der dritten Welt, die unsere Bürgerlichkeit schockieren, sollte uns angesichts dieser Ungelöstheiten überraschen: weder die Slums von Calcutta bis Rio de Janeiro, weder die Militanz nationalistischer Guerillakämpfer und kommunistischer Kader noch die leidenschaftliche Wiederbelebung der politischsten der Weltreligionen, des Islam. Ökonomisch gesehen aber geht vorerst ein doppelter Prozeß weiter: die Modernisierung, die Technisierung der Wirtschaften in Lateinamerika, Asien, Afrika, und zugleich eine noch wachsende Not weiter Bevölkerungsschichten in eben diesen Teilen der Welt, ausgelöst, wenn nicht durch andere Faktoren, so durch das ständige Wachstum der Anzahl der Menschen, die ernährt werden müssen.

3. Was tun?

Wir kehren zum Thema »Brot für die Welt« zurück. Was kann kirchliche Entwicklungshilfe tun? 49 Millionen Mark im Jahr: das ist kaum mehr als ein Pfennig pro Kopf der Weltbevölkerung, vielleicht 5 Pfennig pro Kopf der hungernden Milliarde. Fünf Brote und zwei Fische, sagten die Jünger Jesu: was ist das unter so viele?

Man kann noch schärfer fragen. Wenn es auch hundertmal, tausendmal soviel Geld wäre: kann man mit Geld für Entwicklungshilfe überhaupt zur Lösung des Weltproblems beitragen? Ist solche Hilfe mehr als günstigenfalls eine Kur am Symptom?

Auf diese Frage wage ich eine starke Antwort. Gewiß kann kirchliche Entwicklungshilfe sowenig wie irgend etwas Anderes, was in unserer Macht steht, die noch fortschreitende Menschheitskrise verhindern. Aber – so die Antwort – kein Geld, das heute in unserem Lande ausgegeben wird, ist so sinnvoll, so hilfreich nicht bloß für die Empfänger, sondern auch für uns, die Geber, ausgegeben wie dasjenige für sorgfältig geplante, individuell betreute Entwicklungshilfe, wie die Kirchen sie geben. Diese Antwort muß ich begründen.

Ist Entwicklungshilfe eine bloße Kur am Symptom? Betrachten wir als Beispiel nur die eine der Ursachen des Elends, das ständige Wachstum der Bevölkerungszahlen. Man kann sagen, woher dieses Wachstum kommt. In traditionellen Gesellschaften ist es für jede Familie, zumal für jede arme Familie ökonomisch wichtig, viele Kinder zu haben. Gewiß sind sie Esser, aber sie sind auch Arbeitskräfte, und sie allein werden dereinst die Eltern ernähren, wenn diese alt geworden sind. Auch starben viele Kinder früh an Krankheiten. Die moderne Medizin hält die Kinder am Leben. In unseren hochindustrialisierten Ländern hat der verbreitete Wohlstand die ökonomische Nötigung, Kinder zu haben, zum Verschwinden gebracht; deshalb kommt bei uns das Bevölkerungswachstum zum Stillstand. Es ist wahrscheinlich, daß es auch in den heute nicht hochindustrialisierten Ländern keine andere Basis für eine nicht katastrophenförmige Begrenzung der Bevölkerungszahl gibt als einen gesicherten Wohlstand der kleinsten Wirtschaftseinheiten, in denen die Menschen ihre eigene Zukunft vor Augen sehen.

Diese Wirtschaftseinheit aber ist, wenn man nicht chinesische Kommunen einführt, die Familie, allenfalls das Dorf.

Vor zwanzig Jahren war die Hoffnung verbreitet, man werde den breiten Wohlstand in wenigen Jahrzehnten durch Industrialisierung schaffen. Diese Hoffnung hat sich als irrig erwiesen, und man hätte das vorher wissen können. Auch in unseren Ländern, in denen die Industrie doch wenigstens logisch aus der vorangegangenen wirtschaftlich-kulturellen Entwicklung hervorging, hat die Industrialisierung ein rundes Jahrhundert gedauert, hat sie in den Anfangsphasen mehr soziale Probleme erzeugt als gelöst, war sie zunächst mit raschem Bevölkerungswachstum verbunden. Heute ist eine Desillusionierung eingetreten, und man sucht den Schuldigen, wie stets in der Weltgeschichte üblich, bei den jeweils Mächtigen oder beim jeweiligen politischen Gegner. Nicht als ob es bei den Mächtigen keine Schuld gäbe. Aber wer in dieser Schuld den Grund der Krise sucht, übersieht die Unausweichlichkeit der heutigen Krisenerscheinungen.

Etwas vom Wichtigsten in dieser Lage sind gerade nicht die spektakulären Entscheidungen wie Industrialisierungsprogramme oder Revolutionen, sondern die lokale, gruppenbezogene, sachgebundene Detailarbeit. Um sich im Sturm des gesellschaftlich-kulturellen Wandels vernünftig verhalten zu können, brauchen die Menschen einen gewissen Grad an innerer Sicherheit. Sie brauchen die Erfahrung des Erfolgs eigener Arbeit im überschaubaren Bereich. Sie brauchen die Geborgenheit in einer verständlichen Erwartung gesicherter Zukunft der eigenen Gruppe. Wer Fanatiker erzeugen will, muß gewaltige Programme verkünden. Er erzeugt willentlich den Fanatismus derer, die die Programme durchsetzen, und wider Willen noch einmal den Fanatismus derer, die sie wieder umstürzen. Vernunft hingegen wächst, wo sie sich sinnvoll im Einzelnen betätigen darf. Man sagt, der Teufel stecke im Detail. Das kommt nur daher, daß der Teufel überall Gott zu imitieren sucht. Gott ist im Detail.

Dies das Plädoyer für detaillierte, projektbezogene Entwicklungshilfe. Meine Erfahrung im Freiwilligendienst des DED hat mich gelehrt, daß dabei der Nutzen beiderseitig war. Ob die jeweiligen Projekte erfolgreich waren, darüber konnte man, wie stets im Leben, manchmal geteilter Meinung sein. Daß aber der Entwicklungshelfer selbst ohne eine Erweiterung seines Horizonts, ohne eine Vertiefung seiner Einsicht, ohne ein empfangenes Geschenk menschlicher Wärme zurückgekehrt wäre, das habe ich kaum je erlebt.

Ich ende mit einem Plädoyer für *christliche* Entwicklungshilfe. Was ich hier sage, wissen nicht alle Christen, aber sie können es wissen, und viele praktizieren es. Die Welt ist voll von Gruppen, die ihrem Egoismus frönen, und voll von politischen Richtungen, deren jede die Wahrheit gepachtet hat. Die Christen haben gelernt, daß wir allzumal Sünder sind, oder sie sollten es gelernt haben. Sie sollten imstande sein, Hilfe zu geben nicht als Lohn für politisches Wohlverhalten. Sie sollten imstande sein, dem Anderen dort zu helfen, wo er ist, nicht dort, wo sie ihn haben möchten. Nicht den rechtgläubigen Priester, sondern den als irrgläubig verfemten Samariter, der dem in Not geratenen Angehörigen der gegnerischen Gemeinschaft half, hat Jesus seinen Jüngern als Beispiel hingestellt. Konkret gesagt, an unsere eigene kirchliche Adresse: wer nur den Verfolgten des Kommunismus oder aber nur den Gegnern der Kolonialherrschaft helfen will, möge sich seiner politischen Rechtgläubigkeit und des zu ihr erforderlichen Muts freuen. Nächstenliebe aber geht quer durch die politischen Fronten. Wenn wir eines Tages so hungern werden, wie man heute in Kambodscha hungert, wird sich dann jemand erinnern können, daß wir auch Gutes und nicht nur das uns Nutzbringende getan haben? Im Gleichnis des Jüngsten Gerichts gesprochen, in welchem Sinne wird der Herr sagen können: Was ihr einem dieser Geringsten getan habt, das habt ihr mir getan?

V. Wirtschaft, Gesellschaft und Politik

Entwicklung und Deckung unseres Energiebedarfs*
Empfehlungen

1. Energiesparende Techniken sollten die erste Förderungspriorität erhalten. Dies sollte nicht nur durch direkte Förderung geschehen, sondern auch durch eine Energiepolitik, die Marktanreize für Energiesubstitution setzt. Es ist künftig nicht Aufgabe des Staats, für einen niedrigen Energiepreis zu sorgen. In der Entwicklung energiesubstituierender Techniken dürfte gerade für ein Land wie unseres auch eine Konkurrenzchance auf dem Weltmarkt liegen. Als ein Beitrag zu dieser Prioritätssetzung sollten Studien über die heute schon verfügbaren oder rasch erschließbaren Möglichkeiten der Energiesubstitution vordringlich gefördert werden.

2. Es gibt keine materiell zwingenden Gründe, von der gegenwärtigen, bis 1985 befristeten Reaktorbauplanung abzuraten. Jedoch ist eine Reihe von Untersuchungen vor endgültigen Entscheidungen zu fordern:
a) Eine Überprüfung des Rasmussenberichts über Reaktorsicherheit unter Berücksichtigung der Situation in unserem Lande.
b) Eine Prüfung der örtlichen klimatischen Tragbarkeit sollte jeder Einzelentscheidung über die Schaffung neuer industrieller Zentren vorangehen.
c) Die Verträglichkeit der Errichtung zahlreicher Reaktoren mit unserer militärischen Strategie ist zu überprüfen.
d) Soferne, entgegen dem bestehenden Regierungsprogramm, das von manchen Seiten vorgeschlagene Moratorium für Kernenergie ernstlich erwogen würde, müßte der Entscheidung selbstverständlich eine Untersuchung seiner mutmaßlichen wirtschaftlichen Konsequenzen vorausgehen.

---

* Aus »Wege in der Gefahr«. München, Hanser 1976, S. 40–41.

3. Für den Fall, daß die Kernspaltung über 1985 hinaus zu einer für einige Jahrzehnte führenden Energiequelle entwickelt werden sollte, müßte dem eine grundsätzlich neue, mindestens im Rahmen der EG abzusichernde räumliche und strukturelle Planung vorangehen. Es handelt sich insbesondere um den Fragenkreis der Konzentration mindestens aller über den Leichtwasserreaktor hinausgehenden Techniken in nuklearen Parks.

4. Studien über Kernfusion und besonders Sonnenenergie als langfristige Alternativoptionen für Großenergiegewinnung sind heute so intensiv als möglich zu fördern.

Zur längerfristigen Wirtschaftsprognose*
Vermutungen

Neutrale Version
1. Die Wirtschaft aller Länder wird in unvermindertem, wenn nicht wachsendem Maß vom Weltmarkt abhängen.
2. Die Wachstumsrate des industriellen Sektors, vielleicht auch die Wachstumsrate des Bruttosozialprodukts pro Kopf wird in der Wirtschaft der hochindustrialisierten Länder einen wesentlich niedrigeren Mittelwert haben als in den vergangenen Jahrzehnten.
3. Der technische Fortschritt und die wachsende Bedeutung des Weltarbeitsmarkts bedingen eine Umverteilung der Arbeit und eine sinkende Nachfrage nach unqualifizierter Arbeitskraft – vermutlich nach Arbeitskraft überhaupt – in den Industrieländern.

Optimistische Version
Die Grundannahme der optimistischen Version ist, daß die in der neutralen Version angegebenen Trends erkannt und aktiv ausgenützt werden, um eine ohnehin wünschenswerte Umstrukturierung aller am Weltmarkt beteiligten Wirtschaften durchzuführen.
1. Die durchschnittliche Wachstumsrate der Weltwirtschaft bleibt hoch, vor allem durch die notwendige diversifizierte Wirtschaftsentwicklung der dritten Welt.
2. Das sinkende Wachstum der Industrie in den Industrieländern wird zu einer qualitativen Umstrukturierung ihrer Wirtschaft benützt. Sozial unnütze, umweltschädliche und im Weltmarkt nicht konkurrenzfähige Produktionen werden eingestellt. Man lernt insbesondere, mit Energie zu sparen.
3. Hohe Mobilität der Arbeitskraft dient zur Umverteilung der sinkenden Arbeitsnachfrage mit dem Ergebnis sozial gleichmäßiger Senkung der notwendigen Arbeitszeit und des Wachstums sozial sinnvoller Dienstleistungen.

* »Wege in die Gefahr«, S. 49–50, S. 79–81.

Pessimistische Version

Hier ist die Grundannahme, daß der Versuch gemacht wird, die Trends zu bekämpfen und daß dieser Versuch scheitert.

1. Der Versuch, nationale und regionale Wirtschaftsräume durch Zollschranken, Nationalisierungen usw. vom Weltmarkt möglichst unabhängig zu machen, führt zu einem Erlahmen des Weltmarkts und damit zu fortschreitender weltweiter Armut.

2. Der Versuch, Produktionszweige gegen die Weltmarkttendenz aufrechtzuerhalten, führt zu unrationellen Produktionen und zu abnehmender Konkurrenzfähigkeit der betref. Wirtschaft; damit sekundär zu beschleunigtem Abfall der Wachstumsrate.

3. Die Tendenz der Bewahrung der bestehenden Arbeitsplätze führt, über den unter 2. geschilderten Vorgang, zu wachsender struktureller Arbeitslosigkeit.

Konsequenzen

Die Überlegungen dieses Kapitels sind noch zu allgemein, als daß die Konsequenzen in die Gestalt spezieller wirtschaftspolitischer Empfehlungen gekleidet werden dürften. Generell werden wir zu einer Wirtschaftspolitik raten, welche versucht, die Voraussetzungen der optimistischen Version unserer Prognosen zu schaffen, also die behaupteten Entwicklungstrends zu akzeptieren und die in ihnen liegenden Chancen wahrzunehmen.

Die optimistische Version sucht den wirtschaftlichen Teil der für dieses Überleben notwendigen Bedingungen zu formulieren. Sie seien zum Abschluß noch einmal thesenhaft zusammengefaßt.

1. Der Weltmarkt soll wachsen und nicht abnehmen.

a. Die Industrieländer können nicht sinnvoll nach Autarkie streben und sollen es nicht tun. Importbeschränkungen, zumal gegenüber der dritten Welt, sind längerfristig kontraproduktiv.

b. Multinationale Firmen gehören zu den Trägern der Modernisierung.

c. Wirtschaftliche Unabhängigkeit der Nationen der dritten Welt liegt auch im längerfristigen wirtschaftlichen Interesse der ersten Welt.

d. Internationale staatliche Regelungen und Organisationen sind für das Funktionieren des Weltmarkts lebenswichtig. Sie sind der schwache Ersatz und günstigenfalls der Vorläufer der heute fehlenden verfügungsmächtigen Weltorganisation.

2. Wirtschaftswachstum ist kein Selbstzweck, sondern ein differenziert zu bewertendes Mittel.

a. In den Industrieländern ist eine geringere Wachstumsrate des Bruttosozialprodukts zu akzeptieren. Die aus ihr folgende qualitative Umstrukturierung der Wirtschaft ist zu wollen und zu fördern.

b. Die Wachstumsrate in der dritten Welt kann und soll groß bleiben. Soziale Gerechtigkeit in ihrer Verteilung ist nicht nur moralisch zu fordern; sie dient längerfristig dem Wachstum selbst, ferner der Stabilität, und hierdurch indirekt nochmals dem Wachstum.

3. Umverteilung der Arbeitszeit ist zu fördern.

a. In den Industrieländern sind für eine Reihe von Produktionsbereichen die heutigen Lohnsätze mit der Sicherung der Arbeitsplätze unvereinbar. Übergang in andere, qualifizierte Produktion, in Dienstleistungen, und Reduktion der Gesamtarbeitszeit sind anzustreben.

b. Es liegt im längerfristigen Interesse der Arbeiter der ganzen Welt, daß die Beschäftigungsquote und die Arbeitslöhne in der dritten Welt steigen.

Wechselwirkung weltweiter ökonomischer und politischer Probleme*

Meine Damen und Herren!

Dieser Vortrag handelt über die Wechselwirkung weltweiter ökonomischer und politischer Probleme. Er knüpft an ein Buch an, das ich vor wenigen Monaten veröffentlicht habe. Dem Buch habe ich einen mehr herausfordernden Titel gegeben; es heißt »Wege in der Gefahr«. Dementsprechend gliedere ich den Vortrag in zwei Hauptteile: 1. Welche Gefahren erwarten uns? 2. Welche Wege durch diese Gefahren sollten wir beschreiten?

Die Teile werden von ungleicher Länge sein. Über Krieg und über den kulturellen Hintergrund der Krisen werde ich hier und heute nur ganz kurz sprechen, über Wirtschaft ausführlich. Ich bin freilich kein Wirtschaftsfachmann; ich spreche über die Wechselwirkung zwischen Wirtschaft und Politik.

1. Welche Gefahren erwarten uns?

1.1. Was heißt Gefahr? Vielleicht wird die heutige Weltzivilisation ihre Probleme nicht lösen ohne eine Kette von Ereignissen, die ihre eigene Existenz gefährden. Wenn ich das sage, spreche ich nicht als Pessimist, sondern als Evolutionist. Evolution, Entwicklung, ist kein glatter Ablauf. Sie geht durch aufeinanderfolgende Ebenen und Krisen. Die Medizin kennt seit den alten Griechen den Begriff der Krise einer Krankheit. Krise, Κρίσις, heißt Entscheidung. Die psychosomatische Medizin weiß von biographischen Problemen einer Person, die unlösbar erscheinen, bis sich nach einer lebensgefährlichen Krankheit eine unerwartete, zuvor unvorhersehbare Lösung zeigt. Selbst die Entwicklung der Wissenschaft ist nicht eine gleichmäßige

---

* Vortrag, gehalten im Januar 1977 auf dem Europäischen Management Forum in Davos.

Akkumulation von Kenntnissen, sondern eine Folge von Ebenen sogenannt normaler Wissenschaft, die Einzelprobleme löst, unterbrochen durch wissenschaftliche Revolutionen, die uns zur Revision der Prinzipien zwingen.

Mein heutiger Vortrag ist aber nicht philosophisch, sondern pragmatisch gemeint. Ich werde einige Probleme der Weltwirtschaft und der Sozialstruktur nennen, die auf Krisen hinweisen. Angesichts dieser praktischen Probleme sollten wir uns bemühen, keiner pessimistischen Konsequenz auszuweichen, aber in keiner Konsequenz auf dem Pessimismus sitzenzubleiben. Weichen wir pessimistischen Konsequenzen aus, so verschließen wir unsere Augen vor denjenigen Informationen, die zur Lagebeurteilung am wichtigsten sind; bleiben wir auf dem Pessimismus sitzen, so verschließen wir unsere Augen vor den Wegen zur Lösung.

1.2. Wirtschaftswachstum. Gewöhnlich stellen wir uns eine Wirtschaftskrise nicht als Ergebnis des Wachstums vor, sondern als Stagnation oder Rückgang des Wirtschaftsvolumens. Dies allein aber erweckt den Verdacht, daß unser Wirtschaftssystem nur stabil sein kann, solange es wächst. Das erinnert an ein Fahrrad, das umfällt, wenn es nicht voranfährt. Deshalb erweckt jeder Zweifel, ob das Wirtschaftswachstum unbegrenzt weitergehen kann, Zweifel an der Stabilität unseres Systems. Ich betrachte drei aktuelle Probleme, die solche Zweifel wachrufen können: Energie und Umwelt, Arbeitslosigkeit, inflationäre Stagnation.

Energie und Umwelt. Die Energiekrise unseres Jahrzehnts hat zwei Hauptaspekte: den plötzlichen Anstieg des Ölpreises und das unvorhergesehene Mißtrauen der Öffentlichkeit gegen Kernreaktoren. Aus einem Energieüberschuß torkeln wir, so scheint es, unerwartet in Energieknappheit. Diese zwei Energieprobleme sind gute Beispiele für eine allgemeine These: daß nämlich jedes Problem unserer Gesellschaft eine vernünftige Lösung zuließe, wenn man diese Gesellschaft nur zum vernünftigen Handeln bewegen kann. Langfristig gesehen war die Verdreifachung des Ölpreises wahrscheinlich ein Gottesgeschenk für die hochindustrialisierten Länder. In den zwei vorangegangenen Jahrzehnten war die Energie weit unterbewertet. Ich sage das nicht, weil ich die Energieressourcen langfristig für knapp hielte; sie sind es nicht. Ich sage es, weil unsere natürliche Umwelt die Folgen wachsenden Energiekonsums nicht unbegrenzt erträgt. Knappheit der Ressourcen ist meist ein fragwürdiges Argument. Für praktisch alle mineralischen Rohstoffe – außer der Energie – haben sich die ständig wiederkehrenden Knappheitsprognosen immer wieder als falsch erwiesen; der Eindruck von Knappheit wurde durch die Kosten der Prospektierung erzeugt. Aber bei steigender Nachfrage nach einem Mineral muß man ärmere Erze ausbeuten und dazu braucht man mehr Energie; insofern ist Energie der Schlüssel zum Wirtschaftswachstum. Nun sind die fossilen Brennstoffe in der Tat mengenmäßig begrenzt. Zudem kann heute jeder, der in einer Großstadt lebt, die ökologische Absurdität eines Industrie- und Verkehrssystems, das vom Verbrennen fossiler Brennstoffe lebt, mit seiner eigenen Nase riechen. In einem Jahrhundert würden die klimatischen Folgen eines weiteren exponentiellen Energiewachstums unerträglich werden. Andererseits erscheint es technisch denkbar, wenigstens zwei oder drei Jahrzehnte normal wachsenden Sozialprodukts ohne Wachstum des Energiekonsums zu haben, wenn nur genügende Anreize zur Entwicklung energiesparender Techniken bestehen; dies gilt besonders für Amerika, wo man mehr Energie vergeudet als hier in Europa. In der Marktwirtschaft muß dieser Anreiz in einem hohen Energiepreis liegen.

Wir müssen also langfristig eine Sättigung des Energiekonsums in heute schon hochindustrialisierten Gebieten anstreben. In unserer heutigen Wirtschaftsstruktur würde dies aber zu schweren wirtschaftlichen und sozialen Krisen führen. Und in den wirtschaftlich unterentwickelten Regionen der Welt ist ein weiteres Wachstum der Energienachfrage um einen großen Faktor unerläßlich. Anders kann man den Hunger und das Bevölkerungswachstum, das eine Folge der Armut ist, nicht überwinden. Die Kernenergie bietet sich als eine sinnvolle Zwischenlösung für die nächsten fünfzig Jahre an; ob dann die Sonnenenergie an ihre Stelle treten kann, ist technisch noch nicht klar. Aber werden die Kernreaktoren die heutige öffentliche Kampagne gegen sie überleben? Das ist nicht gewiß. Aber obwohl gerade in meinem Lande in den letzten Monaten der

Widerstand sehr angewachsen ist, bin ich noch immer versucht, zu sagen, ihr Sieg sei schon entschieden. Zwei der drei großen Machtgruppen in unserer Gesellschaft, das Management und die Gewerkschaften, sind natürliche Verbündete der Kernenergie; die dritte Machtgruppe, die staatliche Bürokratie, hat keinen starken Anlaß, ihr Gegner zu sein. Vermutlich wird diese Machtverteilung den Kampf entscheiden, noch ganz unabhängig davon, wer recht hat. Bezüglich der realen Gefahren teile ich die Meinung aller Reaktorspezialisten, daß ein technischer Schutz gegen alle technisch verursachten Unfälle möglich ist, der die Reaktoren, solange Friede herrscht, bei weitem ungefährlicher macht als den Straßenverkehr. Menschlich verursachte Gefahren wie Terrorismus, Zerstörung von Reaktoren durch Kriegseinwirkung und vor allem die Proliferation der Kernwaffen sind viel wichtiger. Die harten Probleme unserer Zukunft sind die politischen Probleme. Ich empfinde ein neurotisches Moment in der Anti-Reaktor-Kampagne, und es ist von größter politischer Wichtigkeit, die Quellen öffentlicher Neurosen zu verstehen. Die Reaktorfurcht ist ein Angsttraum, der aus der Verdrängung der realen Gefahr des Atomkriegs stammt.

Arbeitslosigkeit. Alle politischen Parteien in meinem Lande sind einig, daß die Arbeitslosigkeit überwunden werden muß, und sie werfen einander nur vor, dafür nicht die richtigen Maßnahmen zu ergreifen. In anderen Ländern ist das kaum anders. Niemand hat anscheinend den Mut, zuzugeben, daß man beim heutigen Lohnniveau mit der heutigen Wochenstundenzahl die Arbeitslosigkeit nicht überwinden kann. In dieser Reaktion liegt etwas Paradoxes, so klar ihre politischen Motive sind. Die Unterbeschäftigung von einer bis zwei Milliarden Menschen in den ökonomisch unterentwickelten Regionen der Welt ist freilich eine Katastrophe, denn sie bedeutet zu niedrige Produktion. Aber die abnehmende Nachfrage nach Arbeit in den hochindustrialisierten Ländern bedeutet, daß wir das Ziel des technischen Fortschritts zu erreichen beginnen, nämlich die Entlastung vom Zwang zu physischer Arbeit. Das Verteilungsproblem der Arbeit wird genau wie das Verteilungsproblem der Konsumgüter ein Problem sozialer Gerechtigkeit; in einer Wirtschaft wie der unseren, in der der Staat den Rahmen für den Markt bestimmt, sollte dieses Problem lösbar sein. Wenn freilich die politischen Lobbies der Sozialpartner die politische Regulierung verhindern, können sie am Ende dieses unser Wirtschaftssystem zerstören. Das objektiv harte Problem ist der internationale Arbeitsmarkt, in dem es keinen nationalstaatlichen Rahmen für die nötigen Regelungen gibt. Darauf komme ich zurück.

Stagnation. Die sichtbarste Ursache der Arbeitslosigkeit, die Stagnation, zeigt die Fahrradnatur unseres Wirtschaftssystems; wir haben nicht gelernt, es anders als durch Vorwärtsbewegung zu stabilisieren. Wie entsteht eigentlich heute die zähe Stagnationstendenz, die entgegen älteren Erfahrungen mit Inflation verbunden ist?

Der psychologische Grund liegt, so scheint mir, in der Abnahme der Wachstumsanreize in einer Wohlstandsgesellschaft mit zunehmendem Bewußtsein für die Umweltprobleme. Es gibt eben einen abnehmenden Grenznutzen des Sozialprodukts pro Kopf. Natürlich erzeugt arbeitsparender technischer Fortschritt nicht, wie ökonomisch ungebildete Kritiker meinen, an sich schon Arbeitslosigkeit. Er erzeugt ja auch neue Kaufkraft, also Nachfrage nach Gütern und damit nach der Arbeit zu deren Produktion. Aber der Wachstumsprozeß geht immer durch Reibungen, Friktionen, und er braucht einen inneren Antrieb, um die Reibungsverluste zu überwinden. Eines der Haupthindernisse ist die Verzerrung des Markts durch Kartelle und Monopole. Der natürliche Preisbildungsprozeß für die Energie wurde zuerst verzerrt durch das latente Kartell der Ölfirmen und der westlichen Regierungen, die den Erzeugungspreis viel zu niedrig hielten, und dann durch das sichtbare Kartell der Ölerzeuger, die den Preis, statt ihn langsam steigen zu lassen, emporschnellen ließen und so weltweite Inflation erzeugten. Das Kartell der Gewerkschaften ist vermutlich die Hauptquelle der Stagnation. Die Gewerkschaften waren ein notwendiges Produkt des Frühkapitalismus. Indem sie eine sozial vertretbare Güterverteilung erzwangen, haben sie wahrscheinlich das kapitalistische System vor dem Zusammenbruch gerettet, den Marx prophezeit hatte. In ihrer heutigen Machtposition erzwingen die Gewerkschaften Lohnerhöhungen, auf die der Unternehmer nur durch geringere Investition oder durch höhere

Preise reagieren kann. Das eine heißt Stagnation, das andere Inflation, der übliche Kompromiß heißt Stagnation und Inflation. Die Regierungen haben ein ganzes Spektrum möglicher Maßnahmen, monetärer und anderer, um dieser Entwicklung zu steuern, aber sie haben meist weder die Macht noch die politisch überzeugenden Argumente, diese Maßnahmen durchzusetzen. Damit kehre ich zum psychologischen Argument zurück. In hochindustriellen Gesellschaften sind die Wachstumsanreize nicht mehr stark genug, um weite Kreise der Bevölkerung zur Duldung unpopulärer Maßnahmen zu bewegen. Vielleicht hat die Bevölkerung in ihrer dumpfen Reaktion recht, vielleicht ist weiteres Wachstum gar nicht so gut für uns. Aber sicher können wir nicht zugleich ein Wirtschaftssystem haben, das nur stabil ist, wenn es wächst, und eine Gesellschaft, die ihre Sicherheit faktisch in der Verhinderung weiteren Wachstums sucht.

Meine Schlußfolgerung: Die Wirtschaftskrise wird sich weiter hinschleppen, solange wir nicht ein Verhalten lernen, das abnehmende Wachstumsraten in Hochindustrieländern und beschleunigtes Wachstum im wirtschaftlich unterentwickelten Teil der Welt zu vereinen vermag.

1.3. Soziale Revolution. Von neuem geht ein Gespenst um in Europa, und nicht nur hier, das Gespenst des Kommunismus. Wir müssen aber echte soziale Revolution vom Sowjet-Imperialismus zu unterscheiden lernen.

Vor zehn Jahren ging eine revolutionäre Bewegung wie ein Sturm durch die intellektuelle Jugend der nördlichen Halbkugel, von Berkeley über Paris, Frankfurt, Prag bis Schanghai und Tokio. Mit der Ausnahme Chinas erreichte die Bewegung überall schlechthin nichts. Eine kleine zusätzliche Ausnahme sind vielleicht die westdeutschen Universitäten; da brachte die Studentenrevolte einen Machttransfer in Gang; die Macht wandert aus der Hand paternalistischer Professoren über die Zwischenstufe ineffizienter zeitvergeudender Mitbestimmungsgremien unausweichlich in die Hand staatlicher Bürokratien. Warum war die Bewegung erfolglos? Der Prager Frühling hatte intern Erfolg und wurde von außen unterdrückt; das ist ein Kapitel Sowjet-Imperialismus. Warum mißlangen die übrigen Bewegungen innerhalb ihrer eigenen Gesellschaften? Ohne Zögern billige ich der Bewegung ein Verständnis für einige der tiefen Schwächen unserer Gesellschaft zu, ein Vorgefühl der kommenden Krisen. Aber offenbar läßt sich – entgegen der Erwartung von Marx – eine soziale Revolution gerade in einer hochindustrialisierten kapitalistischen Gesellschaft mit repräsentativer Demokratie und Redefreiheit kaum zuwege bringen. Marx setzte seine revolutionäre Hoffnung auf das Industrieproletariat. Aber soweit ich sehe, hat es nie in der Welt eine Revolution des Industrieproletariats oder eine Diktatur dieses Proletariats gegeben; es wird wohl auch keine geben. Die antifeudale bürgerliche Revolution vergangener Jahrhunderte war möglich, weil die Bürger die industriellen Produktionsmittel schon besaßen, ehe sie die politische Macht übernahmen. Das Industrieproletariat hat die Fabriken nie besessen und kann sie ohne eine Managerklasse nicht betreiben; man hat es als einen kleinbürgerlich gestellten Verhandlungspartner in den Kapitalismus integriert. Und junge Intellektuelle allein sind kein revolutionäres Potential; nach einiger Zeit werden sie zu den Bourgeois, die sie immer waren. Die kommunistische Gefahr in Europa ist nicht immanent, sondern extern: in den Panzerarmeen des roten Zarismus, und im ungelösten Problem weltweiter Unterentwicklung. Denn unsere Welt ist voll von latenter oder offen siegreicher Sozialrevolution. Das rührt daher, daß wir, die westlichen Nationen, das Zentrum der herrschenden Klasse der wirtschaftlich unterentwickelten Regionen der Welt sind. Die erfolgreichen militant sozialistischen Revolutionen unseres Jahrhunderts, in Rußland, China, Kuba, vielleicht Angola, waren – wenn man es in ihrer eigenen marxistischen Sprache sagen will – antifeudal und nicht antibürgerlich. Ihr revolutionäres Potential bestand in einer Allianz moderner Intellektueller mit unterdrückten Bauern. Die Industrialisierung war nicht ihr Ursprung, sondern ihr Zukunftsziel.

Die Probe, welche die heutige wirtschaftliche Herrschaft der westlichen Nationen über den größten Teil der Erde wird bestehen müssen, läßt sich in einer Frage aussprechen: Wird der Kapitalismus den sozialen Fortschritt erfolgreicher vorantreiben können als der militante Sozialismus? Das ist nicht unmöglich. Die zwei kapitalistischen Jahrhunderte haben in unseren westlichen Ländern erheblichen sozialen Fortschritt gebracht. Rechnen wir, wie es sein muß, die staatsbürgerlichen Freiheiten zu den sozialen Werten, so können die sozialen Errungenschaften des militanten Sozialismus den Vergleich mit denen des Kapitalismus bis heute nicht aushalten.

Aber wird die heutige Weltwirtschaft weltweit Bedingungen schaffen können, sie sich denen des sozialen Fortschritts in den kapitalistischen Nationalwirtschaften der letzten anderthalb Jahrhunderte vergleichen lassen? Bei uns garantierte der feste Rahmen des Staats unter demokratischen Institutionen den Arbeitern die Koalitionsfreiheit und eine effiziente Sozialgesetzgebung; er gestattete eine konsistente staatliche Wirtschaftspolitik. Adam Smith schrieb dem Staat drei Aufgaben zu, ohne deren Lösung der Markt nicht funktionieren kann: Schutz nach außen, Aufrechterhaltung der Rechtsordnung, Betrieb nicht-profitbringender wirtschaftlicher Tätigkeiten. Wir würden modern sagen: Friedenserhaltung, Rechtsordnung, Infrastruktur. Es gibt heute für die weltweite internationale Wirtschaft keinen Träger dieser Aufgaben, der über die selbst in dem Konkurrenzkampf verstrickten Nationalstaaten hinreichend effizient hinausreichte. Es gibt heute keine Weltregierung und keine weltweite Demokratie. Soeben macht man weite Teile der Welt durch Militärdiktaturen »safe for capitalism«. Wir dürfen uns nicht wundern, wenn sich die Hoffnungen der Intellektuellen und der Massen eher als zu unserem System zum Sozialismus wenden oder aber resignieren.

1.4 Krieg. Krieg ist nicht das Thema dieses Vortrags. Nur wenige Sätze dazu. Die heutige Welt hat Frieden im Norden, Unfrieden im Süden. Der Friede im Norden ist nicht Abwesenheit von Konflikten, sondern Machtgleichgewicht. Der Unfriede im Süden ist Austrag der Konflikte, ermöglicht durch ein Machtvakuum, das seinerseits die Folge der gegenseitigen Lähmung der nördlichen Weltmächte durch ihr Machtgleichgewicht ist. Dies ist keine stabile Lage. Es wird weiter Kriege im Süden geben. Ein dritter Weltkrieg ist möglich, denn die Abschreckung ist nur technisch gesichert, durch Waffensysteme, die alle zehn Jahre veralten. Im heutigen Vortrag soll der Hinweis auf die Kriegsgefahr nur deutlich machen, daß wir uns nicht leisten können, die Lösung der weltweiten sozialen, wirtschaftlichen und kulturellen Probleme sich selbst zu überlassen. Das mindeste, was wir von uns fordern müssen, ist die Anstrengung, sie zu verstehen. Was für Wege gibt es in dieser Gefahr? Ich mache heute keine konkreten Vorschläge. Ich bleibe in der Ebene des Allgemeinen. Vielleicht formuliere ich damit Kriterien für die Beurteilung von Vorschlägen.

2. Wege in der Gefahr

Das soziale Problem der gegenwärtigen Jahrzehnte ist die Modernisierung des Südens. Der Sieg der Modernisierung ist im Prinzip schon entschieden. Die Frage ist, wer sie durchführen wird, in welchem politischen Rahmen. Wir, die westlichen Nationen sind hier in einer zweischneidigen Lage. Technisch und organisatorisch sind wir die modernsten Nationen; wir sind insofern die Führer in die Modernität. Eben dadurch sind wir mächtig. Unser Kampf aber um die Verteidigung dieser unserer Macht verurteilt uns dazu, politisch die Konservativen der Welt zu sein. Wir können faktisch nicht die Partei der Revolution nehmen, die uns unserer Macht berauben würde. Wir können aber die Partei einer raschen, einer radikalen Evolution nehmen. Dies halte ich für unsere moralische Pflicht. Es liegt aber auch in unserem Machtinteresse. Andernfalls fällt die Führung unweigerlich den Mächten zu, die aus ebenso zwingenden machtpolitischen Gründen genötigt sind, die Partei der Revolution zu nehmen: Rußland, das in Wahrheit viel reaktionärer ist als der Westen, oder China, das ein faszinierendes Modell des Sozialismus für ein Entwicklungsland anbietet, aber mit nur einem Minimum persönlicher Freiheit. Radikale Evolution enthält zwei Elemente: ein mehr an der Oberfläche liegendes, kurzfristig entscheidendes in der Wirtschaft, ein tiefliegendes, umstreitbares Element in der Kultur.

Soziale Evolution setzt wirtschaftliche Stabilität voraus. Weltweite wirtschaftliche Stabilität erfordert unbedingt einen internationalen Rahmen zur Regelung gemeinsamer wirtschaftlicher Probleme. Wettbewerb ist der Nerv wirtschaftlichen Fortschritts, *wenn* es gerechte und durchsetzbare Gesetzgebung, eine Instanz zur Regelung externer Kosten wie die Umweltgefährdung, einen Schutz der Schwachen gibt. Nichts davon existiert heute weltweit. Kartelle der wirtschaftlich unterentwickelten Teilnehmer am Weltmarkt sind ein unvermeidlicher, aber schlechter Ersatz eines solchen Rahmens. Entweder nämlich bleiben sie wirkungslos; oder sie werden so mächtig wie das Ölkartell und führen dann ihre speziellen Teilhaber als neue Mitglieder in den Klub der Reichen, dem anzugehören nicht das Ziel der Rhetorik, aber der realen Wünsche ist. Heute artikuliert sich das Bedürfnis nach einem weltweiten Rahmen unter dem Namen der neuen Weltwirtschaftsordnung. Unsere begreifliche Unlust, uns auf oft schlecht durchdachte, politisch motivierte Vorschläge einzulassen, darf uns nicht hindern, die absolute Unerläßlichkeit einer internationalen wirtschaftlichen Regelung zu sehen. Wenn ich hier richtig sehe, so lautet die politisch mögliche und zugleich wirtschaftlich sinnvolle Alternative nicht: Weltwirtschaftsordnung oder weltweiter freier Markt, sondern marktgerechte Weltwirtschaftsordnung oder Revolution und vermutlicher Krieg.

Der tiefere Grund unserer Unfähigkeit, die sozialen Probleme der Welt zu lösen, liegt in einer gegenwärtigen oder bevorstehenden Krise unserer eigenen Kultur. Wir überzeugen nicht, weil wir selbst nicht überzeugt sind. Ich möchte den Vortrag mit einer optimistischen Deutung dieses Mangels an Vertrauen in unsere eigenen Werte beschließen. Dazu muß ich zuerst, jeweils in einem einzigen Satz, drei andere Auffassungen zurückweisen. Weder sollten wir sagen, unsere Werte seien sehr gut gewesen, aber wir hätten sie verloren. Noch sollten wir sagen, sie hätten nie viel getaugt. Noch sollten wir sagen, sie seien nach wie vor ausgezeichnet, und wir müßten uns nur fest an sie halten. Letzteres ist vielleicht die Versuchung für einen Kreis wie den hier versammelten. In Wahrheit waren unsere klassischen politischen, sozialen, kulturellen, moralischen Wertsysteme recht gut für eine regionale Kultur wie diejenige Europas, aber sie sind manifest unzureichend für eine Weltkultur. Eine der besten, wie ich hoffe unverlierbaren Traditionen unserer eigenen Kultur ist ihre ständige Selbstkritik im freien Dialog. Wir spüren heute recht präzis, was uns fehlt. Uns fehlt eine politische Weltordnung. Uns fehlt die Fähigkeit, Wirtschaftswachstum im eigenen Land anders als durch das langfristig unhaltbare Stabilitätsargument zu rechtfertigen. Uns fehlt eine hinreichende, breit wirksame Motivation, den Armen der Welt die einzige relevante Hilfe zu geben, die Hilfe zu einer ihrer Kultur angepaßten Selbsthilfe; unvermerkt zerstören wir durch die Unerbittlichkeit unserer Art wirtschaftlichen Fortschritts die Kulturen. Wir wissen jedoch sehr gut, daß der oberflächliche Restbestand unserer eigenen Kultur, der Technokratie genannt werden kann, heute zwar wohl ein unerläßlicher Produktionsfaktor ist, aber nichts, woraus eine menschliche Gesellschaft die Werte ihres Lebens gewinnt. Ein Teil unserer intellektuellen Jugend beginnt, sich, wenn auch manchmal durch Charlatane vermittelt, den zentralen Erfahrungen der asiatischen Kulturen zu öffnen. Kulturelle Krise bei uns bedeutet, daß wir nicht abgestumpft genug sind, die Schwächen unserer eigenen Problemlösungen nicht zu merken. Wir sollten also die Kraft zur Krise behalten. Keiner pessimistischen Konsequenz ausweichen, nicht auf dem Pessimismus sitzenbleiben.

Sie sehen, ich ende mit schönen moralischen Sprüchen. Die Rolle des Moralpredigers aber ist eine lächerliche Rolle. Ich wollte als Analytiker unserer Probleme sprechen. Erwachsene Menschen – wenn man so sagen darf – ziehen aus einer Analyse ihre Konsequenzen alleine.

Gehen wir einer asketischen Weltkultur entgegen?*

Die Frage

Das Motiv dieses Aufsatzes liegt in der Praxis. Er stammt aus den Besorgnissen, die sich mit den Entscheidungen der heutigen Politik, zumal der Wirtschaftspolitik verbinden. Er ist damit zugleich ein Versuch, auf gewisse kritische Rückfragen einzugehen, die ich zu den drei politischen Vorträgen gehört habe, mit welchen ich jetzt diesen Band einleite. Diese Vorträge scheinen auf einen Ton des gedämpften Optimismus gestimmt. Ersparen sie nicht – so wird gefragt – eben damit der herrschenden Politik die notwendige Kritik?

Die Absicht der Vorträge war nicht, Optimismus zu verbreiten, wohl aber Mut; eben darum nicht Dämpfung des Tones, wohl aber unterscheidende Deutlichkeit des Denkens. Es sei mir erlaubt, hier an den Sinn des Buchtitels *Wege in der Gefahr* zu erinnern. Die heutige Menschheit wandert durch eine Zone tödlicher Gefahr. Der Weg in der Gefahr wird aber nicht gefunden, wenn man die Gefahr dort vermutet, wo sie nicht ist. Nicht durch ihre Gegner ist unsere politische Freiheit am tiefsten gefährdet, sondern durch unsere – d. h. ihrer Nutznießer – Unfähigkeit, sie ihrem Sinne gemäß zu gebrauchen. Nicht speziell die Kernenergie ist gefährlich, sondern die wachsende Gewaltanwendung in der technischen Welt. Was aber ist der Grund dieser Unfähigkeit der heutigen Menschheit, mit den politischen und technischen Instrumenten umzugehen, die sie selbst in ihrer Geschichte geschaffen hat?

Der gegenwärtige Aufsatz gibt sich mit einer bestimmten Antwort auf diese Frage ab. Diese Antwort sieht einen wesentlichen Grund des Versagens im zügellosen Verfolgen ökonomischer Ziele, im unbegrenzten, ja sogar ideologisch geforderten Wirtschaftswachstum. Ich möchte auch dieser Ansicht mit dem Bemühen um unterscheidende Deutlichkeit gegenübertreten.

* Aus »Deutlichkeit«, München, Hanser 1978.

Zum Wortgebrauch: Im Titel des Aufsatzes kommt das Wort »asketisch« vor. Ich werde versuchen, mehrere Bedeutungen des Wortes zu unterscheiden. Zunächst sei, in einer vorläufigen Definition, eine Kultur als asketisch bezeichnet, die bewußt und aus Grundsatz auf ökonomische Güter verzichtet, welche in ihrer technischen Reichweite liegen. Unsere heutige Kultur ist in der Tat nicht nur nicht asketisch, sonden sie ist bewußt anti-asketisch. Sie ist erstens konsumtiv; ökonomische Bedürfnisse werden bejaht und erfüllt. Sie ist zweitens strukturell kapitalistisch; Bedürfnisse werden geschaffen, um den Markt vergrößern , also die Produktion steigern zu können. Sie ist im Effekt technokratisch, auch dort, wo sie sozialistisch-planwirtschaftlich auftritt; der Wert, der sich durchsetzt, ist der Fortschritt der Technik, auch wo wir in subjektiv ehrlichen Bekenntnissen andere Werte wie individuelle Freiheit oder Solidarität und soziale Gerechtigkeit höher stellen. Im Sinne dieser Kennzeichnungen kann man, bei allen Verschiedenheiten der überlieferten Kulturen, schon von einer heutigen Weltkultur sprechen. Diese Kultur ist unvollständig, selbstgefährdend, voll innerer Widersprüche. Die Frage ist, ob sie einer Phase entgegengeht oder doch entgegengehen sollte, in der sie einige der Gefahren und Widersprüche durch eine asketische Haltung meistern könnte.

Diese Frage, Kritikern unserer Kultur seit langem vertraut, ist populär geworden durch einige im letzten Jahrzehnt manifest gewordene Probleme. Die Ölkrise hat den ökonomisch herrschenden Nationen die Erfahrung vermittelt, die den ökonomisch unterentwickelten Nationen seit langem bewußt ist: daß ein ökonomisches Weltsystem kaum erträgliche nationale Abhängigkeiten mit sich bringt. Das Bevölkerungswachstum, Folge der wissenschaftlich-technischen Weltkultur, droht alle ökonomischen Fortschritte zu verzehren. Die politisch durchgesetzte Erhöhung des Lohnniveaus in Industrieländern treibt den technischen Fortschritt in der Richtung der Rationalisierung, also anscheinend unumkehrbar anwachsender Arbeitslosigkeit; diesem speziellen Problem soll der Schlußabschnitt dieses Aufsatzes gewidmet sein. Nach dem Verbrauch des billigen Öls wird die Kapitalintensität der Energieproduktion voraussichtlich so sehr steigen, daß über eine längere Frist nicht bloß das Wachstum, sondern sogar die Aufrechterhaltung des Sozialprodukts pro Kopf zweifelhaft erscheint. Es ist fraglich, ob wir die Umweltschädigung, die durch weiter wachsende Wirtschaft erzeugt wird, in Schranken halten können. Die Menge der psychischen Störungen in unserer Gesellschaft nimmt zu; es sei erlaubt, Rauschgifte und Terrorismus als Beispiele unter dieser Überschrift mitzuführen. Die Störanfälligkeit gegen Gewalt in hochtechnisierten nationalen und internationalen Systemen nimmt natürlicherweise zu, damit die Versuchung des Polizeistaats. Das außenpolitische System hat die jahrtausendealte Institution des Kriegs noch nicht überwunden; als Weltsystem geht es schwanger mit dem Weltkrieg.

Die Abhilfen, die das heutige System versuchen kann, sind naturgemäß systemimmanent. Sie sind im Prinzip dieselben, durch die es seine vergangenen Krisen erzeugt und bewältigt und so sein gewaltiges Wachstum produziert hat. Das System gleicht einem Fahrrad, das nur stabil ist, wenn es weiterfährt. Ein paar stilisierende Beispiele: Man bekämpft Ölkrisen durch Ölbohrungen, allgemeiner gesagt Energiemangel durch Energieplanungen, in denen die Ersparnis stets weniger ausmacht als die Erschließung neuer Energiequellen. Man begegnet dem Bevölkerungswachstum und der Arbeitslosigkeit mit weiterem Wirtschaftswachstum, der Umweltschädigung mit Umwelttechnik, der Gewalt mit Kontrolle, dem Krieg mit Abschreckungsrüstung, den psychischen Störungen mit Psychoanalyse, Massenpädagogik und schließlich Polizei.

Wer einmal, sei es auch nur ernsthaft beratend, an Regierungsverantwortung teilgenommen hat, weiß, daß der Handlungsspielraum sehr eng ist; daß das bestehende System diese Art, seine Probleme zu lösen, selbst programmiert. Ich habe in meinem bescheidenen Umgang mit den Aufgaben der praktischen Politik hohen persönlichen Respekt gelernt gegenüber den verantwortungsbewußten Technokraten, welche die moralische Tugend der Präzision, der Konsequenz in der Planung und Durchführung der unerläßlichen Maßnahmen üben, gegen die faulen Kompromisse der Interessengruppen, gegen Trägheit und blinde Emotion. Ich habe die tiefe Skepsis bestätigt gefunden gegenüber der Meinung, Demokratisierung oder Sozialisierung oder Sozialismus könnten irgendeines dieser Probleme besser lösen; die Mentalität der Mitbestimmenden erweist sich durch dieselben Motive gelenkt wie die der bisher Alleinbestimmenden, nur unerleuchteter, egoistischer, chaotischer. Dies ist kein Einwand gegen die historische Notwendigkeit der Partizipation. Partizipation ist ein unerläßlicher Teil des massenpädagogischen Prozesses, den man Demokratie nennt; des Lernens der Entscheidung durch die Betroffenen. Wir Menschen müssen lernen, die Welt, in der wir leben, als unsere eigene Welt zu verstehen; in dezentraler Entscheidung, soweit möglich, sie mitzutragen. Eine der negativen seelischen Wirkungen der technischen Kultur ist gerade die Konsumentenmentalität, die Unwilligkeit zur Teilhabe an Verantwortung. Aber nicht die Teilhabe der Massen an technokratischer Entscheidung löst die immanenten Probleme der Technokratie, denn diese sind nicht die uralten Probleme der Herrschaft («-kratie«), sondern die modernen Probleme des richtigen Gebrauchs der Technik.

So stellt sich in der Tat die Frage, ob nicht von uns allen eine grundsätzliche Verweigerung gefordert ist, eine radikale Abwendung von der konsumtiv-technokratischen zu einer asketischen Kultur. Vielleicht darf ich die Vorstellungen von einer solchen Wendung durch die Nennung von sieben Namen präzisieren; zwei Namen spontaner Volksbewegungen, fünf Namen gedanklich und politisch führender Personen. Die *Umweltschutzbewegung* setzt der Bedürfnisschaffung durch eine naturzerstörende Technik die erklärte Bereitschaft zum Konsumverzicht entgegen. In einer mehr phantastischen und radikalen Form hat vor einem Jahrzehnt die Jugendbewegung der *Hippies* die Macht der Industriekultur unter dem symbolischen Titel »flower power« durch die Verweigerung der Teilnahme an der Produktion und, soweit möglich, am Konsum der Güter dieser Kultur herausgefordert. Könnte man diese Phänomene noch als Selbstekel der Wohlstandsgesellschaft erklären wollen und ihnen die Notwendigkeit einer Industrialisierung der Entwicklungsländer entgegenhalten, so ist es lehrreich, daß die wichtigsten geistigen und politischen Wortführer einer asketischen Kultur ihre entscheidenden Erfahrungen gerade den Entwicklungsländern verdanken. *Fritz Schumacher* fragt, ob wir ihnen alle Probleme der Industrie, zumal die Arbeitslosigkeit durch Automatisierung, exportieren sollen; Eigenarbeit, small ist beautiful. *Ivan Illich* bemerkt, daß 20% der Menschheit sich eine Zivilisation geschaffen haben, die das an sich überflüssige Auto lebensnotwendig macht, während 80% sich das wirklich nützliche Fahrrad nicht leisten können. Der große Stammvater dieser Lebenspraxis ist *Gandhi* mit dem Spinnrad; nicht die nationale Befreiung Indiens, sondern die bescheidene Selbständigkeit seiner Menschen war sein wichtigstes Ziel. *Mao Tse-tung* und *Nyerere* haben die ernsthaftesten Versuche politisch realer »asketischer« Alternativsysteme gemacht.

Es sei mir erlaubt, als ersten Ansatz zu einem Urteil über diese weltweite Bewegung meine persönlichen Empfindungen zu registrieren. Ich bin jeder einzelnen der sieben von mir soeben aufgezählten Gestalten der Bewegung, sobald sie in meinen Gesichtskreis trat, mit spontaner Sympathie, ja Bewunderung begegnet; am tiefsten berührt hat mich Gandhi. Aber nicht eine dieser Gestalten hat mich überzeugen können, der Erfolg werde auf ihrer Seite sein. Wollte ich, auch nur in der Form öffentlich geäußerten Rats, konkrete politische Verantwortung in meinem Lande mittragen, so konnte ich keiner mehrheitsabhängigen Regierung zumuten, einem dieser Modelle in seiner Strenge zu folgen. Die Frage konnte nur sein, ob ein politisch chancenloser Protest gleichwohl die langfristig politisch wichtigere Leistung sei als die Suche nach für die Heutigen gangbaren Wegen in der Gefahr.

Dieser Spontanreaktion aber fehlt noch die unterscheidende Deutlichkeit. Es kommt darauf an, das Berechtigte und Unberechtigte, das heute Ausführbare, das langfristig Ausführbare, das vielleicht nie Ausführbare zu unterscheiden, sowohl in den Motiven und Handlungsweisen der heutigen konsumtiv-technokratischen Kultur wie in denen der asketischen Alternativlösungen. Ein erster Schritt dazu sei die Unterscheidung verschiedener Bedeutungen des mit der Absicht der Herausforderung eingeführten Begriffs »asketisch« und das Verständnis ihres Zusammenhanges.

Bescheidenheit, Selbstbeherrschung, Askese

Das moralische Problem der Askese ist der Umgang des Menschen mit für ihn jeweils nicht knappen, sondern zugänglichen Gütern; nicht mit seiner Armut, sondern mit dem ihm möglichen Reichtum. Es ist kein Zufall, daß die Herausbildung asketischer Lebensformen sozialgeschichtlich mit der Entwicklung wohlhabender Oberschichten gekoppelt gewesen ist. Was die Alternativbewegungen gegen die technokratische Konsumgesellschaft fordern, muß jedoch, soll es wirklich sein, eine demokratische Askese sein. Aber führt hier der zugespitzte Begriff der Askese nicht in die Irre? Handelt es sich um mehr als die gute alte Tugend verständiger Bescheidenheit?

Ich möchte wenigstens drei Stufen der Zurückhaltung gegenüber erreichbaren Gütern unterscheiden, unter den Titeln Bescheidenheit, Selbstbeherrschung und eigentliche Askese. Jede von ihnen entspricht, als soziales Leitbild einer Gesellschaft oder einer gesellschaftlichen Gruppe verstanden, einer wohlumschriebenen, jeweils anderen Situation. So wie diese Leitbilder sich in der vergangenen Geschichte ausgebildet haben, sind sie auf die überlieferte Ethik des Herrschens und Dienens bezogen. Das Problem, mit dem wir uns auseinandersetzen müssen, ist ihre Übertragung auf die seit den Revolutionen des späten 18. Jahrhunderts langsam sich herausbildende Ethik der Freiheit und Gleichheit. Bescheidenheit soll in diesem historischen Zusammenhang ein Leitbild aus dem Ethos der Dienenden bezeichnen, Selbstbeherrschung ein Leitbild aus dem Ethos der Herrschenden, eigentliche Askese ein Leitbild aus dem Ethos der Entsagenden. Wir werden keines der drei Leitbilder verstehen, wenn wir nicht die spezifische soziale Situation sehen, der es einst angepaßt war.

Dieses geschichtliche Verständnis fällt eigentümlicherweise gerade den soziologisch denkenden modernen Intellektuellen besonders schwer. Diese Verständnisschwierigkeit ist freilich selbst leicht erklärbar; sie hat einen, meist unbewußten, Zweck. Die modernen Intellektuellen haben sich in ihrer Mehrzahl der Ethik der Freiheit und Gleichheit verschrieben. Sie sehen Herrschaft als ein zu überwindendes Übel und die alte Ethik des Herrschens und Dienens als eine zur Stabilisierung der Herrschaft erfundene Ideologie. Das soziologische Denken dient ihnen als Waffe, als Instrument zur Entlarvung dieser Ideologie; es hat für sie die ideologische Funktion der Ideologiekritik.* Nun soll hier nicht geleugnet werden, daß sich die Menschheit in einem langsamen und schmerzhaften Übergang von der Ethik des Herrschens und Dienens zur Ethik der Freiheit und Gleichheit befindet. Dieser Übergang aber verwandelt, ebenso langsam und schmerzhaft, alle auf konkrete Situationen bezogenen spezielleren ethischen Begriffe und Verhaltensweisen. Ökonomisch gesagt: indem Güter, die früher nur den Herrschenden zugänglich waren, der ganzen Gesellschaft zugänglich werden, steht die ganze Gesellschaft vor bestimmten ethischen Problemen, die es früher nur für die Herrschenden gab. Ehe wir die heutige Gestalt dieses Problems zu verstehen suchen, ist es daher sinnvoll, uns ihre Herausbildung in den überlieferten ökonomisch-sozialen Verhältnissen zu vergegenwärtigen.

Als Bescheidenheit sei zunächst ganz allgemein die Tugend bezeichnet, nicht mehr zu begehren, als man vernünftigerweise zu erhalten hoffen kann. »Vernünftigerweise« heißt hier: im Blick auf das Ganze der Gesellschaft, der man angehört. Der Bescheidene will nicht mehr haben als der Durchschnitt der anderen, ja, er ist mit weniger zufrieden. Dies ist zunächst ein natürliches einhaltbares soziales Leitbild für eine homogene Gesellschaft mit knappen, aber ausreichenden Gütern, also insbesondere für kleine, überschaubare, primitive Wirtschaftsformen. Bescheidenheit ist in der Tat ein sehr altes Leitbild, das in den Hochkulturen schon sehr früh als die Tugend der Vergangenheit gepriesen und der Gier der jeweiligen Gegenwart gegenübergestellt wurde (so schon von Konfuzius und von Platon). Etwas von diesem konservativen Pathos ist auch in jeder der oben aufgezählten sieben Gestalten der modernen »asketischen« Gegenbewegung bewahrt, auch dort, wo diese zugleich mit dem Anspruch sozialer Revolution auftreten. Man ist überzeugt, daß auch die moderne Menschheit in Wahrheit knappe, aber bei bescheidener Verwendung ausreichende Ressourcen habe. Man erhebt die Bescheidenheit der Ressourcen-

* Vgl. »Notizen zur Ideologiekritik«.

verwendung zum moralischen Postulat. Die Frage ist nur, ob diese so einleuchtende Forderung die seelischen Triebkräfte richtig einschätzt, und zwar sowohl die seelischen Triebkräfte, gegen die sie sich wendet, wie die seelischen Triebkräfte, aus denen heraus sie selbst erhoben wird. Meine Behauptung ist, daß sie selbst gerade nicht aus schlichter Bescheidenheit, sondern aus einem asketischen Pathos ihrer Verfechter hervorgeht, und daß sie nur dann eine Durchsetzungschance hat, wenn dieses asketische Pathos sich selbst versteht.

Mit Recht kann der Verfechter des moralischen Postulats der Bescheidenheit antworten, daß er nichts radikal Neues verlangt, sondern an die überlieferten »Tugenden des kleinen Mannes« anknüpft. In der Tat hatten in der Vergangenheit gerade die unteren Gesellschaftsschichten feste und strenge Regeln des Verhaltens, zumal der Sparsamkeit. Das gilt von Bauern und Handwerkern und kennzeichnet ebenso das seit der industriellen Revolution herausgebildete Ethos der Arbeiterbewegung. Man findet dieses Ethos als eine der Kraftquellen der klassischen Sozialdemokratie und noch der heutigen kommunistischen Parteien in vielen Ländern, gerade soweit diese Parteien wirklich Arbeiterparteien sind. Aber mit dieser Beobachtung sind wir von der Bescheidenheit als dem eher fiktiven Leitbild einer ganzen Gesellschaft in die historische Realität der Bescheidenheit als Leitbild für das Verhalten einer Unterschicht, einer dienenden Klasse übergegangen. In ökonomisch und sozial stabilisierten Herrschaftsverhältnissen konnte eine dienende Schicht unter dem Leitbild der Bescheidenheit ihre Selbstachtung, ihre Identität bewahren. Eben darum aber ist die Resistenz der »Tugenden des kleinen Mannes« gegen den hereinbrechenden technischen Wohlstand so gering. Bescheidenheit, die auf sozial unerreichbare Güter verzichtet, ist – so zeigt sich – etwas anderes als Selbstbeherrschung, die auf sozial erreichbare Güter verzichtet.

Eine Randbemerkung: Im Ästhetischen, diesem immer so feinen Seismographen einer Kultur, zeigt sich die mangelnde Resistenz der Tugenden des kleinen Mannes besonders deutlich. Schönste Volkskunst, wie es sie in jeder bäuerlichen und handwerklichen Kultur gibt, erliegt fast immer der Überschwemmung mit willig akzeptiertem technischem Kitsch, sofern nicht Intellektuelle, als Sprößlinge der Oberschicht, die gleichsam mit dem modernen Virus schon durchseucht sind, sie zu schützen lehren. Die Erfahrung lehrt, daß bewußte kulturelle Disziplin etwas ganz anderes ist als »anständige Armut«.

Wenn eine dienende Schicht einst unter dem Leitbild der Bescheidenheit ihre Identität stabilisierte, so stabilisierte dieses Leitbild natürlich zugleich die bestehende soziale Rangordnung. Dies wird noch deutlicher, wenn wir bedenken, daß nicht bloß – schon in den Tiergesellschaften – sozialer Rang den Zugang zu knappen Gütern regelt, sondern umgekehrt der Zugang zu knappen Gütern zum sozialen Statussymbol wird. Die Weckung immer neuer materieller Bedürfnisse, von der Produzentenseite her gesehen ein kapitalistisches Motiv, ist von der Konsumentenseite her vermutlich vor allem durch den Wettlauf um den sozialen Status gefördert worden; und dieses letztere Motiv zeigt sich heute in realen sozialistischen Gesellschaften, angesichts der in ihnen herrschenden größeren Knappheit und strikteren sozialen Rangordnung, eher noch penetranter als in kapitalistischen. Man bedarf – um in unserem Raum zu bleiben – eines recht stabilen sozialen Selbstbewußtseins, um in einer Gesellschaftsschicht, die Mercedes fährt, VW zu fahren, oder in einer Altersstufe, die Motorrad fährt, unbekümmert das Fahrrad zu benutzen.

Diese kleine aktuelle Beobachtung über die Stabilisierungsbedürftigkeit von Rangordnungen mag ausreichen, um uns, nun wieder im Blick auf die Vergangenheit, an die Notwendigkeit eines sozialen Leitbildes auch für die Herrschenden zu erinnern. Herrschaft als ständiger Kampf um den Rang ist nicht hinreichend stabilisiert. Es ist vielmehr zentral für die Ethik des Herrschens und Dienens, daß der Herrschende sich immer zugleich als Dienender versteht. Es muß eine in seinen Augen sittlich gerechtfertigte Ordnung geben, die ihm zwar die Herrschaft gewährt, die er aber auch durch seinen Herrscherwillen nicht ändern kann. In einer feudalen oder hierarchischen Rangordnung sieht der kleinere Herr sich konkret als Dienenden, indem er stets einen größeren Herrn über sich weiß. Auch der oberste menschliche Herr, »von Gottes Gnaden« oder im mythischen Zeitalter selbst ein Göttersohn, weiß eine göttliche Macht über sich. Der moralisch unumschränkte Herr, der die

Ordnung selbst nicht respektiert, ist zu allen Zeiten als ein Scheusal moralisch verurteilt worden. In der säkularisierten Fassung der Herrschaftsethik wird Herrschaft zu einem Amt, sie wird nun gerade als Dienst am Ganzen überhaupt erst gerechtfertigt.

Diese Ethik des Herrschens und Dienens ist ebenso wie die Ethik der Freiheit und Gleichheit, welche begonnen hat, sie abzulösen, zahllosen Formen des Mißbrauchs und der Lüge geöffnet. Aber es ist ein für die moderne Ideologiekritik charakteristischer psychologischer Fehler, die Moral des Herrschens und Dienens prinzipiell als Beschönigung der Herrschaft aufzufassen – als ob diese für einen wirklichen Herrn der Beschönigung bedürfte. Dieses Urteil ist nur ein Symptom des tödlichen Kampfes, der so oft zwischen differierenden Moralsystemen entsteht; des moralischen Problemes der Moral.* Aber um den Versuchungen des Mißbrauchs zu widerstehen, bedarf das Ethos des Herrschers einer persönlichen Moral der Selbstbeschränkung. Das sittliche Ich des Herrschenden muß auch über sein eigenes begehrendes Ich herrschen. Das bezeichnet der Ausdruck der Selbstbeherrschung. Nur wer sich selbst beherrschen kann, ist sittlich qualifiziert, über andere zu herrschen.

Wir haben oben Selbstbeherrschung als den Verzicht auf sozial erreichbare Güter bezeichnet. Dies hat zunächst einen direkten sozialen Sinn. Gesellschaftlich gesehen sind auch in der Klassengesellschaft der Hochkultur viele der wichtigsten Güter knapp, wenngleich sie dem Angehörigen der herrschenden Klasse verfügbar sein mögen. Keine Versuchung ist für den Herrn größer, als die Dienenden auszubeuten; eben darum ist für ihn im Ethos des Herrschens und Dienens keine moralische Pflicht wichtiger als die Fürsorge für die Dienenden. So jedenfalls haben die immer wiederkehrenden Gesetzgeber und Propheten gelehrt.

Selbstbeherrschung hat aber auch eine elitäre Funktion. Sie dient in Adelsgesellschaften der Unterscheidung des Vornehmen und Unvornehmen. Edelmann und – noch mehr – Edel-

---

* Vgl. »Das moralische Problem der Linken und das moralische Problem der Moral«.

frau ist nur, wer sich innerhalb der gesellschaftlich anerkannten Formen zu beherrschen vermag. Das ist nicht nur Unterscheidung durch Stilisierung. Die Regeln adligen Verhaltens sind fast durchweg so geartet, daß sie, physiologisch wie soziologisch gesehen, die Kontinuität der Adelsschicht gewährleisten. Der Adel war zunächst ein Kriegerstand. Der Krieger, wie später der Sportsmann, kann die erforderliche körperliche Überlegenheit nur durch ständiges Training aufrechterhalten. Training heißt auf griechisch *askesis,* Askese. Die adligen Herren waren vielleicht die ersten, welche die physiologische Wichtigkeit bestimmter Formen der Askese erkannten. Körperbau und Triebstruktur des Menschen sind, seiner Herkunft gemäß, einem Leben in Knappheit und Gefahr angepaßt. Einer Herrenschicht konnte nicht verborgen bleiben, wie der ökonomische Wohlstand die angeborene Vernunft der Affekte derangiert. Der Wohlstand gestattet, die Triebe der Trägheit, des Hungers, der Sexualität weit über ihre physiologische Funktion hinaus zu befriedigen, ja zahllose neue Bedürfnisse, darunter hochkulturelle, zu erzeugen. Eine Herrenschicht, welche die ihr verfügbaren Formen der Trieberfüllung voll ausnutzt, ist zum baldigen Untergang verurteilt. Dies zu erkennen, war darum für den Adel Vorbedingung des Überlebens. Eine Adelsschicht mußte, in diesem speziellen Sinn der Worte, nicht glücksorientiert, sondern wahrheitsorientiert sein, wenn sie fortbestehen wollte.

Körperliches Training ist aber nur ein besonders deutliches Beispiel der für die Fortdauer des Adels notwendigen Selbstbeherrschung. Materielle Güter sind ihm ein anvertrautes Erbe, das von Generation zu Generation weiterzugeben ist. Sexualmoral hat die Reinheit des Bluts (heute sagt man: der Gene*) zu bewahren; das erklärt fast alle Formen erotischer Restriktion und Libertät von Adelsschichten, zumal die so weit verbreitete ungleiche Moral für Mann und Frau. Der legitime Waffenträger, der nicht die eigene gesellschaftliche Ordnung zerstören soll, muß schließlich als wichtigste Qualität die Selbstbeherrschung haben, dem Tötungstrieb außer in rituell

---

* Erst in den letzten Jahren hat eine Schule von Genetikern den »Egoismus des Gens« entdeckt.

geordneten Zusammenhängen nicht nachzugeben; das ist der Anfang der »Ritterlichkeit«.

Neben den einander ergänzenden Leitbildern der Bescheidenheit der Dienenden und der Selbstbeherrschung der Herrschenden steht in fast allen Hochkulturen das Leitbild echter Askese der Entsagenden. Diese Entsagung versteht sich im allgemeinen religiös. Medizinmann und Priester, Einsiedler und Mönch, der Fromme einer Heilssekte, jeder, der in sich und anderen eine religiöse Reinigung und Reifung sucht, braucht Übung, Askese. Er braucht insbesondere die Beherrschung der elementaren leiblichen Bedürfnisse, ihre scharfe Zügelung in Fasten und sexueller Enthaltung. Er braucht die scharfe Zügelung der gesellschaftlichen Bedürfnisse durch freiwillige Armut und durch Machtverzicht, letzteren in den religiösen Orden wie im Militär in der Form des freiwilligen Gehorsams. Einheitlich in den Grundzügen, wenngleich mit zahllosen kulturellen und individuellen Schattierungen, findet sich diese Erfahrung in allen überlieferten Kulturen.

Unserer konsumtiven Gesellschaft blieb es vorbehalten, diese Erfahrung zu vergessen. Dem Bewußtsein des wissenschaftlichen Zeitalters steht zudem die religiöse Sprache nicht mehr zur Verfügung, in der einstmals diese Erfahrung sich selbst verständlich wurde. So hat man in neueren Zeiten die asketische Grunderfahrung mit einer kulturell bedingten Interpretation verwechselt und hat jene Grunderfahrung für ein Mißverständnis, für das Werk eines leibfeindlichen religiösen Weltbildes gehalten. So kann immer wieder die Durchbrechung von »Tabus«, die die traditionelle Gesellschaft selbst nicht mehr versteht, das echte Erlebnis einer neugewonnenen Freiheit und Wahrhaftigkeit vermitteln, oft ohne die Ahnung, daß mit dieser Freiheit der Lehrgang nur von neuem beginnt. In Wahrheit handelt es sich um ein Beispiel der anthropologisch verständlichen Aufgabe der Gestaltung einer menschlichen Kultur, für welche die Ethik des Herrschens und Dienens ein anderes Beispiel war.

Das Kunstwerk menschlicher Kultur, also Tradition und Freiheit, wird möglich durch den Zerfall der tierischen spontanen Einheit allen Handelns in die Trias von Affekt, Erkenntnis und Wille. Der Zerfall ermöglicht und fordert, daß die Bruchstücke zu einer neuen gewollten, unsäglich viel reicheren Struktur als der des tierischen Lebens fließend zusammengefügt werden. Triebverfüllung als eigenständigen Wert anzusehen wäre also ein Mißverständnis der menschlichen Natur. Beim stabilisierten Tier ist Triebverfüllung allerdings ein Indikator des Zuträglichen – soweit die »Vernunft der Affekte« reicht. Verstehen wir Glück als Triebverfüllung, so ist Glück günstigenfalls ein Indikator, beim Menschen ein vielen Fehlern unterworfener. Eher noch ist Leiden ein zuverlässiger Indikator des Unzuträglichen, der notwendigen Anstrengung.* Denn, darwinistisch geredet, den Verlust der Warnfunktion des Schmerzes wird eine Kulturgesellschaft schwerer überleben als eine Akkumulation von nicht mehr biologisch sinnvollen Glückserlebnissen. Häufig gewinnen die vielen vom ursprünglichen biologischen Sinn entkoppelten Affekte und Verhaltensweisen einen neuen, kulturellen Sinn in dem reichen Gewebe von Ritualisierungen, das wir eben Kultur nennen. Dazu müssen wir über diese Verhaltensweisen frei verfügen, mit einer Sicherheit, die man nicht ohne lange Einübung – Askese – gewinnt. Eine solche Ritualisierung ist die Kunst. Nicht zufällig ist neben dem Sportler** der Musiker das unserem Bewußtsein vertrauteste Beispiel für die Notwendigkeit des Übens.

Die allgemeine Verbreitung religiös asketischer Lebensformen durch alle Hochkulturen spricht dafür, daß diese Gesellschaften von Herrschenden und Dienenden nicht bestehen konnten, wenn nicht in ihrer Mitte zugleich die Entsagenden lebten, die auf die Güter der Herrschaft verzichteten und einem anderen als dem weltlichen Herrn dienten. Religion ist durch die Jahrtausende kulturtragend gewesen, weil sie zugleich die verkörperte Kulturkritik enthielt. Hier hatte die Askese einen symbolischen Sinn. Sie drückte die Verwerfung des der herr-

---

* In Freuds Ausdrucksweise geredet: Beim Tier *ist* das Lustprinzip die subjektive Erscheinungsweise des unbewußten, objektiven Realitätsprinzips. Beim Menschen wird das Realitätsprinzip bewußt und schafft die Welt der Kultur, die durch das Lustprinzip nicht erzeugt und nicht aufrechterhalten werden kann. Askese hat die kulturelle Funktion, das Lustprinzip zu zügeln, die Indikatorfunktion des Leidens wachzuhalten.
** Der Vergleich sportlicher Übung mit moralischer Askese ist schon biblisch. Vgl. den ersten Brief des Paulus an die Korinther, 9, 24–27.

schenden Kultur innewohnenden Prinzips der Begehrlichkeit in sinnenfälliger Schärfe aus. Es mag übrigens soziologisch interessant sein, daß die religiöse Askese als Kulturfaktor ein Werk von Aristokraten ist. Dies zeigt ein Blick auf die Entstehung der kontemplativen Askese in Indien. Der Waldeinsiedler ist die vierte und letzte Lebensphase des Lebenslaufs in der höchsten Kaste, der brahmanischen; Buddha war Adelssohn; noch die meisten der großen indischen Heiligen unserer Zeit sind brahmanischer Herkunft. Die kontemplative Askese erscheint hier wie die Radikalisierung eines Adelsideals.

Der Sinn der Askese gerade für die meditative Lebensweise ist aber nicht nur symbolisch; die Askese hat hier wie stets zugleich eine fast technische Funktion. Die Bedürfnisverzichte, symbolisiert in den Mönchsgelübden der Armut, der Keuschheit, des Gehorsams, sind Mittel der Bewußtwerdung, der Distanzierung von sich selbst und damit der Entdeckung seiner selbst. Die tiefe Verwandlung der menschlichen Natur, die dadurch möglich wird, strahlt dann prägend in die Kultur zurück. Sie gibt der Selbstbeherrschung des Adels, der Bescheidenheit des Volkes einen Hintergrund, eine neue Interpretation. Diese Selbstzucht dient also – so konnte man wissen – nicht nur der Erhaltung der bestehenden Gesellschaft, sondern der Verwandlung des Menschen; dem, was die Religion sein Heil nennt.

Das Problem einer Ethik der technischen Welt

Die ökonomische Entwicklung der Neuzeit, zugleich Motor und Folge des technischen Fortschritts, bietet zum erstenmal der ganzen Gesellschaft Zugang zu Gütern, die früher wegen ihrer Knappheit einer Oberschicht vorbehalten blieben. Freilich ist dieser Prozeß nicht vollendet, und gerade die Anwälte einer asketischen Alternative fragen, ob er überhaupt vollendbar wäre. Es ist wichtig, daß wir uns den Grund der Schwierigkeit seiner Vollendung klarmachen. Er liegt, so möchte ich behaupten, nicht darin, daß die Güter an sich knapp wären. Die vom ersten Bericht an den Klub von Rom in die Welt gebrachte Furcht vor der absoluten Knappheit der Rohstoffe sucht, wenn ich richtig sehe, die Gefahr dort, wo sie nicht ist. Anorganische Rohstoffe sind an sich nicht knapp. Organische Stoffe, zumal Nahrung, werden, wie Malthus gesehen hat, knapp, wenn das Bevölkerungswachstum der Wirtschaftsentwicklung davonläuft. Aber die Landwirtschaft der Welt könnte bei geeigneter Modernisierung die heutige und auch die doppelte Weltbevölkerung ernähren. Organisatorisch gesehen stellen sich unsere Probleme als unsere Unfähigkeit dar, unser eigenes ökonomisches System dem Ziele hinreichender Produktion und zumal gerechter Verteilung zuzulenken. Die von Marx prophezeite Verelendung der Massen ist zwar im Zentrum des kapitalistischen Systems im ganzen gesehen vermieden worden – wenngleich das Wohlbefinden nicht dem Sozialprodukt gemäß zugenommen hat –, aber sie ist vorerst in das »äußere Proletariat« der Peripherie, der Dritten Welt verlagert worden. Gehen wir die im Anfang dieses Aufsatzes aufgezählten Gefährdungen unserer Welt durch, so entstammen sie überwiegend nicht einer absoluten Knappheit der Ressourcen, sondern der Unfähigkeit der Menschheit, ihre eigenen Probleme zu sehen, in die Hand zu nehmen und zu lösen.

Nun kann man nicht erwarten, daß Menschheitsprobleme von einer hinreichenden Zahl von Menschen erkannt, geschweige denn mit Erfolgsaussicht praktisch angefaßt werden, wenn ihnen nicht ein Ethos gemeinsam und eine Verhaltensweise eingeübt ist, welche es gestatten, das Notwendige nicht psychisch zu verdrängen, sondern anzusehen und zu wollen. Es handelt sich um ein Ethos für die technische Welt. Technik bedeutet, Mittel für Zwecke zu schaffen und zu gebrauchen. Technik als Selbstzweck kann in einer Entwicklungsphase förderlich sein, so wie zur Entstehung der menschlichen Kultur ohne Zweifel der Spieltrieb einen wesentlichen Beitrag geleistet hat. Der Mensch ist in gewissem Sinne das spielende Tier: homo ludens. Aber der Mensch kann nicht bestehen, wenn er den Unterschied von Spiel und Ernst nicht begreift: das nennt man Erwachsensein. Alles zu machen, was technisch möglich ist, ist ein letztlich untechnisches Verhalten, eine Kinderei. Erwachsener Gebrauch der Technik verlangt die Fähigkeit, auf technisch Mögliches zu verzichten, wenn es dem Zweck nicht dient. Es verlangt Selbstbeherrschung. Technik ist als Kulturfaktor nicht möglich ohne die Fähigkeit zur technischen Askese.

Schauen wir mit dem so geschulten Blick auf die alten Kulturen zurück, so meldet sich der Verdacht, daß schon die »neolithische Revolution«, die Entstehung des Ackerbaus, eine tiefe Umweltkrise bedeutet hat. Man kann sich ausmalen, wie die klugen Konservativen der Jäger- und Sammlerkultur auf die Zerstörung des natürlichen Lebensraums der Tiere und Menschen reagiert haben mögen, die in der Verwandlung von Wald in Ackerland geschah. Was spätere Kulturkritiker als die tiefe Naturverbundenheit der bäuerlichen Lebensform preisen, war historisch vermutlich die nach jahrhundertelangen bitteren Erfahrungen eingeübte Verhaltensweise zur Pflege einer Landschaft, die selbst ein Produkt des Menschen, und der älteren Natur abgetrotzt war. Zu dieser Disziplin gehören die einander zugeordneten Tugenden der Bescheidenheit und der Selbstbeherrschung. Vermutlich erst der Stadtkultur entstammt die dritte, radikal kulturkritische Tugend religiöser Askese. Unsere Frage heißt: Wie übertragen wir, nicht die zeitgebundenen Erscheinungsformen, sondern die lebenserhaltende Substanz dieser Tugenden in die durch die neue, die industrielle Revolution erzeugte technische Welt?

Diese Frage nötigt uns, den Übergang von der Ethik des Herrschens und Dienens zur Ethik der Freiheit und Gleichheit thematisch ins Auge zu fassen.

Die Ethik der Freiheit und Gleichheit

Der Übergang vom Herrschen und Dienen zur Freiheit und Gleichheit als ethischen Prinzipien hat sein ökonomisches Korrelat im Übergang von der privilegierten Verfügung über knappe Güter zu einem allgemeinen Wohlstand. Der ökonomische Übergang erklärt zwar nicht die ethische Substanz der einander ablösenden ethischen Prinzipien, aber er erklärt vermutlich die Gründe der Möglichkeit der gesellschaftlichen Durchsetzung des egalitären Prinzips. Freiheit als allgemeines Prinzip bedeutet Gleichheit der Menschen in der Gesellschaft in dem wohl wichtigsten politischen Gut, eben der Freiheit. Reale

Gleichheit aber setzt jedenfalls einen angemessenen Grad ökonomischer Gleichheit voraus. Diese gibt es entweder in einer primitiven oder bewußt asketischen Gesellschaft, in der niemand reich ist, oder in einer Wohlstandsgesellschaft, in der – nach überlieferten Maßstäben gemessen – alle reich sind. Eben die ökonomischen Bedingungen der Wohlstandsgesellschaft aber enthalten zugleich die Gefahr, den Sinn des Ethos der Freiheit und Gleichheit zu verfehlen und dadurch am Ende sogar den Wohlstand wieder zu verlieren. Was ist der ethische Sinn von Freiheit und Gleichheit?

Es sei mir erlaubt, in einem kleinen Exkurs die wohl philosophisch reifste Fassung dieses ethischen Prinzips zu skizzieren, wie sie in Kants praktischer Philosophie gegeben ist. Nach Kant gibt es für ein vernünftiges Wesen nur einen einzigen kategorischen, d. h. unbedingt gebietenden Imperativ, das »Grundgesetz der reinen praktischen Vernunft«: »Handle so, daß die Maxime deines Willens jederzeit zugleich als Prinzip einer allgemeinen Gesetzgebung gelten könne.«* Vernunft ist für Kant nämlich das Vermögen des allgemeinen Denkens, ein vernünftiges Gebot also ein allgemeines Gebot. Der kategorische Imperativ fordert somit vom Menschen als einem vernünftigen Wesen nichts anderes, als daß er seine Vernunft gebraucht und nach Maximen handelt, die fähig sind, allgemeine, also vernünftige Gesetzesprinzipien zu sein. Hierin nun sind Freiheit und Gleichheit als Wesenselemente der Vernunft bereits mitgedacht. Die Freiheit des menschlichen Willens kann empirisch nicht nachgewiesen werden. Habe ich eine Handlung vollzogen, so kann ich nicht empirisch wissen, ob ich fähig gewesen wäre, auch anders zu handeln; die Motive unseres Handelns bleiben uns faktisch nur zu oft verborgen. Aber indem ich einen Imperativ überhaupt als unbedingte Forderung anerkenne, erkenne ich an, daß ich ihm gehorchen könnte; ich erkenne meine Freiheit als moralisches Postulat an, ich erkenne mich als verantwortlich. Der Imperativ, den meine Vernunft hiermit anerkennt, ist nicht ein Gebot eines Herrschers (Heteronomie), sondern er definiert vielmehr eben, was es heißt, vernünftig zu handeln; er ist ein Gebot der Vernunft selbst (Au-

---

* *Kritik der praktischen Vernunft*, § 7; A. 54.

tonomie), ohne das sie nicht vernünftig wäre. Das Gebot ist allgemein im doppelten Sinne. Es gilt erstens für alle Fälle. Und es gilt zweitens für alle vernünftigen Wesen, also für alle Menschen. Alle Menschen, indem sie sich genötigt sehen, das Gebot anzuerkennen, sind gleich. Was in ihnen gleich ist, ist eben ihre vernünftige Freiheit.

Es ist selbstverständlich, daß Kant sich nicht einbildet, die Menschen handelten faktisch vernünftig. Die Vernunft brauchte nicht als Gebot formuliert zu werden, wenn wir ihr faktisch ohnehin folgten. Behauptet ist nur, daß keiner von uns, wenn er mit sich selbst ehrlich umgeht, der Forderung der Vernunft die Gültigkeit auch für sein eigenes Handeln bestreiten könnte. Wenn ich dem Gebot nicht gefolgt bin, so weiß ich mich schuldig, einerlei welche psychologischen Erklärungsgründe für mein Handeln ich anzuführen vermag. Es sei hier vermerkt, daß auch die paulinisch-lutherische Rechtfertigungslehre und die Freudsche Praxis der Neurosenheilung auf dieser Grunderfahrung beruhen: ich kann nur »gerechtfertigt« oder »geheilt« werden, wenn ich einsehe, daß ich meine Handlung, auch die dem von mir anerkannten vernünftigen Gebot widersprechende Handlung, selbst gewollt habe. Ich mache diese Anmerkung, um dem naheliegenden Einwand zu begegnen, diese Überlegungen Kants seien für uns nicht verbindlich, sei es wenn wir uns als Christen verstehen, oder wenn wir nach-kantischer Psychologie folgen. Kant beschreibt in der Sprache der Aufklärung ein Phänomen, das, in der kulturell bedingten Sprache jeder Zeit immer wieder anders formuliert, immer wieder erfahren wird.

Was aber haben die so beschriebenen moralischen Begriffe von Freiheit und Gleichheit mit den gleichnamigen politischen Begriffen zu tun? Hier ist die Schwierigkeit, daß sich aus dem formalen allgemeinen Prinzip des kategorischen Imperativs keine materialen speziellen Vorschriften (oder »Werte«) herleiten lassen, ohne konkrete Voraussetzungen über die menschliche Gesellschaft zu machen, die, wie wir wissen, geschichtlichem Wandel unterliegen. Kants eigene Beispiele erweisen sich dem heutigen Leser als zeitbedingt. Formal läßt sich auch eine Ethik des Herrschens und Dienens mit dem kategorischen Imperativ leicht vereinbaren. Man muß dazu nur das Prinzip einer allgemeinen Gesetzgebung so formulieren: Jeder fülle den Platz in der Gesellschaft aus, in den er hineingeboren ist; etwa gemäß den Prinzipien von Bescheidenheit und Selbstbeherrschung. Es ist leicht zu erkennen, daß Gesellschaften nach diesem Prinzip stabilisiert werden können, und vernünftiges Dienen ist dem Menschen genau dann möglich, wenn ihm vernünftiges Herrschen den Raum dafür schafft. Gleichwohl ist Kants eigene Position eindeutig bei der politischen Ethik der Freiheit und Gleichheit. Sein Weg dazu geht über die Philosophie des Rechts und die Philosophie der Geschichte.

Kant unterscheidet Legalität und Moralität: »Man nennt die bloße Übereinstimmung oder Nichtübereinstimmung einer Handlung mit dem Gesetze, ohne Rücksicht auf die Triebfeder derselben, die *Legalität* (Gesetzmäßigkeit); diejenige aber, in welcher die Idee der Pflicht aus dem Gesetze zugleich die Triebfeder der Handlung ist, die *Moralität* (Sittlichkeit) derselben.«* Die politische Ordnung der Gesellschaft muß äußerlich kontrollierbar sein und kann daher nur auf der Legalität beruhen, also auf dem Recht. »Das Recht ist ... der Inbegriff der Bedingungen, unter denen die Wilkür des einen mit der Willkür des anderen nach einem allgemeinen Gesetze der Freiheit zusammen vereinigt werden kann.«** Man sieht hier die politische Verwirklichung der Freiheit gemäß dem kategorischen Imperativ: Gleichheit der Freiheit der vernünftigen Wesen ist geboten und wird durch gegenseitige Einschränkung der Willkür ermöglicht. Die Verwirklichung dieses Postulats ist das Thema der menschlichen Geschichte: »Das größte Problem für die Menschengattung, zu dessen Auflösung die Natur ihn zwingt, ist die Erreichung einer allgemein das Recht verwaltenden bürgerlichen Gesellschaft.«*** »Dieses Problem ist zugleich das schwerste, und das, welches von der Menschengattung am spätesten aufgelöst wird.«⁺ »Das Problem der Errichtung einer vollkommenen bürgerlichen Verfassung ist von dem Problem eines gesetzmäßigen äußeren Staatsverhältnisses

---

* *Die Metaphysik der Sitten,* Erster Teil, Metaphysische Anfangsgründe der Rechtslehre, A. 15.
** ebenda, S. 33.
*** *Idee zu einer allgemeinen Geschichte in weltbürgerlicher Absicht.* S. 394.
⁺ ebenda, S. 396.

abhängig, und kann ohne das letztere nicht aufgelöset werden.«* Der letzte Satz weist auf das Thema von Kants Schrift *Zum ewigen Frieden* voraus: Die Schaffung einer stabilen Rechtsordnung ist notwendigerweise ein Weltproblem.

Was lernen wir für uns selbst aus diesem vor zweihundert Jahren aufgezeichneten philosophischen Entwurf? Politische Freiheit ist nicht die Freiheit, die ich mir nehme (sie nennt Kant »Willkür«), sondern die Freiheit, die ich dem Mitbürger als Spielraum seiner Vernunft garantiere. So hängen die »Grundwerte« der Freiheit, Gerechtigkeit und Solidarität sachlich zusammen. Sie halten den Spielraum der Vernunft für eine »wahrheitsorientierte« Kultur frei. Diese Vernünftigkeit hat eine doppelte Funktion; sie gehört sowohl zur Selbsterhaltung wie zur Sinnerfüllung. Vernunft als Instrument der Selbsterhaltung ist der Leitbegriff für Wege in der Gefahr. Für Kant steht die Sinnerfüllung im Vordergrund. Dies ist eine, m. E. vorletzte, aber unüberspringbare Antwort auf das Sinnproblem der modernen Kultur, auf ihre immanente Skepsis gegenüber dem eigenen Sinn, auf ihren verborgenen oder offenen Nihilismus.

Die streitenden Brüder der modernen Zivilisation, die Technokraten und ihre »linken« Kritiker, erkennen einen Wert an, den sie, bei verschiedener inhaltlicher Erfüllung, doch mit demselben Namen belegen, dem Namen »Rationalität«. Irrationalität wirft man sich gegenseitig vor. Was aber ist rational?

Als rational leicht zu erkennen ist das Zweckrationale, die Angemessenheit eines Mittels an einen Zweck. Man kann dies die Interpretation der Rationalität als Verständigkeit nennen. Aber sind die Zwecke selbst rational? Gibt es auch eine Vernünftigkeit der Zwecke? Vielleicht erweist sich einem tieferen Blick ein Zweck noch einmal als Mittel zu einem höheren Zweck. Aber gibt es eine Vernünftigkeit der letzten Zwecke? Hier wagt die liberale Doktrin unserer Staaten kein Urteil mehr. Man redet von der pluralistischen Gesellschaft, von der Anerkennung einer Vielheit subjektiver Werte. Aber ist nicht eben diese Anerkennung des Pluralismus eine schlichte nihilistische Resignation gegenüber der Wahrheitsfrage? Offen-

---

* ebenda, S. 398.

sichtlich liegt eine technische Pointe darin, äußere Spielregeln anzuerkennen, die das Funktionieren des Apparats garantieren, und den Rest frei zu lassen. Aber in diesem Freiheitsraum entwickelt sich eine Skepsis an jenen Werten, die er garantieren sollte, eine Beliebigkeit, eben ein Nihilismus. Kann ein Wert mich noch fordern und mir so Sinn gewähren, den vom Mitmenschen zu fordern mir die Liberalität verbietet?

Hier deutet der Zusammenhang von Freiheit und Vernunft eine Antwort an. Toleranz, als die politische Gewährung der Freiheit an die Andern, ist nicht der Verzicht auf die Wahrheitsfrage, sondern die Schaffung des Raums für die Wahrheitsfrage. Die pluralistisch zugelassenen Werte sind nicht gleichgültig, sie sind nicht alle gleich gut. Man mag sie locker in die essentiell individuellen und die essentiell gesellschaftlichen einteilen. Essentiell individuell, nicht zur Verallgemeinerung bestimmt, ist die Wahl des Menschen, gemäß seiner Begabung, seinem Interesse, seiner Leidenschaft zu leben. Einer kann Künstler, Wissenschaftler, Skiläufer sein, gerade weil nicht alle es sind; jeder hat zu Recht einen anderen Freundeskreis, einen anderen Ehepartner als die Andern. Die essentiell gesellschaftlichen Werte aber stehen unweigerlich zur Debatte. Hier ist Freiheit der Entscheidung für sie nur die Vorbedingung des Ernstnehmens der Wahrheitsfrage. Kants Entwurf der geschichtlichen Aufgabe des Menschengeschlechts erinnert uns daran, wieviel allein in der Forderung, vernünftige Zustände zu schaffen, bisher unerfüllt ist. Vernunft politisch zu ermöglichen, indem man ihre Forderungen realisiert, ist noch auf unabsehbare Zeit eine inhaltlich bestimmte Aufgabe, die der Politik definierte Ziele setzt. Zur Vernunft aber gehört Selbstbeherrschung, denn nur Selbstbeherrschung dokumentiert Freiheit.

Dies ist der grundsätzliche, abstrakte Entwurf eines Ethos der Freiheit und Gleichheit. Wie aber sind die Realisierungschancen? Im gegenwärtigen Aufsatz kehre ich zu dem speziellen Thema zurück: der Selbstbeherrschung im Raum der Freiheit und Gleichheit.

Bisherige Grenzen und Chancen einer demokratischen Askese

Die Schwierigkeit einer demokratischen Askese beruht auf einem moralischen Dilemma. Die Hauptschwierigkeit ist nicht die oben vermerkte mangelnde Resistenz der »Tugenden des kleinen Mannes« gegen die konsumtiven Lockungen des Wohlstands. Die Schwierigkeit liegt in dem Bruch mit gewissen normativen Prinzipien der aristokratischen Selbstbeherrschung, der für das Aufkommen der Marktwirtschaft konstitutiv war. Der Übergang zur Marktdoktrin war der Übergang zu einem Pathos der Freiheit und (Chancen-)Gleichheit, gegen die Bevormundung durch die Herrschenden. Dem Individuum wird der Verstand zugetraut, sein eigenes Interesse am besten zu verstehen, und die »unsichtbare Hand«, die den transparenten Markt zum Optimum auch der Gesamtwirtschaft führt, wurde eines der eindruckvollsten Modelle für Hegels Gedanken einer »List der Vernunft«. Die objektive Vernunft, so die Doktrin, setzt sich durch, auch wenn kein Individuum sie denkt. Es war derselbe Schritt im Denken, der den Übergang von der Herrschaftsethik zur Freiheitsethik und den Übergang von einer asketischen Doktrin zur ethischen Hochbewertung der Schaffung konsumtiver Bedürfnisse vollzog.

Dieser doktrinale Schritt war vielleicht noch einschneidender als die ihn begleitende Änderung der realen Wirtschaftsstruktur. Denn faktisch war die Wirtschaft wohl von jeher durch Eigeninteresse und Marktpraxis gesteuert. Die asketischen Ideale biblischer Propheten und griechischer Philosophen erweisen sich, wenn man die alten Texte liest, bereits als eine intellektuelle Gegenbewegung gegen eine schon damals wachsende Reichtumspraxis der Wirtschaft – so wenn Platon in den *Gesetzen* die politische Stabilität der zu gründenden Stadt an ihre sittliche Integrität bindet, und diese an die Bedingung, daß die Stadt nicht am Meer liege, um nicht der Versuchung des Seehandels ausgesetzt zu sein. Die durch zwei Jahrtausende herrschende, eher asketische politische Doktrin – die der Stoiker, des christlichen Aristotelismus – drückte weniger die gesellschaftliche Realität als die begleitende ständige Kritik an dieser Realität aus. In dieser konservativen Tradition steht auch die heutige Doktrin der sozialistischen Staatswirtschaften, welche entgegen allen Erkenntnissen des historischen Materialismus nicht den Bewußtseinswandel als Folge der ökonomischen Entwicklung zuversichtlich erwarten, sondern ihr eigenes ökonomisches System nur vom Bewußtsein her durch unablässige massenpädagogische Bemühungen und polizeilichen Druck aufrechtzuerhalten vermögen. Auch dort ist die Realität marktwirtschaftlicher als die Doktrin, aber der Markt ist gezwungen, in weitem Umfang schwarzer Markt zu sein. Demgegenüber war das marktwirtschaftliche Prinzip ein Doktrinwandel, der Übergang zu einer Anerkennung der ökonomischen Realität, also zu einer Form der Wahrhaftigkeit. Er wurde bezahlt durch eine Diskreditierung der überlieferten asketischen Tugenden im Publikum.

Dem ökonomischen Liberalismus und dem planwirtschaftlichen Sozialismus gemeinsam ist das Bekenntnis zum Ethos der Freiheit und Gleichheit. Gemeinsam ist ihnen eine Ambivalenz der Resultate, die vermutlich in einem ihnen gemeinsamen anthropologisch irrealen Optimismus, in der Verkennung der sittlichen Notwendigkeit der Askese wurzelt. Beide sind zur demokratischen Askese bisher unfähig, das Marktsystem, weil es nicht asketisch, das Plansystem, weil es nicht demokratisch ist. Daß der Markt nicht asketisch ist, liegt auf der Hand. Daß der Plan nicht demokratisch sei, bestreiten seine Anhänger, aber faktisch erzwingen sie den Plan durch Stabilisierung der Herrschaft und demonstrieren damit – gegenüber dem Zynismus als dem moralischen Problem des Kapitalismus – die Lüge als das moralische Problem des Sozialismus.

Dabei zeigt ein Blick auf die Geschichte der modernen Gesellschaft, wie stark gerade die Träger des Fortschritts von den überlieferten asketischen Idealen geprägt geblieben waren. Das Bürgertum, das den Adel in der Herrschaft beerbte, hat viele der asketischen Ideale in leichter Modifikation übernommen. Das Beamtenethos des monarchischen, auch noch des bürgerlich-republikanischen Staats, das Ethos der Berufsrevolutionäre des revolutionären Sozialismus, der Kader kommunistischer Parteien trägt evident zweckrationalen Züge der asketischen Selbsterhaltung einer Elite. Egalitäte Theorie ist, wo sie politischen Erfolg hat, fast stets mit elitärer Praxis verbunden.

Besonders wichtig ist wohl Max Webers Beobachtung über den frühkapitalistischen Unternehmer, daß sein Leistungsethos stark durch die besondere, theologisch fundierte Askese der Puritaner geprägt war. Wenn dies zutrifft, so erweist sich in diesem Beispiel wie so oft in der christlichen Geschichte, daß, während die Selbstbeherrschung der Herrschenden die Welt stabilisiert, die Askese der Entsagenden die seelischen Kräfte freisetzt, welche, oft in eigentümlichen Verkleidungen, die Welt verändern.

Auch die Frage nach den prägenden Motiven der eingangs aufgezählten kritischen Gegenbewegungen gegen die technokratisch-konsumtive Gesellschaft führt fast überall tief in die religiöse Tradition und ihre asketischen Erfahrungen zurück. Umweltschützer und Hippies sind allerdings als komplexe Gruppen nicht auf eine einzelne Traditionslinie festzulegen. Der relativ statische Naturbegriff der Umweltschützer weist freilich eher auf den Schöpfungsglauben als auf die naturwissenschaftliche Evolutionslehre zurück. Der kalifornische Boden, auf dem die Hippie-Bewegung entstand, war innerhalb der westlichen Welt am stärksten mit asiatischen Meditationslehren gepflügt und gedüngt, zu denen es viele Träger der heutigen jungen intellektuellen Gegenkultur ständig zieht. Klar sind die Quellen bei den namentlich genannten Einzelnen. Schumacher war in der entscheidenden Phase seiner asketischen Meinungsbildung tief vom Buddhismus beeinflußt, Illich nahm als katholischer Priester sein Christentum ernst, Gandhi war ein vom Evangelium tief beeindruckter frommer Hindu, Nyerere ist ein der überlieferten afrikanischen Kultur treuer katholischer Christ, Mao wurzelt jedenfalls bewußt in der dreitausendjährigen ethisch-ästhetischen Tradition Chinas.

Aber gerade das, was ihre tiefsten Motive waren, konnten diese elitär geprägten Menschen bisher am wenigsten in demokratischer Politik durchsetzen. Nach ihren revolutionären Erfahrungen hätten wir vor allem die drei erfolgreichen politischen Führer zu befragen: Gandhi, Mao und Nyerere. Alle drei haben einen nationalen Befreiungskampf gewonnen, der zugleich, mehr oder weniger, eine soziale Revolution, jedenfalls die Abschüttelung einer Herrenschicht war. Hier war die demokratische Komponente der Bewegung gleichsam ein Geschenk des Schicksals. Nichts einigt eine Nation so sehr wie ein nationaler Befreiungskampf oder eine erfolgreiche soziale Revolution. Der Pegel dieses Erlebens sinkt wieder, wenn das Ziel erreicht ist. Die Errichtung einer demokratisch-asketischen Kultur aber müßte ein Einschleifen fester Gewohnheiten und Überzeugungen für viele Generationen sein. Alle drei versuchten, das Pathos des Anfangs in die langfristige Verwirklichung ihrer tief eindrucksvollen asketischen Überzeugung einfließen zu lassen. Gandhi ist damit gescheitert, und er wußte das, ehe er starb; das heutige Indien ist arm, aber, außer in einer Minderheit, nicht asketisch. Mao wußte am Ende seiner dreißigjährigen Regierungszeit, daß nicht eine, sondern dreißig Kulturrevolutionen in dreihundert Jahren nottäten; die und Europäern und gewiß der Mehrheit der Chinesen so einleuchtende Entwicklung seit seinem Tode besagt doch wohl, daß er damit für diese Generation gescheitert ist, und vermutlich schon vor seinem Tode gescheitert war. Nyerere lebt und kämpft; kann sein Schifflein die Wogen des kapitalistisch-kommunistischen Machtkampfs um Afrika ausreiten? Die demokratischen Solidaritätserlebnisse der Umweltschützer und der intellektuellen Gegenkultur schließlich sind die typischen Erlebnisse von Minderheiten, die Minderheiten bleiben.

Man kann nicht aus fünf oder sieben Beispielen ableiten, daß eine vielleicht erst beginnende historische Bewegung schon gescheitert sei. Aber man kann an ihnen ablesen, wo die Schwierigkeit liegt. Sie liegt darin, eine Haltung das Volk durchdringen zu lassen, die bisher stets mit elitärem Bewußtsein wesentlich verknüpft war. Der religiöse Asket wußte, daß er am Rande der menschlichen Möglichkeiten kämpfte; er zog aus der außerordentlichen Anstrengung die Hoffnung auf außerordentliches Heil. Der Adlige war seine Selbstbeherrschung seinem Stande schuldig; Ehrverlust war der schrecklichste Verlust. Demokratischer Askese am nächsten kam das neuzeitliche Bürgertum, zumal die Calvinisten; doch gerade diese wußten sich meist als das ringsum bedrohte Volk Gottes.

Was haben wir aus diesen Beobachtungen für unser Handeln zu folgern? Vermutlich zweierlei. Einerseits: Die Entwicklung neuer Formen der Selbstbeherrschung wird für die Zukunft unerläßlich sein. Andererseits: Wir dürfen nicht auf die Durchsetzung demokratischer Askese warten, um die materiellen Probleme der technischen Zivilisation zu lösen.

Es handelt sich genau um jene Bewußtseinsbildung, die vorhin als der rechtfertigende Sinn des Ethos der Freiheit und Gleichheit bezeichnet wurde. Es handelt sich um eine wahrheitsorientierte Kultur. Die Menschheit als Ganze ist heute unserem Bewußtsein in einem Grade präsent wie nie zuvor; dies ist ein Geschenk der technischen Zivilisation. In diesem Schmelztiegel bereitet sich eine noch nicht beschreibbare neue Kultur vor. Ihre langfristige Wirkung wird vielleicht dort am tiefsten sein, wo sie am wenigsten der Illusion planvoller Weltveränderung anheimfällt. Es ist eine der asketischen Grunderfahrungen, daß gerade die Arbeit des Individuums an sich selbst, unbewußt ausstrahlend, die Gesellschaft verändert. Diese Arbeit aber leisten heute wohl nur diejenigen Individuen, die getroffen sind vom Blitzstrahl des Bewußtseins ihrer Mitverantwortung für die reale Welt – also gerade nicht die Weltflüchtigen. Präzision des Bewußtseins, Deutlichkeit des Denkens, ist eine der wichtigen Wirkungen der intellektuellen Selbstbeherrschung; sie ist einer der moralischen Werte.

Heute sind es eigentümlicherweise gerade die einander in Feindschaft gegenüberstehenden elitären Minoritäten innerhalb unserer Gesellschaft, die dieser Forderung am nächsten kommen: eben einerseits die Technokraten, andererseits die kritische Gegenkultur der Jugend. Die einen üben die Askese des Leistungsethos, die anderen sind motiviert von einer Suche nach einem neuen Leben, das in der Verweigerung der Überlieferung anknüpft an die Überlieferung der Verweigerung, die selbst eine asketische Überlieferung ist. Die Grenze der Vernünftigkeit der Technokratie liegt darin, daß die Rationalität der Zwecke der Rationalität der ihnen dienenden Mittel nicht gleichkommt. Die Grenze der Vernünftigkeit des Protests liegt darin, daß Protest eben an das gebunden bleibt, wogegen er protestiert.

Der Arbeitsmarkt, ein Modellfall

Dieser Aufsatz ist nicht geschrieben, um Lösungsmodelle für unsere wirtschaftspolitischen Probleme vorzuschlagen, sondern um eine Haltung zur Beurteilung solcher Lösungsmodelle zu erwägen. Eines dieser Probleme hat den Anstoß zu seiner Abfassung gegeben: das Problem der Kernenergie. Ein anderes Problem, das der Arbeitslosigkeit, sei hier nur in wenigen Strichen in derjenigen Sichtweise skizziert, die mit diesem Aufsatz angestrebt wird; nicht als Lösungsvorschlag in einem wiederum höchst komplizierten Fragenkreis, sondern zur Illustration einer Art, an diese Fragen heranzugehen.

Das Bemühen geht hier zunächst auch um Deutlichkeit der Fragestellung. Ich werde auch hier den Verdacht nicht los, daß wir die Gefahr dort suchen, wo sie nicht ist; daß wir die größere Gefahr durch die Art und Weise selbst erzeugen, in der wir uns vor der kleineren Gefahr fürchten. Ich knüpfe dabei zunächst noch einmal an das Problem der Kernenergie an.

In der gegenwärtigen öffentlichen Diskussion ist das Hauptargument für die Kernenergie die Notwendigkeit weiteren Wirtschaftswachstums, und das Hauptargument für das Wirtschaftswachstum die Notwendigkeit, die Arbeitslosigkeit zu überwinden. Diese scheinbar plausible Argumentationskette scheint mir in jedem ihrer Glieder falsch. Sie verknüpft mehrere vermutlich richtige Vorschläge durch lauter logisch unzutreffende Schlüsse und macht die vertretende Position dadurch vielleicht kurzfristig politisch wirksam, aber in den Augen intelligenter Kritiker schwächer, als sie objektiv ist.

Die Arbeitslosigkeit ist erstens ein Problem der Gegenwart und der nahen Zukunft; über mehr als zehn Jahre sehen wir in dieser Frage nicht voraus. Der Beitrag der Kernenergie zum weiteren Wirtschaftswachstum wird hingegen in den kommenden fünfzig Jahren wichtig werden. In den kommenden zehn Jahren ist er belanglos. Vorerst ist genug Öl da, und wenn in den Achtzigerjahren die vielfach vorhergesagte Ölkrise kommt, wird das teurer und vielleicht absolut knapper werdende Öl nicht in den wenigen Jahren, in denen die Krise eintreten würde, plötzlich durch Kernenergie substituiert werden. Man vergleicht hier Unvergleichbares: eine sehr langfristige

Entwicklung mit Krisenphänomenen, die rasch eintreten können. Was zur Arbeitslosigkeit in unserem Lande beitragen würde, wäre allenfalls der Verlust der Arbeitsplätze der Reaktorindustrie; also nicht der Ausfall der von Reaktoren gelieferten Energie, sondern der Ausfall der Produktion von Reaktoren.

Zweitens sieht es heute so aus, als würde die Wirtschaft so oder so nicht die Wachstumsraten wieder erreichen, die zum Abbau der Arbeitslosigkeit durch Wiederherstellung der alten Nachfrage nach Arbeitsleistung erforderlich wären. Über die Ursachen dieser Wachstumsverlangsamung alsbald ein Wort. Jedenfalls aber ist es heute vermutlich reine politische Rhetorik, von der Überwindung der Arbeitslosigkeit durch Wirtschaftswachstum zu reden.

Drittens ist zwar die Arbeitslosigkeit ein Übel, aber vielleicht ist dieses Übel nur die Folge unserer Unfähigkeit, mit einer höchst wünschenswerten Entwicklung umzugehen. Ihre auslösende Ursache ist die Steigerung der Arbeitsproduktivität durch technischen Fortschritt. Um dieser Produktivitätssteigerung willen ist die gesamte industrielle Entwicklung seit Jahrhunderten vorangetrieben worden. Ihre Wirkungen sind in all dieser Zeit auf zwei erwünschte Vorgänge verteilt worden: die Produktion neuer und zahlreicherer Güter einerseits, die Senkung der Arbeitsdauer andererseits. Nimmt, wie gegenwärtig, die Güterproduktion langsamer zu als die Produktivität der Arbeitsstunde, so muß die Nachfrage nach Arbeitskraft abnehmen. Nimmt man dies als Faktum hin, so entsteht das Verteilungsproblem der Arbeit. Dieses Problem könnte ohne Abnahme der gesellschaftlich zur Verteilung kommenden Güter durch eine Reduktion der durchschnittlichen Arbeitszeit gelöst werden. Faktisch wird für die heute im Arbeitsverhältnis Stehenden die Arbeitszeit nicht nennenswert gesenkt, und die geringe Arbeitsnachfrage führt zu Arbeitslosigkeit und Kurzarbeit.

Mit dieser zunächst rein beschreibenden Feststellung plädiere ich noch nicht für die Arbeitszeitverkürzung als Lösung des Arbeitslosigkeitsproblems. Gäbe es eine demokratisch legitimierte Instanz, die über die relevanten Faktoren – also über die Wachstumsraten der Produktivität des Sozialprodukts und über die Verteilung der Arbeitszeit – frei verfügen könnte, so stände diese vor einer vielfältigen Wahl möglicher Wege. Das normative Problem läßt sich zunächst in dem abstrakten Modell erörtern, welchen Weg wir einer solchen fiktiven Instanz empfehlen würden; nachher können wir fragen, wie zu handeln ist, wenn der Weg, den wir für optimal halten, ungangbar sein sollte.

Die fiktive Instanz könnte, um die Arbeitsplätze mit Sicherheit zu erhalten, das Produktivitätswachstum, also die Rationalisierung zum Stillstand bringen. Würden wir das wünschen? Das einzige sinnvolle Motiv dafür könnte in der Meinung liegen, der Zwang zur Arbeit sei für den Menschen lebensnotwendig; die Alternative sei nur der moralische Verfall in der Faulheit. Dieser skeptischen Ansicht steht die optimistische Ansicht gegenüber, die Minderung der zur Selbsterhaltung notwendigen Arbeit könne für freiwillige, kulturell produktive Arbeit genützt werden; die Freiheit von erzwungener Arbeit ermögliche die freie Eigenarbeit. In der bisherigen Geschichte dürften die großen kulturellen Schritte vorwiegend von Eliten getan worden sein, die vom Zwang selbsterhaltender Arbeit freigestellt waren. Diese Eliten freilich bedurften der Selbstbeherrschung zur moralischen Selbsterhaltung. Die soeben zitierte optimistische Ansicht traut dies auch den Massen der Zukunft zu. Sie rechnet also – ohne sich das vielleicht immer klarzumachen – mit der Möglichkeit einer demokratischen Askese. Die skeptische Ansicht hingegen wird vorwiegend von solchen Angehörigen der bisherigen Eliten vertreten, welche den Massen nur die erzwungene Bescheidenheit, aber nicht die Selbstbeherrschung zutrauen; ihre Skepsis ist Skepsis gegenüber der demokratischen Askese. Dies also ist die schwierige historisch-anthropologische Grundfrage. Eigentümlicherweise vertreten heute – ohne sich das wohl klarzumachen – die gewerkschaftlichen Gegner der Wegrationalisierung von Arbeitsplätzen, in der konservativen Rolle, die heute die Arbeiterorganisationen der Hochindustrienationen ohnehin spielen, faktisch die Position des alten elitären Weltbildes, die Unternehmer hingegen, die rationalisieren, also Welt verändern, vertreten ebenso faktisch den Optimismus der Progressiven.

Ich versuche nicht, diese normative Frage normativ zu entscheiden, wenn ich auch persönlich langfristig zur progressivoptimistischen Auffassung neige. Ich hebe vielmehr für den nächsten Schritt des Arguments die Fiktion der freien Entscheidbarkeit *dieser* Frage wieder auf. Faktisch ist in unserer Wirtschaft entschieden, daß weiter rationalisiert wird; wir werden nachher fragen, warum das so ist. Nun können wir unserer fiktiven Instanz die zweite normative Frage stellen, ob sie die Veränderung vorwiegend für Wachstum des Sozialprodukts oder vorwiegend für Arbeitszeitverkürzung verwenden will. Es liegt auf der Hand, daß das Wirtschaftswachstum die kurzfristig konservativere Lösung ist; es verlangt die geringste unmittelbare Änderung unserer Sozialstruktur. Jedes Prozent Wachstum mehr vermindert drastisch die aktuellen Schwierigkeiten aller drei Beteiligten, der Regierungen, der Unternehmer und der Gewerkschaften. Dies ist eine Feststellung nicht einer fetischistischen Wachstumsideologie, sondern kurzfristiger politischer Taktik. In keinem anderen der größeren Industrieländer drückt sie zugleich so sehr eine kurz- und mittelfristige Nötigung der nationalen Wirtschaftspolitik aus wie bei uns und in Japan. Wir haben uns durch unser Wachstum seit dreißig Jahren extrem exportabhängig gemacht. Heute bräche daher kurzfristig die Basis unseres Wohlstands zusammen, wenn wir unsere Exportposition nicht durch Fortführung derselben Wirtschaftspolitik, also durch Rationalisierung und Wachstum, wenigstens teilweise aufrechterhielten. Mehr noch als die Weltwirtschaft im Durchschnitt ist unsere nationale Wirtschaft das Fahrrad, das fällt, wenn es nicht weiterfährt.

Es liegt aber ebenso auf der Hand, daß die Wachstumspolitik langfristig keine konservative, sondern eine radikal weltverändernde Politik ist. Hier kann der Streit nur darum gehen, ob diese Weltveränderung langfristig wünschenswert oder bedrohlich ist. Wir kehren damit zur Ausgangsfrage des Aufsatzes zurück. Wäre es notwendig, dem Konsumwachstum durch Askese zu begegnen? Ich gliedere nun die Kritiken am Wirtschaftswachstum in zwei Ebenen der Fragestellung auf. Wirtschaftswachstum kann entweder für direkt physisch gefährlich oder für primär moralisch gefährlich gehalten werden. Entweder, so meint man, zerstört es direkt unsere Lebensbasis, oder es zerstört die lebenserhaltende Tugend der Selbstbeherrschung.

Auf die Behauptung der physischen Gefahr kann ich nur noch einmal mit der Forderung nach unterscheidender Deutlichkeit antworten. Ich erinnere an die Beispiele. Die anorganischen Rohstoffe können wir kaum aufbrauchen; das organische System ist ernstlich verletzlich und faktisch gefährdet. Nicht die Kernenergie als solche ist die Hauptgefahr, sondern die auch ohne Kernenergie stattfindende Gewaltanwendung durch Terror, Polizeistaat, Krieg. Ich übernehme gerne die Formel*, unser technisches System sei nicht »fehlerfreundlich« genug, d. h. es sei gefährdet durch seine zu geringe Fähigkeit, technische und beabsichtigte Fehler auszuhalten. Jedes dezentralisierte System ist fehlerfreundlich; keine Teilkatastrophe wird ihm so leicht zur Totalkatastrophe. Dezentralisierung ist auch moralisch wünschenswert als die plausiblste Straße politischer Freiheit. Aber die nationale und weltweite Interdependenz ist selbst eine Folge des schon eingetretenen Wirtschaftswachstums. Das Problem, diese Wirtschaft »fehlerfreundlicher« werden zu lassen, ist noch kaum in den Blick der Theoretiker (vielleicht eher in den der Praktiker) gekommen. Es ist jedenfalls durch den Widerstreit zweier gleichermaßen abstrakter Prinzipien überhaupt nicht zu lösen: weder durch grundsätzliche Befürwortung des Wachstums noch durch grundsätzliche Gegnerschaft. Wir werden, wie stets in der Geschichte, Krisen erleben, und, bei unvermeidlich wachsender Wirtschaft, vermutlich wachsende Krisen; aber es ist nicht zu erkennen, warum sie nicht der Herausarbeitung deutlicheren Bewußtseins dienen und dann auch wieder bewältigt werden sollten. Die größte dieser Krisen ist der Weltkrieg.

Insofern liegt das eigentliche Gewicht auf der Frage, ob das Wachstum eine moralische Gefahr ist. Einer moralischen Frage ist in ihrer eigenen Ebene nur mit einer moralischen Aufforderung zu antworten. Diese ist hier die Forderung sinnvoller Askese als Bewußtseinsbasis.

Vor dem Hintergrund dieser Forderung kehre ich als Abschluß zurück zu der zweimal zurückgestellten Frage nach den Ursachen der objektiven Zwänge, welche die vorhin eingeführte, über die Weiterentwicklung des Arbeitsmarkts frei ent-

---

* Von E. U. und C. v. Weizsäcker.

scheidende Instanz zu einer bloßen Fiktion degradieren. Warum ist unser Entscheidungsspielraum so gering? Im jetzigen Augenblick erscheinen drei Zwänge fast unabänderlich: 1. Die Rationalisierung schreitet fort. 2. Damit ist der Zwang unausweichlich, entweder das Wirtschaftswachstum zu verstärken oder die Arbeitszeit zu reduzieren. 3. Faktisch bleibt das Wirtschaftswachstum (bei uns, d.h. im Industrieland) langsam, und die strukturelle Arbeitslosigkeit wächst solange, als andere Verteilungsschlüssel der Arbeitszeit nicht gefunden sind.

In der Kausalanalyse dieser Zwänge schließe ich mich derjenigen Richtung an, welche ihre gemeinsame direkte Ursache in der überstarken Verhandlungsposition der Gewerkschaften sieht, welche diese, gegeben die Mentalität der Konsumgesellschaft, nötigt, Lohnforderungen durchzusetzen, die in einem freien Arbeitsmarkt nicht erreichbar wären, die also in diesem marktökonomisch objektiven Sinne überhöht sind. Auch dies ist deskriptiv und nicht normativ gesagt: Wenn wir gemeinsam die zwangsläufigen Folgen dieser Politik verstehen, so werden wir die Freiheit haben, zu entscheiden, ob wir eben diese Folgen – nämlich das sinkende Wachstum, die noch rascher sinkende Nachfrage nach Arbeit und daher die Notwendigkeit der Organisation einer Freizeitwirtschaft – wollen. Nur dürfen wir uns über die Wirkungszusammenhänge nicht täuschen. Die Unternehmer werden weiterhin in Rationalisierung und nicht in Expansion investieren, sie werden, wenn sie können, im lohnbilligen Ausland und nicht im Inland investieren, wenn sie nicht mit überwiegender Wahrscheinlichkeit voraussehen, daß über wenigstens die ein bis zwei Jahrzehnte hinweg, für welche die Investitionen mindestens gemacht werden, der Produktionsfaktor Arbeit nicht noch teurer wird, als er heute schon ist. Alle Beteiligten stehen hier unter Zwängen, denen sie sich nicht entziehen können. Es ist nicht »Begehrlichkeit«, sondern die durch die kapitalistische Wirtschaftsform andressierte Konsumentenhaltung, die kapitalistisch erzeugte Abdressur der »Bescheidenheit«, was die Gewerkschaftsführungen unter den Druck ihrer Basis setzt, ihre Macht auszunützen. Es ist nicht »Profitgier«, sondern Selbsterhaltung im Markt, was die Unternehmer zu ihrer Reaktion hierauf nötigt.

Dies ist vielleicht eine strukturell marxistische Analyse. Das

Eingeständnis würde mich nicht schrecken, hier vom Marxismus gelernt zu haben. Ich schließe mich aber keiner der zwei Folgerungen an, die heute z.T. aus dieser Analyse gezogen werden. Die weich sozialistische, optimistische Folgerung heißt, hier handle es sich in Wahrheit nicht um überhöhte Löhne, sondern um kapitalistische Überakkumulation, welche eben durch Hebung der Kaufkraft, also der Löhne, zu überwinden wäre; also: höhere Löhne, mehr Nachfrage, mehr Produktion, mehr Arbeit. Zu dieser Schlußkette müssen die weiteren unvermeidlichen Kettenglieder hinzugefügt werden: höhere Preise, Inflation, Senkung der realen Kaufkraft. Ich empfinde diese optimistische (und ebenhierin nicht-marxistische) Auflösung des Problems als eine »Milchmädchenrechnung«. Der Leser möge verzeihen, daß ich hier schwierige ökonomische Probleme in sehr abgekürzter Form, ohne volle Argumentation, behandle. Sehr viel mehr Plausibilität hat die streng marxistische Ansicht, hier liege einer der zentralen »Widersprüche« des Kapitalismus vor; dieses Problem sei eben im Kapitalismus unlösbar und signalisiere vielleicht sogar seine letzte Krise; es sei, um ein zeitweilig im Schwange gewesenes Wort zu benutzen, ein Symptom des »Spätkapitalismus«.

Gleichwohl scheint mir die marxistische Krisenprognose für den Kapitalismus heute wie vor hundert Jahren halb selbstverständlich, halb falsch. Selbstverständlich ist, daß sich geschichtliche Entwicklungen in Ebenen und Krisen vollziehen* und daß jede ernsthafte Krise eines Systems an den Rand der Gefährdung seiner Existenz stößt. Nur die Extistenzgefährdung ruft die Kräfte wach, welche – vielleicht – die Krise überwinden und eine neue Ebene seiner Existenz ermöglichen. Es wäre völlig falsch, wollten wir verkennen, daß wir auch heute einer Krise entgegengehen, die für unser System tödlich werden könnte. Deshalb mein Insistieren auf Erkenntnis der Zwänge, gegen die erkenntnisbetäubende Hoffnung: »es wird schon gutgehen«. Aber eben weil Krisen historisch normal sind, ist nicht klar, ob die marxistische Analyse den tiefsten Grund der Krisen erfaßt, auch wo sie diese ein Stück weit einleuchtend analysiert. Die marxistische Krisenerwartung für den Kapita-

---

* Vgl. *Garten des Menschlichen*, S. 86–90.

lismus ist eine Krisenhoffnung, da man meint, eine bessere Alternative zu kennen. Die bisherige Stabilität des Kapitalismus hat doch auch mit der abstoßenden Natur der faktisch realisierten Alternativen zu tun; moralisch gesagt damit, daß der »reale Sozialismus« das Ethos von Freiheit und Gleichheit, das er formal bekennt, real verletzt, und vermutlich zu verletzen gezwungen ist. Er ist für eben diejenigen Faktoren seiner eigenen Krisen blind, die er beim Kapitalismus dem Blick freilegt.

Die sinkende Nachfrage nach Arbeit aber braucht keineswegs der Indikator einer lebensgefährlichen Krise zu sein. Sie könnte im Prinzip auch zu einer Liberalisierung des Arbeitsmarkts führen, etwa im Sinne einer größeren Freiheit für den Einzelnen, ob und wann er seine Zeit für sich, ob und wann er sie für bezahlte Arbeit verwenden will (»Zeitsouveränität«). Es ist nicht eine prinzipielle Kalamität, daß wir heute weniger zu arbeiten gezwungen sind als früher. Die Kraft zu solchen Lösungen setzt nur voraus, daß man sie denkt, und daß man sie will. Wollen aber kann man nichts Sinnvolles ohne Selbstbeherrschung.

Die offene Zukunft der Kernenergie*

Am 16. Mai 1979 hat die niedersächsische Landesregierung ihre Entscheidung über den Antrag auf Errichtung eines nuklearen Entsorgungszentrums in Gorleben bekanntgegeben. Es ist, für heute, die Entscheidung für langfristige Zwischenlagerung, für Endlagerung in einem Salzstock, gegen Wiederaufarbeitung. Diese Entscheidung läßt sich unter drei Gesichtspunkten erläutern: sie ist jetzt politisch durchsetzbar, sie vollzieht das technisch Unerläßliche, sie läßt die Zukunft der Kernenergie offen.

Auf die Bitte des Ministerpräsidenten Albrecht habe ich an der Vorbereitung dieser Entscheidung durch die Gesprächsleitung in dem sogenannten Gorleben-Hearing (»Rede und Gegenrede«, 28.3.–3. 4. 1979) teilgenommen. Über den Verlauf und die Auswertung dieser Gesprächsrunde wird es demnächst ausführliche Publikationen geben. Im gegenwärtigen Aufsatz möchte ich die Grundsatzfrage der offenen Zukunft der Kernenergie noch einmal aufgreifen. Vor einem Jahr habe ich in einem Vortrag in Bonn, der in der *Zeit* und später in meinem Buch *Deutlichkeit* (Hanser 1978) abgedruckt wurde, diese Grundsatzfrage erörtert. Meine heutigen Erwägungen weichen nicht prinzipiell von den damaligen ab, nehmen aber eine Wandlung in der öffentlichen Meinung ernst, die ich damals nicht vorausgesehen hatte; außerdem verarbeiten sie eine erhebliche Menge neuer Informationen.

Das Gorleben-Hearing war für alle unmittelbar Beteiligten eine eindrucksvolle, für mich eine ermutigende Erfahrung. Während rings im Lande und in der Welt die Polarisierung der Meinungen über die Kernenergie noch ständig anwächst, war hier die Erfahrung, daß Vertreter beider Seiten ernsthaft miteinander reden, einander als Fachleute und als moralische Persönlichkeiten im Gespräch immer mehr achten lernen können. Die Erfahrung war um so eindrucksvoller, je weniger selbstverständlich sie den Teilnehmern war. Noch am Tag vor dem Be-

* Aus »Diagnosen zur Aktualität«, München, Hanser 1979.

ginn der öffentlichen Runde fragten mich Vertreter beider Seiten in getrennten Gesprächen, ob es überhaupt Sinn habe, die Runde zu beginnen, ob sie nicht vielmehr lieber alsbald wieder abreisen sollten. Sie fürchteten, die Entscheidung der Landesregierung sei in Wahrheit längst gefallen, und zwar gegen die von meinem jeweiligen Gesprächspartner vertretene Ansicht; das öffentliche Gespräch sei eine Farce. Mich tröstete am meisten, daß *beide* Seiten diese Befürchtung hegten.

Wir begannen; das gegenseitige Mißtrauen der Partner wurde – mit den unvermeidlichen Ausnahmen einzelner Personen – von Tag zu Tag abgebaut; die Entscheidung der Landesregierung fiel, nach meiner Beobachtung, in aller Stille während der zweiten Hälfte der sechstägigen Gesprächsrunde, unter dem Einfluß der vorgebrachten Argumente; man verabschiedete sich, wie vorhersehbar beiderseits unüberzeugt, aber in gegenseitiger Achtung, ja da und dort in Herzlichkeit. Also ist vernünftiges Gespräch unter Menschen möglich. Wie vorhersehbar beiderseits unüberzeugt: daß eine Woche des Gesprächs, in der schätzungsweise sechzig Einzelthemen erörtert werden mußten, nicht zum Umsturz von Meinungen führen konnte, die sich die Gesprächspartner in Jahren gebildet hatten und deren öffentliche Vertretung der politische Zweck ihres Auftretens in dieser Runde war, das hat keinen von uns verwundert; auch die Mitspieler verstehen die Randbedingungen des Spiels, zu dem sie geladen sind. Aber für den informierten Zuhörer wurde die Größenordnung und die Wichtigkeit der verbleibenden Meinungsdifferenzen abschätzbar, und man darf hoffen, daß der weltweite Dialog dieser internationlen Experten weitergeht.

Meine persönliche Aufgabe in diesem Gespräch gebot mir die totale Zurückhaltung in der Äußerung eigener Meinungen. Natürlich hat der neutrale Gesprächsleiter eigene Ansichten; ohne die Anstrengung, sich Ansichten zu bilden, könnte er die Argumente gar nicht verstehen, denen er beiderseits Gehör verschaffen muß. Wenn ich mit diesem Aufsatz wieder als Partner in den Dialog eintrete, so versuche ich zur Objektivität dadurch beizutragen, daß ich meine Ansichten als subjektiv, als korrigierbar durch neue Argumente kennzeichne. Der Leser wird wahrnehmen, daß meine heutige Äußerung um eine Nuance distanzierter zur Kernenergie ausfällt als in dem Vortrag vor einem Jahr, und ganz gewiß als jener Vortrag in der Öffentlichkeit vielfach interpretiert worden ist. Sachlich beruht diese größere Distanz auf drei Fragen:

1. Ist der *Bedarf* nach Kernenergie vielleicht geringer, als ich noch vor einem Jahr angenommen habe?
2. Wie kann man Behörden und Öffentlichkeit veranlassen, bei der Durchführung des Programms die mit möglicher *Kriegseinwirkung* verbundenen Gefahren ernstzunehmen?
3. Was ist das *moralische* Recht der Bewegung der Kernenergiegegner, auch wo sich diese nach meinem Urteil in sachlichem Irrtum befinden?

Wie der Leser sofort erkennt, befindet sich das Ereignis von Harrisburg nicht unter den Anlässen, die mich zu neuen grundsätzlichen Fragen veranlaßt haben.

Ich gliedere meine Darstellung nach den drei Gesichtspunkten: Bedarf, Gefahr, Moral.

I. Bedarf

Hier sei zunächst, im Einklang mit Häfele, von dem in diesem Jahr ein Buch über diese Fragen zu erwarten ist, die *Langfristigkeit* jeder sinnvollen Schätzung des Kernenergiebedarfs betont. Energiepolitik muß so langfristig geplant werden wie Forstwirtschaft. Dies gilt umso mehr, je kapitalintensiver die Energiegewinnung ist: Untertage-Kohlebergbau ist langfristiger zu planen als Ölbohrungen, Kernenergie (Fission und Fusion, falls letztere eine Chance hat) längerfristig als Kohle und Öl, Sonnenenergie (für andere Zwecke als Raumheizung) und Geothermik vielleicht ebenso langfristig wie Kernenergie. Offensichtlich ist das Bedarfsproblem äußerst komplex. Durch mangelnde Unterscheidung kurz- und langfristigen, nationalen und weltweiten Bedarfs wird die öffentliche Debatte oft völlig verunklart. Unklare Gegenüberstellungen führen dann häufig zu politischen Kompromißlösungen, die stets in Gefahr sind, die Nachteile der beiden vordergründig in ihren versöhnten Positionen miteinander zu vereinigen. Dem Experten fällt die unangenehme Aufgabe zu, vor solchen Kompromissen zu warnen, die nicht, wie gute Kompromisse, ein Ausgleich entgegenstehender Partikularinteressen sind, sondern ein Verzicht auf Klärung des Gesamtinteresses. Ich mache hierzu sechs getrennte Bemerkungen.

Erstens: Öl wird vielleicht, ja wahrscheinlich, *kurzfristig* knapp werden. Der Grund liegt nicht in der Knappheit der Ressourcen. Öl ist offensichtlich reichlicher vorhanden als man noch vor kurzem annahm, und der steigende Ölpreis, der energiesparenden Techniken eine Marktchance gibt, streckt die Vorräte weiter. Der Grund ist politisch. Im ökonomischen Interesse derjenigen Länder, deren größter Reichtum ihre Ölvorräte sind, kann es nicht liegen, diese Vorräte in kurzer Frist gegen Geld zu verkaufen, das sie vielfach kaum sinnvoll anzulegen vermögen, und dessen Wert durch eben diesen Vorgang inflationär sinkt. Innenpolitisch wird es zumal für die Regierungen der Ölländer des Nahen Ostens immer schwerer, auf die Drohung mit dem Öl-Embargo als außenpolitische Waffe gegen die westlichen Industrienationen zu verzichten. Kurzfristig ist Öl überhaupt nicht zu substituieren; deshalb liegt hier einer der weltpolitischen Krisenherde der achtziger Jahr. *Mittelfristig,* d. h. in einem oder zwei Jahrzehnten, dürfte es drei Wege zur Ölsubstitution geben: erstrangig die Energieeinsparung, zumal beim Heizen, im zweiten Rang die Kohleverflüssigung, vor allem um Treibstoff für den Verkehr zu gewinnen, und erst im dritten Rang alternative Energiequellen, unter denen wiederum für die Heizung die Sonnenenergie wichtiger sein dürfte als die Kernenergie, die den vor allem für Industrie wichtigen, auch heute in unserem Lande nicht nennenswert durch Öl erzeugten elektrischen Strom liefert. Selbstverständlich wird eine Wirtschaft, in der dank Kohle und Kernenergie wenigstens der Strom nicht inhärent knapp ist, krisenfester sein als eine Wirtschaft, der es auch an dieser Energieform mangelt. Es sei nur betont, daß für eine rationelle langfristige Planung nicht die Kernenergie die natürliche Alternative für Öl ist.

Zweitens: Unter nationalem Blickwinkel ist ein Hauptargument der Befürworter der Kernenergie die Nötigung für unsere Wirtschaft, jahrzehntelang technologisch an der Spitze und dadurch exportfähig zu bleiben. Man kann bedauern, daß wir uns so exportabhängig gemacht haben; meine persönlichen Besorgnisse für die Zukunft unseres Volkes hängen eng mit der Ungesichertheit der Fortdauer eines Zustandes zusammen, in dem wir unseren Lebensstandard, ja unser Überleben einem funktionierenden Welthandel verdanken. Aber man kann einer auf innenpolitische Stabilität angewiesenen Bundesregierung schwerlich zumuten, daß sie leichten Herzens auf ein Instrument exportierbarer Modernität verzichtet. Die Kompromißformel: »Soviel Kohle wie möglich, soviel Kernenergie wie nötig« ist meines Erachtens undeutlich und unwahrhaftig. Wieviel Kernenergie »nötig« ist, ist gerade die in dieser Formel verdeckte eigentliche Streitfrage. Ich bemerke dazu nur, daß ein Teil der gedämpfteren Kernenergiekritiker sagt, wir sollten uns wenigstens »die nukleare Option erhalten«, ohne hinzuzufügen, daß dies realiter nur heißen kann, daß wir unserer nationalen Kernreaktorindustrie die Möglichkeit geben müssen, relativ bald Profite zu erwirtschaften; andernfalls wird sie untergehen, und es ist schwer denkbar, wie sie dann in zehn oder zwanzig Jahren weltmarktkonkurrenzfähig wieder erstehen soll. Wer Kernenergie wirklich nicht will, wird diesen Untergang begrüßen müssen, wer sie als Option will, muß ihr ein rentables Geschäft gönnen. Die Härte dieser Frage wird durch Formeln wie die zitierten verschleiert.

Drittens: Weltweit kann der Bedarf an Kernenergie nur im Zusammenhang mit der ökologischen Wünschbarkeit einer drastischen Einschränkung der Verwendung *fossiler* Brennstoffe beurteilt werden. Knapp werden diese nicht so bald. Öl und Gas sind noch für Jahrzehnte, Kohle ist für Jahrhunderte ausreichend. Aber nach den meines Erachtens besten heutigen geoklimatologischen Schätzungen ist zu vermuten, daß die Kohlendioxyd-Erzeugung in siebzig bis hundert Jahren Klimaänderungen bewirken wird, deren politische Rückwirkungen vielleicht nicht geringer sein werden als diejenigen großer Kriege. Dies ist sehr schwer zu prognostizieren; definitiv wissen wird man es vielleicht erst, wenn es zu spät sein wird. Ich gestehe, daß ich, ohne sichere Grundlage zu diesem Votum, eher zu der Formel neige: »Sowenig Kohle und Öl wie möglich, soviel andere Energiequellen wie dann nötig.«

Viertens: Langfristig bedeutet der Übergang von den heutigen Leichtwasserreaktoren zu *Brütern* voraussichtlich eine Erhöhung der Ausbeute pro Gewichtseinheit des Natururans um einen Faktor der Größenordnung 50. Sollte der Uranvorrat beim vollen Ausbau der Kernenergie nur mit Leichtwasserreaktoren weltweit für ca. 50 Jahre reichen, so würden Brüter die Frist, langfristig konstanten Konsum vorausgesetzt, auf zweieinhalb Jahrtausende strecken. Angesichts der vielen Gefahren und politischen Mißlichkeiten der Kernernergie wird mir immer zweifelhafter, ob die Überbrückung von 50 Jahren, die zur Not, mit vielleicht etwas größeren Schäden, auch fossil überbrückt werden könnten, überhaupt den Einsatz der Kernenergie rechtfertigen kann. »Forstwirtschaftlich« gesehen kann ich eigentlich nur in den Brütern die Rechtfertigung des Kernenergieeinsatzes sehen. Auch dies ist eine Bemerkung gegen politisch naheliegende Kompromißlösungen.

Das unter den Punkten zweitens bis viertens Gesagte war schon vor einem Jahr meine Meinung. Eine mir neue Behauptung habe ich seitdem kennengelernt:

Fünftens: A. B. Lovins behauptet, das technische Potential der *Energieeinsparung* sei bisher drastisch unterschätzt worden. Lovins behauptet erstens, man werde in einem europäischen Industriestaat drei Prozent jährlicher Wachstumsrate des Sozialprodukts über Jahrzehnte, bis zur Verdreifachung des Sozialprodukts im Vergleich zum heutigen Wert, aufrechterhalten können, ohne den Energiekonsum überhaupt zu erhöhen. Er behauptet zweitens, wenn man nur den Energiepreis marktkonform steigen lasse, würden sich diese Einsparungstechniken von selbst auf dem Markt durchsetzen. Er behauptet drittens, auf sehr lange Frist werde man dann ohne großen Verbrauch fossiler Energie *und* ohne Kernenergie auskommen können, nur mit »*renewables*«, also Sonne und vielleicht Geothermik. Diese Thesen kommen Gedanken entgegen, die ich seit Jahren vertreten habe (vgl. z. B. *Wege in der Gefahr*, S. 43), sind mir aber in ihrer Radikalität und vor allem in ihrer detaillierten Begründung neu. Die Forderung, der Energieeinsparung die erste Priorität zu geben, habe ich schon vor Jahren erhoben, und verbal ist sie ins Energieprogramm der Bundesregierung eingegangen. Die entscheidende Frage ist aber die quantitative: *wieviel* kann eingespart werden? Eine kürzlich erschienene Studie von Meyer-Abich und Mitarbeitern* schätzt 20 bis 25 Prozent mögliche Einsparung des Energiekonsums *ohne* Reduktion des Sozialprodukts in den nächsten zwanzig Jahren. Häfele kommt praktisch zu denselben Zahlen. Dies geht über die heutigen offiziellen Erwartungen schon hinaus, überzeugt mich aber.

Sofort nach dem Gorleben-Hearing habe ich begonnen, in internen Gesprächen von Experten mit entgegengesetzten Ausgangspositionen die noch wesentlich radikaleren Thesen von Lovins einer detaillierten Diskussion zu unterziehen. Die Gespräche sind nicht beendet; wir alle werden in diesen Fragen noch viel zu lernen haben. Etwas vergröbernd spreche ich meinen gegenwärtigen Eindruck so aus: Eine Einsparung der von Lovins behaupteten Größenordnung dürfte technisch möglich sein. Strittig sind die Kosten, also die ebenfalls von Lovins behauptete Durchsetzbarkeit auf dem Markt. Strittig sind eben darum die sozialen Folgen einer dahin zielenden Politik. Charakteristischerweise fürchtet jede der beiden Seiten von der Politik der Gegenseite eine Einschränkung der politischen Freiheit: die Vertreter der traditionellen Linie von einer mit politischem Druck durchgesetzten Einsparungspolitik, die Vertreter der Einsparung von dem Polizeischutz der offiziellen Politik. Vielleicht haben beide mit ihren Befürchtungen recht; wir kommen unten darauf zurück.

Sechstens: Alle Bedarfsrechnungen für längere Frist machen eine Voraussetzung, die man als methodisch nötig, aber nicht als gewiß unterstellen muß. Es ist die Voraussetzung einer von

---

* K.M. Meyer-Abich (Hrsg.), *Energieeinsparung als neue Energiequelle*. Wirtschaftspolitische Möglichkeiten und alternative Technologien, Hanser, München 1979.

Weltkatastrophen freien Zukunft. Es ist denkbar, daß das politische und ökonomische Weltsystem in einem Grade zusammenbricht, der jede Hoffnung einer angemessenen Bedarfsdeckkung illusorisch macht und in weiten Bereichen nichts als eine Subsistenzwirtschaft der Überlebenden gestattet. Kriege und Hungersnöte sind denkbar, welche die Weltbevölkerung drastisch reduzieren und schon dadurch die heutigen Bedarfsschätzungen irreal werden lassen. Auch die wohl weniger wahrscheinliche Alternative ist nicht auszuschließen, daß ein radikaler Wandel im Menschheitsbewußtsein eine echte Askese, einen freiwilligen Verzicht nicht bloß auf Energie als eines der Mittel zum Konsum, sondern auf Konsum herbeiführt. Niemand soll meinen, diese Ereignisse seien unmöglich, weil sie in unseren Rechnungen nicht vorkommen. Aber es ist methodisch gefordert, daß wir überprüfen, welcher Bedarf entsteht, wenn diese Ereignisse nicht eintreten, um wenigstens zu wissen, ob eine Aussicht besteht, den so berechneten Bedarf zu befriedigen. Und in der Tat gibt es genug natürliche Energieträger, um ihn langfristig zu befriedigen, vorausgesetzt wir gehen vernünftig mit ihnen um. Die Probleme der langfristigen Energieversorgung sind nicht primär Probleme natürlicher Möglichkeiten oder Unmöglichkeiten; sie sind Probleme des Umgangs der Menschen mit den Menschen.

II. Gefahren

In diesem Punkt haben sich meine Ansichten seit meinem Bonner Vortrag am wenigsten verändert. Ich erlaube mir aber eine Erläuterung der Absicht, die ich mit jenem Vortrag verfolgt habe.

Ich habe die Gefahren der Kernenergie nie für klein gehalten. Die Entscheidung für die Kernenergie schien mir aber weltweit und auch in unserem Lande längst gefallen zu sein. Auch konnte ich die *spezifischen* Gefahren der Kernenergie nicht für so groß halten, daß ich deshalb diese Technik zugunsten anderer, ebenfalls gefahrenschwangerer Techniken (wie des Kohleausbaus) grundsätzlich hätte bekämpfen wollen. Eine grundsätzliche Veränderung unseres technischen Denkens schien mir wichtiger, als Teilstück davon die bessere Berücksichtigung der kerntechnischen Gefahren dort, wo sie wirklich bedrohlich sind, d. h. im Gebiet der Gewaltanwendung, insbesondere des Krieges. Dies war eines meiner wichtigsten Anliegen in jenem Vortrag. In der politischen Polarisierung der Debatte ist aber meinem Eindruck nach gerade dieser Punkt nahezu untergegangen; man verwendete (oder bekämpfte) meine hierauf zielenden Überlegungen nur als Waffen im Kampf pro oder contra, in exaktem Gegensatz zu meiner Intention.

Im folgenden mustere ich die seitdem neu aufgetretenen oder heute präziser beschreibbaren Gesichtspunkte zu den Gefahren.

Erstens: Normalbetrieb. Ich bleibe bei meiner Meinung seiner Ungefährlichkeit. Die neuen Untersuchungen über Krankheitserzeugung durch kleine Strahlendosen (C. Morgan, A. Stewart u.a.), deren statistische Beweiskraft wegen der Kleinheit der behaupteten Effekte noch umstritten ist, mögen eine Neufestsetzung gewisser Strahlenschutzlimits, also weitere Verschärfung der Sorgfaltspflicht zur Folge haben. Trotz großen persönlichen Respekts vor der moralischen Motivation der Autoren empfinde ich diese Studien im Vergleich mit den Schäden, die wir in nichtnuklearen Industrien (z.B. der Chemie) dulden, als Mückenseihen und Kameleverschlucken.

Zweitens: Unfälle. Harrisburg war ein unvorhergesehener Störfalltyp und insofern eine Warnung. Aber bei seiner Beurteilung soll man »die Kirche im Dorf lassen«. Man verlangt von der Kerntechnik etwas in der Technikgeschichte Beispielloses: Unfälle nicht durch »*trial and error*«, sondern durch absolute Voraussicht vermeiden zu lernen. Dies ist, was Verlust von Menschenleben durch reaktorspezifische Schäden betrifft, in der friedlichen Kerntechnik bisher erstaunlicherweise nahezu lückenlos geglückt. Ich habe immer erwartet, daß einmal ein größerer Unfall eintreten würde, wie sie in allen anderen Techniken vorkommen. Ich finde nicht weniger beachtlich als das Auftreten eines unvorhergesehenen Störfalls die Tatsache, daß de facto der Reaktor von Harrisburg auch diesem Störfall widerstanden hat. Der übliche Einwand: »Aber wenn der Unfall eingetreten wäre, so wäre seine Wirkung viel schlimmer als die anderer großer Industrieunfälle« – dieser Einwand ist vermutlich schlicht falsch. Bei rechtzeitiger Evakuierung, die vermutlich vollzogen worden wäre, wäre vielleicht ein begrenztes »nukleares Seveso« eingetreten. Man sollte hier den ausführlichen Bericht abwarten. Ich muß heute für wahrscheinlich halten, daß auch dann kein akuter Todesfall eingetreten wäre, und einige hundert Todesfälle durch Spätfolgen.

Es gibt den übergroßen, nicht wiedergutzumachenden nuklearen Schaden: den großen Atomkrieg. Aus diesem durchaus wahrscheinlichen Schreckbild zieht unsere Phantasie die Nahrung, um gerade Reaktorunfälle, die man noch nie erlebt hat, mit einer Dramatik auszustatten, welche den wirklich stattfindenden Flugzeug-, Tanker-, Verödungs-Katastrophen ebenso zukommt, aber, da sie uns, wie die Erfahrung gelehrt hat, zu Hause nicht zu erreichen pflegen, verdrängt wird.

In der Frage der sicherheitstechnischen Realisierbarkeit des nuklearen Entsorgungszentrums, einschließlich der Wiederaufbereitungsanlage, bin ich zu demselben Ergebnis gekommen wie die niedersächsische Landesregierung, und also zu einem anderen Ergebnis als die Landtagsfraktion der SPD: Soweit meine Sachkompetenz reicht, halte ich das vorgeschlagene Zentrum für sicherheitstechnisch realisierbar. Daß verschiedene Zuhörer von den jeweils für eine Detaildiskussion zwangsläufig viel zu kurzen Gesprächsrunden des Gorleben-Hearings verschiedenartige Eindrücke erhalten haben, ist nur zu verständlich. Schon die knappe Zeit und erst recht die eingangs erläuterten psychologischen Vorbedingungen machten es unmöglich, daß irgendeine dieser Sachdebatten zu einem allseits akzeptierten Resultat führte. Dies konnte auf Kritiker des Vorhabens den Eindruck machen, viele Sachfragen seien ungeklärt und daher der Bau des Zentrums nicht zu verantworten.

Meinen eigenen unmittelbaren Eindruck habe ich hingegen in privaten Äußerungen sofort nach dem Hearing in dem Satz ausgedrückt, alle Runden seien in den Fragen technischer Machbarkeit »nach Punkten« zugunsten der Befürworter ausgegangen. Die Kritiker hoben immer von neuem die Unvollständigkeit der Angaben des Sicherheitsberichts hervor. Aber wo immer eine konkrete Forderung nach dem Nachweis der Machbarkeit eines einzelnen Schritts erhoben wurde, konnten die Befürworter aus ihrer langjährigen praktischen Erfahrung heraus plausibel machen, daß die Erbauer des Zentrums imstande sein werden, die Forderung zu erfüllen.

Die genaue Prüfung solcher Ansprüche wäre Sache des Genehmigungsverfahrens. In der Frage der langfristig technisch sicheren Endlagerung in Salzstöcken wirkten die Argumente der Kritiker auf mich als ausgesprochen schwach. Aber auch in der Frage der Wiederaufarbeitung konnten die Befürworter nach meinem Eindruck die (von dem französischen kritischen Experten Schapira klar zusammengestellten) Bedenken im Rahmen der verfügbaren Zeit befriedigend beantworten. Ich bin kein technischer Fachmann und muß mich bei diesem Urteil ausdrücklich auf meinen subjektiven Eindruck beziehen; dieser war jedoch eindeutig.

Drittens: Terrorismus. Ob eine Terroristengruppe aus entwendetem Plutonium eine wirksame Bombe basteln kann, blieb im Hearing kontrovers. Die Gefahr ist hier meines Erachtens nicht so sehr physisch wie politisch-psychologisch. Der Terrorist erstrebt nicht primär Zerstörung, sondern öffentliches Aufsehen. Das kann er schon durch die Zündung einer sehr schlecht funktionierenden Atombombe erreichen. Dagegen läßt sich nur das bekannte, nicht voll befriedigende Argument wiederholen, daß dem Einfallsreichtum von Terroristen noch sehr viele andere Wege offenstehen, um unsere von Zivilisationsangst heimgesuchte Gesellschaft zu erschrecken. Ich wäre über jeden technischen Vorschlag froh, der dazu beitrüge, den Terroristen noch diesen einen Weg abzuschneiden, ohne daß ich wagen würde, schon deshalb den Verzicht auf Wiederaufarbeitung zu fordern.

Hier stellt sich vor allem die Forderung möglichst weitgehender inhärenter Sicherheit der Anlagen, nicht bloß gegen Diebstahl, sondern auch gegen gewaltsamen Angriff. Ich vermag keine detaillierten technischen Vorschläge zu machen; das ist nicht das Feld meiner Sachkompetenz. Grundsätzlich, im Felde der »Sicherheitsphilosophie«, würde ich das Verhältnis zwischen technischen und menschlichen Problemen so charakterisieren: Man soll in bezug auf die Erzeugung von Gefahren vom menschlichen Willen viel mehr fürchten als von rein technischen Zufällen, man soll eben darum die Verhütung der Gefahren soweit als möglich technischen Fakten und nicht dem menschlichen Willen anvertrauen. Unter inhärenter Sicherheit verstehe ich dabei in erster Linie eine technische Bauweise, in der gewisse Unfälle physikalisch gar nicht möglich sind, und nur in zweiter Linie die Sicherung gegen prinzipiell nicht auszuschließende Unfälle durch automatische Regelungen. Beispiele inhärenter Sicherheit wären die Trockenkühlung von Zwischenlagern, oder, noch deutlicher, die Verlagerung sensitiver Anlagen tief genug unter die Erde, um sie für Angriffe unerreichbar zu machen und ihre möglichen Emissionen zu minimieren.

Viertens: Kernwaffenproliferation. Dies ist ein außenpolitisches Problem. Seit mehr als einem Jahr tagt die internationale Expertenkonferenz INFCE *(International Nuclear Fuel Cycle Evaluation).* Wiederaufarbeitungsanlagen sind nur einer von mehreren Wegen zum Besitz des für Waffen geeigneten Plutoniums. Soll aber die Verbreitung der Kernwaffen verlangsamt oder gar zum Stehen gebracht werden, so ist eine internationale Übereinkunft nötig, die das Begehen jedes dieser Wege verbietet, so daß der Verletzer der Übereinkunft erwarten muß, sich geächtet und eben damit akut gefährdet zu sehen. Dem sollen die gegenwärtig in INFCE verhandelten Regulierungen dienen. Die Verhandlungen scheinen dem Ziel zuzustreben, daß Wiederaufarbeitung in Nichtwaffenstaaten nur für Brüter, aber nicht zur Rückführung des Plutoniums in Leichtwasserreaktoren gestattet werden soll. Die USA hatten die Bundesrepublik nicht ausdrücklich aufgefordert, deshalb auf die bisherige Fassung des nuklearen Entsorgungszentrums zu verzichten. Das war ein Akt politischer Rücksichtnahme auf einen wichtigen Verbündeten; ohne Zweifel wäre man aber in Amerika durch einen solchen Verzicht unsererseits sehr erleichtert.

Es ist nicht meine Aufgabe, an dieser Stelle das wirtschaftliche Für und Wider eines solchen Verzichts zu erwägen. Unser Dilemma beruht auf der möglichen Rückwirkung eines solchen Verzichts auf die internationale Verkäuflichkeit unserer Reaktortechnik. In bilateralen deutsch-amerikanischen Gesprächen habe ich in diesem Punkt stets den deutschen Standpunkt erläutert und verteidigt. Ich muß aber andererseits in der internen deutschen Erwägung die Wichtigkeit des von den Amerikanern angestrebten Ziels hervorheben.

Fünftens: Kriegseinwirkung. Man pflegt nach Rasmussen für einen bestimmten, als möglich erwogenen Unfall eine »Wahrscheinlichkeit« dafür abzuschätzen, daß er in einer bestimmten Zeitspanne, etwa in fünfzig Jahren, einmal eintreten wird. Dies ist, wie Harrisburg lehrt, ein fehlbares Beginnen, aber wenigstens ein Versuch zur Denkdisziplin. Sehr große Unfälle sollten, so meint man wohl, eine Wahrscheinlichkeit kleiner als ein Prozent haben. Die Wahrscheinlichkeit eines sehr großen Reaktorunfalls als Folge von Kriegseinwirkung müßte man als Produkt dreier Wahrscheinlichkeiten abschätzen:

1. der Wahrscheinlichkeit, daß es in dem Land, in dem die Reaktoren stehen, zu Kriegshandlungen kommt,
2. der Wahrscheinlichkeit, daß in einem solchen Krieg ein Reaktor angegriffen wird,
3. der Wahrscheinlichkeit, daß ein solcher Angriff eben den in Rede stehenden Unfall erzeugt.

Die dritte Wahrscheinlichkeit kann man durch die Bauweise (zum Beispiel unterirdisch) stark herabdrücken. Von den beiden ersten Wahrscheinlichkeiten wird ein vorsichtiger Planer auch für unser Land nur sagen können, daß sie weder Null noch Eins sind. Daß ihr Produkt kleiner zu schätzen sei als ein Prozent, wäre eine sehr kühne Behauptung. Dies reicht meines Erachtens aus, um die Minimierung der dritten Wahrscheinlichkeit zum Gebot zu machen.

Im Detail würde ich meinen, daß kein verantwortlicher Planer eine der beiden ersten Wahrscheinlichkeiten kleiner als zehn Prozent ansetzen darf. Die gegenwärtige Waffenentwicklung stellt immer mehr Optionen begrenzten konventionellen und nuklearen Waffeneinsatzes zur Verfügung. Ich erlaube mir die Bemerkung, daß ich mich mit diesem Problem in direktem Kontakt mit militärischen Fachleuten länger und sorgfältiger beschäftigt habe als mit der gesamten friedlichen Nukleartechnik und daß ich meine kurze Formulierung durch detaillierte Analysen belegen könnte. Ich folgere, daß auch bei Vermeidung eines totalen Kriegs, in dem in der Tat der zusätzliche

Schaden durch Zerstörung friedlicher Nuklearanlagen vernachlässigbar sein mag, begrenzte Kriegshandlungen denkbar sind, in denen der Schaden durch solche Attacken eine fühlbare Vergrößerung der Verluste ergeben könnte. Zehn Prozent Wahrscheinlichkeit hierfür bedeutet mathematisch, daß die Wahrscheinlichkeit $1/2$ (»Fünfzig zu Fünfzig«) eines solchen Vorgangs erst in etwa 250 Jahren erreicht würde; eine sehr optimistische Schätzung.

Auch der zweiten Wahrscheinlichkeit darf man meines Erachtens keinen kleineren Wert als zehn Prozent geben. Zwar gibt es wohl keine rationale Strategie für den Anfang eines solchen Kriegs, die mit der Zerstörung dieser Anlagen durch den Angreifer rechnen müßte. Aber im längeren Verlauf eines Kriegs könnten höchst irrationale Handlungen geschehen.

Ich bedaure nachträglich, das im Bonner Vortrag nicht mit dieser Deutlichkeit gesagt zu haben. Ich hatte und habe die Scheu, öffentlich Panik zu erregen, da solche Panik eine magnetische Anziehung für eben die Gefahren hat, vor denen sie sich fürchtet. Aber in abgewogener Sprache muß man die Kriterien auch öffentlich nennen, die für solche Planungen maßgebend sein müssen.

III. Moral

Unter Moral verstehe ich hier nicht bloß Normen, sondern eine allgemeine menschliche Haltung, wie wenn man von der »Kampfmoral« einer Truppe redet. Die moralische Schlacht um die Kernenergie neigt sich im Augenblick zugunsten ihrer Gegner. Das habe ich noch vor einem Jahr nicht vorhergesehen, und ich muß überprüfen, was ich hier nicht gesehen habe.

Will man eine starke seelische Bewegung verstehen, so muß man unter ihren Motiven dasjenige aufsuchen, in dem sie recht hat. Der Irrtum wird von der Wahrheit getragen, auch wenn er sie entstellt. Unabhängig davon, welche Kritiken in puncto Bedarf und Gefahren sachlich richtig oder falsch sein mögen, frage ich daher jetzt, was heute so viele Menschen bewegt, solche Kritiken aufzusuchen und sie eher zu glauben als die Entgegnungen der Befürworter.

Die offene Zukunft der Kernenergie

Es liegt mir nahe, in der Kernenergiegegnerschaft eine neue Gestalt der Kritik zu sehen, welche die neuzeitliche rationalistisch-technokratische Zivilisation seit ihren Anfängen begleitet hat, einen heute fast panischen Widerstand gegen eine bloße Willens- und Verstandeswelt. Das schließt nicht aus, daß diese Kritik sich selbst rational-voluntaristisch ausspricht. Es muß möglich sein, die Fehler der Willens- und Verstandeswelt mit dem Verstand nachzuweisen und dem Willen als Angriffsziele sichtbar zu machen. So würde sich das im engeren Sinn moralische Pathos der Gegnerschaft begreiflich machen: sie kämpft nicht gegen einen technischen Irrtum, sondern gegen ein System, gegen »das Böse«. So geschieht es dann dem, der in der naiven Meinung, es gehe um Sachfragen, die kämpfenden Hunde trennen will, daß beide ihn beißen. Man muß hier auch dem moralischen Empfinden der Promotoren der Kernenergie gerecht werden, vielfach ehrgeizig-redlicher Techniker, die sich in ihrer Berufsehre gekränkt, in ihrer Wahrheitsliebe in den Schmutz gezogen fühlen.

Ich glaube persönlich, daß die wachsende Kritik an der technokratischen Welt die Vorankündigung tiefer Krisen, ja Katastrophen ist. Es ist unverzeihlich, auf Kassandra, auf Jeremia nicht zu hören, auch wenn der König und seine Berater guten Glaubens sind, und auch wenn die Unheilspropheten sich in nachweisbaren Irrtümern aussprechen. Wie aber haben wir sie zu verstehen? Ich würde hier gerne drei Schritte in der Richtung auf eine Respezialisierung des Problems tun, ohne die es im unlösbaren Streit differenter Moralauffassungen versanden würde.

Es liegt zunächst nahe, sich der Kritik am »Wachstumsfetisch« anzuschließen. Vielleicht darf ich hier noch einmal auf einen eigenen Text hinweisen, in dem ich versucht habe, dieser Frage nachzugehen (»Gehen wir einer asketischen Weltkultur entgegen?«). Ich komme dort auf die skeptische Frage nach der Durchführbarkeit einer demokratischen Askese. Die Asketen der alten Kirche haben sich als Minderheit der Welt entgegengestellt mit einer alternativen Lebensform. Die Mitverantwortung für die Lebensform der Welt haben sie nicht beansprucht, sondern verweigert. Wer aber Weltverantwortung übernahm, stand vor der Frage der Durchsetzbarkeit seiner Ideale.

Unter diesem Aspekt scheint mir ein zweiter Schritt in der Richtung auf die technokratische Realität hin legitim. Er wäre durch Lovins repräsentiert, wenn sich erwiese, daß Lovins in hinreichendem Umfang recht hätte. Lovins beschreibt sich selbst nicht als Asketen, sondern als »*high-technology-man*«. Losgelöst von seiner Person würde ich sagen: die Reifung der technischen Welt verlangt, daß die »Effekte zweiter Ordnung« in den Vordergrund unseres Interesses rücken. Also, wenn Energie nachgefragt wird, nicht nur die Frage erster Ordnung: »Wie schafft man die verlangte Energie?«, sondern die Frage zweiter Ordnung: »Wie wirkt die bereitgestellte Energie auf die Gesellschaft zurück?« Es ist ein gesundes Prinzip, die Bedarfsfrage soweit als möglich technikimmanent zu erörtern. Erst wer diese intellektuelle Anstrengung gemacht hat, ist wohlvorbereitet für den unseren Idealisten so leicht erscheinenden Sprung ins Technik-Transzendente. Wer dem Markt so viel zutraut wie der Amerikaner Lovins, der entwickelt Sinn für die gesellschaftsimmanente Selbstkorrektur; er entwickelt einen, wie ich empfinde, bescheidenen, ja demütigen Sinn. Wer der Gesellschaft diese immanente Vernunft nicht zutraut, muß ihr mit Forderungen begegnen. Das wird nie ganz zu vermeiden sein.

Hier bieten sich als dritter Schritt »Effekte dritter Ordnung« zum Nachdenken an. Ich meine damit die Rückwirkung nicht der Wirtschaft auf die Wirtschaft, sondern der Wirtschaft auf die Kultur, auf die verleibliche Seelenhaltung, welche seit Jahrhunderten diese Wirtschaft erzeugt und von ihr rückwirkend geprägt wird. In dieser Ebene gibt mir die Woge der Kernenergieproteste zu denken. Es mag sein, daß sie in einem spezifischen Sinn mehr Recht hat, als ich in meiner Neigung zu naturwissenschaftlich-technischer Deutlichkeit zu sehen vermocht habe.

Die Tendenz ins Große, Zentralisierte macht unsere Gesellschaft einerseits in vielfacher Hinsicht effizienter als ihre in viele lokale Teilgesellschaften aufgespaltenen Vorläufer, sie macht sie aber auch anfälliger gegen Katastrophen, die das zentrale System betreffen, und abhängiger von einem bewußten Verständnis der Lebensbedingungen des großen Systems. Man darf wohl sagen, daß die Frage nach diesen Lebensbedingun-

Die offene Zukunft der Kernenergie 433

gen noch nie in unserer Geschichte mit solcher intellektueller Explizitheit gestellt worden ist wie heute. Diese Explizitheit ist in der Tat zu fordern; sie ist ein Teil eines lebenswichtigen Bewußtseinsprozesses. Die Frage wird vorangetrieben durch eine wachsende und vermutlich berechtigte Angst, daß der Bewußtseinsprozeß doch in lebensbedrohender Weise hinter dem realen technisch-ökonomisch-gesellschaftlichen Prozeß hinterherhinkt. In dieser Art der Sorge mag es legitim sein, technische Schritte danach zu klassifizieren, ob sie diese »Abhängigkeit des Überlebens vom ausdrücklichen Verständnis der technischen Funktionsbedingungen des komplexen Systems« steigern oder mindern. Es mag ein lebenssichernder Instinkt sein, der die Minderung dieser Abhängigkeit begünstigt, ihre Steigerung verwirft. Die Kernenergie wird entwickelt und vertreten durch Menschen, denen das rationale Denken in Systemzusammenhängen selbstverständlich ist. Eben darum können sie sich die Folgen eines Versagens dieses Denkens oft gar nicht ausmalen. Es fragt sich, ob der eben genannte Instinkt nicht gegen sie recht hat, auch wenn fast jedes Beispiel, das seine Vorkämpfer vorbringen, im einzelnen widerlegbar ist.

Ich gebe eine anekdotische Erläuterung. Vor etwa vier Jahren besuchte ich Rasmussens Institut am MIT, Cambridge, Massachusetts. Wir kamen auf die Frage, wie man einen Reaktor, der abgeschaltet wird, kühlt.

Er: »Das dauert vier Wochen.« Ich: »Wer macht das?« Er: »Die Crew.« Ich: »Und wenn die Crew versagt?« Er: »Warum sollte sie?« Ich: »Wenn sie wegläuft?« Er: »Das tut sie doch nicht.« Ich: »Aber wenn sie es tut?« Er: »Das darf sie nicht, sonst geschieht ein Unglück. Also tut sie es nicht.« Ich: »Sie verkaufen doch auch Reaktoren ins Ausland. Angenommen, bei Beirut steht ein Reaktor, die Crew besteht aus Christen, die Syrer kommen, die Crew läuft weg.« Er: »Sie darf nicht weglaufen.« Pause. Dann ein Zuhörer: »Ich glaube, ich habe in den letzten zehn Minuten mehr gelernt als seit Monaten.«

Fortsetzung drei Wochen später: Ich erzähle die Geschichte einem deutschen Fachmann. Er: »Bei den amerikanischen Reaktoren ist das wohl so. Die unseren kühlen automatisch. Da dürfte die Crew weglaufen.« Er hatte recht.

Folgerung: 1. Man sollte die »inhärente Sicherheit« der Geräte soweit als möglich steigern. 2. Reicht das für die Fälle, die uns nicht eingefallen sind?

Ein Wort in diesem Sachzusammenhang zum »Atomstaat«. Ich finde den Titel reißerisch, und ich bin nicht imstande, mich nicht zu empören über Jungks Methode, seine Sachgegner persönlich zu verunglimpfen, durch meist unkontrollierbare Anekdoten, die, wo ich sie nachprüfen konnte, stets tendenziös erzählt, ja schlicht falsch waren. Aber das Problem ist nicht zu leugnen; in dem Londoner Rechtsanwalt Paul Sieghart, der am Gorleben-Hearing teilnahm, hat es einen klugen und eloquenten Sprecher. Die Gefahr des Polizeistaats ist aller schutzbedürftigen modernen Technik eigen, und die beste technische Lösung ist technisch inhärente Stabilität der Anlagen, soweit sie möglich ist. Aber läßt sich die Meinung widerlegen, die Kernenergie stehe hier in der Nähe des gefährlicheren Endes des Spektrums möglicher Techniken?

Ich kehre zur Ausgangsfrage zurück. Der Bonner Vortrag ging von der Annahme aus, die Entscheidung für die Kernenergie sei gefallen. Er suchte zu zeigen, daß diese Entscheidung akzeptabel ist, daß aber eine große Anstrengung nötig sein wird, die mit ihr verbundenen Gefahren so klein wie eben noch möglich zu halten. Meine jetzigen Überlegungen stehen angesichts der Möglichkeit, daß die Entscheidung, wenigstens in unserem Lande, gegen die Kernenergie fällt. Sie stellen, so gelesen, zur Erwägung, daß auch diese Entscheidung akzeptabel sein könnte, daß aber eine große Anstrengung nötig würde, die mit ihr verbundenen Gefahren so klein wie möglich zu halten. Es sind weltweit die ökonomischen Gefahren langfristiger Energieknappheit oder die ökologischen Gefahren ihrer rein fossilen Deckung; es sind national die Gefahren für unsere Konkurrenzfähigkeit auf dem Weltmarkt.

Mit dieser Betrachtungsweise behandle ich also das Energieproblem als eine Frage, in der ein Entscheidungsspielraum besteht. Damit möchte ich das moralische Engagement, das zumal die Gegner oft auszeichnet, »entmythologisieren«. In der so oft sachlich irrenden Simplizität dieser Moral mag sich ein Instinkt dafür verbergen, was die Menschheit in ihrem heutigen Bewußtseinsstand an technischer Komplexität »verkraften« kann. Nicht unterstützen kann und will ich offenkundig eine moralisch kategorische Parteinahme für eine der beiden Seiten.

Schließen möchte ich mit einer hypothetischen Erwägung über die historische Rolle des Wirtschaftswachstums. Diese Erwägung benutze ich nicht als Argument, nur als Denkmodell, um die auf beiden streitenden Seiten so naheliegenden Verzweiflungsausbrüche zu verstehen. Ohne Beweis vermute ich, daß historisch alle diejenigen Kulturen, die sich selbst als säkular stabil verstanden oder uns als langfristig stabil imponieren – beginnend mit dem alten Ägypten –, in Wirklichkeit solange stabil waren, als sie ein langsames Wirtschaftswachstum vollzogen. Historisch spricht manches dafür: die gewollte Stabilität der kulturellen Formen wird oft begleitet von einer faktischen Bereicherung technischer Fähigkeiten, einem Wachstum des beherrschten Raums. Kausal mag die »Stabilisierung durch Wachstum« an der Existenz eines zusätzlichen Freiheitsgrads, eben der Wachstumsrate, liegen. Ein (unvollkommenes) physikalisches Gleichnis: das Fahrrad stabilisiert sich, indem es vorwärts fährt. Andererseits ist unbegrenztes Wachstum auch nicht stabil; es stößt an Grenzen. So stellt sich auch die Geschichte der »stabilen« Kulturen als immer wiederkehrende Abfolge von Blütezeiten und Krisen dar.

Mit anderen Worten: Uns ist nicht versprochen, daß wir überhaupt in einer stabilen Gesellschaft leben werden. Die Erkenntnis jeder der beiden Seiten in der Wachstumskontroverse: »Was mein Gegner vertritt, ist offensichtlich instabil«, rechtfertigt nicht den Schluß: »Also ist das, was ich vorschlage, stabil.« Das Problem ist in unserer Zeit dadurch verschärft, daß unsere ökonomische Wissenschaft die stabilisierende Wirkung des Wachstums *erkannt* hat. Dies hat, in politischer Rückwirkung, dazu geführt, daß Wirtschaftswachstum jetzt als ein Kriterium politischen Erfolgs bewertet und folglich mit allen verfügbaren Mitteln gefördert wird. Eben diese Wachstumsbeschleunigung hat natürlich auch die ökologische Destabilisierung, den kulturellen Widerstand gegen die Wachstumspolitik und damit das Empfinden der Unsicherheit gesteigert.

Ich gebe diese Analyse offensichtlich nicht, um für die Moral einer der beiden Seiten, sondern zunächst für das Verständnis ihrer gegenseitigen Bedingtheit zu plädieren.

VI. Reflexionen

Rede am 20. Juli 1974*

Wir gedenken heute der Menschen, die vor dreißig Jahren an diesem Ort einen Staatsstreich gegen die Herrschaft Hitlers versucht haben. Der Staatsstreich ist gescheitert. Er wurde kein Erfolg, aber ein Zeichen. Die meisten derer, die ihn getragen haben, haben damit ihr Leben zum Opfer gebracht.

Wir denken an die einzelnen Menschen, vielen unter denen, die heute hier stehen, nahe verbunden, unvergeßlich, solange wir leben werden. Es ist unmöglich, ihre Namen vollständig und gerecht aufzuzählen, und doch drängen sich die Namen auf die Lippen. Seien einige für alle genannt: die Brüder Stauffenberg, Oster, Tresckow, Witzleben, Stülpnagel, Leuschner, Leber, Haubach, Mierendorff, Moltke, Delp, die Brüder Bonhoeffer, Dohnanyi, Canaris, Goerdeler, Hassell, Haeften, Yorck, Trott, Schwerin... Aber diese, die für eine Verschwörung nahe genug am Machtzentrum waren, fühlten sich nicht herausgehoben. Unsere Erinnerung muß zu den Tausenden gehen, die an vielen Stellen ihren Widerstand mit dem Leben bezahlten, als Sozialisten, Kommunisten, als Liberale, Konservative, als Christen, als Deutsche, Polen, Tschechen, Franzosen, Norweger, Griechen, zu den Millionen, die fast ohne Möglichkeit des Widerstands nur Opfer waren, zuerst und zuletzt zu den Juden.

Jeder von uns sieht vor sich die Bilder derer, die er persönlich gekannt, die er persönlich verloren hat. Das ist recht. Aber heute soll zugleich ein Tag des öffentlichen Gedenkens sein. Ist das nötig? Ist das möglich? Das Wort »Gedenken« ist oft ein Ausdruck der Verlegenheit, wo wir nicht denken. Geschichtsunterricht und Publizistik haben in diesen dreißig Jahren den 20. Juli 1944 oft genannt. Die Gedanken der Verschwörer haben gleichwohl die deutsche Nachkriegspolitik wenig beeinflußt. Die Nötigung, sie öffentlich zu ehren, wurde manchmal

---

* Gehalten im Hof des ehemaligen Oberkommandos der Wehrmacht in Berlin.

als peinlich empfunden. Für die heutige Jugend sind sie in die ferne Geschichte versunken.

Dies hat einen tiefen und höchst begreiflichen Grund. Man hat auch die Erinnerung an die Verschwörung gegen Hitler verdrängt, weil man die Erinnerung an Hitler selbst verdrängte. Hitler als das Symbol unseres moralischen und politischen Scheiterns ist in den halbbewußten seelischen Schichten aller von uns, die ihn noch erlebt haben, so gegenwärtig, er ist zugleich so widerlegt und so unbewältigt, daß wir alle eine Glocke des Schweigens über ihn gesenkt haben. Die Aufklärungsbemühungen der politischen Erziehung, die fortdauernde Erschütterung der heute meistgelesenen Autoren, die manchmal zu schrille Stimme der wenigen, die ihre Verwundetheit in an die Vergangenheit fixiertes Reden umsetzten, sie alle haben diese Glocke nicht wirklich gehoben. Vielleicht ist die Welle der Hitler-Literatur der letzten Jahre, in all ihrer Fragwürdigkeit, ein Zeichen einer Wandlung. Diese Wandlung wäre nötig. Man könnte die ersten zwei Jahrzehnte nach dem Krieg als eine Art Heilschlaf unserer Nation auffassen, als ein zeitweiliges Vergessen des noch übermächtig Nahen. Aber auf das Erwachen aus dem Schlaf muß noch eine Beichte folgen. Wir können die Geister dieser Vergangenheit nicht verabschieden, ohne sie noch einmal zu beschwören. Es handelt sich nicht darum, uns unsere Schuld abermals einzubleuen, wodurch unser innerer Widerstand gegen ihre Anerkennung nur verhärtet würde. Im Gegenteil, wir müssen uns unbefangen als die sehen lernen, die wir waren. Es wäre gesund für uns, wenn es keine Schande wäre, zu bekennen, daß wir Hitler gefolgt sind, daß wir, jeder vielleicht in anderem Grade und einer anderen Phase, Glieder eines nationalsozialistischen Volks waren. Wenn der Schuldkomplex von uns fiele, könnte vielleicht aus der bisher unterdrückten Tiefe die verspätete Trauer über uns kommen; und die Unfähigkeit zu trauern ist es ja, die uns von wahrer Freude abschließt und uns in die Ersatzbefriedigungen der Tüchtigkeit, des materiellen Erfolgs und der billigen Genüsse jagt. Wenn die ältere Generation dies nicht leistet, so versperrt sie der Jugend den seelischen Zugang zu unsrer nationalen Geschichte, denn der Weg in deren reiche Jahrhunderte geht nicht an den zwölf Jahren des Hitlerreichs vorbei. Bleibt dieser Zugang versperrt, so wird die künftige Überwindung der Nation in einer größeren politischen Einheit nicht ein fruchtbringendes Opfer sein, sondern ein Hinübergleiten aus einer leeren Form in eine andere leere Form.

Deshalb wird die heutige Ansprache in ihrem Mittelstück ein Versuch einer Analyse Hitlers sein. Dann wird sich uns unsere Gemeinschaft mit denen ergeben, die damals den Anfang der Anstrengung machten, ihn zu überwinden. Diese Analyse will ich in einem Hin- und Rückweg von der Nation zur Welt und zurück zur Nation versuchen. Hitler ist ein deutsches Phänomen. Er ist ein europäisches Phänomen. Er ist ein Weltphänomen unseres Jahrhunderts. Von der Weltentwicklung her können wir vielleicht verstehen, wie Europa ihn ermöglichte, von der europäischen Zeitgeschichte her, wie unser Deutschland ihn hervorbrachte.

Hitler ist ein deutsches Phänomen. Sein innenpolitischer Weg zur Macht war ermöglicht durch die Niederlage im Ersten Weltkrieg. Hitler markiert objektiv das in der Geschichte häufige Phänomen des Aufbäumens der im Kampf um die Hegemonie besiegten Großmacht zu einem zweiten und letzten Versuch, also das letzte extreme Ausgreifen vor dem Zusammensinken des imperialen Feuers. Auch die Klaviatur seiner politischen Mittel ist bezogen auf den besonderen Zustand der Deutschen, dieser nach westeuropäischem Maßstab sowohl zum Nationalismus wie zur Aufklärung zu spät gekommenen Nation. Das Deutschland des späten 19. Jahrhunderts war altmodisch in seinen Begriffen, hochmodern in seinen technischen Mitteln. Hitlers Ideologie von Blut und Boden, von Antidemokratie und Antikommunismus appellierte an die Abwehr gegen die Modernität, seine Technik der Macht war moderner als die aller seiner Gegner. Seine persönliche Lebensprägung spiegelt Stationen der deutschen Geschichte. Nationalismus und Judenhaß seiner Jugend entstammen den Ängsten der aus der Bismarckschen Reichsgründung ausgeschlossenen Deutschen in der Habsburgermonarchie, einer Monarchie, die sich in der nationalistischen Ära auf einmal als ein Vielvölkerstaat darstellte. Das Trauma, das Hitler dann in die Politik führte, hat er mit der ihm eigenen Kraft der verräterischen Symbolik selbst dargestellt, als er 1940 die französische Führung zwang, ihre

Kapitulation in demselben Salonwagen im Wald von Compiègne zu unterzeichnen, in dem die Deutschen 1918 die ihre unterzeichnet hatten.

Albrecht Haushofer sagte mir damals: »Er ist seelisch an diese Situation fixiert; er wird nicht ruhen, bis er die deutsche Niederlage in einem Zweifrontenkrieg ein zweites Mal herbeigeführt haben wird.« Diesen Sinn des Symbols freilich verstand damals weder Hitler noch das deutsche Volk.

Hitler war ein europäisches Phänomen. Die zwanziger Jahre entwickelten sich zu einem Krisenjahrzehnt für die Demokratie. Die Niederlage der Kaiserreiche im Ersten Weltkrieg hatte nicht zu neuen stabilen innenpolitischen Formen geführt. In Süd- und Osteuropa setzten sich autoritäre oder, wie man nach dem erfolgreichsten Beispiel zu sagen begann, faschistische Regime durch. Die alten Demokratien des Westens freilich blieben immun. Sie waren die geistig, technisch, wirtschaftlich modernsten Staaten. Man realisierte im Westen nicht genug, daß die deutsche Entscheidung eine Schlüsselrolle spielte. Die verspätete deutsche Demokratie litt unter dem Trauma, von den Siegern eingesetzt zu sein, aber von ihnen – anders als 30 Jahre später unter Adenauer – nicht die notwendige Unterstützung zu erhalten. Zumal die französische Politik verweigerte demokratisch gewählten deutschen Regierungen Erfolge, die sie Hitler nachher widerstandslos gewährte. Das ambivalente Verhalten Frankreichs und Englands gegenüber Deutschland nach dem Ersten Weltkrieg ist psychologisch völlig begreiflich, wenn man bedenkt, daß dieser Krieg tatsächlich den Zusammenbruch des Imperialismus aller drei Nationen einleitete; zum Versuch, Schuld und Schaden auf Deutschland allein abzuwälzen, gab es verständliche Gründe, aber die Kraft reichte nicht mehr aus dazu. Freilich kann man sagen, daß der Wendepunkt in Hitlers Erfolgskurve der Augenblick war, in dem sich die Engländer, anders als die deutschen Konservativen, trotz der Verführung scheinbarer Interessenparallelität, als es ernst wurde, ihm gegenüber unbestechlich erwiesen.

Hitler ist ein Weltphänomen unseres Jahrhunderts. Weltweit war der Vorgang, der ihm schließlich den Weg in die Macht freigab: die Wirtschaftskrise. Der Erste Weltkrieg hatte sichtbar gemacht, daß Amerika von England die Führungsrolle der modernen kapitalistischen Weltwirtschaftsentwicklung übernommen hatte. Die Weltwirtschaftskrise war für Amerika die erste, für Europa nächst dem Krieg die zweite Erschütterung des naiven Glaubens an die Stabilität und Moral dieser Entwicklung. Keynes und Schacht bezeichneten die in ihrem Gedankengut für vierzig weitere Jahre ausreichende ökonomisch-finanztechnische Antwort auf die Krise. Roosevelt und Hitler waren politische Antworten, eine demokratisch-intellektualistische und eine antidemokratisch-antiintellektualistische. Hitlers zeitweilige Überlegenheit über alle seine europäischen Partner hing damit zusammen, daß er eine, ebenfalls nur zeitweilige Antwort auf das Problem war, als dessen hilflose Exponenten sie sich erwiesen.

Aber was war das Problem, und was war seine Antwort? Die europäische Kultur war bis zum Ende des Mittelalters eine unter den großen Weltkulturen, und nicht die bedeutendste unter ihnen. Seitdem hat sie durch ihre technische Rationalität einen großen Teil der Welt politisch erobert und die ganze Welt strukturell radikal umgestaltet. Das kapitalistische Wirtschaftswachstum ist der ökonomische Aspekt dieses Vorgangs. Die unausweichliche innere Krise dieser Willens- und Verstandeswelt konnte solange nach außen verlagert werden, als das System sich durch Wachstum stabilisierte. Dieser Prozeß der Verlagerung der Krise nach außen kennzeichnet die Entwicklung Europas im Jahrhundert vom Wiener Kongreß bis zum Ersten Weltkrieg, zumal in seiner zweiten Hälfte. Die Vermeidung eines all-europäischen Kriegs in der Phase wirtschaftlicher und imperialer Expansion ist sein sichtbarstes Anzeichen. Der Weltkrieg trat ein, als, um es salopp zu sagen, die europäischen Imperialismen entdeckt hatten, daß die Erde rund ist. Der Krieg von 1914 wurde mit Recht als Ausbruch einer Krise der europäischen Kultur empfunden. Dreißig Jahre später erwies sich die Krise, wie Krisen so häufig, als noch begrenzt. Die politischen und ökonomischen Formen dieser Kultur, Kapitalismus und Sozialismus, Demokratie, Technokratie und Bürokratie erlebten nun erst ihre größte bisherige Entfaltung. Nur haben die im engeren Sinn europäischen Großmächte die Stafette des imperialen Wettlaufs an Amerika und Rußland abgegeben. Wenn die Krise, die sich für dieses erneuerte System heute zusammenbraut, sichtbarer geworden sein wird, werden wir manche Züge der letzten Krise wieder verstehen.

Deutschland, Österreich und Rußland, als Unterlegene, waren am tiefsten von der Krise getroffen. Die österreichisch-ungarische Monarchie verschwand von der Weltkarte. Rußland konnte sich zwei Jahrzehnte in der Weite seines Raums mit sich selbst beschäftigen. Deutschland blieb vom Gedeihen Westeuropas abhängig und entwickelte auf dessen Unfähigkeit, seine Probleme zu lösen, eine wahnsinnige, aber zunächst höchst erfolgreiche Alternative. Niemand kann behaupten, dies sei die einzig mögliche Alternative, Hitler also sei welthistorisch notwendig gewesen. Jedes politische Handeln wäre sinnlos, wenn wir nicht jederzeit bereit wären, zu glauben, daß verschiedene Alternativen möglich sind. Dies gegen jeden Fatalismus zu demonstrieren, war wohl eine der tiefsten Triebkräfte des deutschen Widerstands gegen Hitler. Aber Hitler war die Alternative, die sich faktisch durchsetzte. Warum gerade Hitler?

Seine Verbindung von Wahnsinn und Erfolg hat die Zeitgenossen wie später die Historiker verwirrt. Wer 1923, 1933, 1939 sah, wie absurd Hitler war, der konnte nicht glauben, er werde weiterhin erfolgreich sein. Wer den Erfolg erlebte, mußte sich selbst prüfen, ob er ihn mit Recht für absurd gehalten habe. Viel an diesem Erfolg erklärten gewiß einige seiner persönlichen Eigenschaften, so die tief im Triebhaften wurzelnde Kommunikation des Redners mit den Massen, die opernhafte Phantasie, und die taktische Genialität, ungehindert durch normalmenschliche moralische Hemmungen. Und doch reicht ein solches Persönlichkeitsbild zur Erklärung des Erfolgs nicht aus. Die Fachleute hatten mit ihrer Kritik an seinen Lösungsideen zu speziellen Problemen meistens darin recht, daß seine Lösung mehr Probleme erzeugen als beseitigen würde, kurz, daß sie instabil sei. Hitlers zeitweilige Überlegenheit war, daß ihn diese Instabilität überhaupt nicht störte, da er ohnehin viel weiter reichende Ziele verfolgte. Er stabilisierte seine Politik wie ein Fahrrad, das nur in der Bewegung aufrecht bleibt, oder wie ein Flugzeug, das nur in der Bewegung in der Luft bleibt.

Was aber war das Ziel? Das läßt sich mit wenigen Worten sagen, denn er war trotz taktischer Verschleierungen erstaunlich offen darüber: Es war die Weltherrschaft der nordischen Rasse, gestützt auf ein deutsches Reich im russischen Raum. Es war die Unterwerfung der minderen Rassen und die Vernichtung der bewundernd gehaßten Gegenrasse, der Juden. Es war die absolute Macht seiner eigenen Person in Partei, Volk und Welt, da nur er die Kraft zur Durchsetzung dieses Ziels in sich spürte. Es war die Mobilisierung des ganzen Volks zur Erkenntnis seines unerkannten, aber im Führer zum Bewußtsein gelangten Willens.

Aber die Antwort wirft uns auf die Frage zurück: wie konnte dieses Wahnsystem zeitweiligen Erfolg haben? Die Erwiderung muß sein, daß sich manchmal in Wahnsystemen Züge der Wirklichkeit spiegeln, die der Verstand der Verständigen nicht sehen will. Nikolaus von Halem, der der Entschlossenheit der Verschwörer nicht traute und seinen eigenen Versuch gegen Hitlers Leben mit dem Tod bezahlt hat, sagte mir 1938: »Was an dieser Unperson bedingt seine historische Rolle? Denken Sie sich Menschen, die durch einen dunklen Wald gehen, in dem Schlangen sind. Plötzlich schreit einer; er ist als erster von einer Schlange gebissen. Das ist Hitler.« Die Fachleute wollten stabilisieren. In Hitlers Wahn spiegelt sich die faktische Instabilität des Weltsystems, sein Gezogensein zu einer noch unsichtbaren Einheit. Das Konkurrenzdenken des Kapitalismus hatte sich in den biologischen Theorien vom Kampf ums Dasein niedergeschlagen; Hitler übernahm die oberflächliche Seite dieser Theorien in der unwissenschaftlichen, aber eben darum symbolkräftigen Ideologie der nordischen Rasse. Hitler, der nie eine eigentliche Person war, begriff nur zu leicht, daß individueller Egoismus die Menschen unerfüllt läßt, und gab als Lösung die emotionelle Mobilisierung der Massen im Gemeinschaftserlebnis und im Führerkult.

Diesem Menschen standen die Offiziere, Beamten, Gutsbesitzer, Parteifunktionäre, Geistlichen des Widerstands gegenüber, die Familienväter und Söhne staatstragender Familien, die Personen. Ich möchte noch einmal sagen: es ist keine Schande, ihm unterlegen gewesen zu sein. Es ist keine Schande, sei es bezaubert von seiner Verführung, sei es widerstrebend in der Tradition des Staatsdienstes, sei es schlicht um eigenes und benachbartes Leben zitternd, ihm gehorcht zu haben; eine

Schande ist es nur, dieses Versagen nachträglich nicht zu erkennen, seine Gründe nicht wissen zu wollen. Es ist eine Ehre, Glied des aktiven Widerstands gewesen zu sein – eine Ehre, die ich, um darüber klar zu sprechen, für mich nicht in Anspruch nehmen kann. Wir ehren den Widerstand aber nicht mit dem billigen Lob dessen, der sich nicht mehr in Gefahr fühlt, sondern indem wir auch nach seinen Problemen und nach den Gründen seines Scheiterns fragen.

Die meisten, die zuletzt an der Verschwörung beteiligt waren, haben sich nur langsam zum Widerstand entschlossen. Man hat ihnen das manchmal zum Vorwurf gemacht. Man hat gesagt, sie hätten gar nicht Hitlers Ziele, sondern nur seine dilettantische Art der Verfolgung dieser Ziele mißbilligt, denn seine Ziele seien die der alten herrschenden Klasse gewesen. Das ist ein naheliegender, aber tiefer Irrtum. Hitler hat spätestens 1923 erkannt, daß er die Duldung der in Deutschland noch immer mächtigen Konservativen und insbesondere des Militärs brauchte, um zur Macht zu kommen. Dies war eine deutsche und eine Hitlersche Version der funktionalen Erkenntnis, daß ein moderner Staat nicht von der Straße aus, sondern nur von innen her erobert werden kann. Es fiel Hitler leicht, die Konservativen über seine Ziele zu täuschen, da er den Staat, den wiederherzustellen ihr Ziel war, seinerseits als Mittel brauchte. Man kann auch die These vertreten, die innere Logik des Imperialismus habe schon das Kaiserreich in jene Richtung gedrängt, in der Hitler dann hemmungslos voranschritt. Aber wohl bei jedem der Verschwörer des 20. Juli geschah der radikale Bruch mit Hitler nicht an der Frage nach der Zweckmäßigkeit der Mittel oder des Maßes der Ziele, sondern an der Stelle der Moral. Dies wird vielleicht am deutlichsten an der Tatsache, daß der unbedingte Entschluß zum Attentat erst in dem Augenblick gefaßt wurde, in dem gewiß war, daß es am politischen Schicksal des Reiches kaum mehr etwas ändern konnte.

Verfolgen wir am Ende den Weg zu diesem Entschluß! Die parlamentarische Demokratie war 1933 wie ein Kartenhaus zusammengebrochen. Sozialdemokraten und Kommunisten waren in die Illegalität und damit in die Erfolglosigkeit gedrängt. In den Kirchen gab es teilweise erfolgreichen Widerstand gegen Eingriffe in ihre innere Struktur, aber wenig Widerstand gegen Hitlers Politik selbst, und dieser Widerstand prägte sich bekennerisch und eben darum nicht konspirativ aus. Als Dietrich Bonhoeffer in den Kreis der Verschwörer eingetreten war, verwandelten sich ihm alle Werturteile darüber, was man sagen oder nicht sagen sollte, und er wurde manchen seiner Freunde aus der Bekennenden Kirche unverständlich. In der Tat war der Entschluß zum Staatsstreich und Attentat für die Menschen überlieferter Prägung ein schweres moralisches Problem. Die tiefe moralische Erschütterung über die Komplizenschaft im Verbrechen, in die das Regime jeden zu verwickeln trachtete, war nötig, um die Skrupel wegen Diensteid und Tyrannenmord bei einigen von ihnen zu überwinden. Das tiefste Problem sprach wohl Werner von Trott aus, der nicht wie sein Bruder Adam an der Verschwörung teilnahm. Er, ein mir bis zu diesem Moment Unbekannter, trat 1940 in mein Zimmer und sagte in einem seiner ersten Sätze: »Sie stimmen sicher mit mir überein, daß nur eine unbeschönigte totale Niederlage unser Volk moralisch aus seiner Selbstbelügung retten kann.«

Der Verschwörerkreis, der sich allmählich bildete, dachte nicht so und konnte nicht so denken. Er fühlte sich verpflichtet, praktikable nächste Schritte nach der politischen Elimination Hitlers vorweg zu planen. Das war ein Gebot überlieferten politischen Verstandes. Es war aber wohl zugleich der Grund dafür, daß es zu diesem rechtzeitigen Staatsstreich nicht kam. Freilich kamen auf eine fast unbegreifliche Weise Zufälle dazwischen, so im aussichtsreichsten Augenblick 1938 die Münchener Konferenz, oder dann im Krieg bei den Attentatsversuchen Schlabrendorffs und Busches technisches Versagen und Luftangriffe. Es kam nicht dazu, daß einmal einer der Verschworenen Hitler in die Augen gesehen und ihn niedergeschossen hätte. Die unbedingte Entschlossenheit, mit der Stauffenberg schließlich handelte, beruhte auf dem Gedanken, jetzt gehe es nicht mehr darum, den günstigsten Augenblick zu finden, sondern darum, zu beweisen, daß es hier Menschen gegeben hat, die bereit waren, das Böse auch mit Opferung ihres Lebens zu bekämpfen. Die feudale Führungsschicht war durch Hitler diskreditiert und damit politisch endgültig überwunden; moralisch fand sie in diesen ihren Vertretern zu sich zurück.

In jener Zeit wurden viele Sonette geschrieben. Ihr literarischer Wert ist meist nicht groß, aber sie können als authentische Zeugnisse des Erlebten dienen. Es sei mir erlaubt, eines zu zitieren.

Ihr Alten, deren zögernd klugen Händen
ein Stärkerer die Zügel längst entwunden,
die dienend hofften, durch die Pflicht gebunden,
ein unaufhaltsam Unheil abzuwenden,

Ihr Jungen, die ihr in den Bränden
der Zeit des Meineids und der tausend Wunden
wohl einen Glauben und ein Ziel gefunden,
doch keinen Weg, die Schrecken zu beenden,

Zu spät wars, als Verzweiflung euch gebot,
das fast vollendete Geschick zu beugen,
mit Menschenkraft zu treffen die Dämonen.

Doch unvergeßlich macht euch euer Tod.
Gemartert und verleumdet bliebt ihr Zeugen.
Nun tragt auch ihr die kostbarste der Kronen.

Die kostbarste Krone ist die Märtyrerkrone. Es steht uns objektiv nicht zu, sie unseren im Verfolg eines Staatsstreichs gefallenen Freunden zuzusprechen. Aber uns ist erlaubt, so zu empfinden.

Erforschung der Lebensbedingungen*

Am 1. Januar 1970 wurde, nach zweijähriger Vorbereitungszeit, das Max-Planck-Institut zur Erforschung der Lebensbedingungen der wissenschaftlich-technischen Welt gegründet. Am 30. Juni 1980 wird der auf die Gründungsthematik zurückgehende Arbeitsbereich I des Instituts geschlossen werden. Der unter der Leitung von Jürgen Habermas stehende Arbeitsbereich II soll in ein Max-Planck-Institut für Sozialwissenschaften umgewandelt werden. Dieser Beschluß des Senats der Max-Planck-Gesellschaft gibt einen erwünschten äußeren Anlaß zu einem Rückblick darauf, was mit dem Institut ursprünglich gewollt war, und darauf, was erreicht und was verfehlt worden ist. Ein solcher Rückblick könnte objektiv an Hand der Jahresberichte gegeben werden, die das Institut, wie alle Max-Planck-Institute, regelmäßig verfaßt hat; dazu müßte dann eine kritische Auswertung der Publikationen und, soweit möglich, der nicht publizierten Arbeitspapiere, der Protokolle und Erinnerungen der institutsinternen Diskussionen kommen. Das alles würde einen großen Arbeitsaufwand bedeuten. Dem Verfasser des gegenwärtigen Aufsatzes ist es zweifelhaft, ob sich jemals jemand diese Mühe machen wird und sollte. Er wählt hier eine bescheidenere, subjektivere und eben darum rasch lösbare Aufgabe. In der Ich-Form, im vollen Bekenntnis zur Subjektivität der eigenen Erinnerungen und Urteile, aber dafür solange die Erinnerung noch frisch und die Thematik noch aktuell ist, gibt er einen Bericht über die Motive für die Gründung des Instituts, für die Auswahl der Mitarbeiter und für die Auswahl der bearbeiteten Themen durch die Mitarbeiter sowie eine vorläufige Bewertung der Resultate. Der Bericht ist mitten in den noch laufenden Geschäften abgefaßt. Er ist notwendigerweise unvollständig und kann an vielen Stellen einen in Wahrheit viel komplexeren Zusammenhang nur andeuten. Sein Motiv ist so aktualitätsbezogen, wie es die Gründung des ganzen Instituts war. Daß das Institut nicht fortdauern wird, ist

* Geschrieben im Juni 1979.

entschieden, und obwohl ich es anders gewünscht hätte, habe ich keine innere Schwierigkeit, diese Entscheidung unter den bestehenden Umständen zu akzeptieren. Wichtig, ja, ich wage das Wort lebenswichtig, scheint mir, daß die Fragen, um derentwillen es gegründet wurde, im breiten Kreis der wissenschaftlichen und der politischen Öffentlichkeit gestellt und bearbeitet werden. Als Anregung dafür mag dieser Bericht nützlich sein.

Vorbereitung

Der Name des Instituts bezeichnet nicht, wie bei Forschungsinstituten üblich, eine wissenschaftliche Disziplin, einen Bereich, in dem geforscht werden soll. Er bezeichnet vielmehr ein Problem, zu dessen Lösung eine interdisziplinär angelegte Forschung beitragen soll. Der Name setzt voraus, daß die Welt, in der wir heute leben, eine »wissenschaftlich-technische Welt« ist, also eine Welt, die in noch immer wachsendem Maß durch die Auswirkungen von Wissenschaft und Technik geprägt ist. Das Wort »Lebensbedingungen« hat dabei einen Doppelsinn. Einerseits bezeichnen die Lebensbedingungen der wissenschaftlich-technischen Welt die Umstände, unter denen wir faktisch in dieser Welt leben, also die Art, wie Wissenschaft und Technik unsere Lebensform bedingen. Andererseits bezeichnen sie die Bedingungen, unter denen diese Welt überhaupt leben kann, also die notwendigen Bedingungen ihres Überlebens (englisch: *conditions of survival*). Ich schränke hierbei das Forschungsziel auf notwendige Bedingungen des Überlebens ein, d. h. auf solche, von denen einsehbar sein sollte, daß ohne ihre Erfüllung ein Überleben dieser Welt nicht zu erwarten ist. Hinreichende Bedingungen des Überlebens anzugeben, übersteigt die Kraft menschlicher Einsicht.

Die Max-Planck-Gesellschaft (MPG) ist eine Gesellschaft zur Förderung der Wissenschaften. In dem 1967 an die MPG gerichteten Antrag auf Gründung eines Max-Planck-Instituts zur Erforschung der Lebensbedingungen der wissenschaftlich-technischen Welt war also der Gedanke enthalten, es sei eine der Aufgaben der Wissenschaft, die Lebensbedingungen zu studieren, die von ihr selber erzeugt werden. Die Wissenschaft sollte also erstens nicht nur der rein theoretischen Wahrheitssuche, sondern auch der Lebenspraxis dienen. Das tut nun in ihrer Weise nicht bloß alle angewandte Wissenschaft, sondern auch die sogenannte Grundlagenforschung in anwendungsrelevanten Sachgebieten, wie sie in vielen Max-Planck-Instituten betrieben wird. Die Wissenschaft sollte aber zweitens auch die Wirkungen zweiter Ordnung studieren, welche sie selbst auf das menschliche Leben ausübt. Angewandte oder anwendungsorientierte Wissenschaft läßt sich die Bedürfnisse von der Praxis vorgeben und sucht Methoden, die Bedürfnisse zu befriedigen: Materialbearbeitung, Energielieferung, Pflanzenzüchtung, Krankenheilung... Die Veränderung der menschlichen Gesellschaft durch die Wissenschaft geschieht aber weitgehend durch die nicht vorweg geplanten Wirkungen zweiter Ordnung, die zunächst als »Nebeneffekte« dem planenden Blick entgehen: Gesellschaftsveränderung durch technisch erzeugten Wohlstand, Bevölkerungswachstum durch Medizin, Umweltveränderung durch technische Ausbeutung, Änderung der Außenpolitik durch technische Waffen. An sich sind diese Probleme in der Menschheit uralt. Man hält in unserer Tradition den Bauern zu Recht für naturverbunden. Aber vor einigen Jahrtausenden bedeutete der Übergang von der Jäger- und Sammler-Kultur zur Ackerbau-Kultur ohne Zweifel eine tiefe, gefährliche Umgestaltung der Umwelt und der Gesellschaft. Diejenige Natur, der der Bauer verbunden ist, ist selbst ein Kulturprodukt. Wie man sie vor der menschlichen Selbstzerstörung bewahrt, mußte langsam gelernt werden, und zum Teil hat erst die Wissenschaft begonnen, der unbewußten Naturzerstörung durch primitive Landwirtschaft entgegenzuwirken. Heute ist die Wissenschaft ein natur- und gesellschaftsverändernder Faktor ersten Ranges. Der Name des Instituts sollte also die Reflexion der Wissenschaft auf ihre eigenen Wirkungen zweiter Ordnung thematisieren.

Auf den Gedanken einer Gründung dieser Art kommt man nicht durch abstraktes Nachdenken, sondern aus konkreten Anlässen. Für mich war der Anlaß die Gefährdung der Menschheit durch die Atombombe. Nur weil mich dieses Problem nicht in Ruhe ließ, habe ich eine mich voll befriedigende und ausfüllende Professur für Philosophie aufgegeben, um dieses »Institut für unangenehme Fragestellungen« zu gründen. Der Leser möge die Subjektivität einer solchen Feststellung entschuldigen. Das Konkrete in unserem Leben ist zugleich stets das subjektiv Erlebte. Wenn dieser Aufsatz anderen Menschen, die meist jünger sein dürften als ich, berichten soll, was zu tun ich für wichtig halte, so muß er meine eigenen Motive offenlegen.

Die für die spätere Institutsgründung folgenreiche Beschäftigung mit dem Atomwaffenproblem begann für mich rund zehn Jahre vorher.* Es war mir seit 1939 klar, daß die Atombombe den Zwang zu einer radikalen Veränderung der Weltpolitik ankündigt, ja enthält. Jetzt, in den fünfziger Jahren, bestand die prekäre Friedenssicherung durch Abschreckung. Wir ließen in der Göttinger Erklärung (1957) diese Art der Friedenssicherung, als Angelegenheit der Weltmächte und als jenseits unserer Kompetenz liegend, auf sich beruhen. Nur durch diesen Verzicht auf Zustimmung oder Ablehnung gegenüber dem Prinzip der bestehenden außenpolitischen Weltordnung wurde das, was wir positiv vorschlugen, politisch praktikabel. Wir steuerten eine der Schwachstellen der Abschreckungspolitik an: das Problem der Proliferation der Kernwaffen. Wir rieten unserer eigenen Nation, auf den nationalen Besitz von Kernwaffen freiwillig und ausdrücklich zu verzichten, da dieser uns faktisch nicht schützen, sondern gefährden würde. Ich bin auch heute, zwei Jahrzehnte später, überzeugt, daß die Kernwaffenproliferation international nur verhindert werden kann, wenn diese Überzeugung sich in allen Nationen, die bisher keine Kernwaffen haben, durchsetzt. Unausgesprochen zielte unsere Erklärung schon auch auf andere Nationen, insbesondere auf Frankreich, dessen Pläne der force de frappe – schon vor de Gaulles Rückkehr an die Macht – uns bekannt waren; wir glaubten, keiner anderen Nation raten zu können, was wir nicht der eigenen Nation zumuteten. Auf Frankreich machte unsere Erklärung natürlich keinen Eindruck. Für die deutsche

---

* Vgl. hierzu und zur Vorgeschichte *Wege in der Gefahr*, Kap. 10, S. 203/4 und *Der Garten des Menschlichen*, S. 573/4.

Erforschung der Lebensbedingungen

Situation hatten wir, so scheint mir jetzt, schlicht recht. Heute äußert sich die Bundesregierung eindeutig im damals von uns empfohlenen Sinne. Aber wie stets, wenn man politisch handelt, trafen wir auch Interessen und Ansichten, die anderen Zusammenhängen entstammten. Wir trafen mit unserer Abmahnung zugleich Adenauers – meines Erachtens illusionäre – Hoffnung auf die nukleare Option als außenpolitisches, vielleicht deutschlandpolitisches Tauschobjekt und Strauß' – vielleicht etwas realistischeren – Wunsch nach europäischer Nuklearrüstung.

Die Beziehung zum Kern des Atomwaffenproblems und damit der Grund der großen öffentlichen Wirkung der Erklärung lag in einem einzigen Satz, in dem die Unterzeichner sich persönlich zur radikalen Abstinenz von der Mitwirkung an Bau, Erprobung und Einsatz von Kernwaffen verpflichteten. Persönliches Engagement, ob es rational begründbar ist oder nicht, hat eine Wirkung auf die Menschen, zu der realistisch wohldurchdachte politische Vorschläge nicht fähig sind. Man braucht aber manchmal Jahrzehnte, um einen getanen Schritt nachzuarbeiten. In bezug auf die Göttinger Erklärung bedeutete dies jedenfalls für mich, zwei kurzschlüssig optimistische Auffassungen des Atomwaffenproblems in eigener Gedankenarbeit als falsch zu erkennen, und diese Erkenntnis womöglich der Öffentlichkeit zu vermitteln. Ich möchte diese hier den Anti-Atom-Irrtum und den Arms-Control-Irrtum nennen.

Nach der Urteilsform des »politischen Fehlschlusses« (»du hast unrecht, also habe ich recht«) hält jeder dieser Irrtümer sich bis heute dadurch aufrecht, daß er die Falschheit des anderen nachweist. Der Anti-Atom-Irrtum ist die Meinung, gerade die Abschaffung der Atomwaffen sei der Weg zum lebensnotwendigen Weltfrieden. Der Arms-Control-Irrtum ist die Meinung, gerade der maßvolle, kontrollierte Besitz von Atomwaffen werde den Frieden bewahren. Beides sind Irrtümer. Keiner von beiden Wegen garantiert den Frieden oder das Überleben. Aber beide enthalten jeweils eine Komponente, ohne die man sich eine Stabilisierung des Friedens kaum denken kann.

Seelisch ist der Kern der Anti-Atombewegung, die abgrundtiefe Empörung, das Entsetzen über die Atomwaffe, eine Bedingung des Schritts, der not tut. Aber die Meinung, es gehe nun in erster Linie darum, die Kernwaffen (oder gar die Kernenergie) abzuschaffen, und das werde zum Frieden führen, ist doch nur einer jener zu kurzen Schritte, einer jener konservativ-optimistischen Irrtümer, die für die linken Flügel politischer und kirchlicher Gruppen so charakteristisch sind: man meint viel zu verändern, indem man ein Symptom bekämpft. Gegen diesen Irrtum wandte sich schon Szilards Formel: »Our problem is not how to get rid of the bomb but how to live with the bomb.« Intellektuell vollzogene Erfindungen wie die arbeitsteilige Gesellschaft, wie die Waffe, welche Mord und Selbstmord ermöglicht, wie die empfängnisverhütende Sexualität – solche Erfindungen können nicht rückgängig gemacht werden. Sie können nur durch neue Schritte menschlicher komplexer Kultur in neue Stufen des Bewußtseins eingebaut oder durch sie überholt werden. Nicht die Atombombe ist abzuschaffen, sondern der Krieg. Aber wie? Die Irrigkeit der Anti-Atom-Hoffnung zu erkennen, das bedeutet das Aushaltenlernen einer zunächst pessimistischen Konsequenz, eines Wahrheitsbausteins unter mehreren.

Arms Control ist der Versuch realer Politik in einer Welt, die weiß, daß sie mit der Bombe leben muß. Das Irrige in diesem Konzept ist fast nur die mit ihm verbundene Zuversicht, also die Erziehung zum Vergessen des Schauderns vor der Atomwaffe, das von der Anti-Atom-Bewegung wenigstens wachgehalten wird. Das Arms-Control-Konzept ist optimistisch-konservativ in einem anderen Sinne: es geht einen zu kleinen, einen zu konventionellen Schritt vorwärts. Aber zu kleine, zu konventionelle Schritte sind fast immer die einzigen in der Politik möglichen Schritte. Es war die Verbindung mit einem Arms-Control-Teilgedanken, eben dem der Nichtverbreitung, was der Göttinger Erklärung politische Substanz gab. Und wir verdanken wohl in der Tat die jetzige Atempause zwischen den Kriegen dem Arms-Control-Konzept.

Diese Skizze des Kernwaffenproblems sucht optimistischen Tröstungen auszuweichen, nicht um Pessimismus oder Untergang zu predigen, sondern um das Augenmerk auf die Fragen zu richten, die heute angegangen werden müssen. Sie setzt die Gedankenwege der seit damals vergangenen zwanzig Jahre voraus, deren viele sich als vergeblich und doch notwendig erwiesen haben. Eben von einigen dieser Wege soll dieser Aufsatz Rechenschaft geben.

1959 gründete eine zunächst vorwiegend aus Physikern bestehende Gruppe die Vereinigung deutscher Wissenschaftler (VDW), die sich die Bearbeitung der politischen und sozialen Konsequenzen der Wissenschaft zum Thema machte. Hahn, v. Laue, Born, Heisenberg gehörten zu den Gründungsmitgliedern, Kopfermann wurde der erste Vorsitzende. Die Initiative war von einer Gruppe etwas jüngerer, engagierter Wissenschaftler ausgegangen – Burkhardt, Kliefoth, Wolf –, von denen heute keiner mehr am Leben ist. Ich nahm teil mit der Bitte, daß es sich nicht um einen Verein zur Verbreitung des rechten Glaubens (auch nicht des meinigen) handeln möge, sondern um ein Forum zur offenen Diskussion schwieriger Fragen. Die beiden wichtigsten Arbeiten, die die VDW in den ersten zehn Jahren ihres Bestehens abschloß, waren Studien über Zivilschutz und über Welternährung.*

Die Zivilschutzstudie war ausgelöst durch ein 1961 vorgelegtes Bunkerbauprogramm der Bundesregierung. Die Studie kritisierte dieses Programm als zu groß und teuer und gleichwohl nicht einen wirklichen Schutz garantierend; sie legte aber selbst ein – freilich sehr viel bescheideneres – Schutzraumbauprogramm vor. Es kam anschließend 1964 zu einem Hearing vor den zuständigen Bundestagsausschüssen, nach dem die Bundesregierung ihr Programm zurückzog. Schließlich wurde auch das VDW-Programm nicht übernommen; es geschah so gut wie nichts. Ich habe das bedauert.

Auch im Zivilschutzproblem standen meines Erachtens unrealistische optimistische Auffassungen auf beiden Flügeln, die aus entgegengesetzten Gründen eine echte Anstrengung für den Bevölkerungsschutz verhinderten. Die Anti-Atom-Richtung sah im Zivilschutz Kriegsvorbereitung. Die Arms-Control-Richtung sah die Aufgabe in der Abschreckung und empfand Zivilschutz als überflüssig, falls die Abschreckung glückt, als vergeblich, falls sie scheitert. Die politische Führung hatte, mit

* VDW (Hrsg.), *Ziviler Bevölkerungsschutz heute*, Mittler & Sohn, Frankfurt 1962.
J. Heinrichs (Hrsg.), *Welternährungskrise oder Ist eine Hungerkatastrophe unausweichlich?*, Rowohlt, Reinbek 1968.

Ausnahme dieses einen, dann gescheiterten Bunkerbauprogramms, nie ein Interesse an ernstlichen Zivilschutzmaßnahmen; diese hätten der Bevölkerung den keiner Partei angenehmen Eindruck vermittelt, man meine es ernst mit der Kriegsgefahr. Diese Haltung ist bis heute der Ursprung vieler Entscheidungen, die ich nur als Fehlentscheidungen ansehen kann.

Die Debatte über die Zivilschutzstudie machte mir klar, daß in unserer Öffentlichkeit keine deutlichen Vorstellungen über die Folgen eines möglichen Krieges in unserem Land bestanden. Man schwankte zwischen Kriegsbildern aus der Zeit des zweiten Weltkrieges, die objektiv Verniedlichungen sind, und der Idee, dann sei »ohnehin alles aus«. 1963 faßte ich bei der Lektüre von Hermann Kahns Buch *On thermo-nuclear war* den Gedanken einer VDW-Studie über Kriegsfolgen. »Das Undenkbare zu denken« schien mir unerläßlich. Die Studie wurde von H. Afheldt, Ph. Sonntag und U. P. Reich mit einer Reihe weiterer Mitarbeiter ausgeführt und erschien 1971 als erste Publikation des neugegründeten Instituts.* Als wichtigster Teil erwies sich eine Kritik der Abschreckungsstrategie. Jetzt wagten wir, was wir 1957 nicht gewagt hatten, die langfristige Zuverlässigkeit der nuklearen Abschreckung selbst in Zweifel zu ziehen, weltweit und für den NATO-Bereich. Die Arbeit wurde in der Öffentlichkeit beachtet. In der Bundeswehr setzte sich die Meinung, sie sei ernst zu nehmen, langsam im Lauf der siebziger Jahre durch.

Während diese Studie im Gang war, 1967, wurde mir von mehreren Seiten die Gründung eines Institus nahegelegt. Ich folgte einer Anregung der MPG. Die Auswahl dieses Trägers für das Institut geschah mit einer präzisen Absicht. Ich sah voraus, daß das Institut unangenehme, hochkontroverse Themen würde bearbeiten müssen. Ich wollte von keiner inhaltlich interessierten Instanz abhängig sein, selbst dann nicht, wenn die Träger dieser Instanz »zufällig« meine Ansichten billigten, weder von Staat noch Kirche, weder von Industrie noch Gewerkschaft. Ich kannte die Orientierung der MPG am Prinzip der reinen Forschung, und ich wußte, daß in der MPG der Direktor

---

* C. F. v. Weizsäcker (Hrsg.), *Kriegsfolgen und Kriegsverhütung*, Hanser, München 1971.

eines Instituts kritisch ausgesucht wird, nachher aber sehr weitgehende Freiheit in der Wahl der Mitarbeiter und Themen hat. Im Gründungsantrag wies ich darauf hin, daß mein Lebensalter mir nur eine Frist von zehn Jahren für die Leitung des Instituts gewähren werde, und daß die MPG das Institut, ebenfalls einer ihrer guten Traditionen folgend, nachher, falls sie seine Fortführung problematisch fände, wieder schließen könne. Ich bin in meiner Erwartung, im Rahmen meiner Leitungsfunktionen frei handeln zu können, nicht enttäuscht worden, obwohl sich natürlich auch in der MPG viel Kritik an den von mir ermöglichten Arbeiten des Instituts regte, Kritik, die ich zum Teil richtig, zum Teil auch abwegig fand. Ich bereue diese Wahl des Trägers nicht und akzeptiere schon deshalb die Konsequenz, daß die MPG nun von der Möglichkeit der Schließung Gebrauch macht.

Die Themen des Instituts wurden in noch höherem Grade kontrovers, als ich im Augenblick des Gründungsantrags vorhergesehen hatte. Dies geschah aus zwei Gründen, die sich mir freilich schon im Jahre 1968, als die Entscheidung für das Institut, obwohl formell noch nicht vollzogen, doch faktisch gefallen war, in ihrer vollen Tragweite enthüllten. Der eine Grund war intern: eben damals wurde mir endgültig klar, daß strategische und außenpolitische Mittel nicht ausreichen konnten, um den in der Logik der heutigen Entwicklung liegenden zukünftigen Krieg auszuschließen; ich verzweifelte an der permanenten Kriegsverhütung durch Arms Control. Der andere Grund war extern: zur selben Zeit wandte sich ein großer Teil der intellektuellen Jugend der nördlichen Hemisphäre, zumal auch unseres Landes, kritisch gegen die bestehende politische Ordnung, und ich wollte die Komponente dieser kritischen Denkweise nicht aus dem werdenden Institut ausschließen.

Arms Control. Ich darf wohl sagen, daß ich 1958 derjenige war, der diese damals neue amerikanische Denkschule in Deutschland durch eine Artikelfolge in der *Zeit* bekanntmachte; nur vielleicht F. J. Strauß und Helmut Schmidt hatten sich über diese Gedanken schon vorher voll informiert. Das ursprüngliche Konzept war: Stabilisierung der gegenseitigen Abschreckung, um dann abrüsten zu können. Zur Stabilisierung der Abschreckung ist es gekommen, aber einigermaßen zuverlässig nur auf der höchsten, der sogenannten »strategischen« Ebene; zur Abrüstung kam es nicht. Die beiderseits stabilisierte Abschreckung führte zur politischen »Entspannung«, und diese führte wenigstens zu diplomatischen Verhandlungen über Rüstungsbeschränkung. Faktisch aber ist das Wettrüsten während der Entspannungsphase unvermindert weitergegangen. Mein subjektives Vertrauen in die Stabilisierung der Kriegsverhütung durch Abschreckung brach aus Gründen, die in meiner persönlichen Biographie liegen mögen, 1968 zusammen. Erst danach kam die ausgereifte Form des außenpolitisch konkretisierten Arms-Control-Denkens in der Gestalt der Politik Kissingers zum Tragen, der ich als einer letzten Chance den Erfolg heiß gewünscht habe. Heute treten die Fakten aus den Schatten zwanzigjähriger psychischer Verdrängung wieder ins öffentliche Bewußtsein, die mich damals, in der Mitte dieser zwanzig Jahre Arms Control, aufhören ließen, an die permanente Wirksamkeit des Konzepts zu glauben. Uns im Westen erscheinen diese Fakten heute im Bilde der sowjetischen Überrüstung. Wir nehmen damit eine sehr große reale Gefahr wahr. Wieweit wir in der Phase unserer militärisch-technischen Überlegenheit zum Aufbau der Gefahr selbst beigetragen haben, entzieht sich eher der öffentlichen Reflexion.

Das Ungenügen der militärischen Sicherung lenkte meine Gedanken mit innerer Notwendigkeit auf die Breite der politischen, sozialen, ökonomischen Voraussetzungen unserer Welt. Genau in dieser Situation mußte mir das volle Konzept der Erforschung der Lebensbedingungen der wissenschaftlich-technischen Welt als einzige denkbare Lösung der gestellten Frage erscheinen. Politische Strukturen, soziale Konflikte, ökonomische Notwendigkeiten erzeugen von jeher die Spannungen, die das Wettrüsten unausweichlich machen und im Krieg enden. Meine Fragestellung begegnete nun Fragen, die von völlig anderen Problemen als denen des Kriegs ausgegangen waren, zumal allen Fragen nach dem fortschreitenden Wandel gesellschaftlicher Strukturen. Diesen Wandel zu verstehen, erschien unerläßlich.

Dieser sachlich gebotenen Fragestellung nun begegnete die damalige Bewegung der Neuen Linken. Äußerlich konnte diese Koinzidenz als ein Zufall erscheinen. Aber es war dieselbe

Entwicklung unserer Welt, welche politisch oder systemanalytisch denkende Wissenschaftler zu einer Analyse in der Breite und Tiefe aufforderte und welche die engagierten, aber machtlosen jungen Intellektuellen sich im Zorn gegen sie wenden ließ. 1967 entdeckte ich, daß viele meiner jungen Gesprächspartner und Mitarbeiter zur Linken tendierten. Keiner von ihnen hat sich an Gewaltakten beteiligt, aber sie teilten die kritische Haltung, die sich als »links« verstand. Nicht weil sie Linke waren, hatte ich sie gesucht oder akzeptiert, aber diejenigen, die bei mir Raum fanden, waren spontan offen für die neue Bewegung. Daß Linke bei mir weniger Schwierigkeiten hatten als bei der Mehrzahl meiner Altersgenossen, hatte neben einer mir naheliegenden Tendenz zur Liberalität seinen Grund in meiner tiefen Skepsis gegenüber dem Bestehenden. Politische Liberalität hat meiner Überzeugung nach mit dem Willen zu gemeinsamer Wahrheitssuche zu tun. Wahrheitssuche ist politisch unerläßlich, und gemeinsam kann man Wahrheit nur suchen, wenn man dem Partner das Recht zu eigener Meinung auch dort einräumt, wo man diese Meinung als schwer erträglich empfindet; alle andere Toleranz ist keine Kunst. Meine Skepsis gegenüber dem Bestehenden hatte selbst eine doppelte Wurzel. In der Tiefe ist sie religiös bestimmt, seit der kindlichen Lektüre des gesellschaftskritischsten Textes der Weltliteratur, der Bergpredigt. In der Ebene der politischen Verstandesanstrengung war sie gerade damals, wie geschildert, das Ergebnis kritischer Analyse. Fährt der Wagen unserer politisch-gesellschaftlichen Entwicklung geradeaus weiter, so wird er scheitern; wie aber findet man die Kurve?

Es ist erkennbar, daß dies keine hinreichende Basis war, um mich mit den Linken in einer gemeinsamen Überzeugung zusammenfinden zu lassen. Weder durften sie hoffen, mich auf ihre Seite zu ziehen, noch konnte ich sie überzeugen. Schon 1968 habe ich gelegentlich gesagt: »Ein guter Gesprächspartner wäre ich erst für in der Tiefe enttäuschte Linke.« Denn meine Skepsis traf die Hoffnungen der Linken genauso wie das Bestehende. Die Linken verstanden sich ja als »progressiv«, also hoffnungsvoll. Sie erlaubten sich den Zorn gegen das Bestehende, wo ich nicht zornig war, weil ich nichts Besseres danach erwartete. Aber daß ich, wenn ich ein kritisch arbeitendes

Institut gründen wollte, die Fragestellungen der Linken nicht aus ihm ausschließen konnte, lag auf der Hand.

Gründung und Strukturierung

Es waren nun Entscheidungen über Ort, Thematik, Mitarbeiter, Arbeitsweise des Instituts zu treffen.

Für den *Ort* des Instituts wünschte der Präsident der MPG, A. Butenandt, die Nähe zur Generalverwaltung der MPG, also den Münchener Raum. Ich wies sofort darauf hin, daß ich nicht gleichzeitig ein so komplexes Institut gründen und an der Leitung der MPG einen nennenswerten Anteil nehmen könne, folgte aber dem Wunsch. Starnberg mit guter Verkehrsverbindung zur Münchener Stadtmitte, aber mit besserer Luft, war meine eigene Wahl. Im Institut wurde gelegentlich die Meinung geäußert, besser hätten wir uns »in Wanne-Eickel« angesiedelt, um die Lebensbedingungen, die wir erforschen wollten, auch zu erleiden. Diesem Gedanken bin ich, wie man sieht, nicht gefolgt.

Die *Thematik* war durch den Namen des Instituts nur vage umrissen. Das Thema der Kriegsverhütung legte strategische und außenpolitische Analysen nahe, wie sie in vielen amerikanischen Instituten, vorbildlich vom Londoner International Institute for Strategic Studies (IISS), in Deutschland von der Stiftung Wissenschaft und Politik in Eggenberg betrieben wurden. Ich hielt diese Studien für unvermindert wichtig, konnte aber in ihnen nicht die grundsätzliche Problemlösung, sondern nur eine begleitende Forschung zur aktuellen Politik sehen. Ich drängte auf die ökonomischen, sozialen, seelischen Wurzeln der ungelösten, in aller bisherigen Menschheitsgeschichte unlösbar gebliebenen Probleme. Diese Tieferlegung des Fragenniveaus wurde damals unter dem Titel Friedensforschung von vielen Seiten angestrebt. Gleichwohl wollte ich die Vokabeln »Zukunftsforschung« und »Friedensforschung« im Namen des Instituts nicht auftreten lassen. Zukunftsforschung schien mir eine Unmöglichkeit. Ich hätte dann noch lieber »Gegenwartsforschung« gesagt; was wir heute von der Zukunft rational erkennen können, sind die in der Geenwart angelegten künftigen Möglichkeiten, und jedes Jahr lernen wir ein neues zukunftsbestimmendes grundlegendes Faktum, das unserem Blick bis dahin entgangen ist.

Friedensforschung erschien mir als notwendig, aber nur als ein Ausschnitt aus den wichtigen Problemen, der isoliert kaum zu verstehen ist. Als Gustav Heinemann Bundespräsident wurde, betrieb er sofort die Gründung der Deutschen Gesellschaft für Friedens- und Konfliktforschung (DGFK), die bis heute besteht. Er leistete damit dem politischen Bewußtsein in unserem Lande einen sehr wichtigen Dienst. Viele unserer Mitbürger sahen damals in der Friedensthematik etwas wie ein Monopol kommunistischer Propaganda. Heinemann nützte das Ansehen seines Amtes, um dem Thema den verdienten öffentlichen Respekt zu verschaffen. Er bat mich um meine Mitwirkung, die ich leider nur unvollkommen gegeben habe, wiederum weil das eigene entstehende Institut meine Kraft absorbierte. Im Fortgang zeigte sich eine vorhersehbare Schwäche des zu eingeschränkten Themas »Friedensforschung«. Es entstanden alsbald zwei Flügel dieser Forschung, unterschieden durch den Bereich, in dem die Forscher die Lösung des Friedensproblems suchten. Die mehr traditionelle Richtung suchte Konfliktgründe und Lösungswege in außen- und militärpolitischen Handlungsweisen, eine andere von der Neuen Linken inspirierte Richtung suchte sie in gesellschaftlichen Strukturen. Die extremen Positionen jener Frühzeit haben sich inzwischen längst abgearbeitet, und die DGFK leistet heute wichtige Förderungshilfe für Forschungen, die beiden Gesichtspunkten gerecht werden. Meine damalige Position war, daß ich mich mit den militär- und außenpolitischen Gesichtspunkten vertraut fühlte, und in den gesellschaftlichen Konfliktgründen nicht von einer geprägten politischen Ansicht ausging, sondern die Grundfragen der Gesellschaftsstruktur dem Institut und vor allem mir selbst noch einmal als vollkommen offene Fragen zu präsentieren suchte.

Damit aber waren die Grundfragen von wenigstens drei wissenschaftlichen Disziplinen angesprochen: der Ökonomie, der Soziologie, und einer Lehre vom Menschen, welche die Psychologie umfaßt und welche ich gerne als Anthropologie bezeichnete. In der Breite dieser Fragen lag, wie ich wußte, die Chance und die Gefahr des Instituts. Die Gefahr des engagierten Dilettantismus lag auf der Hand. Die Chance bedarf einiger erläuternder Worte. Die disziplinäre Spezialisierung der Wissenschaften rührt von den Grenzen unserer intellektuellen Leistungsfähigkeit her, nicht von einem objektiven Zerfallen der Wirklichkeit in Bereiche. Die Politik ist von der Wirtschaft untrennbar, die Wirtschaft ist nur eine der Funktionen der Gesellschaft, die Gesellschaft besteht aus Personen und lebt inmitten der Natur, der sie historisch entstammt. Die Enge jedes Expertengesichtskreises ist ein Grundproblem der wissenschaftlichen Politikberatung. Jeder Praktiker weiß, wie unzureichend die Ratschläge spezialistischer Experten sind, wieviel er selbst also bei jeder Entscheidungsfindung aus simpler Lebenserfahrung heraus ergänzen muß, was kein Experte ihm sagen kann. Hier sah ich eine Chance für die Wissenschaft in der problemerzwungenen Interdisziplinarität. Der Fachmann sollte die Grenze seines Fachs, die er nicht mehr in spezialistischer Kompetenz überschreiten konnte, wenigstens im anhaltenden wahrheitssuchenden Gespräch mit dem Fachmann des Nachbargebiets, am besten in der Form interdisziplinärer Projekte, überbrücken. Ich wußte, daß dies eine Überforderung ist, die nur durch starke sachliche Motivation aufrechterhalten werden kann, und gebrauchte gelegentlich dafür den Slogan »Leistung durch Überanstrengung«. Aus meiner Jugend kannte ich naturwissenschaftliche Beispiele für die Entstehung neuer Erkenntnisse, ja neuer Disziplinen, durch interdisziplinäre Zusammenarbeit; so die Entstehung der Astrophysik aus Astronomie und Physik. Sollte dies in den Sozialwissenschaften nicht auch geschehen? Jedenfalls ging ich persönlich mit jungenhafter Neugier auf die Zentralfragen der Ökonomie und der Anthropologie zu, auf letztere im philosophischen Wechselspiel biologischer, theologischer und gesellschaftskritischer Fragen. Für ein ähnlich intensives Zugehen auf die Soziologie hat meine Kraft nicht gereicht.

Selbstverständlich war mir klar, daß das Institut nicht eine integrierende Rolle im Felde dieser Wissenschaften übernehmen konnte. Persönlich hoffte ich noch soviel von diesen Wissenschaften zu lernen, wie ich zur Beurteilung meines Zentralproblems, des Friedens, brauchte. Vom Institut erhoffte ich problembezogene, interdisziplinär durchgeführte Einzelarbeiten und daneben ein wachgehaltenes Bewußtsein für die Grundfragen. Ich wünschte, daß wir uns in einer anfänglichen gemeinsamen Anstrengung einen Überblick über die uns erkennbaren gemeinsamen Fragen verschafften, um dann die meisten von ihnen fallenzulassen und eine kleine Auswahl aus ihnen in entschlossener erneuter Spezialisierung zu bearbeiten. Es erschien mir deshalb legitim, nicht vorherzuwissen, den Weg welcher Spezialisierung das Institut nehmen würde. Das bedeutete, daß das Insititut auch personell offen bleiben mußte, mit Mitarbeitern, die ihm nur begrenzte Zeit angehören würden, und auf Wachstum angelegt.

Im Zusammenhang mit der Wahl der Themen stellte sich die Frage der Auswahl der *Mitarbeiter*. In der Forschungsstelle der VDW in Hamburg, die unter meiner Leitung stand, waren zwei Arbeiten noch im Gang: die Studie »Kriegsfolgen und Kriegsverhütung« und die Welternährungsstudie, die zu einer grundsätzlichen ökonomischen Studie über das Problem der Unterentwicklung in der Dritten Welt wurde. Beide Studien waren von Jahr zu Jahr durch Stiftungen, zumal durch die entgegenkommende Hilfe der Stiftung Volkswagenwerk, finanziert worden. Beide wünschte ich fortgesetzt zu sehen, ohne die ständige Sorge um die Weiterfinanzierung. Ich übernahm daher die Arbeitsgruppen ins Institut. Dazu kamen mehrere Mitarbeiter aus meinem Hamburger philosophischen Seminar, die an den politisch-gesellschaftlichen Fragen interessiert waren.

Hiermit hatte die Vorgeschichte des Instituts schon eine Vorentscheidung über seine Struktur zur Folge. Ich fing nicht von Null an. Man hätte daran denken können, das Institut »von oben herab« aufzubauen, durch Berufung einer Reihe ausgewiesener älterer Wissenschaftler in den relevanten Bereichen, deren jeder dann seine Mitarbeiter mitgebracht oder rekrutiert hätte. Ich suchte nach solchen etwa gleichaltrigen oder etwas jüngeren Partnern, denen ich die Gleichberechtigung mit mir in der Leitung des Instituts einräumen wollte. Mehrere, darunter sehr namhafte, wurden mir angeboten. Die Zusammenarbeit hat sich dann aber jedesmal nicht realisiert. Die Gründe dafür lagen manifest nicht in mir, sondern in den Wünschen jener Partner oder in äußeren Umständen. Gleichwohl war der Vorgang wohl nicht zufällig. Schon an der Universität hatte ich zwar freundschaftliche Beziehungen zu gleichaltrigen Kollegen, aber meine spontanen Hoffnungen auf produktive Zusammenarbeit richteten sich auf die um eine Generation Jüngeren. Die Gleichaltrigen wußten in ihren spezialisierten Fächern selbst schon genau genug, was sie wollten und worauf sie sich nicht mehr einlassen wollten, und soweit sie politisch engagiert waren, lag es in ihren politischen Interessen nicht anders. Einige der besten möglichen Mitarbeiter aus der jüngeren Generation freilich sind mir dadurch entgangen, daß sie selbst die Chance zu unabhängigeren, führenden Positionen anderwärts, begreiflicherweise, vorzogen.

So habe ich schließlich nur einen einzigen gleichgeordneten Direktor für das Institut gefunden, Jürgen Habermas. Auf ihn bin ich zu seiner Überraschung, einzig aus meiner eigenen Initiative heraus zugegangen; es war für mich ein glücklicher Zufall, daß er sich bereit fand zu kommen. Meine Initiative hatte etwas damit zu tun, daß ich gerade im Fach der Soziologie eine Ergänzung meiner mangelnden Kompetenz als vordringlich empfand und daher sehr aktiv in diesem Fach suchte. Wichtiger noch war mir, daß er der gesellschaftskritischen Motivation eines Teils der jüngeren Wissenschaftlergeneration, mit der ich zu arbeiten hatte, spontan viel näherstand als ich, und zugleich sowohl hinsichtlich der Rechtsstaatlichkeit, Gewaltfreiheit und Toleranz wie hinsichtlich der unnachsichtigen Forderung wissenschaftlicher Strenge niemals zu Kompromissen bereit gewesen ist. Ich bedurfte der Partnerschaft eines solchen Mannes, und er hat sie mir gewährt.

Der zweite Versuch, einen gleichgeordneten, also einen dritten Direktor für das Institut zu gewinnen, bezog sich auf das Fach der Ökonomie. Dieser Versuch ist gescheitert, und sein Scheitern war der Grund des Scheiterns der Fortführung meiner Arbeitsrichtung im Institut über meine jetzt bevorstehende Emeritierung hinaus. Ich hatte von Anfang an eine Reihe ökonomischer Projekte im Institut entstehen lassen. Sie interessierten mich brennend, aber natürlich fehlte mir die Kompetenz, sie fachlich zu überwachen. Ich ergriff daher mit Freude die Gelegenheit, als die Entscheidungsgremien der MPG mir 1971 anläßlich der Berufung von Habermas auferlegten, einen empirisch arbeitenden dritten Direktor, bevorzugt einen Ökonomen, zu berufen. Es erwies sich dann als sehr schwer, einen Ökonomen zu finden, der nach meinem Empfinden zu der ihm hier zufallenden Rolle im interdisziplinären Zusammenhang geeignet und zugleich für das – nach Maßstäben ökonomischer Institute – relativ kleine Institut zu haben war. Als Habermas und ich 1975 einen Berufungsvorschlag vorlegen konnten, wurde eine Kommission eingesetzt, auf deren Empfehlung die hierfür zuständige Geisteswissenschaftliche Sektion 1976 die Berufung nicht beschloß, da dies ein Präjudiz für die Zukunft des Instituts nach meiner Emeritierung gewesen wäre. Da die MPG, meines Erachtens mit vollem Recht, schon fünf Jahre vor einer Emeritierung die Frage der Zukunft des betreffenden Instituts zum leitenden Gesichtspunkt für Berufungsentscheidungen macht, konnte ich gegen diesen Entschluß kein formell gültiges Bedenken erheben. Ich schlug 1977 der für die Zukunft des Instituts eingesetzten Kommission die Berufung zweier Nachfolger für mich vor, eines Ökonomen und eines der politischen Analyse im Fragenkreis der Kriegsverhütung zugewandten Forschers. Die Kommission kam jedoch zu dem Schluß, es sei kein adäquater Nachfolger für mich zu finden, und empfahl die Schließung meines Arbeitsbereichs.

Wie ich sowohl in der MPG wie in der Öffentlichkeit erklärt habe, akzeptiere ich diesen Beschluß willig, wenngleich mit Bedauern. Ich kann nicht zehn Jahre den vollkommenen Schutz der MPG für kontroverse Arbeiten in Anspruch nehmen und danach einen korrekt zustandegekommenen Beschluß derselben MPG nicht respektieren; auch kenne ich zu gut aus vielen Beispielen die Blindheit scheidender Inhaber einer Stelle gegenüber dem Problem ihrer Nachfolge. Ich bemerke nur, daß ein zwei Jahre früher (also etwa 1973) vorgeschlagener ökonomischer Direktor aller Voraussicht nach berufen worden wäre und jetzt einen meinen Fortgang überdauernden, meines Erachtens wichtigen ökonomischen Arbeitsbereich leiten würde.

Zur *Arbeitsweise* des Instituts sind noch einige Angaben zu machen. Wir hatten niemals eine nach Disziplinen gegliederte Abteilungsstruktur. Anfangs gliederte das Institut sich nach problemorientierten Projektgruppen unter der gemeinsamen Verantwortung beider Direktoren. Nach einigen Jahren teilten wir das Institut organisatorisch in zwei Arbeitsbereiche auf, deren jeder einem der Direktoren zugeordnet war, und hielten Stellen frei für einen dritten Arbeitsbereich, der mit dem zu berufenden dritten Direktor arbeiten sollte. Die Mitwirkung der Mitarbeiter an Entscheidungen führten wir weiter als es in den meisten Forschungsinstituten üblich ist, aber nicht so weit wie in den siebziger Jahren in den meisten deutschen Universitäten. Es gibt einen für organisatorische und Personalangelegenheiten zuständigen Institutsrat mit ebensoviel stimmberechtigten gewählten Mitgliedern wie Direktoren (also, da der dritte Direktor nicht berufen wurde, 2:2) und einem Letztentscheidungsrecht der Direktoren; und es gibt eine für die wissenschaftlichen Entscheidungen zuständige Konferenz aller Wissenschaftler mit demselben Letztentscheidungsrecht der Direktoren.

Ich selbst bin in einer Welt erzogen worden, in der nicht Mitbestimmung, sondern Liberalität der leitende Wert war. Wie soll ein Wissenschaftler produktiv arbeiten, wenn er die Arbeit nicht aus freien Stücken tut? Die geschilderten Mitwirkungsgremien habe ich, als eine der Mentalität des Jahrzehnts entsprechende Form, Liberalität zu ermöglichen, willig, experimentell und skeptisch zugelassen. Rückblickend empfinde ich, daß die administrativen Funktionen kompetent und sorgfältig wahrgenommen worden sind. Die Diskussionen der Wissenschaftlerkonferenz fand ich nur dort sachlich auf hohem Niveau, wo sie von Entscheidungfunktionen entlastet waren.

Arbeiten

Hier kann ich nur einige der Arbeiten des Instituts kurz charakterisieren und, wie stets gemäß meinem subjektiven Urteil, bewerten. Alle in diesen zehn Jahren entstandenen Arbeiten aufzuführen oder gar zu beschreiben, würde den Rahmen des Aufsatzes sprengen.

Charakteristisch für die Anfangsphase war das völlige Zurücktreten der Kriegsproblematik. Zwar stellte sich das Institut 1971 mit der Kriegsfolgenstudie der Öffentlichkeit vor. Aber diese war schon fast fertig aus der Forschungsstelle der VDW mitgebracht. Sie wurde in den ersten Jahren nur durch eine kurze, populärere Darstellung derselben Probleme ergänzt.* Ihre Autoren wandten sich anderen Fragen, vor allem der Umweltproblematik, zu. Dies hatte einen doppelten Grund. Sachlich hatten wir die bestehende Kriegsverhütungsstrategie in Zweifel gezogen, aber wir hatten nicht vermocht, eine Alternative anzugeben. Wir folgten in unseren Fragestellungen für einige Jahre der Vermutung, das militärische Problem sei nur politisch, das politische nur gesellschaftlich zu lösen. Seelisch kam hierzu, daß keiner der Beteiligten es aushielt, sich ununterbrochen mit einem so entsetzlichen Thema wie dem der voraussichtlichen Kriegsfolgen zu beschäftigen. Die ökonomisch-gesellschaftlichen Studien waren zugleich eine seelische Entlastung.

Im folgenden skizziere ich den Verlauf von sechs Projekten, die 1972 als Zentrum der Institutsarbeit etabliert wurden. Sie waren alle ausdrücklich auf das Problem der »Lebensbedingungen« bezogen. Daneben gab es eine Gruppe von Physikern, die mit mir über meine Ansätze zum Verständnis der Grundlagen der Physik arbeitete, es gab eine Reihe von philosophischen Einzelarbeiten, und es gab philosophische Kolloquien, die teilweise von Habermas und mir, später auch von E. Tugendhat, gemeinsam veranstaltet wurden. Dies waren die Arbeiten, die meinen persönlichen Interessen am nächsten standen; aber sie können in diesem Aufsatz nicht dargestellt werden.

Von den sechs Projekten kamen drei von Mitarbeitern, die mit mir nach Starnberg gekommen waren: 1. Umwelt, 2. Unterentwicklung, 3. Alternativen in der Wissenschaft. Drei kamen von Mitarbeitern, die mit Habermas gekommen waren: 4. Ökonomische Krisentendenzen im heutigen Kapitalismus, 5. Krisenbehandlung durch den Staat, 6. Protest- und Rückzugspotentiale von Jugendlichen in unserer Gesellschaft. Die ersten drei Themen waren aus den internen Diskussionen des ersten Jahres im Institut herausgewachsen, die letzten drei waren von Habermas in innerem Zusammenhang geplant.

Umwelt war ein Thema, das damals in der Öffentlichkeit zur

---

* H. Afheldt, Ch. Potyka, U. P. Reich, Ph. Sonntag, C. F. v. Weizsäcker, *Durch Kriegsverhütung zum Krieg?*, Hanser, München 1972.

Aktualität emporschnellte. Wer noch ohne festes Programm ins Institut kam, für den lag es nahe, sich diesem Thema zu widmen, zumal da es den im Institut zahlreichen Naturwissenschaftlern den Einstieg in Gesellschaftsprobleme eröffnete. Das Projekt begann mit einer Sammlung naturwissenschaftlicher Daten zum Umweltproblem. Von außen wurde uns nahegelegt, eine Keimzelle für ein Institut über Urbanistik zu bilden, was wir erörterten, aber fallenließen. Ein Gutachten über Fluglärm entstand. Der Klub von Rom lud mich zum Beitritt ein. Ich lehnte auch dies wegen der Auslastung durch das Institut ab. Wir sahen, daß sich die naturwissenschaftlich faßbaren Umweltprobleme in den Fragen der Energiepolitik verdichteten. K. M. Meyer-Abich, der aus Starnberg 1972 an die Gesamthochschule Essen überging, hat diese Richtung in Arbeiten über die klimatologischen Folgen des wachsenden Energieumsatzes und dann über Energieeinsparung fortgeführt. Eine philosophisch fundierte, ökonomisch durchdachte, politisch planbare Humanökologie ist sein Thema.

Die Starnberger Umweltstudie entwickelte sich konsequent weiter zu einer Grundlagenstudie über ökonomische Theorie. Sie ist damit charakteristisch für ein Grundproblem des Instituts. Um praxisbezogen zu sein, mußte das Institut entweder ein Riesenapparat für ökologische Einzelfragen werden, was wir weder konnten noch wollten, oder es mußte Schlüsselfragen angreifen. Diese waren nicht naturwissenschaftlich, sondern hatten mit menschlichem, gesellschaftlichem Verhalten zu tun. Der Mensch kann mit der Natur nicht umgehen, weil er mit dem Menschen nicht umgehen kann. Konkret gefaßt muß politischer Umweltschutz weitgehend juristische Gestalt annehmen. Im Rahmen der Marktwirtschaft ist hier das Verursacherprinzip der zentrale Gedanke. Wollte man in die gesellschaftlichen Ursachen der Umweltzerstörung tiefer eindringen, so mußte man Ökonomie treiben. Eine Zeitlang überprüfte die Gruppe die bekannte These, das Sozialprodukt sei kein vernünftiges Wohlstandsmaß, Wachstum des Sozialprodukts bedeute heute vielmehr de facto schon Abnahme des realen Wohlstandes. Sie konnte diese These aber nicht bestätigen. Die negativen Effekte, die es zweifellos gibt, erwiesen sich als überwogen durch die fortdauernd positiven Effekte im Wohlstand der ärmeren Bevölkerungsschichten. Das Ergebnis gehört zu denjenigen Befunden, die für mich überzeugend sind, weil sie das Gegenteil des von den Forschern ursprünglich erwarteten und erhofften Befundes sind. Die Untersuchung führte immer tiefer in die Frage, wie denn eine volkswirtschaftliche Gesamtrechnung sinnvoll durchzuführen sei. Die übliche Berechnung des Sozialprodukts wurde als produzentenbezogen charakterisiert. Ihr wurde eine konsumentenbezogene »Arbeits-Konsum-Rechnung« gegenübergestellt. Das Buch fand das Interesse eines so guten Kenners der volkswirtschaftlichen Gesamtrechnung wie G. Bombach, der aus freien Stücken eine Vorrede beisteuerte.* Charakteristisch für ein Grundproblem des Instituts ist an dieser Entwicklung des Projekts: der ehrliche Wunsch nach Praxisbezogenheit führte, weil man den Mut hatte, sich nicht selbst zu betrügen, in fundamentale Fragen ökonomischer Theorie. Das Ergebnis war in sich selbst interessant genug. Es hätte ein Beitrag zu einer koordinierten ökonomischen Arbeit des Instituts werden können, wenn eine solche, unter der dafür unerläßlichen Leitung eines dritten Direktors, zustande gekommen wäre. Das Beispiel zeigt, wie konsequent die Forderung nach diesem Direktor war, warum also ihre Verweigerung für das Institut tödlich sein mußte.

Ich füge hier das von Habermas initiierte Projekt Nr. 4 über *ökonomische Krisentendenzen im heutigen Kapitalismus* an. Die Arbeit, unter der externen wissenschaftlichen Leitung des Regensburger Ökonomen W. Vogt, strebte danach, mit Mitteln der klassischen bzw. neoklassischen Ökonomie, Krisenerwartungen für die kapitalistische Wirtschaftsform zu rechtfertigen – ein ehrgeiziges, interessantes Programm.** Die Gruppe hat das Ansteigen der Arbeitslosigkeit vorhergesagt, ehe es eingetreten war. Ein zentraler Gedanke war die Irreversibilität des entstandenen Anspruchsniveaus der Arbeiterklasse und die Unverträglichkeit dieser Irreversibilität mit dem marktgemäßen Funktionieren des Arbeitsmarkts. Der Ge-

---

* W. Holub, U. P. Reich, Ph. Sonntag, *Arbeits-Konsum-Rechnung*, Bundverlag, Köln 1977.
** G. Müller, U. Rödel, C. Sabel, F. Stille, W. Vogt, *Ökonomische Krisentendenzen im gegenwärtigen Kapitalismus*, Campus-Verlag, Frankfurt 1978.

danke als solcher hatte für mich etwas Überzeugendes, aber nicht die Vermutung einer Unlösbarkeit dieser Krise im kapitalistischen System. Meines Erachtens kann eine solche im klassischen Sinne ökonomische Analyse, auch wenn sie immanent fehlerlos ist, lediglich zeigen, was in der Gesellschaft geschehen müßte, wenn die Krise überwunden werden soll. Die Schlüsselrolle des Handelns fällt dabei dem Staat zu. Deshalb würde der Beweis der Unlösbarkeit dieser Krise den Beweis der Unfähigkeit des Staats zu den nötigen Handlungen voraussetzen. Mit dieser Frage beschäftigte sich das zweite der von Habermas geplanten Projekte (Nr. 5; s. unten). Auch dieses ökonomische Projekt hätte im übrigen der kritischen Einbettung in eine Gesamtplanung unserer ökonomischen Arbeiten bedurft. Es wurde beendet, als der ökonomische Direktor abgelehnt war.

Das Projekt *Unterentwicklung* ging vom Hungerproblem zum Studium der Ursachen der Unterentwicklung über, die es nicht als bloße Rückständigkeit, sondern als einen fortschreitenden negativen Prozeß auffaßte. Mir war die Entwicklung der Ansichten dieser Arbeitsgruppe hochinteressant. Sie begann unter dem Einfluß der lateinamerikanischen dependencia-Theorie mit Gedanken, wie sie in der Bundesrepublik später öffentlich von Senghaas vertreten wurden: löst die unterentwickelten Länder aus der Weltmarktabhängigkeit, und der Prozeß der Unterentwicklung wird in Entwicklung umschlagen. Unter dem Eindruck der Tatsachen hat sich die Gruppe von der Unausführbarkeit dieses Programms überzeugt. Sie lehnt sich nun theoretisch mehr an Wallerstein an, der den Kapitalismus als einen alle neuzeitlichen Jahrhunderte überdeckenden großen einheitlichen Prozeß studiert. Diese Denkweise ist in meinen Augen sehr viel besser als andere gegen das sozialistische Wunschdenken gefeit: »der Kapitalismus sollte aufhören, also wird er aufhören«, aber ebenso gegen das kapitalistische Wunschdenken: »der Kapitalismus hört nicht auf, also ist er gut«. Meines Erachtens ist auch aller sogenannte Sozialismus essentiell ein Teil, nicht ein Gegenspieler dieses Prozesses, und eine tiefdringende Geschichtsanalyse müßte zu begreifen suchen, warum das so ist. Doch das sind meine persönlichen Reflexionen zu diesem Thema. Die große Leistung der Gruppe besteht in ihrer breit recherchierten Empirie. Ihre Studie über die neue ökonomische Arbeitsteilung*, also über die Produktionsverlagerung in Niedriglohnländern, hat weite Resonanz gefunden. Auch ihre Arbeit wird nun ein Opfer der Verweigerung des ökonomischen Direktors. In der MPG ist ihres Bleibens nicht, und ich weiß nicht, wo die Arbeit außerhalb der MPG wird fortgeführt werden können.

Die Studie *Alternativen in der Wissenschaft* war anfangs an einer praxisbezogenen, »gesellschaftlich relevanten« Forschungspolitik interessiert. Ihre Entwicklung hat sie jedoch in rein wissenschaftliche Untersuchungen in den Feldern der Wissenschaftsgeschichte und Wissenschaftssoziologie mit einem besonders breiten philosophischen Fundament geführt. Sie wurde vor einigen Jahren in eine öffentliche Debatte über »Finalisierung der Wissenschaft« verwickelt, welche der ausgereiften Form der wissenschaftshistorischen Thesen der Gruppe** unrecht tat. Die Frage, ob die Wissenschaftsentwicklung intern (durch Wahrheitsfindung) oder extern (durch gesellschaftliche Interessen) gesteuert ist, beantwortet die Gruppe durch eine Phasenunterscheidung. Unter weiterbildender Verwendung des Paradigma-Begriffs von Kuhn unterscheidet sie drei Phasen in der Ausbildung einer Wissenschaft. Einer tastenden, vorparadigmatischen ersten Phase folgt die paradigmatische Phase, nämlich die nur innengesteuert mögliche Ausbildung der für diese Wissenschaft fundamentalen Theorie. Ist dies geschehen, so folgt eine dritte, den Anwendungen offene Phase, in der externe Steuerung so legitim sein kann wie es eben die steuernden Interessen sind. In der dritten Phase gibt es also sinnvolle »Alternativen in der Wissenschaft«. Auch hier ist nicht das relativ simple allgemeine Schema die eigentliche Leistung, sondern seine Anwendung in der Breite der wissenschaftshistorischen Empirie.

Die drei Habermas'schen Projekte 4, 5, 6 bildeten einen inneren Zusammenhang, den ich damals so verstanden habe: Ökonomische Krisentendenzen können nur bis zu dem Punkt ökonomisch analysiert werden, an dem klar wird, was der

* F. Fröbel, J. Heinrichs, O. Kreye, *Die neue internationale Arbeitsteilung*, Rowohlt, Reinbek 1977.
** G. Böhme ed. al., *Die gesellschaftliche Orientierung des wissenschaftlichen Fortschritts*, Starnberger Studien, Frankfurt 1978.

Staat tun müßte, um sie zu überwinden. Das Projekt 5, *Krisenbehandlung durch den Staat,* ging von der Vermutung aus, daß der heutige Staat dies essentiell nicht könne. Die Gruppe hat kein geschlossenes Referat vorgelegt. Ein Ergebnis war eine Studie von Offe über die Bildungspolitik in der Bundesrepublik.* Mit dem Fortgang von Offe nach Bielefeld 1975 löste sich die Gruppe in Einzelarbeiten auf. Persönlich konnte ich den empirischen Nachweis der behaupteten Unfähigkeit des Staats vielleicht plausibel, aber nicht zwingend finden. Eigentlich beruhte die Überzeugung davon auf einer Betrachtung nicht der administrativen Mechanismen, sondern ihres sozialpsychologischen Hintergrunds. Es handelte sich um das große Habermas'sche Problem, ob oder unter welchen Bedingungen eine moderne Gesellschaft eine vernünftige Identität entwickeln, ihr Staat sich dann also die erforderliche Legitimation verschaffen kann. Eine wichtige empirische Studie hierzu war das 6. Projekt über *Protest- und Rückzugspotentiale von Jugendlichen.*

Wollte ich dem Ursprung dieser, inzwischen im Habermas'schen Arbeitsbereich durch neue Projekte über Kommunikationstheorie und über die neuzeitliche Entwicklung der juristischen Rationalität überholten Ansätze gerecht werden, so müßte ich die Entwicklung des Denkens von Habermas, in meiner subjektiven Sichtweise, darstellen. Das kann wiederum vom jetzigen Aufsatz nicht gefordert werden, und es ist für Habermas nicht nötig, da er weiterarbeitet und seine Gedanken selbst, wie bisher, der Öffentlichkeit vorlegen wird. Ich erlaube mir nur einen Exkurs hierüber unter dem Gesichtspunkt der Relevanz seiner Gedanken für die Fragen, die mich bewegen.

»Wie du anfingst, wirst du bleiben.« Habermas ist Philosoph, und zwar Philosoph im Sinne der praktischen Philosophie Kants. Der kategorische Imperativ ist ihm aus dem Herzen gesprochen. Um legitim sein zu können, muß eine moralische Norm vernünftig sein, und um vernünftig zu sein, muß sie allgemein sein können. Dies ist die einzige stichhaltige Rechtfertigung des Egalitarismus der Aufklärung. Die reale, historische Gesellschaft entspricht diesem Prinzip nur unvollkommen.

---

* C. Offe, *Berufsbildungsreform,* Suhrkamp, Frankfurt 1975.

Deshalb war Kant in seinen späteren Jahren zu einer Geschichtsphilosophie genötigt. Ihr Thema ist die der Menschheit gestellte Aufgabe, dem Prinzip aller Moral im historischen Fortgang approximativ gesellschaftliche Realität zu verschaffen. In den Nationen – das füge ich hinzu – ist nach Kant der entscheidende Schritt dahin mit dem Übergang der Gesellschaft aus dem Naturzustand in den bürgerlichen Zustand geschehen, zwischen den Nationen steht er noch aus; daher gipfelt Kants Geschichtsphilosophie in den realistischen Forderungen der Schrift *Vom ewigen Frieden*.

Habermas hat als junger Philosoph zwei wichtige Schritte der deutschen Philosophie mitvollzogen: von Kant zum Idealismus, vom Idealismus zu Marx. Hegels Geschichtsphilosophie versteht den Weg vom Sollen zum Sein als spekulative Notwendigkeit, als den Weg des Absoluten zu sich selbst. Damit die spekulative Versöhnung von Sollen und Sein nicht politisch zur Beschönigung des Bestehenden werde, wandte Habermas sein Interesse der Schellingschen Lehre von der Kontraktion Gottes zu, die sich mit einer unlängst von Habermas in einer Rede auf Scholem* in tiefem Verständnis ausgelegten kabbalistischen Lehre trifft. Damit die Welt sein konnte, mußte sich Gott aus ihr zurückziehen; das ist die Bitternis der Realität. Im geschichtlichen Fortgang bedeutet diese Verweigerung der Beschönigung des Bestehenden, bei fortdauernder Forderung der Versöhnung von Sollen und Sein, den Übergang zu Marx. Der kategorische Imperativ verlangt die ökonomische Gerechtigkeit, und erst diese ist eine mögliche gesellschaftliche Basis der vollzogenen politischen Gerechtigkeit, der Freiheit, welche die geschichtliche Präsenz der Vernunft ermöglicht.

Habermas war niemals ein dogmatischer Marxist; er ist ein Angehöriger des wissenschaftlichen Zeitalters, der Marx ernstnimmt. Marx erhob den Anspruch, wissenschaftlich zu sein. Habermas als Soziologe macht Ernst damit, was dieser Anspruch heute bedeuten muß; er macht kritisch Ernst damit. Man hat den »Prositivismusstreit« der deutschen Soziologen vor nun über zehn Jahren nicht verstanden, wenn man ihn als

---

* J. Habermas, *Die verkleidete Thora*. Rede zum 80. Geburtstag von Gershom Scholem, *Merkur* 1, 1978.

einen Streit »Wissenschaft gegen Dialektik« simplifiziert. Habermas zeigte damals, daß die von ihm als »positivistisch« bezeichnete Auffassung, die er irrig mit dem realen Verfahren der Naturwissenschaft gleichsetzte, das reale Verfahren einer wahrheitssuchenden Sozialwissenschaft nicht beschreiben kann; mit tiefem Vergnügen fand ich gerade in seiner Beschreibung der Sozialwissenschaft die mir vertrauten Strukturen des realen Verfahrens der Physik wieder. Die inständige Bemühung von Habermas, sein »Über-Ich«, wenn ich so sagen darf, geht auf Wissenschaftlichkeit, und auch um dieses erzieherischen Einflusses willen habe ich ihn damals gebeten, nach Starnberg zu kommen. Heutige Wissenschaft ist empirisch. Die neueren Arbeiten von Habermas und seinen Mitarbeitern, anschließend an die Studien von Kohlberg zur Entwicklung des moralischen Bewußtseins von Jugendlichen, die ihrerseits an die Studien von Piaget zur Entwicklung des kognitiven Bewußtseins anknüpfen – diese Arbeiten kann man als empirisch fundierte Untersuchungen zur Realisierung des kategorischen Imperativs lesen. Ich habe gelegentlich einen Frieden den Leib einer Wahrheit genannt. Der Weg vom politischen Motiv der Friedenssicherung zur Psychologie der Entwicklung des moralischen Bewußtseins ist weit, aber nicht unlogisch. Nicht ob dieser Weg zu gehen sei, ist meines Erachtens die Frage, sondern ob die heutige Sozialwissenschaft die tiefen anthropologischen Probleme, die sich hier stellen, in ihren Begriffen zu fassen vermag.

Die bis hierher geschilderten Arbeiten spiegeln in ihrer Mehrzahl einen Weg ins Grundsätzliche, ins Theoretische, der dem Bild entgegengesetzt läuft, das sich die Öffentlichkeit von den Absichten des Instituts machte. Ich habe diesen Weg voll bejaht, auch wenn ich natürlich kaum einen seiner Schritte inhaltlich habe vorhersehen können – wäre es anders gewesen, so wäre hier ja nicht Forschung geschehen, sondern Programmerfüllung. Andererseits gebe ich zu, daß ich wenig getan habe, ihn der Öffentlichkeit zu erklären, ja daß ich gelegentliche anfängliche »public-relations«-Tendenzen gebremst habe. Ich hatte das Gefühl, ein so schwieriger Weg sei öffentlich überhaupt kaum zu erklären, er könne sich allenfalls durch die erreichten

Ziele rechtfertigen. Im ursprünglichen Institutsprogramm war er als mehrjährige theoretische Anfangsphase vorgesehen. Wenn mich Außenstehende fragten, wie ich denn den Ergebnissen der Institutsarbeit öffentliche Wirkung verschaffen wolle, war meine feststehende Antwort, dieses Problem beunruhige mich heute nicht, verglichen mit dem viel schwereren Problem, Ergebnisse zu finden, die überhaupt verdienen, öffentliche Wirkung zu haben.

Aber das Wort »Anfangsphase« besagte schon, daß ich hierbei nicht bleiben wollte. Natürlich habe ich mir nicht vorgestellt, eines Tages würden die theoretischen Probleme geklärt sein und man könne »auf Praxis umschalten«. Ich war immer überzeugt, daß jedes ernsthafte Bemühen um Praxis wieder in tiefe theoretische Fragen zurückführen und jede theoretische Frage neue, noch tiefere theoretische Fragen erzeugen werde. Die Theorie, zumal in einem so komplexen Feld wie den Sozialwissenschaften, ist eine nicht endende Anstrengung. Aber eben darum muß sie, wenn sie jeweils für die Praxis relevant werden soll, ständig von Praxis begleitet sein. Ich war immer überzeugt, daß nur der Druck der praktischen Verantwortung die theoretische Arbeit vor dem Irrelaufen in die auch theoretische Irrelevanz schützen könne. Mit dieser Ansicht habe ich mich in Teilen des Institus nur schwer durchsetzen können. Sie stieß kritisch mit dem »wissenschaftlichen Über-Ich« der professionellen Sozialwissenschaft zusammen. In unserem Institut bedeutete das nicht die These einer grundsätzlichen Wertneutralität der Wissenschaft. Es bedeutete aber, daß sich auch wertbestimmte Überzeugungen der wissenschaftlichen Kritik – der Selbstkritik wie der Kritik der weltweiten »scientific communitiy« – unterwerfen müßten, wenn sie nicht im Selbstbetrug enden sollten. Dem habe ich immer voll zugestimmt. Es lag nahe, daraus zu folgern, eine sinnvolle Weiterentwicklung unserer Gesellschaft werde vom Wissenschaftler durch gute sozialwissenschaftliche Arbeit mehr gefördert als durch politischen Aktivismus im bestehenden System. Dem widerspreche ich nicht, aber ich glaube, daß gerade die gesellschaftswissenschaftliche Selbstkritik sehr viel profitiert von den schmerzhaften Erfahrungen, die jeder macht, der Verantwortung in der menschlichen Gesellschaft auf sich nimmt.

Jedenfalls war ich für meine eigene Person entschlossen, mich dem belehrenden Druck der verantwortlichen Mitarbeit im bestehenden System nicht zu entziehen, sofern jemand in diesem System meine Mitarbeit wünschte. 1969–74 war ich Vorsitzender des Verwaltungsrats des *Deutschen Entwicklungsdienstes* (DED). Dies gab mir willkommene Gelegenheit, in Visitationen unserer jungen Freiwilligen die Probleme der Entwicklungsländer an Ort und Stelle zu studieren, Probleme, die gegenüber dem, was Theoretiker an Hand unermeßlichen statistischen Materials ermitteln, eine so eigentümliche leidvolle, manchmal auch freudvolle Lebendigkeit bewahren. Etwas vom Wichtigsten, was man fast nur an Ort und Stelle lernen kann, ist der Respekt vor den Kulturen, die der unseren nicht, wie die Entwicklungsideologie meinen möchte, unterlegen sind, der Respekt vor den durch diese Kulturen geprägten lebendigen Menschen.

Einen fürs Insitut folgenreichen Anstoß zur praktischen Politik gab mir der Vorsitz im *Beratenden Ausschuß für Forschung und Technologie* (BAFT) beim Bundesminister für Forschung und Technologie, 1975–77. Ich gewann die Mitarbeit von K. Gottstein, der lange Zeit Abteilungsdirektor im Max-Planck-Institut für Physik und dann drei Jahre Wissenschaftsattaché an der deutschen Botschaft in Washington gewesen war. Die Kernenergie nahm mehrere Jahre lang einen wesentlichen Teil unserer Arbeitszeit in Anspruch, unter anderem auch in der Form der Organisation bilateraler amerikanisch-deutscher Gespräche zum Proliferationsproblem. Inhaltlich brauche ich diese Arbeiten hier nicht zu schildern, sondern kann auf den ersten Beitrag dieses Buchs verweisen.*

H. Afheldt und ich beschlossen 1974, unser ursprüngliches Thema der militär- und außenpolitischen *Kriegsverhütung* wiederaufzunehmen. Unsere gemeinsamen Arbeiten der sechziger Jahre, nun durch die Distanz des ökonomischen und gesellschaftspolitischen Denkimpulses des Institutsbeginns gesehen, forderte jeden von uns beiden auf, nun einmal seine persönliche Sicht dieser Fragen je in einem eigenen Buch zusammenzufassen. Afheldt fand für seinen neuen Impuls verwandte

---

* »Die offene Zukunft der Kernenergie.«

Tendenzen in der von E. Spannocchi durchgeführten österreichischen Heeresreform und in ähnlichen Vorschlägen für die französische Armee von G. Brossollet. So entstand eine Publikation von drei zusammengehörigen Büchern.*

Mein Beitrag war eines von vier nacheinander vorgelegten Büchern, in denen ich in meiner persönlichen Version niederzuschreiben versuchte, was ich im Institut gelernt hatte (*Fragen zur Weltpolitik*, 1975, *Wege in der Gefahr*, 1976, *Der Garten des Menschlichen*, 1977, *Deutlichkeit*, 1978), und denen das gegenwärtige Bändchen** als fünftes folgt. *Wege in der Gefahr* ist keine Aufsatzsammlung, sondern ein systematisch geplantes Buch über den gesamten Fragenkreis der »Lebensbedingungen«. In seinem Aufbau folgt einem Beitrag zur Kernenergie aus der BAFT-Arbeit ein Kapitel, das zusammenfaßt, was ich den ökonomischen Arbeiten des Instituts verdanke, zwei kurze Kapitel zum russischen und chinesischen Sozialismus und eine Reihe von Kapiteln zur Kriegsproblematik. Ein Schlußkapitel leitet über in die geschichtsphilosophisch-anthropologischen Fragestellungen, denen dann die breite Aufsatzsammlung *Der Garten des Menschlichen* gewidmet ist. Aus den in diesen Büchern entwickelten Meinungen speist sich auch die hier vorgelegte explizite Beurteilung der Institutsarbeit.

Afheldts großes Buch *Verteidigung und Frieden* ist vor allem eine systematische und kritische Analyse des Gesamtthemas der »Friedenspolitik mit militärischen Mitteln«. Sowohl die Abschreckungsstrategie der Großmächte wie die europäische Strategie der NATO sind im Detail behandelt. Den Rahmen bilden grundsätzliche Erwägungen über die Bedingungen, unter denen Abschreckung überhaupt stabil sein kann. Die umfassende Komplexität, logische Subtilität und kritische Präzision dieser Analysen ist, soviel ich sehen kann, von der Militärwissenschaft in den seit der Publikation verstrichenen zweieinhalb Jahren noch nicht verarbeitet worden. Der Aufnahme dieser denkerischen Substanz des Werks hat vielleicht die Tatsache eher im Wege gestanden, daß das Buch zugleich einige

---

* H. Afheldt, *Verteidigung und Frieden*, Hanser, München 1977. E. Spannocchi und G. Brossollet, *Verteidigung ohne Schlacht*, Hanser, München 1977. C. F. v. Weizsäcker, *Wege in der Gefahr*, Hanser, München 1976.
** *Diagnosen zur Aktualität*, Hanser, 1979.

positive strategische Vorschläge enthielt, die kurzfristig sensationell wirkten und eine intensive Diskussion in der Bundeswehr ausgelöst haben.

Afheldts grundsätzliche Forderungen an ein Abschreckungssystem, das zu einer stabilen Friedenssicherung soll führen können, sind hart, und unsere ältere Studie hatte nachgewiesen, daß die bestehende Abschreckungsstrategie diese Forderungen nicht erfüllt. Grob vereinfachend sage ich, ein solches System sollte nicht der Drohung mit dem gegenseitigen Selbstmord bedürfen, und es sollte keinen eingebauten Zwang zum Wettrüsten enthalten. Die erste Forderung wird von der counter-value-Strategie verletzt (MAD = *mutually assured destruction*), die zweite von der counter-force-Strategie. Die vergangenen zwanzig Jahre waren durch die relative Sicherheit der counter-value-Strategie geprägt, welche für den Preis einer untragbaren Zerstörung im Fall des Kriegs eine niedrige Wahrscheinlichkeit des Ausbruchs eines solchen Kriegs einhandelte. Die kommenden zwanzig Jahre scheinen in wachsendem Maß durch counter-force-Strategien bestimmt sein zu wollen, technisch ausgelöst durch die wachsende Treffgenauigkeit der Waffen. Sie handeln für die Möglichkeit einer höheren Schonung der Bevölkerung und der zivilen Güter eine erhöhte Wahrscheinlichkeit des begrenzten Waffeneinsatzes, also eben des Kriegsausbruchs ein, und sie machen das Wettrüsten fast unvermeidlich. Von diesen Gefahren spricht der vorangehende Beitrag des vorliegenden Bandes.*

Afheldt hatte bei der Abfassung seines Buchs die Forderung an sich selbst gestellt, sich nicht mit der kritischen Position unserer älteren Studie zu begnügen, sondern wenigstens in einem Denkmodell zu zeigen, daß seine Forderungen an eine stabile Abschreckung grundsätzlich erfüllbar sind. Nur ein solches Angebot einer Lösung des Problems konnte hoffen, auf die praktische Rüstungspolitik einen Einfluß auszuüben. Andernfalls hätte man resigniert festgestellt, Afheldts Bedingungen seien unerfüllbar, und man müsse eben hoffen, daß es auch ohne ihre Erfüllung gutgeht. Afheldt nennt diese Haltung mit meines Erachtens berechtigtem Sarkasmus das »Prinzip Hoff-

---

* »Moskaus Rüstung – defensiv und gefährlich.«

nung«. Afheldts positiver Vorschlag beschränkte sich in dem Buch auf den konventionellen Bereich: Raumverteidigung durch »Technokommandos« mit panzerbrechenden Präzisionswaffen. Also nicht Abwehr numerisch überlegener Panzerarmeen durch numerisch unterlegene Panzerarmeen, auch nicht Wettrüsten in Panzern oder atomaren Anti-Panzer-Waffen, sondern eine zu keinem Wettrüsten anreizende defensive Rüstung. Afheldt hat nie geglaubt oder behauptet, die Denkskizze, die er hier vorgelegt hatte, sei eine vollständige und insofern praktikable Strategie. Gleichwohl hatte schon diese Skizze die erhoffte Wirkung, eine lebhafte Debatte auszulösen.

Seitdem hat Afheldt seine Arbeit auf die Auswertung der Konsequenzen dieser Debatte eingestellt. Er hat eine Reihe militärischer Fachleute, vorwiegend ehemalige Offiziere der Bundeswehr, mit Zeitverträgen ins Insitut verpflichtet. Eine neuerliche Analyse der bestehenden NATO-Strategie und eine detaillierte Ausarbeitung alternativer Vorschläge wird in absehbarer Zeit zu neuen Publikationen führen. Diese Studien müssen meines Erachtens noch über eine Reihe von Jahren intensiv fortgesetzt werden. In ihnen kommen Afheldts langjährige Überlegungen praktisch zum Tragen. Der Auflösungsbeschluß der MPG betrifft Afheldt persönlich nicht. Die bescheidenen Arbeitsmöglichkeiten, die er immer nur in Anspruch genommen hat, sind ihm prinzipiell auch für die Zukunft zugesagt. Und dies ist der Teil der von mir seinerzeit mit der Institutsgründung beabsichtigten Arbeiten, für dessen Fortsetzung im bisherigen Rahmen ich mich mit allen mir verfügbaren Mitteln einsetzen werde. Ich identifiziere mich nicht mit allen Meinungen, die bei diesen Überlegungen vorgebracht werden, aber ich bin überzeugt von der Lebenswichtigkeit solcher alternativer Analysen.

Rückblick

Wie sind Erfolg und Mißerfolg der Institutsarbeit gegeneinander abzuwägen? Ein endgültiges Urteil kann heute niemand darüber abgeben, und gerade mir steht es gewiß nicht zu. Ich hebe hier nur diejenigen meiner subjektiven Eindrücke heraus, die mir für zukünftige Arbeit lehrreich erscheinen. Dabei gliedere ich auf nach Einzelprojekten, dem gedanklichen Zusammenhang des Ganzen und der Beziehung zur praktischen Politik.

Inhaltlich habe ich über jedes der oben besprochenen *Einzelprojekte* ebendort schon ein knappes Urteil abgegeben. Zusammenfassend würde ich sagen: jedes von ihnen ist nach Fragestellung und Ergebnis kontrovers, jedes ist interessant, jedes enthält in seinen bisherigen Ergebnissen Fragen, die eine Fortführung rechtfertigen. Organisatorisch sei gesagt, daß ich auch mit meinem abgewiesenen Wunsch, einen politisch-analytischen und einen ökonomischen Nachfolger zu bekommen, nicht gewünscht habe, damit sollten eben diese Gruppen eben diese Themen eben in Starnberg weiterbearbeiten. Meines Erachtens waren die Verhältnisse in der Wissenschaft sowohl für die Institute wie für die Mitarbeiter solange optimal, als der wachsende Arbeitsmarkt für Wissenschaftler einen Ortswechsel des Wissenschaftlers wenigstens einmal im Jahrzehnt zum normalen Vorgang machte. Die Gottesgabe des Forschers, die ins erwachsene Alter gerettete kindliche Neugier, reagiert sehr positiv auf diese Verhinderung der Bildung von »Erbhöfen«. Und ganz gewiß wollte ich meinen Nachfolgern die Freiheit in der Themen- und Mitarbeiterwahl nicht beschränken, die ich selbst genossen habe. Daß heute auch der wissenschaftliche Arbeitsmarkt stagniert, schafft schwerwiegende soziale Probleme. Diese sorgfältig zu behandeln, ist eine menschliche Pflicht. Das kann aber die Erkenntnis nicht aufheben, daß personelle und thematische Stagnation in der Wissenschaft ein Übel ist.

Mein Votum, die erzielten Fragen verdienten eine Weiterführung, ist also zunächst thematisch gemeint, und personell dann nur in dem Sinne, daß auch die Forscher, die selbst von ihren anfänglichen Vermutungen zu diesen neuen Fragen vorgestoßen sind, motiviert und fähig sein dürften, diese Fragen zu bearbeiten. Bei der Schilderung der Projekte habe ich Wert darauf gelegt, die Änderungen der Fragestellungen beim Fortschritt der Arbeit in jedem Fall zu beschreiben. Eine Schwäche des Instituts war die Ausschließlichkeit, mit der seine Projekte kontroversen Themen gewidmet waren. Die Schuld daran trage ich selbst in erster Linie durch meinen Wunsch, aus jedem Projekt etwas politisch Wichtiges zu lernen. Gleichwohl vermute ich, daß die entstandenen Arbeiten fachmännische Kritik aushalten, sobald die Diskussionspartner sich ernstlich bemühen, nicht legitime politische Differenzen des Urteils als fachliche Kritiken zu kaschieren. Da im Institut selbst oft Differenzen des politischen Urteils bestanden, habe ich mich stets bemüht, den Unterschied von politischer und fachlicher Kritik nicht zu verwischen. Wissenschaftliche Kritik kann ein politisches Urteil nur dann korrigieren, wenn erkennbar ist, daß sie nicht bloß die (meist unbewußte) Tarnung eines abweichenden politischen Urteils ist; und ein politisches Urteil wird erst dann wissenschaftlich diskutierbar, wenn es sich mitsamt seiner Motivation als politisch zu erkennen gibt. Geschieht diese Verdeutlichung nicht, so weiß man nicht, wovon man redet; oder schlimmer, man weiß es, ohne es sich oder dem Partner einzugestehen. Voraussetzung dazu ist natürlich die Basis der politischen Liberalität, des Zusammenhangs von Meinungsfreiheit und Wahrheitssuche: die Fähigkeit, ein vom eigenen politischen Urteil abweichendes Urteil als diskussionswürdig anzuerkennen. Ich täusche mich nicht darüber, daß das Institut auf dieser Ebene seinen Freunden und Feinden einiges zugemutet hat.

Schwer zu erkennen war für alle Beobachter der *gedankliche Zusammenhang des Ganzen*. Die Kommission, die den Auflösungsbeschluß vorgeschlagen hat, hatte offenbar den Eindruck unverbundener Heterogenität der Teile. Ich habe oben die Herkunft der Projekte aus einer gemeinsamen, wenngleich recht allgemeinen Fragestellung angedeutet. Die innere Weiterentwicklung jedes Projekts hat die Projekte in wachsende gegenseitige Isolierung geführt, unbeschadet freundschaftlicher persönlicher Beziehungen zwischen ihren Trägern. Dies liegt technisch meines Erachtens daran, daß wir das Problem interdisziplinärer Arbeit nicht zu lösen vermocht haben. Die von vielen beklagte Unterbringung in schließlich sechs verschiedenen Gebäuden in der Kleinstadt Starnberg trägt nach meiner Meinung daran nur einen sehr kleinen Teil der Schuld. Mit wem man reden will, mit dem redet man, einerlei wo er sitzt, und wenn uns der Zimmernachbar nichts zu sagen hat, so reden wir nicht mit ihm. Vielmehr schafft die Sozialstruktur der weltweiten Wissenschaftlergesellschaft (der »scientific community«) ein gravierendes Hemmnis gegen interdisziplinäre Arbeit. Die Karriere eines jungen Wissenschaftlers hängt vom Urteil seiner Fachgenossen über seine fachlich spezialisierten Arbeiten ab. Alles andere wird allenfalls als Allotria geduldet. Wer aus Sachmotiven in ein interdisziplinäres Institut geht, der riskiert seine Karriere. Er wird daher leicht der Versuchung erliegen, innerhalb des Instituts doch möglichst fachspezifisch zu arbeiten.

Eine zweite Stufe in den Gründen mangelnder Integration ist die Fremdheit zwischen den Denkweisen der Wissenschaften. Ich habe vorher nicht gewußt, wie tief die Kluft zwischen den Mentalitäten von Ökonomen und Soziologen ist. Wo diese aber nicht miteinander reden können, bleiben die Fragen eines Instituts über »Lebensbedingungen« unbeantwortet. Noch tiefere Klüfte müßte eine anthropologische Fragestellung überbrücken, so die zwischen den traditionellen, verstehenden Geschichtswissenschaften und den empirisch-systematischen Sozialwissenschaften, die noch tiefere zwischen den Humanwissenschaften und der Biologie und schließlich die Fremdheit aller positiven Wissenschaften gegen philosophische oder gar theologische Fragestellungen. Ich traue mir zu, mit Vertretern jeder dieser Fachrichtungen zu reden, aber es ist mir nicht gelungen, sie zu gemeinsamer wissenschaftlicher Produktivität zu veranlassen. Sicherlich trägt daran auch eine verfrühte Resignation auf meiner Seite die Schuld. Für die anthropologischen Fragen war es vermutlich richtig, sie als Philosophie und damit in individueller Arbeit zu behandeln. Für die politikorientierten Fragen ist hier eine dritte, inhaltliche Stufe des Problems zu nennen.

Im ersten Jahr des Instituts habe ich dem Institut unter dem Titel »Lebensbedingungen« ein Exposé der nach meinem Empfinden wichtigen Themen für eine künftige Arbeit vorgelegt. Die hauptsächlichen Teile dieses Aufsatzes habe ich sieben Jahre später in meinem Buch *Der Garten des Menschlichen* veröffentlicht (dort I, 3: »Die Ambivalenz des Fortschritts« und II, 4: »Die Vernunft der Affekte«; Fortsetzungen dazu II,

5: »Über Macht« und III, 3: »Zu Hegels Dialektik«). Unter dem Titel der Ambivalenz des Fortschritts habe ich dort insbesondere die immanenten Probleme des Liberalismus und des Sozialismus besprochen. Die Erkenntnis, daß diese beiden Systeme ihre eigenen Ziele durch die Folgen ihres eigenen Handelns verfehlen, sollte weiterführen zu einer grundsätzlichen Skepsis gegen die politische Programmatik der neuzeitlichen »Willens- und Verstandeswelt«, zu einem erneuten Verständnis der »Vernunft der Affekte«. Sie sollte, naiv gesagt, der Forderung der Moral die unverdiente und darum erlösende Liebe gegenüberstellen (dazu I, 6: »Das moralische Problem der Linken und das moralische Problem der Moral«). Ich konnte nicht erwarten, daß ein Institut, das unter den sozialen Spielregeln der Forschung steht, eine derartige menschliche Bewegung vollzieht; dies bleibt Sache des Einzelnen und einer nicht bloß durch Wissenschaft und Politik geeinten menschlichen Gemeinschaft. Aber ich hatte gehofft, wir würden in gemeinsamer Anstrengung die Analyse der Ambivalenzen des Liberalismus und des Sozialismus ein Stück weit vorantreiben. Was gelungen ist, ist ein meines Erachtens wichtiges Stück der Analyse der inneren Probleme des wirtschaftlichen Liberalismus oder Kapitalismus. Eine entsprechende Analyse des »realen Sozialismus« wäre nötig gewesen, aber ich habe nicht die Kraft gehabt, auch sie zu etablieren. Erst jetzt erscheint eine einzige Publikation dieser Art aus dem Institut, ein Buch von M. S. Voslenskij über die herrschende Klasse der Sowjetunion.*

Erst auf dieser Stufe hätte eine inhaltliche Integration der Institutsarbeiten, so wie sie mir vorschwebte, beginnen können. Ich sehe rückblickend, daß dies eine Überforderung aller Beteiligten war. Vermutlich war schon der Entschluß, ein wissenschaftliches Institut zu gründen, also eine Institution der wissenschaftlich-technischen Welt, in der wir faktisch leben, mit der Erreichung dieser Stufe des geistigen Zusammenhangs unvereinbar. Ich bedaure nicht, dieses Ziel wenigstens im Auge gehabt zu haben, denn ich kann mir nicht vorstellen, daß wir den Lebensproblemen unseres Zeitalters um einen geringeren Preis als diesen werden gewachsen sein können. Es mag sein,

---

* M. S. Voslenskij, *Nomenklatura*, Molden, Wien 1980.

daß die persönliche Krise, die keinem der Mitarbeiter des Instituts erspart geblieben ist, den Leidensdruck signalisiert hat, den die Spannung zwischen dem Möglichen und dem Notwendigen stets erzeugt. Wenn ich heute die Weiterführung der Fragen des Instituts empfehle, so meine ich freilich die deutlich formulierbaren Einzelfragen, die aus seinen Projektarbeiten hervorgehen. Ich meine aber auch, daß die Wissenschaftler sich in Zukunft der offenen Erkenntnis dieser Spannung nicht entziehen sollen.

Die Beziehung des Instituts zur *praktischen Politik* war in den ersten fünf Jahren seines Bestehens aus den weiter oben genannten Gründen fast nicht existent. Inzwischen haben die Arbeiten zur Energiepolitik, zur Rüstungspolitik und zur Weltwirtschaft (Unterentwicklung) die ebenfalls oben schon angedeutete Beachtung gefunden. Persönlich bin ich entschlossen, an diesen Themen nicht mehr selbst wissenschaftlich weiterzuarbeiten. Ich werde den Apparat dafür nicht haben, und ich werde nicht versuchen, ihn mir zu schaffen. Mein Wunsch ist, zu denjenigen Arbeiten zurückzukehren, die mich von jeher wissenschaftlich und philosophisch beschäftigt haben: zu den Grundlagen der Physik und, anschließend daran, zu einer Meditation der Grundlagen unseres Bewußtseins. Aber ich kann dabei den Blick nicht von den ungelösten Problemen unserer Politik abwenden. Darum muß ich auch die Fortführung unserer Arbeiten wünschen. Dieser Wunsch ist natürlich nicht schon damit erfüllt, daß es anderswo Institutionen gibt, die dieselben Themenkreise bearbeiten. Unsere Arbeiten haben in jedem dieser Gebiete eine gewisse Schärfe der Position gewonnen, sie sind in keinem Gebiet mit der herrschenden Meinung – soweit es eine solche gibt – identisch. Mir liegt heute, wie schon seit langem, nicht daran, bestimmte Meinungen durchzusetzen – und wenn es meine eigenen wären. Die Meinungen aller Mitarbeiter des Instituts, mich eingeschlossen, haben sich ständig entwickelt. Mir liegt daran, daß im öffentlichen Bewußtsein die Probleme gegenwärtig sind, die durch die nichtkonventionellen Ergebnisse der Institutsarbeiten gleichsam aufgespießt werden. Haben wir die Priorität der Energieeinsparung verstanden? Ist unser technisches System auf die Möglichkeit begrenzter Kriegshandlungen vorbereitet? Müssen wir unsere

Daseinsangst in die Kernenergiepanik flüchten? Haben wir ernstlich eine Alternative zum Wettrüsten gesucht? Wissen wir, in welchem Mischungsverhältnis der Weltmarkt Entwicklung und Unterentwicklung produziert?

Ein Brief*

Herrn Willy Brandt,
Vorsitzender der Sozialdemokratischen Partei Deutschlands

Sehr geehrter Herr Brandt!

Als erstes möchte ich Ihnen und der Partei, in deren Namen Sie sprechen, herzlich für das Vertrauen danken, das Sie mir durch die Bitte erwiesen haben, zur Kandidatur für das Amt des Bundespräsidenten zur Verfügung zu stehen. Da ich weiß, wie schwer es sein wird, dieses Amt zu führen, empfinde ich das Vertrauen sehr stark. Nach Ablauf der erbetenen zwei Tage Bedenkzeit bitte ich Sie nun gleichwohl, für die jetzt anstehende Wahl von meiner Nominierung abzusehen.

Im folgenden erlaube ich mir, Ihnen meine Gründe darzulegen. Diese Darlegung ist zugleich für die Fraktion und für die Öffentlichkeit bestimmt. Ich gehe davon aus, daß Sie den Brief der Presse bekanntgeben werden. Einen im wesentlichen gleichlautenden Brief schreibe ich an Herrn Genscher. Ferner gebe ich eine kurze Zusammenfassung des Briefs direkt an die Presse.

Die Fraktionen der Regierungskoalition haben sich entschlossen, die Präsidentschaftskandidatur einer Person anzutragen, die kein Berufspolitiker ist und keiner Partei angehört. Grundsätzlich, von meiner Person abgesehen, finde ich eine solche Wahl mit dem Geist des Grundgesetzes im Einklang. Etwas zu anspruchsvoll sagt man, der Bundespräsident solle über den Parteien stehen. Ich würde lieber sagen: Der Bundespräsident soll sein Urteil unabhängig von den Meinungen und Interessen der Parteien bilden. Seine Entscheidungsbefugnisse sind gering, sein Einfluß auf interne und öffentliche Meinungsbildung kann groß sein. Er soll diesen Einfluß stets für die gemeinsame Suche nach vernünftigen Lösungen einsetzen. In vie-

* 20. Mai 1979. Ein im wesentlichen gleichlautender Brief ging an den Vorsitzenden der Freien Demokratischen Partei, Herrn Hans-Dietrich Genscher.

len Fällen wird er zur Überwindung von Interessenkonflikten durch Kompromisse beitragen müssen, in anderen Fällen wird er die Aufgabe haben, intern oder auch öffentlich auf Tatsachen hinzuweisen, die bei keiner Partei populär sind. Er wird, wenn so große Ausdrücke erlaubt sind, den Einzelnen an seinen Ort in der Nation, die Nation an ihren Ort in der Welt erinnern müssen. Beispiele bisheriger Bundespräsidenten zeigen, daß Parteipolitiker fähig gewesen sind, diese Rolle zu übernehmen. Aber die Befähigung dazu braucht nicht auf diesen Personenkreis beschränkt zu sein. Es kann Situationen geben, in denen die Menschen in unserem Lande mit gutem Grund darauf hoffen, daß die Parteien nicht einen der ihren in dieses Amt wählen.

Komme ich nun zu meiner Person, so steht es mir nicht an, zu entscheiden, ob ich für eine solche Aufgabe fähig wäre. Angestrebt habe ich das Amt nicht. Ich möchte vielmehr in diesem Brief eine Hemmung nennen, die ich Ihnen im persönlichen Gespräch schon erläutert habe. Ich bin Wissenschaftler. Die Arbeit, die mich mein Leben lang beschäftigt hat, ist die philosophische Durchdringung der Naturwissenschaft. Ich glaube, daß auch diese Arbeit etwas mit den Lebensproblemen unserer Zeit zu tun hat, und ich fühle mich verpflichtet, sie nach meinen Kräften zu Ende zu führen. Nachdem ich wenigstens zehn Arbeitsjahre für das wissenschaftliche Studium politischer Probleme aufgewendet habe, war es meine Absicht, die nun kommenden letzten Jahre meines Arbeitslebens ausschließlich dieser meiner ursprünglichen Aufgabe zu widmen. Ich war entschlossen, weiterhin keinerlei Pflichten im politischen oder halbpolitischen Bereich mehr wahrzunehmen, die mich hiervon ablenken würden. Ich habe sehr gezweifelt, ob ich das Recht hätte, diese Absicht einer Bewerbung um das Amt des Bundespräsidenten zum Opfer zu bringen. In der Selbstprüfung der jüngstvergangenen Tage bin ich aber zu dem Schluß gekommen, daß ich dazu bereit sein muß. Dafür habe ich einen einzigen Grund, den ich Ihnen und der Öffentlichkeit unverhohlen aussprechen muß. Ich erwarte für die achtziger Jahre schwere Krisen der Welt und daher unserer Nation. Der Forderung, dieses Wissen in das Amt des Bundespräsidenten einzubringen, dürfte ich mich nicht verweigern.

Daher wäre ich jetzt oder in einer künftigen Wahl bereit, dieses Amt zu übernehmen, wenn es mir von einer Mehrheit der Wahlberechtigten offen angetragen würde. Sie werden verstehen, verehrter Herr Brandt, daß mir die Amtsführung leichter würde, wenn dieser Antrag gemeinsam von allen Parteien käme. Aber ich kenne die Realitäten des politischen Geschehens genug, um zu wissen, daß er vermutlich nur von einer Mehrheit kommen könnte, und es war immer die Pflicht des gewählten Bundespräsidenten, das Amt auch im Interesse derer zu führen, die ihn nicht gewählt haben.

Die Situation, die ich bei dieser Bereitschaft voraussetze, besteht aber bei der Wahl am kommenden Mittwoch nicht. Die Koalitionsparteien konnten mir nur den kurzfristigen Eintritt in eine Zähl- oder Kampfkandidatur antragen, deren Chancen, eine Mehrheit zu gewinnen, gering sind. Vor einer Abstimmungsniederlage würde ich mich nicht scheuen. Ich muß aber wünschen, daß das überparteiliche Motiv meiner grundsätzlichen Bereitschaft der Öffentlichkeit klar bleibt. Sie wissen, Herr Brandt, daß ich die Politik der sozial-liberalen Koalition seit der Zeit, als Sie Kanzler waren, in wesentlichen Sachfragen öffentlich unterstützt habe. Gleichwohl darf ich keinen Anlaß zu dem Eindruck geben, ich kandidiere, um der Koalition aus einer Verlegenheit zu helfen. Ich werde nur kandidieren, wenn ich die aufrichtige Absicht habe, nach Möglichkeit die Wahl zu gewinnen, um dann das Amt überparteilich zu führen. Diese Absicht müßte unter den gegebenen Umständen den Wunsch einschließen, daß mindestens vierzehn Abgeordnete der Opposition das ihrer Partei gegebene Wort in der geheimen Abstimmung brechen. Dies wünsche ich nicht, auch wenn ich den Konfrontationskurs in dieser Wahl, auf den sich die Opposition geeinigt hat, im nationalen Interesse bedaure. Meinem Empfinden entspricht es, mich unter diesen Umständen nicht um das Amt des Bundespräsidenten zu bewerben. Ich stehe in dieser Wahl nicht zur Verfügung.

Es tut mir sehr leid, lieber Herr Brandt, auf diese Weise Ihren Wunsch enttäuschen zu müssen. Doch hoffe ich, daß Sie meine Beweggründe verstehen.

Mit meinen besten Grüßen bin ich stets Ihr
Carl Friedrich Weizsäcker

VII. Die Gefahr der Achtzigerjahre

Moskaus Rüstung: defensiv und bedrohlich*

Was ist die langfristige Politik der Sowjetunion? Für das kommende Jahrzehnt erwartet die überwiegende Mehrheit der westlichen Experten für die Sowjetunion drei Trends:

1. Innenpolitisch eine Fortsetzung der vorsichtigen, konservativen Politik, auch unter Breschnews Nachfolgern.
2. Wirtschaftlich einen fortschreitenden Rückgang der Wachstumsraten, also zunehmende Schwierigkeiten.
3. Militärisch ein ständiges Wachstum der Rüstung mit unverminderten Wachstumsraten.

Wächst das Sozialprodukt um weniger als fünf Prozent im Jahr, wachsen die Rüstungsausgaben um mehr als zehn Prozent im Jahr, so wird die Rüstung eine immer größere Last. Die hier zitierten Experten meinen aber, die Sowjetunion werde diese Last auch im kommenden Jahrzehnt zu tragen vermögen, und ihre Führung sei dazu entschlossen.

Welchen Sinn hat diese Rüstung? Sie macht die Sowjetunion zur ersten Militärmacht der Welt; in manchen Waffengattungen ist sie es schon, in anderen wird sie es werden. Diese Rüstung macht es den »Falken« des Westens leicht, die sogenannte Entspannungspolitik als einen Irrtum zu bezeichnen. Welchen anderen Sinn – so die Kritik – kann die Sowjetunion mit dieser Rüstung verfolgen, als einen Weltkrieg zu führen und zu gewinnen, oder allenfalls den Hegemoniekampf in der Welt ohne tatsächlichen Krieg, durch die bloße Drohung mit ihm, zu gewinnen? Ich halte diese Meinung für einen zu primitiven Ausdruck einer begründeten Angst. Ich folge der Ansicht der überwiegenden Anzahl westlicher Sowjet-Experten, daß diese Rüstung defensiv gemeint ist. Man muß freilich genau sagen, was das Wort »defensiv« hier heißt. Es sei erlaubt, mit einer Anekdote zu beginnen.

* Geschrieben im September 1978. Veröffentlicht in der ZEIT, Mai 1979.

Vor einem Jahr saß ich einmal mit einem prominenten Vertreter der Sowjetunion zusammen. Wir aßen Nüsse, und ich hörte seine Kritik der aggressiven Rüstungspolitik des Westens an, an der die Entspannung zu scheitern drohe. Ich antwortete: »Wir wollen uns verständigen, deshalb verzichte ich darauf, Gleiches mit Gleichem zu erwidern. Ich glaube Ihnen die defensive Absicht Ihrer Rüstung. Aber warum glauben Sie uns die defensive Absicht unserer Rüstung nicht? Sie kritisieren z.B. die Neutronenwaffe. Sie ist eine Antitankwaffe. Reduzieren Sie Ihre Panzerarmeen auf das Maß der unseren, und wir werden glücklich sein, auf die Neutronenwaffe zu verzichten.« »Sie vergessen«, erwiderte er, »daß wir nach zwei Seiten verteidigt sein müssen, gegen den Westen und gegen China.« Ich antwortete: »Erlauben Sie mir ein Beispiel. Sie, die Sowjetunion, rüstet, um verteidigt zu sein. Diese Nuß, die ich vor Sie hinlege, stelle Ihre Rüstung dar. Wir fühlen uns dadurch bedroht. Ich lege eine weitere Nuß vor mich: das ist unsere Verteidigung gegen Sie. Die Chinesen, denke ich, reagieren wie andere Leute auch. Sie brauchen auch eine Nuß: hier lege ich sie hin. Nun fühlen Sie, die Sowjetunion, sich einer doppelten Übermacht gegenüber. Sie brauche eine zweite Nuß: hier ist sie. Aber nun sind Sie uns, dem Westen doppelt überlegen; wir brauchen auch eine zweite Nuß. Und werden die Chinesen anders reagieren? Auch sie legen sich eine zweite Nuß zu. Was haben wir erreicht? Alle drei haben wir doppelte Rüstungskosten, und keiner ist sicherer als zuvor.«

Das Beispiel sollte zeigen, daß eine allerseits defensive, aber mißtrauische Politik ausreicht, um unbegrenztes (oder erst durch ökonomische Unerträglichkeit begrenztes) Wettrüsten zu erklären. Die Wirklichkeit ist schlimmer; man will sichergehen und tut mehr als das Notwendige. Das galt in den fünfziger und sechziger Jahren von den damals im technischen Bereich weit überlegenen Amerikanern, es gilt heute von den Russen. Die Russen fühlen sich militärisch erst sicher, wenn sie eine klare militärische Überlegenheit besitzen.

Mein Gesprächspartner zitierte mir das oft genannte Beispiel: »Wir, die Sowjetunion, hatten 1941 15 000 Panzer, Hitler griff uns mit 3000 Panzern an, und beinahe hätte er uns besiegt.« Ein solches Argument mag in der Debatte taktisch verwendet werden, aber die Furcht, die aus ihm spricht, ist glaubwürdig. Es gibt ein bekanntes Zitat von Stalin, Rußland sei in den vergangenen Jahrhunderten immer wieder das Opfer militärisch überlegener Gegner geworden – von den Tataren bis zu den Deutschen –, und dies dürfe nie mehr vorkommen. Diese Furcht wird bestärkt durch die der sowjetischen Führung bekannte Tatsache, daß die Sowjetunion nur im militärischen Bereich eine Chance hat, stärker zu sein als ihre Gegner. An Wirtschaftskraft und technischer Leistung bleibt sie hoffnungslos hinter dem Westen zurück, an Volkszahl und Effizienz ebenso hoffnungslos hinter China, und an Überzeugungskraft für die Jugend der Welt noch einmal hoffnungslos ebenso sehr hinter der Wohlstandsversprechung des Westens wie hinter dem revolutionären Pathos derjenigen Sozialisten, welche die sowjetische Führung als eine reaktionäre Bürokratie verachten.

Leider nimmt die defensive Erklärung der russischen Rüstung ihr nur wenig von dem Eindruck der Bedrohlichkeit, den sie allen anderen Partnern in der Weltpolitik macht. Kissinger hat den alten europäischen Begriff der Pentarchie wieder zu Ehren gebracht, des elastischen Gleichgewichts von fünf Mächten, stark genug, jedes Hegemoniestreben einer von ihnen in wechselnden Koalitionen, drei gegen zwei, oder, wenn Not am Mann ist, vier gegen einen, zu zähmen. Das Jahr 1978 zeigt zum erstenmal die Konturen der weltweiten Konstellation »vier gegen einen«: USA, Westeuropa, China und Japan einander näher als eine dieser Mächte der Sowjetunion. Es ist lebenswichtig für die Welt, daß die Russen die Ursache dieser Konstellation verstehen: sie ist, was immer es an Nebengründen geben mag, eine Folge der sowjetischen Rüstungspolitik. Sie ist die defensive Reaktion der Welt auf die von den Russen als defensiv verstandene russische Aufrüstung.

Ehe wir fragen können, welche Konsequenz unsere Sicherheitspolitik aus dieser Analyse zu ziehen hat, müssen wir die Analyse noch einen Schritt weitertreiben. Westliche Kritiker der russischen Aufrüstung sagen gern, wenn diese als Errichtung einer Streitkraft für einen großen Krieg gemeint wäre, so wäre sie völlig sinnlos, denn dieser Krieg würde keine Sieger, sondern nur den allgemeinen Untergang hinterlassen. Ich halte diesen Einwand für falsch. Zwar kann ich das nicht beweisen, und ich ließe mich durch gute Argumente sehr gerne vom Gegenteil überzeugen. Aber als Herausforderung für die Analyse stelle ich die These auf: der Einwand ist in doppelter Hinsicht falsch. Erstens glaubt die russische Führung, daß auch ein Weltkrieg der Zukunft gewonnen oder verloren werden kann. Und zweitens – so meine ich – hat sie mit dieser Ansicht recht.

Zum ersten: Gewiß ist, daß die sowjetische Führung immer wieder versichert, ein solcher Krieg könne gewonnen oder verloren werden, und es komme für die Sowjetunion darauf an, ihn, wenn er ihr von außen aufgezwungen würde, nicht zu verlieren, sondern zu gewinnen. Die Kritiker meinen, dies sei gegen besseres Wissen gesagt, um die Moral der Truppe aufrechtzuerhalten, ähnlich wie man solche Äußerungen auch im Westen hören kann. Als Motiv wird etwa auch die Aufrechterhaltung der innenpolitischen Macht des militärisch-bürokratischen Komplexes genannt. In einem Streit über die Aufrichtigkeit öffentlicher Äußerungen Dritter steht Meinung gegen Meinung. Wie so häufig bin ich hier in meinem Urteil über eine Sachfrage auf mein Urteil über Personen verwiesen. Diejenigen meiner Bekannten, die sich mir bisher als die besten Kenner sowjetischer Denkweise erwiesen haben, haben mir im Gespräch über diese Frage recht gegeben. Freilich zum Teil erst nach sorgfältiger Erläuterung, was mit der Behauptung gemeint ist und was nicht.

Ich umschreibe also, was mir als die im sowjetischen Führungskreis herrschende Ansicht erscheint: »Wir wollen diesen Krieg nicht. Nicht wir werden ihn verursachen. Denn wenn er stattfände, so wäre er vielleicht die größte Katastrophe, die die Menschheit in ihrer bisherigen Geschichte erlebt hat. Aber ob dieser Krieg, wenn er stattfindet, gewonnen wird, läßt sich nicht an der Zahl der Todesopfer abzählen. Gewonnen hat die Machtzentrale, die nach dem Krieg dem Gegner ihren Willen politisch aufzwingen kann. Im Zweiten Weltkrieg hat Deutschland fünf Millionen Menschen verloren, wir in der Sowjetunion aber zwanzig Millionen; gleichwohl haben wir den Krieg gewonnen, denn heute sitzen unsere Marionetten in der Berliner Regierung, nicht die deutschen Marionetten in der Moskauer Regierung. Daß wir den dritten Weltkrieg, wenn er stattfindet, wenngleich mit fürchterlichen Opfern, gewinnen, das liegt in der Linie des historischen Prozesses. Denn der Krieg würde nur vom Kapitalismus entfesselt, wenn dieser den Endsieg des Sozialismus vor der Tür stehen sieht. Unsere Rüstung soll unseren Sieg in diesem Krieg so gewiß machen, daß diese Gewißheit den untergehenden Kapitalismus *vielleicht* davon abhält, ihn zu beginnen. Dann würde der Sozialismus ohne Weltkrieg siegen.«

Wenn ich in Gesprächen mit Westlern die sowjetische Meinung so darstelle, bekomme ich oft die Antwort: »Das sind doch nur die Propagandaphrasen. Die sowjetische Führung ist doch zu intelligent, einen solchen Unsinn zu glauben. Weder bereiten wir im Westen den Krieg vor, noch kann irgend jemand denken, der Krieg könne, wenn er stattfindet, gewonnen werden.« Hiergegen habe ich zunächst ein sozialpsychologisches Argument. Der Einwand erinnert mich an die Äußerung, die ein sowjetischer Kollege, ein leidenschaftlicher Kommunist, mir gegenüber vor bald fünfzig Jahren getan hat: »Es ist doch undenkbar, daß der Papst die Dogmen der katholischen Kirche glaubt. Denn die Geschichte beweist, daß der hohe katholische Klerus klug ist. Kluge Leute aber können solchen Unsinn nicht glauben.« In dem zynischen Ton, in dem wir miteinander verkehrten, antwortete ich: »Sie werden lachen, er glaubt wirklich daran.« Mein ebenso zynisches sozialpsychologisches Argument ist, daß man eine politische oder religiöse Führungsschicht nicht über Jahrzehnte (oder Jahrhunderte) »bei der Stange halten« kann, wenn sie sich ein stilles Einverständnis gestattet, ihre zentralen Dogmen seien fiktiv. Man kann Dogmen verschieden interpretieren; die moralische Kraft, sie zu leugnen, hat nicht eine ganze Führungselite, wenn ihre eigene Herrschaft am Bekenntnis zu diesen Dogmen hängt. (Ich bin etwas beschämt, diese alte Anekdote in einem Augenblick zu erzählen, in dem ein Papst gewählt worden ist, der so offensichtlich nicht einer Herrschaftsideologie glaubt, sondern *weiß,* was Nächstenliebe ist.)

Zum zweiten: Mein für mich selbst stärkstes Argument, zu glauben, daß die sowjetische Führungsschicht an die Möglichkeit glaubt, einen Weltkrieg zu gewinnen, liegt, wie ich zugebe, darin, daß ich zu meinem Schmerz selbst an diese Möglichkeit glauben muß. Seit langem argumentiere ich so: »Der dritte Weltkrieg ist wahrscheinlich. Denn die Zweitschlagskapazitäten, die heute die gegenseitige Abschreckung stabilisieren, veralten immer wieder; die Abschreckung ist technisch nicht unbegrenzt stabilisiert. Der Tag könnte kommen, an dem dieser Krieg gewonnen werden könnte, und das könnte der Tag sein, an dem er begonnen würde.« Die Russen waren immer skeptisch gegen die westlichen Abschreckungsentwürfe. Die Kommunisten denken nicht wie die Amerikaner in Kategorien von science fiction, sondern in Kategorien gesellschaftlicher Machtverhältnisse. Es ist zum mindesten denkbar, daß sie darin die größeren Realisten sind.

Sollte diese Beurteilung der Randbedingungen unserer Sicherheitspolitik richtig oder auch nur mit einer gewissen Wahrscheinlichkeit ausgestattet sein, so stellen sich uns zwei Fragen: Was haben wir politisch zu tun, damit die Versuchung, diesen Krieg zu führen, nicht entsteht? Und: Wie muß unsere Rüstung beschaffen sein, um den einzigen möglichen Gegner möglichst effektiv vom Beginn des Kriegs abzuschrecken? Keine der beiden Fragen kann in diesem Aufsatz beantwortet werden. Die erste und wichtigere, die politische Frage klammere ich hier ganz aus; vielleicht darf ich dafür auf mein Buch *Wege in der Gefahr* verweisen, das die Frage nicht beantwortet, aber weiterführt. Zur zweiten, militärischen Frage nur noch ein Wort zur Präzisierung der Aufgabe. Ich verweise dazu auch auf den Aufsatz von Adelbert Weinstein, »Schlieffen und die Rote Armee« (FAZ, 22. 8. 78).

Sollte die sowjetische Führung den Krieg für unvermeidlich halten, so ist sie – wie die deutsche Führung im Schlieffen-Plan vor 1914 – genötigt, die raschest mögliche Entscheidung zu ihren Gunsten zu suchen, den »kühnen Stoß vorwärts«, wie es in ihrer eigenen Terminologie heißt. Rasche Entscheidung ist stets die Zuflucht des Schwächeren, und die Sowjetunion ist, einerlei wie stark sie militärisch noch werden mag, aus den oben genannten Gründen wirtschaftlich, politisch, ja auch psychologisch der Schwächere. Einen langen Krieg ohne Einsatz der strategischen Nuklearwaffen würde sie vermutlich so verlieren, wie Deutschland zwei Weltkriege verloren hat. Einen

Krieg mit Einsatz strategischer Nuklearwaffen würde sie vielleicht doch nicht als funktionsfähige Macht überleben.

Ihre ganze Chance liegt darin, ein *fait accompli* zu schaffen, ehe der Gegner Zeit gehabt hat, Entschlüsse zu fassen. Auf Europa angewandt: sie müßte versuchen, Westeuropa in wenigen Tagen zu erobern und dann, sofort, ein politisches Friedensangebot zu machen. Die Bevölkerung der westeuropäischen Länder wäre dann ihre Geisel für den Verzicht Amerikas auf den Gegenangriff. Das Spiel wäre lebensgefährlich, aber es gibt Lagen, in denen eine Führung meint, nur ein lebensgefährliches Spiel könne sie retten. Das Wilhelminische Deutschland war auf dem Kontinent Europa trotz alles Bramabarsierens aufrichtiger defensiv, als es vielleicht heute die Sowjetunion ist; der »Griff nach der Weltmacht«, soweit es ihn gab, betraf die Meere. Aber das Erstickungsgefühl der »Einkreisung« verführte Deutschland 1914 zum Angriff. Die Sowjetunion fühlte sich seit 1945 von Amerika eingekreist, und sie kann auf die neuen Bewegungen Chinas nur mit tiefer Besorgnis reagieren. Es wäre leichtfertig, sich darauf zu verlassen, daß sie die Selbstbeherrschung unter allen Umständen bewahren wird.

Abschreckung ist nicht die Lösung des Friedensproblems; das bekenne ich hier als meine Überzeugung. Aber wenn und soweit wir auf Abschreckung vertrauen, müssen wir sehen, gegen welchen Krieg unsere Abschreckung gerichtet sein muß. Hierauf hinzuweisen war der Zweck dieses Artikels.

Die europäische Rüstungsgefahr der Achtzigerjahre*

Thesen

A. *Analyse*

1. Weltweit verhindert die nukleare Abschreckung begrenzte Kriege nicht.

2. Lokaler Krieg in Europa ist, seit der Erreichung der Parität der Weltmächte in strategischen Waffen, nicht mehr durch die Eskalationsdrohung zuverlässig ausgeschlossen.

3. Der Sowjetunion gibt ihre Überlegenheit in konventionellen Waffen und ihre Erstschlagskapazität gegen Westeuropa in Mittelstreckenraketen ein politisches Drohpotential, das aus geographischen Gründen durch europäische Raketenrüstung nicht voll kompensiert werden kann.

B. *Ein Angebot*

4. Die NATO muß auf die Initiative von Breschnew mit einem eigenen großen Angebot eines Vertrags zu kontrollierter Rüstungsbeschränkung antworten.

5. Der Vertrag müßte in Europa vom Atlantik bis zum Ural ein echtes Gleichgewicht von Waffensystemen schaffen, unter zwei Kriterien:
– kein Anreiz zu erneutem Wettrüsten,
– keine gegenseitige Selbstmorddrohung.

6. Der Vertrag müßte drei Komponenten enthalten:
– hinreichende freie Inspektion,
– drastische Einschränkung der nuklearen Waffen,
– ein Gleichgewicht der konventionellen Waffen.

C. *Mögliche Nachrüstung*

7. Da die Verhandlung sich hinziehen und scheitern kann, wird die NATO nicht umhin können, zugleich eigene Rüstungsschritte vorzubereiten. Auch diese müssen unter den

---

* DIE ZEIT, 16. November 1979.

beiden Kriterien stehen: möglichst wenig Anreiz zum Wettrüsten, keine selbstmörderische Drohung.

8. Im konventionellen Bereich ist unter allen Umständen durch nichtnukleare Panzerabwehrwaffen ein defensives, nicht zum Wettrüsten reizendes Gleichgewicht anzustreben.

9. Die NATO könnte heute die Vorbereitung neuer *seegestützter* Mittelstreckenraketen beschließen.

D. *Unvereinbarkeiten*

10. Die Postierung von Mittelstreckenraketen, welche die Sowjetunion erreichen können, auf dem Boden west- und mitteleuropäischer Länder bedeutet die Androhung eines auf europäisches Land begrenzten Nuklearkriegs. Im Krisenfall wären diese Waffen das natürliche Ziel eines ersten, verwüstenden russischen Schlags. Das Bedürfnis, solche Krisen zu vermeiden, würde Europa von Erpressung abhängiger machen. Der Plan ist mit dem Kriterium des Abbaus selbstmörderischer Drohungen unvereinbar. Ihn zu beschließen, wäre ein schwerer Fehler.

11. Die friedliche Nutzung der Kernenergie in ihrer heutigen, gegen Atomwaffeneinwirkung nicht gesicherten Form ist mit einer NATO-Strategie, welche für den Ernstfall begrenzte nukleare Einsätze auf unserem Boden androht und herausfordert, unvereinbar.

12. Schutz der Zivilbevölkerung, zumal unseres überzentralisierten, verletzlichen Versorgungssystems, ist unerläßlich. Seine Vernachlässigung ist mit weiterer Nuklearrüstung unvereinbar.

Erläuterung der Thesen

Analyse

1. *Grenzen nuklearer Abschreckung.* Als sich der Zweite Weltkrieg seinem Ende zuneigte, konnten realistische Beobachter einen oder mehrere weitere Weltkriege erwarten. Das technisch-wirtschaftliche Zusammenwachsen der Menschheit fordert nach allen historischen Analogien zu Hegemoniekämpfen heraus. Im Lichte dieser Erwartung bedeuteten die Atom-

waffen einen tiefen Schock. Die Abschreckungsstrategie suchte den Schock in eine Hoffnung zu verwandeln. Die Möglichkeit des Atomkriegs stellt uns vor die Aufgabe, die Institution des Kriegs selbst zu überwinden. Die Abschreckungsstrategie versucht einen Schritt dahin auf einem konservativen Wege. Sie hebt weder das Souveränitätsrecht der Nationen zur Kriegführung noch die Existenz der Rüstungen auf. Sie schafft weder den Krieg noch die Bombe ab. Sie versucht nur, vom Gebrauch dieser Machtmittel abzuschrecken. Sie stößt damit an zwei aneinander anschließende Grenzen: eine moralische und eine technische.

Die moralische Grenze: Die Strategie gegenseitiger Abschreckung (MAD = *Mutually Assured Destruction*) verkehrt die mühsam errungene klassische Kriegsethik in ihr Gegenteil. Sie bedroht in erster Linie nicht die gegnerischen Kombattanten, sondern nimmt die gegnerische Bevölkerung als Geisel. Unter dem Schutz dieser Drohung leben wir bis heute. Aber wer wird wagen, die strategische Nuklearwaffe im Ernst auch gegen eine begrenzte Kriegshandlung einzusetzen?

Die technische Grenze: Das erreichte und in SALT II festgeschriebene Gleichgewicht der strategischen Kernwaffen bedeutet faktisch, daß diese Waffen sich gegenseitig nur vor ihrem eigenen Einsatz abschrecken. Jede Drohung, gegen begrenzte Kriegshandlungen den strategischen Schlag auszulösen, enthält die Gefahr des Gegenschlags, also des indirekten Selbstmords des Drohenden. Eine Folge dieser Selbstlähmung der strategischen Waffen ist die nicht abreißende Kette von lokalen Kriegen, die freilich bisher auf die Dritte Welt beschränkt geblieben sind. Eine andere Folge ist die Entwicklung zahlreicher nuklearer Waffen für begrenzten Einsatz. Es gibt keinen Grund militärischer Logik, warum auch diese Waffen nicht eines Tages eingesetzt werden könnten.

2. *Lokale Kriegsdrohung in Europa.* Die heutige Abschreckungsstragegie der NATO beruht auf dem Prinzip der flexiblen Reaktion. Für jede Stufe eines möglichen gegnerischen Angriffs hält die NATO Mittel bereit, deren Einsatz dem Gegner einen dauerhaften Erfolg auf *dieser* Stufe unmöglich machen soll. Es gehört zu dieser Strategie, nicht vorher bekanntzugeben, *wel-*

che Mittel der Verteidigung gewählt werden: Die Reaktion bleibt flexibel.

Die Reaktion würde in gewissen Fällen vom Mittel der Eskalation Gebrauch machen müssen. Z. B. würde ein voller Einsatz der überlegenen sowjetischen konventionellen Rüstung heute die NATO zum Einsatz nuklearer Gefechtsfeldwaffen nötigen. Der Gegner soll also von begrenzten Kriegshandlungen durch die Drohung abgeschreckt werden, daß die flexible Reaktion den Kampf zu einem Krieg eskalieren läßt, den er nicht oder nur mit unerträglichen eigenen Opfern gewinnen kann. Die Glaubwürdigkeit dieser Drohung setzt voraus, daß die NATO so hoch eskalieren kann wie ihr Gegner. Die oberste Sprosse der Exkalationsleiter waren in der Zeit amerikanischer nuklearer Überlegenheit die amerikanischen strategischen Interkontinentalraketen.

Diese oberste Stufe steht der NATO heute nicht mehr glaubwürdig zur Verfügung. Kissinger hat in seiner Brüsseler Rede im September 1979 unverblümt ausgesprochen, daß die USA ihre Interkontinentalwaffe nur zum Schutz des eigenen Landes einsetzen werden. Sachkennern hat er damit nichts Neues gesagt. Aber das offene Aussprechen einer Wahrheit verfestigt zunächst ihre Geltung. Die Drohung eines lokalen Kriegs in Europa ist in der Tat durch den Wegfall einer glaubwürdigen obersten Eskalationsstufe gewachsen. In diesem Sinne sind die Achtzigerjahre für uns eine Zeit erhöhter Gefahr.

Heute steht die Einführung neuer Mittelstreckenraketen für die NATO zur Debatte (Pershing II und Cruise Missiles). Sie sollen technisch, im Unterschied zu den bisherigen (Pershing I), das Territorium der Sowjetunion erreichen können. Die Forderung nach ihnen entspricht dem Wunsch, die brüchig gewordene oberste Stufe der Leiter durch eine neue, stabilere zu ersetzen. Der Sicherheitsberater des amerikanischen Präsidenten, Brzezinski, schreibt dieser Entscheidung die gleiche historische Bedeutung zu wie der Schaffung des Strategischen Bomberkommandos (SAC) durch Präsident Truman und der Einführung der Interkontinentalraketen durch Präsident Kennedy.

3. Die russische militärische Überlegenheit in Europa. Die Sowjetunion ist in Europa in zwei Waffenstufen überlegen: in konventionellen Waffen (Panzer und Infanterie) und in Mittelstreckenraketen.

Einen auf konventionelle Waffen beschränkten Krieg in Europa könnte sie heute, wenn sie wollte, gewinnen. Der Streit der Fachleute geht nur darum, ob ihre Panzer beim Fehlen nuklearer Gegenwehr in wenigen Tagen zum Atlantik durchfahren könnten oder ob sie dazu einige Wochen Kampf brauchen würden. Ebenfalls umstritten ist der mutmaßliche Ausgang eines auf konventionelle und nukleare Gefechtsfeldwaffen begrenzten europäischen Krieges. Ohne Zweifel käme das bloße Ausfechten eines solchen Krieges, unabhängig von Sieg und Niederlage, für die westeuropäischen Völker schon einer Katastrophe nahe.

Seit den Sechzigerjahren können die sowjetischen Mittelstreckenraketen mit Megatonnensprengköpfen (SS4 und SS5) in einem ersten Schlag vermutlich alle für die Sowjetunion bedrohlichen militärischen Ziele auf dem europäischen Festland ausschalten. Wegen ihrer geringen Zielgenauigkeit und der dadurch erforderten sehr großen Sprengladung würde ein solcher Schlag auch die Zivilbevölkerung dieser Länder und ihre Wirtschaftsgüter voraussichtlich vernichtend treffen. Man hat sich in Westeuropa über diese Bedrohung teils durch die Gegendrohung der amerikanischen Interkontinentalraketen getröstet, teils durch die Überlegung, daß die Sowjetunion kein vernünftiges Motiv für einen solchen Schlag habe. Dieser letztere Trost wird abgeschwächt durch die Einführung der neuen, zielgenauen und mobilen russischen Mittelstreckenrakete SS20. Ihre technischen Daten sind bei westlichen Fachleuten noch umstritten. Aber sicher gestattet ihre höhere Zielgenauigkeit eine geringere Sprengladung und damit einen präziseren begrenzteren militärischen Einsatz, gegen den nach verbreitetem westlichem Urteil weniger Hemmungen bestehen.

Die eigentliche Bedrohung für den Westen liegt in zwei anderen Sachverhalten:

Erstens schließt die Geographie aus, daß die NATO, selbst mit neuen Mittelstreckenraketen erhöhter Reichweite, der Sowjetunion einen vergleichbaren, das sowjetische Militärpotential entwaffnenden Schlag zufügen kann. Gleiche Waffen bedeuten hier aus geographischen Gründen nicht gleiche Wirkung.

Zweitens braucht die Sowjetunion bei politischer Schwäche und Uneinigkeit Europas den Schlag gar nicht auszuführen. Es kann ihr politisch genügen, ihn, etwa nur gegen einen einzelnen, von ihr als »Bösewicht« abgestempelten NATO-Staat anzudrohen. Ihre politische Macht beruht weitgehend auf den unausgeführten Drohungen, über die sie verfügt.

Ein Angebot

4. *Die Notwendigkeit einer großen Antwort an Breschnew.* Breschnew hat eine begrenzte einseitige Rüstungsreduktion angekündigt und damit ein Verhandlungsangebot verbunden, das von drohenden Tönen für den Fall der Ausführung der NATO-Nachrüstung begleitet ist. Über sein Motiv herrscht im Westen Rätselraten. Die populäre Alternative »Aufrichtigkeit oder Machtpolitik« ist zu primitiv. Welcher erfahrene Machtpolitiker hätte je ein Angebot gemacht, dessen Aufrichtigkeit nicht mit seinen Machtinteressen vereinbar gewesen wäre? Offenkundig ist die tiefe russische Beunruhigung über die Rüstungspläne der NATO. Zu vermuten ist eine ebenso tiefe wirtschaftliche Besorgnis über die Kosten eines neuen Wettrüstens.

Der Westen aber kann in der gegenwärtigen Situation seine Lage gerade durch ein großes Vertragsangebot nur verbessern. Dies gilt nicht nur in der Ebene propagandistischer Schachzüge. Es gilt vor allem in der sicherheitspolitischen Substanz. Bei weiterem Wettrüsten kann die NATO die geographisch bedingte russische Überlegenheit nicht kompensieren. Der »Falken«-Gedanke, die Russen zu einem ihnen wirtschaftlich unerträglichen Rüstungswettlauf zu verführen und so ihr System zu destabilisieren, ist von europäischer Sicht aus extrem gefährlich. So erzeugt man Situationen, in denen innenpolitische Schwierigkeiten des Sowjetsystems in außenpolitische Aggressivität, in »Abenteuerpolitik« umschlagen könnten, die sonst in Rußland so verpönt ist. Rußland würde den begrenzten europäischen Krieg, auch wenn es ihn nicht gewönne, überleben;

Westeuropa könnte selbst einen »Sieg« mit dem Leben bezahlen. Die Gunst der jetzigen Stunde ist, daß die sowjetische Führung die westlichen Absichten sichtlich fürchtet und Anlaß hat, ein großes Angebot ernstlich zu erwägen. Alles kommt darauf an, ein Angebot zu machen, das beiden Seiten Sicherheit gewähren würde. Ein solches Angebot ist möglich.

Ich füge eine halbseriöse Bemerkung ein. Nachdem ich jahrzehntelang das Rätselraten auf beiden Seiten über die jeweiligen Motive der anderen Seite beobachtet hatte, gab mir eine verhaltenstheoretische Analogie eine Denkhilfe. Warum geraten Hund und Katze so leicht in Konflikt? Ich habe mir das so erklären lassen: Sie mißverstehen gegenseitig ihre angeborenen Signale. Wenn der Hund böse ist, knurrt er, wenn die Katze freundlich ist, schnurrt sie. Wenn der Hund freundlich ist, wedelt er mit dem Schwanz, wenn die Katze zornig wird, schlägt sie mit dem Schwanz. Aber sogar Hund und Katze können *lernen,* einander zu verstehen.

5. *Kein Anreiz zum Wettrüsten, keine Selbstmorddrohung.*
Das Ideal einer Rüstungsbeschränkungs-Vereinbarung wäre ein inhärent stabiles Rüstungsgleichgewicht. Inhärent stabil nenne ich hier ein Gleichgewicht, das in seiner Struktur keinen Anreiz zur Entwicklung destabilisierender Rüstungen enthält. Dafür sind die zwei natürlichen Kriterien: kein Anreiz zum Wettrüsten, keine Selbstmorddrohung.

Das übliche Grundmißverständnis des Problems des Wettrüstens besteht darin, daß jede Seite der anderen ständig übermäßige, also offenbar aggressiv gemeinte Rüstung vorwirft. Dieser Vorwurf ist meist sogar aufrichtig. Wenn zwei Gegner einander mißtrauen, fühlt sich aber in Wahrheit jeder erst dann sicher, wenn er erheblich stärker ist als der andere. Die Bedingung, daß jeder stärker sei als der andere, ist unerfüllbar. So jagen beide einem vor ihre Nase gebundenen Köder nach, den sie nie erreichen; das nennt man Wettrüsten. Dabei genügt einseitige Einsicht in den Mechanismus nicht, um aus ihm zu entrinnen. Denn wer das Rennen nicht mitmacht, wird wirklich der Schwächere und hat die Folgen zu tragen. An die beiderseitige Einsicht müßte appelliert werden, um ein System zu schaffen, in dem weiteres Rüsten keinen hinreichenden Vorteil verspricht.

Kann es ein solches System geben? Das einfache Beispiel sind Waffen, bei denen die Verteidigung dem Angriff überlegen ist. Dann können beide Seiten so rüsten, daß sie weder angreifbar, noch zum Sieg im Angriff fähig sind. Ein konventionelles Gleichgewicht auf dieser Basis ist denkbar. Ich bespreche das unten in der Erläuterung zur These 8.

Ein anderes Beispiel ist MAD, d. h. die gegenseitige Geiselnahme der ganzen Bevölkerung mit unverwundbaren Waffen. Dies ist also eine Angriffswaffe, gegen welche nichts verteidigt werden kann außer der Waffe zum Gegenangriff. Reichen die Waffen hierzu aus, so enthalten sie keinen Anreiz zur Vermehrung. In der Tat sind die Anzahlen der Interkontinentalraketen heute auf einem sogar schon unnötig hohen Niveau festgeschrieben. Aber dieses System verletzt das zweite Kriterium. Es »droht mit Selbstmord«, genauer mit gegenseitigem Mord. Daher seine eingangs geschilderte mangelnde Schutzwirkung gegen begrenzte Kriege.

»Europa vom Atlantik bis zum Ural« ist eine Formel von de Gaulle. Sie steht hier nur, um das Problem zu bezeichnen, wie weit Waffen zurückgenommen werden müßten, um nicht als Bedrohung fortzubestehen. Damit sind Details angeschnitten, die den gegenwärtigen Aufsatz überschreiten.

6. *Drei Komponenten eines Vertrags. Hinreichend freie Inspektion*. Hiermit ist eine unerläßliche Vorbedingung einer glaubwürdigen Rüstungsbeschränkung genannt. Wir Westler dürfen uns aber nicht darüber täuschen, daß wir damit den Russen etwas für ihre Mentalität fast Unzumutbares zumuten. Geheimhaltung ist für sie Sicherheit, den eigenen Untertanen gegenüber ebenso wie gegenüber dem Ausland. Wir werden »hinreichende« Inspektion sorgfältig definieren müssen, und werden bereit sein müssen, als Gegenleistung einiges uns Wichtige zu opfern.

Drastische Einschränkung der nuklearen Waffen. Im Interview (SPIEGEL, 5. 11. 1979) sagte Prof. Sagladin: »Aber wenn Sie den Vorschlag der totalen Abrüstung aller Atomwaffen machen, sind wir einverstanden. In zwei Stunden haben Sie unsere Zustimmung zu dem Vertrag.« Die Russen können sich gefahrlos so äußern, denn sie wissen, daß der Westen dies nicht vorschlagen kann. Die russische konventionelle Überlegenheit käme dann voll zum Tragen. Und würde es ernst, so würden die Russen selbst wohl schon wegen der Chinesen davor zurückschrecken. Aber eine drastische Einschränkung müßte etwa eine Einschränkung auf ein Zehntel der heute in Ost- und Westeuropa stationierten Mittelstrecken-Sprengköpfe bedeuten. Das Kriterium müßte sein, daß ihr Einsatz eine klare militärische Drohung, aber nicht mehr die Drohung mit dem indirekten Selbstmord Westeuropas wäre. Dies wäre ein angemessener Preis für den Verzicht der NATO auf die neuen Mittelstreckenraketen. Und es wäre die Befreiung Ost- und Westeuropas von einem über ihnen hängenden Verhängnis, das kein Rüstungswettlauf mehr wenden kann.

Gleichgewicht der konventionellen Waffen. Hier spreche ich von Gleichgewicht und zunächst noch nicht von Reduktion. Die Russen brauchen nach ihrer eigenen Wahrnehmung der Realität genug Panzer, um an drei Fronten gesichert zu sein: gegen China, gegen die NATO, gegen die Bevölkerungen ihrer eigenen Verbündeten. Eine Reduktion der beiderseitigen Panzer an der NATO-Front wird in dem Grade möglich sein, in dem sich im qualitativen Wettrüsten zwischen offensiven Panzern und defensiven Anti-Panzer-Waffen die Waagschale zugunsten der Verteidigung neigt. Dies verlangt vorerst eine präzise geplante defensive Rüstungsanstrengung der NATO. Sie ist militärisch wichtiger als die Mittelstreckenraketen.

Mögliche Nachrüstung

7. *Kriterien.* Man hört häufig sagen: »Rüsten, um abzurüsten«, oder »man kann nur in einer Position der Stärke verhandeln.« Dies ist eine Halbwahrheit. Historisch schmerzhaft wahr ist, daß man gerade von den Russen keine Konzession erhält, wenn man nicht Entschlossenheit und Stärke zeigt. Historisch ebenso wahr ist aber, daß Abrüstung schon eingeführter Waffensysteme fast nie zustande gekommen ist, außer wo sie militärisch ohnehin nicht mehr wichtig waren. Der normale geschichtliche Gang ist Aufrüstung bis zur ökonomischen Unerträglichkeit, dann irgendwann eine innenpolitische Krise und

im Zusammenhang mit ihr ein Krieg, und nach dem Krieg das Rüstungsdiktat der Sieger.

Der Westen wird nicht umhin können, auch wenn er das große Angebot macht, Entschlossenheit und Stärke zu zeigen. Das sind die Spielregeln des politischen Spiels. Er muß klarmachen, daß er Rüstungsschritte, die er beim Scheitern der Verhandlungen für nötig halten wird, nicht durch langdauernde Verhandlungen bis zur Unwirksamkeit verzögern lassen wird. Er wird sich daher, falls die Verhandlungen scheitern, eines Tages mit denjenigen Waffen ausgestattet sehen, die er jetzt vorbereitet. Darum muß er jetzt wissen, ob er diese Waffen wirklich wünscht; ob ihr Besitz ihn selbst stärkt oder gefährdet. Das steht unter denselben Kriterien: möglichst wenig Anreiz zum Wettrüsten und keine Drohung mit Selbstmord.

Die jetzt geplanten landgestützten weitreichenden Mittelstreckenraketen genügen diesen Kriterien nicht. Sie sind mögliche politische Verhandlungsobjekte; sie sind aber nicht die Waffen, die wir beim Scheitern von Verhandlungen militärisch zu besitzen wünschen können.

8. Konventionelles Gleichgewicht. Die Entwicklung der Aufklärung und der zielgenauen Waffen senkt gegenwärtig im konventionellen Bereich die Waagschale zugunsten der Verteidigung. Panzeransammlungen sind Ziele für zielgenaue Atomwaffen, einzelne Panzer sind Ziele für konventionelle panzerbrechende Waffen. Die defensive Entwicklung im konventionellen Bereich voranzutreiben ist von vitaler Wichtigkeit für die NATO. Sie bietet zum erstenmal seit den Tagen Guderians die Chance, eine Panzerüberlegenheit zu kompensieren. Sie erfüllt die beiden Kriterien. Sie droht nicht mit Selbstmord, und sie wäre zum mindesten in einer Form möglich, die nicht offensiv verwendet werden kann und deshalb den Anreiz zum Wettrüsten nicht enthält. Sie würde uns ferner auf die Dauer von der Nötigung befreien, auf einen konventionellen Angriff nuklear zu reagieren. Sie würde damit jedem nuklearen Abrüstungsangebot Nachdruck gewähren. Dieser Fragenkreis steht heute in der Debatte, und dieser Aufsatz ist nicht der Ort, die Debatte zu vertiefen. Die Frage mußte aber hier um ihrer zentralen Wichtigkeit willen genannt werden.

9. Seegestützte Mittelstreckenraketen. Warum ist überhaupt der Plan der Nachrüstung mit weitreichenden Mittelstreckenraketen entstanden? Die wichtigste Rolle dürfte dabei, wie oben gesagt, das Brüchigwerden der obersten Eskalationsstufe, der amerikanischen Garantie des Einsatzes der Interkontinentalraketen, gespielt haben. Die Entstehungsgeschichte des Plans ist komplex und nicht veröffentlicht. Heute jedenfalls ist er ein fast einem Befehl an die Verbündeten gleichkommender Wunsch der Amerikaner, der auf sorgenvolles Zögern der europäischen Verbündeten trifft. Der Hauptgrund dieses Zögerns ist nicht die unbestreitbare Unlust der Parlamente zu erhöhen Rüstungsausgaben. Der Hauptgrund ist die Besorgnis, durch diese Waffen eher bedroht als geschützt zu werden. Eben dies irritiert die amerikanische Führung. Sie wünscht ein volles Einsteigen der europäischen NATO in das gemeinsame Risiko für den Fall eines Krieges. Ironisch sagte Kissinger in Brüssel, die meisten seiner europäischen Freunde dächten sich den Ernstfall des Nuklearkriegs als einen Raketenaustausch zwischen Amerika und Rußland hoch über die Köpfe der Europäer hinweg. Zweifel der Amerikaner an der europäischen Bündnistreue spielen eine Rolle in der Entstehung des amerikanischen Wunsches nach europäischem Raketen-Engagement.

Es ist lebenswichtig für das Bündnis, daß man in Amerika die Kontraproduktivität dieser Art von Besorgnissen versteht. Es wäre viel bedrohlicher für das Bündnis, wenn die europäischen Führungen heute die landgestützten Raketen akzeptierten und die unvermeidliche Reaktion der Bevölkerungen käme, sobald diese die Konsequenzen zu verstehen begännen.

Keine ideale, aber eine mögliche Alternative sind seegestützte Mittelstreckenraketen großer Reichweite. Es gibt sie bereits in dreifacher Ausfertigung: als Teil der französischen und der englischen nationalen Nuklearrüstung und als amerikanische, dem SACEUR zur Verteidigung Europas direkt unterstellte U-Boot-getragene Poseidon-Raketen. Ein Ausbau dieser Waffe wäre die logische Reaktion auf ein Scheitern der Verhandlungen; die rechtzeitige Vorbereitung dieses Ausbaus könnte im Dezember dieses Jahres beschlossen werden.

Wie die landgestützten Raketen sind auch die seegestützten freilich keine echte Kompensation der russischen Mittelstrekkenraketen, denn ihre Reichweite reicht nicht zu einem entwaffnenden ersten Schlag gegen die ganze Sowjetunion aus. Wie die landgestützten genügen sie nicht dem Kriterium, kein neues Wettrüsten einzuleiten, denn sie bedeuten über die SS20 hinaus eine neue Waffenqualität. Sie haben aber den einen großen Vorteil, nicht im Krisenfall den ersten Schlag des Gegners auf das bewohnte Land zu ziehen. Sie wären vorerst noch unverwundbar, und wenn sie geortet würden, ginge der Schlag gegen sie ins Wasser.

Unvereinbarkeiten

10. *Landgestützte Mittelstreckenraketen.* Die militärischen Gründe gegen die landgestützten Raketen sind schon aufgezählt. Nur derjenige kann diese Gründe für unbedeutend halten, der zuversichtlich glaubt, daß die Abschreckung ohnehin nicht versagen kann. Das aber ist, im Zeitalter zielgenauer Waffen mit der Möglichkeit begrenzten Einsatzes, bloßes Wunschdenken. Auch die politische Erpreßbarkeit eines Bündnisses wird groß, wenn es schon zum Schutz eines einzelnen Bündnispartners gemeinsam mit einer Handlung drohen soll, deren Ausführung für jeden Bündnispartner den sicheren Tod zur Folge haben kann.

Es sei bemerkt, daß die Amerikaner das Risiko, dessen Übernahme sie jetzt den Europäern zumuten, von sich selbst soeben abwälzen. Mit der wachsenden Bedrohtheit der landgestützten Interkontinentalraketen werden diese durch seegestützte ersetzt. Dabei stehen die amerikanischen Interkontinentalraketen nicht in dicht besiedelten Regionen.

11. *Reaktoren und Zwischenlager.* Alle bisherigen Argumente konnte ich der bereits stattfindenden Expertendebatte entnehmen. Jetzt füge ich ein neues Argument hinzu.

In den letzten Jahren habe ich mich eingehend mit den Sicherheitsfragen der friedlich genutzten Kernenergie befaßt. Zur Irritation vieler besorgter Freunde habe ich mich überzeugt und habe ausgesprochen, daß der Normalbetrieb und mögliche Betriebsunfälle von Reaktoren, auch der Wiederaufarbeitung und Endlagerung spaltbaren Materials, vermutlich keine größeren Gefahren enthalten als viele Formen moderner Technik, wohl schon als die langfristigen Folgen der fortdauernden Verwendung fossiler Brennstoffe. Ich habe aber nie einen Zweifel darüber gelassen, daß Gewalt, insbesondere Kriegseinwirkung auf kerntechnische Anlagen, in der Tat eine große Gefahr bedeutet. Infolge der seltsam träumerischen Ansicht unserer technischen Planer, Krieg sei ausgeschlossen, ist man über diese meine Äußerungen meist zur Tagesordnung übergegangen. Als Ausnahme kann ich die Regierungserklärung des niedersächischen Ministerpräsidenten Albrecht vom Mai 1979 zitieren. Im geplanten Endlager in Gorleben sollen die oberflächennahen Zwischenlager darauf eingerichtet werden, daß ihr Inhalt im Krisenfall rasch in die tiefen Lager verbracht werden kann.

Es gibt zwei Grenzfälle, in denen Vorsichtsmaßregeln bedeutungslos sind: 1. wenn es gar nicht zu Kriegshandlungen kommt, 2. wenn ein totaler Nuklearkrieg das Land ohnehin völlig zerstört. Die heute wahrscheinlichste Kriegsform liegt aber zwischen diesen Extremen. Die bestehenden Reaktoren und wohl auch Zwischenlager sind gegen den Absturz der meisten Flugzeugtypen und gegen die meisten möglichen konventionellen Sprengwirkungen durch ihre Betonhüllen bzw. -decken gesichert. Nicht gesichert sind oberirdische Anlagen gegen Kernwaffen. Eine Risikominderung bedeutet es ohne Zweifel, daß kein rationaler militärischer Zweck einer Zerstörung kerntechnischer Anlagen erkennbar ist. Eine Kriegsführung, die bewußt nichtnuklear bleiben will, wird sich nicht das Odium zuziehen wollen, durch solche Zerstörungen militärisch zwecklose nukleare Schäden anzurichten. Eine Kriegführung, die nuklear geworden ist, hat, falls sie die Zivilbevölkerung durch Radioaktivität treffen will, dazu alle Mittel, ohne Reaktoren angreifen zu müssen. Mit dieser Begründung habe ich im März 1978 die Meinung ausgesprochen, die Erhöhung des kriegsbedingten Risikos durch die Anwesenheit kerntechnischer Anlagen sei nicht groß genug, um aus diesem Grunde auf die Kernenergie zu verzichten. Ich bin bereit, diese Meinung auch heute zu vertreten, muß aber zwei Präzisierungen hinzufügen.

Erstens sollte bei künftigen kerntechnischen Anlagen die möglichst weitgehende Sicherung gegen Kriegseinwirkung stets eine Forderung beim Genehmigungsverfahren sein. Für viele Anlagen wird eine unterirdische Unterbringung keine prohibitiven Zusatzkosten bedeuten. Die heute, wegen des vorläufigen Verzichts auf eine zentralisierte Wiederaufarbeitungsanlage, notwendig gewordenen Zwischenlager sind ebenfalls solchen Sicherheitsvorschriften zu unterwerfen.

Zweitens aber kann in einem Lande, das verletzliche kerntechnische Anlagen besitzt, nach meiner Überzeugung nicht eine neue militärische Strategie eingeführt werden, welche begrenzte nukleare Einsätze als ihren integrierenden Bestandteil androht und damit zugleich gegen sich herausfordert. Die Erwartung, eine solche Strategie werde auch bei längerem Kriegsverlauf rational genug bleiben, daß keine kerntechnischen Anlagen getroffen werden, ist schlecht begründet. Eben darum leidet die Glaubwürdigkeit der Drohung unter dieser durch sie bedingten zusätzlichen Gefährdung. Diese Überlegung allein ist ein hinreichender Grund, nur seegestützte neue Mittelstreckenraketen zuzulassen.

12. Schutz der Zivilbevölkerung. Maßnahmen für das Überleben der Zivilbevölkerung sind ein unerläßlicher Teil der Vorbereitung auf die nicht auszuschließende Möglichkeit eines Kriegs. Es ist mir, wenn ich noch einmal persönlich reden darf, in den letzten zwanzig Jahren nicht gelungen, diesem einfachen Gedanken in unserem Lande zur Wirkung zu verhelfen. Auf der einen Seite fürchtete man die Beunruhigung der Bevölkerung, auf der anderen Seite hielt man Zivilschutz für aktive Kriegsvorbereitung. Dabei handelt es sich vordringlich nicht um kostspielige und bei den kurzen Warnzeiten kaum nutzbringende Bunkerbauten. Es handelt sich primär um die Verletzlichkeit unseres hochzentralisierten Versorgungssystems. Kurz vor und nach dem Ende des Zweiten Weltkriegs war die zentrale Versorgung zusammengebrochen. Aber die kohlebefeuerten lokalen E-Werke lieferten noch Strom und die lokalen Bäckereien buken noch Brot. Man ist sich in weiten Kreisen nicht darüber im klaren, wie fiktiv militärische Planung in einem so verletzlichen System wie einem modernen Industriestaat ist. Die Möglichkeit des Kriegs, gerade des begrenzten, erpresserischen Kriegs aber hört nicht dadurch auf zu bestehen, daß wir nicht auf sie vorbereitet sind.

Es ist nicht Sache dieses Aufsatzes, Vorschläge zur Sicherung der Bevölkerung zu machen. Es ist notwendig, die Unausweichlichkeit dieser Frage im Rahmen der heutigen militärischen Planung zu sehen.

Hintergrund zur Europäischen Rüstungsgefahr der Achtzigerjahre*

Was ich argumentativ und öffentlich zu diesem Problem vertreten kann, habe ich in meinem ZEIT-Artikel vom 16. November 1979 gesagt; vgl. dazu auch den Artikel »Moskaus Rüstung – defensiv und bedrohlich«.

Hier füge ich einige Gedanken hinzu, die das argumentativ Beweisbare überschreiten, und die ich heute so nicht öffentlich aussprechen kann. Meine öffentlich geäußerten Argumente behalten m. E. ihre Richtigkeit, auch wenn sich die weitergehenden Gedanken der jetzigen Aufzeichnung als falsch erweisen sollten; die öffentlichen Argumente bekommen aber ihr Gewicht vor dem Hintergrund dieser Gedanken.

Seit der Etablierung der nuklear-strategischen Abschreckung in den Fünfzigerjahren habe ich für die Zeit vor 1980 keine Kriegshandlungen in Europa erwartet, habe sie aber beginnend mit den Achtzigerjahren für möglich gehalten. Um 1968 hat sich diese meine Besorgnis verschärft, weil das Scheitern der Versuche, das Wettrüsten zu vermeiden, offensichtlich geworden war. SALT hat daran wenig geändert. Heute sehe ich meine Besorgnis bestätigt und kann sie präziser begründen. Die Achtzigerjahre enthalten m. E. die Gefahr eines Waffengangs in Europa oder einer politischen Umwälzung unter der Drohung eines Waffengangs. Der Waffengang braucht nicht notwendig nuklear zu werden, aber bei der Größe der verfügbaren Waffen bedroht seine Möglichkeit zum erstenmal in der Geschichte das Überleben unserer Nationen. Eben dieses Faktum relativiert die Glaubwürdigkeit der Abschreckung.

Warum Gefahr dieser Art gerade in den Achtzigerjahren?
Eine tiefgreifende Antwort müßte die sich anbahnende Bewußtseins- und Kulturkrise der Menschheit zum Ausgangspunkt nehmen. Heute weise ich darauf nur hin und nehme den

* 26. November 1979. Zuerst veröffentlicht München, Hanser 1981.

Ausgangspunkt in den militärpolitischen Verhältnissen der Nordhalbkugel.

Der allgemeine Grund der Gefahr liegt in der inneren Schwäche des russischen Kolosses. Das russische Imperium ist nur militärisch stark. Wirtschaftlich, bevölkerungspolitisch, ideologisch ist es hoffnungslos schwach; wirtschaftlich verglichen mit dem Westen, bevölkerungspolitisch zumal gegenüber China, ideologisch zugleich gegenüber der Sehnsucht nach Freiheit und gegenüber dem radikalen Sozialismus.

Wirtschaftlich scheinen die beginnenden Achtzigerjahre dem Sowjetsystem eine sich beschleunigende Krise zu bringen. Mein subjektives Urteil ist, daß diese Krise eine strukturelle Folge des bestehenden innenpolitischen Herrschaftssystems ist, das sie langfristig erzeugt, und ohne revolutionäre Systemänderung vielleicht unüberwindbar ist.

Innenpolitisch werden die achtziger Jahre einen Führungswechsel in Moskau bringen, dessen Folgen wie stets schwer kalkulierbar sind. Das Streben der herrschenden Gruppe wird auf Stabilität gerichtet sein, aber neue Leute mögen das Bedürfnis haben, den langfristigen Problemen mit neuen Mitteln zu begegnen, vielleicht auch mit aggressiver Außenpolitik.

Militärisch – dies ist der Hauptpunkt – erreicht die Sowjetunion voraussichtlich in den Achtzigerjahren den Gipfel ihrer Macht, verglichen mit dem Westen. Die schon begonnene amerikanische und die vielleicht unvermeidbare europäische Aufrüstung wird vermutlich den Trend der militärischen Machtverschiebung, der seit wenigstens 15 Jahren zugunsten der Sowjetunion läuft, in den Achtzigerjahren umkehren.

Daß die Russen in den Sechziger- und Siebzigerjahren keine militärisch gedeckte Aggressionspolitik in Europa getrieben haben, beweist *nichts* darüber, ob sie es in den Achtzigerjahren tun werden. Denn bisher verbesserte sich ihre militärische Lage in vorhersehbarer Weise noch ständig; es wäre »Abenteurerpolitik« gewesen, in dieser Phase aggressiv zu werden. Wollen sie aber von der erreichten Rüstungsüberlegenheit jemals politische Vorteile einheimsen, so werden sie es vielleicht in den kommenden zehn Jahren tun müssen. Für ihre eigene Optik könnte es sich dabei um eine Lebensnotwendigkeit handeln.

Das Verfahren einer solchen aggressiven russischen Politik

könnte sehr leicht als einen Schachzug die Isolierung der Bundesrepublik von den europäischen NATO-Partnern durch eine selektive Drohung enthalten. Ich brauche hier keine Szenarien dafür auszumalen. Wird eine Bundesregierung dann wagen können, nicht alsbald zu kapitulieren?

Ich verstehe den amerikanischen Wunsch nach landgestützten weitreichenden Mittelstreckenraketen in Europa als den Versuch, allen Europäern eine solche Kapitulation unmöglich zu machen, d.h. als unausweichliche Risiko-Beteiligung der Europäer. Ich halte das Verfahren für mutmaßlich kontraproduktiv. Gerade unter diesem Risiko wird man kapitulationswillig.

Was ist heute zu tun? Meine zwei Vorschläge: 1. Abrüstung, 2. seegestützte Raketen, sind vor diesem Hintergrund zu sehen.

Abrüstung. In allen Jahrzehnten seit Kriegsende habe ich persönlich nie an Abrüstung geglaubt. Vielmehr habe ich stets erwartet, daß jede Seite die Waffen, die sie als Verhandlungsobjekte zu bauen beginnt, nicht in der Abrüstung wieder los wird, sondern schließlich faktisch besitzt. Dies war 1957 der Kern meiner Kontroverse mit Adenauer über seinen Wunsch, den Verzicht auf nationale deutsche Atomwaffen nicht »als Vorleistung« zu erbringen. Er glaubte, so schien mir, an die kommenden Abrüstungsverhandlungen, ich nicht. Er glaubte daran aus Verzweiflung über die Alternative des Wettrüstens.

Heute zum erstenmal trete ich öffentlich für große Abrüstung als Verhandlungsgegenstand ein. Die Lage ist, anders als zuvor, für Rußland kritisch, für uns lebensgefährlich. In der exzeptionellen Lage *könnte* das Exzeptionelle möglich werden: eine wirkliche Abrüstung. Der Versuch ist der Mühe wert.

Dies bestimmt m.E. den Rahmen der bevorstehenden Rüstungsbeschlüsse der NATO. Das Interesse der Russen ist, durch Drohung ihre heutige Überlegenheit festzuschreiben. Dann würde eine Begrenzung der weiteren Rüstung, ja eine begrenzte Abrüstung nur eine Verminderung ihrer Wirtschaftslast ohne Verminderung ihrer Überlegenheit bedeuten. M.E. würde dies aber auch an ihrer objektiv prekären Lage wenig ändern. Die Versuchung für sie, in den Achtzigerjahren eine aggressive Politik zu führen, würde objektiv nur wenig vermindert. Eben darum würden solche Vereinbarungen unsere Sicherheit nicht erheblich erhöhen.

Objektiv könnte hingegen die Sicherheit beider Seiten durch eine *große* Abrüstung wesentlich erhöht werden. Zur möglichen Gestalt eines solchen Abrüstungsprogramms vgl. die Thesen 4 bis 6 meines ZEIT-Aufsatzes. Daß die sowjetische Seite ein derartiges Angebot unserer Seite einer ernsthaften Würdigung unterziehen würde, ist, wenn überhaupt, nur zu erwarten, sofern die Alternative eine von ihr als bedrohlich empfundene militärische Verstärkung des Westens ist.

Aus diesem Grunde ist zu vermuten, daß ein jetzt geäußerter Verzicht der NATO auf die geplanten Mittelstreckenraketen ein verhandlungstaktischer Fehler wäre. Dies ist relativ unabhängig von der kontroversen Frage des militärischen Werts dieser Raketen. Ob andererseits die Brüskierung der soeben von Gromyko geäußerten Drohung durch schlichte Produktions- und Stationierungsbeschlüsse im Dezember 1979 die einzige Alternative ist, mag bezweifelt werden. Ich bin über die diplomatischen Hintergründe der Vorbereitungen zur NATO-Konferenz nicht unterrichtet.

Seegestützte Raketen. Mit der Möglichkeit, ja Wahrscheinlichkeit des Scheiterns der Abrüstung ist zu rechnen. Also ist damit zu rechnen, daß wir auf den Waffen sitzenbleiben, die wir jetzt zu installieren beschließen. Die Gründe, die Raketen dann seegestützt zu postieren, habe ich in meinem ZEIT-Artikel genannt. Natürlich bin ich dort nicht in alle Details gegangen. Ich wäre bereit, diese Details zu diskutieren. Mein Eindruck ist, daß kein Detail, sondern nur der amerikanische Wunsch, die europäische Risiko-Beteiligung zu garantieren, der Grund der amerikanischen Intransigenz in dieser Frage ist. Diese amerikanische Auffassung halte ich aber für einen verhängnisvollen Irrtum.

Zur Kernenergie. Man hat meine These 11 kritisiert, weil sie »überflüssigerweise« eine erneute innenpolitische Gefährdung unseres Kernenergieprogramms mit sich bringe. Einige Kritiker haben gemeint, ich sei mit dieser Äußerung zu diesem Zeitpunkt politisch naiv verfahren. Ich bekenne gern, daß ich die Äußerung bewußt jetzt getan habe, damit sie jetzt öffentlich zitiert wird.

Ich habe dafür erstens einen »Gewissensgrund«. Seit meiner Beteiligung an der Kernenergiedebatte (d. h. seit 1975) habe ich betont, daß die einzige ernsthafte Gefahr der Kernenergie m. E. in der Gewaltanwendung, vor allem in Kriegseinwirkung liegt. In träumerischer Weise, unter dem Tabu gegen das Nachdenken über den Krieg, haben unsere technischen Planer und die öffentliche Debatte dieses einzig relevante Thema ausgespart. Ich würde allem, was ich früher gesagt habe, untreu, wenn ich zu einer m. E. massiven Erhöhung der Gefahr durch eine veränderte NATO-Strategie schwiege.

Zweitens aber habe ich auch einen taktischen Grund, zu dem ich mich offen bekenne. Seit meiner Auswertung des Gorleben-Hearings (»Die offene Zukunft der Kernenergie«) hat sich an meiner Befürwortung der Kernenergie nichts geändert; ich lasse mich damit auch heute gerne öffentlich zitieren. Andererseits schätze ich den amerikanischen Wunsch nach landgestützten Raketen als gefährlich für die Bevölkerung ein. Ich wünsche, daß die Kräfte unserer öffentlichen Meinung, sowohl die Befürworter wie die Gegner der Kernenergie, einen in den USA und bei unseren europäischen Verbündeten wahrnehmbaren Druck auf unsere Regierung ausüben, die Seestützung der Raketen zu *fordern*.

Starnberg, 26. November 1979 *C. F. v. Weizsäcker*

Bevölkerungsschutz gegen mögliche Kriegseinwirkung*

Bevölkerungsschutz gegen mögliche Kriegseinwirkung gehört nicht zu den Aufgaben der Technischen Überwachungsvereine. Als ich zu einem Vortrag in Ihrem Kreise eingeladen wurde, konnte ich Ihnen aber nur dieses, heute dringliche, Thema anbieten. Ich darf bei Ihnen die menschliche Anteilnahme und den technischen Sinn voraussetzen, die das Thema erfordert.

Dringend not tut heute ein Wandel des öffentlichen Bewußtseins in Fragen des Bevölkerungsschutzes. Es handelt sich darum, seit Jahrzehnten Versäumtes rasch, maßvoll, entschlossen und ohne Panik nachzuholen. Der Grund dafür ist rein humanitär. Menschen müssen geschützt werden, wir, unsere Angehörigen, unsere Kinder und Enkel, unsere Freunde und Mitbürger. Begrenzte Kriegshandlungen in unserem Lande sind möglich, und ob es, vielleicht in wenigen Jahren, zu ihnen kommt, hängt nicht von uns allein ab. Die Meinung, der Friede sei schon gesichert, war immer ein Irrtum. Die Meinung, jeder mögliche Krieg sei so übergroß, daß es keinen Schutz gegen ihn gebe, ist ebenfalls irrig. Es macht einen Unterschied, ob wir für den Schutz etwas tun oder nicht.

Ich werde das Thema in drei Abschnitten besprechen: I. Das grundsätzliche Für und Wider. II. Die heutige Weltlage. III. Praktische Schritte.

I. Das grundsätzliche Für und Wider

Schutz der nichtkämpfenden Bevölkerung gegen die Krieger ist ein uraltes Anliegen in der Menschheit. Da und dort in unseren Wäldern finden wir die verfallenen Ringwälle vorgeschichtlicher Fluchtburgen. Schon die ältesten Hochkulturen schützten das gefährdete Gefüge ihres zivilen Lebens, d. h. ihre Überle-

---

* Vortrag auf der Jahrestagung der Technischen Überwachungsvereine, München, Mai 1980.

bensfähigkeit als Kultur, durch Stadtmauern. Das Kriegs-Völkerrecht der Neuzeit suchte den Krieg zu humanisieren durch rechtlichen Schutz der Nichtkombattanten. Die technischen Mittel unseres Jahrhunderts haben den Krieg fortschreitend wieder barbarisiert. Zivilschutz im modernen Sinne war die Reaktion auf die Erfindung des Bombenflugzeugs. Diejenigen unter uns, die den Zweiten Weltkrieg mitgemacht haben, zumal die Zivilisten unter ihnen, erinnern sich an die Nächte im Luftschutzkeller, an die rauchenden Trümmer unserer Städte. Und hier beginnt das Paradox. Dieses unserem Gedächtnis eingebrannte Bild ist vielleicht ein Hauptgrund unseres bisher unüberwindlichen seelischen Widerstandes dagegen, noch einmal im Ernst an Zivilschutz zu denken.

Treten wir in die rationale Analyse des Problems ein, vor dem das Vorhaben des Zivilschutzes heute, im Zeitalter der Atombombe, steht! Im seelischen Widerstand gegen Zivilschutz liegt ein Kern welthistorischer Vernunft. Hiroshima ist der Menschheit zum Zeichen der Aufgabe geworden, die seit Jahrtausenden dauernde Ära der Kriege zu beenden. Im Lichte dieser Aufgabe kann man das Bemühen, einen möglichen Atomkrieg zu überleben, nicht bloß als zwecklos, sondern sogar als unmoralisch empfinden. Wenn wir diesen Krieg überleben lernen, werden wir ihn dann nicht führen? Ich bin überzeugt, daß die veränderte menschliche Haltung zum Krieg, aus der diese Fragen hervorgehen, langfristig recht hat. Es kommt in der Tat darauf an, die Institution des Kriegs zu überwinden. Diese Erkenntnis aber entbindet uns offenkundig nicht von der mitmenschlichen Pflicht der Fürsorge für die Opfer der nichtatomaren Kriege, die heute ständig stattfinden. Und sie entbindet uns, so müssen wir begreifen lernen, auch nicht von der Prüfung, ob Vorsorge möglich ist für den vielleicht atomaren Krieg, der bald in unserem Lande geführt werden könnte.

Wir überprüfen also die beiden einander gegenüberstehenden Gründe, die gegen den Zivilschutz vorgebracht werden können: »Gegen den Atomkrieg gibt es keinen Schutz« und »Schutzvorbereitungen machen den Atomkrieg wahrscheinlicher«. Jede der beiden Fragen stellt sich in verschiedener Gestalt, je nach dem Lande, dem der Schutz gelten soll. Die beiden Weltmächte haben riesige Territorien, sie sind weit voneinander entfernt, und sie haben politisch die Entscheidung über Krieg und Frieden in ihrer Hand. Für sie ist die technische Möglichkeit eines effektiven Zivilschutzes jedenfalls nicht von vorneherein von der Hand zu weisen. Eben deshalb hat das Argument, ein funktionierender Zivilschutz werde ihnen eines Tages den Entschluß zum Krieg erleichtern, eine gewisse Stärke. Die Sowjetunion hat in der Tat ein Zivilschutzprogramm in Form ausführlicher gedruckter Anweisungen. Notvorräte für die Bevölkerung werden angelegt, Schutzräume für Arbeiter in verteidigungswichtigen Industrien gebaut, Schutzmaßnahmen mit der Bevölkerung eingeübt. In den USA ist seit Jahren eine Debatte über diese Fragen im Gange. Im heutigen Vortrag will ich mich aber auf dieses Thema des Zivilschutzes für die Supermächte nicht einlassen. Mein Anliegen ist heute nur der Schutz in unserem eigenen Lande.

In Deutschland nun (und zwar in beiden deutschen Staaten) ist die Lage gerade umgekehrt als bei den Weltmächten. Sprechen wir nur von der Bundesrepublik, für die wir selbst zu entscheiden haben! Unser Land ist klein, es liegt geographisch nahe beim einzigen möglichen Gegner, und ihm fehlt sowohl die militärische Macht wie der politische Spielraum, um einen Krieg gegen diesen Gegner zu beginnen. Die Vorstellung, wir könnten durch die eingeschränkten Zivilschutzmaßnahmen, die wir treffen können, einen Angriffskrieg gegen den Warschauer Pakt vorbereiten, ist militärisch absurd. Was wir unter diesem Aspekt bedenken müssen, ist nur, ob die sowjetische Führung Zivilschutzmaßnahmen, die wir ergreifen, als Indiz dafür nehmen kann, daß wir uns darauf vorbereiten, einer etwaigen militärischen Drohung ihrerseits überhaupt ernstlichen Widerstand zu leisten. Das ist eine delikate politische Frage, auf die ich im zweiten Teil des Vortrags kurz zurückkommen werde. Die eigentliche Frage für uns ist jedoch, ob ein effektiver Schutz in unserem Lande überhaupt denkbar ist.

Eine allgemein gehaltene Antwort auf diese Frage ist leicht zu geben: Die mögliche Schutzwirkung hängt von der Größe des Waffeneinsatzes ab. Dabei gibt es zwei Extreme, für welche Schutzvorbereitungen belanglos sind, und dazwischen ein weites Spektrum möglicher Kriegshandlungen, in welchem das Überleben vieler Menschen, ja des Volks davon abhängen kann, daß Schutzmaßnahmen vorbereitet waren. Das eine Extrem ist der Fall, in dem Schutzvorkehrungen überflüssig sind. Dazu ist nicht nur der wünschenswerteste aller Fälle zu rechnen, nämlich die unbegrenzte Fortdauer des heutigen Friedens. Auch die Möglichkeit der sofortigen Kapitulation gehört hierher, der militärischen Besetzung ohne militärischen Widerstand, wie 1968 in der Tschechoslowakei. Das andere Extrem ist die technisch mögliche totale Zerstörung unseres Landes durch nukleare Waffen mit Megatonnen-Sprengköpfen und radioaktiver Nachwirkung. Die Mittelstreckenraketen, welche die Sowjetunion schon in den Sechzigerjahren gegen Westeuropa in Stellung gebracht hat, reichen dazu aus. Hiergegen kann uns kein technisch, finanziell und politisch möglicher Bunkerbau schützen.

Aber die beiden Extreme sind, soweit wir heute schätzen können, nicht die militärpolitisch wahrscheinlichen Fälle. Die Fortdauer des Friedens ist nicht selbstverständlich. Jedenfalls haben unsere demokratisch gewählten Regierungen seit dem Wiederbewaffnungsbeschluß Adenauers von 1954 mit einer Mehrheit in der Bevölkerung für eine Politik rechnen können, welche die Aufrechterhaltung des Friedens in Freiheit durch eine kampffähige Bundeswehr im Rahmen des NATO-Bündnisses zu garantieren sucht. Diese Politik muß den effektiven Einsatz der Bundeswehr vorbereiten, in der Hoffnung, ihn eben, weil er effektiv wäre, nie verwirklichen zu müssen. Diese Politik darf also nicht so handeln, als käme nur ein unbegrenzt dauernder Friede oder eines Tages die sofortige Kapitulation in Betracht. Abschreckung kann nicht glaubwürdig, also nicht wirksam sein, wenn vorweg klar ist, daß die Bereitschaft, zu kämpfen, nicht besteht. Dies ist das militärpolitische Argument für Bevölkerungsschutz, den man unter diesem Aspekt als Zivilverteidigung im Rahmen der Gesamtverteidigung bezeichnet.

Ich hebe jedoch hervor, daß mein eigenes Argument von dieser verteidigungs- bzw. abschreckungspolitischen Überlegung vollkommen unabhängig ist. Ich gehe davon aus, daß Krieg in der Welt, auch in Europa möglich ist, und daß er unser Land durchziehen könnte, selbst wenn wir uns entschlössen, uns gegen keine Invasion zu verteidigen. Ein Blick auf unsere geographische Lage genügt, um diese Möglichkeit zu erkennen. Die beiden Länder Europas, die seit Jahrzehnten sorgfältige Zivilschutzprogramme verwirklichen, sind Neutrale: Schweden und die Schweiz. Auch diese sind freilich traditionell verteidigungswillig. Aber sie wissen auch, daß sie im Ernstfall mit oder ohne eigene militärische Verteidigung den Durchzug radioaktiver Wolken und etwaige Schlachten der Armeen der beiden Pakte auf ihrem Territorium nicht würden verhindern können. Unserer geographischen Lage gemäß gilt dies für uns noch viel mehr. Selbst wenn wir die NATO verließen und uns neutral erklärten, wäre unser Land im Falle eines europäischen Krieges alsbald Kriegsschauplatz.

Auch das Extrem der totalen Zerstörung ist politisch nicht der von vorneherein wahrscheinliche Fall. Im Krieg zerstört man allenfalls einen solchen Gegner total, den man aufs höchste fürchtet oder haßt, und den zu beherrschen oder zu versöhnen man sich nicht zutraut. Das vernünftige vitale Interesse der Sowjetunion ist nicht, Westeuropa zu verwüsten, sondern Westeuropas Wirtschaftskraft für sich zu nutzen. Auch müßte die Sowjetunion mit der Möglichkeit eines für sie fast ebenso zerstörerischen Gegenschlags rechnen. Jedenfalls bereitet sich die NATO gemäß ihrer Doktrin der flexiblen Reaktion auf denkbare Kriegshandlungen auf allen möglichen Eskalationsniveaus vor, von konventionellen über die taktischen Atomwaffen bis zu Mittelstrecken- und Interkontinentalraketen.

Zivilschutzplanung muß also das Spektrum möglicher begrenzter Waffeneinsätze in Betracht ziehen. Aber vermutlich hat man in unserem Lande auch deshalb so wenig für den Zivilschutz getan, weil man wußte, wie unrealistisch das Ausgehen von irgendeinem abstrakt vorausgesetzten »Kriegsbild« ist. Die Bewilligung größerer Mittel oder die Durchführung der an sich 1965 schon beschlossenen, aber dann ausgesetzten Schutzraumbaupflicht hätten eine öffentliche Debatte erzeugt, welche Beunruhigung ohne präzise Information verbreitet hätte. Das Bewußtsein der Öffentlichkeit und der Politiker selbst war für diese Fragestellung nicht reif.

II. Die heutige Weltlage

Im vergangenen Winter hat sich der außenpolitische Bewußtseinszustand in unserem Lande wie in der ganzen westlichen Welt verändert. Man spricht von der Möglichkeit eines Kriegs der Weltmächte; eines Kriegs, in den auch wir verwickelt würden. Prognosen sind ungewiß. Ich muß mich daher zur Subjektivität, zur Unbeweisbarkeit meiner eigenen Beurteilung der Weltlage bekennen. Aber schon die bloße Möglichkeit, daß diese Beurteilung richtig sein könnte, macht, wenn mich nicht alles täuscht, neue Maßnahmen im Bevölkerungsschutz unausweichlich. Und der veränderte Bewußtseinszustand der Öffentlichkeit macht den Entschluß zu solchen Maßnahmen möglich.

Vier Vorgänge kennzeichnen die Verschlechterung im weltpolitischen Klima: das vorläufige Scheitern der Ratifizierung von SALT II im amerikanischen Senat, der NATO-Nachrüstungsbeschluß, die Geiselnahme in Teheran, die sowjetische Besetzung von Afghanistan. Jeder einzelne dieser Vorgänge wäre vermeidbar gewesen, wenn diejenigen, die sie gewollt und vollzogen haben, anderen Sinnes gewesen wären als sie tatsächlich waren. Aber die Handelnden waren in jedem Fall der Meinung, etwas Richtiges, ja etwas Notwendiges zu vollziehen. Die Vorgänge waren, so scheint mir, nicht die Ursache, sondern das Symptom einer bereits veränderten Weltlage. Seit langem bereitet sich eine Menschheitskrise vor. Mit, wie ich weiß, unvollständigen Argumenten habe ich seit langem die Achtzigerjahre als den ersten tief gefährlichen Zeitraum erwartet. Ihr Beginn enthüllt nun in überraschender Weise das angestaute Krisenpotential. Im heutigen Referat geht uns nicht der menschliche Hintergrund der Krise an, sondern ihre außenpolitische und militärische Gestalt und Terminsetzung.

Der Krisentermin der Achtzigerjahre ist nach meinem Urteil vorrangig durch die prekär gewordene Lage des Sowjet-Imperiums bestimmt. Die Wirtschaft des Sowjetblocks befindet sich in sichtbarer Stagnation, vielleicht in Wahrheit in einem systembedingten und darum kaum heilbaren Rückgang. Der technische Vorsprung des Westens hat sich als uneinholbar erwiesen. Die ideologische Überzeugungskraft des »realen Sozialismus« sowjetischer Prägung ist weltweit auf einen Tiefpunkt gesunken. Wer die Bündnishilfe der Sowjetunion sucht, sucht die Stütze ihrer militärischen Macht. Diese militärische Macht nun dürfte in den Achtzigerjahren, verglichen mit dem Rest der Welt, ihren Höhepunkt erreicht haben. Rein militärisch gesehen stände heute ganz Asien den sowjetischen Panzern offen. Dem westlichen Bündnis ist die Sowjetunion konventionell quantitativ weit überlegen, in taktischen Nuklearwaffen wohl noch unterlegen, in strategischen Waffen gleichwertig, auf den Ozeanen präsent. Diese Rüstung ist in Jahrzehnten zielstrebig aufgebaut worden. Die Vereinigten Staaten von Amerika, die drei Jahrzehnte lang sich und die freie Welt durch ihre nukleare Überlegenheit gesichert glaubten, haben soeben auf die Erkenntnis der unaufhaltsamen sowjetischen Rüstung mit einem Umschlag der öffentlichen Meinung von Nachgiebigkeit in Härte und mit einem wohl nicht mehr umkehrbaren Entschluß zu neuer Aufrüstung reagiert. Es handelt sich dabei nicht um die militärisch wenig versprechende Schaffung größerer strategischer »overkill«-Kapazitäten, sondern um vielfältige, auch nukleare Waffen zu spezieller begrenzter Verwendung. Einen langdauernden qualitativen Rüstungswettlauf mit den Vereinigten Staaten kann die Sowjetunion aber technologisch und ökonomisch nicht erfolgreich durchhalten. Das bedeutet, daß die sowjetische Außenpolitik diejenigen Früchte, die überhaupt mit militärischer Stärke zu ernten sind, bald ernten muß.

Wo reifen diese Früchte? Einen Weltkrieg vom Zaun zu brechen, wäre für die Sowjetunion so absurd, so mutmaßlich selbstmörderisch, wie für Amerika. Asiatische Nationen zu unterwerfen und zu beherrschen, wäre heute mehr eine Kalamität als ein Gewinn; hier ist der Widerstand Afghanistans ein Lehrstück. Stützung »befreundeter« Regime, »Strafexpeditionen« (selbst gegen den künftigen Hauptrivalen China) und Gewinnung einer Verfügung über das Öl des persischen Golfs sind plausible Ziele. Politisch in den Achtzigerjahren am wichtigsten aber muß für die Sowjetunion ihr Verhältnis zu Europa sein. Nur eine enge Kooperation mit der westeuropäischen Wirtschaft böte Aussicht, der notleidenden Wirtschaft des Sowjetblocks aufzuhelfen. Dies aber darf in sowjetischer Sicht, um nicht in die politische Kapitulation gegenüber dem Kapitalismus umzuschlagen, nur unter einem überwiegenden politischen Einfluß der Sowjetunion auf Westeuropa geschehen. Ein faktischer Zerfall der NATO wäre dafür, noch immer in sowjetischer Sicht, die Vorbedingung. Eine sowjetische politische Offensive in dieser Richtung, mit Lockung und Drohung, ist zu erwarten.

Diese Lage braucht keinen Weltkrieg und keinen europäischen Krieg hervorzubringen. Aber sie verwickelt Westeuropa in eine politische Schachpartie, die nicht zu halten ist, wenn Westeuropa politisch fundamental uneinig oder/und militärisch erpreßbar ist. Deshalb sind die technisch wahrscheinlichen Folgen eines möglichen Kriegs in unseren Ländern ein Faktor unserer politischen Zukunft, selbst wenn dieser Krieg am Ende nicht stattfindet.

Es ist nicht die Sache des heutigen Referats, unsere Außenpolitik in dieser Lage zu erörtern. Es sei nur gesagt, daß die Entspannungspolitik in dem einzigen Sinn, den sie auch bisher haben konnte, unvermindert nötig ist; nämlich als ständig wiederholter pragmatischer Ausgleich der im Prinzip unversöhnlichen Interessen der Mächte, so daß der für alle lebensgefährliche Ausgang in einem Krieg vermieden wird. Das ist Zeitgewinn für den unter allen Menschen rings in der Welt fortschreitenden Bewußtseinswandel. Viel wäre erreicht, wenn wir die kommende Krise ohne den großen Krieg zu überstehen vermöchten.

III. Praktische Schritte

Der humanitären Begründung des Bevölkerungsschutzes stellt sich eine beschränkte, aber unerläßliche Aufgabe. Sie fragt, was geschieht, wenn ein Krieg in unserem Lande nicht nur angedroht, sondern ausgefochten wird. Wer dürfte in der heutigen Weltlage zu sagen wagen, dies könne nicht geschehen? Man muß fragen, was den Menschen unseres Landes im Krieg und nach dem Krieg geschieht. Wer wird die Kriegshandlungen überleben und in welchem körperlichen Zustand? Welche Lebensbedingungen werden die Überlebenden vorfinden? Wie werden sie diese meistern?

Für den, der sich auf das ernsthafte Nachdenken über Kriegsfolgen einläßt, wird zur größten Versuchung die Resignation, die Flucht in die Sehnsucht nach dem Tode. Schon vor Jahrzehnten wurde über den Atomkrieg gesagt: er wird die Menschheit nicht ausrotten, aber die Überlebenden werden die Toten beneiden. Es ist notwendig, mit aller Entschlossenheit dieser Resignation zu widerstehen. Der Planer des Bevölkerungsschutzes ist hier in derselben Lage wie der Arzt, der dem hippokratischen Eid verpflichtet ist. Wenn ich Mittel zur Hilfe habe, so ist es nicht in mein Ermessen gestellt, sie dem Mitmenschen, dem sie helfen können, vorzuenthalten. Ich spreche hier nicht für die nur noch formale Anwendung dieses Prinzips in einer technisch in die Länge gezogenen Agonie. Ich spreche von der Hilfe für Menschen, deren Leben noch die Chance einer echten Zukunft hat, auch wenn der Weg dahin ein Weg durch vorhersehbare Leiden ist. Dies aber ist voraussichtlich die Lage der Menschen nach einem Krieg.

Wir müssen zunächst das Bild des Krieges eingrenzen, für den allein eine Schutzvorbereitung sinnvoll ist. Ein solcher Krieg wäre begrenzt in seinen Waffeneinsätzen, aber möglicherweise global in seiner geographischen Erstreckung.

Begrenzt in den Waffeneinsätzen. Unsere Analyse der Weltlage zeigt kein naheliegendes Motiv für irgendeine Macht, einen Vernichtungsschlag gegen unser Volk zu führen. Der Krieg würde aber wahrscheinlich mit taktischen Einsätzen nuklearer Waffen geführt werden. Die Sowjetunion hat angesichts ihrer Panzer-Überlegenheit freilich keinen Anlaß, mit einem Einsatz nuklearer Waffen zu beginnen. Sie ist in der diplomatisch günstigen Lage, der NATO dieses Odium zuschieben zu können. Die NATO kann nach heutigem Kräfteverhältnis einen mit voller konventioneller Stärke gefahrenen Angriff des Warschauer Pakts nur mit Einsatz von nuklearen Gefechtsfeldwaffen auffangen. Ich verweise jedoch auf die Publikationen von H. Afheldt (Verteidigung und Frieden, Hanser 1977) und eine in Vorbereitung befindliche Studie des Starnberger Instituts über Panzerabwehr mit infanteristisch eingesetzten zielgenauen konventionellen Waffen. Dies kann aber nur ein langfristiges Umrüstungsprogramm bedeuten. Für die Achtzigerjahre haben wir im Fall eines begrenzten Kriegs in Westeuropa mit nuklearen Einsätzen, also auch mit der Verbreitung von Radioaktivität zu rechnen. Diese könnte sehr erhöht werden, wenn kerntechnische Anlagen aus irgendwelchen Gründen zum Angriffsziel würden.

Die zerstörende Wirkung eines so begrenzten Kriegs wird sehr von seiner Dauer, noch stärker von der Einhaltung einer niedrigen Eskalationsstufe in der Wahl der eingesetzten Waffen abhängen. Die größte Gefahr für die Bevölkerung stellen voraussichtlich die Mittelstreckenraketen dar. Die älteren sowjetischen Raketen (SS4, SS5) haben, wie schon gesagt, das Potential zur totalen Vernichtung unseres Landes. Ihr moderner Nachfolger SS20 ist zielgenau, also gerade auch zu begrenzten militärischen Einsätzen mit kleineren Sprengköpfen verwendbar, was den Einsatz dieser Waffe wahrscheinlicher macht. Die jetzt beschlossene Nachrüstung der NATO (Pershing 2, Cruise Missiles) bedroht zum erstenmal von europäischem Boden aus sowjetisches Territorium. Dies soll die Abschreckung stärken, würde aber den Gegner im Ernstfall zum Präventivschlag auffordern. Abrüstungsverhandlungen mit der Sowjetunion über einen beiderseitigen Abbau oder doch vorerst Disloziierungsstop dieser Waffen wären die vielleicht wichtigste militärpolitische Komponente einer Entspannungspolitik unter heutigen Bedingungen.

Global in der geographischen Erstreckung. Warum ist es seit 1945 fast in allen Weltteilen, aber nicht in Europa zum Krieg gekommen? Für die USA war Europa politisch zu wichtig, um es fallen zu lassen, für die Sowjetunion war es militärisch zu nahe ihren verletzlichsten Gebieten, um hier einen Krieg zu riskieren. Diese Bedingungen werden auch in den Achtzigerjahren wirksam sein. Eben darum gibt es eine Chance, auch weiterhin den europäischen Krieg zu vermeiden. Eine weltweite Kette von Kriegen wäre vielleicht nötig, um schließlich auch Europa in den Krieg zu ziehen. Aber Kriege in der weiten Welt hat es ständig gegeben und wird es auch in den Achtzigerjahren geben. Wenn die vorige Analyse der Weltlage richtig war, könnten sie, von Asien und den Meeren ausgehend, die ganze Welt ergreifen. D.h.: falls es zu einem europäischen Krieg kommen sollte, spricht manches dafür, daß er ein Teil eines weltweiten Kriegs sein würde. Er könnte auch dann noch im

Waffeneinsatz begrenzt bleiben und, in Europa, von kurzer Dauer sein. Hierüber gibt es keine Gewißheit.

Was folgt hieraus über mögliche praktische Maßnahmen? Ich beginne mit der Seite der Fragen, die auch in der bisherigen Zivilschutzdebatte weniger in den Blick genommen worden ist, der globalen Erstreckung. Das würde einen mindestens zeitweiligen Zusammenbruch des Welthandels bedeuten. Neben Japan ist kaum eine Region in ihrer Versorgung so vom Welthandel abhängig wie Mitteleuropa. Ich komme zu einer ersten Schlußfolgerung:

1. Folgerung: Eine der wichtigsten Maßnahmen zum Bevölkerungsschutz ist die Sicherstellung eines Existenzminimums an längerfristiger Versorgung durch Vorräte und die Ermöglichung einer partiell autarken Binnenwirtschaft.

Schon der erste Schritt zur Formulierung praktischer Konsequenzen führt uns in die Versuchung der Resignation zurück. Wegfall des Öls, ein vielleicht ganz oder teilweise zerstörtes heimisches Verteilungssystem der Energie. Wegfall aller Lebensmittelimporte. Dies angesichts einer auf Export spezialisierten Industrie, einer von den elementaren Bedürfnissen fortspezialisierten Landwirtschaft. Feldbestellung ohne Benzin. Die Zustände nach dem Zweiten Weltkrieg waren viel besser. Die dezentralen Kraftwerke und Bäckereien funktionierten damals noch. Der Welthandel war nicht zusammengebrochen, und wir wurden ihm bald wieder eingefügt. Aber wir haben der Resignation zu widerstehen. Sollte es je zu den hier geschilderten Zuständen kommen, so würde das Überleben der Übriggebliebenen, ihre gesamte Chance einer neuen Zukunft, daran hängen, ob wir heute vorgesorgt haben.

Nachdem wir gesehen haben, was nach dem Krieg nötig sein könnte, wenden wir uns den direkten Kriegseinwirkungen zu. Unter ihnen verdient die Radioaktivität eine besondere Beachtung. Es gibt einen relativ großen Dosisbereich, dessen Belastung den Organismus nicht tötet, aber mit jahrelang anhaltender, oft nie mehr heilender Wirkung radikal schwächt. Etwas vom Wichtigsten für den Neubeginn nach dem Krieg ist aber körperliche Gesundheit der Arbeitenden. Ein großer Teil der durch Waffen erzeugten Radioaktivität ist kurzlebig und klingt in einigen Tagen ab. Solange sollten Menschen sich gegen sie schirmen können.

2. *Folgerung:* Gegen Radioaktivität abgeschirmte Schutzräume in möglichst großer Zahl sind notwendig.

Hier erreichen wir eine Frage, die präziser Beantwortung fähig ist, die Frage nach den technischen und finanziellen Möglichkeiten. Aber dies würde einen neuen Vortrag erfordern, und ich bin nicht Fachmann in diesem Gebiet. Ich ende mit ungefähren Abschätzungen.

Wir können roh drei Stufen möglicher baulicher Schutzmaßnahmen unterscheiden:

1. kleine, in bestehenden Bauten oder in Gärten improvisierbare Maßnahmen,
2. sog. Grundschutz, d.h. Schutz gegen Trümmer, Brand und Radioaktivität, sowie B- und C-Kampfstoffe.
3. Bunker, die auch gegen gewisse Sprengwirkungen sichern.

Von diesen Stufen ist die erste sehr wichtig und ohne Zweifel realisierbar. Die zweite ist heute nur noch eingeschränkt realisierbar, verdient aber m.E. starke Förderung. Die dritte Stufe kommt nur ausnahmsweise, vor allem für zentrale Versorgungsanlagen, in Betracht. Ich spreche die drei Stufen rasch, in umgekehrter Reihenfolge, etwas detaillierter durch.

Es hat sich nachträglich als ein Fehler erwiesen, daß die Bundesregierung 1961 ein perfektionistisches Bunkerbauprogramm vorgeschlagen hat, das nach einem Bundestagshearing 1964 mit Recht zurückgezogen wurde. Das Programm wäre unrealisierbar teuer geworden, ohne doch gegen alle plausiblen Kriegsbilder zu schützen. Und es hätte, eben wegen seiner Übergröße, von den osteuropäischen Nationen als revanchistische Kriegsvorbereitung mißverstanden werden können. Dieses Programm wird nicht wieder aufleben.

Schutzräume im Sinne des Grundschutzes haben die Schweiz und Schweden in den letzten Jahrzehnten für mehr als 70% ihrer Bevölkerung bereitgestellt. Hätten wir noch Jahrzehnte Zeit, so könnten wir dasselbe erreichen. Ich möchte die Kosten des bisher angebotenen Grundschutzes pro Kopf der Bevölkerung auf etwa 2000 DM schätzen. Die offiziellen Daten sind (Angaben des Bundesamts für Zivilschutz):

I. 1. Die *Mehrkosten*, die gegenüber den ungeschützten Baukörpern für den *Grundschutz* aufzuwenden sind, wurden berechnet (Kostenstand: Anfang 1980) für:
   - einen 7-Personen-Schutzraum pro Platz 2000 DM
   - einen 25-Personen-Schutzraum pro Platz 1000 DM
   - einen 50-Personen-Schutzraum pro Platz 800 DM
   2. Bei Großschutzräumen (Tiefgarage oder U-Bahnen) pro Platz 800–1150 DM.
II. Die *Gesamtbaukosten* bei Außenschutzräumen (z.B. in Hof- oder Gartengelände) belaufen sich:
   - bei einem 25-Personen-Schutzraum pro Platz auf 2000 DM
   - bei einem 50-Personen-Schutzraum pro Platz auf 1500 DM

2000 DM für 60 Millionen Menschen sind 120 Milliarden DM. Über 20 Jahre verteilt wären dies jährlich 6 Milliarden, d.h. 100 DM pro Kopf der Bevölkerung und Jahr. Der Bundeshaushalt für 1980 veranschlagt 38,4 Milliarden für militärische Verteidigung, 740 Millionen für zivile Verteidigung, davon 45 Millionen für Schutzbaumaßnahmen, vom Rest den wichtigsten Teil von ca. 300 Millionen für Hilfsdienste im Katastrophenschutz. 100 DM pro Kopf der Bevölkerung bleibt unter dem durchschnittlichen heutigen Alkoholkonsum.

Offenkundig würden die Kosten für ein solches Schutzraumprogramm sogar von der Bevölkerung alleine aus ihrer eigenen Tasche getragen werden, wenn die Menschen in unserem Lande den Eindruck gewännen, dies sei vernünftig ausgegebenes Geld. Eben dann würde aber auch die Bewilligung der entsprechenden Mittel in den Staatshaushalten keine Schwierigkeit machen. Ich überlasse die Details der Expertendiskussion und ziehe, um diese Diskussion herauszufordern, die

3. *Folgerung:* Eine Verzehnfachung der heutigen jährlichen Ausgaben für Zivilschutz ist möglich und notwendig.

Auch dieses Programm ist für die akuten Gefahren zu langfristig. Eine noch weitergehende Steigerung aber würde, wie alle plötzlichen Maßnahmen, auf sehr große technische und organisatorische Schwierigkeiten stoßen. Auch würde es als Panikmaßnahme empfunden werden. Es könnte innenpolitisch Panik, außenpolitisch gefährliches Mißtrauen unserer östlichen Nachbarn wachrufen.

4. *Folgerung:* Improvisierbare Maßnahmen sind vordringlich.

Hier sind zu nennen: Abdichtung vorhandener Kellerräume oder im Freien ausgehobener Vertiefungen, Einrichtung der entstandenen Räume für einen Aufenthalt von wenigen Tagen, dazu Vorratshaltung von Lebensmitteln in privaten Haushalten für Monate, Speicherung von Trinkwasser, von medizinischen Vorräten, Ausbildung in Erster Hilfe. Dies kann, bei vernünftiger Anleitung, in einem Haushalt in wenigen Wochen realisiert werden, im ganzen Land in wenigen Jahren.

Für mögliche staatliche Maßnahmen liegen u. a. die folgenden Vorschläge bereit: Schaffung von Schutzplätzen beim Bau jeder U-Bahn, Tiefgarage, Schule, jedes staatlichen Bürogebäudes. Entwicklung standardisierter Verfahren, die als einfache Selbsthilfemaßnahmen der Hausbesitzer durchgeführt werden können (Verstärkung der Kellerdecken, einfache Filter gegen Fallout und Gas). Änderung des Baurechts, um spätere Nutzung zum Grundschutz möglich zu machen.

Alles technisch Sinnvolle kann getan werden, wenn wir, die Menschen dieses Landes, es als sinnvolle Vorsichtsmaßnahme erkennen; nichts Sinnvolles wird geschehen ohne diese Erkenntnis. Ich ende mit meinem Anfangssatz:

5. *Folgerung:* Dringend not tut heute ein Wandel des öffentlichen Bewußtseins in Fragen des Bevölkerungsschutzes.

Leserbrief zum voranstehenden Aufsatz*

Daß es zu meinem Artikel über Zivilschutz Leserbriefe gegeben hat, freut mich: Also haben einige Menschen gefühlt, daß es ernst ist. Daß die meisten Leserbriefe negativ waren, überrascht mich nicht: Der Blick auf die Wirklichkeit ist schmerzhaft, und man sucht mit Recht nach Alternativen. Die einzige Alternative zum Zivilschutz, die man verantworten kann, heißt Kriegsverhütung. Ich möchte jeden der Leser ermutigen, sich persönlich aktiv um die Politik der Kriegsverhütung zu kümmern. Der ernstliche Versuch dazu geht freilich durch viele Enttäuschungen. Was kann der einzelne Bürger eines Landes, das selbst keine Großmacht ist, an der Weltpolitik ändern? Aber in der Weltpolitik ist unser Land nicht ganz belanglos, und die Politik unseres Landes wird zum Prozeß der demokratischen Meinungsbildung mitbestimmt. Darauf kann jeder einen gewissen Einfluß nehmen, der sich jahrelang intensiv bemüht. Der Anfang ist, sich genau zu informieren.

Mir sei hier ein persönliches Wort erlaubt. Ich weiß seit vielen Jahren, daß der Krieg wahrscheinlich ist, und habe es ausgesprochen, stets so, daß ich versuchte, nicht Panik, sondern vernünftiges Verhalten zu erzeugen. Ich habe meine Professur aufgegeben, um ein Institut zur Erforschung der Möglichkeiten der Kriegsverhütung zu gründen. Vielleicht darf ich die Leser auf meinen Zwischenbericht aus diesen Studien verweisen. Jetzt wird, mit meiner Pensionierung, der Teil des Instituts, der sich den aktuellen Fragen widmete, geschlossen. Leider muß meine Abschiedsbotschaft die Wiederaufnahme der Aufforderung zum Zivilschutz sein, die ich schon vor fast zwanzig Jahren ausgesprochen habe. Die Politik der Kriegsverhütung wird in unserem Lande fortgesetzt. Aber ihr Erfolg ist heute ungewisser als je. Die Sechziger- und Siebzigerjahre waren keine Zeit ernster Gefahr des großen Kriegs, die Achtzigerjahre sind es. Wir können nicht verantworten, unseren Kindern den bescheidenen Schutz vorzuenthalten, dessen wir fähig sind.

C. F. v. Weizsäcker, Starnberg

* DIE ZEIT, 11. Juli 1980.

Die intelligente Feindesliebe*

Die Frage, vor der die KSZE-Folge-Konferenz des kommenden Winters stehen wird, ist nicht, wie Sicherheit und Zusammenarbeit in Europa weiter verbessert werden können, sondern wie das völlige Scheitern dieser Ziele verhindert werden kann. Zum erstenmal seit Jahrzehnten besteht in den Achtzigerjahren die Gefahr eines großen europäischen Kriegs. Ob die Kirchen durch diplomatische Vermittlung, durch Predigt und Seelsorge, durch humanitäres Handeln an der Verhütung dieser Katastrophe arbeiten können, hängt daran, ob sie die Gefahr und ihre Ursachen erkennen. Zu dieser Erkenntnis versucht die gegenwärtige Aufzeichnung beizutragen.

»Liebet eure Feinde! Tut wohl denen, die euch hassen!« Dieses Gebot geht von der Einsicht aus, daß jeder von uns Feinde hat, daß wir in Gruppen leben, die einander hassen. Geht es um Erkenntnis, so beginnt praktische Feindesliebe damit, daß wir unseren Feind verstehen lernen. Er wird voraussichtlich auch dann unser Feind bleiben, er wird fortfahren, uns zu fürchten und uns deshalb zu hassen. Aber wenigstens werden wir dann beginnen, nicht mehr alle die Bewegungen zu machen, die ihm ständig den Eindruck vermitteln, er fürchte und hasse uns zurecht. Erst dann werden wir in der Lage sein, ihm verständlich zu machen, inwiefern er selbst sich bisher so verhalten hat, daß wir ihn fürchten mußten, und ihn darum zu hassen verführt waren.

Die wachsende Kriegsgefahr, die sich, lange latent geblieben, heute unserem Blick enthüllt, ist zunächst die Folge gegenseitiger Angst. Die beiden europäischen Bündnissysteme, in Struktur und Motiven sehr verschieden, haben zwei Dinge gemeinsam. Erstens verstehen sich beide als defensiv, und darin sind beide aufrichtig. Zweitens steht bei beiden hinter der defensiven Absicht der militärischen Rüstung gleichwohl die politi-

---

* Referat auf der Konsultation der Konferenz Europäischer Kirchen über das Thema »Vertrauensbildung im Bereich der Helsinki-Signatarstaaten« in El Escorial, Mai 1980. Abgedruckt im *Deutschen Allgemeinen Sonntagsblatt* unter dem Titel »Die intelligente Feindesliebe« am 15. 6. 1980.

sche Hoffnung, den Wettkampf der gesellschaftlichen Systeme eines Tages zu gewinnen. Und genau weil jede Seite weiß, daß die Gegenseite diese Siegeshoffnung hegt, fühlt jede Seite sich permanent bedroht.

Hier endet jedoch die Symmetrie des Verhältnisses. Die Entspannungspolitik der vergangenen zehn Jahre ist von beiden Seiten verschieden beurteilt worden. Der pluralistischen Struktur des westlichen politischen Systems entsprach es, daß es in ihm eine öffentliche Kontroverse über die Prinzipien der Entspannung gab. Die große Mehrheit der Politiker und der Völker im Westen war aufrichtig für die Entspannungspolitik, aber sie gab ihr unterschiedliche Deutungen. Vielfach hoffte man im Westen, der Wettkampf der politischen Systeme werde eines Tages durch echte, vertrauensvolle Zusammenarbeit, durch Annäherung der Menschen und der Prinzipien abgelöst werden. Dieser Hoffnung kam in den Völkern Osteuropas ein brennender Wunsch verwandter Art entgegen. Aber die Führung des politischen Systems der Sowjetunion hat öffentlich nie einen Zweifel daran gelassen, daß friedliche Koexistenz für sie die Fortsetzung des Klassenkampfs mit allen Mitteln außer dem Krieg bedeute. Die behutsamen Vertreter der Entspannungspolitik in den westlichen Führungen, an der Spitze H. Kissinger, haben sich hierüber nie getäuscht. Sie verstanden Entspannung als den immer von neuem zu leistenden pragmatischen Ausgleich grundsätzlich unversöhnlicher politischer Interessen, welcher ausreichen sollte, den fortdauernden politischen Wettlauf der Systeme vor dem Abgleiten in eine selbstmörderische Gestalt des Kriegs zu schützen.

Unter der Decke der Entspannungshoffnung, und von der Öffentlichkeit kaum bemerkt, baute sich unterdessen ein immer wachsendes Potential tödlicher Konflikte, eine weltpolitische Erdbebengefahr auf. Es ist nicht nützlich, die Beschreibung dieser Gefahr mit Schuldzuteilungen einzuleiten. Jedenfalls haben in den vergangenen zwölf Monaten drei Erdstöße der Welt angekündigt, was kommen kann.

Die Geiselnahme von Teheran dokumentierte, gerade durch ihre von der höchsten geistlichen und politischen Autorität des heutigen Iran gedeckte Völkerrechtswidrigkeit, dem amerikanischen Volk zu seinem tiefen Erstaunen und Erschrecken, wie verhaßt und wie machtlos es in weiten Bereichen der Welt heute ist. Die weltweite ökonomische Dominanz des Westens, von uns im Westen als Freiheit der Märkte wahrgenommen, wird anderswo als kapitalistische Fortsetzung des Kolonialismus erlebt. Das Bündnis der größten demokratischen Nation mit undemokratischen Regierungen, von der westlichen Diplomatie als Stabilisierungsmaßnahme in ihrer weltpolitischen Defensive gegen den militanten Kommunismus verstanden, wirft für die Völker der Dritten Welt den Verdacht der Unaufrichtigkeit auf alles, was wir im Westen Demokratie nennen.

Der Nachrüstungsbeschluß der NATO dokumentierte der sowjetischen Führung, daß sich das westliche Bündnis durch die unaufhaltsam fortschreitende sowjetische Rüstung lebensgefährlich bedroht fühlt, und daß es bereit ist, dieser Bedrohung durch einen erneuten Rüstungswettlauf zu begegnen, der die eigene Schlagkraft, aber auch die Lebensgefahr für beide Seiten erhöht. Die Sowjetunion muß ihre durch die erreichte militärische Überlegenheit gewonnene Sicherheit durch diesen neuen Rüstungswettlauf, angesichts der fortdauernden technologischen und ökonomischen Überlegenheit des Westens, als ernstlich bedroht empfinden. Der Westen macht sich nicht klar, in welchem Grade sich die Sowjetunion durch die weltweite Präsenz amerikanischer Bündnisse, die nun auch China in den Ring einfügt, seit Jahrzehnten eingekreist, um nicht zu sagen, stranguliert fühlt. Die sowjetische Führung macht sich vielleicht nicht klar, daß diese Einkreisung die defensive Reaktion aller ihrer Nachbarn ist, welche sich durch ihre militärische Macht und ihre Doktrin der Legitimität aller mit ihr verbündeten revolutionären Bewegungen bedroht sehen.

Der sowjetische Einmarsch in Afghanistan dokumentierte der ganzen Welt, daß die sowjetische Führung heute wie in früheren Jahrzehnten bereit ist, innenpolitische Konflikte in souveränen Staaten durch massive militärische Intervention zugunsten ihrer eigenen innenpolitischen Gesinnungsgenossen und damit zur Stabilisierung ihrer eigenen außenpolitischen Macht zu entscheiden. Die sowjetische Führung hat die Intervention in Afghanistan vermutlich ebenso wie die in Ungarn 1956, in der Tschechoslowakei 1968 als eine defensive Notwendigkeit angesehen. Wahrscheinlich hat sie nicht vorausgesehen, daß gerade diese Intervention von 1980 einen, wie es heute scheint, nicht wiedergutzumachenden Erdrutsch in den internationalen Beziehungen auslösen würde. Die nichtsowjetkommunistischen Mehrheiten in den Völkern aller Länder fragen sich heute, wann ihr eigenes Land an die Reihe kommen wird. Sie müssen fürchten, daß die Sowjetunion ihre erreichte militärische Überlegenheit zur Einbringung politischer Ernten nutzen wird, ehe der neue Rüstungswettlauf die militärische Bilanz wieder zu ihren Ungunsten zu verschieben beginnt.

Diese Skizze bekannter Ereignisse strebt an, daß bei jedem der drei Konflikte ein Leser von jeder der beteiligten Seiten erkennen kann, inwiefern auch die Gegenseite sich bedroht und im Recht fühlt. Was können Kirchen in einer solchen Lage tun? Wenn jemand, so sollten Christen zur intelligenten Feindesliebe fähig sein, zum Verständnis der Motive des Gegners, und damit zur Vorbereitung der Kompromißbereitschaft. Sie können in den Völkern Angst und Haß abzubauen und Verständnis aufzubauen helfen. Sie können den Regierungen zu Verhandlungen mit dem Ziel präziser, praktikabler Vereinbarungen in den gefährlichen Problemen raten.

Wie könnten solche Vereinbarungen aussehen? Wir beschränken uns hier auf zwei Fragenkreise: die Vermeidung des Wettrüstens und die Achtung der Souveränitätsrechte fremder Nationen.

In der Rüstungsbegrenzung genügt es nicht, daß die z.T. seit zehn Jahren laufenden Verhandlungen, z.B. in Genf und in Wien, weitergeführt werden, wenngleich es ein hoffnungsvolles Zeichen ist, daß sie wenigstens nicht abgebrochen worden sind. Auch die angekündigten und eingeleiteten Schritte des einseitigen Rückzugs von mehreren Einheiten von Truppen und Panzern der Sowjetunion aus der DDR und von 1000 amerikanischen Mittelstreckenraketen älterer Bauart aus der Bundesrepublik haben symbolischen, aber noch keinen subtantiellen Wert. Zwei andere Schritte sind heute, als Anfang, unerläßlich.

Erstens ist zu fordern, daß der US-Senat das SALT II-Abkommen ratifiziert. Der positive Inhalt dieses Abkommens ist zwar von fragwürdigem Wert; es schreibt strategische Rüstungsstärken fest, die noch immer zu hoch und voller Gefahr sind. Aber das Scheitern des Abkommens wäre das Signal für einen neuen Rüstungswettlauf, dessen Folgen tödlich sein könnten. SALT II kann, selbst wenn der Vertrag ratifiziert wird, nicht der letzte Schritt der Rüstungsbegrenzung bleiben. Denn dieser Vertrag schließt die wahrscheinlich gefährlichste Rüstung nicht aus, die Entwicklung immer neuer Waffen mit speziellen, begrenzten Einsatzmöglichkeiten; diese werden, gerade wegen ihrer begrenzten Wirkung, mit großer Wahrscheinlichkeit eines Tages wirklich zum Einsatz kommen. Ist das Tabu gegen den Einsatz nuklearer Waffen aber einmal gebrochen, so ist nicht zu erkennen, an welcher Grenze Halt gemacht werden wird. Weitergehende Verhandlungen aber dürften aussichtslos sein, wenn schon der SALT II-Vertrag scheitert. Die Kirchen können dies klar und öffentlich aussprechen.

Zweitens ist, als nächster Schritt, eine Verhandlung über die echte Abrüstung der beiderseits in Europa aufgestellten Mittelstreckenraketen zu fordern. Seit den Siebzigerjahren stehen auf westlicher Seite Mittelstreckenraketen, welche zwar das Territorium der Sowjetunion kaum zu erreichen vermögen, welche aber die westlichen Staaten des Warschauer Pakts verwüsten könnten; ebenso stehen seit damals auf östlicher Seite die sog. SS4- und SS5-Raketen, welche Westeuropa in eine Wüste verwandeln können. Beide Seiten haben begonnen, ihre Waffen zu modernisieren: die Sowjetunion schon seit mehreren Jahren durch die mobile und zielgenaue, daher zu militärischem Einsatz besser geeignete SS20; die NATO, gemäß dem Beschluß vom Dezember 1979, durch Pershing 2 und Cruise-Missiles, welche das Territorium der Sowjetunion erreichen. Die defensive Motivation ist auf beiden Seiten klar erkennbar, aber der Aufbau dieser Waffen ist gleichwohl eine permanente und wachsende Gefahr für das Überleben Europas. Verhandlungen über ihren beiderseitigen Abbau sind unerläßlich. Diese Verhandlungen dürfen von keiner Seite durch Forderungen behindert werden, welche einen einseitigen Verzicht der Gegenseite auf ihre eigenen Rüstungspläne zur Vorbedingung für das Eintreten in die Verhandlung macht. Der von Bundeskanzler Schmidt vorgeschlagene vorläufige Disloziierungsstop der modernisierten Waffen wäre ein nützlicher Anfang.

Die Forderung des Verzichts auf die militärische Besetzung souveräner Staaten muß im Namen der ganzen Welt an die Sowjetunion gerichtet werden. Gerade weil Verhandlungen zur Erhaltung des Weltfriedens lebenswichtig sind, wäre es sinnlos, diese Forderung um der angenehmen Gesprächsatmosphäre willen zu verschweigen oder abzuschwächen. Der Streit gegenseitiger moralischer Vorwürfe wegen vergangener Interventionen in vielen Ländern der Welt war zwar unvermeidlich, denn die weltweite Erregung über diese Interventionen war ehrlich, ob es sich um Ungarn, Tschechoslowakei, Vietnam oder Kambodscha handelte. Es geht aber jetzt nicht darum, anläßlich Afghanistans diese Vorwürfe um einen weiteren zu vermehren. Es geht um die nüchterne Prognose, daß die Fortführung der Interventionspolitik von der einen Seite unweigerlich Interventionen von der anderen Seite zur Folge haben wird, und daß dieser Gang der Dinge nur im dritten Weltkrieg enden kann. Kein Friedenswille der Völker, kein Friedensappell der Kirchen kann diese Entwicklung mehr aufhalten, wenn nicht die Regierungen selbst ein deutliches Zeichen setzen, daß die Interventionspolitik nicht fortgeführt werden wird. *Wie* dieses Zeichen aussehen kann, muß Gegenstand politischer Verhandlungen der Regierungen sein. *Daß* es gesetzt werden muß, können Kirchen aussprechen. Was in der Helsinki-Schlußakte über die Enthaltung von jeder Form der bewaffneten Intervention oder der Androhung einer solchen Intervention gegen jeden Teilnehmerstaat der KSZE gesagt ist (1a VI), ist ein erster Schritt zu einer Regelung, von welcher die außereuropäische Welt nicht ausgeschlossen bleiben kann, ohne daß Europa selbst gefährdet würde.

Was als eigentliche KSZE-Themen wie kulturelle Zusammenarbeit, z. B. in der Friedensforschung, Achtung der Menschenrechte u. a. zu verhandeln ist, wird nur dann fruchtbar werden, wenn die oben genannten Forderungen grundsätzlich anerkannt sind.

Glaube und wissenschaftlich-technische Welt*

Der Papst kommt morgen zu uns in die Bundesrepublik Deutschland. Anders als alle seine Vorgänger hat sich Johannes Paul II. zur Aufgabe gemacht, die Nationen der Erde, soweit es in seiner Kraft steht, in ihren Heimatländern zu besuchen – zu ihnen zu sprechen, ihnen zuzuhören, für sie leibhaft gegenwärtig zu sein. Was treibt ihn dazu?

Jesus Christus, den Redemptor hominis, den Erlöser des Menschen, sieht der Papst als die Mitte des Kosmos und der Geschichte.** Von Jesus überliefert die Kirche als eines seiner letzten Worte: »Gehet hin in alle Welt und verkündet das Evangelium aller Kreatur.« (Mk. 16, 15). Evangelium, ein griechisches Wort, heißt gute Nachricht oder, wie die Kirche gern sagt, frohe Botschaft. Was ist der Inhalt dieser Botschaft? Wie haben wir wenigstens sie verstanden? Seit zweitausend Jahren tragen die Menschen als Hoffnung weiter, was die Engel bei Jesu Geburt gesungen haben sollen: »und Friede auf Erden.« Verstehen wir Johannes Paul II. als einen Friedensboten!

Was ist der Sinn des heutigen Vortrags in diesem Zusammenhang? Der Papst wendet sich nicht nur persönlich an jeweils einzelne Nationen, er wendet sich ebenso persönlich an bestimmte Berufsgruppen. Am 2. Juni 1980 hat er in der UNESCO in Paris eine Rede an die Wissenschaftler der Welt gehalten. Morgen wird er hier im Dom zu deutschen Wissenschaftlern und Studenten sprechen. Unser heutiger Gastgeber, Kardinal Höffner, hat einige Wissenschaftler gebeten, vor dem Besuch des Papstes zu ein paar Partien seiner UNESCO-Rede etwas zu sagen. Dieser Einladung bin ich gefolgt.

Der Vortrag wird sich in fünf Teile gliedern. Zuerst versuche ich die UNESCO-Rede des Papstes knapp zu rekapitulieren. Es folgt eine grundsätzliche Erwägung über das Verhältnis von Kirche und Wissenschaft. Ein dritter Teil handelt von der Kul-

---

* Vortrag in Köln, Kirche St. Peter, auf Einladung des katholischen Volksbildungswerks, 14. November 1980.
** Enzyklika »Redemptor Hominis«, 1.

tur im technischen Zeitalter und ihren politischen Bedingungen. Als viertes nehme ich das brisanteste Thema der päpstlichen Anrede an die Wissenschaft auf, unter dem Titel: »Atomwaffen in den Achtzigerjahren.« Ich schließe mit einer grundsätzlichen Erwägung über Krieg oder Frieden in der Weltgeschichte.

Ein paar Worte seien mir erlaubt über die Rolle, in der ich diesen Vortrag halte. Ich spreche als Wissenschaftler und als Protestant. In diejenige Kirche hineingeboren, die sich selbst die evangelische nennt, im Laufe meines Lebens zu hohem Respekt vor der Kirche gelangt, die sich selbst als die katholische, d. h. die umfassende, versteht, beteilige ich mich gerne und frei am innerchristlichen Dialog. Als Wissenschaftler bin ich der unwiderstehlichen Kraft des aufklärenden Denkens verpflichtet und bin dadurch aufgefordert zum Dialog des modernen Bewußtseins mit dem überlieferten Glauben. Ich werde versuchen, keine Differenzen zu verschleiern. Nur so meine ich glaubwürdig machen zu können, wie lebensnotwendig heute die aktive Zusammenarbeit der Menschen guten Willens über die geschichtlichen Gräben hinweg ist. Lebensnotwendig.

Die Rede des Papstes vor der UNESCO

Der Name UNESCO bedeutet die Organisation der Vereinten Nationen für Erziehung, Wissenschaft und Kultur. Um diese drei Themen kreist die Rede des Papstes. Sie beginnt mit einem grundsätzlichen, philosophisch-anthropologischen Teil über die Kultur als Wesensmerkmal des menschlichen Lebens und schreitet fort zur tragenden Rolle der Religion, insbesondere des Christentums, für die geschichtlichen Kulturen. Es folgen Anwendungen auf besondere Gebiete: die Familie, die Nation, das Bildungswesen, die Wissenschaft. Der Schlußteil ist ein Appell an alle Verantwortlichen angesichts der Gefahr des Atomkriegs. Auf diesen Appell zu antworten bin ich heute ausdrücklich gebeten. Aber ich werde ihn im Rahmen des ganzen Vortrags des Papstes behandeln.

Die philosophische Erörterung der Kultur eröffnet der Papst mit einem Thomas-Zitat, das eine Erkenntnis des Aristoteles wiederholt: »das Menschengeschlecht lebt durch seiner Hände Kunst und seine Vernunft.« So zu leben ist Kultur. Was der Mensch *ist*, nicht was er *hat*, macht seine Menschlichkeit aus, und »Kultur ist das, wodurch der Mensch als solcher mehr Mensch wird, mehr Mensch ›ist‹, besser zum ›Sein‹ gelangt«. »In der Einheit der Kultur als der eigentümlich menschlichen Daseinsweise hat auch der Pluralismus der Kulturen seine Wurzel, in denen der Mensch lebt.« Die traditionelle Unterscheidung zwischen geistiger und materieller Kultur ergänzt der Papst durch zwei Feststellungen: »Auf der einen Seite lassen die Werke der materiellen Kultur immer eine ›Vergeistigung‹ der Materie, eine Unterwerfung des materiellen Elements unter die geistigen Kräfte des Menschen – seine Vernunft und seinen Willen – erkennen; andererseits stellen die Werke der geistigen Kultur auf eine ihnen eigene Weise eine ›Materialisation‹ des Geistes, eine Inkarnation des Geistigen dar.«

Der Papst spricht dann von der »organischen Seinsverbindung von Religion im allgemeinen, Christentum im besonderen, und Kultur«. Er erweist »allen Kulturen der Menschheitsfamilie – von den ältesten bis zu denen unserer Tage – tiefste und aufrichtigste Ehrerbietung«. Er nennt schließlich »die fundamentale Verbindung des Evangeliums, das heißt der Botschaft Christi und der Kirche, mit dem Menschen und seiner Menschlichkeit selbst. Diese Verbindung ist in der Tat in ihrem Fundament kulturschaffend. Um Kultur zu schaffen, muß man den Menschen bis in seine letzten Konsequenzen und ganzheitlich als einen besonderen und autonomen Wert betrachten, als das Subjekt, das Träger der Transzendenz der Person ist. Man muß den Menschen seinetwegen und nicht aus irgendeinem anderen Motiv oder Grund bejahen, einzig und allein seinetwegen. Mehr noch: Man muß den Menschen lieben, weil er Mensch ist.«

Mit den Anwendungen dieser Gedanken auf besondere Gebiete wendet sich die Rede fast automatisch zugleich den Gefahren unserer Zeit zu.

»Es besteht kein Zweifel, daß das erste und grundlegende kulturelle Faktum der geistig reife Mensch ist, d. h. der vollerzogene Mensch, der Mensch, der fähig ist, sich selbst und andere zu erziehen. Es besteht kein Zweifel, daß die erste und grundlegende Dimension der Kultur ihre gesunde Moral ist: also die moralische Kultur.« Eine heutige Wendung der Erziehung zu dem hin, was der Mensch »hat«, von dem weg, was der Mensch »ist«, sieht der Papst als »eine wirkliche Selbstentfremdung der Erziehung«. Hier sieht er Gefahren, die »vor allem die technisch hochentwickelten Gesellschaften bedrohen«.

Als Träger der Erziehung zur Kultur sieht der Papst zuerst die Familie, in gleicher Linie aber die Nation mit der ihr je eigenen Kultur, beginnend mit der eigenen Sprache. »Es gibt eine fundamentale Souveränität der Gesellschaft, die sich in der Kultur der Nation manifestiert.« Der Papst erhebt mahnend die Stimme: »Lassen Sie nicht zu, daß diese grundlegende Souveränität die Beute politischer oder wirtschaftlicher Interessen wird.« Er appelliert an die moralisch-kulturelle Pflicht der Massenmedien. Er appelliert an das Bildungssystem. »Es wird allgemein bejaht, daß der Mensch durch die Wahrheit er selbst ist und er durch die immer vollkommenere Kenntnis der Wahrheit noch mehr er selbst wird.« Verbreitung dieser Kenntnis beginnt mit der »Beseitigung des Analphabetentums« und schreitet zu höherer Bildung fort. »Es gibt beunruhigende Anzeichen der Verzögerung in diesem Bereich. Sie hängen zusammen mit der häufig von Grund auf ungerechten Verteilung der Güter.«

Auf diese Erwägungen zu antworten, fällt mir im heutigen Vortrag nicht zu, wohl aber auf die nun folgende Anrede des Papstes an die Wissenschaft. »Wir stehen hier gleichsam auf den höchsten Stufen der Leiter, die der Mensch vom Beginn an emporsteigt, um die Wirklichkeit der ihn umgebenden Welt zu erkennen und die Geheimnisse seines Menschseins zu ergründen. Dieser geschichtliche Vorgang hat in unserer Zeit bisher ungekannte Möglichkeiten erreicht.« Der Papst fährt fort: »Was immer uns bei der wissenschaftlichen Arbeit erbauen mag – es erbaut uns wirklich und schenkt uns tiefe Freude; ich denke an den Weg der zweckfreien Erkenntnis der Wahrheit, der sich der Gelehrte mit größter Hingabe verschrieben hat, zuweilen trotz der Gefahr für seine Gesundheit und sogar für sein Leben – so muß uns doch andererseits all das beunruhigen, was dem Grundsatz der Zweckfreiheit und Objektivität widerspricht, all das, was aus der Wissenschaft ein Werkzeug zur Erreichung von Zielen macht, die nichts mit ihr zu tun haben.« Der Papst spricht von Zielen, »die dem Wohl der Menschheit zuwiderlaufen«, und sagt: »Das ist der Fall bei genetischen Manipulationen, bei biologischen Experimenten und beim Vervollkommnen chemischer, bakteriologischer und nuklearer Waffen.«

Der Schluß der Rede ist ein großer Appell gegen die Gefahr des Nuklearkriegs. »Bis vor kurzem hat man noch behauptet, die Nuklearwaffen seien ein Mittel der Abschreckung, das den Ausbruch eines größeren Krieges verhindert, und das stimmt vermutlich. Man kann sich aber fragen, ob das immer so bleiben wird.« »Wie darf man noch sicher sein, daß der Einsatz von Nuklearwaffen, auch als Mittel nationaler Verteidigung oder bei begrenzten Konflikten, nicht zu einer unvermeidlichen Eskalation führt und damit zu einem Ausmaß an Zerstörung, das die Menschheit sich nicht vorstellen, aber auch nicht bejahen kann? Muß ich nicht gerade Ihnen als Wissenschaftlern und Kulturschaffenden nahelegen, Ihre Augen nicht vor dem zu verschließen, was ein Atomkrieg für die ganze Menschheit bedeuten kann?« »Wir müssen das Gewissen wachrütteln!« »Wir müssen überzeugt sein vom Vorrang der Ethik gegenüber der Technik, vom Primat der Person gegenüber den Sachen, von der Überlegenheit des Geistes gegenüber der Materie.« »Ich wende mich vor allem an jeden Wissenschaftler persönlich und an die gesamte Gemeinschaft der internationalen Wissenschaft. Sie alle zusammen sind eine gewaltige Macht: eine Macht der Vernunft und des Gewissens! Erweisen sie sich mächtiger als die Mächtigsten unserer zeitgenössischen Welt!« »Männer und Frauen der Wissenschaft, bieten Sie alle Ihre moralische Autorität auf, um die Menschheit vor der nuklearen Zerstörung zu retten!«

Ein letzter Zuruf: »Ja, die Zukunft des Menschen hängt von der Kultur ab! Ja, der Friede der Welt hängt vom Primat des Geistes ab! Ja, die friedliche Zukunft der Menschheit hängt von der Liebe ab!« »Lassen Sie nicht ab, machen Sie weiter, immer weiter.«

Kirche und Wissenschaft

Es ist unmöglich, sich einem solchen Anruf zu verweigern. Ja, wir wollen weitermachen, immer weiter.

Aber wir müssen auch sagen, was wir tun wollen und können. Wir tun es nur, wenn es konkret wird. Dem Oberhaupt der weltweiten Kirche steht es an, einen starken moralischen Appell auszusprechen, aber vorsichtige Zurückhaltung zu üben in den Vorschlägen konkreter, zumal politischer Realisierung. Wenn wir aus unserer jeweils konkreten Situation heraus ihm antworten, so müssen wir zu erkennen geben, wie wir die Realisierung anfassen wollen.

Wir haben auch Rückfragen. Der Papst hat die Wissenschaft als eine eigenständige geistige Macht angesprochen. Das ist sie in der Tat. Der Wissenschaft sind die Sorgen, die der Papst ausgesprochen hat, nicht fremd. Die Atombombe ist ein Werk der Wissenschaft, und die Sorge vor ihrer zerstörenden Macht ist zuerst und immer wieder von Wissenschaftlern ausgesprochen worden, so wie auch die vielfachen Sorgen vor einer Zerstörung der Natur durch wissenschaftlich gesteuerte Technik. Wie die anderen Menschen auch, sind die wahrheitssuchenden Wissenschaftler untereinander uneins über die möglichen Mittel der Abhilfe, der Rettung. Aber die Sorge ist in ihrem Kreis wach, vielleicht heller wach als in irgendeiner anderen Menschengruppe. Auch die Wissenschaft hat einen moralischen Appell, einen Appell an die Kirche zu richten: Helft uns mit denjenigen Mitteln, die euch besser zu Gebote stehen als uns! Helft uns, das Wissen von der Gefahr zu verbreiten! Macht die Menschen bereit für die unerläßlichen Opfer, die sie werden bringen müssen! Es geht hier nicht so sehr um materielle Opfer, sondern um die Aufopferung der trügerischen Hoffnung, durch militärische, wirtschaftliche, politische Macht die eigene Angst vor der Macht des Gegners zum Schweigen bringen zu können; christlich gesagt, um die Aufopferung der Illusion weltlicher Sicherheit durch eigene Übermacht. Vermittelt den Menschen die Kraft der Liebe, die sehend macht! Und, eine vielleicht überraschende Bitte: Helft uns denken! Die Wahrheit, die in eurer Tradition bewahrt ist, und die Kausalanalyse, die in unserer Tradition entwickelt worden ist, machen erst gemeinsam die heute nötige Form der Vernunft aus; getrennt scheitern beide.

Kirche und Wissenschaft finden sich im Blick auf die herannahende Menschheitskrise jetzt schon als Partner vor, ob sie es wissen und wollen oder nicht. Denn es geht, wenn sie sich recht besinnen, beiden um Wahrheit und beiden um das Wohl der Menschen. Aber die gemeinsame Anstrengung der Vernunft setzt auch Unerbittlichkeit voraus. Ich hätte willig eine schärfere moralische Kritik des Papstes an der Wissenschaft akzeptiert, über den moralischen Appell hinaus, welcher, sehr freundlich gegen uns, die Schuld an der Weltzerstörung in wissenschaftsfremden Interessen fand. Ich hätte mich als Wissenschaftler nicht gefürchtet, vom Christen gefragt zu werden, ob wir Wissenschaftler uns nicht, wenngleich ohne primär bösen Willen, in objektiv verbrecherische Zusammenhänge verstrickt haben. Als Christ hätte ich gewußt, daß Vergebung und Heilung dem Bekenntnis der Schuld, nicht ihrer Beschönigung zugesagt sind. Der Papst hat hinreichende Gründe, zurückhaltend zu sprechen; wir, die Angesprochenen, haben keinen Grund, uns selbst zu schonen.

Nun zu den Rückfragen. Der Papst hat seine Rede rings um den Begriff der Kultur geordnet. Das war dem Ort, an dem er sprach, der UNESCO, angemessen. Aber offenbar hat er diesen Ort gesucht, weil er die Kultur und insbesondere die Wissenschaft als Gesprächspartner wünschte. Kultur als Wesensmerkmal menschlichen Lebens ist für Johannes Paul II. ein zentraler Begriff. Es geht hier um die Lebensmöglichkeit und um die Würde des Menschen. »Der Mensch«, im Singular gesagt, kehrt in seinen Reden immer wieder, so schon im Titel seiner Enzyklika »Redemptor hominis«: *den* Menschen hat Jesus Christus erlöst. Mit dieser Sprechweise steht der Papst in der großen Tradition der abendländischen Philosophie und der kirchlichen Theologie, die in dieser Philosophie ihre Begriffssprache gefunden hat. Diese Denkweise, die dem Menschen ein gleichsam überzeitliches Wesen zuspricht, zu dessen Merkmalen Kultur und Vernunft gehören, drückt eine tiefe Wahrheit aus. In der Geschichtsbetrachtung ist sie zugleich geeignet, langdauernde Phänomene, wie die nun zweitausendjährige christliche Kultur, und ihre immer wieder gelingenden Selbststabilisierungen um ein Leitbild, zu beschreiben. Das Leitbild war in allen bisherigen großen Menschheitskulturen religiös. So sieht der Papst Jesus Christus, den Erlöser des Menschen, stets in seiner Kirche und durch sie in der Menschheit gegenwärtig.

Aber Religion war nie nur bewahrender Träger einer Kultur. Gerade Jesus lehrte eine weltverwandelnde radikale Ethik und versprach eine kommende, neue Welt. Gläubige Christen waren seitdem notwendigerweise stets Bürger beider Welten, der bestehenden und der kommenden. Diese fast unerträgliche Spannung hat die christliche Geschichtsdynamik ausgemacht. Vermutlich hat niemand die Geschichte der bestehenden Welt so radikal verändert wie die Christen, die nur auf ihr Ende hofften. Die Kirche war solange die geistig führende Macht des Abendlands, als sie beide Pole, den des verantwortlichen Bewahrens und den des notwendigen Veränderns, in sich zu vereinen vermochte.

In der Neuzeit wurde der Rationalismus der Aufklärung Träger des Glaubens an die Veränderung, nun an eine vom Menschen zu machende, immanente, vielleicht revolutionäre Veränderung der bestehenden Welt. Für diesen Fortschrittsglauben aber bot das überzeugendste Beispiel der unaufhaltsame Erkenntnisfortschritt der Wissenschaft. Gegenüber den Oberflächlichkeiten und Gewaltsamkeiten des Fortschrittspathos hatte die Kirche freilich eine tiefe Wahrheit zu verteidigen. Aber sie geriet dabei in die Schwäche jeder bloßen Defensivposition. Immer wieder lehnte sie neue Schritte der abendländischen Kultur ab, um sie, wenn sie Jahrzehnte oder Jahrhunderte später selbstverständlich geworden waren, verspätet doch akzeptieren zu müssen.

In diesem Spannungsfeld kam es wiederholt zu Konflikten zwischen Kirche und Wissenschaft. Der Papst ist in der UNESCO nicht auf diese alten Kontroversen eingegangen, gewiß mit Recht. Sein hoher Respekt für die Wissenschaft ist zweifellos. Er dokumentiert sich unter anderem in der Revision der einstigen Verurteilung Galileis. Freilich ist die Speerspitze der Aufklärung heute längst nicht mehr Astronomie und Physik, die ihren geistigen Kampf im 17. Jahrhundert gewonnen haben, auch nicht mehr die Darwinsche Biologie der Evolution, sondern die moderne Wissenschaft vom Menschen, Psychologie, Soziologie, und, solider, die kritische Philologie und Geschichtsschreibung. Soweit Aufklärung Mitteilung der reinen Einsicht ist, ist sie unwiderstehlich; Hegel vergleicht sie der »ruhigen Ausdehnung und dem Verbreiten eines Duftes in der widerstandslosen Atmosphäre«. Die Kirche wird ihre Rechnung mit der Aufklärung erst abgeschlossen haben, wenn sie all dies verarbeitet hat; und das wird ihr tiefere Änderungen zumuten, als sie bisher weiß. Sie wird, davon bin ich überzeugt, bei diesem Prozeß tiefer in das Verständnis ihrer eigenen Wahrheit gelangen.

Ich möchte nicht verschweigen, daß der Papst Johannes Paul II., wenn er jetzt nach Deutschland kommt, einer von diesem ungelösten Problem tief beunruhigten Kirche begegnen wird. Nach meinem subjektiven Urteil hat die katholische Kirche im Zweiten Vatikanischen Konzil einen schon sehr verspäteten und eben darum für sie selbst gefahrvollen Schritt in die Modernität des Bewußtseins mit großem Mut getan. Dieser Mut war vielleicht niemandem so sehr zu verdanken wie der Frömmigkeit, dem klaren Gottvertrauen des Papstes Johannes XXIII. Die jahrzehntelange Nacharbeit des Konzils kann nicht anders als schmerzhaft und verwirrend sein. Wie oft in der Geschichte der Kirche sind es nicht die schlechtesten Christen, die ihren Oberen durch Engagement an den Grenzen des bisher ins Licht getretenen Feldes christlicher Wahrheit das Tragen ihrer bewahrenden Verantwortung schwer machen.

Ich bin aber überzeugt, daß dieser Streit bald ganz anderen Fragen das Feld räumen wird: den materiellen Existenzfragen der Menschheit. Auf diese blickt der Papst in der UNESCO-Rede, und auf sie muß er blicken. Eine Existenzkrise der Menschheit wird auch das geistige Verhältnis zwischen Kirche und Wissenschaft radikal verändern. Für die katholische Kirche, so wie sie durch den Mund des heutigen Papstes spricht, ist die herannahende Krise die Drohung der Zerstörung eines so lange bewahrten Gleichgewichts menschlicher Kultur. Für die wissenschaftliche Aufklärung ist sie die Drohung der endgültigen Widerlegung des moralischen Glaubens an den unaufhaltsamen Fortschritt. Beide mögen mit ihrer Befürchtung rechthaben. Man hört heute wieder öfter das Wort »apokalyptisch«. Seltsamerweise wird dabei kaum bedacht, daß die biblische Apokalypse die Existenzkrise der Menschheit als den Durchgang zu der verheißenen neuen Welt beschreibt.

Wir haben heute nicht über die Zukunft zu spekulieren, sondern zu handeln. Dabei zeigt sich, daß die materielle Not und Gefahr die Kirche und die aufgeklärte Wissenschaft fast von selbst in dieselbe Front drängt. Ganz deutlich ist dies angesichts der Armut und des wachsenden Hungers im Süden. Heute möchte ich von zwei anderen gemeinsamen Aufgaben sprechen.

Kultur im technischen Zeitalter

Der vom Papst im lateinischen Urtext zitierte Satz von Thomas lautet: Genus humanum arte et ratione vivit – das Menschengeschlecht lebt durch ars und ratio. Ratio ist die Vernunft. Ars, Kunst, ist die lateinische Übersetzung des aristotelischen techne, Kunstfertigkeit, woran unser Wort Technik anschließt. Wir heutigen Menschen leben durch Technik und Vernunft – soferne nämlich beide vereinbar sind. Ist die Technik vernünftig? Wie müßte eine stabil lebensfähige Kultur des technischen Zeitalters aussehen?

In einem Passus eines Vortrags kann ich auf diese Fragen nur thesenhaft, ohne ausführliche Begründung, eingehen. Ich bin glücklich, daß die Fragen heute in wachsendem Maß die Kirchen beschäftigen. Ich darf vielleicht auf drei neue kirchliche Äußerungen dazu verweisen: zunächst auf die Erklärung der katholischen Deutschen Bischofskonferenz zu Fragen der Umwelt und der Energieversorgung unter dem Titel »Zukunft der Schöpfung – Zukunft des Menschen«, zumal auf die knappe und klare einleitende Analyse »Die neue Grenzsituation der Menschheit«; zweitens auf den souveränen Vortrag von Oswald von Nell-Breuning S. J. »Zukunft – Ängste des heutigen Menschen«, Köln, 20. 8. 1980; schließlich auf das umfassende, tiefdringende Buch »Humanökologie und Friede« (Klett 1979), herausgegeben von Constanze Eisenbart aus der Forschungsstätte der Evangelischen Studiengemeinschaft.

Thesenhaft möchte ich behaupten, daß eine stabile Kultur

des technischen Zeitalters vernünftigerweise sehr wohl möglich ist; daß sie aber an Bedingungen geknüpft ist, die kaum ohne tiefe Krisen erreichbar sein werden. Der bisherige technische Fortschritt war, wie aller Fortschritt der Neuzeit, ambivalent. Er löste Probleme und schuf neue. Versuche ich mit einfacher Vernunft den Grund dieser Ambivalenz anzugeben, so werde ich auf den ersten Satz der Erklärung der Bischofskonferenz geführt: »Der Mensch darf nicht alles, was er kann.« Das ist nun fast eine Binsenwahrheit, die allen älteren Kulturen selbstverständlich war. Es bedurfte der besonderen Verblendung der Jugendphase des technischen Zeitalters, zu meinen: »Was man kann, muß man machen.« Wie aber bringen wir den Geist wieder in die Flasche?

Die neuzeitliche Technik ist, intellektuell gesehen, der Zwilling der Wissenschaft, ökonomisch gesehen das Kind des Kapitalismus. Die freie Konkurrenz setzte eine Prämie auf technischen Fortschritt, wie sie kein anderes Wirtschaftssystem zu bieten hat. Der Markt allein kann aber die von ihm veranlaßten externen Schäden nicht verhüten. Die Zügelung der Technik ist ein politisches Problem. Kein moralischer Appell kann eine fehlende politische Entscheidungskompetenz ersetzen. Damit die unzuträglichen Folgen technischen Wettlaufs aufgefangen werden, müssen zwei Bedingungen erfüllt sein: 1. Es muß politische Entscheidungsträger geben, die das Notwendige beschließen und durchsetzen können. 2. Diese Entscheidungsträger müssen die notwendige Einsicht und den notwendigen Willen haben. Ein Beispiel: das »Verursacherprinzip« im Umweltschutz. Jede Firma, die einseitig Umweltschutz betreibt, wird im Konkurrenzkampf den kürzeren ziehen. Wenn aber der Staat alle Marktteilnehmer zwingt, die von ihnen verursachten Schäden auf eigene Kosten zu beheben oder zu vermeiden, so hat keiner von ihnen einen Nachteil gegenüber dem andern; er kann dann ungestraft vernünftig handeln.

Fast die gesamte Literatur zu unserem Problem, auch und gerade in den von mir genannten kirchlichen Texten, befaßt sich mit der zweiten Bedingung: der Erzeugung der notwendigen Einsicht und des notwendigen Willens. In der Tat ist ohne Einsicht und Willen, also ohne Denken und Moral, in dieser Frage nichts auszurichten. Die technische Kultur unterscheidet sich darin von keiner anderen Kultur. Aber die erste Bedingung ist in einigen der größten Probleme nicht erfüllt. Es gibt keine für das Interesse des Ganzen verantwortlichen Entscheidungsträger. Die kapitalistische Wirtschaft ist Weltwirtschaft. Die sozialistischen Wirtschaften bleiben an Effizienz so weit hinter ihr zurück, daß sie sich der Eingliederung in sie immer weniger entziehen können. In der Weltwirtschaft aber fallen einige der wichtigsten Entscheidungen international; man denke nur an die Energiewirtschaft. Bei diesen Entscheidungen sind die Staaten selbst konkurrierende Marktteilnehmer. Das Problem einer funktionsfähigen, die Menschheitsinteressen vernünftig wahrnehmenden Weltwirtschaftsordnung ist von einer Lösung meilenweit entfernt. Wie soll heute im internationalen Öl-, Reaktor- oder Waffengeschäft der Schutz der Ressourcen und der Menschen durchgesetzt werden, oder in der neuen internationalen Arbeitsteilung die Rücksicht auf eine gesunde Sozialordnung in den Niedriglohnländern?

Was folgt daraus? Wenn eine Kultur als der lebendige Leib einer Gesellschaft bezeichnet werden darf, so bedarf dieser Leib eines politischen Knochengerüsts, um zu leben. Es gibt keine unpolitische Kultur, höchstens eine Kultur, die sich ihrer politischen Voraussetzungen nicht bewußt ist. Die technische Kultur ist eine Weltkultur. Ich verstehe die weltweiten Reisen des Papstes auch als einen Beitrag zur Schaffung eines weltpolitischen Bewußtseins, einen hochnotwendigen Beitrag.

Es gibt aber legitime Zweifel, ob eine politische Welteinheit, selbst wenn sie erreichbar wäre, zu wünschen wäre. Würde sie nicht die nationalen und subnationalen Kulturen erwürgen, die Freiheit aus der Welt schaffen? Eine Alternative wäre allenfalls eine Aufhebung der gegenseitigen wirtschaftlichen Abhängigkeit durch eine freiwillig auf Güter verzichtende, eine asketische Weltkultur. Die Stimmen, die das fordern, verstummen nicht. An den großen, noch unverstandenen Mahatma Gandhi ist hier zu erinnern, an Jüngere wie F. G. Schumacher und Ivan Illich. Hier ist eine neue, noch kaum verstandene Denkaufgabe. Nicht die plumpe Frage »Ist Technik gut oder böse?«, sondern die differenzierende Frage: »Was sollen wir wollen, wenn wir es technisch können?« Ich betrachte politische Bewegungen wie die Grünen als Symptome eines erwachenden Problembewußtseins, auch wenn mich von dieser speziellen Gruppe die Tatsache trennt, daß ich den ersten Artikel ihres Credo, daß nämlich vor allem die Kernenergie verwerflich sei, nicht mitzusprechen vermag.

Ich beende diesen Teil meines Vortrags, wie Sie sehen, mit offenen Fragen. In konkreten politischen Entscheidungen ergreife ich gerne Partei. Die Illusion, die ergriffene Partei wisse die Lösung der großen Fragen, sollten wir aber darum doch nicht aufkommen lassen. Wir haben uns Schritt um Schritt vorzuarbeiten.

Kernwaffen in den Achtzigerjahren

Ich wünschte, mich zu täuschen, aber ich habe den Eindruck, daß der Appell des Papstes gegen den Nuklearkrieg das öffentliche Bewußtsein, vielleicht außer spezifischen katholischen Kreisen, noch kaum erreicht hat. Warum? Die Rede ist gehalten, der Text ist erhältlich. Aber mir scheint, daß sogar der halbe Satz über Genmanipulation, der zudem nach meinem Urteil den etwa möglichen realen Gefahren weit vorauseilt, mehr Aufsehen erregt hat als der Aufruf gegen die uns hier und heute bedrohende Gefahr des Nuklearkriegs. Nochmals, warum? Vielleicht erwarten die Gestalter unserer öffentlichen Meinung einen solchen moralischen Appell als eine Art Pflichtübung eines Kirchenfürsten. Was sie erschreckt hätte, was sie zum Aufschrei und damit zur faktischen öffentlichen Propaganda für das päpstliche Anliegen gebracht hätte, wäre eine konkrete politische Forderung gewesen. Der Papst war weise genug, keinen konkreten Vorschlag zu machen; seine Rede bezahlt für diese Weisheit damit, daß die Öffentlichkeit sie nicht wirklich beachtet. Aber ich weiß, daß es dem Papst ernst ist. Er wird nicht nachlassen, er wird mehr sagen.

Heute bin ich aufgefordert, ihm zu antworten, und ich werde es tun. Ich tue es in meiner rein persönlichen Verantwortung, als Christ, als Staatsbürger, als Weltbürger.

Die Achtzigerjahre sind, so scheint mir, das erste Jahrzehnt, in dem die ernstliche Gefahr eines mit Kernwaffen geführten

Kriegs besteht. Warum besteht die Gefahr überhaupt? Warum rückt sie jetzt heran?

Die Meinung, die Drohung mit den Kernwaffen werde uns Menschen auf die Dauer von ihrem Gebrauch abschrecken, war immer eine Illusion. Sie war eine Illusion über die Art, wie menschliche politische Geschichte sich vollzieht. Was die Abschreckungsstrategie uns gewährt hat, war eine Atempause von ein paar Jahrzehnten. Nach dem Zweiten Weltkrieg konnte man vielleicht die sanguinische Hoffnung hegen, die Atempause werde genützt werden, um eine Weltordnung zu schaffen, in welcher der Krieg nicht mehr möglich wäre. Die Organisation der Vereinten Nationen war ein Träger dieser Hoffnung. Ich halte diese Organisation im Blick auf eine fernere Zukunft für einen welthistorisch wichtigen Schritt. Aber nicht sie hat bisher den Krieg verhütet. In der Dritten Welt, deren Länder seit langem über die Stimmenmehrheit in den Vereinten Nationen verfügen, haben seit 1945 mehr als 130 Kriege stattgefunden. Der Friede auf der Nordhalbkugel, nahe den vital verletzlichen Regionen der Großmächte, ist bisher durch das prekäre militärische Gleichgewicht zwischen amerikanischer nuklearer und russischer konventioneller Überlegenheit bewahrt worden.

Die heutige Kriegsgefahr ist nach meinem Urteil vor allem eine Folge der gefährdeten Lage des Sowjet-Imperiums. Nur im militärischen Bereich ist das Sowjetsystem erfolgreich gewesen; hier hat es nuklearen Gleichstand erreicht, ohne seine konventionelle Überlegenheit aufzugeben. Wirtschaftlich und politisch geht die Sowjetherrschaft offenkundig ständig wachsenden Schwierigkeiten entgegen. Rings um die Grenze des sowjetischen Machtbereichs besteht die Besorgnis, die erste Militärmacht der Welt werde dieser Schwierigkeiten durch eine expansionistische Außenpolitik Herr zu werden suchen. Die unvermeidliche politische Folge dieser Besorgnis, der Zusammenschluß der Bedrohten, wird von der Sowjetführung als Einkreisung empfunden. Die Vereinigten Staaten entschließen sich zu einem Rüstungsprogramm, das ihre verlorengegangene Überlegenheit wieder herstellen soll. Es enthält insbesondere Nuklearwaffen, die gegen umgrenzte militärische Ziele eingesetzt werden können; mit ihnen zu drohen würde also, so hoffen ihre Erfinder, nicht bereits die unglaubwürdige Drohung mit dem totalen Krieg, sondern eine glaubwürdigere und eben darum wirksamere Drohung darstellen. In der Sowjetunion verbreitet sich die Sorge, Amerika wolle sie damit zu einem für die sowjetische Seite wirtschaftlich nicht durchhaltbaren Rüstungswettlauf nötigen und sie so ökonomisch-politisch ohne Krieg auf die Knie zwingen. Was liegt näher, als daß die Sowjetführung diejenigen Früchte, die in der Reichweite ihrer jetzt noch bestehenden militärischen Überlegenheit hängen, in den nächsten fünf bis zehn Jahren zu ernten sucht? Während diese Schachpartie zwischen den Großmächten gespielt wird, ist die Dritte Welt in unvermeidlicher, ständig wachsender Gärung. Wir wissen noch nicht, wo das Zündholz aufleuchten wird, das dieses Weltsystem in Brand setzt.

Ein moralischer Appell gegen die Gefahr der Kernwaffen ist in dieser Lage nur zu berechtigt, aber es ist wohl auch zu sehen, daß er an der realen Gefahr zunächst noch fast nichts ändert. Damit etwas geschieht, um die Gefahr wirklich abzubauen, ist, wie stets im menschlichen Leben, nicht nur Sorge und Angst, sondern Hoffnung notwendig. Die Hoffnung muß konkret sein. Sie muß sich auf ausführbare Handlungen, auf vernünftige Unterlassungen beziehen. Ich werde nunmehr sieben konkrete Anliegen aufzählen, in denen sich, nach meinem subjektiven Urteil, die Kirche positiv engagieren kann, ohne ihre unerläßliche außenpolitische Neutralität aufzugeben. Für Einzelheiten ist hier nicht der Ort; ich mache nur prinzipielle Bemerkungen zur Beurteilung jedes Anliegens.

1. Nichtverbreitung von Kernwaffen. Dem Vertrag zur Nichtverbreitung von Kernwaffen sind nicht alle Staaten beigetreten, und die Verbreitung dieser Waffen schreitet bisher langsam, aber unaufhaltsam fort. Der vielfach gegen den Vertrag erhobene moralische Einwand, die Nuklearmächte suchten hier bloß ihr Monopol zu schützen, ist schwer zu entkräften. Es gibt aber ein Eigeninteresse jeder Nation, im Ernstfall nicht natürliches Ziel eines Präventivschlags ihrer stärkeren Gegner zu werden, und darum die eigene nukleare Bewaffnung gar nicht anzustreben. Die Kirche kann das Gemeininteresse der Menschheit und das Eigeninteresse der einzelnen Nationen ins allgemeine Bewußtsein heben, wenn sie sich dieser Frage annimmt.

2. Rüstungskontrolle. Allgemeine Abrüstung ist ein Traum, solange es souveräne, einander mißtrauende Staaten gibt; in der Geschichte dieses Äons hat es allgemeine Abrüstung bisher nicht gegeben. Sie könnte nur eine Folge der Überwindung der Institution des Kriegs sein; darüber ein Wort im Schlußabschnitt des Vortrags. Für das nächste Jahrzehnt werden wir glücklich sein, wenn wir das diplomatische Instrument der Rüstungskontrolle funktionsfähig halten. Vielleicht erhöht nicht jeder denkbare Rüstungswettlauf die akute Kriegsgefahr; der für die Achtzigerjahre anstehende wirkliche Rüstungswettlauf aber tut dies ohne Zweifel. Es ist Pflicht der Kirche, auf diese Gefahr hinzuweisen.

3. Abrüstung der europäischen Mittelstreckenraketen. Seit den Sechzigerjahren gibt es sowjetische Mittelstreckenrakten (SS4, SS5), die ganz Westeuropa in eine Wüste verwandeln können. Deren Modernisierung (SS20) hat die NATO zum Anlaß genommen, im Dezember 1979 in einem Doppelbeschluß einerseits Raketen einzuführen, die, auf westeuropäischem Boden stationiert, das Gebiet der Sowjetunion erreichen können, andererseits Verhandlungen über die beiderseitige Abrüstung der Mittelstreckenraketen vorzuschlagen. Landgestützte Raketen sind die Herausforderung an den Gegner zu einem Präventivschlag. Die Kirche hat jeden Anlaß, im Interesse des Überlebens der Völker Europas alles ihr Mögliche für die Entschlossenheit der Unterhändler zu tun, diese Verhandlungen zum Erfolg zu führen.

4. Nichteinsatz von Kernwaffen. Beim Versuch, die Eskalation eines ausgebrochenen Konflikts zum totalen Nuklearkrieg zu verhindern, gibt es nur eine einzige einfache, jedermann verständliche Schwelle, die nicht überschritten werden sollte: der erste Einsatz einer Atomwaffe, so »klein« sie auch sei. Nach alter Weisheit ist es der erste Schritt, der zählt. Die Sowjetunion fordert immer wieder in Rüstungskontrollverhandlungen einen feierlichen Verzicht auf jeden Einsatz oder wenigstens auf den Ersteinsatz von Kernwaffen. Sie ist damit in einer moralisch bequemen Lage, denn dieser Verzicht würde ihre konventionelle Überlegenheit voll zum Tragen bringen. Aber der Westen soll sich nicht einbilden, durch den Hinweis auf sowjetische Hypokrisie entgehe er seinem eigenen moralischen Problem, sich durch eine Rüstung zu schützen, die den Ersteinsatz von Atomwaffen anzudrohen genötigt ist. Das Problem wird noch gesteigert durch die fortschreitende Entwicklung von Kernwaffen für begrenzte Einsätze. Die Hoffnung, diese Einsätze ließen sich im Ernstfall begrenzt halten, ist psychologisch fast nur durch die Allmachtsphantasien der noch unreifen Kultur des technischen Zeitalters zu erklären. Solche Hoffnungen haben sich oft in der Geschichte ein- bis zweimal bewährt, um am Ende desto schrecklicher zu scheitern. All dies ist auch ein politisches Problem für den Westen, zumal im Zusammenhang der Verbreitung der Kernwaffen. Die öffentliche Meinung der Welt traut nicht schon deshalb der westlichen Moral, weil sie der sowjetischen Moral mißtraut. Es stünde der Kirche, zumal seit der UNESCO-Rede des Papstes, wohl an, in dieser Frage schlicht moralisch zu reagieren und von den westlichen Regierungen eine Rüstungsentwicklung zu fordern, die sie schrittweise von der Nötigung zur Drohung mit dem nuklearen Ersteinsatz befreit.

5. Defensive konventionelle Rüstung. Das Problem des nuklearen Ersteinsatzes wäre gelöst, wenn die Sowjetunion bereit wäre, auf die konventionelle Überlegenheit ihrer Panzerarmeen, zumal in Europa, zu verzichten. Sie sieht sich dazu bisher nicht in der Lage, mit dem offen geäußerten Grund, daß sie sich zwischen Europa und China in einer Zweifronten-Situation befindet, und mit dem nicht offen geäußerten Grund, daß sie die Armeen auch zur Stabilisierung ihrer Herrschaft über ihre Verbündeten braucht. Der Westen ist aber weder imstande noch wäre ihm zu raten, sich deshalb auf ein Wettrüsten mit der Sowjetunion in Panzern einzulassen. Es ist hingegen technisch möglich, eine rein defensive konventionelle Rüstung aufzubauen. Diese bietet keine militärisch sinnvollen Ziele für nukleare Einsätze und gibt, da sie nicht offensiv verwendbar ist, keinen Anlaß zum Wettrüsten. Die technischen Probleme dieser Rüstung gehen die Spezialisten an, ihr moralischer Aspekt aber sei der Kirche zu freundlicher Beachtung empfohlen.

6. *Zivilschutz.* Ein Arzt, der ein Mittel weiß, in einer Epidemie das Leben auch nur eines Patienten zu retten, und der das Mittel nicht anwendet, macht sich schuldig. Ein Atomkrieg, auch wenn er durch Gottes Gnade begrenzt bliebe, würde einen größeren Bruchteil der Menschen töten als einst im Mittelalter die Pest. Aber es gibt Mittel bescheidenen Zivilschutzes, die einem Teil der Menschen ein Überdauern der ersten Phase radioaktiver Verseuchung ermöglichen können und ihnen damit die Gesundheit und die Chance eines noch so eingeschränkten Wiederaufbaus bewahren. Ich wünschte, die Kirche nähme sich neben ihrer großen caritativen Arbeit in anderen Gebieten wenigstens grundsätzlich – und ich darf sagen: fürbittend – auch dieser Vorbereitung auf das Schlimmste an.

7. *Weltweite wirtschaftliche Zusammenarbeit.* Nach sechs Punkten zur Verhütung des Kriegs und seiner Folgen kehren wir zum Ausgangspunkt zurück. Die Kultur des technischen Zeitalters, also der heutigen Menschheit, kann nur gerettet werden, wenn sie funktionsfähig ist. Hierfür ist planvolle weltweite wirtschaftliche Zusammenarbeit nötig. Nicht nur die unerläßliche caritative Hilfe gegen Not, nicht Almosen zur Entwicklungshilfe, sondern die Ermöglichung allseitigen gesunden Gedeihens, lebensfähige terms of trade, um den Fachausdruck zu gebrauchen. Unter Einbeziehung nicht nur der Dritten Welt, sondern auch der sozialistischen Länder.

Krieg oder Frieden

Der Christ ist ein Bürger beider Welten: der bestehenden, in der immer wieder Krieg ist, und der verheißenen, also dem Menschen möglichen, in der Friede herrscht. Der Wissenschaftler lebt in der immer wiederholten Erfahrung, daß einmal, hier und jetzt, Dinge möglich werden, für die es in der bisherigen Geschichte kein Beispiel gegeben hat. Alle konkreten Schritte, von denen ich soeben geredet habe, zielen nur darauf, noch einmal für zehn oder zwanzig Jahre ein ungeheures Unheil abzuwenden, das ständig über uns hängt. Diese Schritte sind nötig. Tun wir sie nicht, so verscherzen wir eine noch bestehende Chance. Aber dürfen wir unsere Hoffnung nicht höher spannen? Ist der Friede auf Erden ein leerer Traum?

Ich antworte zunächst als Wissenschaftler. Ich bin überzeugt, daß die radikale Umwandlung der Welt durch die moderne Rationalität auf die lange Frist auch vor der Institution des Kriegs nicht haltmachen wird. Es sei mir erlaubt, ein oft benutztes Beispiel noch einmal zu wiederholen. Wenn hier in der alten Stadt Köln vor sechshundert Jahren, 1380, jemand gesagt hätte, der Tag werde kommen, an dem diese Stadt keine Stadtmauern mehr brauchen werde, so hätte man ihm erwidert: »Ja, nach dem jüngsten Gericht, du Schwärmer!« Dabei waren damals die beiden profanen Erfindungen schon gemacht, die den Stadtmauern ein Ende setzen sollten: die militärische Erfindung der Artillerie und die politische Erfindung des durch Polizei gesicherten Territorialstaats. Ich gestehe: Als ich 1939, nach der Hahnschen Entdeckung, gleichzeitig mit etwa zweihundert meiner Kollegen auf der ganzen Welt, die Möglichkeit der Atombombe verstand, hatte ich das Gefühl, Zeuge des Beginns eines ähnlichen Vorgangs zu werden. Die Atombombe macht im Grunde die Fortdauer der Institution des Kriegs der Nationen in ähnlicher Weise unmöglich wie einst die Artillerie die Institution der Fehde von Stadt zu Stadt, von Ritter zu Ritter beendet hat. Seit 1945 hat man freilich, nun schon fünfunddreißig Jahre lang, auf den Einsatz der Atombombe verzichtet, um dafür die Institution des Kriegs am Leben halten zu können. Der Grund dafür war einfach. Die Stadt kann auf den Schutz der Mauern nur verzichten, wenn es für sie den Schutz im geordneten Territorialstaat gibt. Die analoge politische Erfindung hat die heutige Menschheit noch nicht gemacht. Im Grunde war in meinem ganzen Vortrag von nichts anderem die Rede als von dem ungelösten Problem der vernünftigen Weltfriedensordnung. Die drohende Menschheitskrise ist der praktische Beleg dafür, daß wir ohne eine solche Ordnung allerdings nicht werden leben können.

Die rationale Gestalt dieser Ordnung wird sich zeigen, wenn sie herangereift sein wird. Die Gefahr ist, daß sie nur als Diktatur, nach Gewalttaten und als Gewaltherrschaft zustande kommen wird. Deshalb ist eine außerordentliche moralische Anstrengung nötig: nicht, was der Gewalt leichter fällt, um überhaupt eine Ordnung zu schaffen, sondern um eine humane Ordnung entstehen zu lassen. Was treibt den Papst Johannes Paul II. zu seinen Reisen um den Erdball? Er reist, um zu derjenigen Menschlichkeit aufzurufen, ohne die man nicht wird sagen können: und Friede auf Erden.

Wissenschaft und Menschheitskrise*

Vor zehn Jahren war eine Reihe von Autoren aufgefordert, ihre Mutmaßungen über die bevorstehenden Siebzigerjahre niederzuschreiben. Mir fiel das Thema der Wissenschaft zu.** Bemüht um unterscheidende Sorgfalt ging ich die Wissenschaftsgebiete durch. Im heutigen Rückblick scheint es, daß sich die immanenten Tendenzen des soziokulturellen Systems »Wissenschaft« seitdem kaum geändert haben. Am Modell der Strukturwissenschaften (Mathematik...) präzisiert sich der herrschende, durch Entscheidbarkeit der Fragen charakterisierte Wissenschaftsbegriff. Die Naturwissenschaft strebt gedanklicher Einheit in der Physik zu; die Fülle ihrer Anwendungen verwandelt die Welt. Vielleicht die größten Fortschritte unter den Realwissenschaften macht die Biologie. Medizin, Psychologie, Anthropologie stehen in der ungelösten Spannung zwischen der strömenden Fruchtbarkeit des naturwissenschaftlichen Ansatzes und der überwiegenden, aber heute unerfüllten Wichtigkeit eines verstehenden Verhältnisses des Menschen zum Menschen. Die Gesellschaftswissenschaften, eine Großmacht im öffentlichen Bewußtsein, haben sich ihre Anerkennung in der Gelehrtenrepublik zum Teil noch zu verdienen. Die historischen Wissenschaften, unerläßlich, wenn wir die hinter unserem Rücken wirksame Macht unserer Herkunft, also wenn wir uns selbst und unsere Partner verstehen wollen, sind öffentlich in der Defensive. Die Theologie hat die Spannung zwischen der konservativen Überlieferung der revolutionärsten Wahrheit und der meist fortschrittskonformistischen Verarbeitung des modernen Bewußtseins nicht gelöst. Die Philosophie ist für uns Menschen wie eh und je zu schwer.

Die Leitfrage betraf aber die Zukunft der Menschheit unter dem Einfluß der Wissenschaft. Es sei erlaubt, drei damalige

---

* DIE ZEIT, 10. Oktober 1980, dort unter dem Titel: »Die Wissenschaft ist noch nicht erwachsen.«
** Das 198. Jahrzehnt. Eine Team-Prognose für 1970 bis 1980. Marion Gräfin Dönhoff zu Ehren. Hamburg 1969. Mein Beitrag ist auch abgedruckt in: Die Einheit der Natur. München 1971.

Sätze nochmals wörtlich zu zitieren. Ich habe 1969 geschrieben: »Trotz des Protests der heutigen intellektuellen Jugend, eines Protests um der Menschlichkeit willen, werden die Siebzigerjahre vermutlich ein technokratisches Zeitalter par excellence sein.« »Nicht der Verzicht auf wissenschaftliche Entdeckungen oder auf ihre Veröffentlichung (Dürrenmatts ›Physiker‹) ist die Lösung, sondern die Veränderung der politischen Weltordnung, die, so wie sie heute ist, einen Mißbrauch wissenschaftlicher Erkenntnisse nahezu erzwingt.« »Niemand weiß, ob die Siebzigerjahre nicht das letzte Jahrzehnt der vom europäisch-amerikanischen Kulturkreis dominierten Industriegesellschaft sein werden.« Hier spricht sich die Erwartung einer Menschheitskrise, vielleicht schon für die Achtzigerjahre, aus.

Die Achtzigerjahre haben begonnen. Die ersten Stöße des erwarteten Erdbebens haben uns erreicht. Seine noch verborgene Größe läßt sich heute nur am unsicheren Seismographen politischer Stimmungen abschätzen.

Die Nationen des atlantischen Bündnisses, wirtschaftlich noch immer die Herren der Welt, taumeln durch seelische Identitätskrisen. In der Gegenwehr gegen ihre Ängste, mögen diese nun Arbeitslosigkeit, Inflation, Ölerpressung, Sowjetaggression, Kernenergie oder Terrorismus heißen, erzeugen sie mehr Probleme als sie lösen. Sie wissen weder sich mit ihrer Macht zu identifizieren noch sich von ihr zu trennen. Die führende Nation USA reagiert mit übergroßen Pendelausschlägen. Ihre Härte ist Unsicherheit, ihre Nachgiebigkeit schlechtes Gewissen.

Die Dritte Welt übernimmt unsere Technik, mißtraut unseren Werten, haßt unsere wirtschaftliche Herrschaft. Die steigenden Ölpreise zerstören ihre Wirtschaft rascher als die unsere. Zugleich haben Öl, Guerillastrategie, Waffenimport ihren Nationen in ungleicher Weise Macht gebracht. Nationale und moralische Selbstbesinnung uralter Kulturen gehen ein militantes Bündnis mit modernem Radikalismus ein, um unsere Dominanz als unerträglich zu denunzieren.

Die Sowjetunion, die seit Jahrzehnten eine konsequente und vorsichtige Machtpolitik betreibt, muß im kommenden Jahrzehnt fürchten, daß die Zeit nicht mehr für sie arbeitet. Ihre

Wirtschaft ist, vermutlich aus systemimmanenten Gründen, in Stagnation, wenn nicht in unheilbarem Niedergang. Ihre ideologische Überzeugungskraft geht weltweit verloren. Die einzige Überlegenheit, die sie hat aufbauen können, die militärische, kann nach dem vermutlich nicht mehr revozierbaren Aufrüstungsentschluß Amerikas binnen zehn Jahren dahinschwinden, so daß die mit ihrer Hilfe zu erntenden politischen Früchte jetzt geerntet werden müssen.

So sieht eine gefahrenschwangere Weltlage aus, die gefährlichste seit dem Ende des Zweiten Weltkriegs. Der gegenwärtige Aufsatz aber hat nicht die politische Krisenerwartung zum Thema, sondern ihren kulturellen Hintergrund; und in ihm nur einen Aspekt, den der Wissenschaft. Trägt unsere wissenschaftsbestimmte Zivilisation die Schuld an der Krise?

Die Kriegsgefahr als solche ist keine Folge der modernen Zivilisation. Periodisch wiederkehrende hegemoniale Kriege im jeweils technisch erreichbaren größten Bereich waren die Signatur der meisten Geschichtsepochen seit Jahrtausenden. Aber die westliche Kultur hatte gehofft, sie werde endlich die Ursachen der Kriege überwinden, die wirtschaftlich-sozialen durch allgemeinen Wohlstand, die seelisch-irrationalen durch Aufklärung. Sie hat schließlich durch technische Anwendung der Wissenschaft Waffen geschaffen, die einzusetzen selbstmörderisch erscheinen muß. Aber die Atomwaffen werden immer mehr für begrenzte, umschriebene Einsätze spezialisiert. Die Logik der strategischen Entwicklung spricht dafür, daß solche Einsätze stattfinden werden. Wir erwachen heute aus dem Traum, daß nicht sein kann, was nicht sein darf; daß die erreichte Stufe der Rationalität uns schützt. Wo lag der Fehler?

Dieser Aufsatz versucht, drei Thesen wahrscheinlich zu machen:

1. Die jetzt anstehende Krise hat eine ihrer Ursachen in der neuzeitlichen Gestalt der Wissenschaft.
2. Weder der Verzicht auf Wissenschaft noch ihre unveränderte Fortführung kann diese Krisenursache überwinden.
3. Nötig wäre ein besseres Verständnis der kulturellen Rolle der Wissenschaft.

Für die beiden ersten Thesen seien zunächst naheliegende, wenngleich noch oberflächliche Argumente genannt. Zur ersten These:

Es liegt auf der Hand, daß die Krisen in den Völkern eine andere, begrenztere Gestalt hätten, wenn nicht die Technologie des Verkehrs und der Produktion die Menschheit in ein schon weitgehend zusammenhängendes wirtschaftliches System gefügt, wenn nicht die Medizin die Weltbevölkerung zum vorerst unbeschränkten Wachstum gebracht, wenn nicht die Waffentechnologie die Welthegemonie zu einem vielleicht erreichbaren Ziel gemacht hätte. Zur zweiten These: Verzicht auf Wissenschaft ist heute noch eine leere, aussichtslose Phantasie. Ihre Verwirklichung würde zudem nicht die Technik stabilisieren, sondern sie würde das Verständnis für die Technik und damit deren Funktionsfähigkeit zum Erlahmen bringen; das aber würde, beim erreichten Zustand der Menschheit, eine weltweite Hungerkatastrophe bedeuten. Ein Hoffnungstraum hingegen war es eine Zeitlang, die Probleme der wissenschaftlich-technischen Welt durch mehr Wissenschaft zu lösen. Dazu mußte man die technische Weltveränderung technisch, die soziale Rolle der Wissenschaft sozialwissenschaftlich verstehen und verbessern. Die Hoffnung hierauf ist in den Siebzigerjahren rapide geschwunden. Die anfängliche Hoffnung war naiv, aber in ihr verbarg sich eine richtige Fragestellung. Die Wissenschaft hat eine künstliche Welt geschaffen. Sie hat immer mehr Bedingungen unseres Lebens, die einst naturgegeben waren, von unserer technischen Verfügung abhängig gemacht. Technik stellt Mittel zu Zwecken bereit. Wie kann man hoffen, eine künstliche Welt zu stabilisieren, wenn man die Wirkung (auch die unbeabsichtigten Nebenwirkungen) der Mittel und die Vernunft der möglichen Zwecke nicht versteht? Wir werden zur dritten These getrieben: Nötig wäre ein besseres Verständnis der kulturellen Rolle der Wissenschaft.

»Nötig wäre...«, das heißt zunächst: eine jetzt einsetzende Besinnung auf diese Rolle wird die schon begonnene politische Krise nicht mehr aufhalten. Ob ein früher und in breiter Front begonnenes Studium der Lebensbedingungen der wissenschaftlich-technischen Welt das vermocht hätte, läßt sich ebenfalls bezweifeln. Nach meinem Empfinden war es freilich eine moralische Pflicht der Wissenschaft, wenigstens diese Anstrengung zu machen. Diese Anstrengung hätte vielleicht eine Anzahl kluger und verantwortungsbewußter Menschen aus dem herrschenden Zustand der Verdrängung dieser Probleme in den Zustand der Verzweiflung an den Problemen gebracht. Und ohne den Durchgang durch die erfahrene Verzweiflung wird kein Schicksal gewendet.

Dieser Aufsatz stellt daher nicht die Frage, was zu tun wäre, um die Krise aufzufangen oder doch zu lindern. Diese kurzfristige Frage findet ihre Antwort im Felde praktischer Politik: behutsamer Außen- und Wirtschaftspolitik, rechtzeitiger Versorgungsplanung, maßvoller, aber entschlossener Schritte zum Bevölkerungsschutz. Dieser Aufsatz tritt einen Schritt von der Aktualität zurück. Er stellt eine Frage grundsätzlicher Besinnung. Wie hätten wir Wissenschaft treiben und beurteilen sollen, als dafür noch Zeit war? Wie sollte eine Menschheit, die die Krise überlebt, zur Wissenschaft stehen? Der Versuch einer Antwort soll nochmals in Thesen gegeben werden; es sind deren vier:

A. Der Grundwert der Wissenschaft ist die reine Erkenntnis.

B. Eben die Folgen der reinen Erkenntnis verändern unaufhaltsam die Welt.

C. Es gehört zur Verantwortung der Wissenschaft, diesen Zusammenhang von Erkenntnis und Weltveränderung zu erkennen.

D. Diese Erkenntnis würde den Begriff der Erkenntnis selbst verändern.

Der Leser verzeihe in einer so ernsten Sache den fast spielerischen Umgang mit den Begriffen »erkennen« und »verändern«; wer sich kurz ausdrücken muß, braucht diesen Abstraktionsgrad.

A. Der Grundwert der Wissenschaft ist die reine Erkenntnis. Dies beschreibt zunächst die Mentalität des geborenen Wissenschaftlers. Man kann das große Wort »Wahrheitssuche« verwenden. Man kann das Pathos herunterspielen und sagen, der Wissenschaftler habe das Privileg, seine kindliche

Neugier ins erwachsene Leben hinüberzuretten und zum Beruf zu machen. Der Mathematiker Gauss sprach in einem Brief von der »unnennbaren Satisfaktion der wissenschaftlichen Arbeit«. Wer diesen Grundwert nicht respektiert, der zerstört die Wissenschaft und rettet die Welt nicht.

B. Eben die Folgen der reinen Erkenntnis verändern unaufhaltsam die Welt. Hier ist eine anthropologische Bemerkung am Platz. Die pragmatische Überlegenheit, welche die Menschen über alle Tiere und welche die Hochkulturen über die Primitiven gewonnen haben, beruht auf der weltverwandelnden Kraft des handlungsentlasteten Denkens. Im tierischen Verhaltensschema folgt auf den Reiz die angeborene oder erlernte Reaktion; dieser Ablauf ist ein Ganzes. Der Mensch hat in der Sprache ein symbolisches Handeln entwickelt. Reden ist ein Handeln, das anderes Handeln darstellt oder vertritt. Das symbolische Handeln des sprachlichen Denkens gestattet, den direkten Zusammenhang zwischen Reiz und Reaktion zu unterbrechen. Das Urteil, das »Sagen, was der Fall ist«, tritt dazwischen. Erst durch diese Unterbrechung tritt an die Stelle der automatischen Reaktion eine Aktion, ein gewolltes, als frei erlebtes Handeln. Urteil und Handeln, Verstand und Wille, ermöglichen einander, indem sie auseinandertreten. Ein Wille kann wollen, was ein Verstand denken kann. Deshalb erweitert eine Erweiterung des Denkbereichs automatisch den Bereich erfolgversprechenden Handelns. Und nicht die pragmatisch orientierten Gedanken sind letzten Endes die pragmatisch wirksamsten, denn sie dienen schon bekannten Zwecken in schon bekannten Situationen. Die neuen Horizonte des Handelns schließt das von allen vorgegebenen Handlungszielen entlastete Denken auf, eben die reine Wahrheitssuche. Vielleicht ist dies eine pragmatische Erklärung dafür, daß die unnennbare Satisfaktion der Wahrheitssuche sich in den Wirren der Jahrtausende immer wieder durchgesetzt hat.

C. Es gehört zur Verantwortung der Wissenschaft, diesen Zusammenhang von Erkennen und Weltveränderung zu erkennen. Dies nicht sehen zu wollen, ist die große Versuchung der Wissenschaft. Oft wirft man ihr zwar gerade das Gegenteil vor: die leichtfertig unternommene Weltveränderung. Daran ist auch etwas Wahres. Das neugierige Kind ist zugleich spielendes Kind. Technik und Wissenschaft verbinden sich leicht und natürlich in einem Gemüt: ein Verstand kann denken, was ein Wille wollen kann. Und der Wissenschaftler, der um sein soziales Privileg der Wahrheitssuche bangt, wird dem Geldgeber klarmachen, daß seine Erkenntnis die Welt verwandelt. An den optimistischen Aspekt dieser Weltverwandlung wird er auch selbst gerne glauben.

Aber wer gewachsene Lebenszusammenhänge verändert, zerstört auch Gewachsenes. Keine Operation ohne Schnitt. Kein Medikament ohne Nebenwirkungen. Kein Erwachsenwerden ohne Identitätskrise. Die Wissenschaft ist noch nicht erwachsen. Mit der aufdämmernden Einsicht in die durch die Wissenschaft ermöglichte Menschheitskrise tritt die Wissenschaft selbst in ihre Identitätskrise ein. Wie meist in einer beginnenden Identitätskrise neigt sie, die Schuld zunächst bei anderen zu finden. Man spricht von Mißbrauch der Wissenschaft. Aber der heute geschehende Gebrauch der Wissenschaft ist der unter den bestehenden gesellschaftlichen Verhältnissen selbstverständliche Gebrauch. Die Wissenschaft ist verpflichtet, auch zu erkennen, wie die gesellschaftlichen Verhältnisse verändert werden müssen, wenn die Gesellschaft die durch die Wissenschaft ermöglichte Weltveränderung überleben soll.

Dieser Erkenntnis entziehen wir uns, weil ihr Weg uns zunächst in die Verzweiflung führt. Ein Beispiel genügt. Die Kriegsverhütung durch atomare Abschreckung konnte uns nie mehr als eine Gnadenfrist versprechen. Moderne Zerstörungskapazitäten sind langfristig mit einer politischen Weltordnung unvereinbar, in der es Regierungen politisch möglich und völkerrechtlich erlaubt ist, Krieg zu beginnen. Eine andere Weltordnung als diese ist aber nicht in Sicht. Ob sie jenseits der jetzt beginnenden Krise auf uns wartet, ist unserem heutigen Blick verborgen. Diese Lage ist zum Verzweifeln, seit Jahrzehnten. Aber es nützt uns nichts, all dies nicht zu denken. Gewußte Verantwortung darf sich nicht durch die Leichtfertigkeiten des Optimismus oder Pessimismus lähmen lassen: »es wird schon gut gehen« oder »man kann ja nichts machen«. Der Frosch, der ins Milchfaß fiel und strampelte, machte Butter und kam so heraus; sein nicht strampelnder Bruder erstickte. Frösche strampeln, Wissenschaftler denken. Deshalb ist es die erste

Verantwortung des Wissenschaftlers, die Verflechtung von Erkenntnis und Weltveränderung zu erkennen. Auch der Ausweg in politischen Radikalismus kann hier eine Drückebergerei sein, denn der Radikale weiß ja meist die »Wahrheit« schon, er sucht sie nicht mehr.

D. Diese Erkenntnis mag, wie wirkliche Erkenntnis überhaupt, auch pragmatisch, politisch nützlich sein. Uns geht hier an, daß sie den Begriff der Erkenntnis selbst verändern wird. Erinnern wir uns noch einmal der eingangs zitierten immanenten Tendenzen der heutigen Wissenschaften. In ihnen ist der Erfolg dort am offensichtlichsten, wo Strukturen in entscheidbarer Weise erkannt werden, von der Mathematik bis zur Mikrobiologie. Umstritten ist das Verständnis des Menschen für den Menschen. Erkenntnis ist selbst eine Leistung des Menschen. Verstehen wir, was Erkenntnis ist?

Die linke Bewegung der späten Sechzigerjahre war eine zornig-optimistische Vorwegnahme der Menschheitskrise. Ihre geistigen Führer thematisierten die Frage nach der Erkenntnis in dem aristotelischen Begriffspaar von Theorie und Praxis. Sie sprachen vom moralischen Primat der Praxis und entlarvten die ideologische Funktion des Begriffs wertneutraler Theorie. Hiervon war soeben unter dem Titel »Verantwortung der Wissenschaft« die Rede. Wertneutralität des Denkens ist freilich ein hoher Wert, eine Selbstdisziplinierung. Die Fähigkeit, sich auch von den eigenen Wertsetzungen kritisch zu distanzieren, ist eine Disziplin der Horizonterweiterung, eine Voraussetzung intelligenter Nächstenliebe im faktischen Pluralismus unserer Welt. Legitime Wertneutralität ist aber nicht ein Anspruch der Wissenschaft, mit den Problemen der Welt in Ruhe gelassen zu werden; sie ist nicht das Ruhekissen des guten Gewissens.

Man darf hier an den aristotelischen Sinn von »Praxis« erinnern. Praxis meint nicht Techne: die Fähigkeit, gesetzte Zwecke zu verwirklichen. Praxis meint das handelnde Leben, das seinen Sinn in sich selbst trägt, das also auch selbst die Zwecke setzt. Theorie als reine Anschauung des höchsten Sinns ist für Aristoteles die höchste Praxis. Darin spiegelt sich die Ermöglichung des Handelns durch das Urteil. Etwas davon drückt sich im wissenschaftlichen Grundwert der Wahrheitssuche aus. Aber die moderne wissenschaftliche Wahrheitssuche ist eingeengt durch das so fruchtbare Prinzip der Entscheidbarkeit der Fragen. »Was suchen Sie im Lichtkegel dieser Straßenlaterne?« »Meinen Hausschlüssel.« »Haben Sie ihn hier verloren?« »Nein.« »Warum suchen Sie dann hier?« »Weil ich hier wenigstens etwas sehe.« Die lebenswichtigen Fragen sind nicht die am leichtesten entscheidbaren. Entscheidbare Theorie ist nicht Kontemplation des höchsten Sinns. Die Polarität von Verstand und Wille erreicht die Wahrheit nicht, um die es hier geht.

Der Mensch ist einer, wenngleich stets unvollkommenen, Wahrnehmung dessen fähig, worauf es für sein Leben ankommt. Diese Wahrnehmung ist nicht wertneutral; sie ist auch nicht durch den Willen zu erzeugen. Sie ist kein Werk des Urteils- und Handlungsvermögens. Man mag sie affektiv nennen. Sie ist liebend, manchmal auch hassend; sorgend, oft fürchtend; sie ist der Verzweiflung und der Beseligung fähig. In bescheidener Form geschieht sie jeden Tag, in unser aller Alltag. Ihre hohen Stufen aber sind dem Blick der modernen Rationalität entschwunden. Sie ist Wahrnehmung, also eine Weise der Erkenntnis. Ein Erkenntnisbegriff, der sie nicht umfaßt, ist zu eng. Die neuzeitliche europäische Kultur hat Erkenntnis als theoretische, als zweckrationale, als moralische Einsicht unterschieden. Theoretische Einsicht gipfelt im Turm der Wissenschaft, zweckrationale wächst in die Breite der Technik und der Wirtschaft, moralische umfaßt die Rationalität progressiver Politik, den Rechtsstaat, die Wahrheitssuche der freien öffentlichen Meinung, die soziale Gerechtigkeit. Keine dieser Pointierungen bietet der affektiven Wahrnehmung dessen, worauf es ankommt, eine Heimat. Eine solche Heimat war einst die Religion als Träger der Kultur. Sie wäre, so glaube ich, noch immer die einzige Heimat, wenn sie mit dem modernen Bewußtsein versöhnt werden könnte. Die Größe dieser Aufgabe aber wird, wo man sie überhaupt will, meist unterschätzt. Das moderne Bewußtsein müßte sich dazu nicht weniger radikal weiterentwickeln als die überlieferte Religion. Ein Thema für andere Betrachtungen als dieser Aufsatz.

Eine neuzeitliche Pointierung der affektiven Wahrnehmung findet sich in der Kunst. Kunst ist das Schaffen von Gestalten. Mathematik, das Paradigma der Wissenschaft, schafft intellektuelle Gestalten, »Strukturen«. Hier scheint sich Theorie als der engere, künstlerische Produktivität als der umfassendere Begriff anzubieten. Wissenschaftliche Kreativität ist in der Tat der künstlerischen verwandt.

Die Einschränkung der Wirklichkeit, auch des Erkenntnisbegriffs, auf die Willens- und Verstandeswelt schafft eine Verzerrung des Blicks und des Handelns, die sich heute mörderisch auswirkt. Die Krise dieser Verzerrung ist unausweichlich. Der Versuch, den Erkenntnisbegriff erkennend zu verändern, steht freilich unter dem Schatten der Einsicht, daß Philosophie für uns Menschen zu schwer ist. Aber wissenschaftliche Paradigmenwechsel sind nie ohne jene äußerste Anstrengung der Wahrheitssuche geglückt, die man eben Philosophie nennt.

VIII. Zum Abschluß des Buchs

Entstehung und Zusammenhang
der Aufsätze

1945. Die Nachricht von Hiroshima erreichte uns, zehn deutsche Physiker und Chemiker, zu denen Otto Hahn und Werner Heisenberg gehörten, in englischer Haft im Gutshaus Farm Hall beim Dorfe Godmanchester, unweit Cambridge. Wir waren dort gut untergebracht, gut ernährt, höflich behandelt, aber hermetisch von jedem Kontakt mit der Außenwelt abgeschlossen. Die Nachricht von der Atombombe öffnete uns die Augen darüber, warum wir als so wichtige Personen angesehen wurden. Wir hatten das vorher nicht verstanden, denn wir hatten nicht vermutet, daß die Vollendung einer Atombombe irgendwo in der Welt schon so nahe sei.

Unter meinen alten Papieren habe ich ein englisches Schulheft aufbewahrt, mit zwei Niederschriften aus jenen Wochen. Die erste ist der Aufsatz, den ich in diesem Buch als ersten abgedruckt habe. Er ist unabgeschlossen. Er endet, wo die Fragen konkreten Handelns in der nun kommenden Zeit hätten beginnen müssen. Dazu war ich in den Ungewißheiten jener Monate noch nicht vorbereitet; und ich mußte noch durch eine tiefere seelische Verarbeitung des Geschehens gehen. Die zweite Niederschrift besteht aus Notizen zu zwölf Sonnetten, einer damals verbreiteten literarischen Form seelischer Arbeit. Um zu zeigen, was mich bewegte, drucke ich hier drei von ihnen ab. Das dritte ist schon einmal gedruckt (Garten des Menschlichen, S. 568). Ein viertes steht in der Rede zum 20. Juli 1944 in diesem Band.

Farm Hall

Mein Fenster ist bedeckt vom wilden Grün
des Rosenstrauches, wuchernd bis zur Decke.
Kastanien schatten unsres Hauses Ecke,
das Dorf verhüllend und der Menschen Mühn.

    Der Rasen ist in Wind und Sonnenglühn
täglicher Spiele abgemessne Strecke.

Den Weg und Blick begrenzt die Brombeerhecke.
Ich weiß nicht, welche Blumen jenseits blühn.
　Doch rinnt bei Nacht das Mondlicht durch die Ranken,
so strömt herein das Leiden ohne Ende,
Hunger, Verzweiflung, Rache, falsches Wähnen,
　Tod auf dem Weg, Schrei der verlassnen Kranken –
die Stirn gepreßt auf die verschränkten Hände
harr ich vergebens auf den Trost der Tränen.

Altes Japan

In tiefem Sinnen zwingt sein Herz der Fechter,
bis daß es ruht in seines Schwertes Spitze.
Die Stöße seien knapp und rein wie Blitze,
tödlich ein jeder, jeder ein gerechter.
　Verschlossnes Land! Dich schützten dein Wächter
vor deines eignen Bluts maßloser Hitze,
gläubig verehrend auf dem höchsten Sitze
göttlicher Ahnen ewige Geschlechter.
　Die Grenze sprengten wir, die ihr gewahrt.
Not zwang euch unsere Waffen in die Hände.
Da riß euch hin der Rausch von Blut und Macht.
　Nun blieb kein Leiden euch und uns erspart,
zum Himmel rauchen eurer Städte Brände –
wie sühnen wir, was wir an euch vollbracht?

Schuld

O bricht denn niemals der Dämonen Kraft?
Sieht niemand denn: die Schuld ist in uns allen?
Wo Unrecht fiel, seh ich sich Unrecht ballen,
und Schuldige von Schuldigen bestraft.
　Wer Schuld geduldet, ist in ihrer Haft.
Wer Schuld mit Schuld vergilt, ist ihr verfallen.
O wollen wir, der Finsternis Vasallen,
den Himmel nicht, den nur die Liebe schafft?
　Ich ließ mit sehendem Aug in dunklen Jahren

schweigend geschehn Verbrechen um Verbrechen.
Furchtbare Klugheit, die mir riet Geduld!
 Der Zukunft durft ich meine Kraft bewahren,
allein um welchen Preis! Das Herz will brechen.
O Zwang, Verstrickung, Säumnis! Schuld, o Schuld!

Die viertletzte Zeile dieses Gedichts lautete in einem Entwurf:
... hielt Furcht für Vorsicht, Schwäche für Geduld.

Das letzte Gedicht der Reihe war an Richard, den Überlebenden meiner beiden Brüder gerichtet, und endete:
 Was hindert uns, daß wir's noch einmal wagen,
 Deutschland zu bauen? Auf, ich bin bereit!

Auf der letzten beschriebenen Seite des Hefts aber steht:
Darum will auch ich meinem Munde nicht wehren; ich will reden in der Angst meines Herzens und will klagen in der Betrübnis meiner Seele. Hiob 7.11.

Ernst v. Weizsäcker: Kriegsverhütung. Diese nie veröffentlichte Aufzeichnung meines Vaters, ein Jahr vor seinem Tod geschrieben, habe ich unter meinen Papieren gefunden. Ich drucke sie hier ab, um den Dank zu bekunden, den ich ihm schulde. Schon sein Vater hatte vor 1914 voller Sorge und machtlos, ihn zu verhindern, auf den kommenden ersten Weltkrieg geschaut. Ich war 1933 bis 1939 Augenzeuge der verzweifelten und vergeblichen Anstrengung meines Vaters gewesen, den kommenden zweiten Weltkrieg zu verhüten. 1948 mußte ich als Zeuge vor dem Nürnberger Gericht in der unsinnigerweise gegen ihn erhobenen Anklage als Kriegsverbrecher auftreten, ohne Erfolg. Den hier gedruckten Aufsatz hat er noch im Landsberger Gefängnis, als Verurteilter, geschrieben. Wenige Monate danach wurde er freigelassen und starb nach einem knappen Jahr der Freiheit.

1946–56. Aus dem ersten Jahrzehnt nach dem Krieg enthält dieses Buch keine Aufsätze von mir. Ich war an Politik interessiert und über die Zukunft besorgt, aber ich trat nicht im engeren Sinne politisch hervor. Meine Äußerungen, soweit sie Politik berührten, waren eher geschichtsphilosophisch. Ich war immerhin Mitverfasser des »Gutachtens zur Hochschulreform« von 1948, auf das sich manche späteren Reformbemühungen bezogen haben. Die eigentliche politische Anstrengung war gedanklich. Ich dachte teils über die Prinzipien der repräsentativen Demokratie, teils über die Verhütung des dritten Weltkriegs nach. Über das letztere Nachdenken und seine sichtbaren Folgen bis 1969 berichtet in diesem Band der Aufsatz »Gedanken zum Arbeitsplan« (1969).

Göttinger Erklärung. 1957. Diese gemeinsame Erklärung war das unvermeidliche Hervortreten in die Öffentlichkeit. Zur Vorbereitung dieses Hervortretens hielt ich im Winter 1956/57 eine 1957 gedruckte Vorlesungsreihe »Atomenergie und Atomzeitalter«. Zur Erläuterung der Göttinger Erklärung erschien die kleine Schrift »Die Verantwortung der Wissenschaft im Atomzeitalter«, welcher der Text »Die Atomwaffen« entnommen ist. Zu dem ausführlichen Bericht in diesem Text und in »Gedanken zum Arbeitsplan« füge ich hier nur eine kleine Bemerkung zum Problem der Abrüstung.

Ich habe im Grunde nie an Abrüstung glauben können. Mein Vater vermittelte mir, als er 1927 bis 1933 die Referate für Abrüstung und Völkerbund im deutschen Auswärtigen Amt hatte, den Anschauungsunterricht über die Unfähigkeit und Unwilligkeit der Großmächte zur Abrüstung. Dieselbe Erfahrung gewährte mir seit 1957 meine eigene Teilnahme an vielen internationalen Expertengesprächen. Die theoretische Erläuterung dieser Erfahrung habe ich später mehrfach dargestellt, so in »Wege in der Gefahr«. Gegenseitiges Mißtrauen führt zum Wettrüsten. Abrüstung ist nicht ein Weg zum gesicherten Frieden, sondern allenfalls seine Folge. Selbst die Politik der Rüstungskontrolle ist, wie wir heute sehen, faktisch gescheitert.

Im Prinzip habe ich 1957 beim Gespräch mit Adenauer nicht anders gedacht. Trotzdem habe ich in dem Vortrag, 12 Tage nach diesem Gespräch, Adenauers ausgesprochenen Wunsch nach Abrüstung sehr ausdrücklich unterstützt. Dies hatte im wesentlichen den Grund, daß ich die Kluft zu Adenauer, soviel an mir lag, nicht vertiefen wollte. Ich wollte die Regierung nicht bekämpfen, sondern überzeugen. Anders als es seine Kritiker taten, anders auch als die naßforschen »kalten Krieger« unter seinen Freunden, glaubte ich ihm seine tiefe Sorge wegen der Zukunft; ich glaubte sie ihm, weil ich sie selbst empfand. Deshalb glaubte ich ihm auch das aufrichtige Streben nach weltweiter Abrüstung, obwohl ich es für Wunschdenken hielt. Aber weil ich es für Wunschdenken halten mußte, empfand ich die Option deutscher Atomwaffen als Gefährdung unseres Landes, nicht als einen sinnvollen Verhandlungsgegenstand.

Mit der Bombe leben. 1958. Zur Genesis dieses Aufsatzes siehe »Gedanken zum Arbeitsplan«. Den Titel hat die Redaktion der ZEIT erfunden, aus Szilards anfangs zitierter Äußerung. Er war mißverständlich. Er sollte (schon bei Szilard) nicht bedeuten: »Wie macht man es, daß die im wesentlichen unveränderte Welt auch noch mit der Atombombe leben kann?«, sondern: »Da wir das Wissen, wie man die Bombe macht, nicht mehr loswerden, wie kann man die Welt so radikal verändern, daß sie mit diesem Wissen leben kann?« Die ZEIT-Redaktion war an der Vermittlung des damals neuen amerikanischen Arms-Control-Denkens ans deutsche Publikum interessiert; die betreffenden Partien meines Aufsatzes hob sie durch Sperrungen und Fettdruck hervor. Ich fand die Kenntnis dieser Gedanken unerläßlich. Meine Skepsis ihnen gegenüber habe ich in dem Aufsatz auch ausgesprochen; diese Passagen wurden nicht gesperrt gedruckt! Im jetzigen Abdruck habe ich alle Sperrungen getilgt.

Kirchliche Texte. Die Arbeit der zwei kirchlichen Kommissionen der Fünfzigerjahre, an denen ich teilnahm, ist in den »Gedanken zum Arbeitsplan« ausführlich geschildert. Auch später habe ich mich mehrfach im kirchlichen Zusammenhang und zu Themen der Kirche geäußert. Um der Vergleichbarkeit willen seien die Stellen hier aufgezählt. Das Tübinger Memorandum (1961) entstammte einem evangelischen Kreis. Der psychologische Vortrag »Friedlosigkeit als seelische Krankheit« (1967) ist in Bethel gehalten und ohne die Bodelschwingh-Tradition undenkbar. Das vierte Kapitel im »Garten des Menschlichen« (1977) ist theologischer, die drei letzten Aufsätze von »Deutlichkeit« (1978) sind ausdrücklich kirchlicher Natur. Diesen ging ein Vortrag »Die Aufgabe der Kirche in der kommenden Weltgesellschaft« (Evangelische Kommentare, November 1971) voraus, den ich nach einigem Erwägen hier nicht abgedruckt habe, da zumal die Texte aus »Deutlichkeit« mir heute klarer dasselbe zu sagen scheinen. Für kirchliche Entwicklungsarbeit habe ich bei »Brot für die Welt« (1979) gesprochen, zur aktuellen Friedensaufgabe der Kirche zu Katholiken (Glaube und wissenschaftlich-technische Welt) und zu einem ökumenischen Kreis (Die intelligente Feindesliebe), beide 1980. Wer, wenn nicht die Kirchen, soll den Menschen die Wahrheit über ihr selbstbereitetes Schicksal sagen?

Tübinger Memorandum. 1961. Bischof Kunst, Vertreter der Evangelischen Kirche in Deutschland bei der Bundesregierung und Evangelischer Militärbischof, hat zweimal Kommissionen, an denen ich beteiligt wurde, um die Lösung sehr schwieriger Aufgaben gebeten. Das erstemal die Kommission, die den Band »Atomzeitalter – Krieg und Frieden« (1959) mit den »Heidelberger Thesen« herausgab; hier handelte es sich um eine sachlich wahrhaftige Versöhnung des innerkirchlichen Streits um die Atomwaffen. Das zweitemal den geistig vor allem von Ludwig Raiser bestimmten Kreis, der das Tübinger Memorandum verfaßte. Undenkbar freilich wären beide Kreise ohne Günter Howe gewesen. Das Tübinger Memorandum war nicht zur Veröffentlichung bestimmt. Es sollte »Seelsorge an Bundestagsabgeordneten« sein, d.h. ihnen einige lebenswichtige Wahrheiten vor Augen führen. Durch Indiskretion kam der Passus über die Oder-Neiße-Grenze an die Öffentlichkeit und erregte großen Wirbel. Jeder von uns bekam rund 60 rechtsradikale anonyme Drohbriefe. Das Memorandum kann als ein Vorläufer der Vertriebenen-Denkschrift der Evangelischen Kirche und als ein Wegbereiter der Entspannungspolitik gelten.

Zivilschutz. 1961–1980. Da ich von der Zuverlässigkeit der Kriegsverhütung nicht überzeugt war, hielt ich Zivilschutz für eine humane Pflicht. In der ersten Hälfte der Sechzigerjahre habe ich mich vielfach darum bemüht. Die Geschichte der Debatten darüber erzählen wiederum die »Gedanken zum Arbeitsplan«. Ins Tübinger Memorandum kam das Thema auf meine Anregung. Als die ZEIT die Verfassergruppe des Memorandums als »Lobby der Vernunft« apostrophierte und über jedes unserer Themen einen Aufsatz von einem der Verfasser brachte, schrieb ich den Aufsatz über den Zivilschutz »Hat jeder eine Chance?« (1962). Demselben Thema diente die Denkschrift der Vereinigung Deutscher Wissenschaftler »Ziviler Bevölkerungsschutz heute« (1962). Als nach vielen Debatten am Ende nichts in unserem Land für einen effektiven Zivilschutz geschah, resignierte ich vorläufig. Aber als letzte öffentliche Aktion vor meiner Emeritierung hielt ich, fünfzehn Jahre später, den Vortrag »Bevölkerungsschutz gegen mögliche Kriegseinwirkung« (1980). Es ist ungewiß, was Zivilschutz retten wird, denn das hängt vom unvorhersagbaren Kriegsbild ab. Aber die schlichte Verdrängung der Fragestellung sagt für unser Volk Schlimmes voraus.

Bedingungen des Friedens. 1963–66. Als mir 1963 der Friedenspreis des deutschen Buchhandels zuerkannt wurde, empfand ich zugleich eine Beschämung und eine Chance. Ich war beschämt, gelobt zu werden für etwas, was ich nicht zu leisten vermocht hatte: eine praktikable Friedenspolitik zu entwerfen, oder doch das Bewußtsein für ihre Vorbedingungen in unserem Lande zu einer öffentlichen Macht werden zu lassen. Ich sah die Chance, noch einmal an sichtbarer Stelle die Bedingungen des Friedens darzulegen. So verwendete ich große Sorgfalt auf den Vortrag, dem ich diesen Namen gab. Ich ordnete ihn um drei Thesen herum an, die ich in den nachfolgenden Jahren, in immer wieder planvoll variierter Form, zum Gerüst meiner öffentlichen Äußerungen zur Friedensfrage machte. Ich möchte sie heute in der Form zitieren: 1. Der Weltfriede ist Lebensbedingung der wissenschaftlich-technischen Welt. 2. Er ist die harte Arbeit einer »Weltinnenpolitik«. 3. Er erfordert eine außerordentliche moralische Anstrengung.

Zur moralischen Anstrengung, so wurde ich nicht müde zu sagen, gehört insbesondere die intellektuelle Anstrengung, die Bedingungen des Friedens in einer komplexen Welt zu verstehen. Aus der kleinen Vortragssammlung »Gedanken über unsere Zukunft« (1966) übernehme ich in dieses Buch die Prognose eines »weltpolitischen Zyklus«, von feindlicher Bipolarität der beiden Supermächte über den durch ihre gegenseitige Lähmung ermöglichten Polyzentrismus zu einer kooperativen Bipolarität der beiden Großen, und, wenn diese gesichert erscheint, zurück zu ihrem unausweichlichen Hegemoniekonflikt in gegnerischer Bipolarität. Im Rückblick von 1981 habe ich das Empfinden, daß dieser Zyklus in den seither verflossenen fünfzehn Jahren gerade einmal durchlaufen worden ist. Aber die heutige Wiederkehr der feindlichen Bipolarität ist aus Gründen, die ich in den Aufsätzen aus den Jahren 1979 und 1980 dargelegt habe, gefährlicher als ihre damalige Gestalt.

Grundsätzliche Bemerkung zur Entspannungspolitik. In der Mitte der Sechzigerjahre bahnte sich die amerikanisch-russische Entspannung schon an, während sich die Bundesrepublik dieser Tendenz noch verschloß. In diese Lage hinein habe ich damals für diejenige Politik gesprochen, die man dann eben Entspannungs- oder Ostpolitik nannte. Nach einem halbherzigen Versuch in der Großen Koalition von 1967 kam die Ostpolitik mit der Regierung Brandt 1969 zum vollen Durchbruch. Gleichzeitig, noch nüchterner, begann Kissinger seine großangelegte Politik des amerikanisch-russischen Ausgleichs in einer multipolaren Welt – kooperative Bipolarität in Anerkennung des Polyzentrismus. Kissingers Memoiren lehren, daß er der deutschen Ostpolitik mißtraute, weil er hinter ihr eine Wiederbelebung des gesamtdeutschen Nationalismus witterte. Ich bin vielfach öffentlich für die Brandtsche Ostpolitik eingetreten, aber meine Motivation dafür war wohl derjenigen Kissingers am nächsten. Ich suchte nach einer »unsentimentalen« Lösung, die das politische Eigeninteresse aller Beteiligten möglichst risikofrei sichern würde. Zu diesem Sicherungsinteresse rechnete ich mit erster Priorität die Minderung der langfristigen Kriegsgefahr, die ich, wie Kissinger, keineswegs für gebannt hielt. Ich sah sie schon um 1969 nicht in den Siebzigerjahren, in denen die russische Rüstung noch im Aufbau sein würde, aber – wenngleich mit nur undeutlich vorhersehbaren Konturen – danach.

Ein frühes Gedankenspiel in diesem Fragenkreis war der

Aufsatz »Wiedervereinigung Deutschlands und Europas« (1965), den ich damals nicht zu veröffentlichen wagte. Seine Geschichte erzählen die »Gedanken zum Arbeitsplan«. Ich habe darin stets nur ein Denkmodell gesehen; der Wunsch, die Chance zum breiter fundierten Nachdenken über weltpolitische Zielvorstellungen zu haben, war für mich das entscheidende Motiv für die Gründung des Starnberger Instituts. Dem Europa-Modell gab der russische Einmarsch in die Tschechoslowakei 1968 den Todesstoß. Als im Anfang der Siebzigerjahre die Entspannungspolitik öffentlich ihre größte Zeit hatte, war meine Hoffnung auf langfristige Kriegsverhütung durch Außenpolitik und Abschreckung schon fast auf Null gesunken. Ich hielt nur gleichsam den Atem an und sprach meine Sorge nur leise aus, um das Spiel nicht zu stören, dessen Erfolg doch alle meine Wünsche galten.

Der ungesicherte Friede. 1967–69. Dieses Büchlein ist ein Dokument der Abwendung von den Hoffnungen auf Diplomatie und Abschreckung. Meine natürliche Arbeitsrichtung wäre nun die Zuwendung zur Psychologie (oder, allgemeiner und vager gesagt, zur Anthropologie) des Friedens und der Unfähigkeit zum Frieden gewesen, so wie sie in dem hier abgedruckten Vortrag »Friedlosigkeit als seelische Krankheit« (1967) gesucht wird. Friede als Leib einer Wahrheit war das Thema eines Kirchentagsvortrags im selben Bändchen, die Friedensrolle des Roten Kreuzes das Thema eines anderen Vortrags daselbst.

Max-Planck-Institut zur Erforschung der Lebensbedingungen der wissenschaftlich-technischen Welt. Der Gedanke der Gründung des Instituts stammt vom Sommer 1967; er drängte sich mir als innere Nötigung auf, so sehr ich subjektiv gewünscht hätte, weiterhin meine Philosophie-Professur wahrzunehmen. Die Geschichte des Instituts erzählt der Aufsatz »Erforschung der Lebensbedingungen« (1979). Die Fragestellungen, die mir anfangs vorschwebten, zeigt das Themenverzeichnis, das dem Aufsatz »Gedanken zum Arbeitsplan« voransteht. Um mich bei der unerschöpflichen Weite dieser Felder zur Einschränkung auf falsifizierbare Thesen zu zwingen, hielt ich u. a. den Vortrag »Die Kunst der Prognose« (1968), aus dem ich die »Acht Prognosen« in dieses Buch übernommen habe, mit der Selbstkritik sechs Jahre später (1974). Das Problem der Entwicklungsländer trat nun mit Macht in unseren Gesichtskreis, viel zu spät, wie mir alsbald klar wurde.

Die Aufsätze aus der Zeit des Instituts sind in diesem Buch nach Sachthemen geordnet, wie Vorwort und Inhaltsverzeichnis ausweisen. Im gegenwärtigen Aufsatz skizziere ich die Entwicklung der Beschäftigung mit diesen Themen und beziehe dabei insbesondere meine Buchpublikationen aus jenen zehn Jahren ein, welche die hier abgedruckten Texte in einen jeweils umfassenden Begründungszusammenhang stellen.

Charakteristisch für den Arbeitsansatz des Instituts war die außerordentliche Ausweitung der Fragestellungen über das Thema der Kriegsverhütung hinaus. Deshalb greife ich hier zunächst die Themenkreise des Sozialismus und der außereuropäischen Welt heraus. Nur vor dem Horizont dieser Fragen ist die Behandlung unserer außen- und wirtschaftspolitischen Probleme zu verstehen, die ihrerseits den Hintergrund der im engeren Sinne militärpolitischen Untersuchungen bilden.

Die Debatte über den radikalen Sozialismus. 1967–76. Die anfänglichen Themen des Instituts wurden faktisch bestimmt und meine anthropologische Fragestellung wurde zeitweilig überschwemmt durch eine Zeitströmung, der ich mich bei aller Skepsis gegenüber ihren Hoffnungen zunächst nicht widersetzen wollte, da ich das relative Recht ihrer Kritik tief empfand: das gesellschaftspolitische Engagement der Neuen Linken. Kapitel III des jetzigen Buches und Partien der Aufsätze zur asketischen Weltkultur (1978) und über »Erforschung der Lebensbedingungen« (1979) spiegeln die Geschichte meiner Auseinandersetzung mit dieser Strömung. Das Ergebnis ist zwar nicht ein feindseliger, aber doch ein ungläubiger Abschied. Vielleicht mußte eine Generation so fragen, wie diese; so antworten wie sie muß man nicht.

Jenseits Europas. Auf einen ganz anderen Ton sind die Zeugnisse meiner Begegnung mit den außereuropäischen Ländern gestimmt: auf den Ton einer elementaren Liebe zu den Menschen jener Nationen und einer tiefen Bewunderung, ja Verehrung ihrer Kulturen, zumal derjenigen Indiens und Ostasiens. Vielleicht kann man nur verstehen, was man liebt. Alle diese Aufsätze enden mit offenen Fragen. Sie sagen meinen europäischen Kulturgenossen bloß: wenigstens verstehen solltet ihr, was die Menschen dort in ihrem Leben und damit auch in ihrer Reaktion auf uns bewegt. Denn die Menschheitskrise unseres Jahrhunderts ist ein Werk der europäischen Kultur (auch in amerikanischer und sowjetkommunistischer Gestalt), und sie wird nicht mit unserem Sieg enden. Aber so wenig wie zum Hochmut haben wir Anlaß zur Unterwürfigkeit gegenüber Kulturen, die seit der Begegnung mit der unseren nie wieder so sein können, wie sie einst waren. Diese Fragen gehen über das politische Feld weit hinaus, aber wer sie nicht stellt, wird schwerlich weltpolitisch weise handeln können.

Kriegsfolgen und Kriegsverhütung. 1964–71. Dies war die erste langfristig angelegte, zwar von mir verantwortete, aber von einer Arbeitsgruppe selbständig entworfene und ausgeführte Studie. Um in solchem Stil weiterarbeiten zu können, wurde das Institut gegründet. Die Geschichte der Studie ist in »Gedanken zum Arbeitsplan« (1969) und in »Erforschung der Lebensbedingungen« (1979) skizziert. Die hauptsächlichen Träger der Arbeit waren H. Afheldt, Ph. Sonntag, U. P. Reich und – als selbständiger Partner – H. Roth. Hier ist mein Vorwort zu dem 1971 veröffentlichten Band mit den Resultaten der Studie abgedruckt.

Die Studie formuliert und begründet die Kritik an der Zuverlässigkeit der Friedenssicherung durch Abschreckung, eine Kritik, der ich mich nicht verschließen konnte. Die Veröffentlichung war, entgegen den Erwartungen für ein spezialistisches Buch von 600 Seiten, ein verlegerischer Erfolg, dem die seitherige permanente Zusammenarbeit mit dem Carl Hanser Verlag zu danken ist.

An sich war der Zeitpunkt der Veröffentlichung einem Text dieses Inhalts nicht günstig. Strategische Studien waren und sind in Deutschland, jedenfalls verglichen mit USA, unterentwickelt. In der Öffentlichkeit war die psychische Verdrängung der Kriegsgefahr auf ihrem Höhepunkt. Die offizielle Politik sah, für den Augenblick zutreffend, in der Strategie der Abschreckung die Basis der Entspannungspolitik, die rechte Opposition sah in der Abschreckung eher die Sicherung gegen die sowjetische Gefahr. Das war, trotz der öffentlichen Polarisierung der Meinungen zur Ostpolitik, nur eine Nuance in einer Zuversicht, die wir als ganze nicht zu teilen vermochten. Das verdrängte Trauma des Zweiten Weltkriegs beherrschte die Reaktion auf das Kriegsproblem. Das galt wohl in anderer Weise auch von den Jungen der kritischen Linken. Die Schärfe ihrer Aggression mag von einem Kindheitstrauma der Kriegs- und ersten Nachkriegszeit genährt gewesen sein, zumal aber von der Unerträglichkeit der Verdrängungshaltung der Generation ihrer Eltern nach dem Krieg. Ihr Bewußtsein jedoch kannte nur stabile politische Verhältnisse und ihr Pathos der Weltveränderung war nicht von der über uns hängenden Gefahr bestimmt, sondern von der Unerträglichkeit der psychischen Gründe dieser Stabilität. Friedensforschung, von Gustav Heinemann gefördert, blieb doch stets nur eine kleine, zudem anfangs zerstrittene Bewegung.

Aber unsere Studie wurde gelesen und auch in der Bundeswehr, an die wir uns mit unseren Argumenten wendeten, diskutiert. Wir ließen ihr eine knappe Darstellung unserer strategischen Thesen und möglicher politischer Konsequenzen folgen: »Durch Kriegsverhütung zum Krieg?« (1972). Aus diesem gemeinsam geschriebenen Buch drucke ich hier die Thesen ab und eine meiner Feder entstammende Betrachtung »Drei negative Utopien«. Die Thesen bezeichnen auch nach meinem heutigen Urteil zutreffend die Schwäche der bisherigen Rüstungspolitik, die der Ausgangspunkt der von Afheldt begonnenen Studien zur alternativen Sicherheitspolitik (s. u.) wurde.

Fragen zur Weltpolitik. 1975. In den ersten Jahren des Instituts hatte ich wieder eine Reihe von Aufsätzen geschrieben, die in diesem kleinen Band zusammengefaßt wurden. Der Kern war ein Überblick über die Weltpolitik »Die heutige Menschheit von außen betrachtet«, ein erster Versuch, die Ergebnisse meiner Beschäftigung mit den Weltproblemen systematisch zusammenzufassen, dem ich das Kapitel »Die dritte Welt« hier entnehme. Es folgten Aufsätze über Umweltgefährdung und den Klub von Rom. Aus den weiteren Aufsätzen habe ich hier die schon vorhin genannte selbstkritische Antwort auf die acht Prognosen von 1968 und die Notizen zur Ideologiekritik abgedruckte, dazu einen Passus aus dem Vorwort.

Wichtig waren mir die zwei letzten Texte des Bandes, zwei Vorträge, die auf die Ära des Nationalsozialismus zurückblickten, einer über Reinhold Schneider, den ich in der Hitler-Zeit viel gelesen hatte, und die hier unter »Reflexionen« abgedruckte Rede am 20. Juli 1974. Ich begrüßte, fast leidenschaftlich, das in den frühen Siebzigerjahren aufkommende öffentliche Interesse an dieser Phase unserer Geschichte, selbst wenn manche Formen dieses Interesses wiederum erschreckend waren. Ich nahm es als Indiz eines Bedürfnisses, die Verdrängung aufzulösen, die auf unserer Vergangenheit lastet. Ich bin überzeugt, daß auch die Verdrängung der Kriegsgefahr wenigstens in unserem Volk etwas mit der Verdrängung unserer Schuld am letzten Krieg zu tun hat. Das Ziel einer Auflösung dieser Schuldverdrängung ist überhaupt nicht die Verewigung des Selbstvorwurfs, sondern im Gegenteil das Freiwerden von der Unmöglichkeit, das Geschehene, als zu schmerzhaft, auch nur anzusehen. Die Fähigkeit, zu trauern, tut not, und, wenn die Trauer vollzogen, wenn die Schuld akzeptiert ist, die Fähigkeit weiterzudenken und dem Denken gemäß zu handeln. Die Rede zu Ehren der Attentäter des 20. Juli 1944 wurde mir deshalb zu weiten Teilen eine Analyse der Gründe der Möglichkeit Hitlers, dieses noch unverstandenen traumatischen Phänomens unseres Jahrhunderts.

Wege in der Gefahr. 1976. Dies ist das einzige als Ganzes systematisch konzipierte Buch über Politik, das ich geschrieben habe. Es steht deshalb neben der jetzigen Aufsatzsammlung so, daß beide einander ergänzen. Es kann hier nur in knappsten Andeutungen referiert werden. Nach einer Einleitung beginnt es mit zwei wirtschaftlichen Kapiteln, aus denen hier die zusammenfassenden Thesenkataloge abgedruckt sind, und die unten im jeweiligen Zusammenhang besprochen werden. Es folgen zwei Kapitel über revolutionären Sozialismus; eines ist hier ganz abgedruckt, das zweite gibt reflektierte chinesische Reiseimpressionen aus dem letzten Lebensjahr Maos. Der Rest des Buchs ist der Kriegsgefahr gewidmet. Aus dem zentralen

Kapitel »Fünf Thesen zum Dritten Weltkrieg« ist hier der Thesenkatalog abgedruckt. Nach einem anthropologischen Exkurs zur Theorie der Macht und einem nutzentheoretischen Exkurs zur Abschreckungsstrategie behandelt das Buch in drei Kapiteln das Duopol der beiden Großmächte, die Waffenverbreitung in der Dritten Welt und die Verteidigungspolitik Europas. Die fünf Thesen endeten mit der Notwendigkeit eines Bewußtseinswandels. Diesem Thema gilt das Schlußkapitel des Buchs. Ich hätte dieses, mir vordringlich wichtige Kapitel gern in die gegenwärtige Sammlung aufgenommen. Ich habe darauf verzichtet wegen seines großen Umfangs und seiner leichten Zugänglichkeit in der Taschenbuchausgabe von »Wege in der Gefahr« (dtv 1979).

Weltwirtschaft. Die Unmöglichkeit, Weltpolitik anders als vor ihrem wirtschaftlichen Hintergrund zu beurteilen, drängte sich uns vom ersten Augenblick an auf. Etwa die halbe Arbeitskraft des Instituts war zeitenweise mit ökonomischen Themen beschäftigt; dies ist in »Erforschung der Lebensbedingungen« geschildert. Die Verweigerung eines wirtschaftswissenschaftlichen Mitdirektors entschied über das Scheitern des Instituts bei meiner Emeritierung. Ich selbst habe mich, soweit ich es in meinem Lebensalter und neben meinen sonstigen Arbeiten konnte, in ökonomische Fragen eingearbeitet. Die Ökonomie ist diejenige Sozialwissenschaft, die meiner naturwissenschaftlichen Vorbildung methodisch am nächsten steht. Das vorläufige Ergebnis meiner Überlegungen faßte ich in »Wege in der Gefahr« in dem Kapitel »Zur längerfristigen Wirtschaftsprognose« zusammen, dessen »Vermutungen« und »Konsequenzen« hier abgedruckt sind. Eine knappere und wohl noch ausgereiftere Version gibt der abgedruckte Vortrag für Wirtschaftsführer »Wechselwirkung weltweiter ökonomischer und politischer Probleme« (1977). Schließlich behandelt der Schlußabschnitt des Aufsatzes »Gehen wir einer asketischen Weltkultur entgegen?« das Problem des Arbeitsmarkts.

Energiepolitik. Die erste der »Acht Prognosen« von 1968 behauptete, die Kernenergie werde am Ende dieses Jahrhunderts die wichtigste Energiequelle sein. Wir können heute schon sehen, daß diese Prognose falsch war. Sie entstammte meiner Verbundenheit mit den physikalischen Arbeiten über Kernenergie in der Kriegszeit, aber noch keiner eigenen Analyse der Probleme der Wirtschaftlichkeit und Sicherheit der Reaktortechnik. Zu dieser sah ich mich genötigt, als ich 1974 bis 77 eine beratende Funktion beim Bundesforschungsminister hatte. Ich habe ein paar Jahre lang viel Arbeitszeit in das Problem investiert und habe mich dreimal in längeren Vorträgen bzw. Aufsätzen dazu geäußert. Der erste Vortrag, von 1975, wies, noch vor der großen Welle der Kernenergiegegnerschaft, auf die Gefahren, auf die erste Priorität der Energieersparnis und auf alternative Energiequellen hin. Ich habe ihn in die »Wege in der Gefahr« aufgenommen und habe seine »Empfehlungen« hier abgedruckt. Der zweite Vortrag, 1978, in einem Höhepunkt der Kernenergiedebatte gehalten, ist in »Deutlichkeit« (1978) gedruckt. Den dritten, nach meinem Urteil ausgereiftesten Text, einen Aufsatz nach dem »Gorleben-Hearing« von 1979, habe ich in dieses Buch übernommen. Die Fragen, die er offenläßt, vermag ich auch heute nicht zu beantworten. Ich gestehe, daß ich mich gleichwohl nach fünfjähriger intensiver Beschäftigung mit dem Problem gerne wieder von ihm gelöst habe. Die Gefahren der Kernenergie liegen in ihrer Verknüpfung mit der Kriegsgefahr. Dieser muß daher der Rest der Kraft gelten, die ich für politische Themen übrigbehalten habe.

Der Garten des Menschlichen. 1977. Dies ist kein im engeren Sinne politisches Buch, hat aber einen politischen Ausgangspunkt. Seine einleitenden Aufsätze stellen dieselben politischen Fragen, die auch die »Wege in der Gefahr« leiten. Zwei von ihnen sind hier im Sozialismus-Kapitel abgedruckt. Das ganze Buch bedeutet die Rückkehr zur Breite der anthropologischen Fragestellung: wie müssen wir den Menschen verstehen, der in der Politik, also im Zusammenleben mit seinesgleichen, solche Nöte und Gefahren erzeugt? Diese Anthropologie ist für Menschen geschrieben, die keine Angst davor haben, sich selbst unter der Dreiheit der Gesichtspunkte zu verstehen, die aus naturwissenschaftlicher Biologie, kritischer Gesellschaftstheorie und religiöser Erfahrung hervorgehen. Die Anthropologie versteht sich dabei als geschichtlich. Das heißt in der Anwendung auf die Politik: Es gibt keinen Grund in einer ewigen Natur des Menschen, der einen radikalen Wandel der Formen menschlichen Zusammenlebens ausschlösse. Evolution und menschliche Geschichte vollziehen sich in einer Abfolge von Ebenen und Krisen. Die unlösbaren Probleme einer Epoche sind die Anzeichen der unausweichlichen Krise, durch welche sie in eine andere Epoche übergehen wird. Freilich wird jede echte Krise als eine Entscheidung auf Leben und Tod erfahren. Die jetzt kommende Krise wird die Menschheit wohl nur bestehen, wenn ein Wissen vom Menschen in ihr lebendig ist, das schon aus dem heute Möglichen ins künftig Mögliche hinübergreift. Die Leiden der Krise werden trotzdem, soweit wir heute ahnen können, unermeßlich sein. Der Titel »Garten des Menschlichen« ist aber als bewußter Kontrapunkt zu »Wege in der Gefahr« gewählt. Nicht aus Lust an düsteren Prognosen spreche ich von Gefahr. »Garten« ist philosophisch zunächst ein Gegenbegriff gegen »System«. Aber ein Garten ist ein Ort der Freude. An den Garten Eden, vielleicht auch an den Garten des Candide sollte erinnert werden. Den Garten kultivieren heißt aber eben auch ihn schützen vor Gefahr.

Deutlichkeit. 1978. Das Buch enthält sieben Aufsätze im Sinne der »Wege in der Gefahr« und des »Gartens«, die erst nach Abschluß dieser Bücher entstanden sind. Die Kriegsgefahr ist hier nicht zum Thema gemacht. Die zwei ersten Vorträge behandeln Grundfragen der freiheitlichen Demokratie, der Vortrag über Kernenergie wurde schon erwähnt. Die drei letzten Texte sind kirchlichen Ursprungs; sie schildern leibhafte Menschen in der Bodelschwingh-Tradition und präsentieren ein Stück Theologie. Hierher übernommen habe ich den mittleren Aufsatz »Gehen wir einer asketischen Weltkultur entgegen?« Er ist von allen im jetzigen Band vereinigten Texten derjenige, von dem ich am ehesten vermuten möchte, daß er einen Blick in eine heute noch unerreichbare geschichtliche Ebene vorauswirft.

Alternative Sicherheitspolitik. Die strategischen Arbeiten des Instituts haben um 1977 eine entscheidende Wendung genommen (vgl. auch dazu »Erforschung der Lebensbedingungen«). H. Afheldt war mit mir einig, daß eine bloße Kritik der

Zuverlässigkeit des Abschreckungssystems keine Änderung herbeiführen würde. Man müßte, wenn auch als ersten Versuch, eine Alternative ausarbeiten. »Wege in der Gefahr« war eines von drei Büchern, die planmäßig nahezu gleichzeitig erschienen. Meine Vorworte zu den beiden anderen Büchern, einem von Afheldt und einem von Spannocchi und Brossollet, sind hier abgedruckt. In den »Wegen in der Gefahr« habe ich, im Kapitel über die Verteidigung Europas, Afheldts Entwurf einer konventionellen, keinen Rüstungswettlauf herausfordernden und keine Atomziele bildenden Verteidigung besprochen. Afheldt hat seitdem, wenngleich durch die Auflösung meines Arbeitsbereichs im Institut behindert, mit einer Gruppe von Militärexperten an diesen Fragen weitergearbeitet. Ich erwarte, daß etwa gleichzeitig mit meinem jetzigen Buch die Studie erscheinen wird, welche die ersten Resultate dieser Gruppe enthält. Erst in solchen Arbeiten sehe ich eine Erfüllung unserer älteren, vorwiegend kritischen Studien; ihre Vollendung könnte lebenswichtig für unsere Nation werden.

Aktualitäten 1979. Die Texte des Bändchens »Diagnosen zur Aktualität« habe ich vollständig in den jetzigen Band aufgenommen. Die Aufsätze über Kernenergie und über Erforschung der Lebensbedingungen sind oben schon zitiert. Der Aufsatz über sowjetische Rüstung eröffnet die Reihe über die Gefahren der Achtzigerjahre. Dazu kommt ein Brief an die Parteivorsitzenden Brandt und Genscher. Ich füge nun, im Kapitel »Jenseits Europas«, noch zwei Texte von 1979 hinzu. »Islam und Toleranz« ist ein, leider völlig vergeblicher Zeitungsartikel, ein Appell an die iranische Führung; ich drucke ihn ab, weil er vielleicht zu einem besseren Verständnis der islamischen Renaissance und zu einem Verständnis der verfolgten Baha'i-Religion beitragen kann. Die Rede zur Eröffnung der 21. Aktion »Brot für die Welt« greift noch einmal auf das entwicklungspolitische Thema zurück.

Die Gefahren der Achtzigerjahre. Wenn ich seit der Mitte der Sechzigerjahre von einer wieder wachsenden Kriegsgefahr sprach, habe ich immer angedeutet, daß ich diese, rund gesprochen, nicht vor 1980 erwartete. Die Gründe solcher Erwartungen sind komplex; man kann sie sich meist selbst nicht voll rationalisieren. Ein legitimer Grund der Erwartung schälte sich in den Siebzigerjahren immer deutlicher heraus, daß nämlich die relative militärische Stärke der Sowjetunion immer noch im Wachsen begriffen war. Eine vorsichtige Politik, wie sie in Rußland traditionell ist, wird Abenteuer ohnehin scheuen; sie wird aber auch den Gegner nicht zu riskanten Konfrontationen reizen, solange ihre eigene Chance, solche Konfrontationen erfolgreich zu bestehen, sich noch ständig verbessert. Mit dem Ende der Siebzigerjahre zeichnete sich auch das Ende der Phase ab, in der die Zeit in diesem Sinne für die Sowjetunion arbeitete. Meine latente Unruhe konkretisierte sich, und ich fühlte mich genötigt, darüber zu schreiben.

Die sowjetische Rüstung hatte die westlichen Experten schon jahrelang und immer wachsend beunruhigt. Es entstand die m. E. das politische Problem verfehlende Kontroverse, ob sie defensiv oder bedrohlich sei. So schrieb ich 1978 (aus äußerlichen Gründen erst 1979 veröffentlicht) den Artikel »Moskaus Rüstung – defensiv und bedrohlich«. Das Nächste, was mir gefährlich schien, war aber eine undurchdachte westliche Reaktion auf diese Rüstung. Im November 1979, kurz vor dem »Doppelbeschluß der Nato«, veröffentlichte ich den Artikel »Die europäische Rüstungsgefahr der Achtzigerjahre«, mit einem damals nicht zur Veröffentlichung bestimmten Hintergrundpapier, das ich nun mit ihm abdrucke. Ich habe auch heute nichts an ihm zurückzunehmen. Ich halte alle seine Thesen aufrecht, insbesondere die von dem schweren Fehler, landgestützte statt seegestützter Raketen zur Modernisierung zu wählen.

Die Folgen dieses Fehlers zeichnen sich heute schon ab. Die landgestützten neuen Mittelstreckenraketen erregen eine (berechtigte!) Angst in der Bevölkerung, und es wird in allen westeuropäischen Ländern schwerer und schwerer, ihre Postierung gegen den Widerstand der Menschen, zu deren Schutz sie gedacht waren, überhaupt durchzusetzen. Eben diese Vorgänge aber bringen die westeuropäischen Regierungen, ganz besonders die Regierung unseres Landes, in ein fast unlösbares Dilemma, in die unerträgliche und unnötige Zwickmühle zwischen der Bündnistreue gegen Amerika und dem Sicherheitsbedürfnis der eigenen Bevölkerung. Das Bündnis wird in unserem Volk diskreditiert, wenn wir den Nachrüstungsbeschluß strikt erfüllen, und wir werden bei der heute wieder militant antisowjetischen amerikanischen Öffentlichkeit diskreditiert, wenn wir von dem Beschluß loszukommen suchen. Ist diese Situation aber einmal entstanden, so nützt die Verknüpfung des Nachrüstungsbeschlusses mit dem Angebot von Abrüstungsverhandlungen fast nichts. Denn in dieser Lage braucht die Sowjetunion unsere Rüstungswilligkeit kaum mehr zu fürchten und verliert so das Motiv, unserer Forderung nach Einschränkung ihrer eigenen Mittelstreckenraketen nachzukommen. Ein Scheitern der »eurostrategischen Abrüstung« aber erhöht die Gefahr für Europa in den prekären Achtzigerjahren erheblich. Ein unseliger Beschluß.

Ich muß mir selbst vorwerfen, den Artikel zu spät geschrieben zu haben. Das Problem war mir seit Januar 1979 nicht mehr unbekannt, und ich hätte noch früher darauf aufmerksam werden müssen. Das Gorleben-Hearing von März–April 1979 mit Vor- und Nacharbeit, also ein bei weitem weniger wichtiges Thema, raubte mir die zur Einarbeitung in das Raketenproblem erforderliche Zeit, und nach einer, gelegentlich nötigen, Ruhepause, trat es mir erst im September 1979 in aller Klarheit vor die Augen. Nachdem im Dezember 1979 der Nato-Beschluß gefaßt war, sah ich keinen Nutzen darin, öffentlich noch gegen ihn zu polemisieren, zumal da, wie üblich, die Argumente beider Seiten zu undifferenziert waren und meine Kritik schwerlich nach ihrem sachlichen Gehalt, sondern nur nach der Parteiung beurteilt worden wäre, der sie innenpolitisch nützte. Wie 1957 hatte ich keinen Grund, unserer Regierung Schwierigkeiten machen zu wollen; ich wollte sie überzeugen. Heute aber muß ich sagen, daß der Übergang zu seegestützten Raketen noch immer am ehesten eine Lösung wäre.

Um Neujahr 1980 entstand weltweit eine Art Kriegspanik, ausgelöst durch die Geiselnahme in Teheran und den russischen Einmarsch in Afghanistan. Ich gestehe, daß ich diese Panik begrüßt habe. Wenigstens war für einen Augenblick der Schleier der Verdrängung weggeweht; man konnte mit den Menschen über die realen Gefahren reden. Ich gab darüber einige Interviews (die ich, als zu repetitiv, hier nicht abdrucke). Ferner schrieb ich den seit langem geplanten Artikel »Bevölkerungsschutz gegen mögliche Kriegseinwirkung«. Im zweiten Abschnitt dieses Artikels gab ich meine Analyse der objektiven Gefahr. Mein Urteil darüber ist durch die zeitweilig wieder eingetretene Beruhigung der öffentlichen Besorgnisse nicht verändert.

Zwei Einladungen folgend wandte ich mich noch einmal öffentlich an die Kirchen. Die Konferenz Europäischer Kirchen hielt im Mai 1980 in El Escorial bei Madrid ein Treffen zur Vorbereitung einer gemeinsamen Äußerung der Kirchen (west- und osteuropäischer evangelischer und orthodoxer Kirchen) zur KSZE-Folge-Konferenz in Madrid im Winter 1980/81. Ich hielt ein Referat, das hier abgedruckt ist. Anläßlich des Besuchs des Papstes in der Bundesrepublik Deutschland im November 1980 wurde ich zu einem Vortrag in Köln, am Vorabend seines Eintreffens, eingeladen, den ich ebenfalls hier abdrucke. Er ist etwas mit Stoff überladen, da er versuchte, eine Antwort auf die breit angelegte Rede des Papstes vor der UNESCO zu sein. Sein Kern sind aber die sieben Vorschläge im Abschnitt »Kernwaffen in den Achtzigerjahren«.

Den Schluß des Abdrucks früherer Texte bildet ein Aufsatz, der sich noch einmal dem kulturellen Hintergrund der vor uns stehenden Krise zuwendet. Es geht um die Wissenschaft, also um das Thema des ersten Aufsatzes von 1957: die Verantwortung der Wissenschaft im Atomzeitalter.

Schließlich ziehen die zwei für diesen Band neugeschriebenen Aufsätze ein Resümee, dieser rückblickend, der folgende vorausblickend.

Was folgt?

Der Friede ist bedroht. Er ist bedroht, weil er niemals wahrer Friede war. Er war ein Waffenstillstand der Großmächte in einer von Konflikten gepeinigten Menschheit. Selbst dieser Waffenstillstand könnte in den kommenden zehn Jahren zusammenbrechen.

Die Aufsätze dieses Buches waren vom ersten Augenblick an – seit dem August 1945 – von der Sorge vor dem Zusammenbruch des großen Waffenstillstands bestimmt. Das Schlußkapitel sucht die Folgerungen zu ziehen. Im vorangegangenen Aufsatz wurde der Entstehungszusammenhang der Texte erläutert. Jetzt käme es darauf an, ein zusammenfassendes Bild der heutigen Lage zu zeichnen. Dabei sind die Details wegzulassen; für sie wird auf die das jeweilige Problem behandelnden Aufsätze dieses Buchs und ihre Ergänzung durch andere Bücher (vor allem »Wege in der Gefahr«) verwiesen. Im Bewußtsein der unvermeidlichen Subjektivität der eigenen Sichtweise und der damit verbundenen Möglichkeit der Blickverzerrung und des Irrtums, muß der Verfasser hier in einfacher Strichführung hervorheben, was er wichtig findet.

Es handelt sich um zwei Aufgaben: zuerst die Analyse der Gründe der gegenwärtigen Gefahr, dann die Angabe möglicher Schritte in dieser Gefahr.

Die Analyse der Gründe der Gefahr wird von denjenigen Feldern ausgehen, die der direkten politischen Entscheidung am zugänglichsten erscheinen. Sie wird von hier aus schrittweise zu den allgemeinen Voraussetzungen alles heutigen politischen Handelns aufsteigen. Gehen wir so von den konkreten Entscheidungsfeldern aus, so erscheint die heutige Steigerung der Gefahr zunächst nicht wie das lauter werdende Ticken eines vor langer Zeit gestellten einzigen Weckers, sondern wie eine Koinzidenz unabhängiger Einzelursachen, wie das Zusammenbranden mehrerer Wellen, die von verschiedenen Zentren ausgehen. Die Analyse muß diese Ursachen einzeln bezeichnen, denn auch das politische Handeln, das ihnen begegnen soll, besteht aus einzelnen Schritten. Im Aufstieg zu allgemeineren Gründen zeigt sich aber ein gemeinsamer Zug der Ereignisse. Er wird hier als *das Wanken der großen Entwürfe* bezeichnet. Zukunftshoffnung und Krisenabwehr ist in der neueren Zeit in eine Reihe großer Entwürfe gekleidet worden. Das »Zusammenbranden mehrerer Wellen« ist der Vorgang, daß die wichtigsten dieser Entwürfe gleichzeitig ins Wanken geraten sind und vielen Beobachtern schon als gescheitert erscheinen. Wir verfolgen dies im Aufstieg über eine Stufenleiter von sechs Bereichen, die bezeichnet seien als

Rüstung
Außenpolitik
Wirtschaft
Gesellschaft
Kultur
Menschlichkeit.

Die Untertitel der sechs Abschnitte des Aufstiegs, von »Rüstungskontrolle« bis »Humanität«, kennzeichnen die dem jeweiligen Bereich zugehörigen großen Entwürfe.

Das Mittelstück des Aufsatzes verharrt, unter dem Titel *Politik und Menschlichkeit,* im obersten der sechs Bereiche. Es ist eine Besinnung, die vom Aufstieg, d. h. der Frage nach den Ursachen der Gefahr, überleitet zum Abstieg, der Frage nach möglichen Schritten in der Gefahr. Es rekapituliert selbst in Kürze diese Bewegung von Aufstieg, Besinnung und Abstieg, indem es sich in drei Unterabschnitte gliedert: eine Reflexion auf die Gründe des Wankens der großen Entwürfe, eine Besinnung auf den das ganze Buch durchziehenden Zusammenhang von Menschlichkeit und Religion, und eine Erörterung der Grundfrage nach der Anwendung radikaler Ethik in politischen Entscheidungen.

Der dritte Teil des Aufsatzes steigt durch dieselben Bereiche wieder ab bis zu den konkreten politischen Entscheidungen der gegenwärtigen Jahre. Dieser Rückgang zur Politik hat nicht den Charakter eines neuen »großen Entwurfs«. Er greift, leicht modifiziert und noch bescheidener, einen älteren Titel wieder auf und nennt sich *Schritte in der Gefahr.* Wege *aus* der Gefahr* sind denkbar, sie sind möglich, aber daß wir sie beschreiten, liegt nicht in der Macht eines Menschen oder einer Partei. Sie zu beschreiben, würde ein Zusammenwirken der Vernunft in der Menschheit voraussetzen, und daß dies geschieht, liegt in einem präzisen Sinne in Gottes Hand. Schritte *in* der Gefahr sind Schritte, die ein Einzelner, eine Partei, eine Nation oder eine imperiale Führung heute wirklich tun kann. Sie müssen drei Bedingungen genügen. Sie müssen erstens an den jeweils sichtbaren Abgründen rettend vorbeiführen. So müssen sie zweitens den bestehenden Weltzustand bewahrend fortbilden, anders gesagt, die Welt ohne Katastrophen verändern. Sie müssen drittens in der Richtung auf einen großen, radikalen Wandel des Bewußtseins und der Organisationsformen führen. Um all dies zu können, müssen sie nach den Maßstäben des heute unerreichbaren Zusammenwirkens der Vernunft erkennbar vernünftig sein: vernünftig, d. h. dieses künftige Zusammenwirken erleichternd und nicht erschwerend; erkennbar vernünftig, d. h. sichtbare Zeichen dafür setzend, wohin der Weg weiter führen sollte.

Das Buch endet also mit den konkreten Entscheidungen von heute. Wer Politik will, muß nicht mit Visionen, sondern mit der Forderung des Tages schließen.

Das Wanken der großen Entwürfe

Rüstungskontrolle. Die akute Gefahr der Achtzigerjahre ist ein Krieg, der sich zum Weltkrieg auswachsen könnte.

Diese Gefahr hat zunächst drei voneinander unterscheidbare rüstungstechnische Gründe. In erster Linie: die *Sowjetunion* erreicht vermutlich jetzt das relative Maximum ihrer Rüstungsstärke, verglichen mit der Rüstung des Westens. In zwei-

---

* Erhard Eppler stellt in seinem engagierten und lesenswerten Buch »Wege aus der Gefahr« (Rowohlt 1981) das, was ich in meinem Buch »Wege in der Gefahr« (1976) der Politik der Siebzigerjahre vorzuschlagen wagte, in Zusammenhang mit dem Begriff des Krisenmanagements (S. 11). Was er mit dem in der Politik nötigen Optimismus Wege *aus* der Gefahr nennt, ist in meiner Sprache die eben noch sichtbare Fortsetzung der Wege *in* der Gefahr, auf denen wir heute konkrete Schritte tun müssen.

ter Linie: der technische Fortschritt der Waffen, der noch immer seine Spitze in den *USA* hat, führt zur »Remilitarisierung der Atomwaffen«, d. h. zur Entwicklung von mehr und mehr Atomwaffen für begrenzten und darum bei Fortbestehen der großen Abschreckung möglichen Einsatz. In dritter Linie: die Rüstung der vielen einander feindlich gegenüberstehenden Nationen der *dritten Welt* nimmt ständig zu, einschließlich einer langsamen und unaufhaltsamen Proliferation der Atomwaffen.

Der große Entwurf der Rüstungskontrolle, vor über zwei Jahrzehnten als Lösung des Rüstungsproblems begrüßt, hat seine Fruchtbarkeit erschöpft, wenn sie je bestand; er ist gescheitert. Rüstungskontrolle wurde damals angeboten als realistische Alternative zur unrealistischen Hoffnung auf Abrüstung. Tatsächlich ist nicht nur flagrant in der Sowjetunion, sondern auch in den USA die Realität der Aufrüstung stets neben der Diplomatie der Rüstungskontrolle einhergegangen. Nun ist zwar zutreffend gesagt worden, daß ein Rüstungswettlauf allein keinen Krieg zu erzeugen braucht. Aber die Lehre der Geschichte ist zum mindesten, daß er den Krieg auch nicht permanent verhindert. Der große Entwurf der Rüstungskontrolle sollte zunächst einmal eine rüstungspolitische Stabilität schaffen, von der aus das historisch Beispiellose versucht werden sollte, den Krieg, wenigstens den großen Krieg der Großmächte, permanent abzuschaffen. Es war der entsetzliche Irrtum der Sechziger- und Siebzigerjahre, die Überwindung des großen Kriegs sei mit Abschreckung und Rüstungskontrolle schon geleistet. Die drei oben genannten Gründe, drei aus der inneren Dynamik dreier Weltregionen heute zusammenbrandende Wellen, lassen das jetzt als Illusion erkennen. Man kann jetzt begrenzte Atomkriege führen; manches spricht dafür, daß man sie eines Tages führen wird; und wenn der erste und zweite von ihnen begrenzt bleiben sollte, so braucht es der dritte nicht mehr zu bleiben. Man wird legitim den Begriff der Rüstungskontrolle im diplomatischen Austausch weiter benützen; seine Funktion als großer Entwurf zum Frieden hat er verloren.

Entspannung. Man spricht heute oft von einem bevorstehenden oder schon geschehenen Scheitern der Entspannungspolitik. Die Kritiker dieser Politik halten diesen großen Entwurf damit für widerlegt. Widerlegt ist aber nur eine Hoffnung, die dem Entwurf mehr zutraute als er jemals hätte leisten können. Entspannungspolitik der Weltmächte – denn um diese geht es hier – ist sinnvoll als deren gemeinsame Interessenpolitik. Ihr gemeinsames Interesse ist, den großen Krieg zu vermeiden, heute wie vor fünfzehn und vor dreißig Jahren. Dieses gemeinsame Interesse wurde selbst im Kalten Krieg respektiert; deshalb blieb er »kalt«. Entspannung war hierüber hinaus aber der technische Name der Phase kooperativer Bipolarität im weltpolitischen Zyklus, also der Phase, die sich mit Kennedy vorbereitete und wohl mit dem Abgang Kissingers ihrem Ende zuging. Die heute erneute Tendenz zu gegnerischer Bipolarität ist jedoch für alle Beteiligten gefährlicher als es vor dreißig Jahren der Kalte Krieg war. Dies liegt zum Teil an den drei Faktoren der rüstungspolitischen Entwicklung, die damals so nicht existierten: die Sowjetunion war zum militärischen Angriff nicht fähig, der begrenzte Atomkrieg war technisch nicht vorbereitet, und die Dritte Welt war machtlos. Es liegt auch an wiederum unabhängigen außenpolitischen Veränderungen in allen drei Regionen:

In der dritten Welt, d.h. dem größten und politisch am meisten zersplitterten Teil der Erde hat es seit 1945 weit mehr als hundert Kriege gegeben. Solche Kriege sind wohl das bis heute weltgeschichtlich Normale, jetzt nur gesteigert durch die langsame Auffüllung des vom Kolonialsystem hinterlassenen Machtvakuums. Diese Kriegsbereitschaft wird fortdauern, ist aber solange keine Weltkriegsgefahr, als die Großmächte entschlossen sind, gegeneinander Frieden zu halten. Die Sowjetunion ist jedoch durch ihre fortschreitende Schwäche in allen Bereichen außer dem militärischen und durch die Erwartung der amerikanischen Aufrüstung genötigt, militärisch zu erntende Früchte bald zu ernten. Das wird vor allem in Asien, zumal im Umkreis des Persischen Golfs, gelten. Während die sowjetische Politik gleichmäßig machtorientiert ist, bewegt sich die amerikanische Politik in Wellen, in Pendelausschlägen, und ihr jetziger Pendelausschlag zielt auf Wiedergewinnung ihrer hegemonialen Weltposition. Diese Tendenz, die in Westeuropa nicht geteilt wird, droht eine Entfremdung zwischen den westlichen Verbündeten an, und damit, durchschaubar kontraproduktiv, eine Schwächung des westlichen Bündnisses, im sensibelsten, dem europäischen Bereich.

Auch die Kombination der außen- und rüstungspolitischen Probleme bedeutet für die kommenden zehn Jahre keine Notwendigkeit eines großen Kriegs, sondern nur einen höheren Gefahrenpegel als in allen vorangegangenen Jahrzehnten. Das Absinken des Elans der Entspannung, so naiv dieser gewesen sein mag, bedeutet aber foreign policy as usual, und Außenpolitik wie gehabt hat bisher stets in der Weltgeschichte am Ende Krieg bedeutet.

Weltmarkt. Wirtschaftlich führend in der Welt sind heute, und noch – solange kein großer Krieg kommt – auf unabsehbare Zeit, die kapitalistischen Nationen des Westens. Der Kapitalismus ist wenigstens seit zweihundert Jahren durch wechselnde Expansionen und Krisen gegangen. Die wirtschaftlichen Krisen haben ihn nie umgebracht, aber sie haben manchmal schwere politische Krisen ausgelöst; so die große Weltwirtschaftskrise von 1929, der wir Hitler und den Zweiten Weltkrieg verdanken. Dann und wann erzeugen die Krisen eine permanente weltwirtschaftliche Gewichtsverlagerung. Es ist, zum mindesten äußerlich angesehen, ein Zufall, daß sich heute eine solche krisenhafte Gewichtsverlagerung für die zugleich außen- und rüstungspolitisch kritischen Achtzigerjahre ankündigt.

Der Kapitalismus war vermutlich von jeher in erheblichem Maße Weltwirtschaft, auch wenn seine Theorie sich nur als National-Ökonomie bezeichnete. Nach 1945 wurde die Expansion des Weltmarkts zumal für Westeuropa und Japan lebenswichtig. Man kann die Expansion in den Weltmarkt als den großen Entwurf des »Wirtschaftswunders« der Nachkriegszeit verstehen. Die gegenwärtigen Stagnationstendenzen betreffen die führenden Länder (USA, Westeuropa und, in ihrem Bereich, die Sowjetunion) mehr als den Durchschnitt der Entwicklungsländer, und sie betreffen den Arbeitsmarkt tiefer als das Produktionsvolumen. Der Markt drängt die hochbezahlte Arbeitskraft der wirtschaftlich herrschenden Länder in eine auf die Dauer unhaltbare Defensive; und der Versuch, unhaltbare Positionen durch politische Maßnahmen zu halten, beschleunigt das Übel (s. die pessimistische Version der langfristigen Wirtschaftsprognose). Welchem äußeren oder inneren Feind wird man nun das unverstandene Übel anlasten?

In dieser Darstellung, ja im ganzen Buch tritt die ökologische Krise an Bedeutung zurück. Das heißt nicht, daß sie als unreal angesehen würde, aber sie ist längerfristig. Soweit die Besorgnisse des Klubs von Rom gut begründet waren, bezogen sie sich auf das kommende Jahrhundert eher als auf die kommenden zwei Jahrzehnte. War die Öffentlichkeit in den Sechzigerjahren gegenüber den ökologischen Gefahren schlafend, so wurde sie in den Siebzigerjahren voreilig überwach und vergaß darüber nähere Gefahren – man fürchtete den Reaktor und vergaß die Bombe. Sollten wir freilich die Krisen der nächsten zwei Jahrzehnte ohne Katastrophen überstehen, so könnten sich die ökologischen Probleme als die größten erweisen. Sie würden dann in besonderem Maße der zusammenwirkenden Vernunft der Menschheit bedürfen.

Dies führt uns auf eine zentrale Schwäche des Weltmarkts zurück: das Fehlen eines ihn regulierenden umfassenden staatlichen Rahmens. Langfristig fordern Kriegsverhütung und Weltwirtschaft dasselbe: einen weltweiten staatsähnlichen Rahmen. Die einzige Alternative zu diesem Rahmen wäre, außer der Katastrophe, eine radikal asketische Weltkultur, welche die Menschen allseits mit einer lokal genährten Subsistenzwirtschaft zufrieden sein ließe: eine Umwertung aller Werte.

Liberaler Rechtsstaat, Demokratie und Sozialismus. Die europäische Neuzeit hat *eine* radikale Veränderung in der moralischen Beurteilung gesellschaftlicher Verhältnisse vollzogen: den Übergang vom Ethos des Herrschens und Dienens zum Ethos der Freiheit und Gleichheit. Die politische Gestalt des neuen Ethos heißt Rechtsstaat und Demokratie, die ökonomisch-soziale Gestalt heißt Sozialismus. Dies sind die langfristigen großen gesellschaftlichen Entwürfe unseres Jahrhunderts. Alle drei – nicht immer verbündet – schienen nach dem Zweiten Weltkrieg im Vormarsch zu sein. Alle drei sind ins Wanken geraten.

Nach der in diesem Buch vertretenen Meinung ist die klügste politische Erfindung der europäischen Neuzeit der liberale Rechtsstaat. Er verdankt der absolutistischen Tendenz der früheren Neuzeit Westeuropas die Stärke des Staats, der das gleiche Recht seiner Bürger (citoyens) durchzusetzen vermag, soweit er es anerkennt. Er verdankt dem politischen Sieg der damals ökonomisch schon herrschenden Bürger (bourgeois) das Pathos der Freiheit. Die faktische Basis dieser politischen Freiheit ist die ökonomische Freiheit: der Markt. Ihre ideelle Basis aber, die jeder von uns, wo sie vergessen wird, im Prinzip öffentlich einklagen darf, ist, daß politische Freiheit nicht diejenige ist, die ich für mich fordere, sondern diejenige, die ich dem Mitbürger gewähre. Hier ist der Zusammenhang von Freiheit und Wahrheit wesentlich; Freiheit heißt Spielraum zur gemeinsamen öffentlichen Wahrheitssuche, Freiheit des Worts.

Demokratie und Sozialismus gehen in ihrem Pathos über den freiheitlichen Rechtsstaat hinaus. Sie sehen ihn als formal an und fordern Substanz. Die Forderung ist begründet, aber man kann nicht sagen, daß es gelungen sei, sie zu erfüllen. Demokratie ist zu einem verwaschenen Wort geworden, das jeder für sich in Anspruch nimmt. Sinnvollerweise könnte Demokratie heute bedeuten: Entscheidung nicht durch die Sachverständigen, sondern durch die Betroffenen*. Diese Forderung ist hart genug, um wehzutun, also um Substanz zu behalten. Sie verlangt, wenn sie nicht zur Katastrophe führen soll, daß die Betroffenen sich hinreichend sachverständig machen; sie impliziert eine unermeßliche Selbsterziehungsaufgabe. Die inneren Krisen kapitalistischer wie sozialistischer moderner Gesellschaften hängen mit der Ungelöstheit dieser Aufgabe zusammen. Die Entfremdung der Jugend von der herrschenden Ordnung spiegelt eine objektive Verzweiflung an ihrer Lösung. An sich ist die heutige Ohnmacht des Einzelnen gegenüber der Gesellschaft nicht größer, sondern zweifellos geringer als einst die Ohnmacht des Dienenden gegenüber dem Herrschenden. Aber damals war Herrschaft selbstverständlich; heute hat der große Entwurf demokratischer Selbstbestimmung Hoffnungen er-

---

* Vgl. »Hat das parlamentarische System eine Zukunft?« in »Deutlichkeit« (1978).

weckt, die unter den Funktionsbedingungen der technischen Kultur vorerst nur enttäuscht werden können.

Sozialismus ist insofern ein weniger verwaschenes Wort als Demokratie, als es anerkannte demokratische Parteien gibt, die sich nicht zum Sozialismus bekennen. Die wahre Kluft aber ist nicht diese, sondern sie geht mitten durch den Sozialismus; sie spaltet diejenigen, welche den freiheitlichen Rechtsstaat in der Gestalt der repräsentativen Demokratie, mit Wahl- und Meinungsfreiheit, anerkennen, von denen, die ihn bekämpfen. Der harte, substanzielle Sinn des Sozialismus ist die ökonomische Forderung der Vergesellschaftung der Produktionsmittel. Sozialtheoretisch stehen sich der freie Markt und die vergesellschafteten Produktionsmittel als zwei alternative Ausprägungen der egalitären Grundstimmung der Neuzeit, des Ethos der Freiheit und Gleichheit gegenüber. Ob der freiheitliche Rechtsstaat mit dem strikten ökonomischen Sozialismus vereinbar ist, ist bisher durch kein funktionsfähiges Modell nachgewiesen. Die Sozialisten in der repräsentativen Demokratie haben sich mit Kompromissen begnügt, die den großen Entwurf des ökonomischen Sozialismus kaum mehr ausdrücken.

Die Sozialdemokratie ist eine liberale Partei, und nicht die schlechteste. Die Gewerkschaften sind objektiv ein Interessenkartell im Kapitalismus. Der radikale Sozialismus der kommunistischen Parteien hat sich nur in rückständigen Ländern durchgesetzt. Seine funktionale Leistung dort scheint am ehesten analog derjenigen des vorbürgerlichen westeuropäischen Absolutismus. Die Enttäuschung an ihm dürfte eine der bewegenden Kräfte des kommenden Jahrzehnts sein, wie es die Krise Chinas seit Maos Tod schon andeutet. Die westliche Bewegung der Neuen Linken schließlich, jetzt bald anderthalb Jahrzehnte zurückliegend, war objektiv gescheitert, ehe sie begann. Ihr Scheitern aber bedeutet keinen dauerhaften Sieg des bestehenden Systems, sondern einen Beitrag mehr zur Entfremdung der Jugend von diesem System.

Die akuten Probleme der Rüstungs-, Außen- und Wirtschaftspolitik stoßen somit auf eine in ihren progressiven Idealen zutiefst verunsicherte, eines selbstgewissen Konservatismus aber seit langem unfähige Gesellschaft.

Technische Kultur. Selbstgewiß konservativ ist eine Kultur in denjenigen ihrer Züge, von denen sie gar nicht weiß, daß man sich vernünftigerweise anders verhalten könnte. Konservativ sein in diesem Sinne bedeutet also niemals einen großen Entwurf; es bedeutet die Überflüssigkeit großer Entwürfe. Konservativ in diesem Sinne waren die großen außereuropäischen Kulturen, als die aggressive europäische Zivilisation auf sie stieß. Sie alle mußten lernen, daß Verteidigung ohne Anpassung unmöglich ist. Diese Krise ist nirgends überwunden. Sie kann es nicht sein, da die europäische Kultur mitten in derselben Krise steckt. Aus dem Schoß ihrer eigenen unbewußt konservativen Haltung hat sie die aggressive Weltveränderung geboren. Alle bisher aufgezählten Probleme zeigen, wie wenig sie den damit gesetzten Konflikt mit sich selbst zu lösen vermocht hat.

Der harte Kern der neuzeitlichen europäischen Kultur ist die Naturwissenschaft und die durch sie ermöglichte moderne Form der Technik. Das heißt nicht, daß sie das bedeutendste bewußte Ziel der europäischen Kultur gewesen wäre. Darin stand sie stets in Konkurrenz zu den Werten religiöser Inbrunst, politischer Macht, bürgerlicher Freiheit, sozialer Gerechtigkeit, künstlerischer Individualität, elementaren Glücksverlangens. Sie ist der *harte* Kern, insofern sie sich als einziger dieser Werte überall fraglos durchgesetzt hat. Technische Kultur ist der große Entwurf, um dessen Verwirklichung der Sozialismus mit dem Kapitalismus wetteifert; ihre Übernahme ist die Anpassungsleistung der außereuropäischen Kulturen, ohne die sie sich der Selbstverteidigung nicht fähig fühlen.

Eben darum hat der Protest der Jugend einen sicheren Instinkt, wenn er sich gegen die großtechnische Zivilisation wendet. In diesem Instinkt hat er die Konservativen des alten Europa wie einige Radikale des neueren Asien auf seiner Seite; man lese Goethes »Wanderjahre« oder Gandhis Selbstbiographie. Die öffentliche Neurose der Kernenergiegegnerschaft hat vielleicht ihren berechtigten Kern nicht nur in der verdrängten Bombenangst, sondern in der symbolischen Bedeutung des Reaktors wie der Bombe für die technische Zivilisation.

Auch diese Gegnerschaft aber bezeichnet zunächst nur, daß einer der größten Entwürfe öffentlich ins Wanken gerät – zur

Verzweiflung derer, die für das Weiterfunktionieren unserer Wirtschaft verantwortlich sind. Sie kündigt ein neues, tiefes Krisenpotential an, aber keine Lösung. Denn der politische Weg zu einer Gesellschaft, die auf die Großtechnik verzichten könnte, zu einer demokratischen Askese, einer asketischen Weltkultur, ist unabsehbar weit. Was wir bekommen werden, ist ein Kompromiß, eine kleine Kurskorrektur, vermutlich unzureichend, um unsere langfristigen ökologischen Probleme zu lösen, aber eine Bremse für das Wachstum, und ein Zeichen mehr für das Wanken der großen Entwürfe.

In der Tat dürfte die Technikgegnerschaft das Anzeichen eines völlig ungelösten, aber der Menschheit unausweichlich aufgegebenen Problems sein – das Anzeichen, aber zunächst in der Form einer aussichtslosen Flucht vor dem Problem. In älteren stabilisierten Kulturen war das, was man technisch leisten konnte, etwa im Gleichgewicht mit dem, was die gesellschaftlichen Gewohnheiten, die ethischen Normen, die politischen Entscheidungsmechanismen zu bewältigen vermochten. Dieses Gleichgewicht ist heute radikal zerstört. Wir können technisch mehr, als wir gesellschaftlich, ethisch, politisch bewältigen. Die Hoffnung ist naiv, durch technische Selbstentmannung das Gleichgewicht wiederherzustellen. Wir müssen Gesellschaft, Ethik, Politik so radikal weiterentwickeln, wie wir die Technik schon entwickelt haben – bei Strafe des Untergangs. Wer sollte da nicht Krisen erwarten?

Humanität. Offenbar geht es um eine Entfaltung des Menschen, um einen Bewußtseinswandel. In der Tat wäre keines der aufgezählten Probleme unlösbar, wenn eine zusammenwirkende Vernunft der Menschheit sich seiner annähme. Und dieses Zusammenwirken bedürfte nicht eines vollen intellektuellen Verständnisses jedes Einzelnen für den Sachgehalt der Probleme. Es bedürfte nur einer Delegation der Entscheidung an Personen, die Vertrauen genießen und der Sachfragen mächtig sind. Um einander zu verstehen, von Kultur zu Kultur, von Interessengruppe zu Interessengruppe, von Generation zu Generation, bedürften diese einer gemeinsamen Denkweise und Sittlichkeit, ohne daß einer darum den Rahmen seiner Kultur, seiner Interessengruppe, seiner Generation verlassen müßte.

Einen Menschen verstehen heißt verstehen, inwiefern er legitim anders ist als ich selbst. In dem Wort »legitim« aber liegt das Gemeinsame, die Humanität.

Die europäische Neuzeit hat an die Entfaltbarkeit der menschlichen Natur zur gemeinsamen Humanität geglaubt. Vielleicht war das ihr größter Entwurf. Vielleicht ist eben darum das Versagen der Humanität ihre tiefste Enttäuschung.

Wir nehmen das Versagen der Humanität meist an den Anderen wahr. Darum ist die Welt voll von enttäuschtem Vertrauen, von stets aufs neue bestätigtem Mißtrauen. Noch im Mißtrauen gibt es eine Art gemeinsamer Vernunft, wenn man den Gegner zwar für böse, aber für berechenbar halten kann. Das war die reale Basis der Koexistenz der Weltmächte in diesen 36 Jahren. Die Erosion selbst dieses Vertrauens ist vielleicht die Wurzel der akuten Gefahr.

Politik und Menschlichkeit

Gründe des Scheiterns. Warum wanken die großen Entwürfe? Wohl weil jedem von ihnen die Wahrheit fehlt, die er für sich in Anspruch genommen hat.

Knapp rekapitulierend gehen wir die soeben durchlaufene Reihe der Entwürfe noch einmal durch.

Rüstungskontrolle, ein nützliches diplomatisches Instrument, konnte ihrer begrenzten Reichweite wegen niemals fähig sein, das Problem der Kriegsverhütung permanent zu lösen. Der große Entwurf, der sie gerechtfertigt hätte, war, eine zeitweilige Stabilität, eine Atempause zu schaffen, um eine radikale Verwandlung der Weltpolitik beginnen zu lassen. Diese Verwandlung war vielleicht unmöglich. Jedenfalls blieb sie aus, und die Friedenswahrung durch Rüstungskontrolle wurde eine Art Opium fürs Volk, die Bewahrung eines Schlafs, solange noch Zeit zum Handeln gewesen wäre.

Entspannung war in der Ebene politischer Stimmungen ein ähnliches Instrument. Sie sollte ein auf Erkenntnis des gemeinsamen Überlebensinteresses gegründetes internationales Gleichgewicht entstehen lassen. Aber in der bisherigen Geschichte waren solche Gleichgewichte stets durch periodisch wiederkehrende Kriege stabilisiert. Der Gleichgewichtsgedanke allein ist zur Überwindung des Kriegs nicht fähig. Entspannung blieb eine Phase im weltpolitischen Zyklus.

Der Weltmarkt hat die Stärken und Schwächen des kapitalistischen Systems, das er verkörpert. Dieses System ist der einzige Weg zum Reichtum, den die neuzeitliche Menschheit gefunden hat. Stets krisenanfällig, hat es bisher doch stets seine Krisen gemeistert. Es ist jedoch ein für sich allein unzureichender Weg zu sozialer Gerechtigkeit, ein unzureichender Beitrag zum Frieden. Der Markt ersetzt die politische Ordnung nicht, er bedarf ihrer und macht sie dann allenfalls ökonomisch lebensfähig. Der Weltmarkt ersetzt die fehlende politische Weltordnung nicht, er bedarf ihrer.

Der liberale Rechtsstaat ist Vorbedingung des Funktionierens moderner politischer Vernunft, aber er ist nicht selbst diese Vernunft. Als Instrument zum Ausgleich hemmungslos verfolgter Gruppeninteressen ist er zu schwach. Demokratie, ernstgenommen, stellt eine bis heute ungelöste Erziehungsaufgabe. Erziehung heißt hier nicht nur »education«, Erwerb von Kenntnissen und Fertigkeiten, sondern Einübung der Fähigkeit, den Mitmenschen wahrzunehmen, der Solidarität. Der Sozialismus hat die Solidarität zu seinem Leitbegriff gemacht. Er hat sich heute in mannigfacher Gestalt als Interessenvertreter etabliert, als großer Entwurf aber den Atem verloren. Soweit er Ideologie absolutistischer Bürokratien geworden ist, ist er ein unerträglicher Rückschritt gegenüber dem liberalen Rechtsstaat. Seine vor zwölf Jahren so eindrucksvolle jugendlich militante Gestalt ist am »moralischen Problem der Moral«, der selbstgerechten Verteufelung des Gegners, moralisch gescheitert.

Der technische Fortschritt erweist sich als das, was er immer war: ein Mittel zu Zwecken, unfähig die Zwecke selbst human zu bestimmen.

Der Grund des Scheiterns der großen Entwürfe ist überall derselbe: die unzureichende Wahrnehmung des Menschen für den Menschen, die Unfähigkeit zur Humanität. Jedes der politischen Probleme wäre in zusammenwirkender Vernunft lösbar. Wir Menschen aber erweisen uns als emotional unfähig, die gemeinsam tätige Vernunft ernstlich zu wollen; denn wollten wir sie, so würden wir nach ihr handeln.

Menschlichkeit und Religion. Die emotionale Fähigkeit, den Mitmenschen als Mitmenschen wahrzunehmen, heißt Nächstenliebe. Das ist ein Wort aus der Überlieferung der jüdisch-christlichen Religion. Der Halt an der Praxis der überlieferten Religion ist dem modernen Bewußtsein entglitten. Das begann mit dem moralischen Zorn der Aufklärung gegen kirchliche Herrschaft, es vollendete sich, radikaler, durch die Wertneutralität des technischen Fortschritts. Hier entsteht ein Vakuum. Vielleicht ist die Unfähigkeit, dieses Vakuum auszufüllen, ist das Verlangen nach einem noch unerreichbaren neuen Inhalt, der liebend ergriffen werden könnte, die Wurzel der heutigen Menschheitskrise.

Religion ist nicht das Thema dieses Buchs, aber einige Worte über ihre Beziehung zur heutigen Krise sind nötig. Wir kennen Religion in wenigstens vierfacher Gestalt: als Träger einer Kultur, als Grund einer radikalen Ethik, als innere Erfahrung, als Theologie.*

Religion als Träger einer Kultur formt das soziale Leben, gliedert die Zeiten, bestimmt oder rechtfertigt die Moral, interpretiert die Ängste, gestaltet die Freuden, tröstet die Hilflosen, deutet die Welt. Diese ihre überlieferte Form ist es, die dem modernen Bewußtsein entgleitet. Die moderne Kultur ist eine Kultur des Verstandes und des Willens. Das spiegelt sich noch in der traditionellen Einteilung ihrer Philosophie in theoretische und praktische Philosophie. Der harte Kern neuzeitlicher Theorie ist die Wissenschaft, der gegenüber die Theologie seit Jahrhunderten auf einem apologetischen Rückzug ist. Praktische Philosophie meint nicht die der Naturwissenschaft zugehörige Technik, sondern die sittliche Regulierung des Willens, das Normative, wie man heute gerne sagt. Der harte Kern der neuzeitlichen Praxis ist der Übergang von dem religiös gerechtfertigten Ethos des Herrschens und Dienens zum Ethos der Freiheit und Gleichheit. Beide Bewegungen, die theoretische wie die praktische, zeigen die Unmöglichkeit, in die überlieferte kulturtragende Religion zurückzukehren. Die Überlieferung aber ist keine plastische Masse, die sich bei gutem Willen leicht

---

* Vgl. »Der Garten des Menschlichen« S. 472 ff. und die drei letzten Aufsätze von »Deutlichkeit«.

in eine moderne Gestalt umkneten ließe. Hier liegt ein Irrtum der meisten modernistischen Theologie. Geschichtliche Kulturkrisen sind härtere Vorgänge; in ihnen geht stets etwas unwiderruflich verloren. Es gibt aber Verluste, die unerträglich sind, die ein leidenschaftliches Verlangen nach gleichwertigem oder besserem Ersatz des Verlorenen wachrufen. Drei solche Verluste seien hier genannt, der Verlust der Geborgenheit, der Verlust der affektiven Vernunft des Mythos, der Verlust der Fähigkeit zu liebender radikaler Ethik.

Geborgenheit geht in jeder großen Krise verloren und stellt sich, wenn die Krise überlebt wird, auf anderer Ebene in unvorhersehbarer Gestalt wieder her. Die Geborgenheit des Verstandes in einer einzigen, alle anderen als Irrlehren ausschließenden religiösen Dogmatik dürfte unwiderruflich vergangen sein. Wie die Wahrheit der Religion angesichts der Vielheit ihrer Gestalten zu denken ist, ist die vielleicht wichtigste philosophische Frage der Zukunft, aber kein Gegenstand dieses Buches. Hier ist die Ungeborgenheit eine Folge des unstillbaren Verlangens nach Wahrheit. Vermutlich ist es ebenso im praktischen Feld. Die Geborgenheit des Willens in einem religiös legitimierten Herrschaftssystem ist gerade religiös problematisch. Religiös begründete radikale Ethik wie die der Bergpredigt macht die Menschen wenigstens vor Gott frei und gleich. Aber Verstand und Wille allein, selbst als radikale Wahrheitssuche und radikales Ethos, geben dem Menschen nicht die affektive Geborgenheit. Sie geben ihm nicht das Wissen, geliebt zu sein, sie geben ihm nicht die Fähigkeit zu lieben. Die bloße Willens- und Verstandeswelt ist, mit ihren hohen Idealen, psychologisch gesehen eine große Neurose.

Die affektive Vernunft des Mythos – das ist ein komplizierter Name für eine einfache Sache, für welche nur gerade die Willens- und Verstandeswelt, die Welt der Wissenschaft, der Wirtschaft und der technischen Macht, keinen Namen hat. Die Wahrnehmung des Menschen wie die jedes Tiers ist elementar affektiv. Liebend, begehrend, fürchtend nehmen wir wahr. Die Affekte sind vernünftig*, aber in der Kultur belehrungsbedürf-

---

* Vgl. »Der Garten des Menschlichen« I, 8: »Das Schöne«, II, 4: »Die Vernunft der Affekte«.

tig. Die große mythische Bilderwelt der überlieferten Religion gab den menschlichen Affekten den direkt emotional wirksamen Halt einer überwölbenden, aber unanalysierten Vernunft. Religion als innere Erfahrung, als Glaube, Gebet, Liturgie, Meditation, Mystik ist die Fähigkeit, sich in dieser Vernunft lebendig zu bewegen. Die Meditationswelle der letzten zehn Jahre ist ein Symptom eines Durstes unter der Austrocknung durch die Willens- und Verstandesneurose. Die alternative Bewegung der Gegenwart ist ohne dieses Verlangen nach affektiver Vernunft unverständlich. Der frühe Rationalismus hat nun freilich in der Dogmatik der Religionen die mythischen Aussagen in theoretische Sätze mit Wahrheitsanspruch umgesetzt und hat dadurch den späteren Konflikt mit dem weiterentwickelten Rationalismus der Wissenschaft provoziert. Die »Entmythologisierung«, eine Übersetzung des im Mythos Gemeinten in moderne Rationalität, verfehlt nur allzuleicht die eigentlich im Mythos ausgesprochene Erfahrung, verflacht oder verdünnt sie. Das heutige Denken versteht die mythische Vernunft noch am ehesten durch den Vergleich mit der Kunst.

Wir sollen uns nicht einbilden, wir könnten unsere politischen Probleme lösen, solange wir der liebenden Wahrnehmung des Mitmenschen unfähig sind. Eine Weltdiktatur können wir ohne sie bekommen, aber keinen Frieden. Nun ist der geistige Prozeß zwischen Religion und modernem Bewußtsein langfristig. Von ihm mußte hier die Rede sein, damit wir an der Ungelöstheit einer langwierigen Aufgabe nicht verzweifeln. Nicht warten aber können wir mit den ethischen Problemen.

Politik und radikale Ethik. Liebende radikale Ethik ist von höchster politischer Aktualität, sie ist ein Gebot der Stunde. Die Bergpredigt beginnt mit den Seligpreisungen. Sie beginnt nicht mit der abstrakten und unerträglichen moralischen Forderung, welche den Selbsthaß und das Zelotentum, den sich für legitim haltenden Haß gegen den Gegner erzeugt. Liebe ist der Affekt, der das Ertragen des Mitmenschen und – beim moralisch Sensiblen – das Ertragen der eigenen Person erst möglich macht. Diese Liebe ist jenseits der Willensanstrengung; sie wird als Gnade erlebt. Sie gestattet dann das Gebot: Liebe Gott von ganzem Herzen und ganzer Seele und deinen Nächsten wie dich selbst. Sie eröffnet die Fähigkeit des vernünftigen Zusammenwirkens, die »intelligente Feindesliebe«.

Das gegenwärtige Buch ist von seinen ersten kirchlichen Texten an eine Auseinandersetzung mit der Auslegung dieses Gebots in der aktuellen Politik. Jetzt, am Ende des Buchs im Blick auf das erkennbar gewordene Wanken aller großen Entwürfe, muß uns offenkundig sein, daß es keinen Ersatz für die Fähigkeit zur Feindesliebe gibt. Wenn einige von uns der Feindesliebe fähig sind, so garantiert das nicht, daß der Friede erhalten bleibt – die Lösung der Krise ist jenseits unserer Macht. Wenn aber niemand in unserer Welt sich der Feindesliebe fähig erweist, so ist die Katastrophe *dieser* Welt gewiß.

Von den »Heidelberger Thesen« von 1959 an aber geht die Auseinandersetzung um eine harte konkrete Entscheidung, die Entscheidung für oder gegen eine Politik völliger Gewaltlosigkeit. Der Abschnitt »Kirchliche Kommissionen« im Aufsatz »Zum Arbeitsplan« von 1969 schildert die Art, wie ich selbst in diese Auseinandersetzung verwickelt wurde. Man hat in unserem Lande diese Frage seit 1960 fortschreitend vergessen; heute aber taucht sie angesichts der wiederentdeckten Kriegsgefahr als ein die Kirche leidenschaftlich erregendes Thema wieder auf. Darum seien heute noch einige Worte darüber zu den älteren Äußerungen hinzugefügt.

Wer dem Wortlaut der Reden Jesu als einem Gebot folgen will, der kann nur die völlige Gewaltlosigkeit wählen. Spätestens seit Konstantin ist die Mehrheit der Christen diesen Weg nicht gegangen. Heutiges historisches Denken kann diese Entwicklung scheinbar leicht verstehen*. Die Bergpredigt ist zu dem kleinen Kreis wandernder Jünger gesprochen. Die frühe Kirche war eine machtlose Minderheit im römischen Großreich. Sie konnte gewaltlos sein, denn Gewalt war nicht von ihr verlangt. Dann geschah das von der christlichen Enderwartung aus Unwahrscheinlichste: das jüngste Gericht blieb aus, die Welt blieb unverwandelt, aber die Christen wurden zur Mehrheit und damit zum politischen Verantwortungsträger in der

---

* Vgl. dazu »Deutlichkeit« S. 149–153; »Der Garten des Menschlichen«, S. 502–508; P. Lapide und C. F. v. Weizsäcker »Die Seligpreisungen. Ein Glaubensgespräch«, Calwer, Kösel, 1980.

unverwandelten, gewalterfüllten Welt. Seitdem verwandelt nun doch die innere Spannung des Christentums und seiner neuzeitlichen säkularisierten Erben langsam und unaufhaltsam die Menschheit. Für geschichtliche Umschaffungen sind zweitausend Jahre keine lange Zeit. Christen, die ihrem Meister treu blieben, durften mit keiner der geschichtlichen Phasen, in denen sie lebten, ihren Frieden machen: nicht mit der imperialen Verwaltung der Römer, nicht mit dem Jahrtausend einer herrschenden christlichen Kirche, nicht mit der Willens- und Verstandeskultur der Neuzeit. So auch in unseren Jahrzehnten. Einzelne Christen und kirchliche Organisationen haben in aktiver Nächstenliebe der sozialen Ungerechtigkeit, dem Elend in der Welt, den eingeschliffenen politischen Konflikten entgegengewirkt. Der Kirche hätte es zufallen können, den Selbstbetrug zu entlarven, der in den letzten zwei Jahrzehnten den Frieden als durch Gewaltandrohung gesichert ansah. Viele christlich motivierte Kriegsdienstverweigerer leisteten ihren Beitrag zu dieser Bewußtseinsbildung; aber gerade auch christlich gläubige verantwortungsbewußte Soldaten gehörten zu denen, die sich und andere am wenigsten über die reale Gefahr zu täuschen bereit waren. Die Kirche im ganzen aber war wohl nicht erleuchteter als die Gesellschaft, in deren Mitte sie lebte.

Heute stellt sich von neuem die Frage, ob zur Pflicht des Christen die totale Verweigerung der Teilnahme an einem System gehört, das sich durch eine ungeheure Gewaltandrohung zu schützen hofft. Das gegenwärtige Buch ruft nicht zu dieser Verweigerung auf. Für mich aber ist dies die schwerste Wahl, und ich muß hier zuerst hervorheben, wie stark die Gründe für die Verweigerung sind.

Gewiß ist die Bergpredigt nicht »Gesetz«, sondern »Evangelium«, d.h. nicht eine Vorschrift für heilsnotwendiges Handeln, sondern das Angebot erlösender Liebesfähigkeit. Aber wieviel tiefer haben zu allen Zeiten diejenigen gesehen, die, sei es auch in unreflektiert naiver Gläubigkeit, von diesem Angebot Gebrauch machten, die das weltlich Aussichtslose wagten, als die klugen Konformisten! Tief eindrucksvoll war mir die Schlußbemerkung im hier abgedruckten Aufsatz meines Vaters von 1950, am Ende eines erfolglos der Kriegsverhütung gewidmeten Lebens. Wenn das Unheil geschehen sein sollte, das heute droht, so wird man sich der Stimme der Verweigerung erinnern und nicht der erfolglos bremsenden Mitwirkung.

In bedrohlicher Weise irrig ist freilich die Meinung, die Verweigerung als solche sei ein »Weg aus der Gefahr«. Würde die Verweigerung politisch wirksam, so wäre sie zunächst eine Risiko-Kur. Sie wäre die rasche Destabilisierung eines erstarrten Zustands, eine Beschleunigung der Krise. Am konkreten Beispiel gesagt: Eine Herauslösung der Bundesrepublik aus ihrem Verteidigungsbündnis der Nato würde das europäische Gleichgewicht, das immerhin sechsunddreißig Jahre des Friedens in diesem Kontinent garantiert hat, ins Fließen bringen. Und wenn in unserem Lande ein Krieg der Großmächte ausgefochten würde, so würden die amerikanischen Atomwaffen uns nicht mehr verschonen als die russischen. Verweigerung in dem Augenblick, in dem man viel zu spät die Gefahr entdeckt, ist kein Mittel, doch noch einmal davonzukommen. Sie ist nur eine Feigheit mehr.

Christliche Verweigerung ist nicht ein Mittel, keine Gewalt zu leiden; sie hat oft genug, gerade weil sie aufreizend war, ins Martyrium geführt. Sie ist der Wille, nicht Gewalt zu üben. Ein ganzes Volk, das, wissend was es riskiert, diesen Willen hätte, würde freilich etwas im Gang der Weltgeschichte ändern. Ich habe nicht gewagt, meinem Volk zu dieser Haltung zu raten, denn ich habe nicht geglaubt, daß es zu ihr fähig sei. Zu Schritten in der Gefahr, ohne Gewißheit des Erfolgs, kann ich ihm raten. Auch diese Schritte werden vergeblich sein ohne Ausbildung der Fähigkeit, den Mitmenschen auch im Gegner wahrzunehmen, ohne intelligente Feindesliebe.

Schritte in der Gefahr

Diese Schritte stehen, wie eingangs gesagt, unter drei Bedingungen: sie müssen am Abgrund vorbeiführen, sie müssen die Welt ohne Katastrophen verändern, sie müssen einem radikalen Wandel des Bewußtseins und der Organisationsformen zusteuern. Wir steigen durch die Bereiche zurück: von der Menschlichkeit, von der die Rede war, über den Bewußtseinswandel in Kultur und Gesellschaft in die politischen Entscheidungen des Tages.

Begegnung der Kulturen und Ethik der technischen Welt. Es gibt keinen Anlaß, am Bewußtseinswandel in der heutigen Menschheit, zumal in der Jugend, zu zweifeln. Er vollzieht sich rasch, wahrscheinlich rascher als jemals in der bisherigen Geschichte. Die Gefahr liegt darin, daß die materielle Veränderung ihm noch rascher vorausgelaufen ist und uns vor Aufgaben stellt, für welche die angemessenen Verhaltensweisen in keiner Tradition bereitliegen, sondern erst gefunden werden müssen. Der Bewußtseinswandel tastet sich zweifelnd durch die wankenden überlieferten Entwürfe. Oft genug reagiert er mit Verzweiflung, die als Resignation, als Versinken in Sucht und Traumwelten, aber auch als kalte Wut und planmäßiger Terror* auftreten kann. Kennzeichnender für die Chance des Bewußtseinswandels ist vielleicht die folgende Schilderung des Bewußtseins heutiger Jugend**.

»1. Die ›fröhliche Souveränität‹ zumindest eines Teils der Jugendlichen gegenüber den Gesetzmäßigkeiten der industrie-wirtschaftlichen Zivilisation, deren zentrale Kategorie das Anwachsen des Bruttosozialprodukts ist.

2. Die bei vielen Jugendlichen gestiegene Fähigkeit, nach den eigenen Bedürfnissen zu leben. Die Fähigkeit auch, sich nicht diktieren zu lassen, was wichtig zu sein hat.

3. Die neue Sensibilität gegenüber der Natur.

4. Die basisdemokratische Fähigkeit, von Institutionen (Polizei, Kirche, Behörden, Staat) Legitimation zu verlangen; das selbstverständliche Mißtrauen gegen Macht...

5. Die neue ›Internationalität‹ oder die neue Art, sich synkretistische Lebensphilosophien zusammenzustellen.«

Beginnen wir mit dem fünften Punkt! Synkretismus ist das natürliche Ergebnis einer von beiden Seiten her noch unbewältigten Begegnung von Kulturen. Einflüsse sind zwischen den Weltkulturen seit wenigstens viertausend Jahren hin und hergegangen. Heute zwingt der technische Fortschritt die Kultu-

---

* Zum Terror vgl. in »Deutlichkeit«: »Verteidigung der Freiheit«, S. 9–21.
** Klaus Röhring, Jugend '80, in L '80, Heft 14, S. 70 f. Zitiert nach E. Eppler, Wege aus der Gefahr, S. 114.

ren, in *einem* Lebensraum miteinander zu existieren. Es wird lebenswichtig, daß sie einander verstehen. Eine völlig neue Kultur mag sehr wohl am Ende dieser Begegnung stehen*. Es ist hoffnungsvoll, wenn die Bewußtseinsarbeit dieser Begegnung in Heiterkeit geschieht.

Die Ethik der technischen Welt, die sich im Bewußtseinswandel entwickeln muß**, enthält den Übergang von der kindischen Verfolgung der Technik als Selbstzweck zu ihrer erwachsenen Beherrschung als Mittel zu vernünftigen Zwecken. Die »fröhliche Souveränität« im Punkt 1. der obigen Aufzählung ist gleichsam eine jugendliche Zwischenphase, der Unmündigkeit entronnen, zur Verantwortung für das Ganze noch nicht aufgerufen. Der Streitbegriff, an dem sich in der gegenwärtigen Debatte die Geister scheiden, ist der des Wirtschaftswachstums. Wenn Kinder einer Wohlstandsgesellschaft das Wachstumsideal verwerfen, so ist das zunächst noch nicht imposant. Man verwirft einen Begriff, der noch in der Generation der Eltern die Überwindung bitterer Not meinte, und in weiten Regionen der dritten Welt heute dasselbe meint. Man verwirft ihn, weil man die Grenzen seiner Anwendbarkeit und sein Ungenügen als Kern eines »großen Entwurfs« erkannt hat. Ich habe von der Möglichkeit einer asketischen Kultur gesprochen und damit die Anhänger der fröhlichen Souveränität ebenso wie diejenigen des Wachstumsideals geärgert. Ich weiß sehr wohl, daß Askese letztlich in Freude geschehen kann und soll. »Der Mensch ist nicht zum Vergnügen geboren, sondern zur Freude«, las ich unlängst auf einem Kalenderblatt. Ich wollte darauf hinweisen, daß die ökologisch und vielleicht ethisch notwendige Begrenzung des Wachstums eine harte, schwer erfüllbare Forderung ist. Ich vermute, daß in der bisherigen Geschichte die langfristig stabilen Kulturen ihre politische Stabilität immer einem langsam fortschreitenden Wirtschaftswachstum zu danken hatten. Ethik der technischen Welt bedeutet unter anderem Wachheit des Bewußtseins für diese harten Fagen.

---

* Vgl. Kapitel III »Jenseits Europas«, zumal die Aufsätze über Indien und Japan.
** Vgl. »Bedingungen des Friedens« (1963) und »Gehen wir einer asketischen Weltkultur entgegen?« (1978).

Recht, Freiheit, Solidarität. Liberaler Rechtsstaat, Demokratie, Sozialismus sind als »große Entwürfe«, als »Wege aus der Gefahr« überfordert; in solcher Überspannung ihrer Möglichkeiten verfallen sie in Ambivalenz, ja in Selbstzerstörung. Als regulative Prinzipien des Umgangs einer Gesellschaft mit sich selbst haben sie ihren unentbehrlichen Sinn. Ich erlaube mir, einige wenige persönliche Akzente dazu zu setzen.

Punkt 4. der obigen Aufzählung, die basisdemokratische Legitimationsforderung, erscheint mir als ein entscheidend wichtiger Bewußtseinsfortschritt. Ich nehme dafür die zeitweilige Stilisierung in Kauf, die so tut als habe sie die beglückende Erfahrung der Ehrfurcht verlernt. Wenn schon in der technischen Welt nicht überall Entscheidung durch die Betroffenen möglich ist, so wenigstens Offenlegung der Entscheidung vor den Betroffenen.

Für einen idealistischen Irrtum halte ich hingegen die sozialistische Forderung der Vergesellschaftung der Produktionsmittel. Keine ökonomische Organisationsform löst als solche die Probleme mangelnder gesellschaftlicher Solidarität. Aber der Markt, der mit dem Eigeninteresse den Verstand jedes Einzelnen in Anspruch nimmt, ist m. E. demokratischer *und* effektiver als die im durchgeführten Sozialismus anscheinend unvermeidliche Herrschaft einer Bürokratie.

Kontrolle des Markts ist eine politische Aufgabe. Wir bemerken hier noch einmal die Unentbehrlichkeit des liberalen Rechtsstaats. Rechtlich garantierte politische Freiheit ist Vorbedingung unbefangener gemeinsamer Vernunft, Vorbedingung des »herrschaftsfreien Diskurses« oder, vielleicht realistischer gesagt, des nichtmörderischen Meinungsstreits.

Weltwirtschaftsordnung. Indem wir zu den politischen Entscheidungen zurückkehren, sei auf die im Buch enthaltenen Kataloge von Vorschlägen oder Forderungen verwiesen. In Stichworten seien zuerst diejenigen rekapituliert, welche die Wirtschaft betreffen.

Was folgt?

Zur Energiepolitik*:
1. Erste Priorität für Energieersparnis
2. u. 3. Kernenergie, soweit mit unserer militärischen Strategie vereinbar**.
4. Förderung der Sonnenenergie und Kernfusion.

Diese Empfehlungen sind heute weniger originell als sie zur Zeit ihrer Aufstellung im Juni 1975 waren. Der Zusammenhang mit dem militärischen Problem wird m. E. noch immer unterschätzt.

Zur Weltwirtschaftspolitik***:
1. Der Weltmarkt soll wachsen und nicht abnehmen.
   a. Kein Autarkiestreben der Industrieländer
   b. Keine Kampagne gegen die multinationalen Firmen
   c. Wirtschaftliche Unabhängigkeit der Nationen der dritten Welt
   d. Internationale staatliche Regelungen und Organisationen.
2. Wirtschaftswachstum ist kein Selbstzweck, sondern ein differenziert zu bewertendes Mittel
   a. Abnahme der Wachstumsrate in den Industrieländern
   b. Fortdauerndes Wachstum in der dritten Welt.
3. Umverteilung der Arbeitszeit ist zu fördern
   a. Keine Verteidigung unproduktiver Arbeitsplätze
   b. Es liegt im längerfristigen Interesse der Arbeiter der ganzen Welt, daß die Beschäftigungsquote und die Arbeitslöhne in der dritten Welt steigen.

Auch diese Empfehlungen, 1976 formuliert, sind, isoliert genommen, heute wenig originell. Ihre Kombination entspringt einer Analyse, die in den drei Versionen der »Vermutungen« und im Vortrag »Wechselwirkung weltweiter ökonomischer

---

* Vgl. Kapitel V, erster und letzter Aufsatz.
** Vgl. dazu »Die europäische Rüstungsgefahr der Achtzigerjahre«, These 11, und die Erläuterung am Schluß von »Hintergrund zur europäischen Rüstungsgefahr der Achtzigerjahre«.
*** »Zur längerfristigen Wirtschaftsprognose. Konsequenzen«.

und politischer Probleme« (1977) dargestellt ist*. Sie dringen, von einem Nichtökonomen entworfen, nicht bis zu den konkreten wirtschaftlichen Entscheidungen vor. Ihre Tendenz ist global und bewahrend und geht mit beiden Gesichtspunkten eher auf die wirtschaftpolitische Bewußtseinsbildung. Auch die Schritte in der Weltwirtschaft führen an Abgründen vorbei.

Weltpolitische Zusammenarbeit. Kriegsverhütung für die zwei nächsten Jahrzehnte – für die wir heute höchstens planen können – verlangt ein funktionierendes minimales Einverständnis der beiden militärischen Weltmächte. Es darf minimal sein: nicht Freunde müssen die beiden Supermächte sein, aber für einander berechenbar. Das setzt eine Bedingung der Gegenseitigkeit. Die Sowjetunion kann höchstens dann für die Vereinigten Staaten berechenbar sein, wenn die Vereinigten Staaten für die Sowjetunion berechenbar sind, und umgekehrt.

Von den »Fünf Thesen zum Dritten Weltkrieg« (1976)** behandelt die zweite diese Frage. Sie sei hier wiederholt:

2. Eine Politik, die den Weltkrieg verhindert, ist möglich und wird heute versucht.
    2.1. Die erste Aufgabe der Weltkriegsverhütung ist die Stabilisierung des amerikanisch-russischen Duopols.
    2.2. Das Duopol ist langfristig instabil. Es muß in einem kriegerischen Austrag oder in einer pluralistischen Mächtestruktur enden.
        2.1.1. Eine Politik, die den unkriegerischen Sieg einer der Weltmächte durchzusetzen versucht, ist keine Friedenspolitik.
        2.1.2. Der friedliche Übergang in eine pluralistische Struktur ist nur nach vorheriger Stabilisierung des Duopols möglich.

Diese gegliederte These ist eine Ausarbeitung der Überlegungen zum weltpolitischen Zyklus (1965). Statt »Bipolarität« ist

---

* Zum Arbeitsmarkt vgl. den Schluß von »Gehen wir einer asketischen Weltkultur entgegen?«
** Hier auf S. 254 f. abgedruckt.

hier nur das der ökonomischen Sprechweise entnommene Wort »Duopol«* gebraucht. Was dort »kooperative Bipolarität« hieß, heißt hier »Stabilisierung des Duopols«. Die These ist, daß eine friedliche pluralistische Mächtestruktur nicht ohne, also schon gar nicht gegen die Stabilisierung der unvermeidlichen militärischen Vorherrschaft der beiden Weltmächte durchgesetzt werden kann.

Was heißt hier Stabilisierung? Wählen wir ein bis heute noch erfolgreiches Beispiel eines stabilisierten Duopols der Weltmächte: die Stabilität Europas. Der Friede in Europa seit 1945 ist durch die Abgrenzung der beiderseitigen Interessensphären auf der Konferenz von Jalta (1944) gesichert worden. Die Gestalt dieser Abgrenzung war der »eiserne Vorhang«, ihre Vorbedingung die Teilung Deutschlands, ihre Folge die Unmöglichkeit, die stets wiederkehrende gewaltsame Unterdrückung der Freiheitsbewegungen in Osteuropa zu verhindern. Aber sie hat das eine geleistet: sie hat den unausweichlichen Interessenkonflikt der Supermächte daran gehindert, in Europa in einen Krieg auszubrechen. Der Herzenswunsch der »Wiedervereinigung Europas« erwies sich in der bipolaren Weltstruktur als unerfüllbar; der Friede der Abgrenzung war die zweitbeste – und eben eine mögliche – Lösung.

Weltweit liegt das Problem heute nicht grundsätzlich anders. Georg Picht hat es in vollendeter Klarheit im Titel eines Aufsatzes** ausgesprochen: »Wir brauchen ein globales Jalta.« Dieser Titel ist eine Herausforderung. Es ist evident, wie verhaßt zumal in der Dritten Welt ebensowohl der Hegemoniekonflikt wie die faktische Interessengemeinschaft der Supermächte ist; ein Blick auf Maos China oder auf die islamische Renaissance genügt, um das zu sehen. Aber die mehr als hundert Kriege in der Dritten Welt seit 1945 sind in ihrer Mehrzahl nicht die Folge des Konflikts der Supermächte, sondern regional ungeklärter Machtverhältnisse in einem globalen Machtvakuum.

* Eine sprachliche Anmerkung: »-pol« in »bipolar« kommt von griechisch pólos, was Achse oder Pol (Ende der Achse) bedeutet. »-pol« in »Monopol«, »Duopol«, »Oligopol« kommt von griechisch poléo, was heißt »ich verkaufe«. Der Monopolist ist der einzige Verkäufer, etc.
** Merkur, Oktober 1980.

Die blutigsten, langwierigsten Kriege gingen dann, gespeist von den regionalen Gegensätzen, um die zuvor fehlende Interessenabgrenzung der Supermächte. Und die leidenschaftlichsten Vorkämpfer der Unabhängigkeit von den Supermächten vermochten nicht, sich dem Bündnis mit einer von ihnen permanent zu entziehen. China, seit 1960 mit Rußland entzweit, ist seit 1979 mit Amerika nahezu verbündet; Vietnam rettete sich vor Amerika und dann vor China ins russische Bündnis; Indien lehnte sich maßvoll an Rußland an; die islamische Welt ist von der unentschiedenen Wahl der Bündnispartner zerrissen. Es ist wahrscheinlich, daß die Supermächte de facto weniger militärische Interventionen in der Dritten Welt unternehmen würden, wenn sie eine Einigung über ihre Interessenzonen erreicht hätten, welche die Anerkennung großer neutraler Bereiche und eine verabredete Kooperation mit den regionalen Mächten einschließen müßte – weniger Interventionen als in der Vergangenheit, in der es oft genug hieß: wer zuerst kommt, mahlt zuerst.

Diese Abgrenzung wäre kein völlig neuer Schritt; sie wäre weitgehend eine Einigung auf Anerkennung des Status quo. Man kann fragen, wozu sie dann gerade heute nötig sei. Die Antwort lautet: weil gerade in den jetzt kommenden Jahren der Status quo in einem Krieg unter Beteiligung der Weltmächte zusammenbrechen könnte. Die im Kapitel VII dieses Buchs und zu Beginn dieses Aufsatzes erörterten Gründe dieser Besorgnis brauche ich hier nicht zu wiederholen. Die Frage ist, was gegen diese Gefahr getan werden kann.

Die Kriegsgefahr der Achtzigerjahre beruht nicht unmittelbar auf der aggressiven Politik der Sowjetunion, einer Politik, die ihre westlichen Gegner gerne mit der Formel »Weltherrschaftsstreben« bezeichnen. Die sowjetische Führung bekennt sich zum Glauben an den weltweiten Sieg des Sozialismus, und sie treibt konsequente, aber vorsichtige Machtpolitik. Die Kriegsgefahr beruht auf der Kombination der militärischen Stärke des Sowjetimperiums mit seiner fortschreitenden wirtschaftlichen Schwäche und politischen Bedrohtheit. Die Gefahr wäre sehr gemindert, wenn die sowjetische Führung zu der Überzeugung kommen könnte, daß die ihr drohende Gefahr zuverlässiger durch große ökonomische Kooperation mit dem

Westen (und Japan) und durch deutliche Abgrenzung der Interessenzonen abgewehrt werden kann als durch einen weiteren Wettlauf in militärischer Stärke, einen Wettlauf, den sie, wenn der Westen ernstlich auf ihn eintritt, verlieren müßte.

Es war Kissingers Politik, gegenüber der Sowjetunion Stärke, aber Berechenbarkeit zu zeigen. Er wollte die Sowjetunion in ein weltpolitisches Gleichgewichtssystem integrieren und ihr deutlich machen, daß eben dies das Optimum ist, das sie erreichen kann. Kissinger ging also, im Sinne der obigen These 2.1.1., davon aus, daß die den Endsieg des Sozialismus ansteuernde Politik der Sowjetunion auch dann keine Friedenspolitik ist, wenn sie nicht beabsichtigt, sich durch einen von sowjetischer Seite begonnenen Weltkrieg durchzusetzen.* Eine Macht, die in diesem Sinne die Bedingungen des »Konzerts der Mächte« letztlich nicht anerkennt, nannte Kissinger** in seinem klassischen Buch über Castlereagh und Metternich eine »revolutionäre« Macht. Er versuchte, die Sowjetunion durch Stärke und Berechenbarkeit des Westens zu überzeugen, daß diese ihre »revolutionäre« Politik zum Mißerfolg verurteilt und darum für die sowjetischen Interessen selbst schädlich ist. Er hat es als einen entscheidenden Fehler des amerikanischen Kongresses um 1974 bezeichnet, einerseits in der Rüstung kurzzutreten, andererseits der Sowjetunion die von der amerikanischen Regierung gewünschte wirtschaftliche Meistbegünstigung faktisch, durch Kopplung an unerfüllbare Bedingungen des »Wohlverhaltens«, zu verweigern. Den Fehler unzureichender Rüstung beginnt Amerika heute zu überkompensieren. Den Fehler, der Sowjetunion kein für sie akzeptables Konzept kooperativer Bipolarität anzubieten, hat es noch nicht überwunden.

Im Frühjahr 1980, nach Afghanistan, aber noch in der Ära Carter, sagte mir ein sowjetischer Vertreter bei einem internationalen Treffen: »Die USA wollen uns in einen Rüstungswettlauf verwickeln, den wir wirtschaftlich nicht durchhalten, um

---

* Vgl. dazu »Moskaus Rüstung – defensiv und bedrohlich« (1979).
** H. Kissinger, A World Restored: Castlereagh, Metternich and the Restauration of Peace, 1812–1822. Boston, Houghton Mifflin 1957. (dt.: Großmacht-Diplomatie, Von der Staatskunst Castlereaghs und Metternichs, Düsseldorf, Econ 1962).

uns wirtschaftlich und dadurch politisch auf die Knie zu zwingen.« Ich antwortete: »Noch wollen sie das nicht, aber Schritte wie Ihr Einmarsch in Afghanistan werden der Richtung in den USA zum Sieg verhelfen, die das will.« Ich erzähle diese Anekdote nicht, um zu erörtern, wer von uns beiden recht hatte, sondern um ein fast unvermeidliches russisches Verständnis der amerikanischen Politik zu schildern. Auch eine amerikanische Politik, welche die Sowjetunion durch einen wirtschaftlich für die sowjetische Seite undurchhaltbaren Rüstungswettlauf in die politische Niederlage zu führen suchte, wäre keine Friedenspolitik. Sie hätte nicht die sowjetische Kapitulation, sondern den Krieg zur Folge.

Gegenwärtig besteht ein tiefgreifender Gegensatz zwischen den Grundstimmungen zur Rüstungspolitik in der öffentlichen Meinung Amerikas und seiner kontinentaleuropäischen Verbündeten. Kurz gesagt: die Europäer wollen Gleichgewicht, Amerika will Wiederherstellung der westlichen Überlegenheit. Gleichgewicht ist bei den heutigen nuklearen Kapazitäten ein militärisch sehr undeutlicher Begriff. Amerika kann zurecht darauf verweisen, daß die Sowjetunion in Panzern und Mittelstreckenraketen überlegen ist. Das militärische »Gleichgewicht« hängt davon ab, welche Waffen mutmaßlich eingesetzt würden. Aber Gleichgewicht ist ein deutlicher politischer Begriff. Es geht den Europäern darum, der Sowjetunion die Bereitschaft zur Aufrechterhaltung des Status quo zu signalisieren. Die heutige amerikanische Politik wird eines Tages danach beurteilt werden, ob ihr die Stabilisierung dieses politischen Gleichgewichts gelungen ist, oder ob sie eine Phase neuer feindlicher Bipolarität eingeleitet haben wird, die alle Aussicht bietet, in einer gemeinsamen Katastrophe zu enden.

Die Bewahrung des Status quo löst die Probleme der Welt nicht. Sie vermeidet die Katastrophe, und das ist viel.

Abrüstung, Rüstungskontrolle, Bevölkerungsschutz. Militärische Abschreckung allein sichert den Frieden nicht, aber falsche rüstungspolitische Schritte gefährden ihn. Deshalb enthält dieses Buch, wie schon sein Partner »Wege in der Gefahr«, eine Reihe rüstungspolitischer Analysen und Forderungen.

Ich beginne mit einem Katalog von Forderungen, die sich die

Kirche m. E. zu eigen machen könnte*. Diese Forderungen sind allgemein gehalten, denn Gemeingut der Kirche kann das moralische Engagement zur Rettung der Menschen sein, nicht aber die Details rüstungspolitischer Entscheidungen. Im dadurch gesetzten Rahmen aber habe ich dann doch versucht, so konkret wie möglich zu werden. Engagement beweist seine Echtheit ja erst, wenn es konkret wird. Die Kirche hätte Anlaß zu fordern:

1. Nichtverbreitung von Kernwaffen
2. Rüstungskontrolle
3. Abrüstung der europäischen Mittelstreckenraketen
4. Nichteinsatz von Kernwaffen
5. Defensive konventionelle Rüstung
6. Zivilschutz
7. Weltweite wirtschaftliche Zusammenarbeit.

Jede Forderung ist im Vortrag erläutert. Auf die Punkte 3., 5. und 6. komme ich alsbald ausführlicher zurück. Hier sei zu den anderen vier Forderungen noch je eine Bemerkung gemacht.

Zu 1.: Die Bemühung um die Nichtverbreitung von Kernwaffen, der ich in diesen Jahrzehnten viel Zeit gewidmet habe, ist in diesem Buch sehr unvollständig dokumentiert, vor allem, weil sie meist nicht in der Öffentlichkeit geschah, und weil sie erfolglos war. Schon die Göttinger Erklärung von 1957 zielte auf sie. Diese Erklärung sollte am Beispiel der eigenen Nation die Überzeugung glaubwürdig machen, daß nationaler Besitz von Atomwaffen eine Nation nicht permanent schützt und im Ernstfall tödlich gefährdet. *Diese* Überlegung können gerade die religiösen Menschen in jedem Lande anstellen und öffentlich vertreten. Denn gerade die großen Religionen haben einen hinreichend realistischen Blick auf die menschliche Geschichte, um gegen die Hoffnung »das Unglück wird schon nicht passieren« skeptisch zu sein.

---

* Aus: »Glaube und wissenschaftlich-technische Welt« (1980). Der direkte Adressat war hier die katholische Kirche. Der Katalog wurde in den »Evangelischen Kommentaren« (Februar 1981) abgedruckt. In der Tat ist er so abgefaßt, daß er für alle Kirchen akzeptabel sein sollte.

Zu 2.: Hier ist Rüstungskontrolle sichtlich nicht als »großer Entwurf«, sondern als diplomatisches Instrument, als Bremse des Wettrüstens gemeint.

Zu 4.: Die Forderung einer moralischen Selbstverpflichtung, Kernwaffen nicht, oder wenigstens nicht als erster einzusetzen, spielte in den Beiträgen dieses Buchs vor 1980 keine Rolle. Ich war dafür zu skeptisch. Ich fand die Forderung einerseits nicht radikal genug, um die Gefahr des Ausbruchs eines großen Kriegs zu verhindern, und für die Zeit nach seinem Ausbruch konnte ich andererseits nicht an ihre Einhaltung glauben. Ich habe heute nicht meine grundsätzliche Skepsis, wohl aber meine Meinung über den politischen Nutzen einer von höchster moralischer Autorität getragenen Forderung dieser Art geändert. Alle großen Entwürfe der Friedenspolitik haben sich totgelaufen. Wir müssen weiterhin alles versuchen, den großen Krieg zu verhüten. Aber die Forderung, im Falle des Kriegs wenigstens die Gefährdung der Menschen soweit als möglich zu vermindern, gewinnt wachsendes moralisches Eigengewicht. Wie im Vortrag erläutert, ist der Westen bei seiner heutigen Rüstungsstruktur zu einem ehrlichen Verzicht auf den Ersteinsatz von Kernwaffen militärisch außerstande. Aber die berechtigte Angst der Bevölkerung vor dem nuklearen Ernstfall wächst, und alternative Rüstungssysteme (vgl. Forderung 5.) sind möglich. Ich wiederhole den Satz aus dem Vortrag: »Es stünde der Kirche, zumal seit der UNESCO-Rede des Papstes, wohl an, in dieser Frage schlicht moralisch zu reagieren und von den westlichen Regierungen eine Rüstungsentwicklung zu fordern, die sie schrittweise von der Nötigung zur Drohung mit dem nuklearen Ersteinsatz befreit.«

Zu 7.: Weltweite wirtschaftliche Zusammenarbeit ist weiter oben erörtert. Der Schlußsatz im Vortrag: »Unter Einbeziehung nicht nur der Dritten Welt, sondern auch der sozialistischen Länder« zielt auf den entscheidend wichtigen wirtschaftlichen Aspekt der Stabilisierung der Beziehung zwischen den Weltmächten. Westliche »Habichte« * meinen, man erhöhe die

---

* Der Vogel *hawk* wird zu Unrecht ins Deutsche als »Falke« übersetzt. Der *dove* (Taube) steht der Habicht gegenüber.

Gefahr, welche die Sowjetunion für die Welt bedeutet, wenn man ihr helfe, ihre wirtschaftlichen Probleme zu überwinden. Ich leugne die Gefahr nicht. Aber ich halte die in die Enge getriebene Sowjetunion für gefährlicher als die in ein Weltsystem integrierte. Und, wenn Krieg vermieden wird, bin ich außerstande, die wirtschaftliche, kulturelle oder im Sozialsystem liegende Bedrohung durch die Sowjetunion als eine unüberwindliche Gefahr für die soviel fortgeschrittenere westliche Gesellschaft oder die soviel älteren und fundierteren Kulturen Asiens anzusehen.

Ich gehe nun zu den spezifischeren Thesen zur heutigen europäischen Rüstungspolitik über*:

A. Analyse.
   1.–3. Begrenzter Krieg in Europa wird möglich; das sowjetische Drohpotential gegen Westeuropa ist aus geographischen Gründen durch europäische Raketenrüstung nicht voll zu kompensieren.

B. Ein Angebot.
   4. Die Nato muß ein großes Angebot zu kontrollierter Rüstungsbeschränkung machen.
   5. Vom Atlantik bis zum Ural ein Gleichgewicht von Waffensystemen unter zwei Kriterien:
      – kein Anreiz zu erneutem Wettrüsten
      – keine gegenseitige Selbstmorddrohung
   6. Drei Komponenten des Vertrags:
      – hinreichend freie Inspektion
      – drastische Einschränkung der nuklearen Waffen
      – ein Gleichgewicht der konventionellen Waffen.

C. Mögliche Nachrüstung.
   7. Auch hier die beiden Kriterien: möglichst wenig Anreiz zum Wettrüsten, keine selbstmörderische Drohung.
   8. Im konventionellen Bereich durch nichtnukleare Panzerabwehrwaffen ein defensives, nicht zum Wettrüsten reizendes Gleichgewicht.

* Vgl. »Die europäische Rüstungsgefahr der Achtzigerjahre.« (1979).

9. Nur *seegestützte* Mittelstreckenraketen.

D. »Unvereinbarkeiten«.
 10. Keine landgestützten Mittelstreckenraketen.
 11. Friedliche Nutzung der Kernenergie schließt eine Nato-Strategie aus, die für den Ernstfall begrenzte nukleare Einsätze auf unserem Boden androht und herausfordert
 12. Schutz der Zivilbevölkerung ist unerläßlich.

Diese Thesen sind 1981 politisch aktueller als zuvor. Sie sind im Vortrag (und dem »Hintergrund«, der nach dem Vortrag abgedruckt ist) erläutert. Ich hebe wieder nur einige heute aktuelle Punkte hervor.

Zu B.: Ein *großes* Angebot ist erforderlich. Auch hier gehe ich, nun nicht in einem Vorschlag an die Kirche, sondern in einer Forderung an die Regierungen des Westens, über das hinaus, was ich in den früheren Jahrzehnten vorzulegen gewagt habe. Ich tue es aus demselben Grund der erhöhten Gefahr für die Menschen, hier die Menschen Europas, zumal unseres Landes. Ich habe bisher niemals zur Abrüstung aufgerufen, weil ich nicht glauben konnte, daß sie in der heutigen Weltlage stattfinden werde. Sie ist Folge des Friedens, nicht Weg zum Frieden. Meine grundsätzliche Skepsis hat sich nicht vermindert. Aber jetzt besteht eine akute Gefahr, daß diese Waffen eingesetzt werden. Das rechtfertigt nicht nur entschiedenere Forderungen. Es ist auch denkbar, daß sich die Regierungen auf beiden Seiten, unter dem Eindruck der Gefahr, zu einem begrenzten Schritt echter Abrüstung entschließen. Ihn nicht zu fordern, ist daher unmöglich. Und die westlichen Regierungen werden sich moralisch und diplomatisch durch eine große Forderung eine bessere Ausgangsposition schaffen als durch ein die europäischen Völker ängstigendes Finassieren.

Ich hebe noch einmal den materiellen Grund für eine große, reale Abrüstung der Mittelstreckenraketen hervor. Genau sie sind die Waffen, welche Mittel- und Westeuropa (nicht erst seit den SS20) *tödlich* bedrohen. Ihre Zahl nur zu begrenzen nützt uns fast nichts; es vermindert nur die Kosten, welche die

Sowjetunion für diese Waffen aufzuwenden hat. Die Gefahr würde vermindert nur durch eine *drastische Reduktion,* möglichst eine vollständige Abrüstung der sowjetischen Mittelstreckenwaffen. Was wir der Sowjetunion dafür bieten können, muß die Verminderung der Kriegsgefahr durch Verzicht auf das sonst unvermeidliche Wettrüsten und durch die oben besprochene weltpolitische Zusammenarbeit sein.

Zu 8.: Ich verweise hier noch einmal auf die Studien von H. Afheldt (vgl. die beiden Vorreden in Teil II und Kapitel 11 in »Wege in der Gefahr«. Ein neues Buch seiner Arbeitsgruppe ist in Vorbereitung.)

Zu 9. und 10.: Im Vortrag und »Hintergrund« habe ich vor allem mit der Gefährdung der Bevölkerungen durch landgestützte Raketen als bevorzugtes Ziel eines Präventivschlags argumentiert. Dieses Argument ist so naheliegend, daß es heute der Bevölkerung im breiten bewußt wird. Damit aber stellt sich ein zweites Argument ein*. Es ist nicht zu erwarten, daß die Sowjetunion zur Abrüstung ihrer Mittelstreckenraketen bereit sein könnte, wenn die Gegenbewegung unserer eigenen Bevölkerung den Aufbau unserer Mittelstreckenraketen ohnehin verhindert. Ich kann mir keine westeuropäische Regierung vorstellen, die – selbst wenn ihr die parlamentarische Zustimmung sicher ist – auf die Dauer die Raketenbasen im Land durch Polizei gegen Massen-Protestmärsche zu schützen bereit sein könnte. Der innenpolitische Schaden solcher Vorgänge wäre größer als ihr außenpolitischer Nutzen. Man sieht: das Argument für Seestützung der Raketen ist das eines »Habichts«; Seestützung setzt die Sowjetunion unter stärkeren Druck. Meine Analysen sind zu einem großen Teil »habichthaft«, auch wenn die bescheidenen Lösungsvorschläge auf Taubenfüßen einherkommen**.

---

* Vgl. »Entstehung und Zusammenhang der Aufsätze«.
** Sehr beachtliche detaillierte Vorschläge bei H. G. Brauch »Plädoyer für eine Modifizierung des Nato-Doppelbeschlusses. Zehn Handlungsoptionen für die deutsche Sicherheitspolitik« in »Vorgänge – Zeitschrift für Gesellschaftspolitik«, Juni 1981.

Zu 12.: Im Vortrag »Bevölkerungsschutz gegen mögliche Kriegseinwirkung« habe ich diesen Gedanken zu 5 Thesen verdichtet, mit denen ich die Rekapitulation der Thesenkataloge abschließe:

1. Eine der wichtigsten Maßnahmen zum Bevölkerungsschutz ist die Sicherstellung eines Existenzminimums an längerfristiger Versorgung durch Vorräte und die Ermöglichung einer partiell autarken Binnenwirtschaft.
2. Gegen Radioaktivität abgeschirmte Schutzräume in möglichst großer Zahl sind notwendig.
3. Eine Verzehnfachung der heutigen jährlichen Ausgaben für Zivilschutz ist möglich und notwendig.
4. Improvisierbare Maßnahmen sind vordringlich.
5. Dringend not tut heute ein Wandel des öffentlichen Bewußtseins in Fragen des Bevölkerungsschutzes.

Zu diesen im Vortrag ausführlich erläuterten Thesen mache ich hier nur eine Anmerkung. Man könnte meinen, die Autarkieforderung der These 1. stehe im Widerspruch zu der Forderung 1 a. zur Weltwirtschaftsordnung, welche verlangt, daß die Industrieländer auf Autarkiestreben verzichten. Der funktionale Zusammenhang ist aber wohl für jede der beiden Forderungen klar. Autarkiestreben der Industrieländer im Frieden gefährdet den Weltmarkt und ist dadurch sogar eine Gefahr für den Weltfrieden. Wenn aber ein, vielleicht nur zeitweiliger, Zusammenbruch des Weltmarkts für eine Industrienation wie die unsrige schlicht durch eine Hungerkatastrophe tödlich würde, wäre unsere Wirtschaftspolitik ebenfalls als kurzsichtig widerlegt. Und der Versuch der Sicherstellung eines Existenzminimums für den Fall, in dem man *gezwungen* wäre, längere Zeit auf niedrigstem Niveau autark zu leben, steht nicht im Gegensatz zu der Bewahrung der Funktionsfähigkeit des Weltmarkts in den Gütern, die über das Existenzminimum hinausgehen.

Die gemeinsamen Züge dieser drei rüstungspolitischen Forderungskataloge sind wohl evident. Die vernünftige Reaktion auf die heutige Lage trifft auf ein tiefwurzelndes psychologisches Hindernis. Wenn ein Krieg droht, muß man vernünftigerweise zugleich zweierlei versuchen:

- Verminderung der Wahrscheinlichkeit seines Ausbruchs,
- Verminderung seiner Folgen für den Fall, daß er ausbricht.

Diese uralte Vernunftregel war durch die Abschreckungsdoktrin scheinbar außer Kraft gesetzt. Diese Doktrin war ein »Maultier«, ein Bastard aus zwei sehr verschiedenen radikalen Überzeugungen: dem klassischen Glauben an Schutz durch Waffen und dem neuen Glauben, daß die Institution des Kriegs überwunden werden muß. Der Bastard hat sich als kräftig, aber als unfruchtbar erwiesen. Er hat uns Jahrzehnte der Kriegsverhütung gewährt, aber wir sehen heute, daß er weder den permanenten Schutz durch Waffen garantiert, noch gar die Abschaffung der Institution des Krieges. Die militärischen Planer ahnen das seit mehr als zehn Jahren. Sie entwickeln Waffensysteme mit begrenzter Wirkung, um die Abschreckung glaubwürdiger zu machen. Dieses Argument setzt zweierlei voraus. Erstens hält man offensichtlich (und mit Recht) die bisherige Abschreckung nicht für permanent glaubwürdig. Zweitens beruht die mangelnde Glaubwürdigkeit darauf, daß man den wirklichen Einsatz der Waffen (mit Recht) wegen ihrer selbstmörderischen Wirkung auf die Länder, die man verteidigen will, im Ernst vielleicht nicht wagen würde.

Eine waffentechnische Entwicklung dieser Art ist im bestehenden System wohl unvermeidlich. Sie vernünftig zu steuern, setzt aber voraus, daß man das psychologische Hindernis des fortdauernden Glaubens an die Gewißheit der Kriegsverhütung durch Abschreckung überwindet. Es wäre ein unendlicher Trost, wenn dieser Glaube wahr wäre; der Wunsch, ihn festzuhalten, ist menschlich nur zu begreiflich. *Wenn* er aber irrig ist, so sind einige Maßnahmen, die zur Stabilisierung der Abschreckung erfunden wurden, die Vorbereitung des Selbstmords.

Alle Forderungen der drei Kataloge sind unter der Bedingung entworfen, die beiden Kriterien gleichzeitig zu erfüllen: Verminderung der Kriegswahrscheinlichkeit und Verminderung der Kriegsfolgen; und keine von ihnen vergißt das selbstverständliche dritte Kriterium, mit der Kriegsverhütung zugleich unsere politische Freiheit zu bewahren. Keines der Kriterien läßt sich absolut erfüllen. Die Wahrscheinlichkeit des

Krieges läßt sich vermindern, aber im heutigen System der Mächte nicht fundamental herabsetzen; das Kriterium bleibt eines von »mehr« oder »weniger«.

Die Kriegsfolgen wären, wenn es zum großen Krieg käme, die größte Katastrophe, welche die Menschheit gesehen hat; aber es gibt Maßnahmen, von denen das Überleben oder Nicht-Überleben einer Nation abhängen kann. Vor allem sind nicht, wie in der reinen Abschreckungsdoktrin, solche Schutzmaßnahmen zugleich eine Erhöhung der Kriegswahrscheinlichkeit. Alle Forderungen, die hier aufgezählt sind, zielen auf eine umfassende Politik, welche beide Kriterien erfüllt, weil sie beide erfüllen *will*.

So lenken die einzelnen Forderungen wieder auf die Bedingungen einer einheitlichen und durchdachten Politik weltpolitischer Zusammenarbeit zurück.

Quellennachweis

1 *Bemerkungen zur Atombombe.* Dieser und der folgende Aufsatz:
2 Ernst von Weizsäcker: *Kriegsverhütung* wurden zuerst veröffentlicht in der Ausgabe des Carl Hanser Verlags, München 1981.
3 *»Göttinger« Erklärung.* Aus C. F. von Weizsäcker »Die Verantwortung der Wissenschaft im Atomzeitalter«. Göttingen 1978[6]. Vandenhoeck & Ruprecht. S. 50–52.
4 *Die Atomwaffen.* Aus C. F. von Weizsäcker »Die Verantwortung der Wissenschaft im Atomzeitalter«. Göttingen 1978[6]. Vandenhoeck & Ruprecht. S. 16–30.
5 *Mit der Bombe leben.* Erschienen in DIE ZEIT. Mai 1958. Sonderdruck »Mit der Bombe leben«. Hamburg 1958. Zeitverlag.
6 *Christen und die Verhütung des Krieges im Atomzeitalter.* Zuerst veröffentlicht in der Ausgabe des Carl Hanser Verlags, München 1981.
7 *Heidelberger Thesen.* Aus C. F. von Weizsäcker »Atomzeitalter: Krieg und Frieden«. Witten-Berlin. 1959. Eckard Verlag. S. 226–236.
8 *Tübinger Memorandum.* Zuerst erschienen in Georg Picht »Die Verantwortung des Geistes«. Stuttgart. 1969. Klett-Verlag. S. 411–418.
9 *Hat jeder eine Chance?.* Erschienen in DIE ZEIT. 23. März 1962 mit der Laudatio von Georg Picht.
10 *Bedingungen des Friedens.* Aus C. F. von Weizsäcker »Bedingungen des Friedens«. Göttingen 1974[6]. Vandenhoeck & Ruprecht. S. 5–22.
11 *Der weltpolitische Zyklus.* Aus C. F. von Weizsäcker »Gedanken über unsere Zukunft«. Göttingen 1966. Vandenhoeck & Ruprecht. S. 41–50.
12 *Wiedervereinigung Deutschlands und Europas.* Zuerst veröffentlicht in der Ausgabe des Carl Hanser Verlags, München 1981.
13 *Friedlosigkeit als seelische Krankheit.* Aus C. F. von Weizsäcker »Der ungesicherte Friede«. Göttingen 1979[2]. Vandenhoeck & Ruprecht. S. 32–56.
14 *Acht Prognosen.* Aus C. F. von Weizsäcker »Der ungesicherte Friede«. Göttingen 1979[2]. Vandenhoeck & Ruprecht. S. 62.
15 *Rückblick auf die acht Prognosen.* Aus C. F. von Weizsäcker »Fragen zur Weltpolitik«. München 1976[3]. Reihe Hanser 186. Carl Hanser Verlag. S. 118–120.
16 *Gedanken zum Arbeitsplan.* Zuerst veröffentlicht in der Ausgabe des Carl Hanser Verlags, München 1981.
17 *Kriegsfolgen und Kriegsverhütung.* Aus: H. Afheldt. A. Künkel. A. Pfau. E. Rahner. K. Rajewski. U. P. Reich. H. Roth. Ph. Sontag. C. H. von Weizsäcker. »Kriegsfolgen und Kriegsverhütung«. München 1971[3]. Carl Hanser Verlag. S. 3–21.
18 *Durch Kriegsverhütung zum Krieg?* Aus H. Afheldt. Ch. Potyka. U. P. Reich. Ph. Sontag. C. F. von Weizsäcker: Durch Kriegsverhütung zum Krieg? Die politischen Aussagen der Weizsäcker Studie Kriegsfolgen und

Kriegsverhütung. München 1974². Reihe Hanser 79. Carl Hanser Verlag. S. 75–79. S. 9. S. 47–48.
19 *Fragen zur Weltpolitik*: Aus dem Vorwort aus: C. F. von Weizsäcker. Fragen zur Weltpolitik. München 1976³. Reihe Hanser 186. Carl Hanser Verlag. S. 8–9.
20 *Fünf Thesen zum Dritten Weltkrieg*. Aus: C. F. von Weizsäcker: Wege in der Gefahr. München 1978⁶. Carl Hanser Verlag. S. 110–119.
21 *Zum Bewußtseinswandel*. Aus: C. F. von Weizsäcker. Wege in der Gefahr. München 1978⁶. Carl Hanser Verlag. S. 137–138.
22 Vorwort zu Afheldt *Verteidigung und Friede*. Aus: H. Afheldt. Verteidigung und Friede. München 1977². Carl Hanser Verlag. S. 11–13.
23 Vorwort zu Spannocchi und Brossollet. *Verteidigung ohne Schlacht*. Aus: Emil Spannocchi und Egny Brossollet. Verteidigung ohne Schlacht. München 1977². Carl Hanser Verlag. S. 9–14.
24 *Schlußbemerkungen in der Vorlesung über Platons Staat*. Zuerst veröffentlicht in der Ausgabe des Carl Hanser Verlags, München 1981.
25 *Die Ambivalenz der politischen Ideale der europäischen Neuzeit*. Aus: C. F. von Weizsäcker. Der Garten des Menschlichen. München 1981⁸. Carl Hanser Verlag. S. 66–80.
26 *Notizen über Ideologiekritik*. Aus: C. F. von Weizsäcker. Fragen zur Weltpolitik. München 1976⁶. Reihe Hanser 186. Carl Hanser Verlag. S. 122–125.
27 *Das moralische Problem der Linken und das moralische Problem der Moral*. Aus: C. F. von Weizsäcker. Der Garten des Menschlichen. München 1981⁸. Carl Hanser Verlag. S. 116–121.
28 *Die Hoffnung des revolutionären Sozialismus*. Aus: C. F. von Weizsäcker. Wege in der Gefahr. München 1978⁶. Carl Hanser Verlag. S. 82–89.
29 *Indische Reiseeindrücke* aus: C. F. von Weizsäcker. M. Kulessa. J. Heinrichs. Indiengespräche. Indien als Modellfall der Entwicklungspolitik. München 1970. Bruckmann-Verlag. S. 14–19. S. 86–89.
30 *Frieden für Nahost*. Aus: Frieden für Nahost. Studie einer Quäker-Arbeitsgruppe. Hrsg. von Bolling. R. Landrum. München 1972². Chr. Kaiser-Verlag. S. 7–10.
31 *Dritte Welt*. Aus: C. F. von Weizsäcker. Fragen zur Weltpolitik. München 1976³. Reihe Hanser 186. Carl Hanser Verlag. S. 27–34.
32 *Besuch in Japan*. Zuerst veröffentlicht in der Ausgabe des Carl Hanser Verlags, München 1981.
33 *In Mao's letztem Lebensjahr*. Reflexionen über China. Aus: C. F. von Weizsäcker. Wege in der Gefahr. München 1978⁶. Carl Hanser Verlag. S. 103–105.
34 *Islam und Toleranz*. Erschienen in der Süddeutschen Zeitung. 2. November 1979.
35 *Brot für die Welt*. Zuerst veröffentlicht in der Ausgabe des Carl Hanser Verlags, München 1981.
36 *Entwicklung und Deckung unseres Energiebedarfs*. Empfehlungen. Aus: C. F. von Weizsäcker. Wege in der Gefahr. München 1978⁶. Carl Hanser Verlag. S. 40–41.

Quellennachweis

37 *Zur längerfristigen Wirtschaftsprognose.* Vermutungen und Konsequenzen. Aus: C. F. von Weizsäcker. Wege in der Gefahr. München 1978[6]. Carl Hanser Verlag. S. 49–50. S. 79–81.
38 *Wechselwirkung weltweiter ökonomischer und politischer Probleme.* Zuerst veröffentlicht in der Ausgabe des Carl Hanser Verlags, München 1981.
39 *Gehen wir einer asketischen Weltkultur entgegen?* Aus: C. F. von Weizsäcker. Deutlichkeit. München 1979[2]. Carl Hanser Verlag. S. 73–113.
40 *Die offene Zukunft der Kernenergie.* Aus: C. F. von Weizsäcker. Diagnosen zur Aktualität. München 1979[2]. Carl Hanser Verlag. S. 11–34.
41 *Rede am 10. Juli 1974.* Aus: C. F. von Weizsäcker. Fragen zur Weltpolitik. München 1976[3]. Carl Hanser Verlag. S. 149–161.
42 *Erforschung der Lebensbedingungen.* Aus: C. F. von Weizsäcker. Diagnosen zur Weltpolitik. München 1979[2]. Carl Hanser Verlag. S. 47–94.
43 *Ein Brief.* Aus: C. F. von Weizsäcker. Diagnosen zur Aktualität. München 1979[2]. Carl Hanser Verlag. S. 97–100.
44 *Moskaus Rüstung: defensiv und bedrohlich.* Erschienen in DIE ZEIT. Mai 1979. Abgedruckt in: C. F. von Weizsäcker. Diagnosen zur Aktualität. München 1979[2]. Carl Hanser Verlag. S. 35–45.
45 *Die europäische Rüstungsgefahr der Achtzigerjahre.* Erschienen in DIE ZEIT. 16. November 1979.
46 *Hintergrund zur europäischen Rüstungsgefahr der Achtzigerjahre.* Zuerst veröffentlicht in der Ausgabe des Carl Hanser Verlags, München 1981.
47 *Bevölkerungsschutz gegen mögliche Kriegseinwirkung.* Erschienen unter dem Titel: Falls es doch Krieg gibt. Erschienen in DIE ZEIT v. 11. Juli 1980.
48 *Leserbrief hierzu.* Erschienen in DIE ZEIT v. 11. Juli 1980.
49 *Die intelligente Feindesliebe.* Erschienen in »Deutsches Allgemeines Sonntagsblatt« v. 15. Juni 1980.
50 *Glaube und wissenschaftlich-technische Welt.* 1.: gedruckt vom Katholischen Ausschuß der Stadt Köln. 1980. 2.: im Auszug veröffentlicht in Evangelische Kommentare. Februar 1981.
51 *Wissenschaft und Menschheitskrise.* Erschienen in DIE ZEIT v. 10. Okt. 1980.
52 *Entstehung und Zusammenhang der Aufsätze.* Zuerst veröffentlicht in der Ausgabe des Carl Hanser Verlags, München 1981.
53 *Was folgt?* Zuerst veröffentlicht in der Ausgabe des Carl Hanser Verlags, München 1981.

Verzeichnis von politischen Texten, die nicht in diesem Band abgedruckt sind (1948–1980)

1 *Gutachten zur Hochschulreform.* Vom Studienausschuß für Hochschulreform. Hamburg 1948. 132 S.
2 *University reform in Germany.* Report by a German comission (members: Henry Everling, . . ., –, Walter Reimers) appointed by the Military Governor for the British Zone of Germany. Engl. version. London: HMSO for Foreign Office 1949. 67 S.
3 *Wohin führt uns die Wissenschaft?* Festvortrag. In: Ansprachen und Festvortrag auf der 1. ordentl. Hauptversammlung der Max-Planck-Gesellschaft zur Förderung der Wissenschaften e. V. am 5./6. Okt. 1950 zu Köln. Göttingen 1950. Max-Planck-Gesellschaft. 45 (26–45) S. In: Zum Weltbild der Physik. Stuttgart 1957[7] Hirzel Verlag.
4 *Albrecht Haushofer.* In: Zeitschrift für Geopolitik 23 (4): 193–195. 1952.
5 *Erkenntnis ohne Liebe.* In: Christ und Welt v. 21. Okt. 1954.
6 *Zum 75. Geburtstag von Otto Hahn.* Typogr. Ms. v. [1954], 4 S. Fahnenabz.
7 *Declaration of the (18) German Nuclear Physicists.* In: Bulletin of the Atomic Scientists 13 (6): 228. 1957. Orig.: [Göttinger] Erklärung der 18 Atomwissenschaftler.
8 *Die Illusion deutscher Atombomben.* – Aus einem Brief an den Herausgeber. Göttingen, 14. Okt. 1955. In: Helle Zeit – Dunkle Zeit. In memoriam Albert Einstein. Hrsg. von Carl Seelig. Zürich: Europa Verl. 1956. 171 (130–133) S. [Xerok.]
9 *Die Verantwortung der Wissenschaft im Atomzeitalter.* Festvortrag für die Mitgliederversammlung des Verbandes deutscher Studentenschaften am 29. 2. 1957 in Bonn. 1. Aufl. 1. Göttingen: Vandenhoeck und Ruprecht 1957. 51 S. (5–33) (Kleine Vandenhoeck-Reihe. 42.) Beigedr.: Vorwort. (3–4) Politische Wirkungen der Atomwaffen. (34–49) Erklärung der 18 Atomwissenschaftler vom 12. 4. 1957. [Göttinger Erklärung.] (50–52) 2. In: Außenpolitik 8 (6): 344–356. 1957.
10 *Atomenergie und Atomzeitalter.* In: Schweizer Monatshefte 37 (3): 171–180. 1957.
11 *Atombomben und Politik.* (Vortrag, geh. am 3. März 1957 im 3. Progr. des NDR Hamburg.) In: Deutsche Universitätszeitung 12 (10): 3–6. 1957.
12 *Atomenergie und Atomzeitalter.* Festvortrag, geh. auf der Tagung der Zellstoff-, Holzstoff-, Papier- und Pappenindustrie am 28. Mai 1957 in Baden-Baden. Bonn: Treuhandstelle der Zellstoff- und Papierindustrie. 1957. 23 S.
13 *Should Germany have atomic arms?* [Descriptions] of the events which led to the Erklärung der Göttinger Achtzehn. In: Bulletin of the Atomic Scientists 13 (8): 283–286: 13 (6): 228 = Text of Declaration 1957.

14 *Das Atomzeitalter erfordert eine neue Politik.* Auszugsweise Veröffentlichung der wesentlichen Teile eines Referats, geh. in der Evangelischen Akademie Loccum [im Nov. 1957] u. d. T. Herrschaft über das Atom. *1.* In: Die Welt v. 30. Nov. 1957 [C. 1. 1958 a] *2.* In: Friedensrundschau 12 (1). S. 16–22. 1959.

15 *The atomic age requires another policy.* Excerpts from a lecture delivered at the Evangelische Akademie Loccum. Typogr. Ms. (K.) v. 1957. 11 S. [ohne Quellenang.] Orig.: Das Atomzeitalter erfordert eine neue Politik.

16 *Atomenergie und Atomzeitalter.* – 12 Vorlesungen. Frankfurt/M.: Fischer-Bücherei (c 1957) 1958. 165 S. (Xerok.) [Fischer-Bücherei. 188.]

17 *Do we want to save ourselves?* In: Bulletin of the Atomic Scientists 14 (5): 180–184. 1958.

18 *Ethical and political problems of the atomic age.* Lecture, delivered in the Bishop Partridge Hall, Church House, Dean's Yard, Westminster, April 15th, 1958. London: SCM Press 1958. 22 S. (The Burge Memorial Lecture.)

19 *Energieerzeugung durch Wasserstoff-Fusion.* Festvortrag, geh. anläßl. d. 50. Hauptversammlung des VDE am 1. Oktober 1958 in Stuttgart. *1.* In: Elektrotechnische Zeitschrift (ETZ) Ausg. A. 79 (22): 829–836. 1958. *2.* In: Deutsche Universitätszeitung 14 (5). S. 261–268. 1959.

20 *Disengagement in Germany.* Bulletin of the Atomic Scientists Vol. xv. (6) 1959 S. 226–228.

21 *Theodor Pfizer: Ansprache bei der Einstein-Feier* [14. 3. 1959] *in Ulm* [anläßl. d. 80. Geb.Tags]. – *Weizsäcker: Einstein und die Wissenschaft unseres Jahrhunderts.* Göttingen: Musterschmidt 1960. 28 (13–28) S.

22 *Physikalische, technische und biologische Tatsachen.* In: Atomzeitalter, Krieg und Frieden. Hrsg. von Günter Howe. 2. unveränd. Aufl. Witten, Berlin: Eckart 1960. 267 (11–22) S. (Forschungen und Berichte der Evang. Studiengemeinschaft. Bd. 17.) [1. Aufl. 1959.]

23 *Militärische Tatsachen und Möglichkeiten.* In: Atomzeitalter, Krieg und Frieden. Hrsg. von Günter Howe. 2. unveränd. Aufl. Witten, Berlin: Eckart 1960. 267 (23–59) S. (Forschungen und Berichte der Evang. Studiengemeinschaft. Bd. 17.) [1. Aufl. 1959.]

24 *Verpflichtung zum Denken.* In: Die Zeichen der Zeit. Hrsg. von der Evangelischen Verlagsanst. Berlin. 14 (7/8): 259–264. 1960.

25 *Gefahren des Atom-Chaos. 1.* DIE ZEIT. Nr. 42. 14. Okt. 1960 S. 15 *2.* In: Junge Kirche. Protestantische Monatshefte 21 (1): 626–627. 1960.

26 *Wissenschaft und Technik.* In: Velder, Christian: Das moderne Bild der Naturwissenschaften. Ein Lesebuch für Ausländer. München: M. Hueber 1961. (Deutsche Reihe für Ausländer. R. A9.) S. 82–83.

27 *Die Verantwortung der Naturwissenschaft und ihr moralischer Gewinn.* In: Velder, Christian: Das moderne Bild der Naturwissenschaften. Ein Lesebuch für Ausländer. München: M. Hueber 1961. (Deutsche Reihe für Ausländer. R. A9.) S. 112–115.

28 *Die Wissenschaft und die moderne Welt.* Aus dem Engl. [Version b] (Gifford Lectures. 1959–60. 1. [Ausz.] In: Dauer im Wandel. Festschrift zum

70. Geb. Tag. von Carl J. Burckhardt. Hrsg. von Hermann Rinn und Max Rychner. München: Callwey [1961]. 484 (453–464) S.
29 *Falls die Atombomben fallen*... In: Junge Kirche. Protestantische Monatshefte 22: 380–382. 1961.
30 *Göttinger Erklärung heute.* Physikalische Blätter Jg. 17. 1961. Heft 6. S. 263–269.
31 *Das Jahr 1962* – Chancen und Konsequenzen, die sich für die deutsche Bundesrepublik daraus ergeben. In: Welt am Sonntag [?].
32 *Die politische Situation unserer Zeit.* Vortrag, geh. vor dem Übersee-Club in Hamburg am 5. Nov. 1962. In: Mitteilungen des Übersee-Clubs Hamburg 2: 5–31. 1963.
33 *Les conditions de la paix.* – Discours prononcé [au Paulskirche à Francfort] à l'occasion de la collation du Prix de la Paix des libraires allemands. In: documents. Revue des questions Allemandes. 18 (3): 6–14. 1963. Orig.: Bedingungen des Friedens.
34 *Vorwort.* In: Szilard, Leo: Die Stimme der Delphine. Utopische Erzählungen. Aus dem Amerikan. von Horst Dölvers. Hamburg: Rowohlt 1963 (rororo 491.) 173 (5–9) S. (Xerok.)
35 *Interview mit Carl Friedrich von Weizsäcker durch Eckart Heimendahl u. d. T. Wohin führt die Wissenschaft?* In: Radio Bremen. Hausbuch 1963. Bremen 1963. Schünemann Verlag. 122 (66–71) S.
36 *Weihnachten 1963.* Rundfunkvortrag NDR, Redaktion Reinholz. 1963. M. S. 5 S.
37 *Die Zweideutigkeit des Fortschritts und die Frage nach der einen Wahrheit.* Vortrag, geh. auf Einladung des Mineralölwirtschaftsverbandes am 19. Febr. 1964 im Hamburger BP Studienhaus. Nach einer Tonbandaufzeichnung. In: BP Kurier. 2. 1964. Beil.
38 *Die politische Verantwortung des jungen Wissenschaftlers.* [Gek. Fassg.] In: FUspiegel 10 (35) 5–7. 1964.
39 *Einleitung.* (Teilweise Wiedergabe einer freien Rede, geh. am 7. 1. 1963 in Hannover, die u. a. das Memorandum der ›Tübinger Acht‹ behandelt.) In: Die politische Verantwortung der Nichtpolitiker. Zehn Beiträge von –, Th. Eschenburg (u. a.) München: Piper und Co. 1964. (Das Heidelberger Studio. Eine Sendereihe des Süddt. Rundfunks. 29. Sendefolge.) S. 11–28.
40 *Die politische Verantwortung des Nichtpolitikers.* In: Die politische Verantwortung des Nichtpolitikers. 10 Beiträge. München: Piper (1964) 176 S. (Das Heidelberger Studio. – Piper-Paperback. 29.)
41 *MLF – Kitt oder Keil?* In: DIE ZEIT. Nr. 46. 13. Nov. 1964. S. 3.
42 *Die Illusion der Sicherheit.* In: DIE ZEIT. Nr. 52. 25. Dez. 1964. S. 3.
43 *Vom rechten Gebrauch der Freiheit.* Schlußwort. In: Vom rechten Gebrauch der Freiheit. Reden zur Verleihung des 1. Theodor-Heuss-Preises 1965. Von Ludwig Raiser, Hildegard Hamm-Bücher und –. Tübingen: Wunderlich 1965. S. 30–31. (Veröffentl. d. Stiftung Theodor-Heuss-Preis e. V.)
44 *Gedanken über die Zukunft des technischen Zeitalters.* Festvortrag, geh. anläßl. d. 300-Jahr-Feier der Handelskammer Hamburg am 7. 5. 1965.

(Niederschr. nach der Tonbandaufnahme.) Hamburg: Handelskammer 1965. 18 S.
45 *Formen und Voraussetzungen künftigen Lebens.* In: Der Ingenieur 19 (5/6): 7–9. 1965.
46 Brief an den Chef. – Red. Peter H. Lehmann u. d. Seitenüberschrift: *Muß ›Deutschland‹ sterben, damit wir leben können?* In: auditorium. Hamburger Studentenzeitung 40: 8. 1966.
47 *Die Wissenschaft und das öffentliche Bewußtsein.* Ansprache zur Verleihung des Wilhelm-Bölsche-Preises 1965. In: Kosmos 61 (6): 226–230. 1965.
48 Die MLF (Multi-Lateral-Force) – *Keine Alternative: Politische Fragen zur multilateralen Atomstreitmacht.* In: Die Force de Frappe. – Europas Hoffnung oder Verhängnis? Hrsg. von Hans Dieter Müller. Olten, Freiburg/Br.: Walter 1965. 114 (33–43) S. (Texte und Dokumente, Analysen.)
49 *Vorwort.* In: Etzioni, Amitai: Der harte Weg zum Frieden. – Eine neue Strategie. (The hard way to peace.) Aus dem Amerik. von H[orst] und W. Afheldt. Göttingen: Vandenhoeck und Ruprecht 1965. S. 3–4. (Kleine Vandenhoeck-Reihe. 211.)
50 *Verwirklichung der Freiheit.* In: Evangelische Welt 19 (15): 433–436. 1965. Orig.: Zumutungen der Freiheit. 3. Verwirklichung der Freiheit. In: M. Horkheimer, C. Rahner und –: Über die Freiheit. Stuttgart: Kreuz-Verl. 1965.
51 *Wissenschaft und Technik in der wissenschaftlich-technischen Welt.* Vortrag, geh. am 3. 12. 1965 an der Techn. Hochschule München. In: Jahrbuch. Technische Hochschule München 1965. 266 (55–68) S.
52 *Sachfragen der deutschen Politik.* – Vier Jahre Tübinger Memorandum. Vortrag, geh. vor dem Übersee-Club im Auditorium maximum der Universität Hamburg am 10. 1. 1966. In: Mitteilungen des Übersee-Clubs (Hamburg) H. 1. 1965. 25 S.
53 *Über weltpolitische Prognosen.* – (Referat, geh. vor der Studiengruppe für Rüstungsbeschränkung, Rüstungskontrolle und Internationale Sicherheit der Dt. Ges. für Auswärtige Politik in Bonn am 6. 12. 1965.) In: Europa-Archiv 21 (1): 1–15. 1966.
54 *Gedanken über die Zukunft des technischen Zeitalters.* In: Süddeutsche Zeitung v. 11. März 1966.
55 *Gedanken über unsere Zukunft.* Drei Reden. [1–3] Göttingen: Vandenhoeck und Ruprecht 1966. 78 S. (1. Gedanken über die Zukunft des technischen Zeitalters. [6–28] 2. Über weltpolitische Prognosen. – Politik und Wissenschaft. [29–53] 3. Sachfragen der deutschen Politik. – Vier Jahre Tübinger Memorandum. [54–78].)
56 *The view of a German Scientist.* In: The road to peace. – Christian approaches to defence and disarmament. By John C. Bennett, Kenneth Johnstone, –, Michael Wright. Philadelphia, Pa.: Fortress Press 1966. Orig.: London: SCM Press 1965. (Facet books. Social ethics series 10.) 54 (19–31) S.
57 *Voorwaarden voor de vrede.* Met een inleiding van B. V. A. Röling.

([Übers. ins Holländ.; Beitr.] 1–8. (Orig.: . . .)) Rotterdam: Lemniscaat 1966. 168 S. *1.* Politieke gevolgen van de atoomwapens. [Atombomben und Politik.] (15–28) 2. De verantwoordelijkheid van de wetenschap in het atoomtijdperk. [Die Verantwortung der Wissenschaft im Atomzeitalter.] (29–54) 4. Eisen van de vrijheid. [Zumutungen der Freiheit.] (71–98) 5. Gedachten over de toekomst van het technische tijdperk. [Gedanken über die Zukunft des technischen Zeitalters.] (99–118) 6. Over prognoses in de internationale politiek. [Über weltpolitische Prognosen.] (119–140) 7. Kernpunten van de Duitse politiek. [Sachfragen der Deutschen Politik.] (141–162) *8.* Appendix: Verklaring van de achttien atoomgeleerden van 12 april 1957. [Erklärung der Göttinger 18.] (163–165).

58 *Ethische und politische Probleme des Atomzeitalters.* In: Integritas. Geistige Wandlung u. menschliche Wirklichkeit. Karl Holzamer gewidmet. Hrsg. von Dieter Stolte u. Richard Wisser. Tübingen: Wunderlich 1966. S. 337–355. Orig.: Ethical and political problems of the atomic age. 1958.

59 *Ist der Weltfriede unvermeidlich?* (Referat mit Diskussion.) In: Bergedorfer Gespräche zu Fragen der freien industriellen Gesellschaft. 24. Tagung am 21. Nov. 1966 in Hamburg-Bergedorf. Protokoll Nr. 24. Hamburg: Decker 1966. 67 (6–14) S.

60 *Ein Brief als Nachwort.* In: Kirche und Staat. – Festschrift für Bischof D. Hermann Kunst zum 60. Geburtstag am 21. 1. 1967. Hrsg. von Kurt Aland und Wilhelm Schneemelcher. S. 315–317. Berlin: De Gruyter 1967.

61 *Atomkontrolle nur durch schwarze Kästen.* – Ein Beitrag z. Diskussion um d. geplanten Atomwaffen-Sperrvertrag: Veröffentl. unter Wahrung d. spezifischen Form eines gesprochenen Vortrags. In: Frankfurter Allgemeine Zeitung v. 28. Februar 1967, S. 13 (Die Gegenwart). Sonderdruck 6 S.

62 *Tanker om fremtiden.* – Oversatt av Lotte Holmboe. Oslo: Aschehoug 1967. 80 S. Orig.: a) Gedanken über die Zukunft des technischen Zeitalters. – Über weltpolitische Prognosen. Göttingen: Vandenhoeck und Ruprecht 1966. b) Zumutungen der Freiheit. Stuttgart: Kreuz-Verl. 1965.

63 *Demonstration für die Zukunft.* – Autorisierte Wiedergabe einer Rede über aktuelle Bildungsfragen, geh. am 30. 6. 1967 in Hamburg. In: Hamburger Lehrerzeitung 20 (14): 417–419. 1967.

64 *Friede und Wahrheit:* In: Frieden. Vorlesungen auf dem 13. Deutschen Evangelischen Kirchentag Hannover 1967. Hrsg. im Auftr. d. Leitung des DEK von Friedebert Lorenz. Stuttgart: Kreuz-Verl. 1967.

65 *Wird der Friede unvermeidlich?* In: Forum 14 (160/161): 306–309. 1967. Orig.: Ist der Weltfriede unvermeidlich? 1966.

66 Ein Interview mit Carl Friedrich von Weizsäcker z. Thema: *Wissenschaft und Hochschulreform in dieser Zeit*. In: Studio Europa. Hrsg. von den Studenten des Europa Kollegs Hamburg-Gr. Flottbek 1967 (4) S. 2–9.

67 *Der Weltfriede als Lebensbedingung des technischen Zeitalters.* [Leicht gek. Fssg.] In: Universitas 22 (11): 1121–1132. 1967. Orig.: Weltfriede

und Ethik im technischen Zeitalter. In: Ausblick auf die Zukunft. 1968.
68 *Zumutungen des Friedens.* In: Streit um den Frieden. Hrsg. von Werner Beck und Reinhard Schmid. Mainz: Matthias-Grünewald-Verl.; München: Chr. Kaiser 1967. 106 (31–52) S.
69 *Science serves peace.* In: German Science Re-emerges. Bonn-Lengsdorf: Möller 1967. (6–8)
70 *Zum Geleit.* In: Frieden in der Welt – aber wie? [Hrsg. von] Rolf Italiaander. Stuttgart: Fink 1967. 119 (7–8) S. (Politikum-Reihe. 15.)
71 *Gedanken zur Zukunft der technischen Welt.* Ein Vortrag [geh. am 16. Sept. 1967 vor dem Schweizerischen Handels- und Industrieverein in Zürich]. Solothurn: Union 1968. 52 S. (Solothurner Privatdruck 13.)
72 Jeanne Hersch: *Freiheit als Störfaktor in einer programmierten Gesellschaft?* Referat. Diskussionsleitung –. In: Bergedorfer Gespräche zu Fragen der freien industriellen Gesellschaft. 28. Tagung am 29. 1. 1968 in Hamburg-Bergedorf. Protokoll Nr. 28. Hamburg 1968: Körber u. Blanck. 59 S.
73 *Prognose über den Weltfrieden.* Auszugsweise Wiedergabe eines Vortr., geh. anläßl. des letzten Hochschulabends der Universität Stuttgart. In: Stuttgarter Nachrichten v. 10. Febr. 1968.
74 *Hunger und Frieden.* Deutsches Allgemeines Sonntagsblatt. Sonderdruck. Gegen den Hunger in der Welt. Vereinigung Deutscher Wissenschaftler. Hamburg 1968. S. 15–20.
75 *Atomkontrolle nur durch schwarze Kästen.* – Ein Beitrag zur Diskussion um den geplanten Atomwaffen-Sperrvertrag. (Wenig überarb. Fassg. eines Vortrags vor der CDU/CSU-Fraktion.) In: Nichtverbreitung von Kernwaffen. – Ein Problem der Friedenssicherung. Mit einem Geleitwort von Ludwig Raiser und Beitr. von Jürgen Seetzen, . . ., C. F. von Weizsäkker, . . . Witten: Eckart-Verl. 1968. S. 73–88.
76 *Gedenken an Günter Howe.* – Ein Mittler zwischen Ideologie und Naturwissenschaft. In: DIE ZEIT v. 8. Nov. 1968.
77 *Weltfriede und Ethik im technischen Zeitalter.* In: Ausblick auf die Zukunft. – Mit Beiträgen von Max Born [u. a.]. Bearb. und hrsg. in Verbind. mit der Zs. Universitas. Gütersloh: Bertelsmann 1968. S. 103–115.
78 Gespräch mit Carl Friedrich von Weizsäcker über Wissenschaft und Öffentlichkeit u. d. T.: *Regieren mit trainierten Forschern.* In: Süddeutsche Zeitung. 18. Dez. 1968.
79 *Humanität und Neutralität.* – Über den Auftrag des Roten Kreuzes im Kampf gegen Leiden und Tod. Festvortrag, geh. in der Frankfurter Paulskirche anläßl. des Festaktes des Deutschen Roten Kreuzes am 23. 6. 1968. In: Der ungesicherte Friede. Göttingen: Vandenhoeck und Ruprecht 1969. S. 77–96. Orig.: Deutsches Rotes Kreuz 1968 (7): 26–36.
80 *Der ungesicherte Friede.* (T. 1–5) Göttingen: Vandenhoeck & Ruprecht 1969. 118 S. (Kleine Vandenhoeck-Reihe. 300/301.) 1. Friede und Wahrheit. S. 9–31. 2. Friedlosigkeit als seelische Krankheit. 32–56. 3. Über die Kunst der Prognose. 57–76. 4. Humanität und Neutralität. 77–96.

81 *World peace as a vital requirement of the technical age.* [Leicht gek. Fssg.] In: Universitas (Ausg. E) 11 (3): 193–204. 1969. Orig.: Weltfriede und Ethik im technischen Zeitalter. In: Ausblick auf die Zukunft. 1968.

82 *Die Kernenergie als wichtigste Energiequelle für die letzten Jahrzehnte unseres Jahrhunderts.* Vortrag, geh. auf einer Veranstaltung der BASF im Nov. 1968. In: BASF-Zeitschrift 19 (April): 1–16. 1969. (SdrDr.)

83 *Das ethische Problem der modernen Strategie.* – Dt. Wortlaut eines Vortrags, geh. im Sept. 1968 auf der Jahrestagung des Institute for Strategic Studies (ISS) in Oxford. In: Europa Archiv 24 (6): 183–198. 1969. Orig.: The ethical problems of modern strategy. 1970.

84 *Unser Schicksal hängt von der Wissenschaft ab.* Gründe für die Notwendigkeit eines neuen Max-Planck-Instituts. In: Süddeutsche Zeitung vom 11. Juli 1969. [Max-Planck-Institut zur Erforschung der Lebensbedingungen der wissenschaftlich-technischen Welt.]

85 *Erklärung – über Notwendigkeit und Aufgabe des [neuen] Max-Planck-Instituts u. d. T. Synopse der Wissenschaften.* In: Evangelische Kommentare 2 (8) 474–475. 1969. Orig.: Unser Schicksal hängt von der Wissenschaft ab. In: Süddeutsche Zeitung v. 11. 7. 1969.

86 *Einführung.* In: Civilian Defence. Gewaltloser Widerstand als Form der Verteidigungspolitik. – Bericht über eine wiss. Arbeitstag. In München, 15.–17. Sept. 1967, veranst. von der Vereinigung Deutscher Wissenschaftler (VDW). 2. Aufl. Bielefeld: Bertelsmann 1969. S. 12–21.

87 *Die Rolle der Wissenschaft.* In: Das 198. [einhundertachtundneunzigste] Jahrzehnt. Eine Team-Prognose für 1970–1980. 26 Orig.-Beitr. (Marion Gräfin Dönhoff zu Ehren.) Hrsg. und eingel. von Claus Grossner [u. a.]. Hamburg: Wegner 1969. 590 (495–510).

88 *Atomares Patt.* In: Politiker für Nichtpolitiker. Ein ABC zur aktuellen Diskussion. Hrsg. von Hans-Jürgen Schnetz. Bd. 1. Stuttgart 1969. Kreuzverlag S. 39–46.

89 *Gedanken zur Zukunft der Technischen Welt.* In: Menschen im Jahr 2000. – Eine Übersicht über mögliche Zukünfte. Mit 29 Betr. international bekannter Wissenschaftler. Hrsg. von Robert Jungk. Frankfurt/M.: Umschau-Verl. 1969. 317 (13–30) S.

90 *Dankwort, anläßl. der Verleihung des Erasmus-Preises am 27. Okt. 1969 in Rotterdam.* In: Praemium Erasmianum, 1969. Amsterdam: Stichting Praemium Erasmianum 1969. S. 37–39. [dt., holl., franz.]

91 *Die Kernenergie als wichtigste Energiequelle für die letzten Jahrzehnte unseres Jahrhunderts.* In: Universitas 24 (12): 1253–1278. 1969.

92 *The ethical problems of modern strategy.* Lecture delivered at the Annual Conference of the Institute for strategic studies, Sept. 1968 in Oxford. In: Problems of Modern Strategy. London: Chatto and Windus 1970. (Studies in international security. 14.) 219 (121–138) S.

93 *Interview mit Carl Friedrich von Weizsäcker über die Internationalisierung der Wissenschaft.* In: Zukunft im Kreuzverhör. Hrsg. und eingel. von Eckart Heimendahl. Mit Beitr. von . . . Bearb. und erw. Textausg. der Sendereihe ›Zukunft im Kreuzverhör‹, Radio Bremen. Gütersloh: Bertelsmann 1970. 255 (231–246) S.

94 *Zugänge zur Friedensforschung.* – Soziale und politische Perspektiven. [Referat mit Diskussion.] In: Bergedorfer Gesprächskreis zu Fragen der freien industriellen Gesellschaft. 35. Tagung am 9. 3. 1970 in Hamburg-Bergedorf. Protokoll Nr. 35. Hamburg 1970: Körber u. Blanck. 73 (5–14 S.) [Xerok.]

95 Gespräch [Interview] zwischen Carl Friedrich von Weizsäcker und Martin Urban über das Thema: *Wie frei ist die deutsche Zukunftsforschung?* – Die Geschichte einer Institutsgründung. In: Süddeutsche Zeitung vom 22. Mai 1970.

96 *Indiengespräche.* Indien als Modellfall der Entwicklungspolitik. [Von] –, Manfred Kulessa, Jürgen Heinrichs. München: Bruckmann 1970. 196 S.

97 *Die Macht der öffentlichen Meinung im Kampf gegen Einzelinteressen.* Druck der Allgemeinheit kann humane Lebensbedingungen schaffen. Vortr., geh. anläßl. des 20jährigen Bestehens des Münchner Presseclubs am 30. 6. 1970. In: Süddeutsche Zeitung v. 13. Juli 1970.

98 *Interview mit Carl Friedrich von Weizsäcker.* [Originaltext des Gesprächs mit K. H. Brians, IG Metall, im Okt. 1970 u. d. T.:] Ist ewiger Friede möglich? – Der Status quo ist besser, als sich gegenseitig totzuschlagen. In: Der Gewerkschafter 18 (12): 456–459. 1970.

99 *Die Aufgabe der Kirche in der kommenden Weltgesellschaft.* Evangelische Kommentare. Jg. 3 (1.) Nov. 1970. S. 638–642.

100 *Mankind in the world of tomorrow – tomorrow's society.* Lecture delivered at the NATO Defense College on February 2, 1971. In: NATO's fifteen nations. Independent review of economic, political and military power 16 (6): 93–102. 1971/72.

101 *Interview (Jo Glomm) mit Carl Friedrich von Weizsäcker über die Friedensforschung u. d. T. Die moderne Apokalypse.* In: Rheinische Post v. 19. 6. 1971 (Nr. 138).

102 *Bedrohungsvorstellungen als Faktor der internationalen Politik* – Eine Einführung. In: Jahrbuch für Friedens- und Konfliktforschung Bd. 1. Gütersloh 1971. Bertelsmann Universitätsverlag. S. 16–40.

103 *Vorwort.* In: Ulrich Albrecht. Der Handel mit Waffen. München 1971. Carl Hanser Verlag.

104 *Interview mit Carl Friedrich von Weizsäcker u. d. T. Der Atomschirm hat Löcher.* In: Interviews. Hrsg. von Adelbert Reif. Hamburg: Hoffmann & Campe 1972. (Standpunkt. Analysen, Dokumente, Pamphlete.) 213 (169–177) S.

105 *Was wird aus dem Menschen?* Gespräch mit Marion Gräfin Dönhoff. Der Atomschirm hat Löcher. Gespräch mit Adelbert Reif. Anh.: Die Gesprächspartner. [Interviews.] In: Weizsäcker: Was wird aus dem Menschen? Zürich: Verl. Die Arche 1972. S. 9–23; 25–40; 41–46.

106 *Durch Kriegsverhütung zum Krieg?* – Die politischen Aussagen der Weizsäcker-Studie ›Kriegsfolgen und Kriegsverhütung‹. Von Horst Afheldt, Christian Potyka, Utz-Peter Reich, Philipp Sonntag, –. München: Hanser 1972. 178 S. (Reihe Hanser. 79.)

107 *Gespräch* [Interview] *zwischen Carl Friedrich von Weizsäcker und Adel-*

bert Reif: Wie sicher ist unsere Sicherheit? In: Druck und Papier v. 1. Mai 1972.
108 *Fortschritt für den Frieden.* Gespräch mit Carl Friedrich von Weizsäcker am 6. 11. 1972 in Starnberg. In: Evangelische Kommentare 5 (12): 737–740. 1972.
109 *Grenzen des Wachstums.* In: Die Naturwissenschaften 60 (6): 267–273. 1973.
110 *Wirksamere Organisationsformen müssen gefunden werden.* Von Hans Paul Bahrdt, Georg Picht und –. (T. 1. Anfänge – Entwürfe – Erste kritische Prognose. 3.) In: Jahrbuch für Friedens- und Konfliktforschung 3 (T. 4. Dokumentation über Entwicklung und Lage der Friedensforschung in der BRD): 165–166. 1973. (Xerok.)
111 *Reinhold Schneider in unserer Zeit.* – Vortrag, geh. am 13. 5. 1973 in Freiburg/Br. vor der Reinhold-Schneider-Gesellschaft. In: Merkur 27 (9) = 304: 813–826. 1973.
112 *Die Herstellung des Friedens und die Weltpolitik.* Geschrieben für einen Vortrag in Oxford. In: Universitas 28 (12): 1271–1276. 1973.
113 *Rettung der Lebenswelt.* In: Anstoß und Ermutigung. [Festschrift für] G. Heinemann, Bundespräsident 1969–1974. Hrsg. v. Heinrich Böll, Helmut Gollwitzer, Carlo Schmid. Frankfurt: Suhrkamp 1974. 448 (155–165) S.
114 *Die heutige Menschheit, von außen betrachtet. – Ein Versuch.* 1. In: Merkur 28 (6): 505–518; 28 (7): 607–616. 1974. 2. In: Evangelische Kommentare 7 (6): 328–334; (7): 392–396. 1974.
115 *Einführung.* In: Haber, Wolfgang: Naturschutz und Landesentwicklung. Vortragsveranstaltung der Bayerischen Akademie der Schönen Künste am 9. Mai 1972. 2. Aufl. München: Callwey 1974. (Reihe der Bayer. Akad. d. Schönen Künste. 5.) 36 (5–10) S.
116 *Ohne Atomkraft leben?* Eine Serie von Carl Friedrich von Weizsäcker. [Mit einigen ohne Zustimmung des Verf. vorgen. Textänderungen.] T. 1–3. In: Die Zeit. .... 1. Die Entwicklung und Deckung unseres Energiebedarfs. 1.: Fossile Energieträger. 2.: Kernspaltung. (Nr. 27 v. 27. 6. 1975, S. 32.) 2. Kernfusion und Sonnenenergie – die neuen Alternativen. 3.: Andere Primärenergieträger. (Nr. 28 v. 4. 7. 1975). 3. Energiesparnis muß nicht zwangsläufig Verzicht bedeuten. 4.: Energiesparnis. 5.: Persönliche Schlußbemerkung. (Nr. 29 v. 11. 7. 1975, S. 9–10.)
117 *Buchbesprechung zu Erhard Eppler: Ende oder Wende. Von der Machbarkeit des Notwendigen.* Stuttgart: Kohlhammer 1975. 128 S. u. d. T. Fragen zur Zukunft. Strategie für eine Welt von morgen. In: Die Zeit Nr. 30 v. 18. 7. 1975. S. 9.
118 Interview mit Carl Friedrich von Weizsäcker durch Henry Brookman u. d. T. ›niet alleen bepaalde wapens verbieden, maar gehele oorlog‹. In: VU-Magazine. Maandelijkse uitg. van de Vereniging voor wetenschappelijk onderwijs op gereformeerde grondslag 4 (9): 23–28. 1975.
119 *World Order Models Project. A Sceptical Contribution.* In: Saul H. Mendlovitz (ed.) On the Creation of a Just World Order Preferred Worlds for the 1990's. New York 1975.

120 *Über Wissenschaftspolitik und die begreifliche Angst des Bürgertums.* [Stellungnahme zum ›Finalisierungskonzept‹.] In: Neue Zürcher Zeitung. Fernausg. Nr. 104 v. 6. Mai 1976, S. 27.

121 *International gibt es noch zu wenig Ordnung.* Aus einer Rede, geh. zur Eröffnung des 3. Fernseh-Workshop ›Entwicklungspolitik‹ im ... Saarländischen Rundfunk veranst. durch die Katholische Akademie Trier vom 3. bis 6. Mai 1976. In: Paulinus. Trierer Bistumsblatt v. 20. Juni 1976.

122 *Gedanken eines Nichttheologen zur theologischen Entwicklung Dietrich Bonhoeffers.* Mit Diskussion. In: Genf '76. Ein Bonhoeffer-Symposion. Bearb. von Hans Pfeifer. München: Chr. Kaiser 1976. 67 S. (29–50).

123 *Macht und Friede.* Vortrag, geh. auf dem Konvent der evangelischen Militärgeistlichen des Wehrbereichs VI in Tutzing am 10. 5. 1976. In: Beiträge aus der evangelischen Militärseelsorge H. 20: 5–25. Dez. 1976.

124 *On the avoidance of atomic war.* In: World Issues 1 (2): 3–4. 1976/77 (Dec/Jan). [nebst] comments 2 (1): 12–14; 19–21. 1977.

125 Gesprächsrunde mit 34 Unternehmern (MMM-Club) aus Handel und Industrie am 20. 1. 1977 [u. d. T.] ›*Ich kann mir nicht vorstellen, daß eine so komplizierte Welt ohne Verstand regiert werden kann.*‹ In: Moderner Markt 1977 (3): 12–27.

126 *Die politische Rolle der Naturwissenschaft in unserer Kultur.* [Ausz.] In: Die Weltwoche (Zürich) v. 23. März 1977.

127 *Hat das parlamentarische System eine Zukunft?* Festvortr. anläßl. des 30jährigen Bestehens des Niedersächsischen Landtages, geh. am 13. 5. 1977. In: Schriftenreihe des Niedersächsischen Landtages 3 (Festsitzung ...): 14–29. 1977.

128 *A challenge to capitalism.* Leadership imperatives in an imperiled world. Adapted from a Christopher Emmet Memorial Lecture delivered in New York. In: Atlas World Press Review 1977 (May) S. 20–22.

129 *Die ›Plutonium-Wirtschaft‹ und die Proliferation von Kernkraftwerken.* In: Rissener Jahrbuch. Hamburg: Haus Rissen. Internationales Institut für Politik und Wirtschaft. Jg. 1977/78. 1977. 3 Bl.

130 *Theorie der Macht.* – Eine Rede (geh. am 19. Januar 1977 anläßl. des Jahresempfangs der Evangelischen Akademie in Tutzing). München: Bayerische Landeszentrale für politische Bildungsarbeit 1978. 20 S.

131 *Wahrnehmung des Ganzen.* Gespräch (Interview) mit Carl Friedrich von Weizsäcker, Hans Norbert Janowski u. Eberhard Stammler am 24. Nov. 1977 in Starnberg. In: Evangelische Kommentare 11: 31–34. 1978.

132 Gespräch (Rolf Italiaander) mit Carl Friedrich von Weizsäcker u. d. T. *Mensch und Meinung über ›die nächsten zehn, die nächsten tausend Jahre überleben‹.* In: Westermanns Monatshefte 1978 (3): 6–8.

133 *Der deutsche Titanismus.* – Festvortr. zum 50jährigen Jubiläum des Carl Hanser Verlags am 1. Okt. 1978. *1.* In: 50 [Fünfzig] Jahre Carl Hanser Verlag. – Ansprachen und Festvortrag geh. im Herkulessaal der Münchner Residenz am 1. Okt. 1978. München: C. Hanser 1978. 34 (22–34) S. *2.* In: Merkur 32 (12) = 367: 1207–1217. 1978.

134 *Wachstum und Lebenssinn – Alternative Rationalitäten?* Vortrag. In:

Bergedorfer Gesprächskreis zu Fragen der freien industriellen Gesellschaft. 61. Tagung am 3. 11. 1978 in Hamburg. Protokoll Nr. 61. 84 S.

135 An interview with Carl Friedrich von Weizsäcker by Milton Mayer [u. d. T.] *Research for survival (Fall 1978)*. In: World Issues. Publ. by the Center for the Study of Democratic Institutions 4 (1): 13–20. 1979 (Feb/March).

136 *Erkennen, daß ich Kain bin*. In: Lutherische Monatshefte 18 (4): 210. 1979.

137 Udo Reiter im Gespräch mit Carl Friedrich von Weizsäcker: *Asketische Weltkultur. Die Zukunft der Kernenergie*. In: Nürnberger Zeitung, Nr. 132 v. 9. Juni 1979.

138. *Ein Brief*. In: Richte unsere Füsse auf den Weg des Friedens. – Helmut Gollwitzer zum 70. Geburtstag. Hrsg. von Andreas Baudis [u. a.]. München: Chr. Kaiser 1979. 696 (392–394) S.

139 *Vorwort*. In: Energieeinsparung als neue Energiequelle. – Wirtschaftspolitische Möglichkeiten und alternative Technologien. Hrsg. von Klaus Michael Meyer-Abich. München: Hanser 1979. 376 (13–15) S.

140 Interview mit Carl Friedrich von Weizsäcker u. d. T. *Harrisburg-Unfall hat nichts geändert. Gorleben wäre machbar gewesen*. In: Neue Presse (Hannover) v. 28. März 1980.

141 *Es geht um das Überleben*. Gespräch mit Adalbert Reif. In: Deutsches Allgemeines Sonntagsblatt v. (1) 4. Mai; (2) 11. Mai 1980.

142 *Das kritische Jahrzehnt*. Gespräch mit Carl Friedrich von Weizsäcker durch Udo Reiter, gesendet am 3. April 1980. In: gehört gelesen, hrsg. von Bayerischer Rundfunk. Juni 1980. München.

143 *Can a third world war be prevented?* In: International Security 5 (1): 198–205. 1980.

Sachregister

Abrüstung 38 ff., 44 ff., 63, 65, 86, 132, 147, 196, 244, 249 f., 458, 505, 515 f., 554, 574, 618, 622
  atomare 40, 200
Abschaffung des Krieges 53, 61 f., 76, 91, 97, 126 f., 186, 625
Abschreckung 251, 260, 513, 625
  abgestufte 52 f., 57, 60, 62 f., 67, 86, 121, 185, 202 f.
  nukleare 498
Abschreckungsstrategie 228, 242, 456, 500
Absolutismus 277 ff.
Aggression 161 ff., 171
Ambivalenz 611
  des Fortschritts 190, 288, 483
Amerika → Vereinigte Staaten von Amerika
Angst 96
Anthropologie 211, 461, 559, 585
Antiamerikanismus 85
Antiatombewegung 453
Arabische Länder 330 f.
Arbeitslosigkeit 375 f., 409
Arbeitsmarkt 409 ff.
Arbeitszeit 371, 410, 412
Arms-Control-Concept 454, 457
Askese 388 ff., 611
Atomares Chaos 65 ff., 78, 82, 86, 105
Atombombe 18 f., 44, 93, 182 ff., 544
Atombombenversuche 48 f.
Atomkrieg 44 f., 82, 99, 102, 130, 188, 221, 543
  begrenzter 594 f.
Atommacht 142
Atomphysik 31, 129
Atomrüstung 27, 34 f., 38 f., 40, 50, 67 f., 70, 76, 79, 87, 103
  nationale 194
Atomsperrvertrag 194
Atomstaat 434
Atomwaffen 29, 31, 34, 36, 40, 43 f., 58, 80 f., 85, 89, 97, 143, 193, 453, 498, 551 ff., 594, 619
  taktische 29, 58 f., 69, 185, 193, 225
  strategische 29, 70, 193
Atomwaffenfreie Zone 80
Atomzeitalter 88, 264, 590
Außenpolitik 131, 204, 579
  aktive 108, 110

Baha'i 355 ff.
Bergpredigt 459, 608
Berufsrevolutionär 405
Bescheidenheit 388 ff., 414
Bevölkerungsschutz 108, 115 ff., 200, 218, 455, 511 f., 518 ff., 556, 563, 576 f., 618, 624
Bevölkerungswachstum 384
Bewußtseinswandel 256 f., 405, 610
Biologie 178 f., 559
Bipolarität 138, 148, 614
  gegnerische 141 f., 595, 618
  kooperative 140, 144, 595, 614
Bundeswehr 29, 34, 70, 112, 226, 456, 521

China 45, 140, 303, 308, 351 ff., 380
Christentum 450, 607
  konservatives 186 f.
  radikales 186 f., 190
Computertechnik 178 f.

Demokratie 443, 586, 597 ff., 611

Sachregister

Deutschland 18 f., 77 f., 108 f., 441, 520
  Bundesrepublik 258, 261, 520, 609
Deutschlandpolitik 149, 205
Disengagement 82 f.
Dritte Welt 328 ff., 397, 560, 582, 595, 613
Duopol 241, 254, 614

Energie 373 ff.
Energieeinsparung 422 f., 585, 612
Energiepolitik 367, 584, 612
Entspannung 74, 139, 458, 594
Entspannungspolitik 534, 578, 582, 595
Entwicklung
  moralische 18
  ökonomische 396
Entwicklungshilfe 360
  christliche 364
Entwicklungsländer 128, 178
Erstschlagskapazität 498
Ethik 601, 605 f.
  der Freiheit und Gleichheit 388 ff., 398 ff., 597, 604
  der technischen Welt 135, 611
  des Herrschens und Dienens 388 ff., 597, 604
Europa 77 f., 85, 498, 524, 527, 615
Evolution, soziale 380 f.

Fallout 119, 227
Feindesliebe 607
  intelligente 533 f., 606, 609
  praktische 533
Flexible Reaktion 234, 522
Fortschritt, technischer 369, 396, 603 f.
Franck-Report 32
Freiheit 133, 136, 279, 394, 400, 550
Friede 98, 125 ff., 133, 137, 325, 556 ff., 577, 591
Friedensforschung 460 f., 582

Friedensordnung 142 f.
Friedenspolitik 203 f., 260, 577, 616, 620
Friedlosigkeit 153 ff., 170

Genfer Atomenergiekonferenz 75
Gesellschaft 21, 462
  konsumtive 394
  traditionelle 394
Gesundheit 168 ff.
Gewaltlosigkeit 91, 195, 607
Gleichgewicht
  der Kräfte 23
  der Mächte 188, 205, 241
  des Schreckens 97, 142
Goldenes Zeitalter 127
Gorleben-Hearing 417, 589
Göttinger Erklärung 29 f., 78, 80, 192 ff., 574, 619
Grundwerte 402

H-Bombe → Wasserstoffbombe
Herrschaft 304, 352, 361
Hippies 386, 406
Humanität 601

Ideologie(n) 132, 139
Ideologiekritik 292 ff.
Indien 315 ff., 332
Industrieländer 370, 613
Industrieproletariat 305
Internationale Atombehörde 33
Iran 354
Islam 330, 354
Israel 272, 324, 326, 330

Japan 235 ff.

Kapitalismus 132, 294, 307, 405, 415, 445, 596, 600
Kernenergie 178 f., 374, 383, 409, 417 ff., 499, 516 f., 612, 622
Kernfusion 368
Kernwaffen → Atomwaffen
Kernwaffenproliferation 428 f., 452

Sachregister

Kirche 101 ff., 105 f., 540, 544 ff., 553, 608, 620
Kirchliche Kommissionen 185 f., 575, 607
Klub von Rom 396
Koexistenz 63, 139, 602
Kolonialismus 132
Kommunismus 56, 73, 86, 112, 132, 364
Komplementarität 187, 192
Konservativer 160 f., 167, 289, 446
Konventionelle Bewaffnung 41, 45, 56, 555
Kooperative 140, 144
Krankheit 168 ff.
Krieg 98 f., 117, 125, 132, 137, 155, 379 f., 556 f.
   begrenzter 53, 57 f., 60 f., 72, 76, 96, 111, 621
   gerechter 89 f.
   großer 53, 186, 207, 322, 493, 525, 595, 620, 626
   kalter 53, 55, 73, 144, 148, 595
   lokaler 230
   totaler 58, 97, 553
Kriegsdienstverweigerung 187
Kriegsfolgen 222 ff., 581, 625 f.
Kriegsverhinderung → Kriegsverhütung
Kriegsverhütung 23, 28, 91, 231 ff., 240 f., 245, 258 f., 573, 581, 602, 608, 614
KSZE 533, 538, 590
Kulturpolitik 112 f.

Lateinamerika 328 ff.
Legalität 401
Liberaler 289, 298
Liberalismus 279 ff.
Liebe 100, 544, 606
Lilienthal-Baruch-Plan 65, 184
Linke(n), die 198, 297 ff., 324, 459

Machtverzicht 245

Mainauer Manifest 34
Markt 282 f., 405, 596, 603
Marktwirtschaft 404
Marxismus 159, 303
Massive Vergeltung 56, 62, 68
Medizin 128, 136, 316, 559, 562
Menschheit 97, 130, 136, 140, 158, 408, 547, 593, 601, 626
Mittelstreckenraketen 499, 501 f., 527, 554, 623
   landgestützte 508 f., 515
   seegestützte 499, 508 f., 516, 621
Modernität 133, 315, 350, 380
Monopol 242
Moral 298 ff., 430 ff., 603
   bloße 301
Moralität 401
Multinationale Firmen 370
Multipolarität 138, 140, 142
Mythos 605

Nachrüstung 498, 506 f., 527
Nächstenliebe 27, 135, 175, 494, 566, 603
Nahost 324 ff.
Nationalismus, deutscher 204, 578
NATO 67 f., 70 f., 226, 258, 261, 498, 522, 526, 609
NATO-Nachrüstungsbeschluß 523, 535, 588
Naturwissenschaft 318, 559, 600
Neues Testament 92, 135
Neutronenwaffe 492
Nichtpolitiker 30
Nukleare Waffen → Atomwaffen
Nuklearer Krieg → Atomkrieg

Oder-Neiße-Grenze 86, 109, 205, 276
Öl 409, 420, 524
Ölkrise 384
Ostpolitik 206, 578, 582

Panzerabwehrwaffen 499
Paradies auf Erden 95

Sachregister

Pazifisten 88
Physik 178 f., 182
Physiker 20 ff., 32, 64, 182
  angelsächsische 19 f.
  deutsche 18 f., 32
  Stand der 17
Politik 21, 181, 196, 372, 462, 593, 601, 626
  deutsche 109
Politisierung 296 f.
Polizeistaat 385, 434
Präsidentschaftskandidatur 486
Praxis 383, 475, 566
  christliche 189
  elitäre 405
Profitgier 414
Psychoanalyse 159
Pugwash-Konferenz 43, 74, 203

Quäker 189, 325

Radioaktivität 49 f., 121, 131, 247, 510, 529, 624
Raketen
  Antiraketen (ABM) 236
  interkontinentale 60, 501
  mit Mehrfachsprengköpfen (MIRV) 236, 239
Rapacki-Plan 80, 83
Rationalität 402, 408
  technische 443
Rechtsstaat, liberaler 597 f., 603, 611
Rechtstaatlichkeit 150
Rede 164, 166
Religion 21, 354, 357, 396, 546, 567, 604
Revolution 304
  soziale 377 ff.
  sozialistische 306, 308, 310
Revolutionär 166 f.
Rüstung, konventionelle → Bewaffnung, konventionelle
Rüstungsbegrenzung → Rüstungsbeschränkung
Rüstungsbeschränkung 47, 82, 85, 458, 536, 593, 618

Rüstungskontrolle → Rüstungsbeschränkung
Rüstungsstillstand 248
Rüstungswettlauf 24, 52, 54, 74, 247, 554, 617

SALT 237 f., 513
  SALT II 500, 523, 536 f.
Second Strike Capability 184, 225, 234
Selbstbeherrschung 388 ff., 397, 403, 412
Société des Nations 23
Sonnenenergie 368, 613
Sowjetunion 45, 78, 84 f., 146, 288, 308, 325, 491, 524, 560, 593, 614, 617
Sozialdarwinismus 149
Sozialdemokratie 289, 309, 599
Sozialismus 284 ff., 405, 597 f., 603, 611
  radikaler 302, 307, 514, 580
  realer 416, 523
  revolutionärer 289, 302
Sozialpolitik 108, 112 f.
Sozialwissenschaft 462, 474, 584
Sprache 164
Staaten
  liberale 256
  sozialistische 256, 308
Stagnation 376 f.

Technik 128, 135 f., 178, 182, 397, 549, 601
Technisches Zeitalter 91, 95, 113, 130, 154, 556
Terrorismus 375, 385, 427
Toleranz 403
  religiöse 355
  repressive 189
Tradition 166, 394
  religiöse 342
Transnationale Bindungen 244

Umwelt 373 ff., 467 f.
Umweltschutzbewegung 386, 406

Umweltschützer → Umweltschutzbewegung
UNO → Vereinte Nationen
Unzufriedenheit 273 f.
Uranspaltung 182
USA → Vereinigte Staaten von Amerika

Vereinigte Staaten von Amerika 85, 120, 146, 204, 258, 261, 288, 325, 524, 593, 614, 618
Vereinigung Deutscher Wissenschaftler 197 ff., 217, 455
Vereinte Nationen (UNO) 24, 26, 76 f., 208, 256
Vernunft 135, 196, 399, 402 f., 545, 548, 593, 601, 605
  der Affekte 395
  List der 404
Verteidigung 224, 228

Waffen, konventionelle 61, 67 f., 225, 251, 502, 506, 526
Wahrheit 156 f., 164, 280, 566, 602, 605
Wahrheitssuche 459, 563, 568, 598
Warschauer Pakt 227, 537
Wasserstoffbombe 29 f., 33 f., 37, 120, 139, 184
Welt
  multipolare 143
  wissenschaftlich-technische 25 f., 236, 450, 562, 577
Weltfriede 60, 63, 76, 87, 95, 101, 128, 130, 154, 156, 177 f., 188, 190, 538, 577, 624
  politisch gesicherter 208, 240, 251
Welthegemonie → Weltherrschaft
Weltherrschaft 138, 282, 445, 616

Weltinnenpolitik 125, 131, 156, 577
Weltkrieg 118, 130, 177, 491, 617
  Erster 441 f.
  Zweiter 227, 561, 582, 597
  Dritter 23, 96, 146, 254, 494, 574
  atomarer 141
  letzter 189
Weltkommunismus 62, 73
Weltmarkt 381, 596, 602 f., 613
Weltpolitik 100, 131, 142, 206, 253, 582, 602
Weltpolitischer Zyklus 141, 578
Weltpolizei 250
Weltrevolution 56, 288
Weltstaat 62, 188, 208
  föderativer 209 f.
Weltüberstaat 24, 27
Weltwirtschaft 128, 311, 369, 550, 584
Westen, der 45, 72, 80, 380, 503, 617, 622
Westeuropa 140, 522, 525, 595
Wettrüsten 238, 251, 458, 479, 504 f., 623
Wiedervereinigung Deutschlands 83, 86, 109, 145 f., 149, 151, 204
  Europas 145 ff., 204, 615
Wirtschaft 369, 372, 462
Wirtschaftswachstum 371, 373, 409, 435, 611, 613
Wissenschaft 125, 158, 178, 462, 474, 544 f., 559, 561 f., 604

Zivilschutz → Bevölkerungsschutz
Zukunft 548
Zukunftsforschung 460

Personenregister

Abraham 331
Adenauer, K. 38 ff., 109 204, 442, 453, 515, 574
Afheldt, H. 199, 205, 217, 221, 235, 247, 258, 261 f., 265, 267, 456, 467, 476 ff., 479, 526, 581 f., 586 f.
Albrecht, E. 417
Allende, S. 306
Anandamayi 322
Araki 335 f.
Aristoteles 566

Bacon, F. 278
Baha'ullah 356
Becker, H. 114
Beckmann, J. 114
Bilheimer, R. S. 88, 190
Bismarck, K. v. 114
Bismarck, O. v. 23
Bodelschwingh, F. v. 153 f., 165, 174
Bodhidharma 345
Bohr, N. 192
Bombach, G. 469
Bonhoeffer, D. 439, 447
Bonhoeffer, K. F. 439, 447
Bonin, B. v. 225
Bopp, F. 30
Born, M. 30, 200 f., 455
Brandt, W. 486, 488, 578, 587
Brossollet, G. 261 f., 264 f., 477, 587
Brzezinski, Z. 501
Buddha 256, 396
Burkhardt, G. 197, 455
Buzzard, A. 52

Calvin, J. 348
Canaris, W. 439
Carter, J. 617
Castro, F. 306
Chiang Kai Shek 349

Chruschtschow, N. 205
Clark, G. 206, 244, 245

Darwin, Ch. 159
Descartes, R. 278
Dönhoff, M. 559
Dürenmatt, Fr. 182, 560
Dubček, A. 306

Eckermann, J. P. 352
Eisenbart, C. 548
Eisenhower, D. D. 238
Erikson, E. H. 163, 165, 169

Fleischmann, R. 30
Freud, S. 160, 395

Galilei, G. 278, 546
Gandhi, M. K. 189 f., 195 f., 320, 332 f., 387, 406, 550, 600
Gaulle, Ch. de 148, 205
Gauss, K. F. 564
Genscher, H. D. 486, 587
Gerlach, W. 30
Gerstenmaier, E. 196
Giap 265
Goethe, J. W. v. 160, 352, 600
Gottstein, K. 476
Graevenitz, J. v. 173
Gromyko, A. 517
Grotius, H. 77

Habermas, J. 449, 464 f., 467, 469 f., 472 ff.
Häfele, W. 192
Hahn, O. 18, 30, 32, 182 f., 455, 571
Halem, N. v. 445
Haushofer, A. 442
Haxel, O. 30
Hegel, G. W. F. 192, 404, 473, 483, 547

Heidegger, M. 161, 346
Heimendahl, E. 95, 197 f.
Heinemann, G. 461, 582
Heisenberg, W. 30, 114, 183, 455, 571
Herhaus, E. 356
Hitler, A. 109, 153, 182, 439 ff., 442 ff., 445 ff., 492, 584, 597
Ho Chi Minh 333
Howe, G. 95, 114, 185, 577

Illich, I. 387, 550

Jesus Christus 294, 354, 539, 541, 545 f., 608
Johannes XXIII. 547
Johannes Paul II. 539 ff., 542 ff., 545 ff., 548, 550 f., 558, 620
Jung, C. G. 172
Jungk, R. 434

Kahn, H. 201, 347, 456
Kandinsky, W. 343
Kant, I. 399 ff., 402 f., 472 f.
Kennan, G. F. 78
Kennedy, J. F. 195, 199, 205, 501, 595
Keynes, J. M. 443
King, M. L. 333
Kissinger, H. A. 52, 72, 458, 493, 501, 508, 534, 578, 595, 617
Konfuzius 351, 389
Kopfermann, H. 30
Kuhn, Th. S. 471
Kunst, H. 95, 577

Lassalle, E. 338, 344
Laue, M. v. 30
Leghorn, R. 52, 72
Lippmann, W. 83
Löwenthal, R. 206
Lorenz, K. 162 f., 168
Lovins, A. B. 422 f., 432

Maier-Leibnitz, H. 30
Mao-Tse-tung 265, 306, 333, 351 ff., 387, 406 f., 583, 599, 615
Marx, K. 303 ff., 308 ff., 376, 378, 397, 473
Mattauch, J. 30
McNamara, R. 238
Mendlovitz, S. 206
Meyer-Abich, K. M. 423, 468
Mohammed 354
Morgan, C. 425
Moses 327, 331, 355

Napoleon I. 26
Napoleon III. 356
Nehru, J. 320, 333
Nell-Breuning, O. v. 548
Nixon, R. 348
Nyerere, J. K. 306, 387, 406 f.

Oppenheimer, J. R. 184

Paneth, F.-A. 30
Paul, W. 30
Piaget, J. 474
Picht, G. 95, 114, 173, 182, 192, 213, 615
Platon 271, 275, 294, 389, 404

Raiser, L. 95, 114, 577
Reich, U. P. 217, 456, 582
Riezler, W. 30
Ritter, K. 95, 213
Roosevelt, F. D. 349, 443

Sagladin, F. 505
Schah R. P. 274, 355 f.
Schmidt, H. 352, 457
Schneider, R. 584
Scholem, G. 473
Schumacher, F. G. 386, 550
Schumacher, K. 204
Schweitzer, A. 41
Senghaas, D. 470
Smith, A. 282, 310, 379
Sohn, L. 206, 244
Sonntag, Ph. 235, 456, 582

Spannocchi, E. 261 f., 264 f., 477, 588
Stalin, J. W. 139, 288, 352, 493
Stauffenberg, Cl. v. 439, 447
Strassmann, F. 18, 30, 32
Strauß, F. J. 36, 192 ff., 457
Swift, J. 244
Szilard, L. 46, 182, 454, 576

Taylor, Th. M. 88 f., 185
Teller, E. 52, 54, 73 f., 121
Teng-Hsiao-Ping 353
Thomas v. Aquin 548
Tito, J. Br. 265, 306
Toynbee, A. J. 187 f.
Trott, A. v. 447
Trott, W. v. 447
Truman, H. S. 501
Tugendhat, E. 467

Voslenskij, M. S. 483

Walcher, W. 30
Weber, M. 406
Weichmann, H. 275
Weinstein, A. 496
Weizsäcker, E. v. 23, 574 f., 609
Wilhelm I. 356
Wilson, W. 288
Wirtz, K. 30, 183, 192
Wohlstetter, R. 235

HANSER
HANSE
HANS
HAN
H

Zur Besinnung provozieren

Nach dem Niedergang der Fortschrittszuversicht vor ungefähr 10 Jahren, wird das Bewußtsein immer stärker, die Neuzeit treibe einer tiefgreifenden Krise entgegen. Der radikale Versuch, die Lebensbedingungen des Menschen zu revolutionieren, hat unfreiwillig zur Bedrohung der Menschheit geführt. In dieser Situation will der Physiker und

Philosoph Carl Friedrich von Weizsäcker zur Besinnung provozieren. »Es gibt Wege in der Gefahr. Es soll Wege in der Krise geben.« Mit diesem neuen Aufsatzbuch schließt Weizsäcker an sein erfolgreiches Buch Der Garten des Menschlichen an.

Carl Friedrich von Weizsäcker · Wahrnehmung der Neuzeit
Ca. 420 Seiten · Leinen · Ca. DM 38,–

Als der Krieg zu Ende war...
Deutschland nach 1945

Hans Graf v. Lehndorff:
Ostpreußisches
Tagebuch
Aufzeichnungen eines
Arztes aus den Jahren
1945–1947
dtv 2923

Käthe v. Normann:
Tagebuch aus Pommern
1945–1946
dtv 2905

Alfred M. de Zayas:
Die Anglo-Amerikaner
und die Vertreibung
der Deutschen
Vorgeschichte, Verlauf,
Folgen
dtv 1599

Alfred Grosser:
Geschichte
Deutschlands seit 1945
Eine Bilanz
dtv 1007

Thilo Vogelsang:
Das geteilte
Deutschland
dtv 4011

Karl Dietrich Erdmann:
Das Ende des Reiches
und die Entstehung der
Republik Österreich,
der Bundesrepublik
Deutschland und der
Deutschen Demokratischen Republik
dtv 4222

Bewegt von der Hoffnung aller Deutschen
Zur Geschichte des
Grundgesetzes
Entwürfe und
Diskussionen
1941–1949
Hrsg. v. Wolfgang Benz
dtv 2917

Das Urteil von Nürnberg
1946
Mit einem Vorwort
von Lothar Gruchmann
dtv 2902

Lew Kopelew

Aufbewahren für
alle Zeit!
Mit einem Nachwort
von Heinrich Böll
dtv 1440

Und schuf mir einen
Götzen
Lehrjahre eines
Kommunisten
dtv 1677

Kinder und Stiefkinder
der Revolution
Unersonnene Geschichten
dtv 10109

Für Sacharow
Text aus Rußland zum
60. Geburtstag
Herausgegeben von
Alexander Babjonyschew
und Lew Kopelew
Mit einem Vorwort
von Heinrich Böll
dtv 1764

Heinrich Böll
Aufsätze – Kritiken – Reden

»Heinrich Bölls literarisches und publizistisches Werk ist geprägt von elementarem Abscheu vor der Gewalt in jeglicher Form.«
(Jürgen P. Wallmann)

Aufsätze – Kritiken – Reden
2 Bände
dtv 616/617

Der Lorbeer ist immer noch bitter
Literarische Schriften
dtv 1023

Schwierigkeiten mit der Brüderlichkeit
Politische Schriften
dtv 1153

Spuren der Zeitgenossenschaft
Literarische Schriften
dtv 1580

Gefahren von falschen Brüdern
Politische Schriften
dtv 1581

Eine deutsche Erinnerung
Interview mit René Wintzen
dtv 1691

Hierzulande
dtv 10027

Philosophie und Theologie

Erich Fromm:
Haben oder Sein
Die seelischen
Grundlagen einer
neuen Gesellschaft
dtv 1490

Karl Jaspers:
Was ist Philosophie?
Ein Lesebuch
dtv 1575
Was ist Erziehung?
Ein Lesebuch
dtv 1617

Wilhelm Weischedel:
Die philosophische
Hintertreppe
34 große Philosophen
in Alltag und Denken
dtv 1119

N. Hoerster (Hrsg.):
Glaube und Vernunft
Texte zur
Religionsphilosophie
dtv 4338

Walter Jens (Hrsg.):
Warum ich Christ bin
dtv 1743

Philosophische Lesebücher

Was ist Glück?
Ein Symposion
dtv 1134

Carl Friedrich
von Weizsäcker:
Die Einheit der Natur
dtv 10012

Carl Friedrich
von Weizsäcker:
Deutlichkeit
Beiträge zu politischen
und religiösen
Gegenwartsfragen
dtv 1687

Karl Jaspers:
Was ist Philosophie?
Ein Lesebuch
dtv 1575

Karl Jaspers:
Was ist Erziehung?
Ein Lesebuch
dtv 1617

Politik und Zeitgeschichte

Arnulf Baring:
Im Anfang war Adenauer
Die Entstehung der Kanzlerdemokratie
dtv 10097

Erhard Eppler:
Ende oder Wende
Von der Machbarkeit des Notwendigen
dtv 1221

George Gilder:
Reichtum und Armut
dtv 10093

Alfred Grosser:
Geschichte Deutschlands seit 1945
Eine Bilanz
dtv 1007
Das Bündnis
Die westeuropäischen Länder und die USA seit dem Krieg
dtv 1760
Versuchte Beeinflussung
Zur Kritik und Ermunterung der Deutschen
dtv 10128

George F. Kennan:
Memoiren eines Diplomaten
dtv 10096

Bruno Kreisky:
Die Zeit, in der wir leben
dtv 1618

Günter Kunz (Hrsg.):
Die ökologische Wende
Industrie und Ökologie
– Feinde für immer?
dtv 10141

Egon Larsen:
Im Namen der Menschenrechte
Die Geschichte von amnesty international
dtv 10081

Robert Leicht (Hrsg.):
Im Lauf des Jahres
Deutsche Texte und Dokumente 1981
dtv 1754
Band 2: 1982
dtv 10092

Wilhelm Stöckle:
Deutsche Ansichten
100 Jahre Zeitgeschichte auf Postkarten
dtv 10041

Elke und Jannes Kazuomi Tashiro:
Hiroshima
Menschen nach dem Atomkrieg
Zeugnisse, Berichte, Folgerungen
dtv 10098

Carl Friedrich von Weizsäcker:
Wege in der Gefahr
Eine Studie über Wirtschaft, Gesellschaft und Kriegsverhütung
dtv 1452
Deutlichkeit
Beiträge zu politischen und religiösen Gegenwartsfragen
dtv 1687